**READER'S DIGEST**

## AUSWAHLBÜCHER

# READER'S DIGEST
## *Auswahlbücher*

Verlag DAS BESTE GmbH
Stuttgart – Zürich – Wien

Die Kurzfassungen in diesem Buch erscheinen
mit Genehmigung der Autoren und Verleger
© 1972 by Verlag DAS BESTE GmbH, Stuttgart
Alle Rechte, insbesondere das der Übersetzung,
Verfilmung und Funkbearbeitung, im In- und
Ausland vorbehalten
572
PRINTED IN GERMANY
ISBN 3 87070 036 x

# Inhalt

**WEISSE DÄMMERUNG**
von James Houston
— 7 —

**EIN MÄDCHEN AUF DEM MEERESGRUND**
von Lotte Hass
— 125 —

**LORBEER FÜR DIE BESIEGTEN**
von Ernest K. Gann
— 247 —

**MRS. POLLIFAX KOMMT WIE GERUFEN**
von Dorothy Gilman
— 393 —

# WEISSE DÄMMERUNG

# Weiße Dämmerung

Eine Kurzfassung
des Buches von
JAMES HOUSTON

Nach der
Übertragung von
Ulla Hengst

Illustrationen von
John Gundelfinger

Vignetten von Eskimos
auf Baffinland

Deutsche Buchausgabe:
„Weiße Dämmerung" (The White Dawn)
Rowohlt Verlag GmbH,
Reinbek bei Hamburg 1972
© 1971 by James Houston

*Eines Tages gegen Ende des letzten Jahrhunderts zog ein mächtiger Grönlandwal, von der Harpune getroffen, das Boot seiner Jäger mit sich fort in die eisige Weite des Polarmeeres. Nur drei der sechs Männer im Walfängerboot überlebten – halb erfroren, ausgehungert und ziellos taumelten sie über die vereiste Küste Baffinlands, bis Eskimos, seit Menschengedenken Herren der Insel, sich ihrer annahmen.*

*Avinga, der verkrüppelte Sohn des Häuptlings, erzählt die Geschichte der ersten Begegnung zwischen seinem Volk und Eindringlingen aus einer unbekannten Welt. Trotz des Grauens, das die Eskimos anfangs vor den Fremden, den „Abkömmlingen des Hundes", empfinden, nehmen sie die drei Männer allmählich in die kleine Dorfgemeinschaft auf. Und während des kurzen Frühlings und des an Jagdbeute reichen Sommers scheint das fröhliche, ganz auf Gemeinsinn aufgebaute Leben der Eskimos von der Gegenwart Fremder kaum gestört; vor allem die jungen Mädchen geraten mehr und mehr in den Bann der drei* kalunait. *Doch als der grausame arktische Winter einbricht, treiben sie alle, gefangen in Leidenschaften, Mißtrauen, Haß und Eifersucht, unaufhaltsam der Katastrophe entgegen; in Jahrhunderten entstandene, festgefügte Bräuche zerbrechen, und Avinga beklagt das Geschick, das die Fremden einst zu ihnen geführt hat.*

*Weiße Dämmerung ist ein bewegendes, packendes Buch, erfüllt von Romantik und Gefahr des ursprünglichen Lebens.*

*Auszug aus dem Logbuch der Bark* Escoheag, *beginnend am 390. Tag nach Verlassen des Hafens New Bedford, Massachusetts:*

*Dienstag, 12. Mai 1896*
Leichter Wind aus SO, der bis gegen Mittag anhielt. Um diese Zeit sichteten wir vier Grönlandwale und setzten alle Boote aus. Die Wale zogen sich in die Region festen Eises zurück und waren für uns verloren. So endet dieser Tag.

*Samstag, 16. Mai 1896*
Wind noch immer aus SO. Schwere Nebelbänke im Süden. Sahen sechs Grönlandwale. Ließen alle Boote zu Wasser. Mr. Jamison im Steuerbordboot traf und tötete seinen Wal. Der Portugiese traf seinen Wal gut – aber ich sah, wie sich der Wal mit Billys Boot im Schlepptau davonmachte. Am späten Nachmittag erreichte uns der Nebel. Wir ließen die Schiffssirene wieder und wieder ertönen und setzten Boote aus, aber ohne Erfolg. So endet dieser Tag.

*Sonntag, 17. Mai 1896*
Heute morgen lichtete sich der verdammte Nebel. Setzten alle Boote zur Suche aus. Feuerten Schüsse ab, in der Hoffnung, daß sie uns hören würden. Keine Spur von den Vermißten. So endet dieser Tag.

*Montag, 18. Mai 1896*
Auffrischender Wind aus SW. Schwere Eismassen bewegen sich auf uns zu. Setzten Boote aus, aber ohne große Hoffnung. Am Spätnachmittag kehrten die Suchboote zurück, und wir legten ab, solange das näher kommende Eis es noch zuließ. Ein schrecklicher Gedanke, daß es für die sechs Männer – Billy, meinen dritten Maat, den jungen Nathan, Dagget, den Portugiesen, den Indianer und Shanks – keine Wiederkehr geben soll. Möge ihnen Gott in ihren kalten Gräbern die ewige Ruhe schenken. Wir verlassen die Unglücksstelle und gehen auf Ostkurs, um in die Baffinbai zurückzusegeln. So endet dieser Tag.

# I

DAS ERSTE, was ich beim Erwachen hörte, war das Raunen und Seufzen des Südwinds, dessen widerwärtig warmer Hauch auf die Vorderseite unseres Schneehauses traf.

Von meinen Träumen war mir ein Unbehagen zurückgeblieben, eine Ahnung, daß irgend etwas Neues, Sonderbares geschehen würde. Ich drehte mich auf den Rücken und zog die Decke aus Karibufell über meine nackten Schultern. In dem großen Iglu war es kalt und feucht. Die Tranlampe war fast erloschen, und in der Luft hing eine Art grauer Dunst, hervorgerufen durch unseren Atem. Ich beobachtete, wie sich die Ritzen zwischen den Schneeblöcken in der langsam heraufziehenden Morgendämmerung allmählich weiß färbten. An der Ostseite des Iglus konnte ich dünne Stellen in den gewölbten Wänden entdecken, ein Zeichen, daß die Frühlingssonne den Schnee beleckt und ein wenig zum Schmelzen gebracht hatte. Das Dach des Hauses würde bald einstürzen. Ich lauschte – ja, das war der sanfte Ruf der zurückgekehrten Schneeammern.

Ich brauchte nicht ins Freie zu gehen, ich wußte auch so, wie der Himmel und die Erde aussahen, wenn die bleiche weiße Dämmerung von Osten angekrochen kam. Da waren die felsigen Berge, die hinter unseren Iglus steil aus dem Schnee ragten. Der verfluchte Südwind und die Frühlingssonne hatten ihnen den Schnee abgewischt, so daß ihre Farbe nun ein tiefes Rotbraun war. Die Eingänge aller Iglus lagen zum Meer hin – sieben dunkle Augen, die nach Nahrung ausspähten. Hinter der hohen Fleischkammer lagen, kieloben auf steinernen Gestellen festgebunden, die mit Robbenhaut bezogenen Kajaks und das lange, geräumige Frauenboot. Von dort weht der Schnee sanft über den Strand bis hinunter zu dem Packeis, das die gewaltige Kraft der Gezeiten angeschwemmt hatte. Diese Fragmente gefrorenen Salzwassers standen wie gezackte blaue Zähne zwischen dem Land und der riesigen schneebedeckten Eisfläche des Meeres.

In der offenen See hinter der Eisfläche gab es Robben und Walrosse, Wale und Meeresvögel – Reichtümer, die unsere kühnsten Träume übertrafen. Und doch waren sie für uns unerreichbar. Das lose Eis war zu gefährlich, als daß ein Mann es hätte betreten oder sich einen Weg mit dem Kajak hätte bahnen können, und es lag jetzt seit eineinhalb Monaten vor unserer Küste. Wir sprachen oft von unseren Nachbarn, die zwei Tagereisen entfernt von uns wohnten. Sicherlich litten sie Hunger, und sie würden wohl, bevor ihre Hunde starben, zu uns kommen und um Fleisch bitten müssen.

Wir waren stolz auf unser Dorf. Nirgends an der Küste gab es ein größeres. Wir hatten sieben Schneehäuser. Fremde Familien betrachteten staunend unsere geräumigen Iglus mit den langen Tunnels und den großen vorgebauten Schneeveranden und unseren Überfluß: so viele Kinder, Vorratsräume, Kajaks, Schlitten und Hunde. Man mußte die Finger und Zehen von zwei Männern zu Hilfe nehmen, wenn man all die Jäger, Frauen, alten Leute und Kinder aufzählen wollte, die hier wohnten.

Trotzdem war und blieb das Wetter unser Beherrscher. Von ihm hing es weitgehend ab, ob wir zu essen hatten oder ob wir elend verhungerten, wie es vielen Seejägern vor uns ergangen war.

Der einzige, der das nicht glaubte, war Sarkak. Mitunter trat er so stolz und prahlerisch auf, als fühle er sich dem Wetter überlegen. Er war alt und grob und mächtig. Im Lauf der Jahre hatte er vier Ehefrauen und ungezählte Kinder begraben, aber weitere zwei Ehefrauen waren ihm geblieben und dazu drei Söhne, starke Männer, gute Jäger, dem Vater gehorsam. Außerdem hatte er mich, Avinga, den Bastard: ein halber Sohn, ein halber Krüppel, ein halber Sklave.

Aber von Sarkak, seiner Größe und seiner hitzigen Eifersucht werde ich später sprechen. Zuerst möchte ich erzählen, was an jenem Frühlingstag und an den folgenden Tagen geschah. Man stelle sich vor – ich, der ich immer der schwächste und armseligste von allen war, ich bin der einzige Überlebende in unserem Dorf. Sogar die Kinder sind gestorben oder spurlos verschwunden.

Tief in mir lebt eine so furchtbare Erinnerung, daß ich, wenn sie mich überfällt, im kältesten Schneesturm zu schwitzen beginne und in der Sommersonne mit den Zähnen klappere. Bis heute habe ich nie gewagt, darüber zu sprechen.

An jenem Tag, der unser aller Leben von Grund auf veränderte, stand ich früh auf. Sarkak begutachtete das Wetter und beauftragte dann zwei seiner richtigen Söhne – Tugak, den ältesten, und Yaw, den jüngsten – und mich, fünf Hunde vor jeden der beiden Schlitten zu spannen und das Walroßfleisch aus der letzten steinernen Kammer an der Einfahrt zu dem langen Fjord zu holen. Es war Sarkaks Gewohnheit, das Fleisch möglichst weit von unserem Dorf entfernt aufzubewahren, damit er sich nicht in überschwenglicher Stimmung hinreißen ließ, zuviel Fleisch an uns zu verteilen. Da ich starke Arme hatte, wurde ich immer mitgeschickt, um beim Wegräumen der großen Steine zu helfen.

In dieser Jahreszeit mußte man mit plötzlichen heftigen Schneestürmen und eisigen Winden rechnen. Wir trugen daher auf der bloßen Haut unsere übliche Kleidung – Hosen und Anoraks aus Karibufell, die Haarseite nach innen –, und darüber zogen wir Hosen und Anoraks aus Robbenfell, mit der Haarseite nach außen, um uns vor dem feuchtkalten Dunst zu schützen.

Auf der Hinfahrt sahen wir kein Zeichen von Leben, ausgenommen eine kaum erkennbare Kette von Fuchsspuren. Wir luden alles Fleisch auf die beiden Schlitten und beschlossen dann, für die Rückfahrt einen anderen Weg zu wählen, der über hochgelegenes Gelände führte und den Blick auf das Meereis freigab. Wir hofften, eine Öffnung zu entdecken, die darauf hindeutete, daß der Gezeitenstrom die Eisschollen an unserer Küste aufzubrechen begann.

Während die beiden Gespanne langsam durch die grenzenlose weiße Stille fuhren, beobachtete ich die dunstige Sonne, die immer tiefer sank und sich rötete. Jede Schneewehe warf einen langen blauen Schatten.

Plötzlich winselten die Hunde vor Aufregung. Wir spähten zu den Bergen hinüber in der Hoffnung, sie hätten einen Eisbären gewittert, aber es war nichts zu sehen.

Auf einmal entdeckten wir Spuren im Schnee, die unseren Weg diagonal kreuzten. Die Hunde stürzten sich darauf und schnüffelten eifrig den neuen Geruch. Meine Brüder sprangen ab, stießen die Tiere beiseite und prüften schweigend jede Einzelheit.

„*Kalunait*", sagte Tugak. Dieses Wort, das wir selten gebrauchen, heißt soviel wie Leute mit buschigen Augenbrauen, Fremde, die von weit her kommen. Keiner von uns hatte je Menschen aus anderen Ländern gesehen, und doch war uns sofort klar, daß wir vor den Spuren mehrerer *Kalunait* standen.

„Vier sind es", stieß Yaw aufgeregt hervor.

„Füße wie von Riesen", sagte Tugak. „Und die Spur da schwankt hin und her, als wäre der Mann krank oder von Sinnen. Seht, dort ist er hingefallen. Und wie lang er ist."

Wir brauchten die Hunde nicht anzutreiben, damit sie dem kräftigen Geruch der neuen Fährte folgten. Als wir den Hochpaß zwischen den Bergen erreichten, erkannten wir, daß sich in halber Höhe des gegenüberliegenden Hanges etwas Schwarzes vom Schnee abhob. Wie ein Rudel Wölfe liefen unsere Gespanne, stumm, voller Eifer geradewegs auf das zu, was sich beim Näherkommen als Mensch entpuppte. Er lag auf dem Bauch, das Gesicht in die Handflächen gepreßt. Die Hunde wußten ebensogut wie wir, daß aus diesem Körper das Leben für immer gewichen war.

Ich hielt mein Gespann zurück und sah zu, wie meine Brüder die Hunde wütend wegpeitschten und den Toten auf den Rücken legten. Er war jung und ungeheuer groß und dünn. Sein Gesicht war schmal und verkrampft. Als sie ihm die fest anliegende schwarze Kappe abnahmen, kam darunter ein dicker roter Haarschopf zum Vorschein. Wir trauten kaum unseren Augen. Rotes Haar!

Tugak zog dem toten Mann die Handschuhe aus. Sie waren ganz anders als unsere Fäustlinge, denn sie hatten fünf einzelne Finger und waren aus Tuch, nicht aus Tierhaut. Danach zerrten meine Brüder mit großer Mühe die hüftlange Jacke vom Leib des steif gefrorenen Leichnams. Als nächstes entdeckten sie das Messer, das an einem Gürtel mit blinkender Schnalle befestigt war. Tugak nahm es an sich und zog es aus der Scheide. Breit war es und scharf und glänzend, der Griff mit Schnur umwickelt. Noch nie hatte er etwas so Kostbares in den Händen gehalten.

Nun zogen meine Brüder dem Toten die großen, harten Stiefel und die Hosen aus. Wir betrachteten den Fremden sehr genau, und nachdem wir festgestellt hatten, daß er sich in nichts von uns unterschied,

es sei denn in der übermäßigen Länge und der starken Behaarung seines Körpers, drehten wir ihn wieder in die Bauchlage, in der wir ihn gefunden hatten.

Wir schoben die fremden Kleidungsstücke unter die Riemen des ersten Schlittens, dann trieben wir mit Peitschenschlägen und Geschrei die Hunde von der Leiche fort und machten uns auf, den Spuren weiter zu folgen. Deutlich zeichneten sich im Schnee die Fußtapfen von drei Männern ab. Zwei der Fremden waren offenbar gut zu Fuß, denn sie schritten weit und gleichmäßig aus, aber der dritte hatte sich zweimal hingesetzt. Wenn er öfter rastete, war ihm der Tod durch Erfrieren gewiß. Die Fußtapfen führten einen Hügel hinauf, von dem man auf das Meer blicken konnte. Dann hatten die Fremden die Dummheit gemacht, auf das Meer zu zu gehen, nicht einer hinter dem anderen, wie wir es getan hätten, sondern nebeneinander, so daß jeder einzelne zuviel Kraft aufbieten mußte, um die Hindernisse zu überwinden. Als Tugak entdeckte, daß die Spuren längs der Packeisbarriere nach Westen führten, sprang er ab und wollte die Hunde schreiend westwärts drängen. Aber sie widersetzten sich ihm und liefen geradeaus, auf einen steifen Tuchranzen mit breitem Schulterriemen zu. Rings um den Ranzen waren viele gelblichbraune Vierecke und eine Unmenge schwarzer Krümel verstreut.

Abdrücke im Schnee ließen uns erkennen, daß an dieser Stelle ein Mann gestolpert und gestürzt war. Der Ranzen mußte ihm dabei von der Schulter gerutscht sein. Wir sagten uns, daß die drei Männer hier wohl schon nicht mehr nebeneinander gegangen seien, denn sonst hätten die beiden kräftig Ausschreitenden doch sicherlich ihren schwachen Kameraden gestützt. Wir konnten deutlich sehen, daß er sich mühsam auf die Knie gewälzt hatte. Dann war er weitergetaumelt, hinter den anderen her.

Es wurde dunkel; schwerer Nebel hüllte uns ein. Die eisige Feuchtigkeit schlug sich als Reif auf dem Fell der Hunde nieder, und wir zitterten vor Kälte. Trotzdem folgten wir unbeirrt der Fährte, die dicht am Rand des Treibeises entlanglief, bis uns klar wurde, daß es Wahnsinn wäre, weiterzugehen. Tugak legte die Hände trichterförmig an den Mund und schrie: *„Iju-u-u, iju-u-u"*, aber es kam keine Antwort. Das einzige, was wir hörten, war das unheimliche Knacken und Ächzen des steigenden Eises. Wir beschlossen, in die Siedlung zurückzukehren.

Die Hunde legten den Heimweg zurück, ohne daß wir sie lenken mußten. Wir ließen sie erst halten, als sie die Mitte des Dorfes erreicht hatten. Tugak zerrte die fremden Kleidungsstücke unter den Riemen des Schlittens hervor und zog das in der Scheide steckende Messer aus seinem Stiefel. Wir schlichen uns in den langen Eingangstunnel zu Sarkaks großem Iglu, bemüht, kein Geräusch zu machen und ungesehen zu bleiben. Dann, zitternd vor Freude bei dem Gedanken, wie überrascht die anderen sein würden, warfen wir all die Schätze in den erleuchteten Raum: die Mütze, die Jacke, die Hose, die Stiefel, den Ranzen mit Inhalt. Einen Augenblick lang blieb alles still; dann stieß Sarkak einen lauten, rauhen Schrei aus.

„*Tikitut kalunait tikutuk!*" rief er. „Sie sind gekommen! Die Leute mit den buschigen Augenbrauen, die Fremden sind gekommen!"

„Einige von ihnen sind als Tote zu uns gekommen", sagte Tugak. „Aber sie haben trotzdem Geschenke mitgebracht. Schau in den Ranzen. Was ist das wohl für merkwürdiges Zeug, das darin liegt?"

„Wirf ein paar von diesen schwarzen Krumen in das heiße Wasser über der Lampe", erklärte Sarkak. „Sie werden das Wasser braun färben und ihm einen köstlichen Geschmack geben. Die Fremden nennen dieses Getränk *tiemik*." Er nahm eines der harten gelblichbraunen Vierecke und biß herzhaft hinein. Er kaute ein Weilchen und spie dann die trockenen Krümel auf das Bett. „Es schmeckt abscheulich, aber die Leute mit den buschigen Augenbrauen sind ganz versessen darauf. Sie mögen dieses Zeug lieber als Fleisch. Nun ja, wen wundert das? Wenn sie Fleisch haben, kochen sie es in Wasser oder rösten es über einem Feuer, bis es so zäh ist wie Walroßhaut."

Inzwischen hatten sich die Jäger Sowniapik, Atkak, Puta, Tungilik, Nowja und Okalikjuak in dem großen Schneehaus eingefunden, dazu so viele Frauen und Kinder, wie irgend Platz hatten. Sie alle lauschten gespannt dem unglaublichen Bericht. Sarkak saß ruhig auf der breiten Lagerstatt, betrachtete das Messer und hörte Tugak aufmerksam zu. Neben Sarkak saß sein zweiter Sohn, Kangiak, sein Liebling.

„Dieser Mann, der sich ausruhen mußte – ist er weitergegangen?" fragte Sarkak.

„Ja. Hinter den anderen her. Aber sie haben keine Harpune, um das Eis zu prüfen. Es ist an manchen Stellen dünn und brüchig. Wer weiß, vielleicht ist er jetzt schon tot."

„Und was ist mit den beiden anderen?" fragte Kangiak.

„Vielleicht erfrieren sie und erleben den morgigen Tag nicht mehr", antwortete Tugak.

„Geht und sucht sie!" brüllte Sarkak. „Du, Kangiak, geh mit Avinga. Und du, Yaw, geh mit Tugak. Bringt die *Kalunait* zu mir. Sofort!"

KAUM JE in unserem Leben hatten wir Sarkak wütend schreien hören, und deshalb waren wir jetzt sehr erschrocken. Die Frauen und Kinder zogen angstvoll ihre Kapuzen tief ins Gesicht und flüchteten. Wir anderen folgten hastig, weil wir einem neuen Wutausbruch des Alten entrinnen wollten.

Kangiak half mir, die Vorräte vom Schlitten in den Schnee zu stoßen. Bevor die anderen Männer das Fleisch zu unserem gemeinsamen Vorratsraum geschleppt hatten, waren wir schon unterwegs. Ach, wie sehr hoffte ich, daß die Fremden noch am Leben wären!

Wir fuhren unbekümmert drauflos, über das höckerige Packeis und hinaus auf die schneebedeckte Eisfläche des Meeres. Wir fuhren durch die dunkle Nacht, bis wir den Rand des Treibeises erreichten. Dort warteten wir auf den Tagesanbruch. Als endlich die Morgendämmerung den Nebel grau färbte, sahen wir die *Kalunait* zum erstenmal.

Zwei Männer gingen Seite an Seite dicht neben dem langen, gewundenen Riß in der festen Eisfläche, die sich weiter erstreckte, als unser Auge reichte. Die beiden wirkten unnatürlich groß, wie Dinge es manchmal tun, wenn man sie im Nebel erblickt. Sie schienen sich eine Handbreit über dem Schnee zu befinden.

Plötzlich aber hörten sie die Hunde und blieben stehen, den Rücken dem Meer zugewandt, während wir auf sie zufuhren. Kangiak saß stocksteif vor mir, und ich merkte ihm an, daß er nervös war und nicht wußte, wie er diese Fremden behandeln sollte. „Jetzt", flüsterte er mir zu. Ich ließ mich vom Schlitten gleiten und wie einen Anker mitschleppen, um die Fahrt zu verlangsamen. Dabei schrie ich auf die Hunde ein und trieb sie mit Peitschenhieben seitwärts. Pasti, der Leithund, versuchte geradeaus weiterzulaufen und an die Fremden heranzukommen. Kangiak lief flink zu Pasti hin und versetzte ihm einen Tritt in die Rippen. Der Hund brach zusammen und blieb bewußtlos liegen.

Kangiak schob seine Fellkapuze zurück und ging langsam auf die Fremden zu. Die Hundepeitsche schleifte hinter ihm über den Schnee, schlängelte sich hin und her wie ein lebendes Wesen. „*Tikiposi.* Ihr seid am Ziel", rief er den Fremden mit lauter Stimme zu.

Der größere von ihnen antwortete irgend etwas Unverständliches. Nun forderte Kangiak sie auf, zu ihm zu kommen, aber sie rührten sich nicht von der Stelle. Schwarz gekleidet standen sie nebeneinander, schweigend wie große, stumpfsinnige Kinder.

Kangiak versuchte es noch einmal. „Kommt auf den Schlitten. Kommt zum Essen in unsere Iglus", lud er sie ein und wies mit dem Arm in die Richtung des Camps.

Sie begriffen, was die Handbewegung bedeutete, und gingen taumelnd auf unsere Schlitten zu. Kangiak schrie die Hunde an, damit sie den Fremden vom Leib blieben. Ich saß auf dem Schlitten und starrte sie an, zwang mich jedoch, keine Miene zu verziehen, denn sie sollten meine zitternde Erregung nicht bemerken. Der erste lächelte mir zu. Ich war entsetzt über seine wolfsähnlichen blauen Augen, die so blaß und unwirklich aussahen, als gehörten sie dem Geist eines Verstorbenen. Der untere Teil des schmalen Gesichtes war mit gelben Haaren bewachsen, in denen sich der Niederschlag seines Atems in Form von Eiskristallen festgesetzt hatte. Dann wandte ich mich dem zweiten Mann zu. Sein Gesicht war so dunkelbraun, als hätte man es über einem Feuer geröstet. Auch er lächelte mir zu und zeigte dabei große, weiße Zähne. Seine Augen waren schwarz, wie es die Augen eines richtigen Mannes zu sein haben. Im linken Ohrläppchen blinkte ein gelber Ring. Er trug einen Ranzen auf dem Rücken.

Das, dachte ich, sind also die *Kalunait,* die südlich des Indianerlandes wohnen und halb unsere Vettern, halb Abkömmlinge des Hundes sind. Ich hatte von ihnen gehört, und nun hockten sie plötzlich dicht neben mir auf dem Schlitten und sprachen in krächzenden Lauten miteinander. Ich betrachtete unser Gespann und überlegte, ob dies vielleicht die Sprache der Hunde sei.

Kangiak und ich hatten große Mühe, den Schlitten zu wenden, weil die beiden Fremden denkbar ungeschickt dasaßen und sich wie alte Weiber krampfhaft festhielten, statt abzuspringen und uns behilflich zu sein, was jeder richtige Mann ohne weiteres getan hätte. Dann trieb Kangiak die Hunde an – Pasti war inzwischen wieder zu sich gekommen und stand mit den anderen zum Aufbruch bereit. Wenig später entdeckten wir den dritten Mann. Zusammengesunken, das Gesicht in den Händen verborgen, lehnte er an einem Eisblock. Der große, blaßäugige *Kaluna* ging zu ihm hinüber und schüttelte ihn leicht. Er lebte noch. Kangiak zog ihm die Handschuhe aus, hauchte auf die erstarrten Finger und hob dann seinen Anorak, um an dem eigenen nackten Bauch die Hände des Fremden zu wärmen. Dann schleppten Kangiak und der Blaßäugige den Mann zum Schlitten. Wir hüllten ihn in ein Karibufell und banden ihm die Beine fest, damit sie nicht seitlich vom Schlitten rutschten.

Die Mittagsstunde war schon vorbei, als wir die Bucht überquerten. Schon von weitem sahen wir, daß sämtliche Dorfbewohner vor den Häusern standen und angestrengt Ausschau hielten. Sie starrten voller Entsetzen auf die Fremden, als stammten sie aus der Unterwelt. Die Frauen schlugen die Hände vor das Gesicht, die Kinder versteckten sich hinter ihren Eltern, und die Kleinsten brachen in lautes Geschrei aus, als wüßten sie, daß eine neue, gewaltige Gefahr zu uns gekommen war.

Sarkak stand ruhig da, die Kapuze tief in die Stirn gezogen, die scharfen Augen auf die Fremden gerichtet. Als er nun vortrat und die pelzbesetzte Kapuze zurückschob, blickten die beiden großen Männer ihn an, und ich glaube, sie spürten sofort, daß er derjenige war, von dem ihr Leben abhing. Sarkak musterte sie eine Weile prüfend, dann warf er seine Fäustlinge in den Schnee und hob beide Hände hoch über den Kopf, nachdem er die Ärmel bis zu den Ellenbogen zurückgestreift hatte, um zu zeigen, daß er keine verborgene Waffe trug. Er hieß die Männer willkommen, und der Blaßäugige erwiderte etwas.

Sarkak ging dicht an diese seltsamen Abkömmlinge des Hundes heran, und ich war betroffen, als ich sah, daß Sarkak ihnen nicht einmal bis zu den Schultern reichte. Er war für mich von jeher ein Riese gewesen, in jeder Beziehung größer als alle anderen. Die Fremden blickten lächelnd auf Sarkak hinab, der zu ihnen hinauflächelte und dabei seine blendend weißen Zähne entblößte. Ohne sich umzuwenden, rief er seinen Frauen zu: „Diese beiden werden bei uns wohnen. Macht ihnen Essen zurecht. Der Kranke soll in Sowniapiks Iglu schlafen. Dort wird man sich um ihn kümmern."

Dann geleitete er die beiden Fremden durch die Menge, die zurücktrat, um ihnen Platz zu machen. Obgleich Sarkak neben den *Kalunait* klein aussah, wirkte er überaus achtunggebietend. Ich wußte, daß er die Fremden beherrschen würde.

## II

Sarkak führte die beiden in seinen großen Iglu. Wir folgten ihnen geduckt durch den niedrigen, gewundenen Eingangstunnel. Im Hauptraum angelangt, richteten sich die beiden Fremden vorsichtig auf. Blinzelnd versuchten sie, ihre Augen an das Dämmerlicht in dem großen, gewölbten Raum zu gewöhnen, den die rauchgeschwärzte Decke noch dunkler machte. Die Fremden mußten fast schneeblind sein.

Sarkaks zwei Frauen hatten ihre Plätze auf der breiten Bettbank schon eingenommen. Die hüfthohe Bank aus Schnee füllte gut die Hälfte des runden Raumes. Nervös lachend riefen die Frauen den Besuchern entgegen: *„Taktualuk, taktuvingaluk.* Es ist dunkel hier drinnen, es ist sehr dunkel hier drinnen."

Das waren die vorgeschriebenen Worte, denn es ziemte sich, daß sie ihre Fähigkeiten herabsetzten und so taten, als wären sie nicht imstande, die langen steinernen Tranlampen mit gleichmäßiger Flamme brennen zu lassen. Doch allmählich regte sich in mir der Verdacht, daß die Fremden nichts von dem verstanden, was wir ihnen sagten.

Ich stellte mich neben den Mann mit dem blanken Ring im Ohr und fragte ihn so leise, daß die anderen nichts hören konnten: *„Kienauviet?* Wie heißt du?"

Er lächelte nur. Jetzt war ich ganz sicher, daß er gar nichts verstand.

Die beiden Männer konnten sich vor Müdigkeit kaum noch auf den Beinen halten, und doch funkelten ihre Augen vor Erregung. Sie nahmen die enganliegenden Kappen ab, und wir alle schnappten nach Luft. Das Haar des blassen Mannes war lang und gelblichweiß, und so etwas hatten wir noch bei niemandem gesehen. Der größere Mann hatte schwarzes Haar wie wir, aber es war kraus.

Ich wollte mir die herrlichen Messer ansehen, die sie im Gürtel trugen, aber beide steckten nicht mehr in den Scheiden; zweifellos hatten die Fremden sie irgendwo in ihrer Kleidung verborgen, vielleicht mißtrauten sie uns.

Sarkak bestimmte, daß die Gäste ihren Platz in der Mitte unseres breiten, mit Felldecken weich gepolsterten Bettes haben sollten. Ikuma, die ältere seiner Frauen, und Nuna, die neue und jüngere, machten sich behutsam daran, den beiden Männern die derben, schweren Stiefel und die Strümpfe auszuziehen. Die zerlöcherten Strümpfe aus grobem, übelriechendem Tuch wurden Nunas Mutter, der alten Witwe, übergeben. Sie sollte sie über ihrer Lampe trocknen. Wir stellten erfreut fest, daß die Füße der Fremden statt der weißen Leichenfarbe, die zu sehen wir befürchtet hatten, eine bläulichgraue Färbung aufwiesen.

Nuna verzog angewidert den Mund, weil sie den gespenstischen gelbhaarigen Mann berühren mußte, aber sie hob pflichtbewußt das schürzenartige Vorderteil ihrer Felljacke und preßte seine eiskalten, starren Füße an ihren warmen Bauch. Ikuma flößte den Fremden vorsichtig heiße Blutsuppe ein, die sie gierig tranken, doch vom rohen Walroßfleisch aßen sie kaum etwas. Wir aber, die wir die Schlitten gelenkt hatten, verzehrten unseren Anteil mit Behagen, denn es war seit zwei Tagen die erste nicht gefrorene Mahlzeit.

Nach dem Essen kamen die Bewohner der anderen Schneehäuser herein. Sowniapik und sein Bruder Tungilik waren die ersten; ihnen folgten ihre Frauen und Kinder sowie Akigik, die Hebamme. Als nächster erschien Okalikjuak, der hervorragende Bogenschütze, begleitet von Frau und Tochter. Puta und seine Tochter Nivie mußten sich mit einem Stehplatz nahe dem Eingang begnügen.

Sarkak fragte die beiden Fremden mit lauter, deutlicher Stimme, woher sie gekommen seien. Sie aber schüttelten nur den Kopf und gaben irgendwelche seltsamen Laute von sich. Wir alle wußten, daß Sarkak vor Jahren mit vielen *Kalunait* zusammengetroffen war, als er die Große Insel besucht hatte, die weit weg lag, eine ganze Sommerreise von unserem Dorf entfernt. Dorthin kamen Waljäger. Sarkak war mit einem Eisbärenfell und einem Bündel Walroßzähnen an Bord eines der fremden Schiffe geklettert. Zu seiner Freude hatte er für diese Dinge eine Handvoll rostiger Eisennägel bekommen und dazu eine kleine blaue Glasflasche, die der Sonne das Aussehen des Mondes gab, wenn man durch sie hindurch den Himmel betrachtete. Sarkak, der oft von diesen Seefahrern sprach, hatte uns auch erzählt, daß sie mit Vergnügen eine glitzernde Perle oder einen kleinen eisernen Nagel hergaben, wenn man ihnen eine Frau lieh, die sie am anderen Morgen stets heil und gesund zurückbrachten. Diese Waljäger kamen niemals in unsere Gegend, weil sie die starken Gezeiten und das schnell treibende Eis fürchteten und weil die großen Wale ihre Nahrung anderswo suchten.

Wir hatten ohne weiteres angenommen, daß Sarkak die Sprache der *Kalunait* beherrschte, denn er hatte ja Handel mit ihnen getrieben. Als jetzt herauskam, daß er sich nicht verständlich machen konnte, verdüsterten Ärger und Verlegenheit seine Miene. Das war ein schlechtes Zeichen. Er sprach mit keinem von uns ein Wort, saß in finsterem Schweigen da. Einer nach dem anderen schlichen sich die Dorfbewohner aus dem Iglu.

Sarkak winkte mich zu sich und sagte: „Du wirst in Sowniapiks Iglu schlafen und dich um den Kranken kümmern. Denke daran, daß er zu diesem Haushalt gehört. Berichte mir alles, was er tut."

So übersiedelte ich denn für eine Weile in Sowniapiks Schneehaus. Ich war sehr aufgeregt. Diese *Kalunait* hatten in ihrem fernen Land ein ganz anderes Leben geführt als wir. Nun gehörten sie uns, und wir konnten sie behalten, konnten mit der Zeit lernen, sie zu verstehen. An jenem ersten Abend sah ich den dritten Fremden, vor Fieber zitternd, unter den Karibufellen liegen, die die Frauen über ihn gebreitet hatten. Die rotgeränderten Augen, die er kaum öffnen konnte, waren glasig von Schneeblindheit und Fieber. Die Frauen legten feuchte Vogelhäute über seine Augen, um den Schmerz zu lindern, und schoben ihm ein Amulett unter, ein Messerchen aus Elfenbein, das dem Fieber den Garaus machen sollte.

Sowniapiks Frau blickte den Kranken an und sagte rundheraus: „Du stirbst. Du wirst immer heißer werden und dann sterben." Aber er verstand sie nicht.

In dieser Nacht und am folgenden Tag warf sich der Fremde, über den ich wachen sollte, ruhelos hin und her. Oft fing er an zu schreien, und die Frauen sorgten für ihn wie für ein kleines Kind. Mitten in der vierten Nacht wurde ich durch die Stimme des Kranken geweckt. Wahrscheinlich wollte er Wasser trinken. Ivalu, Sowniapiks Tochter, setzte sich im Bett auf, ergriff eine Trinkschale aus Horn und tauchte sie in den Steintopf. Ich sah Ivalus nackte Hüften, die mit sanftem Schwung in den kräftigen jungen Rücken übergingen. Sie reckte sich weit vor, über mich hinweg, um die Schale an die Lippen des Kranken halten zu können, und ich fühlte die Wärme, die sie ausströmte. Plötzlich straffte sich ihr Körper, und ich sah, daß der Fremde ihr Handgelenk umklammert hielt. Ich blies meinen heißen Atem zwischen ihre Brüste. Sie zuckte erschrocken zusammen, riß sich von dem Fremden los und ließ sich auf ihren mit Fellen gepolsterten Schlafplatz zurückgleiten. *„Shogishiguluk.* Unartige Kinder", zischte sie uns zu.

Aber in ihrer Stimme schwang unterdrücktes Lachen mit, denn jetzt wußte sie – und ich wußte es auch –, daß der Kranke auf dem Weg der Besserung war, da er schon wieder an Frauen denken konnte. Wir waren beide froh.

SOWNIAPIKS Frau war die erste, die Billy zu dem braunhaarigen Fremden sagte. Er lehrte sie seinen Namen, indem er mit dem Finger auf sich deutete und dabei immer von neuem das Wort „Billy" wiederholte. Bald war sein Name uns allen geläufig. Die Frauen sprachen ihn sanft melodisch aus: Pilie.

Am fünften Tag war er schon wieder ganz munter. Wenn Sowniapiks Töchter im Schneehaus waren, ließ Pilie die beiden keine Sekunde aus den Augen. Er versuchte mit ihnen zu sprechen, Sowniapik wiederum wollte sich mit Pilie unterhalten, aber in beiden Fällen schlug der Versuch fehl. Wir brachen alle in Lachen aus, um unsere Enttäuschung zu verbergen.

Tag für Tag berichtete ich Sarkak über Pilies Befinden, und eines Morgens entschied er, nun sei der Fremde wieder gesund. Sarkak trug mir auf, ein Schneehaus für drei Personen an unseren Familien-Iglu anbauen zu lassen. Am Abend dieses Tages schickte er seine beiden kräftigen Söhne, Tugak und Yaw, zu Sowniapiks Iglu, damit sie Pilie vorsichtig über die fest gefrorenen Schneewehen trügen.

Eigentlich hätte er mit Sowniapik sprechen müssen, bevor er Pilie zu sich holte. Aber er tat nichts dergleichen, und ich glaube, das gab den Anstoß zu vielem Unerfreulichen, was sich in der Folgezeit ereignete. Denn dadurch, daß er Sowniapik nicht Bescheid sagte, gab er aller Welt zu verstehen, er betrachte die drei Fremden als sein persönliches Eigentum. Für ihn waren sie keine Gäste, keine freien Männer, die sich aussuchen durften, bei wem sie wohnen und mit wem sie befreundet sein wollten.

Die Ankunft der Fremden schien uns Glück gebracht zu haben. Nachdem ein Sturm über uns hinweggerast war, hellte der Himmel sich auf. Der Wind wehte nun von Norden, und gemeinsam mit den Gezeiten trieb er die riesigen Eisschollen davon. Die offene See breitete sich vor uns aus. Robben wurden in großer Zahl gesichtet, und unsere Jäger, denen sie sich geradezu anboten, harpunierten so viele, wie wir nur essen konnten. Unsere Hunde waren wieder fett, und um das viele frisch erlegte Fleisch unterzubringen, bauten die Kajakfahrer längs der Küste neue steinerne Vorratsräume. Es war eine Zeit der Fülle, eine Zeit des Schmausens.

Wie durch Zauber konnte Mikigak, Putas Frau, von der wir alle gedacht hatten, sie würde sterben, plötzlich wieder aufstehen. Hatten die Fremden dieses Wunder vollbracht? fragten wir uns.

Ich merkte, daß sie uns scharf beobachteten und daß sie, wie wir es umgekehrt auch taten, unser Verhalten zu verstehen suchten. Anfangs wagten sie kaum, sich zu bewegen oder miteinander zu sprechen. Doch allmählich, umgeben von solchem Überfluß und geborgen in der Sicherheit unseres Iglus, verloren sie ihr Mißtrauen. Der erste, den sie als Freund ansahen, war Kangiak, dann faßten sie nach und nach Zutrauen zu Sarkak, Yaw, mir und all den anderen Familienmitgliedern, die in dem großen Iglu schliefen. Mein ältester Bruder Tugak verbrachte die Nächte in Okalikjuaks Schneehaus, denn er führte eine Probeehe mit Mietik, Okalikjuaks Tochter. Auch Kangiak war alt genug zum Heiraten, aber das Mädchen, das man ihm seit dem Tag seiner Geburt zugedacht hatte, war zwei Winter zuvor an einer Fleischvergiftung gestorben. Bisher hatte ihm Sarkak noch keine andere zur Frau bestimmt.

Von allen Bewohnern unseres Iglus war wohl Nunas Mutter für die Fremden am rätselhaftesten. Die alte Witwe saß stets neben der Lampe auf ihrer Seite des Bettes. Meistens starrte sie blicklos ins Leere; hin und wieder sang sie leise vor sich hin. Sie lebte abgekapselt in ihrer eigenen verborgenen Welt.

Im Lauf des Frühlings wurde Sowniapik für die Fremden ein Begriff, denn er war es ja, der Pilie bei sich aufgenommen hatte, und auch Atkak erkannten sie bald mühelos wieder, weil er so stark und immer zum Lachen aufgelegt war. Ebenso lernten sie Puta kennen, Nowja und Tungilik, und nach und nach kamen sie auch dahinter, welche Frauen und Kinder zu den einzelnen Jägern gehörten. Es war für die Fremden wirklich nicht leicht, sich durchzufinden. Wir alle waren irgendwie miteinander verwandt, und die Jugendlichen waren in Zeiten des Überflusses praktisch überall zu Hause. Sie liefen frei wie die Füchse umher, aßen und schliefen, wo es ihnen gerade gefiel.

Die älteren Kinder hatten sich anfangs ängstlich von den Fremden ferngehalten. Eines Vormittags im Frühling aber sah ich, wie unsere jungen Leute die drei Fremden auf den Berg hinter den Iglus führten. Sie wollten hinauf zu dem kleinen, windigen Plateau, wo sie sich, wenn nicht viel Schnee lag, gern mit allerlei Spielen vergnügten. Viele Hunde folgten den Wanderern und jaulten dabei so laut, als versuchten sie zu singen. Der Geruch der Fremden regte sie auf. Ich war froh, die drei in der Obhut der älteren Kinder zu wissen, denn sie hatten keine Ahnung, wie unsere Hunde geartet waren, und schienen nicht die geringste Angst vor ihnen zu haben. Wir nahmen uns immer sehr vor den Hunden in acht. Wenn sie einen Mann umringten und er hinfiel, konnte es leicht geschehen, daß sie ihn in ihrer wilden Erregung packten, schwer verletzten – so war es mir ergangen – oder sogar zerfleischten.

Später klang von dem Plateau lustiges Geschrei herunter. Kangiak und Yaw beschlossen nachzusehen, was dort oben soviel Fröhlichkeit hervorrief. Bald hörten wir auch sie lachen, und erst gegen Abend kamen sie alle zurück.

„Sie haben uns ein neues Spiel gezeigt, eine neue Art, den Ball zu stoßen", sagte Kangiak zu mir, bevor er den drei Fremden in Sarkaks Schneehaus folgte. „Wenn wir es ganz richtig gelernt haben, werden wir es euch allen beibringen."

Im Iglu beobachtete ich, wie die hochgewachsenen Fremden Rippenstücke von dem Robbenfleisch aßen. Das Fleisch schien ihnen nicht zu schmecken, und doch waren sie immer hungrig. Die Gesichter der beiden blassen Männer waren von der Sonne rotbraun gebrannt, und sie sahen jetzt fast wie richtige Menschen aus, bis auf die häßlichen

Haare, die ihre Wangen und das Kinn bedeckten, und die buschigen Augenbrauen. Wie sehr mußten sie unsere Leute um die schönen glatten Gesichter und die kurzen, gedrungenen Körper beneiden!

Nach dem Essen machten wir es uns auf Sarkaks breitem Bett bequem. Die Fremden hörten sehr genau zu, wenn wir uns unterhielten, und ich hatte den Eindruck, daß sie sich bemühten, unsere Sprache zu lernen. An diesem Abend deutete der große braune Mann mit dem Zeigefinger auf seine Brust und sagte: „Portagie. Portagie. Ich Portagie." So lernten wir, daß er Portagie hieß. Der fremdländische Name war leicht zu behalten, denn für uns klang er wie eine Liedzeile. Nun hatten wir Namen für alle drei *Kalunait*, denn der andere hochgewachsene Mann hieß bei uns schon seit einiger Zeit Kakuktak. In unserer Sprache bedeutet das der Hellhaarige.

Während dieses Beisammenseins auf dem breiten, warmen Bett fiel mir auf, daß Kakuktak unverwandt zu Sarkak hinüberblickte, und ich suchte zu erraten, wie der Alte auf ihn wirkte.

Sarkak lag halbnackt auf den vielen weichen Karibufellen, die über das Bett gebreitet waren. Sein Gesicht und die Hände, braun wie abgenutztes altes Leder, waren auf unzähligen Fahrten über das gleißende Eis des Meeres von Sonne und Wind gegerbt worden. Er hatte eine kleine, schmale Nase und so breite Backenknochen, daß sie seine Lider hochschoben und zu Schlitzen zusammenpreßten. Er hatte einen durchdringenden Blick, und seine Stimme war so rauh wie Haifischhaut. Er trug neue Unterziehhosen aus schneeweißem, durch Schaben enthaartem Seehundsfell, an den Knien zum schnellen Laufen weit geschnitten – eine Erinnerung an die Tage, als er der flinkste Hundegespannfahrer gewesen war. Seine schwarzen Stiefel, ebenfalls aus Seehundsfell, saßen wie angegossen. Seine Frauen hatten das Fell gekaut, bis es weich wie Gänsedaunen war.

Sarkak war der geborene Führer. Obgleich die anderen sechs Jäger unseres Dorfes über genügend Kraft und Klugheit verfügten, um in eigenen Camps anderen Männern zu befehlen, waren sie bereitwillig hierher gekommen und hatten sich Sarkak untergeordnet. Dafür lebten sie in einem Überfluß, wie andere Siedlungen ihn nicht kannten. Wir hatten fast immer zu essen, wir feierten, lachten und tanzten, und die Männer konnten unter vielen Frauen und Mädchen wählen. Oft kamen Besucher und bestaunten ehrfurchtsvoll Sarkaks Reichtümer und seine Macht, denn so etwas hätten sie sich nie träumen lassen.

Der wahre Reichtum Sarkaks waren seine drei Söhne, die für ihn jagten. Kangiak, sein Liebling, war genau wie er: stark und voller Tatkraft. Die beiden anderen hatten Bärenkräfte und ließen sich willig leiten. Sarkaks Vermächtnis an seine Söhne war seine große Erfahrung in der Jagd auf Tiere des Meeres und der Luft. Das war alles, was er ihnen hinterlassen konnte, und doch fand jeder im Dorf, es sei ein unschätzbares Erbe. Nach Ansicht mancher Leute konnte er mit geschlossenen Augen auf magische Weise spüren, welche Unterwasserwege die Robben und Walrosse bei ihrer Nahrungssuche von Riff zu Riff einschlugen. Er war genau im Bild über den Einfluß des Windes und des Gezeitenstromes auf die rhythmischen Bewegungen des Eises, die einem Mann helfen konnten, große Fleischmengen nach Hause zu bringen, die ihn aber ebensogut in den Tod zu reißen vermochten.

Sarkak war ein Seejäger, ein Wanderer ohne festen Wohnsitz und ohne Land, denn wie kann einem Mann das Land gehören, das Meer oder die Luft? Immerhin galten gewisse Fjorde und Stellen auf dem gefrorenen Meer als Sarkaks Jagdreviere. Er strebte zwar nicht nach Besitz, aber es war für ihn lebensnotwendig, daß er die Männer, Frauen, Kinder und Hunde dieses großen Camps beherrschte. Ich wußte von der geheimen Sehnsucht, die ihn trieb, über alles zu gebieten, was lebte. So betrachtete er auch diese drei Fremden mit den kräftigen Körpern und den scharfen Messern als seine Untertanen. Sie verliehen ihm eine eigenartige neue Macht. Denn wer würde nicht bewundernd vor einem Mann stehen, auf dessen Befehl diese drei Riesen hörten?

Ikuma, Sarkaks ältere Frau, war sehr klug. Sie nähte für ihn, versorgte ihn und gab ihm gute Ratschläge, wenn niemand sie belauschen konnte. Sie hatte vier andere Ehefrauen überlebt. Sarkaks andere Frau, Nuna, war zwei Winter jünger als ich, glatt wie ein Seehund, mit roten Wangen und immer zum Lachen aufgelegt. Sarkak hatte sie zu sich geholt, um mit ihr zu scherzen und damit sie ihn nachts im Bett wärmte.

Meine Mutter war Sarkaks zweite Frau gewesen. Im Jahr meiner Geburt hatte eine große Walroßjagd stattgefunden, und Sarkak hatte ein Fest veranstaltet, zu dem er viele Jäger einlud, die auf dem Weg ins Inland waren. Unsere Männer bauten aus Schneeblöcken ein riesiges Tanzhaus. Fünf Tage und fünf Nächte lang wurde getanzt, gegessen und gesungen. Die Mädchen und Frauen schliefen mit vielen Männern. Ich kam während des ersten Herbststurms zur Welt und wurde sorgsam gehegt und gepflegt, denn ich galt ja als Sarkaks Kind. Doch je älter ich wurde, desto deutlicher sah man, daß ich Sarkak in nichts ähnelte. Immer wenn andere Jäger, die damals an dem großen Fest teilgenommen hatten, in unser Dorf kamen, sagte Sarkak zu dem Gast: „Sicherlich stammt er von dir." Dann lachte er, und die anderen stimmten in sein Lachen ein, denn im Grunde kümmerte es niemanden, wessen Sohn ich war.

In den folgenden zwei Wintern wurde meine Mutter immer elender und verlor allmählich Sarkaks Gunst. Als Ersatz holte er sich ein Mädchen, das erst dreizehn Winter zählte, ins Haus und ins Bett. Ikuma nahm es gelassen hin und behandelte sie wie eine Tochter. Ikuma hatte nach wie vor den Platz an der rechten Wand des Iglus oder des Zeltes inne, der einer Hauptfrau zusteht, und keiner jungen Schönheit gelang es jemals, sie von dort zu vertreiben.

Als ich der Kapuze entwachsen war und die ersten Schritte tat, litt meine Mutter an einem bösen Husten und hatte nicht mehr lange zu leben. Sie und ich waren mittlerweile auf die schlechtesten Plätze am äußersten Ende der Schlafstatt verwiesen worden. Eines frühen Morgens, als alle noch schliefen, kroch ich aus dem großen Bett und lief ins Freie. Wenig später wurden die Leute durch das wütende Knurren und Kläffen der Hunde geweckt. Sie kamen aus den Zelten herausgestürzt, gerade noch rechtzeitig, um die Hunde von mir wegzuprügeln und mein Leben zu retten. Ich hatte unzählige Bißwunden; an den Beinen waren die Wadenmuskeln vom Knochen gerissen worden. Wutentbrannt schlachtete Sarkak die Hälfte der Hunde seines großen Gespanns, denn er glaubte, man müsse jeden Hund töten, der einen Menschen gebissen hatte. Alle waren sicher, daß ich sterben würde, aber meine Mutter bettete mich in ihre Kapuze und pflegte mich. Meine Beine heilten auch wirklich, blieben jedoch verkrümmt, so daß ich fortan hinkte.

Ich war gerade wieder so weit, daß ich auf allen vieren kriechen konnte, da starb meine Mutter. Sarkak war freundlich zu mir, er erlaubte Ikuma, mich in ihre Obhut zu nehmen, lehrte mich mit den verkrüppelten Beinen laufen und erzog mich dazu, daß ich hart gegen mich selbst war. Ich arbeitete fleißig mit den Händen, fertigte Riemen an und schabte Felle. Das Paddeln im Kajak kräftigte meine

Arme und die Rückenmuskeln. Nur gehen konnte ich schlecht, und so war ich gezwungen, viel Zeit in Gesellschaft der Frauen zu verbringen. Ich erfuhr sämtliche Weibergeheimnisse, die kein Mann für möglich halten würde.

Um die Zeit, da die Fremden zu uns kamen, wurde ich schon eher als Sklave denn als Sohn behandelt. Als Kakuktak und Portagie in unserem Iglu einquartiert wurden und Sarkak mich zu Sowniapik schickte, damit ich in seinem Haus über Pilie wachte, war ich sicher, meinen Platz in dem großen Familienbett für immer verloren zu haben. Ich dachte, ich würde mir wie ein Hund eine Schlafstelle auf dem Fußboden suchen müssen, aber diese Befürchtung erwies sich als unbegründet. Statt dessen hielt Sarkak die *Kalunait,* nachdem er ihnen einen eigenen Iglu hatte bauen lassen, in einer Abhängigkeit, die noch größer war als die meine.

## III

Die *Kalunait* waren noch keinen Monat bei uns, als eines Vormittags die Kuppeln sämtlicher Schneehäuser einstürzten. Plötzlich fiel blendendes Licht in alle Iglus. Ich hörte, wie die Leute in Lachen ausbrachen und Scherzworte zu ihren Nachbarn hinüberriefen. So war es immer bei uns. Wenn die Dächer einstürzten, lachten wir über unsere Faulheit, die verhindert hatte, daß wir bei den ersten Anzeichen der Schneeschmelze die Kuppeln der Iglus abtrugen. Wir lachten aber auch vor Freude über das Herannahen einer neuen Jahreszeit. Die drei Fremden dachten wohl zuerst, wir seien verrückt geworden, aber dann stimmten sie in das allgemeine Gelächter ein.

Fürs erste blieben wir noch in den Schneehäusern, deren Wände immer mehr abbröckelten. Die Frauen nähten Robbenfelle aneinander und breiteten diese Ersatzdächer über die Iglus. Es wurde immer wärmer, starke Gezeitenströmungen trugen die meisten Eisschollen davon. Das Meer erstreckte sich endlos weit und leuchtete im Sonnenschein blau. Es wurde jetzt überhaupt nicht mehr dunkel; nur um Mitternacht verschwand die Sonne für eine Weile hinter den Berggipfeln, ging dann wieder auf und zog von neuem ihre Bahn. Wir hätten den drei Fremden gern von unserem Vorhaben erzählt, aber es gab ja keine Verständigungsmöglichkeit.

Eines Abends betrachtete Sarkak prüfend den Himmel. „Bringt mir die neuen Stiefel!" rief er den Frauen zu.

Die Kinder, die in seiner Nähe gespielt hatten, liefen eilig zu ihren Familien. „Es geht los", flüsterten sie. „Sarkak und die Fremden ziehen ihre neuen Stiefel an. Heute abend bricht Sarkak mit uns auf."

Die Kinder hatten recht. Jetzt war die Zeit gekommen, das Sommerlager aufzuschlagen. Alle hasteten durch die halb zerstörten Eingangstunnel, beladen mit Karibufellen, Säcken voller Kleidungsstücke, Steintöpfen, Trockengestellen und Schabebrettern. Ikuma wickelte ihre große steinerne Lampe in ein Bärenfell, trug sie mit Nunas Hilfe nach draußen und blieb neben dem Schlitten stehen, bis man das Bündel gut festgebunden hatte. Sarkaks zwei Schlitten waren schon zum Aufbruch bereit. Die anderen Familien beeilten sich, ihre Habe zu verstauen und die Hunde anzuspannen. Hunde, die zum Ziehen zu jung waren, sprangen um die Gespanne herum, und Säcke voll zappelnder Welpen wurden zuoberst auf einige Schlitten gepackt. Auch Kinder, die schon zu alt waren, in der Kapuze der Mutter zu reisen, setzte man auf die Ladung und band sie fest.

Wir waren alle fertig, aber Sarkak rührte sich nicht. „Die Häuser", sagte er, und Kangiak ging mit Sowniapik, Puta und Okalikjuak, um die Eingänge der Iglus zuzuschütten. Dann stießen sie neue, falsche Eingänge in jede bröckelige Schneewand.

Das war ein Brauch, den wir immer gewissenhaft befolgten, wenn wir ein Schneehaus verließen. Auf diese Weise sollten die bösen Geister verwirrt werden, die vielleicht im Haus lauerten und uns folgen wollten. Unsere Leute werden von vielen bösen Wesen geplagt: von Zwergen und Riesen, von unheimlichen Vögeln und scheußlichen zweiköpfigen Tieren. Um Glück auf der Jagd zu haben und Unglücksfällen oder Krankheiten zu entgehen, bemühen wir uns stets, die Ratschläge unseres Schamanen zu befolgen.

Kangiak, der den ersten Schlitten lenkte, bahnte den Weg für die anderen. Er ging oder trabte neben dem Schlitten her und schrie dem Leithund Befehle zu. Sarkak thronte auf einem Eisbärenfell, das die Ladung bedeckte. Er war sichtlich stolz auf die wachsende Fähigkeit seines Sohnes, sich sowohl Hunden als auch Menschen gegenüber durchzusetzen. Sarkaks Frauen gingen neben dem Schlitten her, die eine rechts von ihrem Gebieter, die andere links. Ihre riesigen Pelzkapuzen blähten sich im Wind.

Hinter den Frauen gingen die drei Fremden, die sich in ihrer Unwissenheit nicht vor verborgenen Löchern im Eis fürchteten. Sie unterhielten sich mit lauter Stimme. Yaw lenkte Sarkaks zweiten Schlitten, der schwer beladen war, denn Nunas Mutter und ich saßen auf den Bündeln – die Alte konnte genauso schlecht laufen wie ich –, und wenn einer der Fremden müde wurde, stieg er ebenfalls auf.

Die übrigen sechs Gespanne folgten uns eines hinter dem anderen in einer gewundenen Linie. Nur die Kajaks, die kieloben auf ihren steinernen Gestellen festgebunden waren, deuteten auf das Dorf hin, das sich bis vor kurzem an diesem Ufer befunden hatte. Wir fuhren durch das Halbdunkel der Frühlingsnacht und das sanfte Licht des anbrechenden Morgens, denn wir wußten, daß der Weg bald aufweichen würde, wenn die Sonne wärmer wurde.

Dann war es soweit: Wir sahen das Ende des Fjords, die Stelle, an der unser Sommercamp entstehen sollte. Bald darauf vernahmen wir ein Geräusch, das unzweifelhaft vom Frühling kündete: das wilde Rauschen des Flusses. Das Wasser war zwar noch gänzlich unter dem Schnee verborgen, aber wir hörten, wie es in der Tiefe an dem Wintereis nagte. Die jungen Leute und die nicht eingespannten Hunde liefen den Schlitten voraus. Sie konnten es kaum erwarten, das Sommerleben zu beginnen.

Den drei Fremden war jetzt gewiß klar, daß wir unser Ziel erreicht hatten, denn alles, was bei unserem Aufbruch im Vorjahr zurückgeblieben war, lag noch auf der Erde verstreut: Fischspeere, Zeltstangen, alte Steinlampen und Schmelztöpfe. Wir alle beeilten uns, die Zeltstangen aus Treibholz in den Boden zu rammen und darüber Planen aus alten Robbenfellen zu breiten. Unten wurden die Felle mit dicken Steinbrocken beschwert, denn gegen Ende des Sommers gab es hier oft sehr heftige Stürme. Wir schlugen insgesamt acht Zelte auf, deren Eingänge meist an der Südseite, zum Ende des Fjords hin, lagen.

Für die Anordnung der Zelte hatte es bei uns niemals irgendwelche Regeln gegeben. Diesmal aber bemerkte ich – und das war nie zuvor der Fall gewesen –, daß eine merkwürdige Trennlinie zwischen den Zelten verlief. Sarkaks großes Zelt und das kleine der drei Fremden standen an dem einen Ende des hohen Kiesufers, während Sowniapik, Tungilik und die anderen Jäger mit ihren Zelten ein Stück weiter zum Fluß hin gezogen waren. Ein Kind hätte einen Stein über diesen Zwischenraum hinwegwerfen können, und dennoch war er unübersehbar.

Wir aßen uns an Robbenfleisch satt und fielen danach sofort in Schlaf. Als wir gegen Abend aufwachten, hörten wir die ersten Rufe der Schneegänse, die nun zu den Sommernistplätzen zurückkehrten. Wir ahmten die Stimmen der Schneegänse nach und riefen: „Kungo, kungo, kungo." Und als die großen Vögel wie alte Freunde mit „Kung-o, kung-o, kung-o" antworteten, hoben wir die Arme und winkten ihnen Grüße zu. Auch die drei Fremden schrien zu den Gänsen hinauf, und wir alle lachten.

„Seht nur", sagten die Leute zueinander, „die da sind wirklich Menschen wie wir. Auch sie können wie Gänse sprechen. Wir werden diese Abkömmlinge des Hundes unsere Sitten und Gebräuche lehren. Wir werden ihnen beibringen, auf Männerart zu jagen."

Von nun an bis zur Rückkehr der Dunkelheit im Herbst verloren wir jeglichen Zeitbegriff. Die Sonne kreiste endlos am Himmel, und wir jagten, aßen, lachten und schliefen mit unseren Frauen. Der Wechsel von Ebbe und Flut war das einzige, was während dieser kurzen sommerlichen Milde für uns von Bedeutung war.

AM SPÄTNACHMITTAG des folgenden Tages sah ich Sarkak mit den *Kalunait* auf dem Kiesufer sitzen. Er sprach heftig gestikulierend auf sie ein, als könnten sie seine Worte verstehen.

„Bring mir einen von den Fischen", sagte er zu mir.

Nowjas Frau war zum See gegangen, hatte in der noch zugefrorenen Wasserfläche eine Öffnung gefunden und geduldig immer von neuem zugegriffen, in der Hoffnung, einige Lachsforellen zu fangen – die besten Fische, die es in unserem Land gibt. Zwei riesige Lachsforellen

hatte sie Sarkak geschenkt. Ich legte eine vor ihn hin. Sarkak zog das Messer des toten Fremden aus dem Schaft seines Stiefels. Er blickte die drei *Kalunait* an, sagte „*shavik*", deutete auf den Fisch und machte die Bewegung des Schneidens. Alle drei nickten und holten ihre Messer heraus. Sie nahmen wohl an, daß sie den Fisch zerteilen sollten.

Kakuktak brachte einen dünnen Stab und ein flaches, braun bezogenes Viereck zum Vorschein. Ich sah, daß es innen weiß, glatt und mit schwarzen Linien bekritzelt war. Kakuktak blickte Sarkak an, wies auf das Messer und sagte in fragendem Ton: „*Shavik?*"

Sarkak hielt das Messer hoch und bestätigte: „*Shavik.*" Kakuktak malte mit dem Stab ein paar Zeichen auf eine der weißen Häute.

Sarkak zeigte auf den Fisch und sagte: „*Ikhaluk.*" Kakuktak nickte und malte wieder ein paar Zeichen. Ich hatte noch nie gesehen, daß jemand ein anderes Material als Knochen oder Elfenbein zum Zeichnen verwendete.

Nun schnitt Sarkak mit einer raschen Bewegung den großen Fisch der Länge nach und noch einmal quer durch, löste geschickt das Fleisch von den Gräten und schnitt es in vier Teile. Er nahm ein Viertel für sich, grub seine Zähne fest in die rosa Fleischscheibe und trennte mit einem raschen, unbekümmerten Hieb des mörderisch scharfen Messers den Bissen dicht unter der Nase ab. Die Fremden starrten Sarkak ungläubig an, während er seine Portion rohen Fisch verschlang. Wieder und wieder schlug das Messer mit der gleichen atemberaubenden Treffsicherheit zu.

Portagie nagte an seinem Stück Fisch, aber ohne sichtbaren Erfolg, denn die zähe Silberhaut hielt das rötliche Fleisch fest zusammen. Pilie hatte die Augen abgewandt, er brachte es nicht über sich, den rohen Fisch zu essen. Kakuktak aber tat es Sarkak gleich: Er schob seine Scheibe zwischen die Zähne, hob das Messer und hackte drauflos, bis es ihm gelang, einen Bissen abzuschneiden.

Das gefiel Sarkak. Mir war klar, daß er dachte, Kakuktak könne einer von uns werden. Dieser hellhaarige Fremde hatte eine rasche Auffassungsgabe und war überdies lernbegierig.

Ich blickte Kakuktak an, als sähe ich ihn zum erstenmal. Er hatte für mich jetzt nichts Häßliches oder Beängstigendes mehr. Er war rank und schlank und anmutig in seinen Bewegungen, und wenn er lachend seine weißen Zähne zeigte, lachten wir alle vergnügt mit.

Zwar konnten wir nicht miteinander sprechen, doch wir fühlten uns wie Brüder, wie Mitglieder einer Familie. Und so war es wohl auch, denn in einer Geschichte, die ich in frühester Jugend hörte, ist die Rede von einer jungen Frau unseres Volkes, die mit einem Hund schlief. Ihr Vater schickte sie auf eine abgelegene Insel, damit die Schande nicht ruchbar würde. Dort brachte sie einen Wurf Junge zur Welt, in denen sich menschliche und tierische Züge mischten. Als sie versuchte, zu unserem Volk zurückzukehren, schlug ihr Vater sie tot. Sie fiel ins Meer und wurde eine Göttin. Nun waren drei Abkömmlinge des Hundes – die Ururenkel jenes Wurfes – bei uns aufgetaucht. So einfach erschien mir das damals. Diese Fremden, die nichts hatten und nichts wußten, glichen unnatürlich großen Kindern, die man betreuen und beschützen mußte.

Nach der Fischmahlzeit lagen wir auf dem trockenen Boden des Ufers und betrachteten schweigend die weißen Wolken. Die drei Fremden richteten ihre Augen auf den Fjord, dessen Wasser zum Meer führten. Plötzlich sprang Pilie auf, deutete mit der Hand und schrie: „Dag-it! Dag-it!" Das war der Name, mit dem Kakuktak von seinen Gefährten gerufen wurde. Die beiden anderen waren im Nu auf den Beinen und starrten in Richtung des Meeres.

Sarkak sagte zu mir: „Sie glauben die weißen Segel eines ihrer Schiffe zu sehen, aber es ist nur ein schwimmender Eisberg."

Portagie, Pilie und Kakuktak setzten sich langsam wieder hin, wir betrachteten schweigend einander und den Fjord. Er lag in seiner ganzen Länge regungslos da. Von Zeit zu Zeit hob eine Robbe den schwarzen Kopf aus dem Wasser, um Luft zu schöpfen, und verschwand dann wieder.

Sarkak erhob sich als erster, steifbeinig wie ein Greis. Er blickte die drei Fremden und mich lächelnd an. Dann wandte er sich ab und ging langsam auf das große Zelt zu. Wir hörten, wie Nuna, die auf Sarkak wartete, vor sich hin summte. Sie sang jenes zärtliche Lied ohne Worte, das unsere Frauen singen, wenn sie rhythmisch die Schultern bewegen, um das Kind in ihrer Kapuze zu beruhigen. Nuna hatte kein Kind, aber ich wußte, daß sie sich eines wünschte.

Portagie und Pilie standen auf und kehrten in ihr Zelt zurück. Kakuktak ging zum Wasser hinunter. Ich sah, wie er lange sein Spiegelbild betrachtete, und ich vermutete, daß er an jenen weit entfernten Ort dachte, der seine Heimat war.

Sarkaks geräumiges Sommerzelt war nach alter Art errichtet, so wie man es heutzutage kaum noch findet. Für den rückwärtigen Teil des Zeltes hatte man Robbenfelle verwendet, die nicht enthaart waren, so daß kein Lichtschein hindurchdringen konnte – ein guter Schlafplatz für helle Sommernächte. Auf den noch halb gefrorenen Boden des Zeltes hatte man sauberen weißen Kies gestreut. Die Sommerregen würden unter den Kies laufen, so daß der Fußboden trocken blieb. Der lange Eingangstunnel an der Vorderseite des Zeltes war aus *mumik*, dünnen Robbenhäutchen, so daß wie durch einen Filter Licht hereindrang. Hier saßen die Frauen gern, um zu nähen und zu plaudern, und für die Kinder war es ein idealer Spielplatz, weil die Hunde nicht an sie heran konnten. Auch die *Kalunait* hielten sich oft in diesem hellen Raum auf, denn sie waren gern in Gesellschaft anderer Menschen.

In jener Nacht hörte ich Sarkak im Bett mit Nuna lachen und flüstern. Sie sprachen von dem großen braunen Portagie, der sich, wie die Frauen behaupteten, körperlich in gewisser Hinsicht so sehr von unseren Männern unterschied. Nuna meinte, sie könne es nicht glauben.

„Du sollst es selbst herausfinden", sagte Sarkak. „Morgen nacht werde ich ihn dir schenken. Hinterher kannst du mir dann erzählen, was stimmt."

„O nein, ich fürchte mich vor ihm", protestierte sie. Aber ihr erregtes Lachen verriet mir, daß die Angst wohl nicht allzu groß war.

Am folgenden Abend fand Portagie seinen Bettplatz von zwei schlafenden Kindern besetzt und ging hinüber in Sarkaks Zelt, um den Sachverhalt zu klären. Alle Familienmitglieder lagen behaglich im Bett und warteten auf ihn. Man hatte ihm ein hübsches Plätzchen freigehalten, selbstverständlich neben Nuna. Sarkak winkte Portagie lächelnd zu und teilte ihm durch lebhafte Gebärden mit, das weiche Lager neben seiner schönen jungen Frau stehe dem braunen Mann zur Verfügung.

Da Sarkak der Hausherr war, bezweifelte niemand, daß der Alte selbst die Sache geschickt eingefädelt hatte. Sarkak stöhnte vor Freude, als er Portagie, vollständig angekleidet, ins Bett kriechen sah. In der Gewißheit, am nächsten Morgen von seiner Frau aufregende Einzelheiten zu erfahren, drehte er sich auf die andere Seite.

Nuna lag nackt neben Portagie; das offene Haar war um ihren

Kopf herum ausgebreitet. Ich sah, wie sie ihm zulächelte. Portagie richtete sich zweimal auf, um über Nuna hinweg auf den laut schnarchenden Sarkak zu starren. Dann ließ er sich zurücksinken, offenbar von Furcht überwältigt, denn solange ich wach war, lag er unbeweglich und ohne zu schlafen. Gegen Morgen verließ er hastig das Bett, noch immer vollständig angekleidet.

„Bestimmt hatte er Angst vor dir", hörte ich Nuna später zu Sarkak sagen. „Irgendwann in der Nacht hat er mich berührt, aber sofort die Hand zurückgezogen, als wäre ich glutheiß."

„Ich bin sicher, daß er all die Fähigkeiten besitzt, die man ihm zuschreibt. Wahrscheinlich hatte er Angst vor *dir*", erwiderte Sarkak.

Sie lachte. „Ach nein, vor mir gewiß nicht."

AM NÄCHSTEN Morgen stand ich sehr früh auf und humpelte ins Freie. Zur gleichen Zeit verließ Kakuktak das kleine Zelt. Er blickte auf einen großen Schwarm Schneegänse, die mit ausgebreiteten Schwingen dicht über uns hinwegsegelten. Das leise Geschnatter der Vögel verriet mir, daß sie uns nicht bemerkt hatten und sich hier in der Nähe niederlassen wollten.

In diesem Augenblick kam Kangiak, der sie ebenfalls gehört hatte, aus unserem Zelt geschlüpft. Rasch, sehr vorsichtig, ergriff er einen schmalen, mit drei Widerhaken versehenen Vogelspeer, ein Wurfbrett und sechs Schleudersteine an langen Riemen, die erst kürzlich von den Frauen angefertigt worden waren. Er winkte Kakuktak mitzukommen. Ich beobachtete mit leisem Neid, wie die beiden durch das Flußtal schlichen. Meine Gedanken begleiteten sie zu jenen Orten, die ich mit meinen lahmen Beinen nicht erreichen konnte.

Lachen und Geschrei begrüßten Kangiak und Kakuktak, als sie zurückkehrten, denn jeder der beiden trug mehr zusammengebundene Schneegänse über den Schultern, als ich an meinen Fingern und Zehen abzählen konnte. Von den anderen Zelten waren viele Frauen und Kinder herbeigelaufen, um die Beute zu bewundern. Portagie und Pilie kamen ebenfalls heraus.

„Ooo-ho!" Portagie hob die großen weißen Bündel von Kakuktaks Schultern, rollte die Augen und schrie lachend: „Schwer, schwer, schwer!" Er tat, als müsse er gleich unter der Last zusammenbrechen.

Wir lachten alle und ahmten sein Geschrei nach: „Ooo-ho! Weher, we-her!"

Kangiak sagte zu mir: „Das Leben muß es gut mit Kakuktak meinen, denn die Gänse fallen ihm nur so zu."

Wir alle sahen jetzt Kakuktak in einem anderen Licht. Es erschien uns durchaus möglich, daß ihm magische Kräfte innewohnten, denn hatten wir nicht, als er und die beiden anderen zu uns kamen, mehr Robben denn je erbeutet? Und hallten jetzt nicht die Berge wider von den Rufen zahlloser Schneegänse?

An jenem Abend übernahm Ikuma die Rolle von Kakuktaks Mutter. Sie schnitt die erste von ihm erlegte Gans in viele Stücke, die sie in die Luft warf. Jeder im Dorf versuchte einen Bissen von diesem heiligen Fleisch zu erhaschen. So wurde Kakuktaks erste Jagdbeute an uns alle verteilt, zum Zeichen, daß er und wir auch in Zukunft stets miteinander teilen würden. Um Sarkaks Zelt geschart, das Gesicht dem Meer zugewandt, von dem uns diese Reichtümer gekommen waren, aßen wir uns satt.

Sarkaks Augen waren unverwandt auf die drei Fremden gerichtet; offenbar überlegte er, wie er sie in das Leben des Dorfes einordnen könnte, und zwar so, daß es für ihn vorteilhaft wäre. Ich bemerkte, daß auch Sowniapik und Puta die *Kalunait* musterten. Die beiden sagten mir später, sie wüßten nicht recht, ob sie in den Männern Freunde oder Feinde sehen sollten, da Sarkaks Macht durch die drei zu sehr vergrößert werde. Auch ich betrachtete Kakuktak, Portagie und Pilie, und ich hätte gern gewußt, wie sie über uns, die echten Menschen, dachten.

Schließlich, als wir keinen Bissen mehr hinunterbringen konnten, erhob sich ein alter Mann, Atkaks Vater, lief steifbeinig um uns herum und schüttelte seinen Beutel mit Amuletten, um die Geister abzuwehren, die in den vier Ecken der Welt lauern. Dann sprang er in unseren Kreis und sang ein Lied über den Flug der großen weißen Vögel. Er sang langsam, wandte sich dabei oft an Kakuktak, und alle bewunderten die Anmut seiner Bewegungen und sein kraftvolles Lied.

Wenn die drei Fremden vor ihrem Zelt saßen, gesellten sich fast immer einige unserer Leute zu ihnen. Vor allem waren es die Jüngeren, denn viele Alte hielten sich fern, weil sie Sarkaks neue Macht fürchteten oder weil sie die Fremden für faul hielten und meinten, allenfalls Kakuktak werde die Kunst des Jagens erlernen.

Ich spürte, wie die Siedlung allmählich auseinanderbrach, als bildete sich ein immer dicker werdender Eiswall zwischen unserer Familie und den *Kalunait* auf der einen Seite und den übrigen Jägern auf der anderen. So etwas hatten wir noch nie erlebt. Bei uns war es üblich, daß jemand, der sich mit anderen Dorfbewohnern nicht vertrug, schleunigst in Begleitung seiner Familie davonzog, bevor es zu Tätlichkeiten kommen konnte.

Aber trotz aller Unstimmigkeiten hatte sich keiner von uns zum Gehen entschlossen. Ich glaube, es war das neugierige Interesse, das die Leute zum Bleiben bewog, doch angesichts des wachsenden Mißtrauens schien mir der Zerfall unserer Gemeinschaft unvermeidlich zu sein.

Den meisten jungen Leuten war nicht anzumerken, ob sie von den geheimen Spannungen etwas spürten. Sie lachten mit den Fremden und versuchten unermüdlich, sie unsere Sprache zu lehren. Kakuktak kritzelte noch immer Zeichen auf sein Päckchen weißer Häute. Er fertigte auch allerlei Bilder an, große Schiffe mit Windsegeln, merkwürdige Häuser mit viel zu vielen Fenstern, seltsam gekleidete Frauen mit großen Brüsten. Sooft er solche Bilder zauberte, war er von Zuschauern umringt.

Shartok, Tungiliks Sohn, bekam eines Tages das Päckchen weißer Häute und den schwarzen Stift von Kakuktak geliehen. Die drei Fremden schienen sehr erstaunt zu sein, als Shartok schnell und mühelos eine Reihe von Zeichnungen unseres Lagers anfertigte. Mich wunderte es nicht, denn Shartok war zwar ein schlechter Jäger, besaß aber große Fingerfertigkeit. Am wohlsten fühlte er sich als Possenreißer, und er steckte immer voller Späße.

An demselben Tag machte Shartok auch ein Bild von Nivie, weil er so gern mit ihr schlafen wollte. Während alle zuschauten, zeichnete er ihren nackten Körper. Sie lachte leise, flüchtete aber gleich darauf in das Zelt ihrer Familie, denn sie war sehr schüchtern. Portagie sprang auf; offenbar wollte er sehen, in welches Zelt das Mädchen lief.

Wie er da vor dem Himmel stand, wirkte er ungeheuer groß. Er stampfte mit den Füßen im Kies wie ein Moschusochse; seine Beine waren steif vor Verlangen.

Im Monat des Eiersammelns begannen die jungen Frauen unserer Siedlung ihre Verführungskünste an den Fremden zu erproben. In einer klaren, hellen Nacht erspähte ich durch mein Guckloch zwei

Mädchen, die vor dem Zelt der Fremden leise an der Fellklappe kratzten. Als sich die *Kalunait* nicht rührten, eilten sie zu ihren Familienzelten zurück. Aber ich bin sicher, daß mehr als ein Paar neugieriger Augen die Mädchen bei ihrem ersten nächtlichen Besuch beobachteten.

Die Fremden fanden bald heraus, daß sie – wie auch wir – in den langen hellen Sommernächten oft nicht schlafen konnten. Mitunter, wenn die nicht enden wollenden Rufe der Schneegänse und das Gelächter unserer jungen Leute sie wach hielten, standen sie auf und gingen spazieren. Ich wartete ebenfalls oftmals vergebens auf den Schlaf. In manchen Nächten lag ich im Zelt und konnte an nichts als an Mädchen denken. Gelegentlich träumte ich von Bären, und ein solcher Traum bedeutet, daß der Mann versuchen sollte, bei einer Frau zu liegen, sobald er erwacht. Aber Sarkak würde bestimmt keinen Jäger bitten, mir seine Tochter zu geben.

Eines Nachts ging ich ins Freie und stieg mit Hilfe der grauen Hündin Lao auf den Hügel hinter der Siedlung. Auf der Ebene sah ich Yaw, Shartok, Kakuktak und Portagie. Sie schlenderten, jeder für sich, gemächlich dahin. Sie suchten Eier. Als die Sonne das Land erwärmte und überall Nebelschwaden aufstiegen, sah ich zwei Mädchen langsam durch den Nebel kommen, die Ausschau nach Gänseeiern hielten. Die vorsichtigen Schritte verrieten mir, daß jede von ihnen schon viele Eier in ihrer Kapuze und in dem langen Vorderteil des Anoraks trug.

Plötzlich stürmten Shartok und Yaw den Mädchen entgegen. Als Nivie sie erspähte, kniete sie sich rasch auf den Boden und ließ die Eier aus ihrem Anorak gleiten. Ich wußte, daß sie Shartok nicht leiden konnte. Schon war er fast über ihr, als sie aufsprang und zwei Gänseeier nach ihm warf. Das eine traf seine Brust, und das Gelbe des zweiten spritzte ihm seitlich gegen den Kopf. Nivie lachte laut auf, drehte sich um und lief davon. Ich war sicher, daß Shartok sie nicht einholen würde. Das zweite Mädchen, Shartoks Schwester, versuchte nicht, vor meinem Bruder Yaw zu flüchten. Sie gab keinen Laut von sich, während er vorsichtig mit ihr rang. Portagie und Kakuktak sahen interessiert zu.

In der folgenden Nacht waren alle jungen Leute und die Fremden auf dem Plateau oberhalb des Camps versammelt; aus ihren Rufen schloß ich, daß sie sich mit dem neuen Ballspiel vergnügten. Ich brachte es nicht fertig zurückzubleiben. Bald fanden sich noch mehr Dorfbewohner ein. Eine unserer Frauen hatte aus Robbenhaut einen Ball genäht, der größer war als ein Männerkopf. Insgeheim malte ich mir aus, wie es wäre, wenn auch ich so vergnügt umherlaufen, lachen und den Ball stoßen könnte.

Nach einiger Zeit stellten Pilie und Portagie an den beiden Enden des Spielfeldes jeweils zwei Steine nebeneinander auf, teilten die Spieler in zwei Gruppen und bedeuteten ihnen, daß sie den Ball mit heftigen Stößen und ohne Rücksicht auf die anderen über das Feld ins gegnerische Tor treiben müßten. Unsere Leute blickten ganz entsetzt drein, denn man hatte den Eindruck, daß hier Menschen voller Erbitterung gegeneinander kämpften. Aus Höflichkeit gegen die Fremden spielten alle weiter, aber nach und nach änderten die jungen Leute das Spiel ab, lachten und versuchten nicht ernstlich, sich den Weg zum gegnerischen Tor zu erzwingen. Nur die drei Fremden stürmten wild hinter dem Ball her, rannten einander um und schnauften wie Tiere. Kakuktaks Nase blutete. Ich wandte mich ab, denn ich wollte nicht Zeuge dieses Wahnsinns sein.

Später waren sie müde und gebärdeten sich nicht mehr so wild. Es war, als hätte sich ein gut Teil ihrer Kampfeslust entladen, jedenfalls schienen sie jetzt mit unserer fröhlichen Spielweise einverstanden zu sein.

Am Rand des Platzes unterhielt sich Panie, Atkaks Tochter, flüsternd mit ihren Freundinnen Mia und Ivalu. Panie war groß und beweglich. Sie hatte schmale Hüften und volle Brüste. Während ich sie beobachtete, lief sie plötzlich auf Portagie zu und stellte ihm ein Bein. Er fiel hin, dann sprang er auf und blickte verblüfft umher. Panie lachte nur und machte kein Hehl daraus, daß sie es war, die ihn zu Fall gebracht hatte. Ich weiß nicht, wie sie es schaffte, aber er fiel nochmals hin. Er wollte sie am Bein packen, doch sie wich zurück und lief flink wie ein Fuchs davon. Portagie setzte ihr nach. Am Rand des Plateaus lagen Felsblöcke übereinandergetürmt, und von dort führte ein Pfad in die Berge hinauf. Panie erklomm diese Felsen mit der sicheren Gewandtheit eines Tieres. Portagie hatte die erste Felsenplattform noch nicht erreicht, als Panie schon auf der zweiten stand. Sie lief jetzt bedeutend langsamer und verschwand zwischen hohen Felsblöcken, die einen mit weichem Moos bewachsenen Platz umschlossen. Portagie eilte ihr nach.

Ein paar Kinder wollten den beiden folgen, aber ihre Mütter riefen sie zurück, und das Spiel ging weiter. Die Frauen wechselten Blicke und kicherten in einem fort, weil es Panie als erster gelungen war, einen der Fremden einzufangen.

Der Mond nahm ab. Gleichzeitig stieg die Flut und trug auch das letzte Eis fort, das sich noch an die Uferränder geklammert hatte. Das Meer war offen. Sarkak schickte Yaw und vier andere junge Männer zu unserem Winterlager, damit sie die dort zurückgelassenen Boote holten. Die Aufregung war groß, als die Kajaks und das Umiak – das Frauenboot – eintrafen, denn alle sehnten sich danach, wieder einmal dunkelrotes Robbenfleisch zu essen, und die Kajakfahrer hatten am Rand des Treibeises viele Robben gesehen.

Das Umiak gehörte Sarkak, und jedes Kajak gehörte einem bestimmten Dorfbewohner. Brauchte ein junger Mann ein Kajak, so konnte er sich eines ausleihen. Das war bei uns Sitte, denn wir teilten alles miteinander. Eines der Kajaks gehörte Nunas Mutter. Sie hatte es von ihrem verstorbenen Mann geerbt. Da sie eine Frau war, konnte sie es nicht benutzen, aber sie lieh es mir gern, weil ich ihr oft einen Gefallen tat.

Kangiak und Kakuktak halfen mir, die Jagdausrüstung in dem Kajak der Witwe zu verstauen, und sie hielten das Boot im Gleichgewicht, während ich meine verkrüppelten Beine unter das lange, schmale Verdeck schob. Dann kletterte Kangiak in Sarkaks Kajak und zeigte Kakuktak, wie man es vermeiden konnte, gleich beim Einsteigen mit dem zierlichen Fahrzeug zu kentern. Einer nach dem anderen stießen sie vom Ufer ab und folgten mir den langen, stillen Fjord hinunter. Im Kajak war ich kein Krüppel mehr, und meine Arme schienen vor Kraft zu frohlocken.

Wir waren den ganzen Tag unterwegs und erlegten gemeinsam eine große Robbe. Obgleich es Kangiaks Harpune war, die das große Tier getroffen hatte, kam es mir vor, als hätten wir Kakuktak die Beute zu verdanken. Es stimmte schon, was die Leute sagten: Kakuktak war auf der Jagd vom Glück begünstigt.

Der Tag hatte mich angestrengt, und ich schlief fest, bis mich mitten in der Nacht das Flüstern der Mädchen weckte. Als ich das Stückchen Vogelhaut beiseite schob, das ein Guckloch über meinem Kopf verdeckte, sah ich Panie. Sie kratzte an der Fellklappe vor dem Zelt der

Fremden. Das zweite Mädchen war Ivalu. Sie war jung und rotwangig und hatte einen weichen, gleitenden Gang, der mich erregte. Portagie kam heraus, ihm folgte Pilie. Sie winkten den Mädchen mitzukommen.

Viele Gedanken gingen mir durch den Kopf, bevor ich einschlief. Panie hatte Portagie zum Plateau geführt, und jetzt kam sie wieder zu ihm und hatte diesmal sogar eine Freundin für Pilie, vielleicht auch für Kakuktak mitgebracht. Ich hatte ihnen angemerkt, daß sie zu allem bereit waren. Seit jener Nacht, in der Pilie Ivalus Handgelenk umklammert hatte, wußte ich, daß die drei Fremden nach unseren Frauen verlangten. Wahrscheinlich sind das Empfindungen, die Männer in aller Welt miteinander gemein haben.

Aber das hier war nicht richtig. Wieder spürte ich jenes seltsame Unbehagen, als kröche irgendein Unheil langsam auf uns zu. Diese Mädchen waren wie ausgelassene Kinder, aber die Fremden würden Macht über sie gewinnen, würden sie lehren, mit ihnen zu sprechen, würden ihnen Ratschläge erteilen. Ach, wären doch diese jungen Mädchen vollerblühte Frauen gewesen und so klug wie Ikuma! Sie hätte mit den Fremden umzugehen und den Zerfall der Dorfgemeinschaft zu verhindern gewußt.

Dieses heimliche Zusammensein war Sarkaks Schuld. Ebenso wie er Fleisch an die Fremden verteilte, wie er ihnen Stiefel und ein Bett gab, hätte er ihnen Frauen leihen müssen. Frauen von Jägern, die es verstanden hätten, die Fremden zu befriedigen, und die dann unbeschadet zu ihren Angehörigen zurückgekehrt wären.

Das unterdrückte Lachen der Mädchen hielt mich die ganze Nacht wach. Am Morgen schienen die Fremden mehr tot als lebendig zu sein, und Sarkak war aus unbekannten Gründen schlecht gelaunt. Da Pilie nichts Besseres zu tun hatte, hob er eine Hundepeitsche auf und bemühte sich – aber vergebens, denn er hielt sie falsch –, mit der langen Schnur zu knallen wie ein Gespannlenker. Portagie, der neben dem Zelteingang lag, lachte über Pilie.

„Er stellt sich so ungeschickt an wie eine Frau", sagte Sarkak.

Pilie blickte Sarkak an und schleuderte voller Abscheu die Peitsche auf die Erde. Gleich darauf zwängte er den dicken Peitschengriff zwischen zwei große Steine, die eine der beiden Zeltbahnen am Eingang beschwerten. Dann ging er über den Uferkies, zog die nasse Peitschenschnur hinter sich her und legte einen Stein auf ihr freies Ende, damit sie straff gespannt blieb.

„Was macht er jetzt?" erkundigte sich Sarkak bei mir. Aber ich wußte keine Antwort.

Pilie begann Felsbrocken über die lange, straff gespannte Peitschenschnur hinwegzuwerfen. Er rief: „Portagie!", und der große braune Mann erhob sich und schlenderte über den Kies. Pilie sagte etwas, und gemeinsam entfernten sie die Steine längs der Peitschenschnur, bis allmählich ein gerader Streifen Lehmboden zum Vorschein kam.

Nun ging Pilie zum Zelt und holte eine Harpunenleine. Er band sie um den großen Stein an der anderen Seite des Eingangs und spannte auch sie straff in Richtung des Wassers. Der Abstand zwischen der Harpunenleine und der Peitschenschnur war so bemessen, daß zwei Männer bequem Seite an Seite gehen konnten. Unermüdlich schleuderten sie die Steine zwischen den Leinen heraus.

„Sieh dir das an", sagte Sarkak. „Sie essen wie vier Männer und spielen wie Kinder... He, mein Sohn", rief er Kangiak zu, der mit Kakuktak vom Fluß kam, „sieh nur, wieviel Kraft diese beiden ganz nutzlos verschwenden."

Zu unserer Überraschung lief Kakuktak sofort zu seinen Gefährten und half ihnen. Als die Männer all die Steine zwischen der Peitschenschnur und der Harpunenleine beseitigt hatten, spannten sie die Schnüre von neuem, diesmal weiter zum Wasser hin. Zwischen den Leinen befand sich ein großer, spitzer Felsblock. Ich nahm an, daß sie ihn umgehen würden, denn er steckte tief in dem harten Lehmboden. Mit einem Walroßzahn und einem Stück Treibholz nahmen die drei jedoch den Kampf auf; sie gruben, stemmten und wuchteten. Viele von uns hatten sich als Zuschauer eingefunden, aber die Fremden schienen keinen Wert auf Hilfe zu legen. So kümmerten wir uns nicht mehr um ihren sinnlosen Ringkampf.

Früh am Morgen hörte ich das Klicken von Steinen, die gegen Steine prallten. Ich humpelte nach draußen. Die *Kalunait* waren bereits eifrig bei der Arbeit. Ihr Pfad erstreckte sich jetzt schon über mehr als die halbe Entfernung zwischen Zelt und Wasser.

Auch Kangiak und Sowniapik fanden sich ein. „Sie haben das Ding herausgeholt", sagte Kangiak. „Und ohne Hilfe." Wir merkten, daß sie todmüde waren. Jetzt ließen sie sich sehr gern von uns helfen. Einige Kajakfahrer mit ihren Söhnen und Töchtern kamen hinzu, und wir machten uns alle daran, den unnützen Pfad von Steinen zu befreien. Im Lauf des Vormittags hörten die *Kalunait* auf mitzuarbeiten; sie erteilten uns nur noch Befehle. Pilie trieb die jungen Leute mit lauten Zurufen an, und wenn sie sich zuviel Zeit ließen, stapfte Portagie mit drohender Miene auf sie zu, als wollte er sie schlagen. Erst am Abend war das Werk vollendet. Die Frauen hatten Kies in Säcken aus Robbenhaut herbeigeschleppt und damit den Pfad bestreut.

Der erste, der den fertigen Pfad betrat, war Pilie, und er zog Kakuktak am Arm mit sich. Der braune Portagie folgte ihnen, und sie schritten wie Götter zum Wasser hinunter und dann zurück.

Keiner von uns, nicht einmal Sarkak, setzte jemals den Fuß auf jenen Pfad, der übrigens auch heute noch existiert. Allerdings haben das Eis und die Gezeiten seine untere Hälfte zerstört, und unsere Zelte sind seit langem verschwunden. Die Schneegänse nisten nicht mehr in jenem Teil des Landes, und die Karibus wählen jetzt im Herbst einen anderen Weg. Manche Leute behaupten, die Tiere ergriffen beim Anblick des schnurgeraden Pfades angstvoll die Flucht, weil sie wüßten, daß er von Menschen angelegt wurde.

## IV

Von dem Tag an, da wir die Fremden ins Dorf gebracht hatten, war für uns alles anders geworden. Wir begannen unsere Lebensweise mit ihren Augen zu sehen, wir betrachteten zum erstenmal uns selbst. Da wir keine gemeinsame Sprache hatten, mußten wir sie – und sie uns – genau beobachten.

Um die Mitte des Sommers fühlten die Fremden sich offenbar bei uns geborgen wie Kinder. Nach und nach lernten sie, so unbeschwert zu leben wie wir, jeden Tag zu genießen und sich nicht um die Zukunft zu sorgen. Sie schliefen in unseren Betten, und immer öfter versuchten sie, uns dies oder das in ihrer Sprache mitzuteilen. Manchmal war es, als wetteiferten sie miteinander, unsere Aufmerksamkeit zu erringen.

Eines Tages holten sie sich drei von den Holzstützen ihres Zeltes und zogen sich damit in eine schmale Schlucht zwischen den Felsen zurück. Nach einiger Zeit stiegen sie zu dem Plateau hinauf, und wir hörten Kakuktak nach uns rufen. Sarkak erklomm als erster den Bergpfad. Die meisten Dorfbewohner folgten ihm. Die Fremden standen im Kreis um ein neues, aus Steinen geformtes Gebilde herum. Es schien der Umriß eines Bootes zu sein.

Als endlich Ruhe eingetreten war, ging Pilie steifbeinig auf und ab. Seine Blicke suchten die Berge ab.

Plötzlich schrie er: *„Tuga, tuga, tuga!"*, wie wir es tun, wenn wir auf dem Meer ein Tier sichten.

Portagie und Kakuktak packten hastig ihre Holzstangen, liefen mit Pilie zu dem aus Steinen gebildeten Umriß des Bootes und taten, als stiegen sie ein. Pilie setzte sich ins Heck und benutzte seine Stange als Steuerruder. In der Mitte des Bootes hockte Kakuktak und bewegte seine Stange mit weit ausholenden, gleichmäßigen Bewegungen vor und zurück. Dann stand er auf, ging einen Schritt zur Seite und setzte sich hin. Nach zwei, drei Ruderschlägen stand er abermals auf und ließ sich weiter vorn nieder. Insgesamt wechselte er viermal den Platz, und jedesmal ruderte er eifrig mit der langen Stange. Auf diese Weise wurde uns klar, daß zur Fortbewegung dieses Bootes vier Männer nötig waren.

Jetzt ergriff Portagie, der vorn im Boot kauerte, die Stange und hob sie wie eine riesige Harpune. Über den Bug des Bootes gebeugt, suchte er aufmerksam die imaginäre Wasserfläche ab. Dann fuhr er hastig zurück, zielte sorgfältig und stieß seine Harpune tief in den Leib des Wales. Hastig klammerten sich alle drei am Boot fest und schwankten hin und her, weil der Wal sie mit großer Geschwindigkeit durch das Wasser zog.

Ich traute kaum meinen Augen, denn das alles war wie bei unserer Jagd auf dem Meer, nur daß die Fremden ihr Boot so benutzten, wie wir eine luftgefüllte Fellblase benutzen. Sie ließen sich von dem Wal ziehen, solange noch Leben in ihm war.

In einer gekonnten Pantomime verdeutlichten uns die Fremden, daß der Wal dreimal an die Oberfläche kam. Portagie stieß die Klinge in das gewaltige Tier und drehte sie dabei auf jene ausgeklügelte Art, die das Verbluten des Tieres beschleunigt und die wir so gut kannten. Kakuktak packte die Flosse des Wales und hielt sie fest, während Portagie eine Doppelleine durch die dicke Haut des Tieres zog. Auf diese Weise wurde der schwimmende Kadaver abgeschleppt. Die drei Männer ruderten und sangen.

Unvermittelt sprangen sie aus ihrem Steinboot und verbeugten sich lächelnd vor uns. Wir Zuschauer stießen Seufzer der Überraschung aus, denn wir hatten jede Phase dieser Jagd begriffen.

Diese drei und ihr Gefährte, den wir tot gefunden hatten – das waren vier Männer. Und wo sind die beiden anderen geblieben, fragten wir uns. Sarkak wies auf die leeren Plätze.

Pilie nickte. Er ging mit unsicheren Schritten über die Tundra, als sei der Boden spiegelglattes Eis. Dann fiel er hin. Im Sturz griff er nach der Hand eines unsichtbaren Mannes, der ins Wasser mitgerissen wurde.

So fanden wir heraus, wie die Fremden zu uns gelangt waren und wie ihre Gefährten unterwegs den Tod gefunden hatten.

ZWEIEINHALB Sommermonate lang schien die ganze Welt vom Singen des Flusses widerzuhallen, und der Himmel kannte keine Dunkelheit. Morgens wehte Nebel vom Meer heran und kroch wie weißer Rauch über die Tundra, so daß nichts mehr vom Inland zu sehen war.

Ich wußte von Kind auf, daß Nebel im Sommer entsteht, wenn sich junge Menschen in ihrem Leichtsinn auf dem Boden der Tundra paaren. Die Jugend sollte im Freien sorgsamer sein, denn der Nebel verdirbt unweigerlich die Sommerjagd. Unsere Jugendlichen und auch die Fremden waren jedoch so unbekümmert, daß wir fünf Tage lang durch dichten Nebel behindert wurden. Dann kam peitschender Regen Tag und Nacht.

Da sich so viele Menschen in den Betten zusammendrängten, war das Leben in den Zelten recht schwierig. Das heißt, anfangs fanden wir es ganz gemütlich. Wir schliefen uns aus und lauschten alten Geschichten. Aber zuviel Schlaf verursacht Kopfweh und lähmt das Denken. Irgend jemand hustet, spuckt, hustet wieder, und die Geräusche gehen den anderen auf die Nerven. Und als wir schon nicht mehr wußten, wie wir das Eingesperrtsein noch länger ertragen sollten, fing Nunas Mutter, die alte Witwe, wieder und wieder mit ihrem verrückten Singsang an. Ich wünschte nichts sehnlicher, als hinauslaufen und dem Singsang entrinnen zu können.

Eines Tages hörten wir Pilie und Portagie in ihrem kleinen Zelt neben dem unseren laut streiten. Schließlich rannte Pilie fluchend ins Freie. Pilie und Portagie wurden fast jede Nacht von Ivalu und Panie besucht. Kakuktak war es offenbar lieber, mit uns zusammen zu sein. Er verbrachte den größten Teil der Regenperiode in unserem Bett, neben Kangiak, der sein bester Freund geworden war und ihn in allem beriet, was unsere Lebensweise und Sprache betraf. Immer wenn ich an die drei Fremden dachte, empfand ich Freude und wurde zugleich von bösen Ahnungen geplagt, denn ich spürte, daß sich das Leben in unserer Siedlung unaufhaltsam veränderte.

Die letzten zwei Regentage verbrachte Pilie bei Sowniapiks Familie, weil ihm das Zusammensein mit Portagie in dem kleinen Zelt unerträglich war. Man erzählte mir, Pilie vertreibe sich die langweiligen Stunden damit, daß er sein Seemannsmesser wetzte, bis es mörderisch scharf war. Als die Regentage vorbei waren, entdeckte er hinter dem Zelt ein Stück Treibholz, etwa so lang wie ein Mann. Pilie kannte ein Spiel, dem er sich nun mit Begeisterung hingab. Er stieß das Messer leicht in das eine Ende des Balkens, hielt dann den einen Zeigefinger vor die Spitze, den anderen hinter den Griff und ließ das Messer dann herumschnellen. Es wirbelte dreimal durch die Luft und blieb zitternd im anderen Ende des Balkens stecken, an einer Stelle, die er durch ein kleines Zeichen markiert hatte. Er erlaubte mir und Sowniapik, daß wir uns mit seinem Messer in dieser Kunst versuchten, und wir wurden immer geschickter, bis es uns gelang, das Messer mitunter sogar auf dem eingeritzten Zeichen landen zu lassen. Einige andere Kajakfahrer und auch Sarkak probierten es ebenfalls ein paarmal, aber wir waren ihnen so weit voraus, daß sie meistens nur danebenstanden und zusahen.

Nachdem wir eines Abends eine Zeitlang gespielt hatten, hob Pilie die Arme und bat um Aufmerksamkeit. Er schnitt oben an seiner Hose einen weißen Knopf ab, hielt ihn hoch, damit jeder das kostbare Stück sehen könnte, und legte ihn dann in die Mitte des Balkens. Sein Blick fiel auf Sowniapiks neue Seehundhandschuhe. Er zeigte darauf und bedeutete Sowniapik, er solle sie neben den Knopf legen.

Durch erklärende Gesten gab er uns zu verstehen, daß er die Handschuhe gewinnen würde, wenn er bei dem Wurf näher an das Mal herankäme als Sowniapik, und daß Sowniapik im umgekehrten Fall den Knopf behalten dürfte.

Wir fanden die Sache sehr aufregend. Natürlich war Sowniapik begeistert, und wir schnappten nach Luft, als er den Knopf bekam und trotzdem seine Handschuhe behalten durfte. Er platzte beinahe vor Stolz, zog rasch seinen Anorak aus, und im Handumdrehen hatte seine Frau den Knopf mitten auf der Vorderseite angenäht. Sowniapik blickte umher und suchte fieberhaft irgendein Wettobjekt. Plötzlich kam ihm ein Einfall. Er brachte sein Amulett zum Vorschein, ein Bündel elfenbeinerner Messerchen, das er immer schüttelte, wenn er einen Wetterumschlag herbeiführen wollte. Pilie betrachtete es verächtlich. In seinen Augen war das ein Kinderspielzeug. Um jedoch das Spiel in Gang zu halten, erklärte er sich einverstanden und schnitt, wenn auch zögernd, einen zweiten Hosenknopf ab. Sowniapik wurde abermals Sieger. Schließlich hatte er alle vier Hosenknöpfe von Pilie gewonnen.

Das großartige neue Spiel faszinierte uns. Alle blickten gespannt auf Pilie und Sowniapik. Mit einer Bewegung, die ich niemals vergessen werde, hielt Pilie das Messer hoch und setzte es statt eines Knopfes. Ein Raunen lief durch die Menge. Sowniapiks Augen wurden zu schmalen Schlitzen; er hatte sich noch nie so brennend etwas gewünscht wie dieses Messer. Langsam fing er an, seinen Anorak mit den vier weißen Knöpfen auszuziehen, aber Pilie winkte ab. Dann ergriff er Sowniapiks Hand, legte sie auf die von Ivalu und hob beider Arme hoch.

Es dauerte ein Weilchen, bis wir dahinterkamen, daß Pilie verlangte, Sowniapik solle seine Tochter gegen das Messer setzen. Sowniapik blickte seine Frau an. Das, was er in ihren Augen las, gefiel ihm nicht, und er wollte schon Ivalus Hand loslassen, aber das enttäuschte Brummen seiner Jagdgefährten bewog ihn, den Arm des Mädchens wieder nach oben zu recken. Die Wette war abgeschlossen.

Sowniapik duckte sich, zielte und ließ das Messer gekonnt durch die Luft wirbeln. Es landete unmittelbar neben dem Mal. Alle atmeten geräuschvoll aus, denn sie glaubten, er habe gewonnen. Aber nun kam Pilie an die Reihe. Mit großer Sorgfalt schnellte er das Messer los. Es sauste genau ins Mal.

Pilie entblößte seine Zähne zu einem kaum sichtbaren Lächeln, als er sein kostbares Messer wieder an sich nahm. Dann packte er Ivalus Handgelenk und zog sie unsanft zu sich herüber. Ich hatte den Eindruck, er starre uns alle herausfordernd an. Wieder kam mir der Gedanke, daß die Fremden nichts, gar nichts mit uns gemein hätten und daß wir einander vielleicht niemals wirklich verstehen könnten.

Pilie sah Sowniapiks Frau an. Ihr Gesicht glich einer Totenmaske, und aus den schmalen Augenschlitzen drang kein Licht. Pilie ließ das Mädchen sogleich los und streckte sich auf dem Bett aus — wahrscheinlich hoffte er, wir würden sein Zittern nicht bemerken. Alle begannen zu husten, wie wir es immer tun, wenn es gilt, eine unangenehme Situation zu überbrücken. Ich beglückwünschte mich im stillen, daß ich nicht Sowniapik war. Er hatte soeben eine Tochter verloren, und nun mußte er sich noch vor seiner Frau verantworten.

Als ich mich wieder Sowniapik zuwandte, traute ich kaum meinen Augen, denn er hielt die Hand seiner zweiten Tochter Mia hoch. Am meisten war darüber wohl Pilie erstaunt, der sich hastig aufsetzte und mit gierigen Blicken das Mädchen betrachtete. Er hielt wieder das Messer hoch, aber Sowniapik drückte Pilies Finger um Ivalus Handgelenk und zwang ihn, die erste Tochter gegen die zweite zu setzen.

Mir fehlte der Mut, Sowniapiks Frau zu beobachten.

Pilie war leichenblaß. Er blickte umher in die kalten Augen der Kajakfahrer, und ich glaube, unsere Nähe jagte ihm plötzlich Angst ein. Er ritzte ein neues Zeichen in das Holz, kniete sich hin und ließ das Messer genau ins Mal schnellen. Pilie bedeutete seinem Gegner, jetzt sei er an der Reihe. Sowniapik gehorchte wie im Traum. Das Messer, ungeschickt und ohne Hoffnung geworfen, landete am äußersten Ende des Balkens, weit von dem Mal entfernt.

Diesmal griff Pilie nicht nach Mia, sondern blieb regungslos sitzen. Dann stieß Sowniapik, ohne hinzusehen, das Mädchen grob zu Pilie hinüber. Diejenigen von uns, die auf dem Bett gesessen hatten, erhoben sich schleunigst. Es schien uns geraten, den Platz zu wechseln.

Zweifellos wußte Pilie, daß jeder Blick und jede Hand im Zelt ihm feindlich gesinnt waren, denn er beugte sich vor und drückte Sowniapik das Messer in die Hand. Er reichte es ihm verkehrt herum, so daß die Klinge auf ihn selbst zeigte. Das ist bei uns ein Zeichen, daß man sich ergibt, sich dem anderen ausliefert.

Wieder begannen wir alle zu husten, und die schreckliche Spannung im Zelt ließ nach. Jetzt hatte Sowniapik das wertvolle Messer und Pilie die beiden Töchter. Wir wußten, daß ein Verwandter blutige Rache nehmen würde, falls Pilie einer der beiden ein Leid zufügte. Sollte es Pilie gelingen, die beiden zu ernähren und sie wirklich sein eigen zu nennen, dann wäre das eine große Überraschung für uns. Der wirkliche Sieger war Sowniapik, denn ihm gehörte jetzt das herrliche Messer. Später hörte ich, Sowniapiks Frau sei noch monatelang mit einer Nadel in der Hand schlafen gegangen und er habe sich ihr nicht zu nähern gewagt. Trotzdem ließ sie zu, daß Pilie zwischen ihren Töchtern schlief. Ja mit der Zeit faßte sie sogar Zuneigung zu ihm. Pilie hatte die Gabe, alle Frauen zu bezaubern.

UM DIE MITTE des Sommers war es so weit, daß die Fremden feste Schlafplätze hatten. Kakuktak schlief bei uns in Sarkaks Zelt, Portagie in dem kleinen Nachbarzelt und Pilie in Sowniapiks Zelt. Mit ihrer Freundschaft schien es nicht mehr weit her zu sein. Die glänzenden Metallknöpfe an Pilies Jacke und der Umstand, daß er damals das Boot gesteuert hatte, deuteten auf eine gewisse Vormachtstellung hin. Portagie mit der braunen Haut, unter der sich die Muskeln abzeichneten, und seinem dröhnenden Lachen unterschied sich praktisch in allem von den beiden blaßhäutigen Männern, und mitunter merkte ich ihm an, daß er am liebsten nichts mehr mit ihnen zu schaffen gehabt hätte. Kakuktak glich uns trotz seines hellen Haares am meisten. Er eignete sich unsere Sitten an und konnte uns verstehen.

Sarkak fühlte sich sehr zu Kakuktak hingezogen. Er saß gern zwischen Kakuktak und Kangiak, seinem Lieblingssohn, und unterhielt sich mit den beiden. Er lehrte sie seine vielen Fertigkeiten. „Kommt, meine Söhne", rief er mitunter. Kakuktak wußte den Vogelspeer und Pfeil und Bogen geschickt zu handhaben. Okalikjuak unterrichtete die beiden jungen Männer in der Anfertigung und dem Gebrauch eines Bogens. Kakuktak hatte in der Tat das Zeug zu einem Sohn. Tugak und Yaw mißbilligten das sicherlich, aber sie fühlten sich nicht leicht gekränkt. Uns alle stimmten der Überfluß an Nahrung und das schöne Wetter froh. Wir genossen es, daß sich Sarkak so zugänglich zeigte.

Eines Abends, als Kangiak und Kakuktak auf der Jagd waren, legte sich Sarkak zwischen seinen Frauen nieder. Er fragte Ikuma nach den

Stiefeln, die sie für Kakuktak anfertigen sollte, und begutachtete sie eingehend. Nuna stieß einen Seufzer aus angesichts solcher Meisterstücke. „Jetzt hat Kakuktak schöne neue Stiefel, und alle Kinder hängen an ihm wie an einem Vater. Kakuktak braucht gar keine Frau", sagte sie.

Sarkak setzte sich auf. Ich sah, wie seine Erregung immer größer wurde. Ikuma und Nuna verstanden es ausgezeichnet, ihm immer im richtigen Augenblick die richtigen Einfälle zu suggerieren. Er verließ hastig das Zelt.

Ikuma schlich zur Zeltklappe. Nuna folgte Ikuma zum Eingang und legte den Arm liebevoll um Ikumas Schultern.

„Sicherlich geht er zu Puta und bittet ihn um seine Tochter Nivie", meinte Ikuma. „Von allen jungen Mädchen des Dorfes ist sie diejenige, die er am meisten begehrt. Jetzt will er sie für Kakuktak haben."

Als hätten ihre Worte ihn magisch angetrieben, schritt Sarkak auf Putas Zelt zu. Am Eingang machte er halt und hustete ein paarmal, um der Familie seinen Besuch anzukündigen, während Nuna und Ikuma eng aneinandergeschmiegt standen und einander den Mund zuhielten aus Angst, man könnte sie kichern hören. Es heißt ja, in unserem Land seien die Frauen den Männern untertan, aber das würde ich nun wirklich nicht sagen.

Nivie gefiel mir am besten von allen Mädchen unserer Siedlung. Man spürte, daß ihr bei aller Sanftmut eine verborgene Kraft innewohnte. Sie hatte ein gebräuntes, schönes Gesicht, und ihre Wangen schimmerten rosig wie der Bauch einer Forelle. Ihr Haar war lang und von jenem Schwarz, das im Sonnenschein blau schimmert. Im Umgang mit Männern war Nivie sehr zurückhaltend, mit mir aber, der ich ein Krüppel und nicht so wie die anderen war, unterhielt sie sich oft. Immer sah ich ihr sehnsüchtig nach.

Sarkak blieb sehr lange bei Puta, aber als Ikuma ihn fragte, ob er irgendwelche Vereinbarungen wegen der Heirat getroffen habe, antwortete er nur mit einem Knurren.

Am Nachmittag kamen Kangiak und Kakuktak mit großen Bündeln fetter Eiderenten zurück. Voller Stolz warfen sie den Frauen die fleischigen Vögel hin.

Im Handumdrehen hatten Ikuma und Nuna acht Enten gerupft und in den Steintopf geworfen. Die beiden jungen Männer lagen auf dem Bett und kosteten ihren Hunger aus, während die sämige Brühe das ganze Zelt mit ihrem köstlichen Duft erfüllte.

Sarkak langte in den Topf und nahm die beiden größten Enten heraus. Die eine behielt er für sich, die andere reichte er Kakuktak. Nun griffen auch wir anderen zu. Jeder riß von seinem Vogel das dampfende Fleisch in langen Streifen ab. Als Sarkak satt war, rülpste er zufrieden, wies auf den Haufen noch nicht gerupfter Enten und sagte zu Ikuma: „Geh, Frau, und bring die da zu Puta hinüber. Sag, daß Kakuktak die Enten erlegt hat und sie ihnen als Geschenk schickt."

Ikuma nahm das Bündel und verließ das Zelt. Schon nach kurzer Zeit kam sie zurück, und Sarkak sagte zu mir: „Geh und richte meinem lieben Jagdgefährten Puta aus, daß Kakuktak, der mir wie ein Sohn ist, bei ihm im Zelt schlafen möchte. Du wirst ebenfalls die Nacht dort verbringen und mir dann berichten, ob sich die Sache gut angelassen hat."

Puta und seine Frau saßen mit Nivie und ihren jüngeren Geschwistern in einer Reihe auf dem vorderen Rand des niedrigen Bettes. Ganz außen saßen noch Ningiuk, Putas Schwiegermutter, und Ningiuks zweite Tochter, für die sich noch kein Mann gefunden hatte. Um mir einen Platz frei zu machen, verließ Nivies jüngere Schwester eilig das Zelt, um sich als Schlafgast bei Nachbarn einzuquartieren. Ich merkte, daß sie alle erschrocken und unsicher waren.

Schließlich deutete Puta auf den Kochtopf und sagte: „Einige Enten haben sich Kakuktak ausgeliefert."

„Ja", antwortete ich. „Er wird wohl bald selbst kommen."

Bald darauf hörten wir Schritte auf dem Uferkies. Dann wurde draußen gehustet, und Puta antwortete von drinnen. Die Zeltklappe öffnete sich, und Kakuktak, tief gebückt, trat ein.

Putas Sohn quetschte sich dicht an mich heran, damit Kakuktak noch Platz auf dem Bett fände. Der Kleine war offenbar nicht gewillt, das Zelt zu verlassen und die aufregenden Dinge zu versäumen, die sich zwischen dem hellhaarigen Fremden und seiner Schwester Nivie ereignen würden. Kakuktak setzte sich vorsichtig neben Nivie. Der kleine Bruder stieß in seiner Begeisterung einen leisen Pfiff aus, und Nivie knuffte ihn in die Rippen, um ihn zum Schweigen zu bringen.

Die Enten wurden rasch gerupft und in den Topf geworfen. Allmählich wich das allgemeine Gefühl der Befangenheit. Putas Frau zeigte Kakuktak ein sehr kompliziertes Abnehmespiel, das wir „die fliegende Eule" nennen, und Kakuktak holte das Päckchen weißer Häute hervor und zeichnete mit dem langen, dünnen Stab Tiere, die uns völlig unbekannt waren. Während er zeichnete, machte er die Stimmen dieser merkwürdigen Geschöpfe nach; er brüllte und schnatterte, und alle lachten schallend über seine Nachahmung.

Kakuktaks Augen glänzten, und sein Gesicht war vor Freude gerötet, denn er spürte die Wärme und Zuneigung. Nivie und ihr kleiner Bruder hatten auch mich in den Kreis gezogen, als sei ich ein Mitglied dieser Familie, und in meinem Herzen wünschte ich, daß es so wäre. In Sarkaks Zelt konnte es niemals so sein. Wir alle lebten für ihn.

Putas Frau stellte den Steintopf vor uns hin. Wir alle aßen vom Fleisch, dann ließen wir den Topf herumgehen, und jeder trank seinen Anteil von der Brühe. Dann wischten wir uns die Hände und den Mund mit dem weichen Fell eines Schneehasen ab und machten es uns auf den warmen Fellen bequem. Der würzige Duft des unter dem Bettzeug ausgebreiteten Heidekrautes stieg mir in die Nase. Nivies Bruder, der sich verzweifelt bemühte, wach zu bleiben, fielen bald die Augen zu. Puta lag in festem Schlaf. Ich war viel zu aufgeregt, um schlafen zu können.

Im Halbdunkel richtete sich Kakuktak plötzlich auf und zog langsam den Anorak aus, so daß die geradezu erschreckende Weiße seines Oberkörpers nach und nach sichtbar wurde. Er rollte den Anorak zum Kopfkissen zusammen und legte sich wieder hin. Nivie wartete noch eine Weile, dann setzte sie sich auf. Mit einer einzigen weichen Bewegung zog sie den Anorak aus und schüttelte ihr offenes Haar, daß es über die nackten Schultern fiel. Sie schlüpfte unter die Felle, die uns alle bedeckten.

Ich hörte, wie die beiden atmeten, und ich wußte, daß jeder von ihnen die Glut im Körper des anderen fühlte. Nivie brachte Kakuktak bei, seine Nase an die ihre zu pressen und dabei zärtlich zu schnüffeln, eine Art der Liebkosung, die bei unserem Volk üblich ist. Dann sah ich, daß Kakuktak seinen Mund fest auf den ihren preßte. Ich nahm an, er wolle sie beißen, und mein erster Gedanke war, sein Messer zu packen und ihn in den Rücken zu stechen, aber Nivie hielt ihn fest an sich gedrückt; als sie die Lippen voneinander lösen mußten, um Atem zu schöpfen, wechselten sie einen innigen Blick, und im nächsten Moment lag wieder Mund auf Mund, wiederholte sich dieses unglaubliche Tun. Dabei waren die beiden so zaghaft, daß sie sich kaum bewegten. Wie spielende Kinder lagen sie geborgen in der Wärme des breiten Familienbettes.

Das Zuschauen hatte mich wohl ermüdet, denn ich schlief ein, und im Traum begegneten mir viele, viele Kinder. Ihre Haut war blaß und ihr Haar hell, aber als ich mich zu ihnen hinabbeugte, sah ich, daß sie die lebhaften dunklen Augen unseres Volkes hatten. Plötzlich tauchte ein Eisbär in meinem Traum auf; er stand schweigend neben uns. Als ich aufwachte, zitterte ich, denn ich wußte, daß ein Mann, der von einem Bären träumt, so schnell wie möglich bei einer Frau liegen sollte. Ich zog meinen Anorak an und hinkte hinaus. Ich streichelte die graue Hündin, als wäre sie eine Frau, in der Hoffnung, auf diese Weise den Traum zu erfüllen. Dann humpelte ich zu Sarkaks Zelt, um ihm zu berichten.

Kakuktak war wie wir, obgleich er seine Güte vielleicht erst von uns gelernt hatte. Nivie lernte ihn besser kennen als irgendeiner von uns. Bald war sie so weit, daß sie seine glatte weiße Haut und das helle Haar schön fand. Dagegen neckte sie ihn wegen der Haarbüschel auf dem Kinn, und Nivie zuliebe schliff Kakuktak sein Seemannsmesser so scharf wie möglich und schabte an seinem Gesicht herum, bis die Haut ebenso glatt war wie die unsere. Während ich neben ihnen schlief, wünschte ich mir sehnsüchtig, ein richtiger Mann zu sein und eine Frau zu haben, die mir allein gehörte.

E<small>INES</small> N<small>ACHTS</small> – unser Sommer war fast vorüber – erwachte ich davon, daß Tugak ins Zelt kam und Sarkak aufgeregt zurief: „Die Fische sind zurückgekehrt! Wenn du gleich kommst, kannst du sie von der Uferböschung aus sehen."

Alle sprangen aus dem Bett, zogen sich an und liefen zum Fluß. Dort standen schon mehrere Nachbarn und versuchten mit dem Blick das Halbdunkel zu durchdringen. Ich kniete mich neben meine Hündin und spähte ins Wasser. Ich sah, wie Schule um Schule rot und silbern glitzernder Lachsforellen aus dem rasch dahinströmenden schwarzen Wasser hochschnellte und sich den Weg flußaufwärts erkämpfte. Die Fischgöttin hatte sich zum Fluß zurückbegeben. Sorgsam geleitete sie die Lachsforellen flußaufwärts, damit sie den Wasserfall erklömmen und in die stillen Tiefen des Sees zurückkehrten, der ihr Winterquartier werden sollte.

„Macht die Öffnung der Steinfalle frei und beobachtet sie genau", sagte Sarkak. „Beim Kentern des Gezeitenstromes werden wir die Steine wieder an ihren Platz rollen, um die Falle zu schließen."

Die Dämmerung kam, und langsam stieg der Fluß mit der Flut, bis er über die Ufer trat. Silberne Scharen von Lachsforellen wurden stromauf getragen. Als das machtvoll andrängende Salzwasser des Meeres auf das Süßwasser des Flusses traf und sich mit ihm mischte, wurde die Strömung zusehends schwächer. Schon unsere Vorfahren hatten eine vom Fluß abzweigende Rinne gegraben, und dort hinein glitten jetzt ganze Schulen glitzernder Fische.

Auf ein Zeichen von Sarkak wateten vier Männer schnell in das strömende Wasser und wälzten die schweren Steine wieder vor die schmale Öffnung der Rinne, so daß die Fische nicht mehr aus der Falle entweichen konnten.

Sarkak ließ sich einen Lachsspeer geben und watete sehr vorsichtig in die Fangrinne hinaus. Er wartete, daß seine Augen sich an das starke, auf dem Wasser flimmernde Sonnenlicht gewöhnen sollten, und hielt den leicht erhobenen Speer in der rechten Hand. Plötzlich stieß er zu, so schnell, daß ich es gar nicht wahrnahm, und als er den Speer wieder hob, zappelte eine riesige Lachsforelle daran.

Sarkak lachte voller Freude, denn das war es, wofür jeder Mann lebte. Hier stand er, Herr und Gebieter über eine große Siedlung, deren Männer, Frauen, Kinder und Hunde er ernähren mußte, und weil wir weder Menschen noch Geister kränkten, waren auch in diesem Jahr die Fische gekommen, um sich uns auszuliefern. Vorsichtig überreichte er den Fisch der ältesten Frau unserer Siedlung, nämlich Ningiuk, der Mutter von Putas Frau. Feierlich summend ging Ningiuk an den anderen vorbei ein Stück flußaufwärts. Dort schlitzte sie dem Fisch den Leib auf. Dann schnitt sie ihm das eine Auge und die Geschlechtsorgane heraus, schleuderte sie ins Wasser und rief: „Schwimm, Seele, schwimm. Schwimm zurück zu deines lieben Vaters Heim."

Nun wateten alle Männer in das lähmend kalte Wasser. Puta spießte den zweiten Fisch auf, Sowniapik den dritten, und plötzlich schien jeder Mann eine schimmernde Lachsforelle am Speer zu haben. Sie warfen die Fische übermütig den Frauen und Kindern zu, die die kalten, schlüpfrigen Fische zu einem immer höheren Haufen silbrig glänzender Leiber zusammentrugen.

Am nächsten Tag würden die Frauen sie ausweiden und die hellen Fischleiber auf lange, zwischen den Zelten gespannte Leinen hängen, wo sie trocknen sollten.

Abends nahmen wir so viele Lachsforellen aus, wie wir nur essen konnten, und ließen uns das kalte rosa Fleisch schmecken. Die drei *Kalunait* hatten sich kaum an dem Fischfang beteiligt. Trotzdem waren sie an jenem Abend, als wir unser Festmahl verzehrten, sehr darauf bedacht, einen Teil der Beute zu erhalten. Pilie und Portagie fanden in einer Mulde zwischen den Felsen einen großen flachen Stein, auf dem sie trockenes Tundramoos und Treibholz anzündeten. Als die Steinplatte heiß wurde, legten sie ein paar ausgenommene Fische darauf. Die Hitze ließ das zartrosa Fleisch zuerst weiß und dann schwarz werden. Pilie und Portagie forderten Kakuktak zum Mitessen auf, und die drei verzehrten mit sichtlichem Genuß das heiße, zerbröckelnde Fischfleisch. Natürlich kannten wir diese Methode der Zubereitung, aber unserer Meinung nach verdarb sie das Fleisch; außerdem fanden wir den Geruch und den Qualm abscheulich. Wir wandten uns ab, während die Fremden dieses ekelhafte Fleisch aßen, denn es war uns peinlich, so etwas mit anzusehen.

Am nächsten Tag beobachteten wir die Gezeiten, aber es kamen keine Fische mehr. Wahrscheinlich hatte irgend etwas sie gekränkt. Vielleicht gefiel es ihnen nicht, auf einem heißen Stein zu brennen, bis sie schwarz wurden; vielleicht hatte ein Kind einen Stein in den Fluß geworfen und die Fische dadurch verärgert. Ein Südwind kam auf, in der Nacht wurden die meisten Fischleinen heruntergerissen, und die Hunde machten sich über den Fang her. Der Fluß gebärdete sich wie verrückt, so daß er unsere steinerne Fischrinne überschwemmte. Die Folge war, daß die Fische einfach über unsere Falle hinwegschwammen, den Fluß hinauf, in die Tiefen des Sees. Und dort blieben sie, geborgen unter dem stärker werdenden Wintereis.

Es war ein furchtbares Unglück für uns, der Fische verlustig zu gehen. Wir wußten, daß ganze Siedlungen Hungers gestorben waren, weil die Fische sich ihnen im Sommer verweigert hatten. Eigentlich war es ganz gut, daß unsere drei Gäste das nicht ahnten.

Es stimmte schon, was man diesen *Kalunait* nachsagte. Sooft wir versuchten, sie liebzugewinnen, taten sie etwas Ekelerregendes und erinnerten uns daran, daß sie eben doch nur Fremde waren. Vielleicht konnten sie niemals ganz zu uns gehören.

## V

Putas Sohn sah sie als erster und rannte zu seines Vaters Zelt. Gleich darauf waren alle auf den Beinen und beobachteten die beiden Männer, die sich mit drei schwerbeladenen Hunden vom Inland her näherten.

„Das ist mein Vetter Tunu und sein Sohn Nukinga", sagte Sarkak. „Sie sind mit Karibufleisch beladen. Seht nur den schweren Packen, den Nukinga trägt. In unserem ganzen Land gibt es niemanden, der mit einem solchen Gewicht auf den Schultern eine so lange Wanderung unternehmen könnte."

„Die Hunde gehen schon ganz krummbeinig unter ihrer Last", sagte Puta. „Der gute alte Tuni ist sicherlich froh, unser Camp zu sehen und zu wissen, daß er es nun bald geschafft hat. Heute nacht wird er die Frauen wohl in Ruhe lassen, denke ich."

Sarkak hätte einen jungen Mann losschicken können, um Tunu zu helfen, aber das wäre eine Beleidigung gewesen, ein Hinweis, daß Tunu nicht fähig sei, so schwer zu tragen. Außerdem wäre Sarkak dann in den Verdacht geraten, er könne es nicht erwarten, frisches Karibufleisch zwischen die Zähne zu schieben.

Putas Frau machte kehrt und eilte in ihr Zelt. Sogleich stürzte Puta ihr nach. Ich wußte, daß er seine Frau fragte, ob er Tunu als Schlafgast einladen und ihn bei ihr liegen lassen dürfe. Sie hätte ihm die Bitte leicht abschlagen können. Ohne ihre Zustimmung wagte Puta nicht, über sie zu verfügen. War sie jedoch bereit, dann mußte sie antworten: „Es hängt ganz von dir ab." Und das hatte sie zweifellos jetzt gesagt, denn Puta kam sichtlich erfreut zurück.

Tunu kam lächelnd auf uns zu, und seine Augen funkelten vergnügt.

„*Tikiposi.* Ihr seid am Ziel", sagte Sarkak, wie es der Anstand gebot.

„*Tikipoguk.* Wir sind am Ziel", antwortete Tunu. Mit einem Seufzer der Erleichterung ließ er den großen Fleischpacken von seinem Rücken gleiten. Viele Hände griffen zu, um die Hunde von den Bündeln zu befreien. Als Tunu den Kopf hob, sah er die Fremden, die allein vor unserem großen Zelt standen. Hastig umklammerte er den Arm seines Sohnes. In ungläubigem Schrecken starrten die beiden auf die Männer. Wir hatten uns schon längst an den Anblick der *Kalunait* gewöhnt und fanden ihr Aussehen gar nicht mehr unheimlich.

„Kommt, schlaft in meinem Zelt", lud Puta die Gäste ein.

Tunu antwortete mit einem langgezogenen, begeisterten „*Iiie*", denn Puta und er waren gemeinsam aufgewachsen.

Es war so, wie Puta gesagt hatte: Tunu und sein Sohn ließen die Frauen fürs erste in Ruhe. Sie schliefen und aßen und schliefen wieder. Nach Beendigung der Jagd waren sie zu uns gekommen, weil der Weg zu unserer Siedlung näher war als der zu ihrer. Sie wußten, daß wir ihr Fleisch gern in einem unserer Kajaks verstauen und es in ihr Dorf an der Küste bringen würden, das drei Tagereisen entfernt lag.

Tags darauf brach Puta zur Robbenjagd auf und blieb auch noch über Nacht fort. Tunu nahm im Bett seinen Platz ein. Kakuktak war darüber sichtlich beunruhigt. Nivie und ich lachten ihn aus und versicherten ihm immer wieder, bei uns sei es so Sitte.

Am dritten Tag nach der Ankunft unserer Gäste versammelten sich fast alle jungen Leute am Ende des Kiesstrandes, und auch die Männer fanden sich einer nach dem anderen dort ein. Ich merkte, daß Kakuktak Nukinga beobachtete. Was mochte er wohl denken? Nukingas Schultern waren doppelt so breit wie die eines normal gebauten Mannes. Wir hätten ihn gern für immer bei uns gehabt, denn er war gutmütig, und an Körperkraft suchte er seinesgleichen.

Zwei junge Burschen traten vor und fingen an, einander vorsichtig zu umkreisen. Als der eine seinen Gegner an den Hüften packte und sich mit einer geschickten ruckartigen Bewegung zur Seite lehnte, verlor der andere für einen Augenblick das Gleichgewicht. Er kam zwar sofort wieder auf die Füße, aber der Ringkampf war für ihn verloren. Vier weitere Ringer versuchten ihr Glück; dann wandten sich die Männer Nukinga zu, der dasaß und vor sich hin lächelte. Nukinga war zwar überaus kräftig, aber noch sehr jung und unerfahren im Ringen.

Atkak, einer unserer Jäger, war meines Wissens noch von niemandem besiegt worden. Er zog seinen Anorak aus und lächelte Nukinga zu, um ihn liebevoll zu ermuntern.

"Ich bin ihm nicht gewachsen", sagte Nukinga.

*"Ataii, ataii!"* riefen die Zuschauer. Daraufhin erhob sich Nukinga. Sie standen sich gegenüber, die Beine leicht gespreizt, die Arme erhoben, lächelnd und doch wachsam. Atkak umschlang seinen jungen Gegner und versuchte ihn umzustoßen. Aber Nukinga schien im Boden verwurzelt zu sein. Langsam schlossen sich seine Arme um Atkaks Körper. Ein kurzer Ruck, und schon war Atkak aus dem Gleichgewicht geraten. Nukinga ließ ihn sofort los. Atkak hatte verloren! Die Zuschauer wollten ihren Augen nicht trauen.

Die beiden Ringer schickten sich lächelnd an, den Sandplatz zu verlassen. Plötzlich hörte ich hinter mir eine Stimme. Pilie forderte Portagie auf, den Anorak auszuziehen. Warum ist uns das nicht schon eher eingefallen, fragte ich mich verwundert. Nukinga und Portagie miteinander ringen zu sehen, das mußte ein herrliches Schauspiel sein.

*"Iiie! Iiie!"* schrien die Männer. *"Ataii!"*

Ich schaute zu den Zelten hinüber und stellte fest, daß auch die Frauen sich als Zuschauer eingefunden hatten und ebenso begeistert waren wie wir. Kakuktak war aufgesprungen, aber er blickte finster drein. Ich merkte, wie nervös er war, und erinnerte mich, daß die Fremden manchmal eine andere Auffassung von Wettspielen hatten als wir.

Der junge Nukinga wartete lächelnd. Portagie sprang in den Kreis, geduckt, die Finger klauenförmig gekrümmt, und stürzte sich auf Nukinga, der noch nicht mit einem Angriff zu rechnen schien. Aber ich sah, wie sich Nukingas breiter Rücken mächtig wölbte, und dann kippte Portagie um. Er wäre in den Sand gefallen, hätte Nukinga ihn nicht gestützt.

Nukinga lächelte höflich und sagte: "Er ist sehr stark. Er ist wie ein Riese." Dann wandte er sich zum Gehen. Aber Portagie rannte hinter ihm her und knuffte ihn derb in den Rücken.

Bei uns ist es nicht üblich, daß Erwachsene mehrmals hintereinander mit demselben Gegner ringen; das tun nur Kinder. Doch der große braune Mann forderte allen Ernstes eine Wiederholung des Kampfes. Nukinga kehrte in den Kreis zurück. Er wartete in scheinbar lässiger Haltung auf den Angriff, aber als es soweit war, zeigte er sich vorbereitet. Seine kräftigen Arme legten sich wie Bärentatzen um die muskulöse Mitte des Fremden. Blitzschnell verlagerte er sein Gewicht nach hinten, und Portagie geriet ins Schwanken. Nukinga hatte ein zweitesmal gesiegt.

Schon wollte er den Platz verlassen, da schlang Portagie zu meinem Erstaunen den Arm fest um Nukingas Hals, um ihm die Luft abzuschnüren. Es war ein geradezu mörderischer Überfall. Im nächsten Augenblick schob Portagie sein langes Bein flink zwischen Nukingas Beine, riß ihn mit einer scharfen drehenden Bewegung um, warf ihn zu Boden und ließ sich schwer auf ihn plumpsen. Nukinga wehrte sich verzweifelt; wahrscheinlich dachte er, Portagie habe den Verstand verloren. Kein normaler Mensch konnte so etwas tun. Portagies Augen quollen fast aus dem Kopf, und er fletschte die Zähne wie ein Tier.

Kakuktak, Kangiak, Tugak und Yaw liefen eilig herbei und rissen Portagie zurück. Nukinga sprang auf, blickte zuerst Portagie an und wandte sich dann seinem Vater zu. „Irgend jemand", sagte er, „sollte ihn mit einem Messer aufschneiden und nachsehen, was für eine Seele das ist, die in ihm steckt und ihn zu einem solchen Spiel verleitet."

„Diese Fremden haben keine Ahnung von unseren Spielen", sagte Sarkak. „Da, sieh nur, jetzt nickt der Große dir lächelnd zu. Damit will er dir sagen, daß er dich gern hat, weil du stark bist und er auch. Du mußt bedenken, daß sie sehr wenig vom Leben wissen. Sie sind wilde, gewalttätige Menschen."

AM TAG nach dem Ringkampf verließen uns Tunu und sein Sohn. Sarkak stand vor dem Zelt, blickte aufs Meer hinaus und auf den fahlen Zacken des Herbstmondes. „Frauen", rief er, „sind die Stiefel fertig?" Seine dröhnende Stimme verriet, daß er in Aufbruchstimmung war.

„Iiie", antworteten sie. „Die Stiefel sind fertig."

„Dann machen wir uns jetzt auf den Weg", verkündete Sarkak und ging langsam zum Ufer hinunter. Es konnte nicht lange dauern, bis sich alle Dorfbewohner mit dem Gedanken an Aufbruch vertraut gemacht hatten. Silbergraue Wolken zogen über den Horizont. Man brauchte nicht zweimal hinzusehen, um zu erkennen, daß der Himmel bald voll wirbelnder Flocken sein würde.

Unsere Menschen sind es gewohnt, auf Wanderschaft zu sein. Wir glauben immer, an dem neuen Ort werde es nur so von Landtieren, Vögeln und Bewohnern des Meeres wimmeln, die darauf warten, sich uns auszuliefern. Allein der Gedanke an Aufbruch erfüllt uns mit Hoffnung. Schnell waren die Zelte zusammengelegt, und wir setzten die Boote ins knietiefe Wasser. Als unsere Habe verstaut war, warf man die Hunde und die Kinder in die Boote. Männer und Frauen lachten und ächzten voller Stolz. Ganz gewiß gab es kein anderes Volk auf Erden, das so begütert war.

Als das Land hinter uns zurückblieb, wehte ein leichter Schneeschauer über die Berge. Sarkak hatte beschlossen, daß wir nicht geradewegs in unsere Wintersiedlung zurückkehren, sondern zuerst möglichst viele Robben oder Walrosse erlegen würden. Vielleicht hatten wir sogar das Glück, einen an Land gespülten toten Wal zu finden. Die Kajakfahrer schwärmten wie Wasserwanzen aus und suchten in jeder Bucht nach Beute. Wenn starker Wind wehte und die grünen Wellen hoch gingen, war es nicht möglich, Robben zu entdecken. An solchen Tagen suchten wir Zuflucht am Ufer, drehten die Boote um und krochen darunter. Die hungrigen Bogenschützen bemühten sich derweil, kleine Tiere oder Vögel aufzuspüren. Aber das, was sie erlegten, reichte nicht einmal aus, die Kinder satt zu machen.

An unserem zehnten Reisetag waren die Beutel leer, in denen wir die Fische transportiert hatten. Wir hatten nichts mehr zu essen. Seit uns eine Hungersnot drohte, sah man den Fremden deutlich an, daß sie Angst hatten und glaubten, wir würden alle ums Leben kommen. Sie wurden von Tag zu Tag unruhiger. Ihre Gesichter waren eingefallen, und sie sprachen flüsternd miteinander. Heimlich durchsuchten sie die Bündel, weil sie einfach nicht glauben konnten, daß wir unsere Vorräte verbraucht hatten. Es blieb sehr windig, und wir merkten, wie unsere Kraft allmählich aus unseren Körpern wich. Kopfschmerzen plagten uns, und wir wurden reizbar. Die Spanne zwischen dem Überfluß und der Not ist sehr kurz.

Wir erreichten Tikirak, eine felsige Halbinsel. Nahe der Spitze fanden wir eine kleine Bucht. Sarkak entschied, daß wir die Fahrt unterbrechen müßten. Hier würden wir entweder leben oder sterben. Wir schlugen die Zelte auf, und drei Tage lang blickten wir auf das wogende graue Meer und hörten zu, wie die Kinder vor Hunger weinten. Dann geschah es in einer Vollmondnacht, daß die Flut die Bucht fast bis zu den Zelteingängen überschwemmte.

Noch vor der Morgendämmerung liefen die Frauen hinaus, um in dem Wattenschlick nach feuchten, tonhaltigen Stellen auszuschauen. Dort fanden sie winzige Atemlöcher und gruben mit kräftigen Fingern und spitzen Knochenstücken köstliche, fleischige Muscheln aus. Die Frauen mußten schnell arbeiten, um diese einmalige Gelegenheit auszunutzen. All ihre Mühen verschafften dem Lager nicht mehr als eine einzige reichliche Mahlzeit, aber wenigstens kehrte dadurch unser Lebensmut zurück.

Grauer Nebel und eiskalter Regen quälten uns noch weitere fünf Tage. Dreimal täglich erklommen zwei Kajakfahrer den höchsten Punkt und hielten Ausschau nach Walrossen. In der Ferne, kaum sichtbar, lag eine kleine Insel, und im Herbst sollten mitunter Walrosse dorthin kommen, um mit ihren Stoßzähnen nach Muscheln zu graben. Aber es ließen sich weder Walrosse noch Robben sehen, und die Kajakfahrer waren zum Nichtstun verurteilt. Wenn sie ihre Harpunenspitzen so scharf wie nur irgend möglich geschliffen hatten, saßen sie eng aneinander geschmiegt und schnitzten aus Knochen oder Speckstein kleine Figuren, die samt und sonders Walrossen glichen. Jedes Wort, das sie sprachen, war mit Bedacht gewählt, denn es hätte ja sein können, daß ein Walroßgeist diese Unterhaltungen belauschte. Wenn wir hingebungsvoll schnitzten, lachten die Fremden uns aus, als wären wir dumme Kinder, deuteten auf das Meer und gaben uns durch Gebärden zu verstehen, wir sollten lieber hinausfahren und jagen. Aber wir wußten, daß dort nichts für uns zu holen war.

In der fünften Nacht des abnehmenden Mondes war Sarkak ruhelos. Er sagte laut, sicherlich habe irgendwer ein Tabu gebrochen, aber ich weiß, daß er sich selbst die Schuld gab, denn wir hätten die Sommerzelte schon abbrechen müssen, als uns die Fische im Stich ließen. Dreimal stapfte er wütend hinaus und starrte lauschend in den Nebel. Beim drittenmal blieb er sehr lange draußen. Dann hob er die Zeltklappe und rief leise: „Kangiak, Tugak und Yaw, Avinga. Walrosse! Riecht ihr sie? Riecht ihr das Fett? Riecht ihr das Fleisch? Sie sind zu jenem Felsen gekommen."

Zuerst roch ich nichts. Dann aber stieg mir ganz schwach ein beißender Tiergeruch in die Nase. Ich sog ihn ekstatisch ein. Für uns war dieser Duft gleichbedeutend mit Leben. Alle Kajakfahrer hatten sich zu uns gestellt. Die Fremden hatten sich ebenfalls eingefunden. Sie wußten nicht, wie Walrosse riechen, und konnten sich auch nicht erklären, weshalb unsere Männer mit den kleinen Elfenbeinmessern klapperten, die man schütteln muß, damit sie das schlechte Wetter zerschneiden.

Ich schlief so fest, wie ich seit der Wiedergeburt des Mondes nicht mehr geschlafen hatte – ein Beweis, daß es weniger der Hunger als die Angst ist, die den Schlaf verscheucht.

BEVOR der Morgen graute, bewegten sich die Leute in den dunklen Zelten. Die kalten Meereswellen hoben sich mit langen grauen Kämmen, als läge irgendein riesiges Tier im Wasser verborgen. Die Männer und ihre Frauen trugen die Jagdgeräte hinaus zu den Kajaks. Puta und Sowniapik schlüpften gewandt in ihre langen, schlanken Kajaks und schossen in die Dünung hinaus. Nach ihnen stießen Kangiak und die vier anderen vom Ufer ab; sie formierten sich keilförmig wie ein Schwarm Wildgänse.

Jeder Mann legte die Harpune in ihrer elfenbeinernen Stütze auf die rechte Seite des Fahrzeugs, den Speer auf die linke Seite und in die Mitte die säuberlich aufgerollte Harpunenleine. Auf dem rückwärtigen Deck lag ein aufgeblasener Schwimmer aus Robbenhaut, der mit einer langen Leine an der Harpune befestigt war.

Ich folgte den anderen in dem Kajak der alten Witwe. Als ich die Kajakkette erreicht hatte, riß ein kurzer Windstoß die Nebelwand auf, und für einen Augenblick wurde die Felseninsel sichtbar. Sie war über und über mit massigen Walrossen bedeckt. Mein Herz klopfte zum Zerspringen.

Während wir vorwärts paddelten, breitete sich eine seltsame Spannung aus. Die Herde hatte uns entdeckt; die Walrosse erstarrten und spähten mißtrauisch in den Nebel. Dann kam die erste Herausforderung, ein tiefes, kehliges Brüllen aus dem Leib eines riesigen Walroßbullen, dessen Gewicht wohl das Zwanzigfache von dem betrug, was einer unserer Jäger wog. Er stieß die jüngeren Männchen und die Weibchen beiseite und ließ sich ins Wasser gleiten. Wir lösten unsere Harpunen aus den Stützen und warteten.

Plötzlich kam der große Walroßbulle hoch und schwamm auf Nowjas Kajak zu. Nowja ergriff seine Harpune und schwang den rechten Arm mit einer weit ausholenden Bewegung nach vorn. Der Harpunenkopf bohrte sich tief in die dicke Haut, die den Nacken des Tieres schützte, und der schwere Treibholzschaft brach vorschriftsmäßig auseinander, zerfiel in drei locker miteinander verbundene Stücke. Wäre er steif geblieben, so hätte das große Tier ihn abschütteln können.

Der Walroßbulle tauchte, und Nowja griff blitzschnell hinter sich, um die luftgefüllte Fellblase zu werfen. Sie tanzte auf dem Wasser und verschwand, als sich der große Bulle in die Tiefen der See sinken ließ. Nowja wandte den Kopf zur Seite und gestikulierte in seiner Erregung zu uns herüber. Er war es gewesen, der als erster mit seiner Harpune diesen lebenden Fleischberg getroffen hatte. Aber er hätte das riesige Tier keine Sekunde lang aus den Augen lassen dürfen. Unversehens wurde sein Kajak hochgeschleudert. Es schien einen Augenblick über der Wasseroberfläche zu stehen, dann rutschte es zur Seite, und ich hörte, wie der Fellbezug riß. Nowja stürzte kopfüber in das Wasser. Offenbar wurde er von der Masse des Walroßkörpers erdrückt. Das Wasser färbte sich inmitten eines Wirrwarrs von Wrackteilen rot. Alles, was wir von Nowja noch sahen, war ein Stiefel, der zuckend aus dem Wasser herausfuhr, bevor er für immer verschwand.

Der große Walroßbulle blieb unsichtbar, bis seine Lungen zu platzen drohten. Dann tauchte er kühn noch einmal inmitten unserer Kajaks auf. Zwei Harpunen trafen ihn, ehe er einen zweiten Atemzug tun konnte, und wir stimmten in unserer Bedrängnis ein lautes Geschrei an. Instinktiv ließ er sich sinken, diesmal ohne genügend Luft in den Lungen. Wir beobachteten die drei Fellblasen und fuhren auf die Stelle zu, wo er bald wieder auftauchen mußte. Plötzlich tauchte Nowjas Mörder nochmals zwischen uns auf, rotäugig, brüllend, die weißen Zähne zum Stoß bereit. Ich glaube, er sah uns überhaupt nicht. Sowniapik packte seinen Speer und stach dreimal in die Kehle des Walroßbullen. Dann zog er sich schleunigst aus der Gefahrenzone zurück. Das Wasser wurde fast schwarz: Das Herz des riesigen Bullen pumpte dickes, dunkles Blut in das eisige Wasser. Wir ließen ihn in Ruhe, denn wir wußten, daß all sein Fleisch, sicher von drei Harpunen und Schwimmern gehalten, jetzt uns gehörte

Kangiak und ich folgten nun einem jungen Bullen, der eifersüchtig ein Dutzend Weibchen vor sich hertrieb und sie brüllend mit seinen Stoßzähnen bedrohte. Mein Herz sang vor Freude, und meine Hände bebten, denn meine Harpune traf ihn in die Genickfalte. Jeder Kajakfahrer hatte jetzt ein Walroß harpuniert.

In diesen wenigen Augenblicken hatten wir alle das Leben wiedergewonnen.

Von dem weit entfernten Felsenarm drang schwach das Jubelgeschrei der Frauen herüber, und dann sah ich das Umiak. Im Bug standen die drei Fremden, ganz vorn der große Portagie, die Harpune hoch erhoben, und hinter ihm, eifrig rudernd, Kakuktak und Pilie. Im Heck saß Sarkak; das lange Haar flatterte im Wind, während er das Steuerruder mit der ihm eigenen Geschicklichkeit handhabte. Sie kamen mit erheblicher Geschwindigkeit auf uns zu. Vor ihnen kam ein Walroßmännchen zum Vorschein, und Portagie warf sich mit einer elastischen Bewegung nach vorn, als er die Harpune losfliegen ließ. Die Spitze drang tief in den Rücken des schwimmenden Tieres ein. Sarkak und die Ruderer im Umiak stießen laute Schreie aus.

Portagie hätte den großen Schwimmer aus dem Boot werfen müssen; statt dessen schlang er die Leine, wie er es auch in der Pantomime getan hatte, um die vordere Ruderbank. Das große Tier tauchte tief ins Wasser, und ich sah mit Entsetzen, wie die Leine sich straffte. Der braune *Kaluna* ließ sie ablaufen, zögernd, jeweils nur ein kleines Stück. Das alte Umiak erzitterte, und sein Bug neigte sich fast bis zur Wasseroberfläche. Man stelle sich vor: Dieser Verrückte hatte ein massiges Walroßmännchen vor ein nicht allzu stabiles Boot gespannt! Ich konnte einfach nicht glauben, daß Portagie Sarkaks wütende Rufe überhören würde. Aber genau das geschah. Kakuktak und Pilie hielten sich an den Bootsrändern fest und brüllten vor Lachen, während das alte Fellboot über die blutgerötete Wasserfläche sauste.

Portagie hatte keine Zeit zum Lachen. Er arbeitete wie wild mit angespannten Muskeln, während er allmählich die Lücke zwischen dem Walroß und dem Boot schloß. Als die Leine nach unten ruckte, erzitterte das Boot. Das Tier versuchte mit aller Gewalt, tiefer ins Meer zu tauchen.

Allmählich erlahmten jedoch die Kräfte des Bullen, und auch die Luft wurde ihm knapp. Als das Walroß, keuchend und nach Luft ringend, dicht vor dem Bug auftauchte, stieß Portagie, sehr flink, sehr geschickt, in einer Art, wie ich es nie zuvor gesehen hatte, mit der Speerspitze zu. Es war vorbei. Das mächtige Walroß trieb mit dem Bauch nach oben friedlich dahin.

Die drei *Kalunait* jubelten, und Portagie schlug sich klatschend aufs Hinterteil. Mich empörte es, soviel Lärm und Gelächter aus einem Boot zu hören, das ein soeben getötetes Tier im Schlepptau hatte, und ich wunderte mich über unsere jungen Leute, die es den Fremden schamlos gleichtaten. Sarkak saß schweigend und in sich gekehrt da, denn er, der große Jäger, der für uns alle plante und dachte, hatte hier nichts weiter tun dürfen, als für die Fremden das Boot zu steuern.

Statt seiner befahl nun Portagie den Ruderern, ans Ufer zurückzufahren. Ich hörte sie respektlos singen und lachen, als sie mit ihrer gewaltigen Fleischlast zurückpaddelten. Wir Kajakfahrer strengten uns ebenfalls an, um zu den Frauen am Ufer zu gelangen, jeder mit einer kostbaren Beute im Schlepptau. Als wir ins seichte Wasser gelangten, klang das übliche langgezogene Wehgeschrei zu uns herüber: Die Frauen beklagten Nowjas Tod und trösteten seine Frau und die Kinder. Aber an einem Tag wie diesem, der uns neues Leben geschenkt hatte, konnten wir unsere Gedanken nicht allzu lange auf den Toten konzentrieren.

Als wir das Umiak und die Kajaks den Felsenpfad hinaufgeschafft hatten, bot sich auf dem steinigen Strand bereits der riesige Walroßbulle unseren Blicken dar. Sarkak ging hinunter und winkte den drei Fremden, ihm zu folgen. Er ließ sich Portagies Messer geben und schnitt die große rechte Vorderflosse des Tieres ab.

„Meine Frau!" schrie er, und Ikuma eilte herbei. Sarkak überreichte ihr die Flosse. Sie war so schwer, daß sich Ikuma zur Seite beugen mußte, während sie stolz zu den hungrigen Frauen zurückging. Nun schnitt Sarkak die anderen Flossen ab, und jeder der Fremden bekam eine davon. Pilie war der erste, der zu begreifen glaubte, was diese Fleischverteilung bedeutete. Er rief nach seinen beiden Mädchen. Von anderen geschoben, gingen sie zaghaft auf ihn zu. Jeder wußte, daß Pilie dieses Fleisch nicht Mia und Ivalu, sondern ihrer Mutter hätte geben müssen. In unseren Augen waren die beiden Mädchen lediglich eine Leihgabe. Aber davon wußte Pilie nichts, und wir erwarteten von den Fremden nicht mehr, daß sie sich so verhielten wie wir.

Portagie zögerte keinen Augenblick: Er rief Panie, Atkaks Tochter, zu sich, und sogar der Vater des Mädchens erhob keinen Einspruch, denn Portagies Gunst bedeutete eine sehr, sehr hohe Auszeichnung für Panie. Als die Reihe an Kakuktak kam, rief er leise Nivies Namen. Trotz ihrer Schüchternheit trat sie vor. Diese neue Verhaltensweise, diese Art, die Eltern zu übergehen und statt dessen die Mädchen zu beschenken, empörte die Alten ebensosehr, wie sie den jungen Leuten gefiel. Dennoch hätte sich diese neue Sitte niemals durchsetzen können, wären die Fremden nicht gewesen.

Inzwischen hatten alle Kajakfahrer den von ihnen erlegten Tieren die Flossen abgeschnitten und sie ihren Frauen überreicht. Dann schlitzten wir die riesigen Kadaver sauber auf und lösten Fleischstücke heraus, die gerade so schwer waren, daß ein Mann sie tragen konnte. Ein Dutzend abgetrennte Walroßköpfe mit schimmernden Elfenbeinzähnen starrten schließlich blicklos auf das Meer hinaus. Wir alle zitterten vor Erschöpfung, vor Kälte und vor einem Hunger, den die wenigen Bissen Fleisch nicht hatten stillen können. Aber wir wußten: Wenn wir jetzt soviel aßen, wie wir wollten, dann bestand die Gefahr, daß unsere eingeschrumpften Mägen rebellierten. So spülten wir jeden Blutstropfen ab, denn es ist nicht recht, das Leben von Tieren am Körper zu tragen, krochen in unsere Zelte und schliefen.

Sarkaks Ruf „Kakpunga!" weckte mich. Dieses Wort bedeutet „ich bin hungrig", und Portagie, der das wußte, stimmte ein.

Pilie schob rasch einige flache Steine zusammen, zündete ein Feuer an und ließ das zarte Fleisch schwarz werden. Aber niemand beachtete es auch nur, denn alle waren ganz der großen Freude des Essens hingegeben.

Als wir uns alle satt gegessen hatten, ging Portagie zu dem umgedrehten Umiak und hieb kräftig auf den Fellbezug. Der dröhnende Widerhall schien aus einer riesigen Trommel zu kommen. Portagie lächelte und trommelte dann mit beiden Fäusten. Dazu sang er ein wildes Lied. Hingerissen bewegte er den Kopf vor und zurück, schneller und immer schneller, so daß sein üppiger, dicht gelockter Haarschopf ins Flattern geriet. Der seltsame Klang erregte uns, und einige Frauen versuchten im Chor auf Portagies Getrommel zu antworten, aber der Rhythmus war zu schnell für sie. Schließlich brachen sie in Lachen aus. Portagie lief in seiner Erregung inmitten des Frauenchores umher; dann ließ er sich unter seine große Trommel, das

Umiak, fallen. Ein paar junge Mädchen krochen flink und ganz ungeniert hinterher. Die älteren Leute stießen geräuschvoll die Luft aus. Für sie waren diese neuen Sitten schwer zu begreifen, die von den Fremden eingeführt worden waren, von den großen Kindern, die so wenig wußten.

Plötzlich hatte sich Sarkak allein in unser Zelt zurückgezogen. Ich wußte, daß er diese neue Zügellosigkeit haßte, denn sie entsprach nicht seiner Art. Er hatte nie erreicht, daß die *Kalunait* sich ihm unterordneten, und nun konnte er nicht länger verhindern, daß in seinem Camp unliebsame Dinge geschahen.

Tags darauf beluden wir die Boote mit soviel Walroßfleisch, wie sie nur fassen konnten, und brachen im Morgengrauen auf. Wir paddelten drei Tage lang. Und endlich erblickten wir das, wonach wir so sehnsüchtig ausgeschaut hatten: die beiden hohen Steinmale in Menschenform, die an der Bucht unserer Wintersiedlung die schmale Einfahrt markierten. Doch als mein Kajak auf Grund stieß, stellte ich verwundert fest, wie trostlos öde unser Lagerplatz wirkte. Hier, wo ich geboren war, hätten doch irgendwelche Spuren von Frohsinn und Lebenslust zurückgeblieben sein müssen, aber nur die leeren Bootsgestelle und die hohen Steingräber deuteten darauf hin, daß wir schon früher in dieser Bucht gewohnt hatten.

Alle Zelte wurden nahe dem nördlichen Berg errichtet, der uns Schutz vor Herbstwinden bieten würde, bis die schweren Schneefälle einsetzten und wir wieder Iglus bauen konnten. Es war kalt geworden, und die Fremden froren erbärmlich in ihrer dünnen schwarzen Kleidung. Sarkak ordnete an, daß die Frauen ihnen Anoraks nähen sollten. Kakuktaks Anorak wurde von Ikuma angefertigt. Sarkak wählte helle und dunkle Streifen von Seehundsfell aus, ein apartes Muster, das uns die Möglichkeit gab, den Träger auch auf größere Entfernung zu erkennen. Sowniapiks Frau übernahm es, den Anorak für Pilie zu nähen, und Atkaks Frau machte für Portagie nicht nur einen Anorak, sondern auch eine Hose. Da sie eine übertriebene Vorstellung von seinen Körpermaßen hatte, waren ihm beide Kleidungsstücke zuerst viel zu groß. Als er sie anprobierte, lachten wir alle wie Familienmitglieder.

Im zweiten Herbstmonat färbte sich das Tundramoos zart rot. Frauen und Kinder gingen hinaus und sammelten große Büschel des lieblich duftenden Heidekrautes für unsere Betten. Die Kinder mach ten sich ein Vergnügen daraus, Preiselbeeren und Krähenbeeren zu suchen. Als sie die Früchte ins Camp brachten, sahen sie erstaunt, daß die Fremden die roten und schwarzen Beeren mit wilder Gier verschlangen. Am nächsten Tag füllten die Kinder drei große Eimer mit Beeren. Pilie, Kakuktak und Portagie aßen ein paar Handvoll davon, beschlossen dann aber, den Rest aufzuheben und jeden Tag, solange der Vorrat reichte, eine Portion zu essen. Da sie wußten, daß die Hunde die Beeren nicht anrühren würden, ließen sie die Eimer achtlos vor ihrem Zelt stehen. In der Nacht klangen die Geräusche sehr viel gedämpfter, und ich wußte, daß der erste schwere Schneefall eingesetzt hatte. Vier Tage und vier Nächte lang zerrte der Schneesturm pfeifend und kreischend an unseren gefrorenen Zelten. Am fünften Morgen herrschte Totenstille, und als ich hinausschaute, bot sich meinem Blick eine völlig veränderte weiße Welt dar. Überall sah ich hohe, seltsam geformte Schneewehen, die der Wind gegen die Berghänge getrieben hatte.

Portagie und Pilie stapften um ihr kleines Zelt und schienen etwas zu suchen. Aus Neugier ging ich hin, um ihnen zu helfen, und auch ein paar Frauen und Kinder kamen angelaufen. Die Fremden zeichneten die Umrisse dreier Eimer und taten, als stopften sie sich Beeren in den Mund. Wir sahen sie verständnislos an. Hatten sie die Beeren während des Schneesturms gegessen, und bildeten sie sich nun törichterweise ein, in den Wehen rings um das Zelt lägen noch mehr Beeren verborgen? Wir glaubten, sie trieben ihren Scherz mit uns; und so stampften auch wir wild mit den Füßen und aßen nicht vorhandene Früchte. Plötzlich zog Pilie mit einem Ruck den rechten Handschuh aus, zeigte mit dem Finger auf uns und schrie: „Ihr Diebe! Ihr Diebe!" Was es bedeutete, wußten wir nicht, aber ihre zusammengekniffenen Augen und die geringschätzig verzogenen Lippen verrieten uns, daß es als Beleidigung gemeint war.

Am Nachmittag wanderten Sarkak und die Jäger, ausgerüstet mit langen, dünnen Sonden, über den frisch gefallenen Schnee, um die besten Stellen für den Bau unserer Iglus zu ermitteln. Mit langen, tiefen Schnitten ihrer Schneemesser legten sie große Blöcke frei und stellten sie dicht nebeneinander zu einem Kreis auf. Langsam wuchsen sechs Häuser in gewundenen Spiralen empor; jeder Schneeblock war so geschickt geschnitten, daß er genau an den folgenden paßte. Der jeweilige Baumeister stand im Innern des Iglus. Das Loch, in dem er bis zum Gürtel stand, wurde der neue Boden des Iglus. Zuletzt hob er den keilförmigen Schlußstein vorsichtig hoch und schob ihn in die Mitte der Kuppel. Damit war das Haus widerstandsfähig genug, das Gewicht eines Mannes zu tragen.

Außerhalb eines jeden Iglus füllten die Frauen die Ritzen mit Schnee aus, und derweil baute ein Mann eine Fleischkammer und einen langen gewundenen Eingangstunnel, damit Wind und Kälte nicht in das Haus eindringen konnten. Schließlich wurde in einen kurzen Schornstein aus Schnee ein faustgroßes Loch für die Ventilation geschnitten, und in die gewölbte Wand über dem Eingangstunnel kam zum Zweck der Beleuchtung eine große, klare Eisscheibe aus dem Süßwasserteich, ungefähr so dick wie das Handgelenk eines Mannes.

Als die neuen Iglus fertig waren, schichteten die Frauen das getrocknete Heidekraut auf die Schlafbank, die in jedem Schneehaus die hintere Hälfte einnahm. Auf das Heidekraut kamen Eisbären- und Seehundsfelle und darüber die weichen Winterfelle von Karibus, mit der Haarseite nach unten, um ein warmes Nest für nackte Schläfer zu schaffen.

Diesmal gab es in unserem Dorf zwei Schneehäuser mehr als in früheren Jahren. Das eine sollte Nowjas junger Witwe gehören und war durch einen Schneetunnel mit Okalikjuaks Haus verbunden. Die Tatsache, daß sie unmittelbar neben ihrem Bruder wohnte, sicherte ihr seinen Schutz. Kam ein Besucher ins Dorf und wollte mit ihr schlafen, so mußte er Okalikjuak um Erlaubnis fragen, und der würde es nur mit ihrer Zustimmung gestatten. Der zweite Iglu wurde an Sarkaks großes Schneehaus angebaut und war für die drei Fremden bestimmt. Allerdings benutzten sie es eigentlich niemals zum Schlafen, denn die Gastfreundschaft der jungen Frauen und ihrer Angehörigen kannte keine Grenzen.

Um diese Zeit, also Anfang des Winters, äußerte Sarkak den Wunsch, Kakuktak solle zu ihm in sein Schneehaus ziehen. Ich weiß nicht, was für Vereinbarungen er mit Puta traf, jedenfalls erschien Nivie eines Abends in Sarkaks Iglu, und man räumte ihr einen Platz im Bett ein. Kakuktak fügte sich widerspruchslos, aber sicherlich vermißten die beiden ebensosehr wie ich die Wärme und Geborgenheit in Putas Familie.

## VI

Eines Mittags gegen Ende des ersten Wintermonats kam der Schamane. Atkak hatte seinen ältesten Sohn ausgeschickt, um den Schamanen zu holen, denn sein Vater war schwer krank. Der alte Mann war sechs Tage zuvor umgefallen und hatte seither das Bett hüten müssen. Er konnte sich kaum bewegen und nur mühsam atmen. Die älteren Frauen saßen um ihn herum und versicherten ihm immer von neuem, daß er sterben werde. Für sie war der Tod interessant und hatte eigentlich nichts Erschreckendes. Dagegen schienen sich die Fremden vor dem nahenden Tod zu fürchten, denn ich bemerkte, daß Portagie schleunigst Atkaks Haus verließ. Ein Fisch war, soviel wir wußten, das einzige, was den alten Mann wieder gesund machen konnte, deshalb war Atkak zum Großen See gefahren. Als er zurückkam, hielt er einen großen gefrorenen Fisch am Schwanz. Atkaks Frau meldete ihm den Tod des Vaters. Für einen Augenblick rührte er sich nicht vom Fleck, fuhr dann herum und warf seinen Schlittenhunden den kostbaren Fisch hin. Es war Wahnsinn, so etwas zu tun, denn die Tiere waren nach der dreitägigen Fahrt halb verhungert. Sie kämpften wild um den Fisch, und Atkak stand regungslos dabei.

Während wir alle zitternd in dem scharfen Wind standen und auf Atkak blickten, kam ein zweites Gespann, von seinem Sohn gelenkt, über das Packeis. Der Schamane saß hinter dem Fahrer. Er war kleinwüchsig und sehr dick, und er klammerte sich ängstlich wie eine Lieblingsfrau an den Schlitten und wartete, daß Atkaks Sohn vor dem Iglu halten sollte.

„Kiena? Kiena una?" fragte Kakuktak. „Wer? Wer ist das?"

„*Angokok*", antwortete ich. Aber ich wußte, die Fremden würden unsere Bezeichnung für diesen mit Zauberkräften begabten, heilkundigen Mann nicht verstehen. Er hatte eine Lederschnur um den Kopf gebunden, und ein an der Schnur befestigtes Büschel Fuchszähne baumelte ihm in die Stirn.

Zeit unseres Lebens waren Sarkak und der Schamane die bedeutendsten Männer weit und breit gewesen. Sie wußten das auch beide, und deswegen bestand zwischen ihnen eine gewisse Rivalität: Der eine führte seine religiöse Zauberkunst ins Treffen, der andere seinen ungeheuren Reichtum an Lebensmitteln.

Neben dem Schamanen saß ein schmutziger, in Lumpen gekleideter Junge. Ein Jäger hatte uns erzählt, der Junge sei im ersten Frühlingsmonat von Krämpfen befallen worden und deshalb habe ihn der Schamane zu seinem Gehilfen erwählt.

Inzwischen hatten sich schon viele Neugierige eingefunden und standen im Kreis um die Gäste herum. Da sie alle die Kapuzen tief herabgezogen hatten, konnte ich ihre Gesichter nicht erkennen. Eine Zeitlang sprach niemand. Ich wartete gespannt, was geschehen würde, denn der Schamane wußte noch nicht, daß der alte Mann gestorben war. Schließlich gab Atkak ihm den Tod seines Vaters bekannt und wollte ihn zu seinem Iglu führen. Der Schamane breitete die Arme aus und rief mit seiner unnatürlich hohen Stimme: „Nicht, nicht!" Er verlangte ein Schneemesser, schnitt unbeholfen einen großen Schneeblock zurecht, den er am Eingang niederlegte, um auf diese Weise das Haus zu versiegeln. Dann vollführte er eine Reihe von zeremoniellen Gebärden und schlug sein Wasser in Kreuzform an der versperrten Tür ab. Der schmutzige Junge mußte auf sein Geheiß das gleiche tun.

Die drei Fremden lachten darüber, denn sie begriffen nicht, daß der Schamane den Eingang unkenntlich gemacht hatte, um den Geist des Verstorbenen irrezuführen.

Der Schamane wandte sich von dem versiegelten Eingang ab und blickte umher. Ich hatte das Gefühl, er suche Sarkak. Er sah ihn vor unserem Schneehaus stehen. Sarkak schien nicht gesonnen, den Gast zu begrüßen. Hastig, ohne zu warten, bis die Bewohner ihn hereinbaten, verschwand der Schamane im nächstgelegenen Schneehaus. Dicht hinter ihm schlüpfte der schmutzige Junge hinein. Es war Okalikjuaks Haus.

Nachbarn und Freunde scharten sich nun um Atkaks Familie, und bald umfing sie tröstlich die Wärme von Tungiliks Schneehaus.

Als wir zurückkehrten, war Sarkak schon ins Haus gegangen, und die drei Fremden hatten sich in ihren kleinen Iglu zurückgezogen. Ich sah kurz zu ihnen hinein, und ich kann gar nicht sagen, wie sehr ich wünschte, daß ich die Fähigkeit besäße, mit den *Kalunait* zu sprechen. Sie hatten keine Ahnung, wer der Schamane war und was er bei uns wollte. Ich bedauerte, daß ich keine Möglichkeit hatte, sie über die seit langem bestehende Rivalität zwischen Sarkak und dem Schamanen zu informieren.

Am nächsten Tag zog ich meine Innenstiefel aus Karibufell an, denn ich hatte keine Lust, wegen kalter Füße etwas Sehenswertes zu versäumen. Ich weckte Kakuktak und Portagie – Pilie hatte mit Ivalu und Mia in Sowniapiks Haus geschlafen. Wenn ich ihnen schon nichts über den Schamanen erzählen konnte, sollten sie wenigstens mit eigenen Augen seine Zauberkünste sehen.

Als wir Atkaks Iglu erreichten, stapfte der dicke Schamane schon wichtigtuerisch herum. Nichts in seiner Miene deutete an, daß er Kakuktak und Portagie bemerkte. Mit scharfer Stimme rief er den schmutzigen Jungen zu sich, der entsetzt den riesengroßen, braunen Portagie und den weißen, blaßäugigen Kakuktak anglotzte. Der Schamane wies den Jungen an, ein kleines Loch in den Schneeblock zu schneiden, der den Eingang versperrte, und er erklärte ihm, daß er laut husten und gewisse Redewendungen in den Tunnel hineinrufen müsse, um den Geist anzulocken. Der Junge tat das, während der Schamane eine große Öffnung in die Schneewand schnitt. Die Dorfbewohner wichen angstvoll zurück, denn sie wollten nicht unmittelbar vor dem neuen Eingang stehen. Kakuktak und Portagie aber traten ein paar Schritte vor, um den Toten auf der Schlafbank besser sehen zu können.

Der Schamane betrat den Iglu. Er blickte dabei nach allen Seiten und streckte die Hände aus, als taste er nach unsichtbaren Geistern. Er stieg auf die Schlafbank und betrachtete das Gesicht des Toten. Dann befahl er Atkak, seinen Söhnen und anderen Verwandten, den Toten hinauszutragen. Er war steif gefroren und blaß wie ein gebleichter Knochen. Der lebende Mann, der Sänger und Tänzer, den wir so gut gekannt hatten, hatte nur diese leere Hülle zurückgelassen.

Sie brachten den Leichnam zu einem Hügelgelände, auf dem sich schon mehrere Gräber befanden. Die Männer entdeckten eine Stelle, wo der Wind fast allen Schnee von den schwarzen Felsen geweht hatte. Dort betteten sie den Toten auf die Steine, sein Gesicht der Bucht zugewandt, und legten sein Messer, seinen Bogen und eine aus Knochen geschnitzte Trinkschale neben ihn. Dann bedeckten sie ihn schnell mit schweren Felsbrocken, die sie zu einem hüfthohen Grabhügel häuften.

Der Schamane legte den letzten großen Stein auf das Grab. Er rief uns zu: „Seid auf der Hut, denn in den kommenden Monaten werden hier noch mehr Menschen sterben. Nehmt euch in acht, es kann sein, daß ihr großes Leid zu erdulden habt." Dann befahl er dem schmutzigen Jungen, der die Fremden unentwegt angestarrt hatte, in barschem Ton, den Rückweg anzutreten.

Am nächsten Morgen war es, als hätte sich überhaupt nichts im Dorf ereignet. Atkak und seine Frau standen früh auf, um mit dem Bau ihres neuen Schneehauses zu beginnen, und viele Nachbarn halfen dabei. Dieser Iglu wurde erheblich breiter und höher als der alte, und das gab Anlaß zu Scherzen: Alle behaupteten, Atkak habe sich zu der veränderten Bauweise entschlossen, weil er nun außer seiner Tochter Panie auch den hochgewachsenen Portagie unterbringen müsse.

Der Schamane und der Junge ließen sich als Bezahlung noch einen halben Monat von uns ernähren. Wir sahen sie selten, bis der Eisbär zu uns kam.

Er fraß in aller Stille zwei unserer Hunde, ohne daß die anderen etwas bemerkten. Das erschien mir geradezu als ein Wunder. Ikuma hörte als erste, wie sich der Bär die Flanke an unserem Eingangstunnel rieb. Sie weckte Sarkak, und nun fuhren auch wir anderen aus dem Schlaf. Wir hörten das leise Jaulen der Hunde, einen Laut, den sie nur von sich geben, wenn sie einen Bären wittern, hörten auch, wie sich draußen Pasti, der große Hund, knurrend auf den Bären stürzte und wie der Bär den Leib des Hundes zerfetzte. Dann verriet uns das Quietschen des Schnees, daß der Bär auf das gezackte Packeis am Rand des gefrorenen Meeres zu tappte. Wir liefen hinaus und sahen, daß etwa zwanzig Hunde den Bären verfolgten. Plötzlich blieb er stehen und wandte sich gegen sie. Zwei Hunde sprangen ihn kühn an. Mit einer gelassenen Bewegung tötete er den ersten und machte den zweiten kampfunfähig.

Wir hasteten auf den Kreis von Hunden zu, machten aber auf halbem Weg halt. Sarkak legte Wert darauf, den Bären so schnell wie möglich zu töten, damit wir nicht allzu viele Hunde verlören. Er band sein eisernes Messer mit einem Stück Leine am Schaft des Eismeißels fest. Dann lieh er sich Kakuktaks Messer, schob es in seinen Stiefel, winkte uns zurückzubleiben und ging allein weiter. Er lief leichtfüßig auf den Zehen, und beim Laufen ahmte er den Ruf eines verwundeten Raben nach: *„Korr, korr, korr."* Diesen Ruf stoßen manchmal auch Schlittenfahrer aus, wenn sie ihr Gespann anfeuern wollen.

Die Hunde begannen sogleich zu kläffen und angriffslustig um den Bären herumzuspringen.

Die schwarzen Augen des Bären blickten jetzt unverwandt auf die laufende Gestalt. Die blaue Zunge hing zwischen den großen gelben Zähnen heraus, und sein Atem stieg weiß in die eisige Luft. *„Haar, haar, haar"*, schrie Sarkak, und mit unserem Leithund stürmten auch meine tapfere, törichte graue Hündin auf den Bären zu. Schon hob der Bär die Tatze, um Lao zu töten, da sah ich, wie Sarkak bis auf Reichweite an ihn herantrat und ihm das eiserne Messer in die Flanke stieß, einmal und noch einmal. Als er zum drittenmal ausholte, machte der Bär Miene, Sarkak anzugreifen. Das war der Augenblick, auf den die Hunde gewartet hatten: Blitzschnell stürzten sie sich alle auf den Bären, rissen Fellfetzen und Haarbüschel aus seinem Rücken und den Flanken. Der Bär fuhr herum. Sarkak schwang den Speer und legte sein ganzes Gewicht in diesen dritten Stoß. Er schien die große Herzschlagader getroffen zu haben, denn der Bär brach zusammen. Die Hunde fielen sogleich über ihn her.

Nie zuvor hatte ich einen Mann einen so schrecklichen Laut hervorbringen hören wie den, der nun aus der Tiefe von Sarkaks Bauch drang. Es war ein donnerndes Geräusch, das an scharfes Peitschenknallen und brechende Knochen erinnerte. Die Blutgier der Hunde verwandelte sich in Todesfurcht. Sie wichen zurück, damit Sarkak an den Bären heran konnte. Er berührte rasch und vorsichtig das starre Auge des Tieres, um sich zu vergewissern, daß die Seele den Körper verlassen hatte.

Ikuma und Nuna zogen dem Bären rasch das Fell ab, das in der kalten Luft dampfte. Es gehörte natürlich Sarkak allein, aber das Fleisch wurde unter die Bewohner der Siedlung verteilt.

Ein Eisbär, mitten im Dorf getötet – das war keine Kleinigkeit, und sogar der Schamane kam heraus, um nachzusehen, ob dieser stumm gewordene Hundetöter vielleicht einen Zauber an sich habe. Er bückte sich und betrachtete prüfend die Geschlechtsteile des Bären. Unversehens fand er sich neben Sarkak stehen.

Die Unterhaltung zwischen den beiden kam nur langsam in Fluß, nach und nach aber wurde das Gespräch angeregter, ausführlicher; die beiden mächtigen Männer, die einander seit vielen Jahren kannten, genossen das Vergnügen, eine richtige Unterhaltung zu führen. Jeder von ihnen tat nichts lieber als reden. Trotz der Eifersucht und des Mißtrauens waren sie als Gesprächspartner ein ideales Gespann, und das wußten sie beide.

Sarkak erwähnte eine kunstvoll geflochtene Hundepeitsche, die natürlich im Grunde keinen der beiden Männer interessierte, aber auf diese Weise hatten sie einen Vorwand, sich zu Sarkaks Iglu zu begeben. Sarkak machte es dem Schamanen leicht, ihn ins Haus zu begleiten: Er stellte ihm irgendeine Frage und ging dabei weiter, so daß der Schamane ihm folgen mußte, um antworten zu können.

Ikuma und Nuna riefen: „Es ist dunkel, es ist dunkel."

Der Schamane versicherte zweimal: „Es ist hell hier, es ist hell."

Nach Erledigung dieser Formalität erklomm Sarkak die Schlafbank. Seines kleinen Sieges sicher, wies er dem Gast nicht, wie es sich geziemt hätte, einen Platz auf dem Bett an. Das war der zweite Zug in ihrem komplizierten Spiel. Der Schamane hatte etwas Derartiges erwartet, denn Sarkak mußte einfach aus der Rolle fallen. Er hätte dem Schamanen den Ehrenplatz in der Mitte des Bettes anbieten und ihm damit das Vorrecht einräumen müssen, später dort zu schlafen. Aber Sarkak tat nichts dergleichen. Der Schamane zögerte keinen Augenblick: Er wälzte sich auf den Ehrenplatz und rutschte dann ein wenig zur Seite, fort von Sarkak. Damit deutete er kaum merklich seine Verachtung an. Die beiden starrten einander kalt, aber doch bewundernd an, denn jeder hatte einen kräftigen, unsichtbaren Schlag ausgeteilt und hingenommen. Sowohl Sarkak als auch der Schamane wußten, daß sie nie und nimmer einen würdigeren Gegner finden konnten.

Ihr Gespräch sollte einen Tag und eine Nacht dauern. Zuerst unterhielten sie sich über die Jagd und über die Leute, die nördlich und östlich von Sarkaks Camp lebten. Der Schamane war ständig unterwegs, denn für seine Ernährung hatten ja die Jäger zu sorgen, und trotz seiner magischen Fähigkeiten war niemand gewillt, ihn als Dauergast zu behalten. Es war allgemein bekannt, daß er über große zauberische Kräfte verfügte. Er konnte unheilbare Krankheiten heilen, er konnte einen ungeborenen Sohn mit des Kindes eigener Nabelschnur erwürgen. Des öfteren hatte er schon die Winde bewogen, den Jägern eine Karibuherde zuzuführen, und angeblich besaß er die Fähigkeit, seine Seele auf dem Mond umherwandern zu lassen.

Im Verlauf der Unterhaltung gingen Sarkak und der Schamane dazu über, sich gegenseitig Schmeicheleien zu sagen und die eigenen Verdienste herabzusetzen. Niemand zweifelte, daß kein einziges Wort ernst gemeint war.

Sarkak rief nach Essen. Ikuma schleppte eine fleischige rote Bärenkeule herbei und legte sie auf ein sauberes Seehundsfell. Die beiden Männer verließen das Bett und hockten sich auf den Boden, von den anderen abgewandt, wie die Höflichkeit es verlangte. Ohne zu sprechen, aßen sie das köstliche kalte Fleisch, und die Frauen nickten staunend, denn sie wußten, daß sie nie wieder so gewaltige Esser sehen würden.

Portagie und Pilie traten ein, aber der Schamane blickte nicht auf. Erst nach einer Weile hob er den Kopf und starrte sie an, spuckte ihnen ein Stückchen Knorpel vor die Füße und aß dann weiter, als wären sie nicht vorhanden. Die Fremden blickten auf Sarkak, und da sein Gesicht ausdruckslos blieb, machten sie kehrt und verließen das Haus.

Nachdem Sarkak und der Schamane ihren Hunger gestillt hatten, schliefen sie wie tot, bis die graue Mittagsdämmerung wiederkehrte. Der Schamane sah, daß Okalikjuak und drei unserer jungen Männer zur Karibujagd aufbrechen wollten, und entschied blitzschnell, daß sie ihn bei dieser Gelegenheit in sein Dorf zurückbringen sollten. Er hielt es wohl für besser, Sarkaks Haus zu verlassen, solange sie einander noch freundlich gesinnt waren. So gut hatten sie sich seit zehn Wintern nicht mehr verstanden, und er wußte, daß eine Verlängerung seines Aufenthaltes um auch nur eine Nacht alles verderben konnte.

Sarkaks Freude über die Abreise des Schamanen war so groß, daß er ihm ein Stück Walroßfleisch mitgab, dessen Gewicht das des Alten noch überstieg.

Ein reichlicher halber Monat verstrich, bevor die Karibujäger in unser Dorf zurückkehrten. Sie hatten zu Fuß gehen müssen, weil die beiden Schlitten so hoch mit frischem Karibufleisch beladen waren, daß kein Plätzchen zum Sitzen mehr blieb. Sie blickten stolz drein, und der Erfolg unserer Jäger rief große Aufregung im Dorf hervor. Dann tauchte die Frage auf: „Was sollen wir tun, um die Jäger willkommen zu heißen?"

Tugak sagte zu seinem Vater: „Sollte man nicht ein Tanzfest veranstalten?"

Sarkak betrachtete die leuchtenden Augen der Mädchen und erwiderte: „Ein Tanzfest? Ja, tanzt. Baut ein großes Haus und tanzt, bis die Hitze es zum Schmelzen bringt!"

Sogleich stürmten die jungen Leute lärmend hinaus zu dem viereckigen Platz zwischen den Iglus von Okalikjuak, Sowniapik, Puta und Tungilik. Jeder Iglu war etwa zehn Schritte vom Zentrum des Platzes entfernt. Portagie und Pilie sahen mit großen Augen zu, wie ein Kreis gezogen wurde, dessen Rand die vier Iglus berührte. Tungilik, unser geschicktester Baumeister, dem der Oberbefehl übertragen worden war, stand in der Mitte. Er schnitt große Blöcke aus dem Schnee, die von den jungen Männern genau den Rundungen der vier Schneehäuser angepaßt wurden, und als die Spirale der Wände über die Reichweite eines Mannes hinausging, benutzten sie die langen Schlitten als Leitern, um die Blöcke für das Dach an den richtigen Platz zu bringen. Unter freudigem Geschrei machten die Männer vier Eingänge, indem sie in die Seitenwand eines jeden der anstoßenden vier Häuser eine Öffnung schnitten. So konnte die Wärme, die von den Lampen ausgestrahlt wurde, auch in das neue Haus dringen.

Die Jäger waren müde von der Reise, und die Baumeister waren erschöpft. So schliefen sie weit in die lange Dunkelheit des Nachmittags hinein.

Am frühen Abend aber waren die jungen Mädchen nicht mehr zu halten; sie liefen in jedes Schneehaus und erinnerten die Bewohner, daß der Tanz bald anfangen werde.

Die drei *Kalunait* waren ebenso begeistert und voller Vorfreude wie wir anderen. Als sie das neue Tanzhaus fertig und hell erleuchtet dastehen sahen, liefen sie in den kleinen Iglu und rasierten sich, dann zogen sie ihre Sweater und die schwarzen Seemannsjacken an. Über die Hosen zogen die drei ihre langen Pelzstrümpfe und die eng anliegenden schwarzen Stiefel aus Seehundsfell. Pilie rieb seine Jackenknöpfe mit Speichel blank und setzte den schwarzen Hut auf. Dann stolzierten sie hinaus.

In dem großen Haus spannten Kangiak und ich das Fell der großen flachen Trommel fester. Sowniapik nahm den kurzen Trommelstock und schlug gegen das Instrument. Es vibrierte mit einem vollen Ton. Die Leute jubelten laut, denn Trommelschläge kündeten von gutem Essen, Gelächter und leidenschaftlichen Frauen, von Zeiten des Überflusses.

Ich werde jenen Tanzabend niemals vergessen, denn er fand in unserer besten Zeit statt, als Sarkak im Vollbesitz der Macht war, als meine drei Brüder bei der Jagd auf Robben und Frauen die Freuden der Erfüllung und die darauffolgende süße Mattigkeit genossen. Damals lauschte ich oft den Sternen, die mir ihre Lieder vorsummten, und dabei fühlte ich manchmal den Schnee unter meinen Füßen erzittern, weil verborgene kleine Geschöpfe in ihren unterirdischen Gängen hin und her huschten. Dann fühlte ich mich als ein Teil der Erde und als ein Teil des Himmels.

Sowniapik schlug noch einmal die Trommel und sang. Als wäre das ein Signal gewesen, begaben sich alle Dorfbewohner ins Tanzhaus. Die Frauen trugen ihre schönsten Festkleider aus Karibu-Sommerfellen, und die Männer hatten Stiefel aus gebleichtem Seehundsfell an. Sowniapik gab durch ein Zeichen zu verstehen, daß die Männer auf die eine Seite des Raumes und die Frauen auf die andere gehen sollten. Puta, Kangiak und ich zogen die *Kalunait* sanft auf die Männerseite hinüber.

Langsam und feierlich tanzte Sowniapik den Weg der Jagdmonde. Schritt für Schritt rückte er von Ost nach West vor. Die Mienen einiger junger Leute verrieten mir, daß sie fürchteten, es werde niemals zu dem eigentlichen Tanzvergnügen kommen. Aber da irrten sie sich. Plötzlich warf Sowniapik die Trommel dem Possenreißer Shartok zu, der einen Luftsprung machte und dann in einem Tanz einen Raben imitierte, der sich mit einem anderen paart. Der Text des Liedes, das er dazu sang, war sehr anstößig. Alle lachten und stimmten in den unanständigen Kehrreim ein.

Als die Darbietung beendet war, brachten einige junge Männer Karibufleisch herein, das in den Schneekammern halb aufgetaut worden war, und wir hockten uns auf den Boden, um nach Herzenslust zu schmausen. Danach hielten alle, die müde waren, auf den breiten Betten der angrenzenden Häuser ein Schläfchen, aber schon bald ergriffen die Männer die Trommel von neuem und ließen sie durch die Luft wirbeln. Wir alle spürten, wie die Verzauberung uns bis ins innerste Mark drang und das Blut schneller pulsen ließ. Als Puta an der Reihe war und die Trommel erdröhnen ließ, fiel er besinnungslos zu Boden. Ein Dutzend Hände ergriffen die Trommel und hielten sie Okalikjuak hin. Okalikjuak war der beste Tänzer, der je in unserer Mitte gelebt hatte. Auf unser Drängen erklärte er sich bereit, den Verlauf der Karibujagd für uns darzustellen.

Er begann mit langsamen, stetigen Trommelschlägen von jener Art, die dem Zuhörer ihren Rhythmus aufzwingen. Seine Augen schlossen sich, seine Füße schlurften über den Boden – eine Nachahmung der Männer, der Hunde und der Schlitten, die sich durch den tiefen Schnee der Bergpässe kämpften. Plötzlich hatte er sich in ein einjähriges Karibuweibchen verwandelt, das den furchterregenden Geruch der Hunde und der Männer witterte. Dann wurde Okalikjuak wieder ein Jäger mit Pfeil und Bogen im Mund, der sich auf dem Bauch über die Ebene schob. Im nächsten Moment war er der Karibuhirsch und bäumte sich vor Schmerz wild auf. Fünf zitternde Trommelschläge versinnbildlichten das Hervorschießen des Blutes. Wir hörten, wie sein Herzschlag flatterte und dann für immer verstummte, als der Körper schlaff nach vorn sank.

Als ich die Fassung wiedererlangt hatte, blickte ich zu den *Kalunait* hinüber. Portagie und neben ihm Kakuktak standen vor Staunen wie angewurzelt. Zweifellos hatte Okalikjuaks überwältigender Tanz sie so stark beeindruckt. Aus irgendeinem Grund war Pilie völlig unbeteiligt geblieben. Er war der erste, der auf Okalikjuak zutrat und ihm aufstehen half. Es war wieder Zeit zum Essen, doch die Leute waren derart ergriffen, daß sie schweigend in ihre Iglus zurückkehrten und schliefen, bis die Stunde nahe rückte, da der Tanz von neuem beginnen sollte.

WIR FUHREN erschrocken aus dem Schlaf, als wir einen heftigen Hundekampf toben hörten. Diese ungewohnten Geräusche konnten nur die Anwesenheit vieler fremder Hunde bedeuten. Wir stürzten in die Dunkelheit hinaus und stellten fest, daß aus dem nächstgelegenen Camp drei große Gespanne eingetroffen waren und daß auf den langen Schlitten so viele Männer und junge Frauen saßen, wie nur irgend Platz hatten. Entzückt halfen wir ihnen beim Entwirren der Leinen. Als die Gäste die Stiefel ausgezogen und ihre Beine mit warmen Fellstrümpfen bekleidet hatten, brachte man ihnen Blutsuppe und wies ihnen in jedem Bett die Ehrenplätze an, denn die Bewohner von Sarkaks Camp genossen es immer, wenn sie mit guten Freunden ein fröhliches Fest feiern konnten.

Beim Anblick der drei *Kalunait* malte sich Staunen auf den Gesichtern unserer Gäste, und wir empfanden unsägliches Vergnügen bei dem Gedanken, daß wir allein etwas so Seltenes besaßen. Aber die Verwunderung der Gäste wurde bald von der Vorfreude auf das Fest im Tanzhaus verdrängt. An diesem Abend kannte Sarkaks Großzügigkeit keine Grenzen. Er winkte mir, mehr und immer mehr Fleisch zu bringen. Ich wußte, daß wir nach diesem Fest, wenn es lange dauerte, nichts mehr zu essen haben würden. Hätte Sarkak jedoch den Gästen nicht gezeigt, wie wenig der Hunger uns kümmerte, dann wäre mir das für ihn sehr peinlich gewesen.

Dann hörten wir abermals die Trommel, und wir folgten Sarkak zum neuen Tanzhaus. Diese zweite Nacht war es, auf die sich die meisten Leute besonders freuten, weil wir uns dann an nichts mehr gebunden fühlten und nur noch von den Kräften und den Leidenschaften beseelt waren, die zu einem winterlichen Tanzfest gehören.

An diesem Abend war der erste Tänzer ein kleiner Junge. In der Mitte des Tanzhauses ahmte er mit heftigen, ruckartigen Bewegungen den Kaributanz nach, den Okalikjuak am ersten Abend vorgeführt hatte. Alle lachten laut vor Freude, und die Mutter des Kindes bekam vor Stolz glänzende Augen. Besaß der Junge nicht die Selbstsicherheit und die tänzerischen Fähigkeiten seines verstorbenen Großvaters? Der Geist verläßt den leblosen Körper und kehrt nach einer Weile zurück, um bei uns ein neues Leben zu beginnen.

Hier sahen wir nun deutlich, wie sich die ständige Erneuerung des Lebens vollzog. Sarkak befahl, man solle Fleisch für das Kind bringen. Er kauerte sich zu dem Jungen auf den Boden. „Komm her, mein Onkel, komm und iß mit mir", sagte er. Der Kleine nahm das Stück Mark, das Sarkak ihm anbot, mit der vollendeten Würde eines alten Mannes an.

Nun begannen die Tänze der Erwachsenen. Atkak machte den Anfang. Danach sang ein kecker Bursche aus dem Nachbardorf ein sehr unflätiges Lied über die Lüsternheit ihrer Frauen. Ich muß sagen, daß ich das Lied komisch fand. Unsere Frauen sangen eifrig den Kehrreim mit und begannen auf und ab zu hüpfen. Die Männer bildeten Paare und wetteiferten, wer am längsten durchhalten könnte.

Plötzlich erklang eine andere Trommel in einem der anstoßenden Schneehäuser, und eine unheimliche Gestalt mit einer enganliegenden Maske aus Robbenhaut sprang auf uns zu. Um den Hals hatte er an einer aus Sehnen geflochtenen Schnur zwei große Fangzähne eines Hundes gehängt. Dieser Tänzer warf sich zu unserem Befehlshaber auf. Er hob die Hände und wartete, bis es still wurde. Dann deutete er pantomimisch an, daß er an drei von den Eingängen lauschte. Aus dem vierten Iglu erschien eine maskierte Frau. Sie war sehr klein, und ich hielt sie für ein junges Mädchen. Sie tanzte mit sonderbar unweiblichen Bewegungen, denn sie stellte den Geist namens Tivajuk dar, der immer beim Frauentausch-Spiel dabei ist. Portagie, Pilie und Kakuktak hatten keine Ahnung, was sich hier anbahnte, aber auch sie waren stark beeindruckt.

Die Tänzerin scheuchte die Frauen zur Westseite des Tanzhauses hinüber, und der Tänzer wirbelte trommelschlagend im Kreis herum und trieb alle Männer ins Freie.

Ich war der einzige, der zurückblieb, denn ich konnte ja weder laufen noch tanzen. Aber dafür konnte ich sehen und hören, und möglicherweise war das für mich ebenso erregend. Ich legte mich in Sowniapiks Iglu auf das Bett, und mir entging nichts, was im Tanzhaus geschah. Ich beobachtete, wie die Frauen, vor Erregung zitternd, hastig ihr Haar aufflochten und wie die maskierte Tänzerin sich wirbelnd um sich selbst drehte, auf eine Frau zustürzte und sie hinaus in die Nacht zerrte. Die Männer stießen Rufe des Entzückens aus. Dann sah ich, daß sie die Frauen und Mädchen vor dem Tunnel aufgestellt hatten. Lachend suchten sie die anderen beiseite zu drängen. Wieder und wieder hörte ich Rufe, Lachen, Kreischen und eilige Schritte.

Einige Paare kamen in Sowniapiks Haus gestürmt und sprangen auf das Bett, darunter auch Sarkak. Wie ein ausgelassener junger Bursche warf er lachend das Mädchen in die Bettmitte und sprang hinterher. Dann kam Kakuktak herein. Er hielt eine junge Frau am Handgelenk, in der ich Nuna erkannte. Kakuktak wußte offenbar nicht, was er tun sollte. Ich konnte mir gut vorstellen, wie peinlich Nuna sein Verhalten war.

Sarkak rief ihm zu, er solle mit Nuna ins Bett kommen, doch Kakuktak begriff nicht. Nuna zog Kakuktak sanft zum Bett. Jetzt schien ihm aufzugehen, was hier gespielt wurde. Er nahm die junge Frau fest in die Arme. Sarkak lachte glucksend in sich hinein. Kakuktak wußte, daß ich am Rand des Bettes lag, aber er war so voller Leidenschaft, daß er mich gar nicht wahrnahm.

Ich wandte meinen Blick ab. Ein Zittern befiel mich, so überwältigt war ich von all dieser wilden Lebenslust. Im Tanzhaus konnte ich nur noch die beiden Maskentänzer erspähen. Sie umkreisten einander mit ausgebreiteten Armen in einem langsamen rituellen Tanz wie die Geister von Füchsen.

So UNGLAUBLICH es klingen mag, die Nachbarn blieben länger als einen halben Monat bei uns. Während des langen Festes mit dem ständigen Austausch von Ehefrauen, Ehemännern, Töchtern und Söhnen gab es keine Unstimmigkeiten. Sarkak war in großartiger Laune, und die Gäste durften nach Herzenslust von unserem Überfluß profitieren. Unsere Walroß-Vorratsräume lagen einer nach dem anderen leer unter den Sternen. Die *Kalunait* waren unruhig. Sie wußten eben nicht, daß Menschen, die zum Teilen bereit sind, immer mit dem versorgt werden, was sie brauchen.

Als wir die letzte Fleischkammer geöffnet hatten, spannten zwei von den Besuchern ihre Hunde an und fuhren auf das dünne Meereis hinaus. Sie kamen am nächsten Tag zurück, brachten aber nur zwei kleine Robben mit; den Rest der Beute hatten sie in Vorratshöhlen versteckt. Sie sagten, das Eis sei voll unzähliger Atemlöcher, und wenn wir hinausführen, würden sich die Robben unseren Jägern ausliefern. Als die anderen Gäste hörten, daß es von Robben wimmelte, verließen sie uns, lachend und vor Dankbarkeit höflich rülpsend, so plötzlich, wie sie gekommen waren.

Früh am nächsten Morgen rief Sarkak zum Aufbruch. Er schickte Kangiak mit Tungilik, dem Iglubauer, auf dem ersten Schlitten voraus, damit sie einen Lagerplatz suchten und ein Schneehaus für Sarkak bauten. Auch Kakuktak und ich sollten mitfahren, um den beiden zu helfen.

Unser Schlitten holperte unentwegt über zusammengefrorene Schollen, und mir kam es vor, als hätte diese Eisfläche keinen Anfang und kein Ende. Als wir uns der offenen See näherten, hörte ich das Eis von dem starken Druck der steigenden Flut kreischen und stöhnen. Zweimal prüften Kangiak und Tungilik, wie hoch der Schnee lag. Beim zweitenmal gelangten wir zu dem Schluß, dies sei ein guter Platz, und wir bauten zwei Schneehäuser. Dann zündeten wir die große Steinlampe an, wühlten uns in den weichen Stapel von Karibufellen auf der breiten Schlafbank und fielen in tiefen Schlaf. Irgendwann im Dunkel des frühen Morgens fuhren die anderen Dorfbewohner vor und begannen mit dem Bau neuer Häuser, Sarkak, seine Frauen, Nunas Mutter und Nivie kamen zu uns herein und krochen neben uns unter die Felldecken.

Einmal wurde ich wach und hörte das Eis unter uns krachen. Mir war, als könnte ich unter unserem Bett viele fette, rundäugige Robben umherschwimmen sehen, in die Wärme ihrer dicken weißen Fettschicht gehüllt. Hier waren die Menschen nicht die einzigen Jäger. Vielleicht glitten die wendigen Schwertwale unter mir hinweg, stellten mir nach, um mich mit ihren mörderischen Zähnen zu zerreißen.

## VII

Sarkak stand als erster auf. Mit viel Räuspern, Husten, Spucken und Knurren quälte er sich in die weichen Pelzstrümpfe und die neuen Stiefel, die seine Frauen für ihn angefertigt hatten. Er ging hinaus und machte sich daran, sein dampfendes gelbes Kreuz in den Schnee zu zeichnen. Dort, wo der Urin versiegen würde, war die Richtung, in die er zur Jagd aufbrechen sollte. „Nach Westen also", hörte ich ihn sagen. Er wußte, daß die Säfte seines Körpers ihm den richtigen Weg zu den Jagdgründen der Robben gewiesen hatten.

Ich hörte, wie Nivie mit Kakuktak flüsterte, während sie ihm half, den inneren Anorak überzuziehen. Er schauderte vor Kälte, als er in den äußeren Anorak schlüpfte. Draußen im Halbdunkel legten die Männer sich ihre Jagdgeräte zurecht: Harpunen, Leinen und Jagdtaschen. Drei alte Frauen gingen über das Eis, jede von einer Hündin an einer langen Leine geführt. Die Hunde sollten unter dem Schnee Atemlöcher aufspüren. Ich ging mit Lao auf die Suche, bis sie stehenblieb, winselte und zu graben begann. Ich bat die alte Ningiuk, den Hund ins Lager zurückzubringen. Es ist am besten, ganz allein im Jagdgebiet zu sein, denn Robben sind sehr geräuschempfindlich.

Ich öffnete meine Jagdtasche, nahm ein viereckiges Eisbärenfell heraus, legte es dicht vor dem Atemloch auf den Schnee und stellte mich darauf. Dann schlug ich es rings um meine Füße hoch und band es mir wie einen warmen Stiefel um beide Knöchel. Neben dem Loch steckte ich zwei mit Kerben versehene Treibholzstücke in den Schnee, damit ich dort meine Harpune ablegen konnte. Einen dünnen Holzstab stach ich vorsichtig ins Eis, bis ich auf das Atemloch stieß. Ich ließ den Holzstab in der Öffnung stecken, nahm eine Eiderdaune und hielt den angefeuchteten Kiel an das obere Ende meiner Sonde, bis er festgefroren war. Die Feder sollte mir als Alarmsignal dienen.

Ich kauerte mich nieder, stützte die Ellenbogen auf die Knie und machte mich so klein, wie ich nur konnte, um der mörderischen Frostluft möglichst wenig Angriffsfläche zu bieten. So wartete ich einen Tag und eine Nacht. Ich wußte, daß die Robbe nicht nur bei dem Atemloch Luft holte, das ich mir ausgesucht hatte. Ein dutzendmal riet mir mein Verstand, eines der anderen Löcher aufzusuchen, aber Geduld ist die höchste Tugend des Jägers, und so wartete ich bis zur ersten Dämmerung. Plötzlich war mir, als spürte ich die Nähe eines Lauschers. Ich sah, wie sich die Feder zitternd hob. Ich war höflich genug, der Robbe einen Atemzug zu gestatten. Dann stieß ich die Harpune durch den Schnee in das Wasser hinein und fühlte, wie die scharfe Spitze tief in Fleisch und Knochen drang. Die Harpunenleine glitt durch meine Hände. Ich schlang mir das Leinenende um den Körper und benutzte mich selbst als Anker. Die Robbe war fast so schwer wie ich und kämpfte verzweifelt, aber die Harpune hatte ihre Wirkung getan, und die Leine wurde allmählich schlaff. Mit dem beinernen Meißel am Schaftende der Harpune hackte ich ein Loch in das Eis. Dann zog ich das tote Tier aus dem Wasser.

Es war die erste Robbe, die ich in diesem Winter erlegt hatte, und um meine Dankbarkeit zu bezeigen, schnitt ich ihr ein kleines Stück von der Oberlippe ab und warf es ins Wasser zurück. Jeder bei uns weiß, daß dies der Robbe die Möglichkeit gibt, von neuem heranzuwachsen. Dann löste ich den Harpunenkopf aus dem Kadaver und schloß die Wunde sorgfältig mit einer Klammer, um das Ausfließen von Blut zu verhindern, denn alles, was nährt, ist in Zeiten des Hungers wertvoll. Dann ließ ich die tote Robbe erst einmal liegen. Ich hoffte, eine neue Reihe von Atemlöchern zu finden. Da erspähte ich Portagie, der auf mich zukam. Lässig bewegte er sich über die Eisfläche. Er trug eine Harpune, unterließ es jedoch unklugerweise, damit das schneebedeckte Eis zu prüfen. Ich winkte ihm, mir zu folgen. Bei jedem Schritt überzeugte ich mich, daß er seine Füße genau in meine Spur setzte. Portagie lächelte; er dachte, ich wollte ihn ein Spiel lehren, und in gewisser Weise hatte er recht. Das Spiel hieß „am Leben bleiben". An einer runden weißen Stelle, die mir gefährlich schien, blieb ich stehen und deutete mit der Hand. Ich tat noch einen Schritt vorwärts und stieß mit der Harpune leicht in den Schnee. Sie verschwand bis zur Schaftmitte, wo ich sie festhielt. Schwarzes Wasser floß über das Eis. Ich stocherte ein wenig herum, und ein mannsgroßer Eisklumpen klatschte ins Wasser. Portagie starrte entsetzt und ungläubig auf das tiefe Loch. Ich hatte ihn gelehrt, wie trügerisch das Eis sein kann und wie man es prüfen muß.

Wir erreichten ein neues Atemloch. Ich steckte ein Stäbchen mit einer Feder hinein und bedeutete Portagie durch Gebärden, daß er mit der Harpune zustoßen solle, sobald der Stab sich bewegte.

Kaum hatte ich vor einem zweiten Loch meinen Posten bezogen, da sah ich Portagie mit großer Kraft zustechen. Im nächsten Augenblick war er in einen heftigen Kampf verwickelt. Irgend etwas zerrte heftig an seiner Harpunenleine. Ich eilte zu ihm und zeigte ihm, wie man den Körper als Anker gebrauchte. Gemeinsam packten wir die Leine und gaben dem Tier bald mehr, bald weniger Spielraum, bis es völlig erschöpft war. Wir wuchteten die Robbe aus dem Wasser und staunten über ihre enorme Größe.

Portagie stieß einen Jubelschrei aus, und ich sah, wie die anderen Jäger, die vor Atemlöchern saßen, zu uns herüberblickten und die Arme schwenkten, weil sie errieten, daß Portagie seine erste Robbe erlegt hatte.

Portagie rief leise meinen Namen, deutete zuerst auf die Robbe, dann auf seinen Mund und zückte sein Messer. Aber er hätte sich in Verruf gebracht, wäre er im Camp mit Fleisch erschienen, von dem schon gegessen worden war, und so befestigten wir eine Leine an der Beute und schleiften sie zu meiner hinüber. Der große braune Mann zog die beiden Robben mühelos über den Schnee. Plötzlich packte er mich am Arm und bedeutete mir, ich solle einen Fuß auf seinen Stiefel stellen. Lachend wanderten wir wie ein dreibeiniger Riese zu den Iglus. Portagie sang mir ein Lied vor, dann sang ich ihm ein Lied vor, und keiner von uns verstand die Worte des anderen. Aber das kümmerte uns nicht.

Im Halbdunkel des Vormittags warteten die Frauen, um uns zu begrüßen. Die reiche Beute, die wir am ersten Tag gemacht hatten, wurde als gutes Vorzeichen gewertet. Selbstverständlich erzählte keiner der Jäger den Frauen, wer von uns eine Robbe harpuniert hatte, denn Frauen neigen in ihrer Torheit dazu, einen Erfolg überzubewerten. Daher gilt bei uns seit alters die Regel, den Frauen so wenig wie möglich über den Verlauf der Jagd zu erzählen. Wir teilen das Fleisch miteinander, ohne nach seiner Herkunft zu fragen. Aber als alle Jäger zurück waren, sagte ich den anderen, daß Portagie das große Robbenmännchen erlegt hatte, denn es war seine erste Beute. Alle jubelten, und seine Robbe wurde als erste verteilt.

Am nächsten Tag weckten uns wilde Windstöße. Ein gewaltiger Schneesturm braute sich zusammen. Sarkak ging hinaus. Zweifellos wollte er sich vergewissern, daß wir nicht zu befürchten brauchten, der Sturm und der Gezeitenstrom würden unser Camp von der Eisfläche losreißen und es wie eine schwimmende Insel aufs Meer hinaustragen. Der Schneesturm dauerte vier lange Tage. Am fünften Morgen gingen die alten Frauen wieder mit den Hunden auf die Suche, und die Jäger folgten ihnen. So sicher waren sie des Erfolges, daß ich dachte, diesmal könnte ich ruhig im Iglu bleiben. Sie kehrten erst nach langer Zeit zurück, und sie kamen mit leeren Händen.

An den folgenden drei Tagen begleiteten Portagie und Pilie die Jäger nicht. Sie saßen müßig im Iglu herum. Eines Nachmittags, als Portagie sich langweilte, schickte er Ikuma einen Seehundsstiefel zum Flicken. Ikuma erledigte die Arbeit und bat Nuna, den Stiefel zurückzubringen. Nuna blieb recht lange bei dem großen braunen Mann, und viele Augen im Dorf hatten ihren Besuch und seine Dauer registriert, denn alle Männer werden wütend, wenn ihre Frauen ohne Erlaubnis andere Männer besuchen, während die Ehemänner auf der Jagd sind. Weder Nuna noch Ikuma brachten den Mut auf, Sarkak zu erzählen, wie unbedacht die junge Frau gehandelt hatte. Natürlich, es konnte alles ganz harmlos gewesen sein, aber jedenfalls machten die beiden den Fehler, die Sache geheimzuhalten.

Eines Tages liehen sich die Fremden drei Schneemesser und stellten riesengroße Schneemänner auf, so daß in jeder der vier Himmelsrichtungen einer stand. Wie Wintergeister umringten sie unser Lager, und vielleicht trieben sie die Meerestiere von uns fort.

Wir hatten kein Stückchen Fleisch mehr. Die Hunde schlichen wie hungrige Wölfe durch die Siedlung. Sarkak stapfte wie ein Bär zwischen den Schneehäusern umher, und eines Nachts – vielleicht hatte er eine Erscheinung gehabt – befahl er Kangiak und Yaw, den Schamanen so schnell wie möglich zu uns zu bringen. Vielleicht war ein Tabu verletzt worden, und das konnte unser aller Tod zur Folge haben. Wenn wir halb verhungert und ohne Fleisch zum Land zurückkehrten, würden wir nie wieder die Wärme des Sommers spüren. Aus Angst, irgend etwas zu tun, was unsere Lage noch verschlimmern könnte, saßen wir untätig herum und warteten auf den Schamanen. Als Kangiaks Schlitten endlich auftauchte, sahen wir alle mit Erleichterung, daß der Schamane mit seinem schmutzigen Jungen darauf saß.

Der Schamane ging ohne eine Aufforderung geradewegs in Sarkaks Haus, legte sich in die Mitte des Bettes und schlief ein. Erst um die Mittagszeit wachte er auf. In Sarkaks Iglu standen die Menschen dicht gedrängt. Die drei Fremden hatten sich keck vor den mit Zauberkräften begabten Mann hingestellt und musterten ihn von Kopf bis Fuß. Um Pilies Lippen spielte ein Lächeln, das aber durchaus nicht freundlich war. Für den Schamanen waren sie bisher scheinbar nicht vorhanden gewesen. Jetzt aber sprach er von ihnen. „Sind Fremde bei euch zu Besuch?" fragte er, als wüßte er das nicht.

Eine Weile blieb es still. Dann antworteten alle: „Ja."

„Vielleicht haben sie irgend etwas Böses mitgebracht, das die Meerestiere vertreibt", meinte der Schamane. „Wenn diese großen Schneemenschen um das Dorf herumstehen, kann es ja gar nicht anders sein."

Er knüpfte sich ein Lederband um die Stirn, ergriff ein Schneemesser, warf dem Jungen auch eines zu und lief aus dem Haus. Wir rannten hinterher, um zuzusehen, wie sie die Schneefiguren zerschnitten und zertrampelten. Als das Zerstörungswerk vollendet war, wandte er sich voller Ekel ab. Alle folgten ihm in Sarkaks großen Iglu. Jeder blickte auf die drei *Kalunait*. Manche Leute sahen sie jetzt vielleicht in einem neuen Licht.

„Wir können nur die Zeichen zu verstehen suchen", begann der Schamane. „Ich will euch noch einmal die Geschichte von den Kindern des Hundes erzählen, denn vielleicht hat dieser oder jener sie vergessen, und es ist sogar möglich, daß manche jungen Leute sie noch nie gehört haben." Und er erzählte von dem Mädchen, das sich mit einem Hund gepaart hatte und auf einer kleinen Insel ausgesetzt worden war. „Und nun schaut sie euch an, diese drei, die Abkömmlinge jener Hundskinder, die mit ihren scharfen eisernen Messern zu uns zurückgekommen sind", schloß er.

Ich sah viele der Umstehenden furchtsam zurückweichen. Unsere Dorfbewohner hatten die drei Fremden zwar des öfteren als Abkömmlinge des Hundes bezeichnet, aber eigentlich nie darüber nachgedacht, was dieser Ausdruck besagte. Jetzt erinnerten sie sich wieder an das grausige Geschehen.

„*Ajii*", sagten die Leute. Ihre Mienen drückten Unbehagen und Mißtrauen aus. „Wir verstehen dich."

Der Schamane hob die Hände und rief: „Jemand versucht zu mir zu sprechen. Hört zu! Hört gut zu!" Sein Krächzen ging in heftiges Würgen und Keuchen über, und als er sich schließlich aufrichtete, war sein Gesicht dunkelrot. Er knurrte wie ein Hund, winselte und stieß Worte hervor, die keiner von uns verstand.

Die Schatten der vielen Leute in dem Schneehaus verdunkelten die Lampen, aber ich sah ganz genau, was geschah, und Sarkak sah es, und die drei Fremden sahen es. Der Schamane fuhr zurück, als hätte ihn ein starker Schlag gegen den Kopf getroffen, und er stieß ein schreckliches Heulen aus, das nichts Menschliches mehr hatte. Als er den Mund aufriß, sah ich das weiße Raubtiergebiß eines Hundes. Seine Zähne schnappten nach irgend etwas, aus den Mundwinkeln quoll blutiger Schaum. Er wirkte wie ein Mensch, der plötzlich wahnsinnig geworden ist.

Der schmutzige Junge sprang vor, um den Schamanen zu packen. Sie rangen heftig. Wir anderen sahen angstvoll und erschrocken zu. War uns nicht der unheimliche Hund in Menschengestalt erschienen, halb verborgen in dem fetten Körper des Schamanen? Endlich trat Ruhe ein, und der Schamane lag bleich und zitternd da. Sein Gesicht und das Haar waren naß von Schweiß.

„Mach den Mund auf! Zeig uns deine Zähne!" riefen viele Stimmen.

Der schmutzige Junge faßte den Schamanen derb am Kinn und zog ihm die Lippen auseinander. Die großen Hundezähne waren verschwunden. Ein ängstliches Raunen ging durch das Schneehaus.

Man flößte dem Schamanen Wasser ein, und langsam kam er zu sich. Aber plötzlich begann er zu husten; dann heulte er wie ein Hund, und ein Knurren drang aus seiner Kehle, als wäre der schreckliche Geist des Hundes in ihn eingedrungen. Der Schamane keuchte und verlangte eine Harpune. Als er die Waffe in der Hand hielt, stemmte er das Schaftende gegen den Boden, kniete sich auf die Schlafbank und hielt die Harpunenspitze an seine Brust. Fasziniert und entsetzt wichen die Zuschauer zurück, als er sich hin und her wiegte und mit hoher, unwirklich klingender Stimme zu singen begann.

*Ajii, ajii,*
*komm, komm zurück zu mir,*
*Vater der Hundskinder,*
*du mit den großen Zähnen,*
*fahr in mich. Fahr in mich.*

Plötzlich befiel ihn ein Zittern. Winselnd stürzte er sich in die nach oben gerichtete Harpunenspitze. Er schrie auf, als sie sich in seinen Leib bohrte. Mit zurückgeworfenem Kopf starrte er uns an; seine Augen, die fast aus den Höhlen quollen, waren die eines Sterbenden. Blut floß aus seinem Mund, als er hinfiel und im Todeskampf wild um sich trat.

Frauen und Kinder kreischten, und sogar die Männer im Eingangstunnel ergriffen die Flucht. Der Schamane folgte ihnen brüllend. Er rannte einmal um das Schneehaus herum und kam dann durch den Tunnel zurück. Wir rissen ungläubig die Augen auf, als er heil und gesund vor uns stand. Er grinste uns an. Dann entblößte er langsam seinen großen, runden Bauch, der keine Wunde, kein Blut aufwies, sondern glatt und unversehrt war.

In dem Raum herrschte tiefes Schweigen.

„Der Hundmensch ist tot", rief der Schamane mit dröhnender Stimme. Triumphierend stand er da und blickte verächtlich auf die drei Abkömmlinge des Hundes.

Ich beobachtete ihre Gesichter und sah, daß sie den Schamanen fassungslos anstarrten, denn sie waren ja dabeigewesen, als er sich auf die Harpunenspitze warf. Wie konnte er unverletzt vor ihnen stehen? Die drei waren offensichtlich verstört und erregt, weil sie nicht wußten, was sie von alldem halten sollten. Sie gehörten noch zu Sarkak, sie waren ein Teil seines Haushaltes, und doch gehörten sie jetzt auch schon zu uns und wir zu ihnen. Ich wünschte, sie hätten die Zaubereien des Schamanen nicht mit angesehen, denn sie konnten diesen Mann ja unmöglich verstehen. Er war schmutzig und listenreich, und daraus schlossen sie, er müsse ein Betrüger sein. Aber das traf nicht zu. Seine Magie war uralt, sie stammte von mächtigen Schamanen vergangener Zeiten. Ich habe gehört, daß es westlich von uns betrügerische Schamanen gibt, die sich Zähne, wie Bären sie haben, aus Knochen schnitzen und sie in den Mund schieben, um den Leuten Angst einzujagen. Wir kennen viele alte Tricks. Aber uns fehlten die Worte, den Fremden davon zu berichten. Sie wollten nicht glauben, was sie gesehen hatten, und doch hatten sie es ebenso deutlich wie wir gesehen, ein Anblick, den sie niemals vergessen würden. Und das war noch nicht alles. An jenem Abend rief der Schamane den Mondgeist in Sarkaks Haus, dann meißelte er ein Loch in das Eis unter dem Schneeboden und beschwor die Geisterfrau, die auf dem Meeresgrund die Robben hütet, mit den Worten: „Gib die Robben frei!"

Schon am Tag darauf kam die Flut zu uns und mit ihr eine Fülle von Robben. Der böse Zauber war gebrochen. Unsere Fleischkammern füllten sich, unsere Bäuche wurden rund, und die Frauen und Kinder lachten wieder. Die Abreise des Schamanen nahmen wir kaum zur Kenntnis, da wir ihn ja nicht mehr benötigten.

So verstrich ein ganzer Monat, und die drei Fremden schienen diese Zeit im Winterlager sehr zu genießen. Ihre Selbstsicherheit war angesichts unseres Reichtums an Fleisch zurückgekehrt, und sie fühlten das Nahen des Frühlings und der wärmenden Sonne.

Mir kam es vor, als könnte man sich nirgends in der Siedlung aufhalten, ohne an die Anwesenheit der Fremden erinnert zu werden.

Sie schienen dauernd zwischen den Häusern umherzuschlendern, und die Kinder rannten wie ein Rudel ungebärdiger junger Hunde hinter ihnen her. Eines Tages hörte ich Panie mit rauher Stimme etwas zu Portagie hinüberschreien. Man konnte sie für eine Fremde halten, denn sie benahm sich genauso schlecht wie diese Männer. Ja, das Camp gehörte jetzt wirklich ihnen. Sie waren nicht einmal fähig, sich selbst zu ernähren, und doch wurden wir gewissermaßen von ihnen beherrscht. Ich wunderte mich, daß unsere Dorfbewohner nicht darüber redeten. Nur Sarkak behandelte die Fremden jetzt mit kühler Zurückhaltung.

Eines Abends, als Kakuktak bäuchlings auf seinem Schlafplatz in Sarkaks Iglu lag und Nivie sich wie immer neben ihm ausgestreckt hatte, klappte er das Päckchen mit den weißen Häuten auseinander. Wir wußten, daß nur drei Häute noch nicht bekritzelt waren. Kakuktak sah Nivie an, lächelte und griff zum Stift. Er zeichnete eine Art Haus. Es war viereckig, hatte ein spitzes Dach, und Kakuktak sagte, es sei aus Holz gemacht. Vor dem Haus war ein gerader Pfad mit Blumen an beiden Seiten. Dann zeichnete Kakuktak das Innere dieses Hauses. In der Mitte der rückwärtigen Wand befand sich ein großer, vorn offener Behälter aus Stein, in dem Holzstücke brannten. Ich dachte, sie würden eine Menge Holz brauchen, wenn sie das Haus auf diese Art warm halten wollten. Rechts und links von dem Steinkasten malte Kakuktak zwei Stühle. In dem einen saß er selbst, aufrecht und hochgewachsen, und in den anderen Stuhl zeichnete er Nivie. Sie hatte einen langen Frauenanorak ohne Kapuze an, der ihre Beine völlig bedeckte. Nivie lachte und meinte, in so etwas könne sie doch nicht neben einem Schlitten herlaufen.

In den rechten Arm gab ihr Kakuktak ein kleines Kind, das nicht nackt war, sondern ein ähnliches langes Kleid trug wie Nivie. Links von ihr stand eine Kiste mit einer Art Kapuze darüber, und in der Kiste saß noch ein Kind.

Nivie schien genau zu verstehen, was Kakuktak schildern wollte. Sie fragte: *„Una uvunga?* Bin ich das? Sind das unsere Kinder? Ist dies unser Haus?"

Kakuktak beantwortete alle Fragen mit Ja und legte ihr dann die Hand sanft über die Augen, damit sie aufhörte, die Zeichnungen zu betrachten. Aber sie wollte ihm nicht gehorchen, und so schlief er an ihrer Seite ein.

Nach einer Weile merkte ich, daß sie weinte, konnte mir jedoch nicht erklären, weshalb die Zeichnung sie traurig gemacht haben sollte. Schließlich versiegten ihre Tränen. Sie flüsterte mir zu: „Er hat gesagt, wenn das Eis bricht, kommt das Segelschiff wieder, und wenn es kommt, werde ich mit ihm fortgehen und in diesem merkwürdigen Haus wohnen. O ja, ich werde fortgehen und mit Kakuktak zusammen leben. Wenn es soweit ist, wird es mir leichtfallen."

Eines Morgens wachten wir auf und sahen, daß der Gezeitenstrom die gefrorene Fläche des Meeres mit Macht aufgerissen hatte. Eine Eisscholle, viel größer als die Fläche, auf der unsere Häuser standen, war über Nacht davongeschwommen. Sarkak ordnete an, daß sich alle Familien sogleich an Land zu begeben hätten, aber Pilie und Portagie sahen den Grund dafür nicht ein und weigerten sich, ihre Mädchen gehen zu lassen. Zum erstenmal erlebte ich, daß sich jemand Sarkaks Befehlen widersetzte. Natürlich spannten wir abends trotzdem die Hunde an und zerstörten die Schneehäuser. Da Mia, Ivalu und Panie weinend erklärten, daß sie keinesfalls hierbleiben würden, warfen sich Portagie und Pilie wütend auf die Schlitten und kamen mit uns ins Dorf.

Die alten, zu Anfang des Winters errichteten Iglus waren verschneit, und daher bauten wir am Berghang neue Häuser. Einige Familien bezogen die Iglus neben dem großen Tanzhaus, damit dort wieder Leben einkehrte.

Es fällt mir schwer, die schrecklichen Spannungen zu beschreiben, die sich zwischen unseren Leuten und den drei Fremden entwickelten. Die Meinungsverschiedenheiten, die im Sommerlager so unbedeutend gewesen waren, hatten sich beim Verlassen des Camps auf dem Eis erheblich vertieft, und jetzt wurden sie derart heftig, daß unsere Dorfgemeinschaft zersplitterte. Manche Männer weigerten sich, bei Nebel auf die Jagd zu gehen, und ich glaube, Sarkak kam niemals darüber hinweg, daß Kakuktak ihn so oft verließ, um in der Wärme von Putas Haus mit Nivie zusammen zu sein. Die Furcht der Leute vor ihm begann zu schwinden. Er spürte, daß die *Kalunait* nach seiner Macht griffen. Sie widersetzten sich offen Sarkaks Befehlen.

In Sarkaks Größe mischte sich eine rasende, kindisch unvernünftige Eifersucht, die er zu verbergen verstand. Aber an dem Tag, der alles veränderte, merkte ich Sarkak an, daß sie in ihm zum Ausbruch drängte. Morgens, als wir im Bett lagen, klangen durch die Wand scheußliche fremdländische Laute zu uns herüber. Wir hörten Portagies rauhes Lachen und Pilies Geschnatter. Ihre drei Mädchen kreischten vor Vergnügen. Jetzt brüllten die Fremden: „Dag-it! Dag-it!" Das war ihr Name für Kakuktak, und er schrie irgend etwas zurück, während er durch das Dorf ging.

Sarkak setzte sich zitternd im Bett auf. Seine Augen funkelten wie die eines raubgierigen Adlers. „Wo ist Kangiak?" brüllte er. „Er soll das Fleisch holen!"

Kangiak schlief mit Nowjas Witwe, weil er herausfinden wollte, ob sie das Zeug zu einer guten Ehefrau habe. Yaw sprang hastig auf und lief, seinen Bruder zu rufen, aber für Sarkaks Begriffe ließ Kangiak zu lange auf sich warten, und als er erschien, starrte er seinen Vater entgeistert an. Sarkak war bleich vor Wut. Genau in diesem Augenblick betraten die drei Fremden das Schneehaus, lachten lärmend, schwatzten miteinander und beachteten uns überhaupt nicht.

Sarkak fuhr sie und Kangiak an wie ein tollwütiger Hund. „Gefräßige Raben seid ihr! Faule Jäger, aber große Esser! Mit Weibern schlafen, das ist alles, was ihr könnt. Diese drei da, die ich davor bewahrt habe, draußen auf dem Eis zu sterben, was nützen sie mir? Was tun sie, außer bei jedem Mädchen zu liegen und bei Jägern um Fleisch zu betteln?" Er knirschte vor Wut mit den Zähnen. „Seht euch den Frauendieb an", zischte er und deutete auf Portagie. „Läßt sich seine Stiefel flicken und lockt dann eine sittsame Ehefrau in sein Bett, wenn der Ehemann auf der Jagd ist. Habe ich keine Söhne, die meine Ehre verteidigen?" Er sprach langsam, damit jeder Satz sich Kangiak und Kakuktak einprägte. „Du, Kangiak, und dieser kleine Liebhaber der grauen Hündin, holt jetzt das Fleisch. Nehmt die drei nutzlosen Geschöpfe mit."

Kangiak verließ den Iglu, und ich erhob mich, um ihm zu folgen. *„Tuavie!* Macht schnell!" rief Sarkak den *Kalunait* nach, als schreie er Hunde an.

Kakuktak fuhr herum, denn er hatte den groben Befehl sehr gut verstanden. *„Aagii",* sagte er langsam, und er legte allen Nachdruck, den er irgend aufbringen konnte, in dieses Wort, das einzige, das in unserer Sprache nein bedeutet. Ich hörte Nivie laut ausatmen, wie eine Frau es tut, wenn sie vor drohenden Schwierigkeiten warnen will.

Sarkak blickte zu Kakuktak auf, und das, was er sah, mußte ihn beunruhigen. Kakuktaks Nasenflügel waren schmal vor Wut, er atmete keuchend, und alle Farbe war aus seinen Wangen gewichen. Sarkaks Blick wanderte unstet hin und her. Vergebens. Links von Kakuktak stand der große braune Portagie, mit starrer Zornesmiene, und rechts stand Pilie, rotgesichtig und verschlagen wie ein Fuchs; seine Augen waren nicht auf Sarkak gerichtet, sondern beobachteten die anderen Bewohner des Hauses, suchten vermutlich zu erraten, wo sie ihre Waffen aufbewahrten. Plötzlich war mir offenbar, daß die Fremden, die mit uns getanzt und gespielt hatten, nicht die unbeholfenen, übergroßen Kinder waren, für die wir sie hielten. Sie waren starke, gefährliche Gegner.

Schließlich wandte Kakuktak sich um und ging mit den beiden anderen hinaus. Sarkak blieb noch eine Weile regungslos stehen, dann erklomm er die Schlafbank und setzte sich nieder, den Blick starr auf den Eingang gerichtet. Niemand sprach, niemand bewegte sich. Sarkak schien langsam in sich zusammenzusinken; er sah aus wie ein uralter Mann.

Bei Anbruch der Dunkelheit kehrten Kangiak und ich von der Fleischkammer zurück. Wir hörten die *Kalunait* in Atkaks Haus lachen.

In unserem Iglu lag Sarkak unbeweglich auf dem Bett. Als Ikuma ihm Suppe anbot, antwortete er nicht. Er wirkte wie ein Toter.

Während all der Aufregungen hatte Nunas Mutter, die alte Witwe, auf ihrem Platz am äußersten Ende des Bettes gekniet, ohne einen Laut von sich zu geben. Aber als es wieder ruhig geworden war, erhob sie sich, wie Nuna mir später erzählte, und flüsterte Sarkak heiser zu: „Geh, solange noch Zeit ist. Geh, solange du die Kraft dazu hast."

In jener Nacht hörten wir den Sturm wild um das Haus jagen und wußten, daß er Schnee vor den Eingang wehte. Kangiak, Kakuktak und Nivie waren fort, ihre Plätze im Bett blieben leer. Yaw warf sich genau wie ich ruhelos hin und her; wir fanden kaum Schlaf. Die alte Witwe wiegte sich lautlos vor und zurück, vor und zurück und hielt nur von Zeit zu Zeit inne, um diesen oder jenen von uns anzustarren. Ihre Augen – die Augen eines flinken kleinen Tieres – erschreckten mich.

Sarkaks halboffene Augen blickten ins Leere. Wer hätte gedacht, daß ein einziges Wort einen so mächtigen Mann vernichten könnte? Wäre Kakuktak mit unseren Bräuchen vertraut gewesen, so hätte Sarkak ein Fest veranstaltet und dabei ein Spottlied auf die Fremden gesungen, so daß sie, mit Schande überhäuft, das Lager für immer verlassen mußten. Aber die drei wußten von alldem nichts, und da Sarkak sie durch Lieder nicht bezwingen konnte, war er der Unterlegene. Nun blieb ihm keine andere Wahl, als sie zu töten oder selbst das Lager zu verlassen. Aber Mord war bei uns nicht Sitte; überdies wußte ich, daß Sarkak in Kakuktak einen aufsässigen Sohn sah.

Gegen Morgen schlief ich ein. Plötzlich weckten mich Nunas Schreie. Ihre Mutter war verschwunden. Die schäbigen Schlafdecken der Alten waren säuberlich ausgebreitet, und ihre Kleidungsstücke hatte sie sorgsam zusammengefaltet. Der Anblick ihres leeren Schlafplatzes traf mich wie ein Schlag. Nuna rannte in den Eingangstunnel. Ich hatte gerade meine verkrüppelten Füße auf den eiskalten Boden gesetzt, da hörte ich Nuna einen langen wimmernden Schrei ausstoßen. Als ich sie erreichte, deutete sie stumm auf die kleinen Fußabdrücke, die der Schnee, der von draußen hereinsickerte, bereits mit einer dünnen Schicht überzogen hatte. Draußen geriet ich in eine furchtbare Welt windgepeitschten Schneetreibens. Ich ging nur einen Schritt und konnte schon nichts mehr sehen. Kein Haus, keine Hunde, keine Schlitten. Ich fühlte Nuna an mir vorbeieilen und mußte alle Kraft aufbieten, um sie festzuhalten. Ich wußte, daß dort draußen in der heulenden Weiße niemand am Leben bleiben konnte. Ich zerrte sie ins Haus zurück. Ikuma nahm sie in den Arm, streichelte sie und bemühte sich, ihr Trost zuzusprechen.

So unglaublich es klingt: Sarkak rührte sich nicht, gab mit keinem Wort zu erkennen, daß er etwas bemerkt hatte, obgleich das Haus von Frauengeschrei widerhallte.

Sobald der Sturm vorübergezogen war, brachen alle Männer des Dorfes auf, um die alte Witwe zu suchen. Die graue Hündin fand sie unter einer Schneewehe. Das Gesicht der Greisin war weiß, starr und friedlich, als schliefe sie. Alle Frauen kamen, um die alte Witwe zu betrauern, und dann trugen die Männer ihren steif gefrorenen Körper zu dem hochgelegenen Begräbnisplatz. Sie türmten so viele Steine über ihr auf, daß kein Tier an das Grab heran konnte und ihr Geist die schwere Last nicht wegzustoßen vermochte.

Manche sagen, daß wir unsere alten Menschen töten. Das ist nicht wahr. Unsere Alten haben genügend Kraft und Stolz, sich selbst umzubringen, wenn sie meinen, daß ihr Leben enden sollte.

Als wir zu unserem Schneehaus zurückkehrten, fanden wir Sarkak auf dem Bettrand sitzen. Anscheinend wußte er, was geschehen war. „Dies ist ein Ort des Unheils", sagte er. „Heute noch gehe ich ins Inland. Auf Karibujagd."

Ich wollte meinen Ohren nicht trauen, denn um diese Jahreszeit mußte man mit einer langen, beschwerlichen Fahrt rechnen. Bald würde die Frühlingssonne den Schnee in den Tälern weich und brüchig machen, so daß man bei jedem Schritt Gefahr lief, bis über die Knie einzusinken. Aber Sarkak wollte unverzüglich aufbrechen. Trotzdem, alles war besser als dieses lange Schweigen, unter dem wir alle gelitten hatten. Wir standen rasch auf, um ihm zu helfen.

„Zwei Schlitten", sagte er zu Kangiak. „Zwölf Hunde, beide Frauen, Tugak und Yaw. Du und du" – das galt Kangiak und mir –, „ihr bleibt zurück, um unsere Kajaks und unsere Fleischkammern zu bewachen, denn hier gibt es böse Menschen, Frauendiebe, Hundskinder. Hütet euch vor ihnen."

Tugak und Yaw vereisten die Kufen der Schlitten. Kangiak und ich schirrten die Hunde an. Plötzlich befahl mir Sarkak, auch Lao anzuspannen. Im ersten Augenblick war ich vor Schreck völlig benommen. Ich sah Sarkak starr an, und er erwiderte meinen Blick ebenso starr, bedeutete mir schweigend, ich solle mich nicht unterstehen, zu widersprechen. Ich werde ihm *aagii* ins Gesicht schreien, dachte ich, wie Kakuktak es getan hat. Aber natürlich brachte ich es nicht fertig, ihm das anzutun. Ich hielt die Hündin fest und wollte ihr das Geschirr über den Kopf ziehen. „Es spielt keine Rolle", rief Sarkak mir zu. „Nimm einen kräftigeren Hund." Rasch ließ ich die Hündin los, und sie legte sich auf ihren Platz neben dem Eingang des Iglus. Mir schien, daß sie lächelte.

Als alles verladen war, stellten sich Sarkak, Ikuma, Nuna und Yaw neben die beiden Schlitten. Ich sah die Fremden schweigend vor Putas Iglu stehen. Sarkak drängte zur Eile, so daß kaum Zeit zum Lebewohlsagen blieb. Sein Gesicht war starr wie das eines Toten. Offensichtlich wollte er alle darauf hinweisen, daß er von diesen drei kaltäugigen Fremden aus seinem Dorf vertrieben wurde.

# VIII

Sanft getragen von den Schwingen des Südwinds, kam der Frühling zu uns. Aber diesmal vermochte er keine Freude zu verbreiten. Die Lampen in unserem großen Schneehaus erloschen allmählich. Da Kangiak jetzt ständig bei Nowjas junger Witwe war, blieb ich einsam zurück. Ich tötete einen Weißfuchs und schickte sein Fell der alten Ningiuk. Daraufhin kam sie mit ihrer jungen Tochter, zündete die Lampe wieder an, fegte den Rauhreif von den Schlafdecken und brachte das Bett in Ordnung, so daß der Iglu ein wohnliches Aussehen bekam.

Bald darauf kehrte Kakuktak mit Nivie in den großen Iglu zurück; Kangiak kam oft zu Besuch, und Portagie bewahrte seine Sachen bei uns auf. Es war ein Haus ohne richtige Hausfrau, aber es hatte Wärme, war wieder bewohnt. So unglaublich es klingt, die Leute bezeichneten diesen Iglu jetzt als Avingas Haus. Man stelle sich vor, ich war plötzlich zum Gebieter geworden. Zum erstenmal seit meiner Kindheit dachte ich an Sarkak als an meinen Vater.

Es war und ist meine feste Überzeugung, daß die drei Fremden die Schuld an all unserem Unglück trugen. Sie waren zu uns gekommen wie hilflose Kinder, und wir hatten sie ernährt und gekleidet und unsere Frauen mit ihnen geteilt. Und zum Dank dafür fühlten sie sich nach wie vor als ihre eigenen Herren, als Menschen, die nichts mit uns gemein haben wollten. – Portagie mit seinem lärmenden Lachen, Pilie, der sich durch Verschlagenheit und sein Geschick bei Frauen hervortat, und Kakuktak, der fast einer von uns war. Trotzdem hielt er zu den anderen, sooft es Schwierigkeiten gab. Sie hatten Sarkak beleidigt, ihn gezwungen, sein eigenes Dorf als Entehrter zu verlassen. Er hatte diesen Fremden das Leben gerettet und lediglich erreicht, daß wir jetzt ohne Führer waren. Zum erstenmal in unserem Leben fürchteten wir uns vor dem Wechsel der Jahreszeiten.

Allmählich und mit halbem Herzen übernahm es Sowniapik, die Angelegenheiten des Dorfes zu regeln. Er fühlte sich nicht zum Führer berufen. Die *Kalunait* gingen wie fremde Götter zwischen uns umher, stolz auf ihren Sieg über den alten Mann. Sie wußten nicht, daß er ihr Beschützer gewesen war.

AN EINEM sonnigen Frühlingstag bemerkten Portagie und Okalikjuak drei Gegenstände, die sich von der grellweißen Umgebung abhoben. Beim Näherkommen sahen sie, daß es sich um die mit Beeren gefüllten Eimer handelte, die unsere Kinder den Fremden im Herbst geschenkt hatten. Sie waren also nicht, wie die *Kalunait* geglaubt hatten, gestohlen worden, sondern im Herbst unter dem ersten Schnee verschwunden.

Portagie zerrte einen der Eimer aus dem Schnee und nahm ihn mit zu Sowniapiks Iglu, um ihn Pilie zu zeigen. Beide aßen ein paar von den bitteren Beeren und brachen in vergnügtes Gelächter aus.

Abends, als Kakuktak mit Kangiak von der Robbenjagd zurückkam, sprachen Portagie und Pilie lebhaft auf ihn ein, und alle drei lachten. Ohne Kangiak oder mich um Erlaubnis zu fragen, nahmen sie einen riesigen Steintopf und eine der großen steinernen Lampen in Sowniapiks Iglu mit. Pilie borgte sich zwei kleinere Steintöpfe von Sowniapiks Frau. Dann schütteten sie die verfaulten Beeren in die Steintöpfe, gossen Wasser darüber, deckten die Töpfe sorgsam zu und hängten sie über die Flammen der Lampen. Langsam verbreitete sich der ekelhafte Geruch der kochenden verfaulten Beeren.

Nie zuvor hatte ich erlebt, daß die Fremden soviel Begeisterung für irgend etwas aufbrachten. Kangiak und ich gingen fünf Tage lang auf Robbenjagd. Als wir zurückkamen, hatten sie die Töpfe vom Feuer genommen. Die Deckel aus Robbenhaut wölbten sich unter einem seltsamen Druck.

Eines späten Abends forderte Kakuktak Kangiak und mich auf, sogleich zu Sowniapik zu kommen. Wir standen alle um Portagie herum und sahen zu, wie er vorsichtig einen der in den Luftlöchern steckenden Stöpsel herauszog. Es gab einen Knall, und aus dem Loch quoll Schaum. Pilie reichte ihm eine Trinkschale aus Horn, und

Kakuktak kippte vorsichtig den Topf. Eine dunkelrote Flüssigkeit rieselte in die Schale. Portagie roch daran, schloß die Augen und trank einen kleinen Schluck. Er verzog das Gesicht, und in seinen Augen standen Tränen. „Es ist gut, es ist gut", sagte er. Als nächster trank Kakuktak. Auch er rang nach Atem. Pilie riß ihm die Schale aus der Hand, leerte sie und hustete, bis ich dachte, er würde umfallen. Das erste Wort, das er sagte, als er wieder Luft bekam, war: „Gu-u-ut!" Ich war froh, daß die Fremden weder Kangiak noch mich aufgefordert hatten, von dem roten Gift zu trinken.

Das sanfte Licht der Mittagsdämmerung fiel auf das große Tanzhaus, das noch immer zwischen den vier Iglus stand. Die Öffnungen waren schon vor längerer Zeit mit Schneeblöcken verschlossen worden. Am Morgen hatte ich beobachtet, daß Sowniapik mit sechs anderen Jägern zur Robbenjagd aufgebrochen war. Pilie, der sie hätte begleiten sollen, lag behaglich zwischen den beiden Mädchen, die er für sein Eigentum hielt. So traf ich ihn an, als ich mittags Sowniapiks Iglu betrat. Plötzlich sprang er aus dem Bett und hackte mit dem langen Schneemesser ein großes Loch in die Wand.

Wir spähten ängstlich in das fast vergessene Tanzhaus. Von der Decke hingen große zapfenförmige Gebilde herab. Die zerbrochene Trommel des maskierten Hundetänzers lag noch auf dem Boden. Nur ein kurzer Augenblick schien vergangen zu sein, seit wir dieses Haus mit unseren wilden Gesängen zum Beben gebracht hatten. Aber in dem kurzen Augenblick waren außer Kangiak alle verschwunden, die ich als meine Angehörigen betrachten konnte. Im Dorf ging es nun drunter und drüber, denn niemand sagte uns mehr, was wir tun sollten. Manche Männer blieben im Bett und schliefen, andere jagten Robben. Wir bildeten keine Gemeinschaft mehr.

Pilie hob die Trommel auf, schlug dagegen und hüpfte singend umher. Ich merkte, daß die schlechte Nachahmung unserer Tänze Mia und Ivalu peinlich war. Bei dem Winterfest hatte er nicht den Mut aufgebracht, inmitten unserer Kajakfahrer zu tanzen.

Mia sagte zu mir: „Wir sollten ein Tanzfest veranstalten."

Ich fand, ein solches Fest könnte vielleicht dazu beitragen, daß in unserem Dorf wieder Einigkeit einkehrte. Es war ja möglich, daß in der Erregung des Tanzes irgendein starker Mann sich erhob, um an Sarkaks Stelle die Führung zu übernehmen.

Pilie eilte zu Portagie und Kakuktak und erzählte ihnen, die Jäger – man sollte es nicht für möglich halten: *unsere* Jäger, und das in einer solchen Zeit – hätten beschlossen, ein Tanzfest zu veranstalten. Mia und Ivalu liefen von Haus zu Haus und erzählten, die drei Fremden hätten die Absicht, ein Tanzfest mit allen Dorfbewohnern zu feiern. Die Mädchen waren Sowniapiks Töchter, und die Leute glaubten, das Fest finde mit seiner Zustimmung statt. Wer wäre schon auf die Idee gekommen, daß sich zwei junge Mädchen so etwas ausdenken konnten? An die drei Fremden als Gastgeber glaubte kein Mensch, denn zu einem Tanzfest braucht man ein Haus, Fleisch und Lieder. Die Verbindungen zwischen dem Tanzhaus und den angrenzenden Iglus wurden sogleich wiederhergestellt, und die Frauen holten ihre Tanzkleider hervor. In jedem Iglu herrschte ein lebhaftes Kommen und Gehen von Frauen, die sich flüsternd Rat holten und vor Wonne zitterten.

Der Tanz begann erst sehr spät, denn wir mußten warten, bis die sieben Jäger zurückkehrten. Zum Glück brachten sie viele Robben mit und waren glänzend gelaunt, weil sie nur zu gern glauben wollten, daß die Spannungen im Camp endlich überwunden seien. Sie schleppten junge Robben in die Häuser und schnitten sie auf. Es dauerte nicht lange, da saßen die meisten Dorfbewohner dicht gedrängt in den mit dem Tanzhaus verbundenen Iglus und ließen sich das frische Robbenfleisch schmecken.

Ich war in Okalikjuaks Haus. Plötzlich rief Pilie mit lauter Stimme: „Kangiak, Avinga, Nivie, Panie! Kommt her!"

Die Leute in den anderen Schneehäusern verstummten. Wir vier, deren Namen Pilie gerufen hatte, gingen in Sowniapiks Haus. Es war warm und überfüllt. Portagie und Pilie gaben sich große Mühe, unsere Sprache zu sprechen, und ich wunderte mich, wie gut sie sich auf einmal ausdrücken konnten. Kakuktaks Gesicht war hochrot, und ich fragte mich, ob er etwa Fieber hätte. Er legte mir die Hände auf die Schultern und begann zu singen. Sein Atem roch nach den verdorbenen Beeren. Ich stellte fest, daß einer der drei Töpfe nur noch ein paar zerquetschte Beeren enthielt.

Pilie tauchte eine Trinkschale aus Horn in den zweiten Topf. Lachend tanzte er in dem überfüllten Iglu umher und achtete darauf, daß er keinen Tropfen vergoß. Mia, der er die Schale hinhielt, trank sie zur Hälfte leer. Die andere Hälfte bekam Ivalu. Portagie füllte eine Schöpfkelle und ließ Panie trinken. Den Rest bot er Sowniapik an. Er nahm einen Schluck, doch er spuckte das Gebräu hastig aus. Aber Sowniapiks Frau goß eine ganze Schale voll in sich hinein, und es dauerte nicht lange, da fing sie an zu singen. Da sie von Natur aus eine schüchterne Frau war, wollte ich meinen Ohren kaum trauen.

Kangiak, dem man eine Schale reichte, trank und mußte sofort husten. Er gab das Gefäß an mich weiter. „Tri-i-ink, Avinga!" schrie Portagie mir zu. Die rote Flüssigkeit rann brennend durch meine Kehle und in den Magen; es war, als glühe in mir ein Feuer. Ich trank langsam die Schale leer und gab sie Pilie zurück.

„Es ist heiß hier!" rief Ivalu. Sie zog ihren Anorak über den Kopf, und das Haar hing ihr offen über die Schultern. Es schickte sich nicht für ein junges Mädchen, in Gegenwart von Gästen halbnackt dazusitzen. Ich dachte, ihre Mutter würde sie scharf zurechtweisen, aber die Frau fuhr fort, ausgelassen zu singen.

Ich fragte mich, was eigentlich mit diesen Leuten geschehen sei, aber ich war nicht mehr in der Lage, klar zu denken. Meine verkrüppelten Beine schienen plötzlich kräftig wie nie zu sein, und ich gab mir die größte Mühe, auf ihnen zu tanzen. Nivie umfaßte mich und verlangte, ich solle mich im Kreis drehen. Sowniapik, der nichts getrunken hatte, verließ das Haus.

Ich habe keine deutliche Erinnerung an das, was in jener Nacht noch geschah. Ich weiß nur, daß ich mich eine Zeitlang wie ein mächtiger Riese mit langen, geraden Beinen und eisenharten Armen fühlte.

AM NÄCHSTEN Tag fand mich Kangiak in einem fremden Bett, und neben mir lag Tungiliks Tochter. Ich schob ihren schlaffen Arm von meiner Brust, tastete nach meinen Kleidern und zog mich an. Kangiak deckte das Mädchen zu und stützte mich auf dem Weg zu Sarkaks altem Schneehaus. Ich goß Unmengen von Eiswasser in mich hinein, um das Feuer zu löschen, das noch immer in mir brannte. Ich hoffte, das Schwindelgefühl in meinem Kopf werde aufhören, wenn ich mich niederlegte. Als Kangiak und ich ins Bett krochen, fanden wir dort Pilie, auf der Seite liegend und leichenblaß. Kakuktak schlief fest und hatte die Arme über Nivies leeren Platz geworfen. Kangiak erzählte mir von dem Fest.

„Das Tanzen", sagte er, „war anfangs wunderschön, aber dann artete es in Wahnwitz aus. Und dazu der furchtbare Lärm. Ich

rutschte aus, als ich die Tanzfläche überquerte, und zwei Frauen stolperten über mich. Ich schlich hinüber in Sowniapiks Haus. Sowniapik war da, und er war schrecklich wütend. Seine Frau und die eine Tochter waren verschwunden; die andere lag auf dem Bett und rief weinend, Pilie habe sich im Schnee verirrt."

„Wie hast du ihn gefunden?" fragte ich.

„Zuerst fand ich Kakuktak. Ich schüttelte ihn, bis er zu sich kam. Wir torkelten durch das Dorf und stiegen den Bergpfad hinauf. Zu unserer Überraschung war bereits Morgen. Wir blickten nach allen Seiten hinunter, und schließlich entdeckten wir Pilie. Er lag hinter den Kajakgestellen im Schnee."

„Hatte er Erfrierungen?" fragte ich rasch.

„Keine schlimmen", antwortete Kangiak. „Seine Finger und die eine Wange waren weiß. Wir hoben ihn auf, nahmen ihn zwischen uns und stießen seine Füße wieder und wieder auf den Boden, um sein Blut in Wallung zu bringen. Da wir noch ziemlich wirr im Kopf waren, fielen wir manchmal hin, rappelten uns lachend auf und rannten weiter, bis endlich auch Pilie zu lachen begann und die Beine ein wenig bewegen konnte. Als wir ins Dorf kamen, sah ich eine große Schnee-Eule. Ich wußte, daß ein solcher Anblick unmittelbar nach Tagesanbruch nichts Gutes bedeutet. Sowniapik saß mit grimmiger Miene in seinem Iglu, als wir Pilie brachten. Auf dem Bett schlief Portagie friedlich zwischen Pilies beiden Mädchen. Pilie stieß einen wilden Schrei aus und zog sein Seemannsmesser heraus. Kakuktak zerrte ihn vom Bett fort. Aber Pilie war jetzt völlig von Sinnen; er fuhr herum und schlitzte die Vorderseite von Kakuktaks Anorak auf. Kakuktak ließ ihn erschrocken los. Portagie erwachte, witterte Gefahr und richtete sich rasch auf. Pilie stürzte mordgierig auf ihn zu und wollte mit dem Messer sein Gesicht treffen. Der Stoß war zu kurz gewesen, und Portagie umklammerte mit seiner großen rechten Hand Pilies Hals. Er hob ihn hoch und schüttelte ihn, wie ein Eisbär es tut, wenn er sich in einen Seehund verbissen hat. Das Messer fiel Pilie aus der Hand, und Portagie ließ den röchelnden Pilie auf den Boden plumpsen, kroch laut lachend ins Bett zurück und legte sich zwischen die verängstigten Mädchen.

Sowniapik hatte sich die ganze Zeit nicht gerührt", sprach Kangiak weiter. „Nun erhob er sich langsam, sah mich an und sagte: ‚Diese Männer sind Hunde. Abkömmlinge der Hundskinder. Und es gibt noch mehr von der Sorte – diejenigen, die zu ihnen halten.' Nach diesen beleidigenden Worten verließ er angewidert sein eigenes Haus. Kakuktak und ich brachten dann Pilie hierher. Er bekam kaum noch Luft und war sehr schwach."

Damit hatte Kangiak seine Erzählung beendet. Wir schliefen beide lange Zeit. Ich erwachte, als irgend jemand unseren Eingangstunnel betrat. Plötzlich flogen alle Sachen, die Pilie in Sowniapiks Haus verwahrt hatte, vor unsere Füße. Dann entfernten sich die Schritte. Kakuktak und ich starrten auf die Kleidungsstücke und brachen dann in Lachen aus. Was konnten wir bei dieser Entwicklung vom Schlimmen zum Schlimmeren schon anderes tun?

EIN TAG war vergangen, da kam Nivie zu mir und sagte: „Sowniapik und die anderen Kajakfahrer, die nicht von dem Beerensaft getrunken haben, waren alle zusammen sehr lange bei Tungilik."

Das gefiel mir ganz und gar nicht. Eine geheime Versammlung hatte es nie gegeben. Dieses Tanzfest, von dem ich gehofft hatte, es werde die Leute freundlicher füreinander stimmen, hatte alles nur noch schlimmer gemacht, und daran war der Beerensaft schuld. Wir blieben in dem großen Iglu, und niemand ließ sich bei uns blicken. Als das Fleisch knapp wurde, fuhren Kangiak, Kakuktak und ich zu unseren Robbenkammern. Bei unserer Rückkehr warteten Pilie und Portagie vor dem Iglu auf uns. „Nivie hat ihre Sachen geholt", berichteten sie, „und ist dann zu ihrer Familie gegangen."

Kakuktak begab sich zu Putas Iglu. Er traf jedoch niemanden an und kam ziemlich verstört nach Hause. Wir verzehrten unser Fleisch in trübsinnigem Schweigen, denn jetzt waren wir frauenlos und hatten im ganzen Dorf nicht einen Freund.

Eines Morgens kam von Norden her ein Schlitten angefahren, auf dem drei Männer saßen. Wir standen vor unserem Iglu und beobachteten, wie der Schlitten über das Packeis holperte und vor uns hielt. Der Schamane blickte auf uns fünf. Ohne zu zögern, drehte der Schamane sich um und ging mit dem Jungen auf die anderen neben dem Tanzhaus zu. Der Fahrer setzte seine Reise nach Süden fort.

Fünf Nächte verbrachte der Schamane im Dorf, ohne sich auch nur ein einziges Mal bei uns sehen zu lassen. Kangiak, den im allgemeinen nichts erschüttern konnte, ertrug es einfach nicht, sich als Ausgestoßener zu fühlen. Schon nach der zweiten Nacht suchte er Nowjas junge Witwe auf, um bei ihr zu schlafen, und er schien sich jeden Tag länger in ihrem Iglu aufzuhalten. Eines Morgens erzählte er mir, er habe von der jungen Witwe gehört, daß Nivie allein in den Bergen umherwandere und sehr viel weine. Sie schlafe wenig und esse fast nichts, denn Puta habe ihr verboten, in unser Haus zurückzukehren.

Drei Tage und drei Nächte vergingen, ohne daß sich irgend etwas Erwähnenswertes ereignete. Kakuktak wurde so nervös wie ein Regenpfeifer am Strand. Meistens war er mit seinen Gedanken bei Nivie und beschwor jede Erinnerung an sie herauf. In der dritten Nacht ging Kakuktak zu der Lampe und setzte sich auf den Platz, auf dem eigentlich Nivie hätte sitzen müssen. Das gelbe Lampenlicht fiel auf sein Gesicht, und ich stellte fest, daß er wieder so mager war wie damals, als wir ihn fanden. Die gelben Bartstoppeln an Kinn und Wangen hatte er in letzter Zeit nicht mehr entfernt. Sorgfältig spitzte er den Malstab, der jetzt schon sehr kurz war. Er zog das Bündel dünner weißer Häute aus der Tasche und begann auf dem letzten Viereck langsam Linien zu ziehen. Verloren in den Traum, den er zeichnete, kniff er die Augenlider zusammen. Als er fertig war, hielt er die Zeichnung hoch und begutachtete sein Werk. Dann tat er zum erstenmal, seit ich ihn kannte, etwas Unsinniges, Verrücktes. Er riß das letzte Viereck aus den beiden harten Deckeln heraus, knüllte es zusammen und hielt es an die erlöschende Flamme der Lampe. Zu meinem Erstaunen brannte es sofort lichterloh, färbte sich langsam schwarz und wurde zu Asche, ganz anders als Karibuhaut. Kakuktak sah mich einen Augenblick an, klappte das Päckchen zu und warf es vorsichtig über Pilies und Portagies schlafende Gestalten hinweg. Es landete neben meiner Hand.

„*Tujuktagit.* Ein kleines Geschenk für dich", flüsterte er heiser.

FRÜH AM nächsten Morgen erwachte ich, als draußen Schritte über den Schnee tappten. Das, was Nivie mir erzählt hatte, deutete darauf hin, daß uns Gefahr drohte, und deshalb war ich mit Stiefeln und Hosen schlafen gegangen. So brauchte ich jetzt nur noch den Anorak über den Kopf zu ziehen, und schon konnte ich durch den Tunnel hinaushumpeln. Das Dorf war totenstill; die Iglus waren in Morgennebel gehüllt.

Da sah ich den Schamanen. Regungslos stand er dicht vor unserem Iglu. Er glich einem fetten, dreisten Raben, und er musterte mich mit kaltem Blick. Ich hatte den Eindruck, er befinde sich in einem Zustand der Entrücktheit. Ein Schauer überlief mich. Ich ging langsam ins Haus.

Drinnen setzte ich mich hin und lauschte, bis ich wieder das Tappen von Schritten im Schnee hörte. Er ging fort. Mir war, als sei eine schwere Last von mir genommen worden. Die Anwesenheit des Schamanen hatte mich unglaublich geängstigt. Ich fiel in einen tiefen Schlaf.

Am späten Nachmittag weckte mich Mädchenlachen. Pilie rief freudig, die Besucherinnen sollten hereinkommen, und auch Portagie forderte sie dazu auf. Kakuktak zog seine Hosen und Stiefel an. Ich erkannte Mias weiche Stimme.

„Kommt herein", rief Pilie. Er strich sich das lange braune Haar zurück.

„*Kinukiak?*" fragte Portagie. „Wer ist da?"

„*Etiri*", schrie Pilie. „Tretet ein."

Schließlich wurde Mia in den Iglu geschoben. Ihr folgten Ivalu und Tungiliks Tochter. Sie blieben verlegen, mit schamhaft geröteten Wangen vor dem Bett stehen. Pilie klopfte auf die weichen Karibudecken und sagte zu Mia: „Leg dich zu mir, ja?"

Die drei Fremden brannten vor Begierde, denn sie hatten lange keine Mädchen im Bett gehabt. Portagie begann unser Lieblingslied zu summen, klatschte dabei leise in die Hände und wiegte seinen kräftigen braunen Körper auf eine Art hin und her, die ihre Wirkung bisher noch nie verfehlt hatte. Die Mädchen lachten und scharrten mit den Füßen.

Schließlich griff Mia zögernd in ihre Kapuze und brachte ein neues Paar Handschuhe zum Vorschein, und auch die beiden anderen Mädchen zogen neue Fäustlinge mit kunstvollem Pelzbesatz aus ihren Kapuzen.

Das konnte nur bedeuten, daß die Dorfbewohner beschlossen hatten, die Freundschaft mit den *Kalunait* zu erneuern. Im stillen bedauerte ich, daß Kangiak nicht da war, um das mitzuerleben.

Mia hielt Pilie einen Fäustling hin. „Vielleicht sind sie zu klein?" sagte sie zaghaft.

Pilie schob die rechte Hand in die Öffnung und versicherte eifrig: „Es ist richtig. Es ist richtig." Und schon verschwand seine Linke in der Stulpe des anderen Fäustlings.

Gleichzeitig streiften Ivalu und Tungiliks Tochter die langen Fäustlinge über Portagies und Kakuktaks Hände. Pilie merkte als erster, daß die Fäustlinge ohne Daumen gearbeitet waren. „Nicht gut!" schrie er laut.

„Ihr habt sie nicht gekaut", sagte Kakuktak. „Sie sind ganz hart."

In diesem Augenblick sah ich, daß alle Handschuhe feste Zugschnüre hatten, und bevor ich recht begriff, was geschah, hatten die Mädchen die rechten und linken Schnüre mit einem raschen Ruck verknotet. Die drei Männer fingen an zu lachen und bemühten sich, ihre Hände zu befreien. Aber die Knoten wurden durch das Ziehen noch fester.

Kakuktak schaute Mia an, und ich folgte seinem Blick. Ihre Augen waren weit aufgerissen, und sie rief: *Tuavi!* Schnell!" Voller Entsetzen sah ich Tungilik hereingestürmt kommen. Seine Rechte umklammerte das Seemannsmesser des Toten. Das Messer hat doch Sarkak gehört, dachte ich. Wie kann Tungilik es jetzt haben?

Pilie kniete brüllend auf dem Bett und drehte und krümmte sich. Tungilik war mit einem Satz bei Pilie, stieß ihm das Messer seitlich in den Hals, hob dann rasch Pilies Anorak hoch und stach nochmals zu. Das Messer fuhr dicht unter dem Brustkorb in den Leib und traf vermutlich das Herz. Die drei Mädchen, eng aneinandergeschmiegt, sahen gespannt zu.

Kaum war Pilie umgesunken, da erschien der starke Atkak und stürzte sich auf Portagie. Der große braune Mann ließ sich rücklings auf das Bett fallen, zog die Beine hoch und trat mit solcher Wucht zu, daß Atkak gegen die Wand flog. Während Atkak sich hilflos auf dem harten Schneeboden wälzte, stampfte Portagie über ihn hinweg und warf sich laut brüllend gegen die Wand des Iglus. Die Schneeblöcke gaben nach, und fast die Hälfte des Daches kam herunter. Portagies Schwung war so groß, daß er stolperte und draußen über den Schnee rollte. Er versuchte immer wieder, die Fäustlinge abzustreifen.

Shartok, der Spaßmacher, löste sich aus der Zuschauergruppe und rannte geduckt auf Portagie zu. Er ergriff einen langen, scharfen Speer und beugte sich in jener komischen Art, die uns oft zum Lachen gebracht hatte, langsam zurück, zielte und warf. Aber diesmal war es kein Spaß. Die Speerspitze bohrte sich tief in Portagies Rücken.

Der große braune Mann schien vor Entsetzen zu erstarren, als er den Todesstoß fühlte. Erschauernd starb er, ohne einen Laut von sich zu geben.

Ich fuhr herum, und meine Augen suchten Kakuktak. Er stand aufrecht da, mit wachsamem Blick, das Seemannsmesser geschwungen. Wie durch Zauber war es ihm gelungen, sich zu befreien. Er rannte geradewegs auf die drei Mädchen zu. Zweifellos hätte er sie mit Leichtigkeit töten können, und meiner Meinung nach wäre das der verdiente Lohn für ihren gemeinen Verrat gewesen, aber als sie sich schreiend vor ihm niederwarfen, änderte er die Richtung, stürmte aus dem halb zerstörten Iglu hinaus und lief im Zickzack davon. Ich kann nachempfinden, was er durchgemacht haben muß, als seine Gefährten tot dalagen und er das Gefühl hatte, das ganze Dorf sei jetzt hinter ihm her. Er wußte nicht, daß nur ein einziger Mann beauftragt worden war, das Urteil an ihm zu vollstrecken.

Kangiak kam aus dem Iglu der Witwe herausgestürzt. Als er sah, was hier vorging, zückte er sein Messer mit der Klinge aus Feuerstein und verwünschte laut die Leute, die Kakuktak folgten. Anscheinend glaubte Kakuktak, diese Beschimpfung gelte ihm, denn er blickte sich nur kurz nach Kangiak um, wandte sich dann westwärts und lief am Ufer entlang, anmutig wie ein kräftiger junger Karibuhirsch.

Die anderen stürmten ihm nach wie ein Rudel Wölfe, weil sie dabeisein wollten, wenn der Rächer ihn tötete, viele Frauen aber riefen: „Lauf, Kakuktak, lauf", denn der Gedanke, daß er sterben sollte, war ihnen unerträglich. Ich packte die graue Hündin an den Nackenhaaren und schleppte mich mühsam auf die Anhöhe. Von dort konnte ich das Ufer gut überblicken. Ich kniete mich hin und umschlang die Hündin mit beiden Armen, voller Angst, daß auch sie, wie alle anderen, mir davonlaufen würde.

Ich sah Kakuktak behende über eine große, mit Frühlingsschnee bedeckte Fläche eilen. Kangiak folgte ihm. Der Abstand der beiden von dem weit auseinandergezogenen Rudel der Neugierigen vergrößerte sich allmählich. Als allerletzte ging langsam und schwerfällig Nivie. Das offene Haar wehte wirr im Wind. Als sie die steilen Felsen sah, die Kakuktak den Weg abschnitten, stieß sie einen langen, durchdringenden Schrei aus, einen Verzweiflungsschrei, der die graue Hündin in zitternde Angst versetzte. Kakuktak hatte blindlings die falsche Richtung eingeschlagen, denn auf diesem bröckeligen Schiefertongestein konnte kein Mensch festen Fuß fassen. Er hätte sich landeinwärts wenden müssen. Ich hörte Kangiak rufen: „Zum Land hin!" Aber entweder mißtraute Kakuktak ihm, oder er verstand ihn nicht, denn er lief genau in die schmale Felsenschlucht hinein. Er suchte verzweifelt nach einem Halt, wandte sich dann, als er sah, daß alles verloren war, langsam um und bot seinen keuchenden Verfolgern die Stirn.

Kangiak rannte auf ihn zu, drehte sich um und bedrohte mit seinem gezückten Messer die Dorfbewohner. Ich hörte Kangiaks Stimme über den Schnee dröhnen. *„Aa-huuu, aa-huuu"*, brüllte er, und es klang genauso, als stieße Sarkak diesen Ruf aus, um ein Hundegespann anzuhalten.

Viele Leute wichen einen Schritt zurück, so kraftvoll stiegen die Töne aus seiner Brust.

Den Abhang hinunterhumpelnd, begegnete ich dem schmutzigen Jungen des Schamanen, der in Richtung des Dorfes lief. Jetzt tut es mir leid, daß ich ihn nicht an der Kehle packte und ihm das Lebenslicht ausblies.

Als ich an die Menge herangekommen war, lauschten sie aufmerksam Kangiaks Worten.

„Was hat er uns getan, dieser Mann, daß wir ihn töten müßten? Für welches Verbrechen hatte Portagie den Tod verdient? Laßt euch gesagt sein, daß jeder Mord weitere Morde nach sich zieht. Der Mann, der dort steht, ist mir lieb wie ein Bruder. Wer von euch ist zum Mörder meines Bruders bestimmt worden?"

Am längsten blickte Kangiak diejenigen an, denen er am wenigsten traute. Shartok, der Portagie den Todesstoß versetzt hatte, und Tungilik, der Pilies Mörder war, wandten sich zum Gehen, denn ihr Werk war getan. Die Leute wurden unruhig und sprachen miteinander.

„Er ist besser als seine Gefährten", rief Puta. „Seht doch, das Glück will ihm wohl, er ist noch am Leben."

„Laßt ihn bei uns bleiben", rief Nowjas Witwe. „Da er den Willen zu leben hat, soll er leben."

Zweifellos spürte Kakuktak, daß die Stimmung zu seinen Gunsten umschlug. Ein paar kleine Kinder liefen fröhlich umher, eine Frau rief ihrem Mann und ihrem Sohn zu, es sei wohl Zeit, nach Hause zu gehen. Kakuktak hatte sein Messer in die Scheide gesteckt und stand hoch aufgerichtet vor den roten Felsen. Das helle Haar wehte leicht im Wind.

Mein Blick fiel auf den schmutzigen Jungen, der jetzt angelaufen kam und den Kajakfahrern irgend etwas zusteckte. Zu spät entdeckte ich Okalikjuak, den Bogenschützen, der mit gespanntem Bogen im Schnee kniete. Ich versuchte zu schreien, Kakuktak zu warnen; ich streckte die Hände aus, um den mörderischen Pfeil aufzuhalten. Okalikjuak ließ den knöchernen Pfeil los, der mir im Flug die beiden mittleren Finger der rechten Hand über dem zweiten Knöchel abriß. Dadurch änderte der Pfeil wohl ein wenig die Richtung, denn im Fallen sah ich, daß er Kakuktak dicht über der rechten Hüfte traf. Aus den Wunden an meiner Hand spritzte Blut. Ich versuchte aufzustehen, aber da schwirrte ein zweiter Pfeil über mich hinweg und traf Kakuktak in die Brust.

Kakuktaks blaue Augen weiteten sich, und er öffnete den Mund. Aber kein Laut kam aus seiner Kehle. Er blickte wild umher. Ich wußte, daß er Nivie suchte. Als er sie nirgends entdecken konnte, fiel er nach vorn. Kangiak drehte ihn auf den Rücken und hielt ihn vorsichtig in den Armen, während Kakuktaks Leben langsam erlosch. Kangiak blieb geraume Zeit sitzen und betrachtete schweigend das starre Gesicht.

Schließlich erhob er sich und sagte, zu der Menge gewandt: „Ich kann nicht länger mit Menschen zusammen leben, die einer solchen Tat fähig sind. Dabei habt ihr doch mit ihm gesungen und getanzt. Vielleicht werde ich keine Rache nehmen an dem, der ihm den Pfeil ins Herz schoß, denn ihm war das ja aufgetragen worden. Aber eines sage ich euch" – er hob drohend sein Messer –, „ich werde jeden töten, der es wagt, diesen Toten anzurühren, der seine Jacke nimmt, seine Hosen, seine Knöpfe, seinen Gürtel oder sein Messer. Versucht nicht, ihn mit Steinen zu bedecken. Häuft keine Lasten auf seinen Körper und seine Seele. Ich hoffe, daß sein Geist allnächtlich bei euch umgeht, weil ihr ihm Böses angetan habt. Ich glaube, daß dieser Mann, Kakuktak, die Macht besitzt, sich an jedem einzelnen von euch zu rächen."

Damit schob Kangiak sein Messer in den Ärmel des Anoraks und ging zwischen den Kajakfahrern hindurch. Er blieb neben mir stehen, betrachtete prüfend den Handschuh, den ich auf die Wunde preßte. Dann gingen wir beide langsam zu unserem Dorf zurück.

Da kam Nivie auf uns zugelaufen, die Augen vor Schreck geweitet. Sie fiel neben Kakuktak auf die Knie. Langsam ließ sie die Hände an den Armen hinaufgleiten, bis sie ausgestreckt auf ihm lag und ihn zu wärmen suchte, ohne sich um die Pfeile und das Blut zu kümmern.

Dann blieb sie neben ihm auf den Knien liegen, wimmernd und zitternd wie ein krankes Tier, und verbarg ihr Gesicht vor uns allen.

Kangiak und ich kehrten in unser zerstörtes Schneehaus zurück und taten in verbissenem Schweigen, was getan werden mußte. Wir zogen den Speer aus Portagies Rücken. Dann schleiften wir seinen und danach Pilies Körper auf die Anhöhe und bedeckten die Toten mit schweren Steinen. Ich war so voller Trauer, daß ich überhaupt keinen Schmerz in meiner verletzten Hand fühlte.

Die anderen Dorfbewohner hatten sich in ihre Iglus zurückgezogen, als Kangiak und ich unsere Habseligkeiten auf den Schlitten warfen und das Gefährt aus dem Dorf zerrten. Nicht weit von der Stelle entfernt, wo Kakuktak lag, machten wir halt und bauten unser neues Schneehaus. Der Eingang lag zum Dorf hin, und wir versahen die Wände mit vielen Gucklöchern, um den Leuten zu zeigen, daß wir sie ständig voller Mißtrauen beobachteten.

An jenem Tag und während der ganzen Nacht wartete ich auf Nivie, doch sie kam nicht aus der Schlucht heraus. Kurz bevor der Morgen graute, verließ ich das Schneehaus, nahm all meinen Mut zusammen und stieg den dunklen Pfad hinauf. Alles war in Schatten getaucht, ich entdeckte den Toten erst, als ich unmittelbar vor ihm stand. Er lag starr, die blicklosen Augen zum Himmel gewendet. Nivie war fortgegangen, aber wohin? Mein Blick fiel auf eine kunstlose, deutlich sichtbare Zeichnung im Schnee: ein viereckiges Haus mit einem spitzen Dach und vielen Fenstern. Ein Mann, eine Frau in einem langen Gewand und zwei winzige Kinder gingen darauf zu. Nivies Fußspuren führten von der Zeichnung fort. Sie war die Uferböschung hinuntergestiegen und weit hinausgegangen, bis zu dem neu aufgebrochenen Eis, das dem offenen Meer zu trieb. Nivie war fortgegangen, fort für immer, und sie hatte ihre ungeborenen Kinder mit sich genommen.

## IX

ZUM ERSTENMAL in meinem Leben fühlte ich mich entsetzlich einsam. Nur Kangiak war mir geblieben, und er ging steifbeinig wie Sarkak umher mit eisiger Miene. Ich wußte, daß er noch immer ein Messer im Ärmel trug, obgleich wir zweifellos nichts mehr zu befürchten hatten. Wir wußten, daß die Dorfbewohner nach dem Trinkgelage zusammengekommen waren und entschieden hatten, daß die Fremden eine Gefahr für uns alle bedeuteten. Wir hatten den *Kalunait* alles gegeben, aber von ihnen nichts als Gegengabe erhalten. Statt dessen hatten sie Sarkak, den stärksten aller Männer, zur Flucht gezwungen. Tungilik, Atkak und Okalikjuak waren zu Urteilsvollstreckern bestimmt worden. Nur Shartok, der Narr, hatte den braunen Mann ohne Genehmigung getötet, und dafür würde man ihn für immer aus dem Dorf verbannen. Ungeplanter, nur vom Gefühl bestimmter Mord galt bei uns als das schrecklichste aller Verbrechen.

Die warme Frühlingssonne nagte an unserem Schneehaus, und eines Tages schlugen wir auf höher gelegenem Gelände ein kleines Fellzelt auf. Die einzigen Besucher, die in unser Zelt kamen, waren die alte Ningiuk und ihre junge Tochter. Sie war immer freundlich und hilfsbereit, weil wir keine Frau im Haus hatten. Ihre Tochter war so schüchtern, daß sie kaum ein Wort zu sprechen wagte. Ich erlaubte den beiden oft, das Päckchen mit Kakuktaks Bildern zu betrachten. Zum Dank half uns die Alte beim Ausbessern der Kajakbezüge; sie flickte auch unsere Sachen und erzählte uns den gesamten Dorfklatsch. Unter anderem erfuhren wir, daß der Schamane versucht hatte, seinen nutzlosen Gehilfen, den schmutzigen Jungen, gegen Sowniapiks zwei

Töchter einzutauschen, die beide ein Kind erwarteten. Sowniapik hatte das Angebot jedoch abgelehnt, denn alle im Dorf wollten unbedingt sehen, was für Geschöpfe die beiden zur Welt bringen würden. Der Schamane und der schmutzige Junge waren dann eines Morgens in aller Frühe abgereist, ohne daß sich jemand zum Abschiednehmen eingefunden hätte. Ningiuk sagte, die Leute vergäßen die Tabus, die ihnen von dem Schamanen auferlegt worden seien. Es war klar, daß sie den Schamanen nicht mochte, und sie sagte auch, sie sei von Anfang an dagegen gewesen, daß die drei Fremden getötet wurden, aber sie habe nichts unternommen. So ist es bei uns nun einmal Brauch.

Ich bemerkte, daß Kangiak allmählich ruhiger wurde und daß er nur noch selten zu der roten Schlucht hinüberblickte. Er sagte, wir müßten die Kajaks ausbessern, denn sobald das Eis geschmolzen sei, wolle er mit mir nordwärts durch den Fjord fahren. Dort könnten wir jagen. Im ersten Wintermonat würden wir im Inland nach unserem Vater suchen.

Mit diesem Plan war ich sehr einverstanden.

Doch an einem der ersten Sommertage rüttelte mich Kangiak heftig aus dem Schlaf. „Ein Schiff!" keuchte er. „Ein riesiges Schiff!" Er half mir, so schnell wie möglich den Berg zu erklimmen. Weit draußen lag wirklich ein ungeheuer großes Schiff. Die drei hohen Masten ragten in die klare Morgenluft, die breiten Segel hingen schlaff und gelb im blendenden Licht der Sonne. Dieser erste Eindruck von der Macht und Bedeutung der *Kalunait* hat sich mir unauslöschlich eingeprägt.

Ich sah verwundert, daß ein kleines weißes Boot, in dem zwei Gestalten saßen, von dem großen Schiff ablegte und auf unseren Strand zukam. Als sich das Boot dem Land näherte, sahen wir, daß beide die gleiche dunkle Kleidung trugen, die Kakuktak, Pilie und Portagie angehabt hatten. Ich hörte, wie Kangiak scharf einatmete. Er machte eine Bewegung, um den Felsenschatten zu verlassen, der uns vor den Blicken der Fremden geschützt hatte. Ich packte ihn am Arm. Der Gedanke an eine Begegnung mit diesen Fremden war mir unerträglich. Kangiak sah mir in die Augen. Ich spürte, daß er begriff, was mich quälte, aber ich wußte auch, daß er zu ihnen gehen mußte. So ließ ich denn seinen Arm los und streckte ihm dafür den meinen entgegen. Behutsam geleitete er mich den geröllübersäten Pfad hinunter.

Die beiden zogen das Boot aus dem Bereich der Flut und warteten, während wir auf sie zukamen. Ich hörte sie miteinander sprechen, genau wie Kakuktak und Pilie; wir überquerten langsam den Strand. Unsere Hände waren leer; die in den Ärmeln verborgenen Messer konnten die Fremden nicht sehen. Wir musterten einander sehr genau.

„Hallo", sagte der größere der beiden Männer. Sie blickten uns lächelnd an.

Nach längerem Schweigen sagte Kangiak zu ihnen: *„Tikiposi.* Ihr seid am Ziel." Aber diese Fremden verstanden ihn nicht, wir alle brachen in nervöses Lachen aus.

Ich hatte den Eindruck, die beiden Männer seien jünger als Kakuktak und Pilie. Sie deuteten mit Gesten an, daß sie Süßwasser suchten. Das brauchen Seefahrer ja am nötigsten. Wir führten sie an einen Gebirgsbach, dessen Schmelzwasser ins Meer abfloß. Dort kniete sich einer der Fremden hin und trank. Sein Gefährte blieb neben ihm stehen und beobachtete uns scharf; dann tauschten sie die Plätze. In den Gürtelscheiden steckten keine Messer. Gewiß hatten sie die Messer wie wir in ihrer Kleidung verborgen. Doch als sie ihr Wassergefäß gefüllt hatten, schienen wir ihnen allmählich Vertrauen einzuflößen. Sie setzten sich auf einen großen Stein und winkten uns, neben ihnen Platz zu nehmen. Langsam begannen sie zu sprechen, aber wir verstanden kein Wort. Deshalb zog der Kurzhalsige mit dem Stiel des Schöpflöffels viele Striche in den feuchten Sand, die er uns durch Handbewegungen erklärte.

Zweifellos meinte er Portagie mit dem Ring im linken Ohrläppchen. Dann „sprach" er von Kakuktak, von seinem hellen Haar, und zuletzt schilderte er Pilie, flink und herrisch.

Hier saßen sie also vor uns, die Männer, die mit Kakuktak, Portagie und Pilie zur See gefahren waren. O ja, dachte ich, natürlich könnte ich euch zu den Gräbern von Pilie und Portagie führen. Ich könnte euch auch die verstreuten Gebeine des guten Kakuktak zeigen, seine Kleidungsstücke, seine Stiefel und sein eisernes Messer, die mit ihm vermodern. Ich könnte jetzt „Dag-it" sagen, und ihr würdet mich gewiß verstehen, denn so hieß doch Kakuktak bei euch ... Aber ich schwieg. Ich konnte es nicht ertragen, andere *Kalunait* hier zu haben.

Während mir diese Gedanken durch den Kopf gingen, sah ich Kangiak an. Er blinzelte, und das bedeutete nein. Wir halfen ihnen, das schwere, mit Wasser gefüllte Gefäß ins Boot zu befördern. Zu viert trugen wir das Boot bis zum Rand der auslaufenden Flut. Der große Mann kletterte hinein, der Kurzhalsige aber zögerte. Plötzlich berührte er Kangiaks Schulter und deutete auf das Schiff. Er machte eine Bewegung, als werfe er eine Harpune, und zeigte dann auf Kangiak. Das war eine Aufforderung, mit den beiden Fremden zu dem Schiff zu fahren.

Zuerst stand Kangiak wie versteinert. Dann wandte er sich um, und ich begriff, daß er sich wünschte, das Innere des Schiffes zu sehen und Wale mit ihnen zu jagen. Er sog hörbar die Luft ein – ja, bedeutete das –, und ich sah ihm in die Augen und stimmte zu.

Kangiak stieg flink in das kleine Boot, hielt sich geschickt wie ein Kajakfahrer im Gleichgewicht und kauerte sich zwischen die beiden Fremden. Er saß mit dem Rücken zu mir, und ich war froh, daß ich sein Gesicht nicht sehen konnte. Der Kurzhalsige griff in die Tasche seiner schwarzen Jacke und überreichte mir eine kleine Schachtel. Er schwang sich ins Boot und brachte es mit einem einzigen Ruderschlag aus dem Bereich der Klippen. Dann hielt er inne, Kangiak drehte sich um, und alle drei blickten auf mich. „Lee-wool! Lee-wool!" riefen sie.

Ein starkes Gefühl der Trauer überkam mich, denn ich mußte daran denken, wie oft Kakuktak, Portagie und Pilie uns diese Worte zugerufen hatten.

Ich erwiderte den Zuruf so lautgetreu, wie es eben gehen wollte: „Lee-wool! Lee-wool!" Und auch Kangiak rief in der Sprache der *Kalunait:* „Lee-wool!"

Regungslos stand ich da und sah ihnen nach, bis der Kiel des kleinen weißen Bootes im Sonnenschein aufblitzte, als es an Bord des großen Schiffes gehievt wurde.

Langsam schleppte ich mich auf den Hügel zurück, denn jetzt hatte ich ja keinen Menschen mehr in diesem Land, den ich gern gesehen hätte. Nach einer Weile sah ich die graue Hündin, die schnüffelnd meiner Spur folgte. Bei mir angekommen, rieb sie sich an mir und stieß mich mit der Schnauze an. Ich erhob mich, und wir traten gemeinsam den Weg zu unserem Zelt an. Drinnen herrschte eine fürchterliche Kälte, und ohne Kangiak wirkte es so öde und verlassen, daß ich rasch hinausging. Ich hockte auf dem Tundraboden und versuchte an nichts zu denken.

Später sah ich die alte Ningiuk und ihre Tochter auf mich zukommen. Die Alte fragte, ob ich das Schiff gesehen hätte. Ich berichtete ihr von den beiden Männern und von Kangiaks Abreise. Sie meinte, da sei gewiß Zauberei am Werk gewesen; bei den Fremden habe es sich wohl um Geister gehandelt, die gekommen seien, den Tod ihrer Verwandten zu rächen. Erst da dachte ich wieder an das Geschenk. Ich hielt ihr die kleine Schachtel hin. Sie enthielt viele dünne Holzstäbchen mit klebrigen blauen Köpfen. Wir wußten beide nicht, wozu man sie brauchen konnte.

Sarkak hätte es mir bestimmt sagen können, aber er kehrte nie mehr zurück. Wie ich von durchreisenden Jägern erfuhr, hatten schreckliche Winterstürme die Inlandebene in einen Ort des Todes verwandelt. Ungezählte Winter kamen und wichen langsam dem Frühling, und erst als Fremde wie ihr sich in unserem Land ansiedelten, begriff ich, wozu die Stäbchen mit den blauen Köpfen dienten. Mir wurde klar, daß jene beiden Fremden mich für die Trennung von meinem Bruder mit einer kleinen Schachtel Feuermacher entschädigt hatten und daß Kangiak wie all die anderen für immer von mir gegangen war.

Eines Abends gegen Ende des Sommers beschloß ich, in dem Kajak der alten Witwe hinauszufahren und nach den Vermißten zu suchen: nach Kakuktak und Nivie, Sarkak und meinen Brüdern, Ikuma und Nuna, Portagie und Pilie. Aber als ich aufstand, um das Kajak zu holen, fielen die Strahlen der Sonne schräg über die Berggipfel, und bei diesem Anblick durchströmte mich ein beglückendes Gefühl der Freude. Ein Lied kam mir in den Sinn, das den Menschen unseres Volkes gut bekannt ist:

> *„Ajii, ajii,*
> *eines, nur eines*
> *bleibt dir zu tun:*
> *Erhebe dich,*
> *grüße den neuen Tag,*
> *wende dein Gesicht*
> *vom Dunkel der Nacht*
> *zur weißen Dämmerung.*
> *Erhebe dich, erhebe dich.*
> *Ajii, ajii."*

Mir scheint, daß diese Worte auf mich zutreffen, denn ich bin von einer unstillbaren Neugier auf das Leben erfüllt. Schaut mich an, den alten Krüppel, der noch immer auf all das Gute und all das Schlechte wartet, das ihm vom Leben zugedacht ist.

*Auszug aus dem Logbuch der Bark* Escoheag *am 824. Tag nach Verlassen des Hafens New Bedford, Massachusetts:*

*Dienstag, 20. Juli 1897*
Steigende Flut und große Eisfelder. Gingen nahe der Insel vor Anker, wo das Boot damals verschwand. Der Maat und Atkins wurden an Land geschickt, um Süßwasser zu holen und nach *esquimaux* oder irgendwelchen Spuren der vermißten Bootsbesatzung auszuschauen. Sie kamen bald zurück und brachten außer Süßwasser einen stattlichen jungen *esquimau* mit. Keine Spur von der Bootsbesatzung. Gott schenke ihnen allen die ewige Ruhe. Wind nach SW umgeschlagen. Wir segeln mit der Flut. So endet dieser Tag.

# James Houston

James Houstons Begeisterung für das Leben der Naturvölker geht bis in seine Kindheit zurück. Er war zwölf Jahre alt, als sein Lieblingslehrer den Schülern in Kostüm und Maske einen Eingeborenentanz vorführte, den er von einer Studienreise nach Afrika „mitgebracht" hatte. „Das ging mir durch und durch", sagt James Houston, „und seither hat mich das Interesse für ursprüngliche Kunst und Lebensform nicht mehr losgelassen."

Aber es sollte noch etliche Jahre dauern, bis James Houston, der 1921 in Toronto geboren ist, die eigenständige Kultur eines Naturvolks aus eigener Anschauung kennenlernte. Er studierte bildende Kunst in Ontario und Paris und war während des zweiten Weltkriegs fünf Jahre lang Soldat. Erst 1948 brach er zu seiner ersten Reise in die Eskimowelt der kanadischen Arktis auf, und die Schönheit und ungeheure Weite des Landes, die Sitten und Bräuche der Eskimos und vor allem ihre von fremden Einflüssen völlig unberührten künstlerischen Arbeiten mit einfachen Mitteln wie Holz, Stein und Elfenbein faszinierten ihn. Er war entschlossen, die ganze Welt auf diesen so gut wie unbekannten Kulturkreis aufmerksam zu machen, und es gelang ihm: Eine neue Reproduktionstechnik, die er sich in Japan aneignete, ermöglichte das Vervielfältigen der Eskimozeichnungen, das Interesse der Öffentlichkeit erwachte, und heute sind Eskimolithographien und -plastiken in vielen Museen und Sammlungen auf der ganzen Welt zu finden.

Weil er Sprache und Lebensgewohnheiten der Eskimos so gut kannte wie kaum jemand sonst, berief ihn die kanadische Regierung zum ersten Gouverneur der Insel Baffinland. Neun Jahre lang lebte er dort, und das Land, das er auf weiten Fahrten mit dem eigenen Hundegespann erforscht hatte, ist auch der Schauplatz seines in jeder Hinsicht authentischen Buches; denn die Geschichte der drei Fremden aus dem Walfängerboot hat sich vor sechsundsiebzig Jahren wirklich auf Baffinland abgespielt.

# EIN MÄDCHEN
AUF DEM MEERESGRUND

# Ein Mädchen auf dem Meeresgrund

Eine Kurzfassung des Buches von
**Lotte Hass**

Photos von Hans und Lotte Hass

Deutsche Buchausgabe: „Ein Mädchen auf dem Meeresgrund"
© 1970 by Verlag Carl Ueberreuter, Wien — Heidelberg

*Vor zweiundzwanzig Jahren machte ein junges Mädchen Schlagzeilen: Lotte Bayerl, eine neunzehnjährige Abiturientin, hatte als Sekretärin des Tiefseeforschers Hans Hass nicht nur an einer Expedition zum Roten Meer teilgenommen, sondern war selbst in haifischverseuchten Gewässern getaucht!*

*Wie es zu dieser entscheidenden Wende in ihrem Leben kam und welche Abenteuer sie als „Mädchen auf dem Meeresgrund" zu bestehen hatte, welche Strapazen sie durchmachen mußte, erzählt Lotte Hass nun in diesem Buch mit erfrischendem Charme und einer Selbstverständlichkeit, die fast vergessen läßt, wieviel Mut und sportliche Kraft sie für eine so ungewöhnliche Tätigkeit aufbrachte.*

*„In achtundneunzig von hundert Fällen greifen Haie nicht an" – das war die Theorie von Hans Hass, die er mehr als einmal unter Beweis stellte, indem er sich einfach mitten unter die Haie begab, ja sie mit Ködern anlockte und unbekümmert filmte. Auch Lotte Bayerl fand schließlich nichts mehr dabei, wenn sieben oder acht Haie sie umkreisten.*

*Nicht weniger eindrucksvoll ist jedoch die Schilderung ihrer Begegnung mit den Mantas, den grotesken Teufelsrochen; das fast komische Erlebnis mit dem gewaltigen Walhai oder die Erforschung eines von Korallen überkrusteten Schiffswracks.*

*„Ob ich es noch erleben werde, aus einem bequemen Kinostuhl die Expedition vor mir ablaufen zu sehen?" fragt sich Lotte Bayerl gegen Ende der Expedition, als die Hitze schier unerträglich wird und sie sich den Anstrengungen kaum noch gewachsen fühlt. Doch sie hält durch, und noch ehe sie wieder nach Wien zurückfliegen, hat sie sich mit Hans Hass, dem „Idol der Jugend", verlobt. Der Film Abenteuer im Roten Meer aber, zu dem sie so viel beigetragen hatte, gewann auf der Biennale in Venedig den Internationalen Ersten Preis.*

## ICH BIN EIN MANN

*Port Sudan, den 4. April. Ab heute bin ich ein Mann...*

ALS ICH mit diesen Worten meine Eintragungen begann, wußte ich noch nicht, daß das Tagebuch meine Zuflucht auf dieser Expedition sein würde. Wenn ich mich mit meinen Gedanken in die noch unbeschriebenen Seiten verkroch, konnte ich für kurze Zeit das sein, was ich war: ein Mädchen von neunzehn Jahren, mit mehr romantischen Gefühlen, als ich mir eingestand; weder tollkühn noch todesmutig, aber ehrgeizig, mit einem festen Willen; ein Mädchen, das zu Hause, in Wien, über Büchern von Abenteuern geträumt hatte. Unversehens war ich nun selbst in ein Abenteuer hineingeraten...

IN EINEM Schwimmbad in Wien schmorte ich in der Sonne. Ich hatte in den letzten Wochen sehr gebüffelt, aber jetzt war es überstanden, das Abitur lag hinter mir. Vor mir lagen ausgedehnte Ferien!
Und im Herbst ging es dann an die Universität...
„Übrigens, Lotte", wandte sich einer meiner Freunde an mich, „Hans Hass sucht eine Sekretärin. Wäre das nicht etwas für dich?"
„Aber du weißt doch, daß ich studieren will."
Hans Hass war mein und unser Idol; das Idol meiner Freunde – der Jugend. Sein Buch „Unter Korallen und Haien" hatten wir alle verschlungen. Ich dachte an das einsame Zelt auf der kleinen Insel im Karibischen Meer, wo er und seine zwei Begleiter – abenteuerlustig wie er – monatelang gelebt hatten. Ich dachte an die zauberhaften, bizarren Korallenriffe, an die Bilder jener seltsam gefärbten Fische, die dem Pinsel eines modernen Malers zu entstammen schienen. Ich dachte an den furchtbaren Kampf, den Hass mit einer zwei Meter langen Muräne ausgefochten hatte...
„Wieso sucht er eine Sekretärin?" fragte ich.

Dann ging alles sehr schnell. Mein Freund kannte Dr. Hass persönlich und rief einfach bei ihm an. „Hass erwartet dich in einer halben Stunde. Er fragte mich, ob du stenographieren kannst. Du kannst es dir dann ja immer noch überlegen..."

Mein Schwimmzeug unter dem Arm, kletterte ich in die Straßenbahn. Ich war sehr neugierig, aber auch etwas beklommen. Ich weiß nicht, wie ich mir einen Tiefseeforscher privat vorgestellt hatte; jedenfalls war ich eher enttäuscht. Ich kannte Hass nur von Bildern und Filmen: braungebrannt, mit Tauchermaske und strubbeligen weißgebleichten Haaren. Jetzt trug er einen grünen Jagdanzug und sah mit seinem Bart eher wie ein Förster aus. Er war sehr freundlich, hatte es aber eilig. Unsere Unterredung dauerte nicht lange.

„Ich nehme an, Sie können flott Schreibmaschine schreiben?" fragte er.

„Nicht sehr flott", sagte ich. „Ich brauche noch etwas Übung."

„Und stenographieren?"

„Das lerne ich rasch..."

Meine Bewerbung klang nicht sehr überzeugend. Dr. Hass sah mich nachdenklich an. „Ich würde Sie erst im Herbst brauchen. Da hätten Sie noch etwas Zeit."

Ich war selbst über meinen Eifer erstaunt. „Wenn ich mich gleich für einen Stenokurs anmelde, bin ich bis Ende August perfekt."

„Na schön, versuchen wir es miteinander. Am ersten September können Sie anfangen."

Erst als ich wieder auf der Straße war, wurde mir richtig klar, wozu ich mich da entschlossen hatte. Noch vor einer Stunde war ich entschlossen gewesen, Zoologie zu studieren – jetzt war ich eine Sekretärin.

Meine Eltern waren über diesen Entschluß nicht sehr erfreut. „Willst du also den Sommer über in Wien bleiben?" fragte mein Vater kopfschüttelnd. „Wie hoch ist denn dein Gehalt?"

Ich mußte gestehen, daß wir darüber gar nicht gesprochen hatten.

IM HERBST mußte ich bald einsehen, daß meine stillen Hoffnungen sich wohl kaum erfüllen würden. Hass bekam Hunderte von Briefen: Jung und alt wollte ihn auf seinen Expeditionen begleiten, und ein gutes Drittel davon waren junge Mädchen. Ich tippte ebenso freundliche wie bestimmte Absagen.

Als wir einer jungen Sportlehrerin antworteten, sagte Hass: „Ich würde nie eine Frau mitnehmen. Das wäre das Ende."

„Warum? Glauben Sie nicht, daß eine Frau ebenso zäh und mutig und verläßlich sein kann?"

„Ganz im Gegenteil; davon bin ich sogar überzeugt. Aber eine Expedition ist einfach nur mit Männern zu machen. Sobald eine Frau in der Nähe ist, wird alles sehr problematisch – das liegt an den Männern."

Ich ließ mich trotzdem nicht so schnell ins Bockshorn jagen. Morgens, ehe ich ins Büro ging, trainierte ich täglich eine halbe Stunde in einem Hallenbad.

Hass bereitete eine Expedition ins Rote Meer vor. Seine Gedanken kreisten unaufhörlich um dasselbe Thema: die Ausrüstung eines eigenen Forschungsschiffes. Er hatte das Tauchen als Sport begonnen, doch inzwischen war er Biologe geworden und sah darin eine neue Möglichkeit für wissenschaftliche Forschung. Bisher waren die Meerestiere nur in Aquarien studiert worden. Er wollte sie studieren, indem er sich selbst wie ein Meerestier unter ihnen bewegte.

Das Schiff sollte so groß sein, daß neben der Mannschaft sechs bis acht Wissenschaftler und Photographen untergebracht werden konnten. Es sollte eine kleine schwimmende Forschungsstation sein, die direkt über den Korallenriffen verankert werden konnte. Hass entwarf Einrichtungen für Laboratorien, Tauchausrüstungen, Unterwasserkameras, Spezialgeräte. Die Geldmittel für dieses Schiff wollte er durch einen Film aufbringen. Das Rote Meer war das heißeste Meer der Welt, es sollte dort besonders schöne Korallenriffe geben. Bisher hatte sich noch niemand ins Rote Meer gewagt: Die Küsten waren von Haien verseucht.

Im Frühjahr segelte ich mit meinem Freund Harry auf der Alten Donau. Harrys Bruder, Gerry, wollte unbedingt an der Expedition von Hass teilnehmen. Er war ein sehr guter Schwimmer und Taucher – und ein rechter Draufgänger.

„Er würde die Reise ans Rote Meer selbst bezahlen", sagte Harry. „Frag doch einmal deinen Chef."

Ich arrangierte ein Zusammentreffen, und Hass fand an Gerry Gefallen. „Ich glaube, dieser junge Mann ist für den Film genau richtig", sagte er. „Wir wollen ja auch ein paar große Fische jagen; der hat sicher keine Angst." Als Gerry erfuhr, daß seine Teilnahme ernsthaft erwogen wurde, konnte man kaum mehr ein normales Wort mit ihm sprechen. Riesenrochen und Seekühe wollte er am Schwanz packen und sich von ihnen ziehen lassen. Er ließ sich auch eine besondere Harpune anfertigen, damit wollte er Haie erlegen. Er trainierte jede freie Stunde.

Ich war wütend. Ich würde inzwischen im Büro sitzen und Briefe nachsenden, Ausrüstungen ergänzen, Filme entwickeln lassen, Photos an Zeitungen weiterleiten und ähnliches mehr.

Als Hass eine Vortragsreise nach Südtirol unternahm, machte ich eine private Expedition. Ich wußte jetzt genau, wie die Unterwasserkameras funktionierten, und im Tauchen war ich perfekt; wenn es darauf ankam, konnte ich bis zwei Minuten lang die Luft anhalten. Mit Flossen, Maske und Unterwasserkamera fuhr ich an die Alte Donau, ganz allein.

Es war Spätherbst. Das Wasser war sehr kalt, aber klar. Im Sommer war es ganz trüb, jetzt kam der verborgene Zauber dieser Unterwasserwelt an den Tag. Ich glitt in einen unterseeischen Dschungel hinab. Der Grund lag fünf bis acht Meter tief. Es wimmelte von großen und kleinen Fischen – riesigen Hechten, Schleien und Karpfen.

Zunächst zeigten sich die Fische scheu. Ehe ich auf den Auslöser drücken konnte, waren sie bereits in dem Algengewirr verschwunden. Es lag daran, daß ich zu heftige Flossenschläge machte.

Lautlos ließ ich mich auf den Grund gleiten. Mit schußbereiter Kamera bewegte ich mich ganz vorsichtig durch die Algen. Wie tropische Riesenbäume wuchsen sie empor, verloren sich hoch oben im Silberglanz des Wellenhimmels. Eine phantastische Landschaft!

Meine erste Photobeute war ein mindestens zwei Kilo schwerer Hecht, der unbeweglich neben einer kleinen Baumgruppe stand und mich ziemlich nahe heranließ. Dann kamen mir mehrere Brachsen photogen vor die Kamera. Es folgten zwei Schleie – schließlich war der Film zu Ende.

Als Hass von seiner Reise zurückkam, sagte ich gar nichts. Die Kamera lag geputzt wieder an ihrem Platz.

Zwei Wochen später war ich auf der Titelseite der Wiener Illustrierten: ein sehr nettes Bild von mir, wie ich mit der Kamera an der Oberfläche schwimme; Harry hatte es aufgenommen. Mein Bericht hieß: „Expedition ins Wiener Eismeer". Der Chefredakteur hatte meine Aufnahmen sofort angenommen. Als ich ins Büro kam, hatte Hass bereits ein Exemplar in der Hand.

„Diese Kamera kommt mir irgendwie bekannt vor", sagte er schmunzelnd. „Nicht schlecht, diese Aufnahmen – wenn Sie ein Mann wären, könnte ich Sie brauchen. Schade."

Mitte November flog er allein nach Port Sudan, um die Expedition und das Filmdrehbuch vorzubereiten. Die kritische Frage war nach wie vor das notwendige Kapital. Hass hoffte, im Alleingang einige interessante Aufnahmen zustande zu bringen und durch Berichte in Illustrierten Filmverleiher für seinen Film „Abenteuer im Roten Meer" zu interessieren. Die Expedition sollte drei Monate dauern.

Nach vier Wochen kam Hass braungebrannt und in bester Laune zurück. Er hatte unglaublich schöne Aufnahmen heimgebracht; es war ihm erstmalig geglückt, an Mantas heranzukommen, jene fast legendären Ungetüme – Riesenrochen mit Hörnern und einem riesigen Maul. Sehr schnell gingen die Aufnahmen – die ersten Unterwasserbilder, die je im Roten Meer gemacht worden waren – durch die Illustrierten in aller Welt.

Hass war optimistisch. Der Film mußte das notwendige Geld für das ersehnte Forschungsschiff bringen. Das war das eigentliche Ziel dieser Fahrt. Hass wollte gleichzeitig auch einige wissenschaftliche Experimente machen. Er hatte die Theorie aufgestellt, daß Haie durch das Gezappel verwundeter Fische aus weiter Entfernung angelockt werden. Einer der Teilnehmer, Herr Wawrowetz, war Tontechniker, er sollte die geplanten Unterwasser-Tonaufnahmen machen. Mit einem Unterwassermikrophon wollte Hass die Flossenbewegungen der Fische – beziehungsweise die durch sie verursachten Schallschwingungen – auf Tonband aufnehmen.

Einstweilen fehlte es jedoch auch noch an den nötigen Mitteln für den Film – was durch die Zeitschriften hereinkam, genügte nicht – und vor allem an Vorverträgen mit Filmverleihern. In Wien verhandelten wir mit der Sascha. Hass nahm mich zu einer Unterredung mit, damit ich mitstenographieren konnte. Der zuständige Direktor, Herr Schuchmann, war nur schwer für diesen Film zu erwärmen.

„Tut mir leid", sagte er, „aber der Markt für Kulturfilme ist sehr beschränkt. Das Publikum will eine Handlung."

„Aber er soll ja eine Handlung haben", erklärte Hass. „Wir besuchen die tote Stadt Suakin. Wir hören von den Eingeborenen, daß riesenhafte Tiere mit Hörnern in den Riffen leben, und nach diesen suchen wir. Wir mieten eine Dau – eines jener wunderschönen alten Segelboote, die für die Perlenfischerei verwendet werden. Wir zeigen diese noch nie gefilmte Unterwasserwelt – und nach manchen Verwicklungen finden wir dann jene Riesentiere wirklich: die Mantas. Sie haben ja auf meinen Photos gesehen, wie unheimlich sie aussehen. An Farbigkeit und Spannung wird es gewiß nicht fehlen."

Der Direktor schüttelte bedächtig den Kopf. „Mantas hin, Mantas her, was das Publikum will, ist eine hübsche Frau." Er warf einen Blick in meine Richtung. „Warum nehmen Sie eigentlich nicht Ihr Fräulein Bayerl mit? Das gäbe doch eine ganz andere Attraktion –"

Hass dachte wohl zuerst, daß das ein Witz sei. Dann sah er mich nochmals an und rieb sich den Bart.

Das Ende der Konversation war, daß sich die Zahl der Expeditionsteilnehmer um eine Person vermehrte – um mich. Ich blieb ganz ruhig und gelassen, aber ich wäre Direktor Schuchmann am liebsten um den Hals gefallen.

„Ja, glauben Sie denn, daß Ihre Eltern das überhaupt erlauben werden?" fragte mich Hass auf dem Heimweg. Auch er bemühte sich, ruhig und gelassen zu wirken, aber er war völlig überrumpelt, aus dem Konzept gebracht. Im geheimen mußte ich lächeln.

„Wenn ich sie bitte, werden sie es sicher erlauben", sagte ich. „Ich kann dann während der Expedition auch Korrespondenz führen und mich sonst nützlich machen."

„Können Sie kochen?" fragte Hass ziemlich skeptisch.

„Sicher kann ich das. Ich glaube auch bestimmt, daß ich mit einem Tauchgerät zurechtkomme."

„Das schlagen Sie sich gleich aus dem Kopf", sagte Hass brüsk. „Wenn ich Sie mitnehme, geschieht das für den Film. Wenn Sie glauben, daß ich dabei irgendein Risiko auf mich nehme, irren Sie sich."

Ich schluckte diese Pille. Hauptsache, ich war dabei. Für den Film war es schließlich notwendig, daß ich tauchte.

„Die Aufnahmen mit Ihnen machen wir in einer seichten Lagune – ohne Tauchgerät –, wo es hübsche Korallen und bunte Fische gibt – aber keine Gefahr. Das werde ich auch Ihren Eltern sagen."

Außer Gerry und Wawrowetz waren Hochhauser – „Xenophon" genannt – und Kameramann Bolle als weitere Teilnehmer vorgesehen.

Außerdem wollte Hass in Port Sudan zwei oder drei Eingeborene als Diener anwerben. Xenophon hatte Hass schon auf einer früheren Expedition begleitet. Er sah aus wie ein knorriger Baum. Er hatte vierzehn Jahre in Griechenland als Fischer gelebt und wußte über Fischerei und mit Booten wie kein anderer Bescheid. Wir beide verstanden uns gleich. Er war galant und höflich gegen mich wie ein Kavalier der alten Schule. Kameramann Bolle kam mir eher als ein Umstandsmeier vor. Ich war nicht ganz überzeugt, daß Hass mit ihm die richtige Wahl getroffen hatte. Aber ich hütete mich, etwas zu sagen. Seit ich mit zum Expeditionsteam gehörte, war unser Verhältnis etwas gespannt. Hass mußte es erst verdauen, daß er nun doch ein weibliches Wesen mitnahm.

Die letzten sechs Wochen vor der Abreise vergingen wie im Flug. Es gab tausend Formalitäten zu erledigen. Die Ausrüstungen wurden per Schiff vorausgesandt, Xenophon, Gerry, Bolle und Wawrowetz fuhren ebenfalls per Schiff. Hass und ich folgten im Flugzeug.

Als sich die Kabinentüre des Flugzeuges in Port Sudan öffnete, schlug uns die Hitze wie eine Welle entgegen. Einundvierzig Grad Celsius im Schatten! Die Luft flimmerte über der Wüste. Unser Auto bahnte sich laut hupend den Weg durch ein buntes orientalisches Menschengewühl. Kaum hielten wir an, drängten sich zerlumpte Kinder um uns, streckten bettelnd ihre Händchen vor. Wir waren vor einem großen altmodischen Gebäude angelangt: dem Red Sea Hotel. Wenig später fuhren wir zum Hafen, wo gerade das Schiff mit unserer Mannschaft einlief. Es gab Schwierigkeiten mit dem Zoll. Ich versuchte mich nützlich zu machen, wurde aber von den Männern beiseite geschoben.

Am nächsten Tag überstürzten sich die Ereignisse. Nicht weit vom Hotel befand sich ein Schwimmbad: dort zeigte Hass Gerry und Bolle die Handhabung der Tauchgeräte. Gerry schwamm wie eine große Robbe unter der Oberfläche. Bolle verschwand ebenfalls im Wasser. Ich achtete nicht weiter auf ihn – bis plötzlich die Leute zusammenliefen und Hass den leblosen Körper unseres Kameramanns aus dem Schwimmbecken zerrte. Wiederbelebungsversuche brachten Bolle wieder zu sich. Später sagte er zu Hass: „Tut mir leid, aber ins Wasser bringen mich keine zehn Rösser mehr. Ich habe schreckliche Kopfschmerzen. Es wäre besser, Doktor Hass, wenn Sie sich nach einem Ersatzmann umsähen."

Am Abend waren wir bei Bill Clark, dem englischen Gouverneur der Stadt, eingeladen. Hass hatte bei seinem ersten Aufenthalt bei ihm gewohnt und war mit ihm befreundet. Bill Clarks Hobby war das Angeln. In Suakin wollte er mit uns auf Fischfang gehen. Er sagte, wir könnten in einem alten Palast dieser Ruinenstadt unterkommen.

„Jetzt fehlt Ihnen also ein Mann", sagte Bill Clark zu Hass.

„Ja. Es ist natürlich ein Schlag für uns – wenn ich auch die meisten Aufnahmen selbst mache. Aber die Szenen, bei denen ich im Bild bin, muß eben doch ein anderer drehen."

„Das kann ja ich machen", sagte Gerry.

„Oder ich", sagte ich.

„Na, wir werden sehen", erklärte Hass. „Jedenfalls haben wir jetzt ein Tauchgerät zuviel."

Später, im Hotel, nahm mich Hass beiseite. „Wenn wir jetzt losfahren, möchte ich Sie bitten, sich eines wirklich einzuprägen."

„Ja, selbstverständlich –?"

„Nehmen Sie es mir bitte nicht übel: Ab heute sind Sie ein Mann. Vergessen Sie, daß Sie eine Frau sind. Wir sind jetzt auf einer Expedition, und wir sind alle Männer. Wenn wir ein schlagkräftiges Team bilden wollen, können wir keine Rücksicht nehmen."

„Einverstanden. Aber ich stelle eine Bedingung."

„Und die wäre?"

„Dann müßt ihr mich gefälligst auch als Mann akzeptieren. Ein Mann zu sein bedeutet nicht nur eine Pflicht, sondern auch ein Recht."

*... und am guten Willen fehlt es bestimmt nicht. Aber wie sich das praktisch abspielen soll, sehe ich noch nicht ganz. Heute sagte Gerry zu mir: „Wir haben da bei den Wüstennomaden zwei sehr hübsche Fuzzi-Wuzzi-Mädchen gefunden, die nehmen wir mit in den Film." Nun, wie verhält sich da ein Mann? Soll ich mich über diese beiden Gören freuen ... aber wahrscheinlich stimmt das Ganze sowieso nicht, und Gerry wollte mich nur ärgern.*

*Mir ist heute so recht klargeworden, wie wenig ich alle diese Männer wirklich kenne. Hass hat eine wunderbare Ruhe und Überlegenheit, er ist zum Expeditionsleiter geboren. Als Chef war er immer nett und korrekt. Aber im Büro ist man eine bestimmte An-*

*zahl von Stunden zusammen, und im übrigen führt jeder sein eigenes Leben. Hier kleben wir nun von früh bis abends aneinander. Wie habe ich mich da als „Mann" zu verhalten? Gerry ist gar nicht erfreut, daß ich mit dabei bin. Er sah sich schon als den Helden dieses Films, und nun nehme ich ihm einiges von der Show weg – denn im Film werde ich ja doch ein Mädchen sein...*

## UM MITTERNACHT

GEGEN Mitternacht schreckte ich aus dem Schlaf. Unter der Terrasse, auf der ich schlief, tobte und platschte es wie verrückt.

Es dauerte einige Sekunden, ehe ich wußte, wo ich war. Richtig: ich war in Suakin. Wir lebten in einer verfallenen Stadt und hatten uns in dem einzigen noch gut erhaltenen Palast einquartiert. Auf einer über dem Meer vorragenden Terrasse standen unsere Betten. Auf dem größeren Teil dieser Terrasse schliefen die Männer, auf einem kleinen Abschnitt, der durch eine Holzwand getrennt war, schlief ich.

Ich sprang auf und eilte zur Balustrade. Das nächtliche Wasser der Lagune war spiegelglatt und schimmerte im Mondlicht. Genau unter mir tobten einige Fische so heftig, daß es hoch aufspritzte. Es waren offenbar große Raubfische, die ein Rudel kleiner Fische verfolgten.

Auf der andern Seite der Lagune lag die nackte Wüste. Im blassen Mondlicht sah sie aus, als sei sie mit Rauhreif bedeckt. Das verfallene Gemäuer eines alten Brennofens bildete eine geisterhaft schwarze, bizarre Silhouette. Zu meiner Rechten konnte ich bis zu dem schmalen Kanal sehen, durch den die Lagune ins Meer mündete. Diese Mündung war der Stadt zum Verhängnis geworden. Suakin lag auf einer kreisrunden Insel innerhalb dieser Lagune: ein ideal geschützter Hafen, den die Schiffe durch den Kanal erreichten. Im Laufe der Zeit wucherten jedoch von beiden Seiten die Korallenriffe vor und verengten die Fahrrinne schließlich so, daß die Einfahrt für größere Schiffe zu gefährlich wurde.

Vor vierzig Jahren hatten die Engländer weiter nördlich einen neuen Hafen gebaut: Port Sudan. Der Regierungssitz wurde dorthin verlegt, die Geschäftsleute folgten, allmählich starb Suakin aus. Die prächtigen Gebäude wurden zu einer Heimstätte für unzählige Ratten und Fledermäuse.

Auf dem Festland, mit dem die Insel durch einen Damm verbunden war, entstand eine neue, kleinere Siedlung. Dorthin zog sich der Rest der Bevölkerung zurück; dorthin kamen die Wüstennomaden, wenn sie ihre Einkäufe machen wollten.

Über das Wasser schallte das Krächzen eines Vogels. Das Platschen hatte sich entlang der Kaimauer ein Stück entfernt. Dort tobte der Kampf unerbittlich weiter.

Hass hatte in diesen Riffen vor der Hafeneinfahrt bereits getaucht. Jetzt würden wir sie näher erforschen. Das unterseeische Korallendickicht, das der alten Hafenstadt den Lebensatem abgeschnitten hatte, sollte der erste Schauplatz für unseren Film werden.

Ich glaubte hinter mir ein Geräusch zu hören und drehte mich um. Auf meinem Teil der Terrasse befand sich nichts weiter als die mit einem Geflecht überzogene Holzpritsche, auf der ich schlief. Ich hatte darüber ein Leintuch und ein Kissen gebreitet, mit einem zweiten Leintuch deckte ich mich zu. Die Nacht war merklich kühler als der Tag, doch immer noch sehr warm.

Eine offenstehende Tür führte in das Innere des Palastes. Ob ich es wagte, auf das Dach hinaufzusteigen? Im Mondlicht mußte die Ruinenstadt ein zauberhafter Anblick sein. Wovor ich mich am meisten fürchtete, waren die Fledermäuse. Sie fliegen quer durch die hohen Säle wie durch eine Felsenhöhle. Ich band mir deshalb ein Tuch um die Haare.

Zögernd trat ich in den dunklen Innenraum. Früher einmal war dies wohl einer der Schlafräume des Palastes gewesen. Ich tastete mich quer durch das Dunkel. An der gegenüberliegenden Wand fand ich die Tür; sie war nur angelehnt. Ich stieß sie auf: Ein lautes Knarren zerriß die Stille. Dicht vor mir rannte etwas durch den Raum. Aus einem der Nachbarräume drang heftiges Flügelschlagen.

Allmählich ließ mein Herzklopfen etwas nach. Vorwärts, sagte ich zu mir selbst. Wenn du es mit Haifischen aufnehmen willst, darfst du dich nicht vor Ratten oder Fledermäusen fürchten.

Ich tastete mich durch den nächsten Raum. Hier standen einige unserer Kisten und Körbe. Ich gelangte in das hohe Gewölbe eines Saales – und blieb wie angewurzelt stehen. Vor mir auf dem Boden lag eine dunkle Gestalt; ich wäre beinahe über sie gestolpert.

Endlich begriff ich, daß das nur Xenophon sein konnte. Sowohl unser Koch Achmed, den wir in Port Sudan angeheuert hatten, als auch unsere beiden Diener Machmoud und O-Sheik hatten sich geweigert, auf der Insel zu schlafen. Mit dem ersten Licht wollten sie wieder da sein. Deshalb hatte Xenophon sich zum Schutz unserer Ausrüstung hierhergelegt. Vielleicht wollte er auch mich beschützen!

Ich schlich vorsichtig an ihm vorbei und durchquerte den Saal. Nach einigem Suchen fand ich eine enge Steintreppe, die in das obere Geschoß hinaufführte. Es war hier völlig finster. Stufe um Stufe tastete ich mich höher. Endlich erreichte ich die Tür, durch die man auf das flache Dach gelangte.

Die Steinterrasse war wie eine Ritterburg ringsum von breiten Zinnen umgeben. Neben einer der Zinnen hockte eine Gestalt, unwirklich in dem fahlen Licht des Mondes. Wieder blieb mir fast das Herz stehen. Dann erkannte ich: es war Gerry.

Er wandte den Kopf. „Ah, hast du auch nicht einschlafen können?"

„Doch", sagte ich, „aber die Fische haben mich aufgeweckt."

„Ja, es sind Makrelen, die nach kleinen Fischen jagen."

Von hier oben bot sich eine prächtige Aussicht auf die tote Stadt. Die Ruinen sahen in dem blassen Mondlicht gespenstisch aus. Wir blickten auf einen offenen Platz, den hohe Paläste umgaben. Zwei davon waren sicher vier Stockwerke hoch. Hinter einer Fassade mit gähnenden Fensterlücken erhob sich der hohe spitze Turm eines Minaretts.

In der Ferne glänzte der schmale Kanal der einstigen Hafeneinfahrt. Über einer scharf gezeichneten Linie erhob sich der Himmel mit unzähligen glitzernden Sternen.

„Dort drüben liegt das Kreuz des Südens", sagte Gerry.

Wir blickten schweigend auf dieses unglaubliche Bild.

Schließlich kletterten wir über die Treppen wieder hinunter. Es war genau ein Uhr, als ich auf meinem kleinen Balkon anlangte. Unter mir in der Lagune herrschte jetzt tiefe Stille.

## DER ERSTE ABSTIEG

Unser Boot lag etwa drei Meilen von der sudanesischen Küste entfernt. Der flache Wüstenstreifen sah von fern wie eine zitternde Linie aus. Dahinter, im ungewissen Dunst, erhob sich die malerische Silhouette der hohen kahlen Inlandgebirge.

Wir lagen zwischen einigen Korallenriffen vor Anker. Ich hatte mir die Schwimmflossen angezogen und das Tauchgerät umgeschnallt. Die Tauchmaske hatte ich an der Innenseite mit Speichel eingerieben und dann ausgewaschen, damit sie unter Wasser nicht beschlug. Ich hatte mir die Nasenklemme aufgesetzt, damit ich den Druck in den Ohren ausgleichen konnte. Neben mir lag eine zwei Meter lange Harpune.

Ich war bereit.

Hass saß mir gegenüber, auch er hatte ein Tauchgerät umgeschnallt. Sein dunkler Bart stand struppig weg, seine hellen Augen glitzerten voll Unternehmungslust. Er spülte seine Maske und sah mich prüfend an. „Zunächst gehen Sie also ganz langsam am Ankerseil hinunter", sagte er. „Alles schön gemütlich, keine überflüssigen Bewegungen. Es ist wichtig, daß Sie sich gleich beim erstenmal wohl fühlen, daß Sie Sicherheit gewinnen. Setzen Sie sich irgendwohin und schauen Sie sich ruhig alles an. Dann sehen wir weiter."

Ich nickte.

Hinter Hass standen Xenophon und Machmoud und sahen interessiert zu. Für mich war das der Augenblick, von dem ich jahrelang geträumt hatte. Ich versuchte, möglichst gelassen zu wirken, in Wahrheit aber hatte ich gehöriges Lampenfieber.

Hass schraubte seine Unterwasserkamera zu und hängte sie sich um den Hals. Er kontrollierte nochmals die Gummidichtung. Dann schob er die Maske über das Gesicht. „Also los. Ich gehe zuerst, und Sie folgen mir. Aber alles schön ruhig und langsam."

Ich folgte ihm ins Wasser. Obwohl ich mir immer wieder vorsagte: nur ruhig – ganz ruhig!, konnte ich doch mein Herzklopfen nicht bezwingen. Das Wasser war angenehm kühl. Das grelle Sonnenlicht entschwand, rings um mich wurde es beruhigend blau. Vom Bootsrand hing ein Seil herab, daran hielt ich mich fest. Ein gutes

Stück unter mir lag der Meeresboden wie ein üppig wuchernder tropischer Garten. Hass, der zwei Meter neben mir schwebte, nickte mir zu.

Ich hantelte mich am Ankerseil abwärts. Mein Körpergewicht war durch Bleigewichte so ausgeglichen, daß ich gerade etwas schwerer als das Wasser war. Drückte ich auf das Ventil der Sauerstoffflasche an meinem Gürtel, dann schoß reiner Sauerstoff in den Atemsack auf meinem Rücken. Aus diesem atmete ich das Gas aus einem Schlauch ein, und durch einen zweiten floß die ausgeatmete Luft in den Atemsack zurück. Dabei durchquerte sie eine Kalipatrone und wurde von der Kohlensäure gereinigt. Solche Kreislaufgeräte arbeiten fast geräuschlos, was wichtig war für die geplanten Unterwasser-Tonaufnahmen. Der Nachteil war jedoch, daß wir mit Sauerstoff nicht tiefer als zwanzig Meter tauchen durften, da sonst Vergiftungserscheinungen auftreten. Die meisten Sporttaucher verwenden heute Preßluftgeräte.

Das Klappern der beiden Ventile in den Atemschläuchen war hinter meinem Kopf deutlich zu hören. Obwohl ich mich zu beherrschen versuchte, atmete ich viel zu tief und zu schnell. Um den Druck in den Ohren auszugleichen, drückte ich Luft gegen die Nasenklemme. Aber die rutschte hoch und bot keinen Widerstand mehr. Ich hätte mir natürlich nicht das Gesicht eincremen sollen! Jetzt hielt die Klemme nicht auf der Haut, und der Druck in den Ohren wurde immer stärker.

Von einigen silbernen Fischen umringt, langte ich auf dem Grund an. Der Druck in den Ohren war jetzt fast unerträglich. Ich preßte mit beiden Händen die Maske gegen mein Gesicht und stieß Luft in die Maske hinein. Endlich machte es in meinen Ohren klick, und der Druck löste sich. Hass war dicht neben mir. Aus seiner Tauchmaske spähte er prüfend in meine.

Ich blickte um mich. Ich hatte ähnliche Korallenriffe schon gesehen, aber aus der Perspektive des Schwimmers, also aus der Vogelperspektive. Jetzt aber war ich selbst mittendrin in diesem phantastischen Märchengarten. Die Korallen waren bedeutend höher, als ich gedacht hatte. Manche bildeten Türme, die mehrere Meter hoch aufragten. Auf einem solchen befand sich ein großer runder Kopf, das Ganze sah aus wie ein würdiges Denkmal. Andere hatten die Form großer flacher Tische. Direkt neben einem solchen war ich gelandet. Er sah wie ein riesiger Pilz aus, der sich über einem kurzen dicken Stamm erhob. Die Tischplatte war aus feinsten Ästchen gebildet wie ein Spitzengeflecht. Ich strich vorsichtig mit der Hand darüber. An den äußersten Enden waren diese Ästchen nadelscharf.

Eine Hand berührte mich an der Schulter. Hass zeigte unter einen der benachbarten Tische. Ein großer, gelb-schwarz gestreifter Fisch mit träumerischen Augen und dicken wulstigen Lippen stand hier im Schatten des Korallenbaumes.

Der Druck in meinen Ohren hatte nachgelassen. Nun war aber Wasser in die Maske eingedrungen, und ich mußte das Manöver ausführen, das ich bei meinen ersten Tauchversuchen im Schwimmbad so gut beherrscht hatte. Man neigt sich etwas zurück, damit das Wasser in der Maske am unteren Rand zu stehen kommt, hebt dann die Maske ein wenig ab, bläst gleichzeitig Luft hinein und drückt so das Wasser hinaus.

Ich war so aufgeregt, daß ich zunächst nur noch mehr Wasser in die Maske bekam. Ich sah plötzlich überhaupt nichts und kratzte mit dem Knie über eine scharfe Koralle. Nur in keine Panikstimmung geraten, dachte ich und versuchte es noch einmal. Meine Sicht wurde klar, und ich atmete wieder ruhig. Ein Schwarm von blauen, ziemlich flachen Fischen hatte mich eingehüllt, die mich mit ihren starren kugelrunden Augen von allen Seiten abtasteten.

Ein Stück entfernt photographierte Hass einen kleinen Fisch. Er hatte mir angezeigt, daß ich ruhig am Platz bleiben sollte, also rührte ich mich nicht weg.

Ein herrliches Gefühl der Freude überkam mich. Ich war in einer anderen, fremden Welt, die in ihrer Schönheit und Seltsamkeit jeder Beschreibung spottete. Zu meiner Rechten erhob sich, etwa einen Meter hoch, eine Halbkugel. Auch dies war eine Koralle, die aus zierlichen Ästchen gebildet war. Darüber schwebten wie eine leuchtendrote Wolke an die hundert winzige Fische. Diese Wolke bewegte sich ganz gleichmäßig; näherte ich mich mit der Hand, breitete sie sich in pulsierender Bewegung weiter aus.

Jetzt erschreckte ich die Fische durch eine plötzliche Bewegung. Augenblicklich war die ganze Wolke in der Koralle verschwunden. Ich brauchte nicht lange zu warten, und sie kamen wieder zum Vorschein. Manche waren so rot wie ein Rubin, der Flossen bekommen hat. Dazwischen gab es aber auch einige, die leuchtend gelb oder orange waren.

Da gab es Korallen, die wie ein Primelbeet aussahen. Tausende von zierlichen gelben Blüten standen dicht nebeneinander. Wie von einem Kapellmeister dirigiert, öffneten und schlossen sie ihre zarten Kelche in einheitlichem Rhythmus. Dazwischen standen Reiherfedern, zartgrau, doch hart und zerbrechlich. Da gab es Kakteen, ganz ähnlich wie zu Hause auf dem Fensterbrett, nur zwanzigmal so groß und ohne Stacheln... All das war das Werk winziger Tiere: mikroskopisch kleine Polypen schufen diese Vielfalt von Formen.

Und über diesen bizarren Steingärten tummelten sich Schwärme verschiedenartiger Fische. Manche waren getupft, andere gestreift, halb rot und halb weiß. Gewichtig und majestätisch zogen in einiger Entfernung drei Riesenfische vorbei. Der größte war bestimmt fünfzig Kilo schwer. Er hatte eine kindskopfgroße blaue Beule auf der Stirne und häßliche, weit vorstehende gelbe Zähne. Dicht neben mir entdeckte ich ein Seepferdchen, das unbeweglich zwischen gräserartigen, weichen Korallen stand. Es war nicht länger als der Finger eines kleinen Kindes. Sein Körper schien aus mattschimmernden Perlen zusammengesetzt.

Hass kam wieder herangeschwommen. Er bewegte sich so selbstverständlich, als sei er hier zu Hause. „Nun, wie fühlen Sie sich?" fragte er. Das heißt, er machte eine entsprechende Kopfbewegung, sah mir fragend in die Maske und blubberte etwas Unverständliches in seinen Atemschlauch.

„Ausgezeichnet", blubberte ich zurück. „Es ist einfach wunderbar." Hass machte eine fragende Geste gegen das tiefere Wasser zu. Ich nickte heftig. Ich hatte plötzlich jede Angst verloren.

Hass schwamm voran, ich folgte ihm. Ich warf noch einen kurzen Blick zurück, hinauf zum Boot. Es schwebte hoch oben am Wellenhimmel wie eine Zigarre. Wir gelangten zu einer Kante, die von dunkelgrünen Korallen gebildet wurde, und schwebten in eine Schlucht hinab. Sofort begannen meine Ohren wieder zu schmerzen. Aber jetzt wollte ich um keinen Preis zurückbleiben.

Aus einer Höhle unter einem dunklen Überhang lugte eine große schwarze Flosse hervor. Hass versuchte dreimal, mir etwas zu erklären, aber ich verstand ihn nicht. Dann verwendete er das Fingeralphabet, wie wir es als Schulkinder gemacht hatten. Er buchstabierte: „D-A-S-I-S-T-E-I-N-A-M-M-E-N-H-A-I." Ein Ammenhai! Was mochte das wohl für ein Hai sein?

Hass nahm meine Harpune und ließ mich die Kamera halten. Ich drückte mich in eine Korallenspalte und wartete. Hass schwamm vorsichtig zu der Schwanzflosse des Haies hin, die noch immer aus der Höhle herausragte. Ich erwartete, daß er mit der Harpune zustoßen würde, aber er kitzelte den Hai bloß am Schwanz. Mit einem Ruck verschwand die Flosse, und eine große Staubwolke quoll unter dem Überhang hervor. Plötzlich erschien das Tier! Es war ein dunkelbrauner Hai, sicher über zwei Meter lang. Hilflos schwamm er quer durch die Schlucht, bumste mit dem Kopf gegen eine Koralle und verschwand schließlich im tiefen Wasser.

Ich lachte, daß mir das Mundstück beinahe aus dem Mund fiel. Meine erste Begegnung mit einem Hai hatte ich mir doch etwas anders vorgestellt.

„Ein ganz ungefährlicher Fisch", erklärte mir Hass, teils durch Zeichen, teils durch blubbernde Laute. „Es sind Nachttiere, sie können bei Tag fast gar nichts sehen."

Wir schwammen am Hang des Riffes entlang. Hier unten war es merklich dunkler. Der schräg abstürzende Korallenboden verlor sich unter uns im Ungewissen. Große blaue Makrelen schwammen schnell an uns vorbei. Ihre vollendete Stromliniengestalt verriet, daß es Tiere der Hochsee waren. Hier an der Riffkante gingen sie auf Jagd.

Hass gab mir den Speer wieder zurück und nahm seine Kamera. Vorsichtig, die Kamera schußbereit vor dem Kopf, pirschte er um einen Korallenstock. Ein leuchtend gelb-schwarz gefärbter Fisch stand dort auf der anderen Seite. Er hatte eine auffallend vorstehende Schnauze; seine besonders hohe Rückenflosse war zu einem langen dünnen Faden ausgezogen. Der Fisch bemerkte Hass erst, als dieser schon dicht neben ihm war. Die Aufnahme war offenbar gelungen.

Hass erklärte mir durch Zeichen, daß wir versuchen sollten, den Fisch zwischen uns zu bekommen. Ich sollte zu einem Punkt etwas tiefer am Hang schwimmen; er würde dann von schräg oben kommen. Er wollte offenbar ein Bild mit diesem Fisch im Vordergrund und mir im Hintergrund. Meine Ohren drohten zu zerspringen. Ich hatte jetzt starke Kopfschmerzen und wäre viel lieber zurück nach oben geschwommen. Das Mundstück war unangenehm groß. Ich scheuerte mir das Zahnfleisch daran wund.

Als ich näher kam, schwamm der Fisch weg. Hass machte beschwörende Zeichen, ich solle vorsichtiger schwimmen und ihm folgen. Ich kam an einem gut einen Meter großen Zackenbarsch vorbei, der mit weit aufgerissenem Maul vor seiner Höhle stand. Gleich daneben sah aus einer Korallenspalte eine gesprenkelte Muräne hervor. Wie eine Giftschlange sah sie aus. Ich bekam plötzlich Angst.

Endlich war ich wieder in der Nähe des gelbgestreiften Fisches, aber er erschrak und schwamm mit eiligen Flossenschlägen in die Tiefe davon. Mit diesem Bild war es vorbei.

Hass kam jetzt dicht an mich herangeschwommen und prüfte mein Manometer. Mir war kalt, ich zitterte. Er machte ein Zeichen, ihm zu folgen. Wir schwammen über den Hang empor. Es kam mir so vor, als schwämme ich aus einer Gruft ins Leben zurück. Um mich wurde es heller, und die Fische ringsum zeigten wieder mehr Farben. Der Druck in den Ohren war verschwunden. Bei einer bunten Muschel machte ich halt. Sie lag zwischen Korallen eingebettet, die sie allmählich umwachsen hatten, und sah mit ihren geöffneten Schalen wie eine prächtige Blüte aus; das bunte Fleisch der Mantelfalten war beiderseits über die Ränder ausgestülpt. Ich näherte mich mit der Fingerspitze – und erschrak über meinen eigenen Finger. Er war totenbleich und ganz verrunzelt. Das kam vom Meerwasser. Auf meine Berührung zogen sich die fleischigen Ränder in die Spalte zurück. Die Muschel schloß sich mit einem Ruck.

Ich wollte die Muschel als Andenken an diesen ersten Tauchabstieg mitnehmen. Ich packte sie mit beiden Händen und rüttelte daran. Hass machte heftige Zeichen, aber zu spät; ich hatte mich bereits an zwei Stellen in den Finger geschnitten. Zwei dünne Fäden grauen Blutes kringelten sich aus den beiden Schnittstellen.

Hass zeigte auf eine noch größere Muschel. Er nahm den Speer und schwamm einen großen Bogen. Wie an einen Fisch pirschte er sich langsam an diese Muschel heran, wobei er den Harpunenstock mit dem stumpfen Ende nach vorn hielt. Plötzlich schnellte sein Arm vor, und die Muschel, in der Mitte getroffen, rollte über die Korallen. Er brachte sie mir. An ihrem unteren Ende hingen wie dünne schwarze Schnüre mehrere Fäden; damit war die Muschel am Boden befestigt. Außerdem hielt sie sich mit einem Muskel an der Unterlage fest. Wurde sie gestört, zog sie sich fest an den Boden und war kaum mehr loszureißen. Wenn man sie unversehens mit dem stumpfen Ende der Harpune trifft, haben sie nicht Zeit, sich am Boden festzuziehen, und der Muskel wird losgerissen.

Mir blieb vor Schreck fast das Herz stehen, als ich dicht hinter mir die Bewegung eines großen Körpers fühlte. Blitzschnell drehte ich mich herum. Aber es war nicht etwa ein Hai, der sich an mich herangeschlichen hatte. Es war Gerry. Er grinste über das ganze Gesicht. Ich ließ mir meinen Schrecken nicht anmerken.

„Na, Fräulein Taucher, wie fühlen Sie sich?" blubberte er.

„Das Fräulein Taucher fühlt sich ausgezeichnet", blubberte ich zurück.

Mit der großen Muschel in den Händen schwamm ich zum Boot empor. Die Spannung in mir löste sich. Ich hatte doch mehr Angst gehabt, als ich mir selbst eingestand. Mich durchrieselte ein herrliches Gefühl: Ich hielt wieder den festen Strick des Bootes in Händen! Xenophon beugte sich zu mir herab und übernahm die Muschel.

„Die ist besonders schön", sagte er bedächtig. „Ich werde sie gleich für Sie aufschneiden."

Ich nahm die Maske ab und reichte sie Xenophon. Dann löste ich die Riemen, und Xenophon zog mir das Tauchgerät über den Kopf. Ich versuchte, mich ins Boot hochzustemmen, fiel aber immer wieder ins Wasser zurück. Xenophon half mir. Endlich kletterte ich über den Bootsrand hinein.

Ein kühler Windstoß fegte über das Wasser. Das Boot schaukelte beträchtlich. Über den Riffen standen weiße Schaumkronen. Ich fröstelte, breitete meinen Bademantel vorn im Boot aus und legte mich darauf. Ich fühlte, wie die einzelnen Sonnenstrahlen in meinen Körper drangen. „Jetzt gehören Sie also auch zu den Tauchern, Fräulein Lotte", hörte ich Xenophon wie aus weiter Ferne sagen.

## DER TIGER DES MEERES

Hass schloß bedächtig den Deckel der Unterwasser-Filmkamera. Sie befand sich in einem massiven wasserdichten Metallgehäuse. Hass blickte durch das Fenster, hinter dem sich das Objektiv befand. Gleichzeitig drehte er an einer Schraube an der Außenseite des Metallmantels. „Dieses Zahnrad greift nicht richtig. Die Kamera sitzt nicht fest im Gehäuse."

Wawrowetz übernahm die Kamera. Er drehte ebenfalls an der Schraube. Seit der Kameramann ausgefallen war, kümmerte sich unser Tontechniker auch um die Kameras. „Jetzt dreht sich das Objektiv wieder", sagte er. „Ich werde die Schraube an der Gleitschiene neu einpassen. Aber einstweilen können Sie die Kamera schon verwenden."

Hass wandte sich zu Gerry und mir. „Wir werden heute nur ganz einfache Aufnahmen machen: hübsche Korallenstöcke, Fische und so weiter. Ich möchte möglichst immer einen Taucher mit im Bild haben, damit man die Größenverhältnisse sieht. Sie, Lotte, möchte ich filmen, wie Sie graziös zwischen schönen Korallen durchschwimmen."

„Ich werde mich bemühen", sagte ich.

„Ich zeige Ihnen zuerst, wie Sie schwimmen müssen. Und wenn wir auf einen schönen Fischschwarm stoßen, versuchen wir ihn zwischen uns zu bekommen. Das gibt ein hübsches Bild: die Fische groß im Vordergrund und Sie im Hintergrund, wie Sie sie betrachten."

„Wenn wir einen größeren Fisch sehen, soll ich ihn dann harpunieren?" fragte Gerry.

„Keinesfalls. Heute wollen wir nur ‚lyrische' Aufnahmen machen. Wenn harpuniert wird, können Haie kommen."

Gerry spuckte kräftig in seine Maske und spülte sie ab. Sein Gesichtsausdruck ließ klar erkennen, daß lyrische Aufnahmen nicht sein Fall waren.

Wir schwangen uns der Reihe nach über den Bootsrand. Das Meer war hier sehr klar. Dicht nebeneinander schwebten wir in die Tiefe. Ich fühlte mich jetzt schon viel sicherer. Während ich mich, mit den Füßen voraus, abwärts sinken ließ, drehte ich mich um die eigene Achse. In diesen Gewässern muß man stets auf der Hut sein. Ich hielt nach allen Richtungen Ausschau. Wir schwammen ein Stück durch die Riffe, dann gab mir Hass ein Zeichen zu bleiben, wo ich gerade war, und schwamm zu einem malerisch aufragenden Korallenstock, etwa zwanzig Meter von uns entfernt. Mir war klar, daß er jetzt vorführen wollte, wie ich schwimmen sollte.

Beinahe fiel mir der Atemschlauch aus dem Mund: ich mußte lachen, ob ich wollte oder nicht. Hass bewegte sich plötzlich wie eine Meernixe. Mit langsamen, lässigen Bewegungen schwamm er um das Riff herum, die gestreckten Beine auf- und niederschwingend. Bei einer Koralle hielt er inne, betrachtete sie, machte eine Handbewegung, als streiche er sein langes Haar zurück, und verschwand hinter einem Felsen.

Ich blickte zu Gerry. Er hatte sich auf eine große runde Koralle wie auf einen Lehnstuhl gesetzt und schlenkerte mit den Beinen. Die Harpune lag quer über seinen Knien. Seine Haltung sagte recht deutlich, daß er diese Aufnahme für Zeitvergeudung hielt. Hass kam zurück. Er prüfte die Kamera und gab mir ein Zeichen. Ich schwamm genau wie vorgeschrieben hinter den Korallenstock und dann möglichst graziös ins Bild, betrachtete die Koralle und strich mein Haar zurück.

Als ich wieder zurückkam, nickte Hass und zeigte mit dem Daumen nach oben. Das hieß, die Aufnahme war in Ordnung. Gerry, der noch immer auf seinem Lehnstuhl lag, schlug mit der wohlwollenden Geste eines Theaterbesuchers die Handflächen gegeneinander.

Wir drehten weitere Szenen. Wurde nur ich gefilmt, schwamm Gerry gelangweilt im Kreis. Plötzlich stieß er aufgeregte Rufe aus und zeigte in Richtung auf das seichte Wasser. Behäbig schwammen dort zwei ziemlich große Fische. Hass schüttelte den Kopf. Gerry sah den Fischen bedauernd nach. Das Wasser war hier nirgends tiefer als zehn oder zwölf Meter. Am Fuße eines malerisch aufragenden Korallenturmes erhob sich ein hohes fächerartiges Gewächs, das wie ein riesiges Blatt in der Strömung hin- und herschwang. Hass wollte hier eine Nahaufnahme drehen. Ich sollte mich hinter den Fächer zwängen und ihn mit der Hand berühren.

Die Kamera begann zu surren. Da hörte ich, daß Hass etwas Unverständliches brummte. Er hatte die Kamera hochgehoben und schüttelte sie; irgend etwas war daran nicht in Ordnung. Gerry schwamm zu ihm, und nun hantierten sie beide mit der Kamera. Zwischen den hoch aufragenden Korallenstöcken sahen die zwei wie Marsmenschen aus, die in einer phantastischen Landschaft gelandet waren. Neben ihnen schaute ein hellgestreifter Zackenbarsch aus seinem Loch und betrachtete die beiden interessiert mit seinen Glotzaugen. Hass kam zu mir herübergeschwommen. Er zeigte auf die Kamera und dann schräg nach oben. Es folgte ein Zeichen auf Gerry und ein weiteres auf mich. Er sah mich fragend an.

Ich nickte. Ich hatte verstanden. Mit der Kamera war etwas nicht in Ordnung, und er wollte kurz zum Boot zurückschwimmen. Gerry würde inzwischen hier bei mir bleiben.

Hass schwebte zur Oberfläche empor. Die sich ausdehnende Atemluft, die aus seinem Mund hervorquoll, umhüllte ihn mit tausend glitzernden Blasen. Die Gestalt inmitten der Blasen wurde kleiner und undeutlicher. Als Hass die Oberfläche erreichte, war er nur noch eine zarte helle Silhouette, die dort oben zwischen den Wellen wie zwischen Wolken schwebte.

Gerry brummte in seinen Atemschlauch. Als ich zu ihm hinsah, legte er die Harpune auf den Grund und verbeugte sich wie ein Artist im Zirkus nach allen Seiten. Dann zeigte er mit einer gemessenen Bewegung zu der hoch aufragenden Korallenkuppe. Langsam, bedächtigen Schrittes marschierte er auf seinen Flossen über den Meeresgrund. Am Fuße des Korallenturms machte er eine tiefe Kniebeuge, stieß sich vom Boden ab und schwebte zur Spitze empor. Oben angelangt, hielt er sich mit beiden Händen fest, legte den Kopf zwischen die Hände und stemmte sich mit den Beinen hoch. Auf der Spitze dieses Turmes machte Gerry im Tauchgerät einen Kopfstand! Als er in der Senkrechten war, streckte er die Arme nach beiden Seiten und stand frei auf der Spitze des Korallenturmes kopf. Unwillkürlich blickte ich zu dem Zackenbarsch hinüber. Ich hatte das Gefühl, daß er genauso lachen mußte wie ich. Er war ein Stück aus seinem Loch hervorgekommen und hatte die Augen schräg aufwärts gedreht. Die gespreizte Rückenflosse zeigte, daß ihn dieser Anblick interessierte. Ich klatschte heftig in die Hände und schrie dazu, so laut ich konnte: „Bravo!"

Gerry war wieder auf dem Grund angelangt. Gemessen verbeugte er sich nach allen Seiten. Plötzlich hielt er mitten in der Bewegung inne. In der Ferne schwammen wieder hintereinander die beiden großen Fische. Gerry schwamm eilig zu seiner Harpune, machte mir ein aufgeregtes Zeichen, ich solle bleiben, wo ich war – und weg war er. Wie er so mit geschmeidigen Bewegungen dicht über den Korallen schwamm, glich er selbst einem großen Raubfisch. Bald verlor ich ihn und die Fische aus den Augen.

Ich war allein. Von Hass war nichts zu sehen. Ich hatte weder eine Harpune noch eine andere Waffe. Rings um mich wurde es unheimlich finster, vielleicht verdeckte oben gerade eine Wolke die Sonne. Der Zackenbarsch war auch verschwunden. Eine beklemmende Einsamkeit umgab mich.

Die bunte Wunderwelt dieses Korallengartens war mit einem Schlag zu einer drohenden Kulisse geworden. Ich blickte auf mein Manometer: Ich hatte noch Luft für eine gute halbe Stunde. Etwa fünfzehn Meter von mir entfernt, bewegte sich ein großes Tier. Es war dick und geschmeidig, glitt über ein Tal hinweg und verschwand hinter einer Koralle. Mein Herzschlag setzte buchstäblich aus. Es war ein Hai!

Jedes Detail prägte sich mir ein. Der Kopf lief vorn spitz zu. Über dem hochgewölbten Rücken stand die sichelartig nach hinten gebogene Rückenfinne. Nach beiden Seiten ragten die Brustflossen wie Flügel vor. Die riesengroße Schwanzflosse bewegte sich kaum. Dieser Hai war sicher weit über zwei Meter lang. Ich hielt den Atem an, um ja kein Geräusch zu machen. Vielleicht hatte er mich nicht gesehen. Doch da war er schon wieder. Er schwamm jetzt direkt in meine Richtung. Wie ein massiges Geschoß schwebte er völlig schwerelos durch das Wasser. Ich drückte mich gegen die Korallenwand hinter mir. Ich war wie hypnotisiert und konnte mich weder bewegen noch den Blick von dem Hai abwenden, der sich langsam und majestätisch näherte. Erst jetzt sah er mich. Unmerklich veränderte er die Richtung, schwenkte seitlich neben mich ab. Das mir zugewandte Auge, klein und rund, war lauernd und kalt. Es betrachtete mich unbeweglich.

Theoretisch wußte ich genau, was ich zu tun hatte. Hass hatte uns genau auseinandergesetzt, wie wir uns in solch einem Fall zu verhalten hätten. Vor allem durfte man keine Angst zeigen. Das beste war, man schwamm geradewegs auf den Hai los. Auf diese Weise erschreckte man ihn. Zeigte man dagegen Angst oder flüchtete man gar, erweckte dies den Jagdinstinkt des Raubtieres, und der Hai wurde angriffslustig.

„Und wenn sich der Hai nicht erschrecken läßt?" hatte ich Hass gefragt. „Gibt es denn keine Ausnahmen?"

„Ausnahmen gibt es natürlich schon", hatte er geantwortet. „Es gibt ja über hundert verschiedene Arten von Haien, und sechs oder vielleicht acht davon greifen manchmal Menschen an. Aber diese Haie leben im tiefen Wasser und kommen nur selten ins seichte."

Während ich dem Hai wie hypnotisiert entgegenstarrte, zwang ich mich dazu, ruhig zu denken. Wie eine Schulaufgabe wiederholte ich im Gedächtnis meine Kenntnisse über Haie. Die gefährlichsten Arten sind der weiße Hai, der Tigerhai, der Hammer- und der Makohai. Wenn ein Hai ganz nahe kommt, kann man ihn auch durch einen Schrei erschrecken. Haie sind sehr empfindlich gegen Schallwellen...

Nein, ein weißer Hai war dieser hier nicht; er war dunkelgrau. Auch ein Tigerhai war es nicht; die dunklen Querstreifen fehlten. Und ein Hammerhai war es auch nicht, der Kopf hatte nicht die Form eines Hammers. Aber wie sah bloß ein Makohai aus?

Der Hai betrachtete mich eingehend mit seinem linken Auge. Kaum war er an mir vorbei, drehte er und kam wieder näher. Jetzt betrachtete er mich mit dem rechten Auge.

Ich brachte beim besten Willen keinen Schrei hervor. Der Hai war jetzt ganz nahe, nicht mehr als zwei Meter von mir entfernt. Trotz meiner Angst mußte ich zugeben, daß dieses Tier faszinierend schön war. Zwischen den Korallen wirkten seine Bewegungen geradezu königlich. Der pralle Leib glänzte metallisch. Noch nie hatte ich eine so harmonische Verbindung von geballter Kraft und graziöser Bewegung gesehen.

Plötzlich entfernte sich der Hai ruhig wieder in Richtung tiefes Wasser, von wo er gekommen war. Die große hin- und herschwingende Schwanzflosse war das letzte, was ich von ihm sah. Ich wagte wieder zu atmen und beruhigte mich allmählich wieder. Dieser Hai hatte bloß nachsehen wollen. Er hatte mich aus der Ferne bemerkt und war gekommen, um dieses fremde Wesen näher zu betrachten.

Ich hatte mich gegen eine Korallenwand gepreßt; erst jetzt wurde mir bewußt, daß mich in meinem Rücken irgend etwas beharrlich biß. Der Missetäter war ein winzig kleiner wurmartiger Fisch. Er lebte in einem Korallenloch, und dieses hatte ich mit meiner Rückseite verschlossen. Der Fisch wollte aus seiner Wohnung heraus und hatte das energisch zu erkennen gegeben. Er war blau, und in seinem winzigen Maul hatte er teuflisch scharfe Zähne.

Nach einer Weile sah ich Hass zu mir herabschwimmen. Er war ohne Kamera. Durch ein Zeichen bedeutete er mir, ich solle mit ihm zum Boot kommen. „Wo ist Gerry?" fragte er mich.

Ich zeigte in die Richtung, in die Gerry entschwunden war.

Im Boot erzählte ich mein Erlebnis. Hass sah mich nachdenklich an. „Es war wahrscheinlich ein Carcharhinus. Die haben solch einen prallen, glänzenden Körper."

„Greifen die an?"

„Ich sagte ja schon, im allgemeinen sind alle Haie scheu. Aber sicher weiß man das nie. Zu spaßen ist mit einem Carcharhinus jedenfalls nicht. Gerry hätte Sie nicht allein lassen dürfen. Ich werde nachsehen, wo er geblieben ist." Er nahm den Atemschlauch wieder in den Mund und stülpte die Maske über die Augen. Mit einer kraftvollen Bewegung schwang er sich über den Bootsrand und verschwand unter Wasser. Xenophon hatte ein Sonnensegel über das Boot gespannt. Er breitete eine Serviette über die Kiste, in der die Filmkameras aufbewahrt wurden; das war unser Eßtisch. „Sie werden jetzt hungrig sein", sagte er. In seiner Stimme lag echte Bewunderung. Wir aßen Sardinen, Knäckebrot, Käse und Oliven und tranken aus Plastikbechern kühlen Tee, in dem kleine Zitronenscheiben schwammen. Mir war etwas kalt, deshalb setzte ich mich nach dem Essen in die Sonne.

Hass und Gerry waren in einiger Entfernung aufgetaucht. Hass hatte sein Mundstück aus dem Mund genommen und sprach lebhaft auf Gerry ein. Was er sagte, konnte ich nicht verstehen.

Beim Boot angelangt, reichte Gerry Xenophon die Harpune. Der Pfeil war rechtwinkelig abgebogen.

„Der muß schön stark gewesen sein", sagte Xenophon. „Hast du ihn verloren?"

„Ich hatte wahnsinniges Pech", schnaubte Gerry. „Es war ein riesiges Vieh, bestimmt zwanzig oder fünfundzwanzig Kilo. Wusch, sauste er ab in ein Loch in den Korallen." Dann wandte er sich mir zu: „Wie ich höre, hat dich beinahe ein Hai gefressen, so etwa drei bis vier Meter lang, stimmt's?"

„Das habe ich nie behauptet", antwortete ich. „Aber über zwei Meter war er bestimmt."

„Der kam ja prompt in den paar Augenblicken, während ich weg war."

„Ganz schöne Augenblicke."

„Auf jeden Fall geht es nicht an, daß einer allein davonschwimmt", sagte Hass. „Es müssen immer zwei zusammenbleiben."

„Lotte hätte ja mitkommen können", sagte Gerry. Er warf seine Tauchmaske hinter sich. „Was gibt es denn zu essen?"

## DIE FRAUEN DER TOTEN STADT

Es war früh am Nachmittag. Ich hatte es mir auf der vorderen Terrasse gemütlich gemacht und schrieb einen Brief an meine Eltern. Wawrowetz machte unsere Magnetophonanlage für eine Aufnahme bereit, die abends stattfinden sollte. Er kramte verzweifelt in einer seiner Kisten.

„Fräulein Lotte, haben Sie vielleicht meine Augengläser gesehen?"

„Nein, tut mir leid", sagte ich und schrieb weiter.

Er rumorte eine Weile im Nebenraum, dann kam er wieder. „Ich begreife das einfach nicht. Gestern waren sie auf meinem Arbeitstisch. Wenn ich sie nicht finde, kann ich die Anlage nicht fertigmachen. Ich kann ohne meine Augengläser unmöglich diese feinen Drähte löten."

Mir kam ein Verdacht. „Am Ende hat sie O-Sheik. Ich erinnere mich jetzt, er hatte sie gestern auf der Nase. Wir haben alle sehr über ihn gelacht." Wir riefen nach O-Sheik. Als sich nichts rührte, ging ich zum Koch in die Küche. Durch Zeichen erklärte er mir, daß O-Sheik zum Markt in die Stadt gegangen sei.

„Ich kann den Kerl nicht ausstehen", sagte Wawrowetz. „Er hat etwas Heimtückisches an sich."

„Sie tun ihm unrecht", entgegnete ich. „Er ist ein netter, höflicher Junge und auch sehr intelligent."

„Das will ich nicht bestreiten, aber schauen Sie sich bloß einmal seine Augen an. Ist Ihnen noch nicht aufgefallen, wie gelb sie sind? Er hat auch viel zu große Pupillen. Ich hoffe, der Kerl kommt bald zurück", fügte er hinzu. „Hoffentlich weiß er noch, wo er die Augengläser hingelegt hat."

Ich beendete meinen Brief, dann ging ich O-Sheik ein Stück entgegen. Ich mochte ihn gern. Hass hatte ihn als Dolmetscher engagiert; seit ich die Sorge um den Küchenzettel übernommen hatte, war er mir als persönlicher Helfer zugeteilt. Ich kannte O-Sheik: Er hatte die Brille bestimmt nur auf den Markt mitgenommen, um dort die Leute zu beeindrucken. Ich stellte mir vor, wie er würdig von Stand zu Stand schritt und sich von allen bewundern ließ. Die Straße, die wir gewöhnlich benützten, machte einen ziemlichen Bogen; ich beschloß daher, eine Abkürzung zu suchen. Bei Tag war die Ruinenstadt staubig und heiß, jedoch ebenso geheimnisvoll wie bei Nacht. Große schwarze Vögel kreisten um die Ruinen.

Ich geriet in eine Straße, die so eng war, daß kaum drei Personen nebeneinander Platz hatten. Bei einem Haus hing der Balkon halb herunter. Ich bog in die nächste Straße ein. Aus einem offenen Tor drangen vom Hof her weibliche Stimmen und Gelächter. Meine Neugierde war stärker als mein Zaudern. Einige dieser Paläste waren also doch noch bewohnt! Ich trat in den dunklen Eingang und spähte in den Hof.

Er war ziemlich geräumig. In einer Ecke, die mit Matten ausgelegt war, saßen etwa zwanzig Frauen und Mädchen. Als sie mich bemerkten, verschleierten sie sich. Zwei jüngere Frauen kamen zögernd auf mich zu. Ich ging ihnen entgegen.

Ich zeigte mit dem Finger auf mich und sagte: „Nemsawi, Alemani" – ich bin von Österreich, von Deutschland.

Eine der Frauen hatte hübsche goldene Armspangen an der Hand. Ich lächelte sie an, zeigte auf den Schmuck und sagte: *„Gamil, gamil!"* Das hatte mich O-Sheik gelehrt, es heißt: schön, sehr schön!

Nun wurden die Frauen zutraulicher. Die jungen Mädchen umringten mich. Sie betasteten mich gleichsam mit ihren großen schwarzen Augen. Auch eine der älteren Frauen erhob sich und rief den anderen etwas zu. Durch Gesten luden sie mich ein, mit ihnen Kaffee zu trinken. Zugleich entschleierten sie sich wieder.

Ich hatte die Kamera mit und hob sie, um eine Aufnahme zu machen. Das war ein Fehler! Sofort wandten sich die Frauen von mir ab und verschleierten sich. Ich schob die Kamera schnell in die Tasche zurück und machte eine besänftigende Bewegung. Dann streckte ich meine Hände vor und zeigte den Frauen meine rotlackierten Fingernägel. Sie stießen sich an und lachten und zeigten mir ihre eigenen, mit Henna gefärbten Hände und Nägel. Ich setzte mich zu ihnen und bewunderte der Reihe nach ihre Hände. Das Eis war gebrochen.

Auf dem Boden standen ein Gefäß mit Kaffee und zahlreiche winzig kleine Schälchen. Die Alte füllte eine Schale mit der schwarzen Brühe und bot sie mir an. Erst jetzt hatte ich Zeit, die Frauen in Ruhe zu betrachten.

Sie waren in weiße, leuchtend purpurrote oder orangefarbene Schleier gehüllt. Das Haar trugen sie alle in der Mitte gescheitelt und seitlich in Dutzende von kleinen Zöpfchen geflochten; diese öffneten sich am Ende, so daß die Haare in malerischen Zotten herabhingen.

Die Frauen waren von unterschiedlicher Hautfarbe, einige schwarz, andere braun, zwei Mädchen waren fast hellhäutig. Die alten Frauen waren häßlich, einige der jüngeren dagegen auffallend hübsch. Besonders gefiel mir ein junges Mädchen in einem knallroten Gewand. Zwischen uns bestand gleich Sympathie. Sie betrachtete voller Bewunderung meine Halskette, die aus billigen Glasperlen gefertigt war. Sie selbst trug einen schönen Goldring am linken Nasenflügel und zahlreiche hübsch gearbeitete Goldreifen.

Auch die anderen Frauen trugen in den durchlöcherten Nasenflügeln oder der Nasenscheidewand Perlen, Goldringe oder sonstigen Schmuck. Ich staunte über die Zahl von Goldketten und Goldringen, mit denen alle behangen waren – an Kopf, Hals, Armen, Händen und den bloßen Füßen.

Ich dankte für den Kaffee und kostete vorsichtig. Er schmeckte abscheulich. Ich lächelte strahlend und nickte – der Kaffee sei ausgezeichnet, einfach wunderbar!

Plötzlich hatte ich eine Idee. Da meine Fingernägel bei den Frauen so großen Eindruck gemacht hatten, wollte ich ihnen als Geschenk ein Fläschchen Nagellack bringen, und zwar sofort. Vielleicht gelang es mir sogar, sie so weit zu gewinnen, daß sie sich von uns filmen ließen. Ich freute mich bei dem Gedanken, was Hass zu meinem Erfolg sagen würde.

Die Frauen verstanden sofort, als ich ihnen entsprechende Zeichen machte. Die Alte bedeutete meiner kleinen Freundin, mit mir zu kommen, damit ich den Weg wiederfand.

„Eine tolle Sache", erklärte Wawrowetz, als ich ihm mein Erlebnis erzählte. „Da wird sich Doktor Hass freuen!"

„Sind sie noch nicht zurück?"

„Nein. Sie wollten ja heute nach Mantas suchen. Übrigens hatte O-Sheik tatsächlich meine Brille. Er kam eben zurück."

Ich suchte schnell einige billige Schmucksachen, die ich mitgenommen hatte, dazu ein buntes Tüchlein, einen Bleistift und sonstige Kleinigkeiten. Zum Glück hatte ich aus Port Sudan drei Fläschchen Nagellack mitgebracht; eines steckte ich jetzt ein. Meine kleine Freundin hatte vor dem Eingang unseres Palastes auf mich gewartet. Nun sprang sie vor Vergnügen, als sie mich zurückkommen sah. Sie ergriff meine Hand und zog mich eilends mit sich fort. Ich kam mir vor wie in einem Märchen aus Tausendundeiner Nacht.

Die Frauen saßen noch genau so, wie ich sie verlassen hatte. Sie rauchten Zigaretten, schlürften Kaffee und rülpsten dabei vernehmlich. Meine Geschenke erregten Entzücken. Ich malte ihnen der Reihe nach die Fingernägel an. Ihre Handflächen oder auch die ganzen Hände waren orangerot oder blau gefärbt. Mein roter Nagellack wirkte dazu etwas merkwürdig. Die Frauen waren jedoch begeistert und konnten sich an ihren lackierten Fingernägeln nicht satt sehen.

Als Gegengeschenk wurden mir nun die Hände beschmiert. Eine der Frauen zerbröselte mit den Fingern eine Handvoll getrockneter Blätter, vermengte sie mit einer undefinierbaren Essenz und Rosenöl und bestrich damit meine Handflächen.

Nachdem ich die Pracht gehörig bewundert hatte, nahm mich eine der älteren Frauen an der Hand und machte mir Zeichen, mit ihr zu kommen; fünf andere folgten uns. Wir betraten eine alte, gebrechliche Treppe und stiegen in das oberste Stockwerk hinauf. Es war hier ziemlich finster und unheimlich.

Durch einen kurzen Gang gelangten wir in einen großen dunklen Raum. Durch geschlossene Fensterläden fiel nur spärliches Licht. Erst jetzt bemerkte ich, daß die anderen Frauen zurückgeblieben waren; nur die Alte und eine der Jüngeren waren noch da. Es war drückend heiß im Raum.

In der Mitte stand ein riesiges Mattenbett. Darauf lag ein alter, fast nackter Mann mit schneeweißem Haar. Die Alte nahm meine beiden Hände und zeigte sie ihm. Ich dachte, der Mann sei vielleicht ein Wahrsager. Er nahm meine Hand und zog mich näher zu sich heran. Endlich kapierte ich: Ich sollte mich zu ihm aufs Bett setzen. Ich blieb wie versteinert stehen. Nun richtete er sich auf und sprach mit drängender, gutturaler Stimme zu mir. Er war sehr alt, und erst jetzt sah ich, daß er große beulenartige Geschwülste an seinen Armen hatte. Aber sein Gesicht war wunderschön. Noch nie zuvor hatte ich so schöne leuchtendbraune Augen gesehen. Er bedeutete mir, ich sollte mich auf seine Knie setzen. Ich tat so, als verstünde ich ihn nicht. Ich war so erstarrt, daß ich mich gar nicht bewegen konnte. Die Alte hatte eilig ein Leintuch herbeigeholt. Dieses breitete sie auf ein zweites, danebenstehendes Bett. Die Junge legte sich darauf, lächelte mir einladend zu und bedeutete mir, mich neben sie zu legen.

Mir wurde heiß und kalt. Ich überlegte krampfhaft. Dann lächelte ich allen sehr nett zu und sagte „Salam". Energisch ging ich an den verblüfften Gesichtern vorbei, lief die alte Treppe hinunter. Im Hof setzte ich mich wieder zu den Frauen, als sei nichts geschehen.

Ich mußte noch einige Nägel lackieren. Dafür machten sich zwei Mädchen über meine Haare her, und mir wurde klar, daß ich nach Art der Sudanesinnen frisiert werden sollte. Mit Hilfe von ranzigem Fett gelang es ihnen, auch aus meinen Haaren zahlreiche kleine Zöpfchen zu flechten. Eine brachte mir ein Glas Orangenlimonade und gewann damit auf der Stelle mein Herz; sie hatte offenbar bemerkt, daß mir der Kaffee nicht schmeckte.

Schließlich gingen die Frauen daran, eine süß riechende Salbe über mein Gesicht und meine Arme zu schmieren; selbst die Haare wurden nicht verschont. Mir lag daran, in Kontakt mit diesen Frauen zu bleiben, also ließ ich die Prozedur über mich ergehen. Am Ende reichten sie mir einen Spiegel. Ich sah furchtbar aus. Doch die Frauen waren von mir begeistert.

Mit Hilfe meines kleinen Wörterbuches und der Zeichensprache erklärte ich ihnen, daß ich mich gerne für diese freundliche Einladung revanchieren würde. Ob sie mich nicht an einem der nächsten Tage besuchen wollten, um bei mir Kaffee zu trinken?

Meine kleine Freundin nickte begeistert, die anderen sahen zweifelnd drein. Sie wiederholten mehrmals einen Satz, den ich nicht verstand, und wiesen dabei zu dem oberen Stock des Hauses.

Unsere Unterhaltung wurde durch einen Jungen unterbrochen, der eine Nachricht überbrachte. Die Frauen zeigten zum Tor und nickten mir freundlich zu. Meine kleine Freundin nahm mich an der Hand und führte mich hinaus. Draußen stand Hass.

„Sind Sie verrückt?" waren seine ersten Worte. „Sie können doch nicht einfach verschwinden, ohne uns wissen zu lassen, wo Sie sind! Wir haben die halbe Stadt nach Ihnen abgesucht. Ein bißchen Disziplin müssen Sie schon halten!"

„Aber ich wollte doch..."

„Was immer Sie wollten", unterbrach er mich, „es war dumm. Was wissen wir denn schon von diesen Leuten..."

„Gerade deshalb war ich doch so froh, daß ich den Kontakt herstellen konnte. Vielleicht lassen sich die Frauen sogar filmen. Sie sind sehr ungerecht." Gegen meinen Willen kamen mir die Tränen.

„Und falls Sie es nicht wissen sollten", fuhr Hass unbeirrt fort, „Sie stinken unbeschreiblich. Es wird Tage dauern, bis Sie diese Pomade wieder wegkriegen."

Etwas später erzählte ich kleinlaut, was ich mit dem alten Mann in dem düsteren Zimmer erlebt hatte.

Jetzt wurde Hass richtig böse. Er preßte die Lippen zusammen und redete überhaupt nichts mehr.

„Ich kann mir nur vorstellen", sagte ich, „daß ihm, nach dem Aberglauben dieser Leute, die Berührung mit einer weißen Frau helfen sollte. Vielleicht erhofften sie dadurch Heilung."

„Ich kann mir etwas ganz anderes vorstellen", sagte Hass.

Beim Abendessen wurde mein Erlebnis allgemein diskutiert. O-Sheik wurde um seine Meinung gefragt. Er sagte, dieser Mann sei sehr schlecht. In den Ruinen gebe es viele Wahnsinnige, die man dort gefesselt halte. Fräulein Lotte sollte keinesfalls ohne seine persönliche Begleitung irgendwohin gehen.

Nach dem Essen machte Wawrowetz alles für die Tonbandaufnahme bereit. Hass hatte sich verpflichtet, alle vierzehn Tage einen halbstündigen Bericht an den Österreichischen Rundfunk zu senden. In der ersten Sendung hatte ich von meinen Eindrücken unter Wasser erzählt. Diesmal stellte Hass Xenophon vor. Durch die Tür hörten wir mit an, was Xenophon von sich gab. Wir konnten das Lachen kaum verbeißen. Xenophon verglich Gerry mit einer Robbe. Von mir sagte er, ich sei ein Mädchen, zart und fein von Wuchs und Grazie und musischer Bildung.

## DER GROSSE HAI

IN MEINEN abgrundtiefen Schlaf drang gleichmäßiges Klopfen. Es dauerte eine Weile, bis ich wußte, wo ich war.

„Fräulein Lotte, Sie müssen aufstehen! Es ist halb fünf. In einer Viertelstunde ist Frühstück." Es war Xenophons Stimme.

„Danke, Xenophon", sagte ich. „Ich komme schon." Ich zwang mich, endgültig die Augen zu öffnen, und stand auf. Es war noch völlig dunkel.

Wir wollten heute Mantas filmen. Für diese Aufnahmen wäre mein gelber Badeanzug so gut geeignet gewesen. Achmed, unser Koch, hatte nichts Besseres zu tun gehabt, als den Badeanzug mit seinem rostigen Bügeleisen zu bügeln. Das sollte ein Zeichen seiner Zuneigung sein. Daß man Nylon nicht bügeln darf, wußte er natürlich nicht.

Ich machte mich fertig und ging hinaus in die Halle, wo Xenophon und Wawrowetz in den Kisten herumkramten. Ich zwang mich, an meine Pflichten zu denken; ich mußte Proviant für sechs Personen vorsehen. „Tee haben wir doch genug, Xenophon, nicht?"

„Ja, vier volle Flaschen."

„Und seien Sie doch bitte so nett und sorgen Sie dafür, daß meine Maske und die roten Flossen mitkommen."

„Natürlich, Sie können sich darauf verlassen."

Zum Frühstück bei Kerzenlicht gab es Spiegeleier und Kaffee. Ich dachte an die bevorstehende lange Bootsfahrt und beschloß, die Eier lieber nicht zu essen. Ich trank Kaffee und aß dazu etwas Knäckebrot. Wawrowetz ließ die Eier ebenfalls unberührt; er war bisher fast jedesmal seekrank geworden. Gerry saß breit und selbstsicher da, schnitt ein winziges Stück Ei ab und kostete. Dann besah er die Spiegeleier näher, als sei etwas an ihnen nicht in Ordnung – und schob den Teller weg.

Hass merkte von all dem nichts. Er verspeiste seine Eier mit Appetit. Mit seinen Gedanken war er ganz woanders. „Macht schnell!" sagte er. „Wir müssen los."

Wir stiegen ins Boot. Es herrschte völlige Windstille. Mit Hilfe einer Taschenlampe – es war noch immer dunkel – überprüfte Hass an Hand einer Liste unsere Ausrüstungen. „Masken, Flossen und Speere – hat jeder seine Sachen kontrolliert?"

Der Reihe nach sagten wir „ja".

Insgesamt standen über dreißig Ausrüstungsgegenstände auf der Liste: Tauchgeräte, Reserveflaschen, Unterwasserkameras, Reservefilme, Reservedichtungen, das Gewehr und Munition, Proviant, eine Harpune mit langem Seil... Gerry sprang wie von einer Wespe gestochen auf. „Sofort, ich bin gleich wieder da!"

In den ersten Tagen hatten wir fast bei jeder Ausfahrt irgend etwas vergessen. In der Hitze funktionierte das Gehirn einfach nicht normal. Diese Art der Kontrolle nahm zwar viel Zeit in Anspruch, aber sie lohnte sich. Unser Außenbordmotor sprang ausnahmsweise schon auf den ersten Riß an. Machmoud führte das Steuer. Sein weißer Turban zeichnete sich malerisch gegen den allmählich heller werdenden Himmel ab. Die Silhouette der Ruinenstadt blieb hinter uns zurück, wir knatterten durch den engen Kanal der Hafeneinfahrt. Zur Rechten und Linken begann sich ein feiner silberner Streifen abzuzeichnen: der von der Wüste gebildete Horizont. Als wir die Hafeneinfahrt hinter uns ließen, tauchte schräg vor uns die riesige rote Scheibe der Sonne aus dem Meer empor. Nicht die geringste Welle bewegte das Wasser. Die Oberfläche glich einem unermeßlich weiten, spiegelglatten Tanzparkett. Der Himmel wurde blau und blauer, Himmel und Meer gingen allmählich ineinander über.

Hass sah mich an und lächelte. „Heute könnten wir Glück haben", sagte er. „Heute ist es richtig." Er zeigte auf das Waser. Unter der Oberfläche trieben kleine kugelrunde Körper, manchmal nur zwei oder drei, dann wieder mehrere dicht beisammen.

„Was ist das?"

„Etwas, was den Mantas besonders gut schmeckt: Flügelschnekken." Hass griff ins Wasser, und alsbald schwammen einige dieser winzigen Kugeln in seiner hohlen Hand. „Wenn Sie genau schauen, können Sie die zarten, durchsichtigen Flossen sehen. Mit diesen feinen Häutchen bewegen sie sich fort. Es sind echte Schnecken, die aber von Plankton leben. In den nördlichen Meeren sind sie die Hauptnahrung der Wale."

Die Sonnenscheibe stieg langsam höher, die Sonnenstrahlen trafen uns wie glühende Pfeile, die von Minute zu Minute heißer brannten. Wir hielten Kriegsrat. „Das wichtigste ist zunächst, daß jeder genau weiß, was er zu tun hat", begann Hass. Er wandte sich an Gerry: „Wir beide gehen zusammen ins Wasser. Wenn wir einen Manta sehen, müssen wir versuchen, ihn zwischen uns zu bekommen."

„Ich mit der Harpune? Wir harpunieren doch einen Manta –"

„Ja, aber erst später. Zunächst wollen wir die Tiere in ihrer ungestörten Bewegung filmen. Das hat bisher noch niemand gemacht. Du sollst nichts weiter tun als von der anderen Seite so nahe wie möglich an den Manta heranschwimmen, während ich filme. Mit solchen Aufnahmen können wir zeigen, wie riesig diese Tiere sind. Die Kameras sind klar?"

„Ja, beide sind schußbereit", sagte Wawrowetz. „Wenn Sie die erste ausgefilmt haben, gebe ich Ihnen die zweite und leg gleich wieder einen neuen Film ein."

Ich fragte: „Und was soll ich machen?"

„Sie warten ab, bis ich Ihnen ein Zeichen gebe", sagte Hass. „Dann kommen Sie ebenfalls ins Wasser. In der Zwischenzeit machen Sie vom Boot aus Aufnahmen. Die Mantas schwimmen knapp unter der Oberfläche. Oberwasserphotos brauchen wir dringend."

Ich zeigte es nicht, aber ich war einigermaßen erleichtert. Wir entfernten uns immer weiter von der Küste, und die Vorstellung, im abgrundtiefen Meer zu schwimmen, erschien mir nicht verlockend.

Zarte Silberstriche über dem Wasser zeigten jetzt an, daß sich hier und dort ein Windhauch regte. Machmoud stand hoch aufgerichtet im Boot und starrte voraus. Nach seiner Miene zu schließen, mußten wir jeden Augenblick auf Mantas stoßen.

„Wie groß war der größte, den Sie bei Ihrem ersten Aufenthalt gesehen haben?" fragte ich Hass.

„Etwa fünf Meter im Durchmesser. Aber in Kalifornien hat man einen Manta mit über acht Meter Spannweite gefangen."

Machmoud änderte die Richtung. Er schien in der Ferne irgend etwas zu erspähen. Auch Xenophon hatte sich aufgerichtet.

Plötzlich rief Gerry aufgeregt: „Dort! Schaut doch dorthin!"

Ein Stück zur Linken zeichnete sich ein silberner Streifen an der Oberfläche ab. In der Mitte dieses Streifens ragte eine schwarze Spitze über dem Wasser auf.

„Das ist die Flosse eines Haies!" stieß Gerry hervor.

„Aber nein", sagte Hass, „dafür ist es viel zu groß. Wenn das eine Flosse ist, müßte der dazugehörige Hai gute zehn Meter lang sein. Es ist irgendein Holzstück."

Machmoud starrte zu dem spitzen Ding hin und erklärte mit Nachdruck: *„Kirsch! Kirsch kabir! Kabir!"* – Hai! Ein ganz riesiger Hai!

Hass setzte das Fernglas an die Augen und starrte endlos über das Wasser. Endlich sagte er: „Motor abstellen!" Wir waren noch etwa vier- bis fünfhundert Meter von der Stelle entfernt. „Was immer das sein mag", sagte Hass, „dort ist jedenfalls eine Menge los. Wenn ich mich nicht irre, sind da auch Mantas. Aber falls es wirklich eine Rückenflosse sein sollte, habe ich keine Ahnung, was für ein Tier das ist. Für einen Hai ist es jedenfalls zu groß. Wir rudern jetzt vorsichtig näher, und dann schwimme ich hin."

Mir blieb fast das Herz stehen. Wenn dort wirklich ein Meeresungetüm schwamm und Hass ein Unglück zustieß? Oder wenn das Tier unser Boot umwarf?

Xenophon hatte die Ruder in die Dollen eingesetzt. Wir standen alle aufgeregt im Boot und starrten voraus. Das schwarze Dreieck veränderte sich nicht; es ragte vielleicht einen halben Meter über Wasser und bewegte sich langsam vorwärts. Ringsum war die Oberfläche unruhig. Darüber kreisten zahlreiche Vögel.

„Vielleicht ist es die Seeschlange", meinte Wawrowetz. Das sollte ein Witz sein, aber seine Stimme klang etwas heiser.

Hass sagte kein Wort. Er spülte die Tauchmaske, setzte sie auf die Stirn, hängte sich die Photokamera um den Hals und griff nach der Harpune.

„Soll ich nicht mitkommen?" fragte Gerry, aber seine Stimme klang gar nicht überzeugend.

„Nein, ich schaue mir das zuerst allein an. Sobald ich weiß, was es ist, gebe ich euch Bescheid. Dann sehen wir weiter."

Die Spannung im Boot war kaum zu steigern. Gerry hatte unser Gewehr hervorgekramt und erklärte: „Wenn es angreift, schieße ich."

„Unsinn", sagte Hass. „Dann ist es schon zu spät." Er schwang sich über den Bootsrand und glitt lautlos ins Wasser. Mit ruhigen Bewegungen schwamm er auf das rätselhafte Dreieck zu.

„Das macht ihm keiner nach", sagte Xenophon trocken.

Hass hielt inne; er mußte unter Wasser bereits sehen können, was er vor sich hatte. Er schwamm noch etwas näher, dann tauchte er. Es dauerte endlos lange, ehe er etwa zwanzig Meter weiter links wieder an die Oberfläche kam und zum Boot zurückschwamm.

„Was ist es?" riefen wir ihm entgegen.

Jetzt hatte auch Hass seine Ruhe verloren. „Ein Walhai!" stieß er hervor. „Etwa acht oder neun Meter lang. Ich hatte keine Ahnung, daß es so etwas im Roten Meer gibt. Diese Tiere werden bis zwanzig Meter lang, sind aber völlig harmlos. Sie leben von Plankton. Einen Augenblick lang hielt ich ihn für einen Tigerhai, aber als ich dann näher kam, sah ich die blauen Flecken auf seinem Körper. Der Walhai hat eine blaue Musterung und helle Tupfen. Mantas gibt es hier übrigens auch." Hass wandte sich an Gerry. „Du kannst jetzt ins Wasser kommen. Und gebt mir die Filmkamera! Das ist eine einmalige Gelegenheit – einfach toll –, nur dürfen wir das Tier keinesfalls erschrecken! Du schwimmst mit dem Speer vorsichtig zur anderen Seite; so nehmen wir es zwischen uns. Ich geb dir ein Zeichen, ehe ich filme."

Gerry versuchte, seine Aufregung nicht zu zeigen. Er spuckte bedächtig in seine Tauchmaske, verrieb den Speichel, säuberte die Maske, zog sie über, ergriff den Speer und glitt ins Wasser. Wawrowetz gab Hass die Filmkamera. „Ich mache inzwischen Photos!" rief ich. Mir zitterten vor Aufregung die Knie. Unter der Oberfläche sahen wir jetzt deutlich den riesigen Körper des Walhaies. Ich kletterte mit der Photokamera auf die Bank vorn im Bug und drehte den Film weiter, aber so heftig, daß die Perforation durchriß. Ich war nahe daran, hysterisch zu werden. Jetzt mußte ich zurückspulen und einen neuen Film einlegen. „Schnell, Xenophon, den Wechselsack!"

Hass und Gerry trennten sich und schwammen in verschiedene Richtungen. Dann sahen wir, wie Hass die Hand hob. „Los jetzt, von vorn!" hörten wir ihn rufen. Er tauchte unter.

Gerry schöpfte ein paarmal tief Luft, dann verschwand auch er. Nicht weit von der Stelle, an der Hass untergetaucht war, erschien eine dünne, lange Flossenspitze über Wasser. Kaum vier Meter davon entfernt züngelte eine zweite, ebensolche Flossenspitze empor.

„Manta!" rief Machmoud.

Aber ich durfte jetzt nicht aufschauen, ich mußte diesen dummen Film aus der Kamera bekommen. Wawrowetz hatte die zweite Unterwasserkamera gepackt und war auf eine Bank geklettert. Er versuchte zu filmen, aber das Boot schwankte beängstigend hin und her.

„Von vorn, hab ich gesagt!" gellte die Stimme von Hass über das Wasser. Er und Gerry waren wieder aufgetaucht. „Der ist doch gutmütig wie eine Kuh!"

„Ich konnte doch nicht! Sie sind zu früh aufgetaucht!" hörten wir Gerry rufen.

„Gleich noch mal!" brüllte Hass. „Und ran an den Kopf!"

Ich zwang mich, nicht aufzusehen. Der Film hatte sich verhängt und ließ sich weder vorwärts noch rückwärts spulen. Ich hatte die Kamera im Wechselsack und tastete verzweifelt im Dunkeln herum. Irgendwie mußte dieser Film heraus, auch wenn die belichteten Aufnahmen daran glauben mußten. Endlich gab der Widerstand nach.

„Ich bin doch kein Motorboot!" gellte Gerrys Stimme wieder über das Wasser. Er keuchte vor Aufregung. „Warten Sie doch einen Augenblick! Ich schwimme zuerst ein Stück vor."

„Schnell! Schnell!" rief Hass.

Der Hai schwamm zwar langsam, trotzdem schien es für die beiden nicht einfach zu sein, ihn zwischen sich zu behalten. Wir folgten im Abstand von etwa dreißig Metern.

Endlich war meine Kamera wieder schußbereit. Aber nun drehte der Hai gegen die Sonne ab, außerdem war er zu weit entfernt.

„Das hier müssen Sie aufnehmen, schnell!" rief neben mir Wawrowetz. Ich wirbelte herum.

Unter unserem Boot bewegte sich ein riesiger brauner Körper. Er drehte sich jetzt: die leuchtendweiße Unterseite wurde sichtbar. Es war ein Manta, der direkt unter unserem Boot durchschwamm. Vorn an seinem Kopf ragten zwei weiße Hörner hervor.

Das Tier verschwand unter dem Boot und kam auf der anderen Seite wieder zum Vorschein. „Manta" ist das spanische Wort für „Decke". Dieses Ungeheuer sah wirklich wie eine zum Leben erwachte Decke aus. Ringsum tauchten jetzt weitere Flügelspitzen von Mantas auf. Die Tiere schwammen zu zweit oder dritt nebeneinander und bewegten ihre riesigen Flügel im Takt.

Hass war wieder beim Boot. „Schnell, die nächste Kamera!" keuchte er.

Wawrowetz übernahm die leere Kamera und gab ihm die andere. „Ich habe allerdings schon zehn Meter verschossen."

„Dann legen Sie mir lieber einen neuen Film in diese Kamera, ich nehme einstweilen die Photokamera", sagte Hass und schwamm eilig wieder ab.

Allmählich kamen wir mit dem Boot näher an den Hai heran. Plötzlich hielt Xenophon im Rudern inne. „Achtung, er kommt jetzt direkt auf uns zu!"

Der Hai hatte gedreht und schwamm langsam gegen das Boot. Er sah wie ein Unterseeboot aus. Machmoud versuchte uns durch drastische Gesten verständlich zu machen, daß dieses Ungetüm unser Boot gleich umwerfen werde.

Durch das Wasser konnten wir sehen, wie der riesige Kopf des Walhaies näher kam. Das breite Maul war weit geöffnet, und davor schwammen mehrere kleine gestreifte Pilotenfische. Sie drehten wie auf Kommando ab, kamen bis zum Boootsrand geschwommen, machten wieder kehrt und schwammen zum Kopf des Haies zurück. Der große Körper des Tieres schob sich dicht an die Bordwand heran.

Hass tauchte gerade neben dem Hai auf. „Er kratzt sich am Boot!" rief er. Ich erwartete jeden Augenblick, daß das Boot umkippen würde, und überlegte, wie ich die Kamera retten konnte.

Aber nichts dergleichen geschah. Wir hörten zwar ein schabendes Geräusch, ein leichtes Zittern ging durch das Boot. Xenophon stand steil aufgerichtet an den Rudern, wie ein Kapitän vor dem Untergang des Schiffes. Aber das Riesentier schrubbte seinen Rücken nur ganz sanft an unserem Kiel. Wahrscheinlich wollte es Schmarotzer von seiner Haut abkratzen. Schließlich kam der Hai hervor und schwebte seitlich an der Bordwand. Die große Rückenfinne erschien über Wasser, und ein Ruder wurde hochgehoben. In unserem Boot ging es drunter und drüber. Hass beschwor Wawrowetz, sich mit dem Einlegen des neuen Films zu beeilen. Wawrowetz hielt die geöffnete Unterwasserkamera zwischen die Knie gepreßt; das Boot schaukelte hin und her. Ich suchte verzweifelt nach dem Normalobjektiv, da die Situation für das Teleobjektiv viel zu nahe war. Gerry griff über den Bootsrand und angelte nach einer Sauerstoffflasche, um mit dieser wieder unter Wasser zu verschwinden. Da sprudelte auch schon Blasenschwall neben dem Boot hoch.

„Bist du wahnsinnig, willst du ihn verjagen?!" rief Hass.

„Ich hab doch nur probiert, ob er reagiert. Er ist so stumpfsinnig, daß ihm die Blasen überhaupt nichts ausmachen."

„Um Himmels willen, beeilen Sie sich!" wandte sich Hass wieder an Wawrowetz. „Und Sie, Fräulein Lotte, machen sich bereit. Jetzt kommen Sie dran." Er kletterte ins Boot. „Ich nehme jetzt das Tauchgerät, und Sie nehmen die Photokamera und schwimmen dicht um den Hai herum. Sie können ihn auch betasten, er läßt sich alles gefallen."

„Beißt er nicht?" fragte ich unwillkürlich.

Gerry lachte schallend. „Beißen! Der hat ja überhaupt keine richtigen Zähne." Ich half Hass in das Tauchgerät. Wawrowetz war jetzt mit der Kamera endlich fertig. Der Hai schwamm drei Meter neben unserem Boot. Ich traute meinen Augen nicht: Gerry hatte sich auf seinen Rücken gesetzt.

„Mach doch bitte ein Photo von mir!" prustete er. „Fürs Familienalbum. Ich möchte euch noch etwas vorführen. Überschrift: Der Nutzen eines Walhaies."

Gerry legte den eisernen Schaft seiner Harpune quer vor sich und schabte damit über den großen Rücken des Haies. Der Schaft war rostig und die rauhe Haut ein vorzügliches Schmirgelpapier.

Jetzt mußte auch Hass lachen. Gerry glitt ins Wasser zurück und hielt sich an der langsam hin- und herschwingenden Schwanzflosse des Haies fest. In einer großen S-Kurve ließ er sich durchs Wasser ziehen.

Hass machte mir ein Zeichen und schwang sich über Bord. Mit klopfendem Herzen folgte ich ihm. „Viel Glück!" hörte ich Xenophon hinter mir sagen.

Wir schwebten über einem unermeßlichen Abgrund. In Garben gebündelt, strömten Sonnenstrahlen durch das überaus klare Wasser in die Tiefe hinab. In ihrer Mitte lag der Schatten unseres Schiffes. Etwa zwanzig Meter von uns entfernt, schwebten dicht hintereinander Mantas. Wie riesige Vögel glitten sie dahin. Hass schwamm mit dem Tauchgerät in etwa fünf Meter Tiefe unter mir. Er bedeutete mir durch ein Zeichen, mich zu beeilen. Der Hai hatte sich ein Stück entfernt. Majestätisch schwang die sichelförmige Schwanzflosse hin und her. Er schwamm jetzt nicht mehr an der Oberfläche, sondern schräg abwärts. Ganz allmählich glitt er hinunter in den endlosen Raum.

Hass folgte ihm; ich schwamm an der Oberfläche. Obwohl der Hai sehr langsam war, konnten wir ihn nur mit Mühe einholen. Mit verzweifelter Anstrengung versuchte ich, bis zu dem Walhai hinunterzutauchen. Aber er war jetzt gewiß schon zehn oder zwölf Meter tief. Ich kehrte zur Oberfläche zurück und sah, wie Hass ihm weiter in die Tiefe folgte. Hass war jetzt, da er reinen Sauerstoff atmete, sicher weit unter der zulässigen Grenze von zwanzig Metern.

Plötzlich sah ich Hass nicht mehr. Ich blickte um mich. Das Boot war weit weg und von Gerry nichts zu sehen. Ich schwebte allein über dem unermeßlichen Raum. Eine beklemmende Angst packte mich. Wenn jetzt ein richtiger Hai auftauchte, war ich verloren.

Ich spähte verzweifelt in die Tiefe. Nach einer Ewigkeit, wie mir schien, sah ich einen hellen Körper wie ein Geschoß aus der Tiefe emporschnellen. Es war Hass, der, umhüllt von einer Blasenwolke, hochschwamm. Nicht weit von mir durchstieß er die Oberfläche. Er riß das Mundstück des Tauchgeräts aus dem Mund: „Es ist jammerschade, wahrscheinlich haben ihn die Spielereien von Gerry verärgert. Wer weiß, ob wir ein zweites Mal einen Walhai zu Gesicht bekommen. Haben Sie ihn noch gesehen?"

„Ja, wunderbar!" stieß ich hervor, erleichtert, nicht mehr allein zu sein. „Es war ein ungeheurer Eindruck – ich werde das nie vergessen."

*6. Mai. Wir schwammen zum Boot zurück. Hass war völlig von seinen Gedanken absorbiert. Wahrscheinlich kontrollierte er im Geist jede Einstellung, die er gedreht hatte, überlegte, welche Zwischenschnitte er zur Ausgestaltung dieser Episode noch benötigen würde. Er dachte wohl an sein Forschungsschiff, mit Laboratorien, Spezialeinrichtungen, direkt über Korallenriffen verankert.*

*Ob wir uns nicht ein wenig zu wichtig nehmen? Wenn Gerry keine Gelegenheit hat zu glänzen, wird er unausstehlich, und wenn ich mich ungerecht behandelt fühle, mache ich den gleichen Fehler. Nur Hass geht es ums Ganze, immer und ausnahmslos. Für ihn war dieser Riesenhai und sind wir selbst Schachfiguren, die er für sein Ziel einsetzt. Beim Boot machte er mir ein nettes Kompliment. „Schade", sagte er, „ich hätte Sie gerne mit diesem Monstrum zusammen auf den Film bekommen. Es wäre ein hübscher Kontrast gewesen..."*

## DER KLEINE HAI

DER TAG BEGANN angenehm – ich hätte nie vermutet, wie er enden würde. Ich streckte die Arme und drehte mich auf die andere Seite. Es war hellichter Tag, und man hatte mich nicht geweckt. Ein ziemlich heftiger Wind blies über meine Zehen. Für eine Ausfahrt war es offenbar zu stürmisch. Wenn niemand nach mir rief, bedeutete dies, daß ich nicht gebraucht wurde. Hurra! Auf einen solchen Vormittag hatte ich nur gewartet.

In aller Sorgfalt machte ich meine Freiübungen: schwimmen und tauchen schön und gut, aber die Muskeln mußten endlich wieder einmal gleichmäßig durchgearbeitet und gelockert werden. Als nächstes ging ich daran, mich langsam und gründlich zu waschen. Dann wusch ich mir mit großem Genuß die Haare – ein wahrhaft festlicher Akt. Nach der letzten Wäsche spülte ich die Haare mit Essig, den ich eigens für diesen Zweck in Port Sudan gekauft hatte; jetzt bekamen sie wieder Glanz. Bevor ich Wien verließ, hatte ich mir von einer Kosmetikerin eine Creme für Gesichtsmasken geben lassen. Meine Haut war völlig verbrannt und ausgetrocknet. Ich strich die Paste sorgfältig über Gesicht und Hals. Noch mit der Maske auf dem Gesicht, manikürte und pedikürte ich mich. Dann holte ich meine Kleider aus dem stickigen Kasten im Nebenraum und hängte sie auf der Veranda im Wind auf. Sie sollten sich richtig auslüften.

Als ich unseren Speiseraum betrat, fand ich einen abgedeckten sauberen Tisch mit einem einzigen Gedeck für mich vor. Hass saß draußen auf der großen Terrasse und war eifrig beim Schreiben. Sicher arbeitete er an dem Drehbuch. Die Frage, wie er die Handlung gestalten sollte, bereitete ihm immer mehr Kopfzerbrechen.

Er sah auf. „Hallo, Fräulein Lotte, guten Morgen."

„Wir fahren heute nicht aus?"

„Nein, heute machen wir einmal Sonntag. Ich glaube, das haben wir uns alle verdient. Wir haben Sie nicht geweckt – ich dachte, Sie würden froh sein, sich einmal auszuschlafen."

„Ja, danke, allerdings." Ich lächelte. „Wo sind denn die anderen?"

„Gerry und Wawrowetz sind ausgeritten. O-Sheik hat ihnen Kamele beschafft, sie machen einen Ausflug in die Wüste."

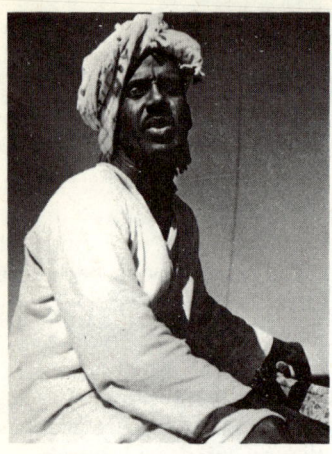
Machmoud

Der Koch kam und verwöhnte mich. Er servierte mir zwei Spiegeleier, Kaffee und geröstetes Brot. Ich ließ es mir schmecken.

„Verzeihen Sie, wenn ich Sie nochmals störe", sagte ich dann zu Hass. „Kann ich mir das kleine Schlauchboot nehmen? Ich möchte auf die andere Seite der Lagune rudern und dort nach Muscheln suchen."

„Natürlich, Machmoud soll es Ihnen aufblasen. Aber seien Sie um ein Uhr zum Mittagessen wieder zurück."

Den Platz auf der anderen Seite der Lagune hatte ich mir schon lange ausgesucht. Dort war ein kleiner Strand, der sich ausgezeichnet zum Baden, Sonnen und Muschelsuchen eignete. Ich kletterte in das Boot: es war gerade groß genug für eine Person und hatte zwei winzige Ruder. Trotz des Gegenwindes war ich bald drüben. Ich zog das Boot an Land, erfrischte mich im Wasser und legte mich dann ein wenig in die Sonne.

Ich fühlte jede Faser meines Körpers: alles in mir war zufrieden. Ein Tag im Sommer des vergangenen Jahres kam mir in den Sinn. Damals, bei Velden am Wörther See, lag ich in einer wunderschönen Wiese. Ich träumte vom Meer. Jetzt kannte ich das Meer. Hatte ich es mir so vorgestellt? Nein. Ich hatte mehr an Baden und Schwimmen gedacht – was ich hier erlebte, war eine andere Wirklichkeit, schöner und geheimnisvoller und auch härter.

Nach einer Weile ging ich den Strand entlang und suchte nach Muscheln. Ich dachte an Hass. Fast tat er mir leid. Es gelang ihm wohl nie, sich richtig zu entspannen. Ständig kreisten seine Gedanken um den Film.

Zu Mittag war ich mit Hass allein. Xenophon war in Port Sudan.

„Sie sollten auch ausspannen", sagte ich zu Hass.

Er sah mich erstaunt an. „Wie meinen Sie das?"

„Nun, auch Ihnen würde Nichtstun einmal guttun."

Er lachte. Wir saßen eine Weile schweigend. „Vielleicht haben Sie recht", sagte Hass schließlich. „Wenn Sie Lust haben, fahren wir zur Hafeneinfahrt hinaus. Dort können wir versuchen, ein Abendessen zu schießen. Haben Sie überhaupt schon einmal harpuniert?"

„Nein, aber ich würde es sehr gerne versuchen." Das war nicht ganz ehrlich, denn die Fische taten mir eigentlich leid.

„Gut, dann fahren wir. Sie nehmen am besten die kleine Schußharpune, die können Sie ohne weiteres selbst spannen. Ich nehme meine alte Stoßharpune."

Wir tranken auf der Terrasse Kaffee, inzwischen bereitete Machmoud das Boot vor. Tauchgeräte nahmen wir nicht mit. Ich ließ mir vom Koch kalten Tee und Kekse geben. Hass hatte offenbar sein Drehbuch vergessen und war in bester Laune.

Machmoud riß sechs- oder achtmal den Außenbordmotor an, ehe er ansprang.

Der Wind hatte etwas nachgelassen.

„Stimmt es, daß Leo Rohrer kommen soll?" fragte ich.

„Ja, kennen Sie ihn?"

„Flüchtig. Aber er ist doch kein Kameramann?"

„Das nicht, aber ein guter Taucher", sagte Hass. „Nach den Erfahrungen mit Bolle habe ich lieber einen Mann, der tauchen, als einen, der filmen kann. Das zeig ich ihm schon."

Machmoud saß wie eine Statue am Außenbordmotor. Als Hass zum erstenmal am Roten Meer war, hatte ihn Machmoud ständig begleitet. Ich konnte verstehen, warum er für diesen Kerl eine solche Vorliebe hatte. Machmoud war nicht nur ein erfahrener Fischer und Kenner der Riffe hier, sondern wirklich eine Persönlichkeit, selbstsicher und schlau.

„Haben Sie von Ihren Eltern Nachricht?" fragte Hass unvermittelt.

„Ja, ich habe schon drei Briefe bekommen."

„Ist man sehr besorgt um Sie?"

„Nicht besonders", log ich. Meine Mutter hatte mir vier Seiten lang geschrieben, ich solle um Himmels willen vorsichtig sein. Sie hatte von Bekannten gehört, daß es im Roten Meer sehr giftige Fische gäbe. Und vor allem Haie...

„Vielleicht ist es besser, wenn Sie nicht alles nach Hause schreiben. Aus der Ferne sehen die Dinge viel unheimlicher und gefährlicher aus." Er lachte.

„Nein, ich passe schon auf. Ich habe geschrieben, daß ich nur im Seichten tauche, und vor allem von den vielen bunten Fischen. Wenn meine Mutter wüßte, was wir mit dem Walhai angestellt haben, könnte sie wahrscheinlich überhaupt nicht mehr schlafen."

Jetzt lachten wir beide.

Wir fuhren zuerst zu einer ziemlich schlammigen Lagune, die von langbeinigen Reihern bevölkert war. Sie standen neben einigen spärlichen Büschen auf einem Bein im Seichten. Auf ein Zeichen von Hass stellte Machmoud den Motor ab. Wir ließen das Boot auf dem Schlamm auflaufen. Hass machte eine Handkamera bereit.

„Die Vögel können wir sehr gut als Zwischenschnitte brauchen", erklärte er mir.

Ich mußte im stillen lachen. Das also war die Erholung. Hass benützte die freie Zeit, um Aufnahmen zu machen. Ich trug die Batterie. Da das Kabel zur Kamera nicht lang war, hielten wir uns dicht beisammen. Schritt für Schritt näherten wir uns einem der Vögel.

Der Vogel beäugte uns, hielt es aber für unter seiner Würde, uns ernst zu nehmen. Wir wateten durch schwarzen Schlamm. Einmal sprang direkt vor Hass ein kleiner Stachelrochen auf.

Als wir nahe genug waren, kontrollierte Hass nochmals die Einstellung der Kamera. „Wenn Sie hören, daß ich filme", sagte er, „zählen Sie bis fünf, und dann stoßen Sie einen lauten Ruf aus. Ich möchte, daß der Vogel wegfliegt."

Er stellte sich in Positur, und die Kamera begann zu surren. Ich zählte bis fünf, dann rief ich laut. Der Vogel rührte sich nicht vom Fleck. „Los, los!" knurrte Hass. Ich schlug wild aufs Wasser und warf die Arme mit Geschrei in die Luft. Sehr indigniert flog der Vogel auf.

„Ausgezeichnet. So war es gut", sagte Hass.

Wir fuhren nun zu einem anderen Platz in der Einfahrt, wo das Wasser schön klar und kaum von Wellen bewegt war.

„Und jetzt denken wir nur noch an unseren Spaß", sagte Hass. „Sie wissen doch, wie man mit dem Ding umgeht?"

„Doch, ich weiß es." Ich war ziemlich aufgeregt. Es war nie mein Wunsch gewesen, einen Fisch zu töten. Andererseits – für unser Abendessen brauchten wir eben Fische; also bestand kein Grund, zimperlich zu sein. Ich ließ mich über Bord gleiten und spannte unter Wasser die Gummibänder. Dann setzte ich den Pfeil ein.

Wir schwammen gemeinsam den Kanal entlang. Das Wasser war hier fünf bis zehn Meter tief. Der Boden war flach, fiel dann aber plötzlich zur Fahrrinne ab. Das Wasser wurde dort ganz dunkel. Hass schwamm genau über dieser Kante. Ich blieb im Seichten, auch hier gab es allerlei Fische.

Es begann damit, daß ich zwei- oder dreimal danebenschoß. Ein großer blauer Papageienfisch schwamm direkt unter mir vorbei, ich tauchte, schoß... daneben. Ob aus Ungeschicklichkeit oder mit Absicht, weiß ich selbst nicht. Papageienfische schmecken ausgezeichnet. Aber ich sah zu lange zu, wie er zu einer Koralle hinschwamm und an ihr nagte. Vielleicht wurde er mir dabei allzu sympathisch. Jedenfalls schoß ich daneben.

Dann versuchte ich mich an einem kleinen Barsch, der ruhig vor einer Koralle stand. Er sah eher böse drein; bei ihm hatte ich keine Hemmungen. Ich drückte ab – und mein Pfeil steckte einen Zoll tief in den Korallen. Ich mußte mehrmals auf- und niedertauchen, ehe ich schließlich die Harpunenspitze wieder freibekam. Der Barsch war zur Seite geschwommen und stand jetzt unbeweglich vor einem anderen Loch. Er sah interessiert zu mir herüber. Hass war von einem Schwarm großer Makrelen eingekreist. Doch ehe er zustoßen konnte, waren sie schon vorbei und verschwanden in der Tiefe. Wir schwammen etwa zehn Meter voneinander entfernt am Abbruch weiter. Plötzlich erblickte ich einen Hai, der aus der dunklen Fahrrinne emporkam. Er war nicht groß und sehr schlank, schwamm direkt auf Hass zu. Ich hatte keine Luft mehr und mußte zur Oberfläche zurück.

Als ich wieder tauchte, sah ich den wild um sich schlagenden Hai an dem etwa drei Meter langen Seil von Hass hängen. Das Seil, das am Harpunenstock befestigt war, begann sich zu verwickeln. Hass bemühte sich mit aller Kraft, den Hai zur Oberfläche hochzuziehen. Er packte ihn am Schwanz. Im selben Augenblick drehte sich der Hai blitzschnell herum und verbiß sich in Hass' Arm.

Wir waren wieder an der Oberfläche.

„Weg", schrie Hass. „Weg, ins Seichte!"

Ich sah, wie er den Hai über Wasser hob und hin und her schüttelte. Im nächsten Augenblick ließ der Hai seinen Arm los und zog wieder am Strick. Eine dunkle Wolke von Blut quoll empor. Ich begriff, warum ich ins Seichte schwimmen sollte: Das Blut mußte andere Haie anlocken.

„Machmoud!" brüllte Hass. „Machmoud – Machmoud!!!" Aber Machmoud hatte sich offenbar schlafen gelegt, es war nichts von ihm zu sehen.

Ich schwamm auf das Boot zu und brüllte ebenfalls. Endlich wurde Machmouds erstauntes Gesicht sichtbar. Er begriff sofort, daß etwas nicht stimmte. Hastig holte er den Anker ein und kam in unsere Richtung gerudert.

Hass zog den Hai, in eine Blutfahne eingehüllt, immer noch an der Harpune hinter sich nach. Ich hielt nach anderen Haien Ausschau: noch war keiner zu sehen. Wir gelangten zum Boot.

Hass übergab Machmoud die Harpune und schwang sich über den Bootsrand. Sein Mund war fest zusammengepreßt. Ich kletterte ebenfalls, so schnell ich konnte, ins Boot. Die Bank und der Boden waren rot von Blut. Ein dicker Blutstrom floß über Hass' rechte Hand. Das Handgelenk sah aus, als sei es durch einen Fleischwolf gedreht worden. Das Fleisch hing in Fetzen herunter.

Hass packte mein blaues Handtuch, das vorn im Boot lag, und schlang es sich um den Arm. Machmoud zog den Hai ins Boot, packte den abnehmbaren Griff des Steuerruders und schlug wie verrückt auf den Hai ein. Schließlich lag er bewegungslos im Boot. Blut rann von seinem Kopf.

Hass hatte sich das Handtuch fest um den Arm geschlungen. Aber der Blutstrom ließ sich nicht stillen, in der Mitte des Handtuchs erschien ein roter Fleck und wurde schnell größer. Hass bemühte sich, ruhig zu bleiben. Zu mir gewandt, sagte er: „Geben Sie mir den Anreißstrick vom Motor."

Schnell kletterte ich über Hass zu Machmoud. Doch dieser hatte bereits verstanden. Mit ruhigen, entschlossenen Bewegungen wand er das Seil um den verwundeten Arm, dicht unter der Schulter. Dann steckte er den Steuerknüppel darunter, drehte ihn und schnürte so die Blutzufuhr ab. Endlich hörte das Bluten auf.

„Dieses Biest hat mich nur deshalb zu fassen bekommen", stieß Hass hervor, „weil ich so dumm war, es am Schwanz zu packen. Gewöhnlich ist es das sicherste, einen Hai am Schwanz zu packen. Meistens sind sie nämlich zu dick, um sich herumzudrehen. Aber der hier ist ja ausgesprochen rachitisch."

Jetzt fehlte uns das Seil, um den Motor anzuwerfen. Wäre die Situation nicht so ernst gewesen, hätte man darüber lachen können.

Wir mußten das Seil wieder lösen, um den Motor anzuwerfen. Noch nie war dieser Motor so schnell angesprungen! Anschließend band Machmoud den Arm wieder ab.

Wir fuhren den Kanal entlang zurück. Die Fahrt schien endlos, obwohl wir nur etwa fünfzehn Minuten von unserem Palast entfernt waren. Hass sah grimmig vor sich hin, er hatte offenbar beträchtliche Schmerzen.

Endlich näherten wir uns Suakin. Von der Terrasse unseres Palastes winkten uns zwei unbekannte Gestalten entgegen. Wir hatten Glück im Unglück. Ein englischer Regierungsbeamter und eine Krankenschwester wollten ihren freien Tag mit uns verbringen.

Alles ging jetzt sehr schnell. Der Strick wurde gelöst. Sofort spritzte wieder Blut aus der Wunde. Die Krankenschwester verband den Arm notdürftig, dann wurde er wieder abgebunden.

„Wir bringen Sie sofort nach Port Sudan, ins Spital", erklärte der Engländer. Hass wurde ins Auto verstaut, und sie fuhren ab. Machmoud, der Koch und ich blieben zurück.

Erst gegen Abend kamen Gerry und Wawrowetz zurück. Sie waren völlig verschwitzt und verschmutzt, aber sehr vergnügt. Gerry wollte gleich von seinen Heldentaten erzählen, aber was ich ihm zu sagen hatte, stoppte doch seinen Redefluß.

Kurz darauf kam Xenophon mit einem Wagen aus Port Sudan zurück. Er war dem Auto der Engländer begegnet und hatte kurz mit Hass gesprochen. „Drei oder vier Wochen, nehme ich an", erklärte er. „Natürlich kann er nicht tauchen, ehe das wieder verheilt ist."

*9. Mai. Ich werde froh sein, wenn Hass wieder da ist. Er gab Auftrag, inzwischen alle Geräte zu überholen, aber es geschieht wenig.*

*13. Mai. Wir machen jetzt Außenaufnahmen. Hass ist wieder da und spaziert mit einem dicken Verband um den Arm und ziemlich saurer Miene herum. Immer will er mich zerrauft filmen. Jedesmal wenn ich mich hübsch herrichte, heißt es: „So kann ich Sie unmöglich brauchen. Wir sind auf einer Expedition, nicht auf einer Modenschau." Es wird jetzt immer heißer, in der Nacht ist es schon fast unerträglich...*

*19. Mai. Jetzt bin ich selbst im Spital von Port Sudan. Ich hatte ziemliche Schmerzen in der Leistengegend, sagte aber zunächst nichts davon. Dann wurde mir klar, daß es doch der Blinddarm sein* müsse... Hass trieb noch in der Nacht ein Auto auf und brachte mich nach Port Sudan. In einem vorsintflutlichen Handaufzug wurde ich in den ersten Stock hochgewunden. Zwei Neger zogen an einem Strick, und der Käfig mit mir darin bewegte sich nach oben. Die Zimmer sind nett und sauber. Der Arzt war bei einer Party. Nach einer Stunde kam er im Smoking. Er meinte, er wolle noch bis morgen früh abwarten, ob es nicht doch ohne Operation geht.

21. Mai. Ich wurde also doch operiert und bekomme viele nette Besuche. Bill Clark brachte mir Blumen und eine Kiste voll herrlicher Birnen und Weintrauben. Er versprach, daß er uns in Suakin besuchen wird, er ist ein begeisterter Angler. Er will Hass einladen, mit ihm nach Eukawit zu fahren, wo er den Mahdi, den berühmten Führer einer Sekte und wichtigen Politiker des Sudans, besucht. Eukawit ist ein Ort hoch oben in den Bergen, wo es angenehm kühl ist.


## BILL CLARK

HASS WAR WIEDER ohne Verband. Er hatte sich die Nähte selbst herausgezogen. Die Wunde war gut vernarbt, trotzdem sah der Arm immer noch sehr abenteuerlich aus.

Wir waren morgens zeitig ausgefahren und hatten nach Mantas gesucht. Nach vier Stunden ergebnislosen Umherkreuzens waren wir wieder zu unserem Palast zurückgekehrt. Jetzt saßen wir auf der Terrasse, wo ein leichter Lufthauch die Hitze ein klein wenig erträglicher machte. Wir tranken Kaffee, Hass blätterte in einem Buch über Korallensystematik. Er wandte sich an mich: „Übrigens, heute nachmittag kommt Bill Clark. Er bleibt über Nacht, morgen nachmittag fahre ich mit ihm nach Eukawit. Er wird heute sicher noch fischen wollen. Ich dachte mir, Sie und Gerry könnten ihn vielleicht begleiten. Machmoud kann das Boot führen. Ich mache inzwischen Aufnahmen von den Ruinen."

Eine Stunde später – ich besprach gerade mit Achmed den Speisezettel für den Abend – fuhr das große Regierungsauto vor. Ein Militärwagen mit viel Gepäck folgte. Bill Clark kam die Treppe herauf und begrüßte uns alle sehr herzlich. Er war etwa fünfzig, sehr sportlich und eigenwillig: ein richtiger Engländer. Sein offizieller Titel lautete „Commissioner".

„Wenn Sie Lust haben, können Sie gleich fischen fahren", sagte Hass. „Ich selbst muß Aufnahmen hier in der Stadt machen. Aber wenn es Ihnen recht ist, begleiten Sie Fräulein Lotte und Gerry."

„Excellent", sagte der Commissioner. „Nennt mich bitte nicht Mister Clark, sondern einfach Bill."

Zwanzig Minuten später fuhren wir los. Machmoud hatte sich einen blütenweißen Turban umgebunden und sah sehr förmlich drein. Der Commissioner knüpfte einen gut zehn Zentimeter langen Löffel an seine Leine und warf ihn aus. Im Wasser begann er sich zu drehen wie ein silberglänzender Fisch. Das war der übliche Köder für große Raubfische.

Bereits in der Hafeneinfahrt hatten wir den ersten Biß. Der Angelstock bog sich jäh abwärts, und die Leine lief aus.

„Anhalten, anhalten!" rief Bill aufgeregt.

Machmoud stoppte den Motor. Bill ließ noch etwas Leine auslaufen, dann riß er die Angelrute plötzlich hoch. Die Leine war jetzt zum Reißen gespannt.

Der Fisch hing!

„Er hängt! Wir haben ihn!" stieß Bill zwischen den zusammengepreßten Zähnen hervor. Er begann etwas Leine einzurollen, sobald sich die Gerte jedoch allzusehr abwärts bog, ließ er wieder Leine nach. Der Fisch mußte langsam ermüdet werden. Er machte heftige Anstrengungen zu entkommen.

Der Kampf dauerte über zehn Minuten. Nur sehr langsam brachte Bill den Fisch näher ans Boot. Gerry stand mit dem Fischhaken vorn im Bug.

„Wahrscheinlich ein Bajard", keuchte Bill, dem bereits der Schweiß von der Stirn rann. „Ich schätze, dreißig Pfund. Wenn er nur nicht in die Korallen kommt..." Er stieß einige heftige arabische Worte aus, worauf Machmoud schnell das Boot wendete. Wir hielten jetzt vom Ufer weg.

Unter Wasser hatte ich schon viele Bajards gesehen. Es ist eine große Makrelenart. Als der Fisch unter uns sichtbar wurde, schien er schon ganz ermattet zu sein. Plötzlich gab es ein jähes Kreischen – der Fisch sauste in die Tiefe. Die Leine war gespannt wie eine Klaviersaite. Bill brüllte zu Machmoud hinüber: „Vorwärts – dorthin!"

Aber es war zu spät. Der Zug ließ plötzlich nach. Die Leine kam ohne Widerstand herauf. Sie war abgerissen.

„Mein schöner Löffel", sagte Bill. „Die kosten zwei Pfund das Stück."

„Er ist wohl um eine Koralle geschwommen?" fragte ich.

„Natürlich. Der war sicher vierzig Pfund schwer. Jammerschade."

Eine Wolke hatte sich über die gute Laune des Commissioners gelegt. Aus seinem umfangreichen Fischsack kramte er einen weiteren Löffel hervor, machte ihn an der Leine fest und warf aus. Wir verließen jetzt die Hafeneinfahrt und kamen ins offene Meer. Es war tiefblau, und weiße Kämme tanzten über den Wellen. Ich ließ mein Haar im Wind wehen und genoß die Fahrt. Wieder ein Biß und ein heftiger Kampf. Der Fisch hielt sich nahe an der Oberfläche. Es war ein stattlicher Barrakuda. Er sprang mehrmals über Wasser und schüttelte dabei jedesmal den Kopf. Machmoud hielt den Fischhaken in der Hand, um den Barrakuda, wenn er nahe genug war, zu packen. Der Fisch war kaum zwanzig Meter vom Boot entfernt, sprang wieder hoch, schüttelte den Kopf – plötzlich war die Leine ganz schlaff.

Der Löffel hing diesmal noch dran.

„Er hat ihn abgeschüttelt", erklärte Bill ärgerlich. „Einen Moment nur habe ich nicht aufgepaßt und locker gelassen, und diese Gelegenheit hat er genützt. Schade."

Beim nächsten Biß hatte Bill endlich Erfolg. Der Kampf dauerte nicht lange. Der Fisch war eine Makrele von sechs bis acht Kilogramm, prächtig blau gefärbt. Bills Laune besserte sich zusehends.

Ich dagegen hatte nun Angst, seekrank zu werden. Sobald der Motor abgestellt war, schaukelte das Boot ganz beträchtlich. Die Wellen waren jetzt so hoch, daß wir vom Kamm bis ins Tal gut drei bis vier Meter abwärtsfuhren. Es wurde kalt. Es war auch schon ziemlich spät. Die Sonne stand dicht über den Bergspitzen. Die hohen Windwolken verfärbten sich golden.

Wir hatten erneut einen Biß – plötzlich erklärte Machmoud, wir müßten zurück. Er wies auf eine Wolkengruppe, die sich über der Wüste aufbaute. Bill nickte. Da es ein kleiner Fisch war, brachten wir ihn schnell ins Boot.

Machmoud versuchte zehn- oder fünfzehnmal, den Motor anzureißen, aber ohne Erfolg. Gerry riß ebenfalls zehn- oder fünfzehnmal. Umsonst: der Motor wollte nicht. Unser Boot verfügte über einen Mast; diesen stellte Machmoud jetzt auf. Das Sonnensegel montierte er als Segel. Doch der Wind drehte sich, und wir mußten das Segel wieder herunternehmen. Machmoud ruderte jetzt. Die allgemeine Stimmung war auf dem Nullpunkt angelangt. Wir waren völlig allein hier draußen und kamen nur ganz langsam vorwärts. Der Wind blies dem Commissioner ständig die Haare ins Gesicht.

„Können Sie mir vielleicht Zöpfchen flechten?" fragte er mich. Ich machte mich an die Arbeit. Als ich fertig war, mußten wir alle hellauf lachen. Auf beiden Seiten standen dem Commissioner nun je drei dünne Zöpfchen weg, und ein siebentes ragte vorn von seiner Stirn schräg in die Luft. Nur Machmoud behielt seine ernste und amtliche Miene. Gerry hatte zwischendurch nochmals versucht, den Motor anzuwerfen. Jetzt schraubte er die Zündkerzen heraus und putzte sie sorgfältig. Die Dämmerung war hereingebrochen; in einer Viertelstunde mußte es pechschwarze Nacht sein. Wir hielten den Atem an, als Gerry wieder anriß. Diesmal sprang der Motor an – jedoch nur ganz zögernd.

„Er läuft auf einem Zylinder", erklärte Gerry. „Ich lass' es lieber so – seien wir froh, daß er überhaupt läuft."

Recht zaghaft bewegte sich das Boot vorwärts. Ich war froh, daß Machmoud mit uns war. Er kannte hier jedes Riff, bei ihm konnten wir sicher sein, daß er auch in der Finsternis den Weg fand.

Da uns kalt war, begannen wir alle zu singen. Jeder sang etwas anderes. Endlich sahen wir in der Ferne die Lichter auf der Veranda unseres Palastes. Der Motor tuckerte wie ein tödlich verwundeter Krieger, der mit Mühe die letzten Atemzüge hervorstößt. Zwanzig Meter vom Kai entfernt, starb er schließlich ab. Wir mußten also das letzte Stück noch rudern.

Hass ging schweigend am Kai auf und ab. Er war sichtlich in Sorge gewesen und ärgerte sich bestimmt, daß wir so weit hinausgefahren waren. Er sagte aber kein Wort.

Beim Abendessen war die Stimmung noch recht flau. Es gab Hammelbraten; der Koch hatte sich Mühe gegeben, aber das Fleisch war sehr zäh. Hass zog sich dann in den Raum zurück, den wir als Dunkelkammer eingerichtet hatten. Ich saß mit dem Commissioner auf der Veranda.

Beim zweiten Whisky taute er wieder auf. Er erzählte mir von der Zeit, da er vier Jahre lang in den Bergen Distrikt-Commissioner gewesen war. Er hatte nur ein kleines Gebiet unter sich und lebte mit den Nomaden. „Es war eine herrliche Zeit."

„Sie müssen unbedingt mitkommen", sagte er zu mir. „Die kühle Luft der Berge wird auch Ihnen guttun."

„Das wäre natürlich sehr schön –", antwortete ich zögernd. „Aber das liegt bei Doktor Hass."

Bill sah mich nachdenklich an. „Hass arbeitet zuviel", meinte er. „Das war schon so, als er bei mir wohnte."

„Durch den Unfall haben wir doch ziemlich viel Zeit verloren", sagte ich. „Er will möglichst schnell von hier weg, damit wir in Port Sudan ein Schiff mieten können. Aber vorher brauchen wir noch Aufnahmen von Mantas – und die sind plötzlich verschwunden. Vielleicht haben wir morgen früh Glück."

„Ich komme jedenfalls mit", sagte Bill.

Ich nahm mir ein Herz: „Vielleicht könnten Sie ihn fragen, ob ich nach Eukawit mitkommen darf?"

Bill nickte. „Oh, certainly."

*4. Juni. Ich hoffe, Hass erholt sich auf dieser Reise. Seine zunehmende Reizbarkeit ist schwer zu ertragen. Ich sage mir zwar immer: Mach dir nichts draus, sie richtet sich nicht persönlich gegen dich. Aber es hat sich eine Befangenheit in mir aufgebaut, die ich nicht mehr loswerde.*


## IN DEN KÜHLEN BERGEN

AM NÄCHSTEN Morgen standen wir um vier Uhr auf. Es war noch finster, als wir ausfuhren. Der Commissioner begleitete uns. Wir fuhren weit ins offene Meer hinaus, erlebten einen herrlichen Sonnenaufgang. Der Wellengang war zu stark, kein Manta war zu sehen.

Bill störte das nicht weiter. Er warf immer wieder seine Angel aus und hatte diesmal mehr Erfolg. Als wir heimwärts steuerten, lagen sechs prächtige Fische im Boot. Bill strahlte.

Nach dem Mittagessen nahm mich Hass beiseite. „Der Commissioner hat mich gefragt, ob Sie nicht auch mitkommen könnten. Vielleicht täte Ihnen die kühle Luft der Berge gut. Wenn Sie also Lust haben, sind Sie herzlich eingeladen."

Ich stellte mich überrascht. „Ach, das wäre ja sehr nett."

„Sie müssen schnell sein. In einer halben Stunde fahren wir ab."

Inzwischen war noch ein Auto gekommen, mit Georgi, einem Griechen. Aus seinem Geschäft stammten die Birnen und Weintrauben, die Bill mir in das Spital gebracht hatte. Wir fuhren alle in dem großen Wagen von Bill Clark. Unser Gepäck folgte in dem zweiten Militärwagen. Als wir über die Brücke rollten, fuhren wir mitten in einen Sandsturm hinein.

„Ein Habub", erklärte Bill. „Sobald wir in den Bergen sind, wird es besser." Ich wunderte mich, wie der Fahrer den Weg fand. Schemenhaft tauchten vor uns mehrere große Klumpen auf – eine Kamelkarawane, die haltgemacht hatte. Die Kamele hatten sich niedergelegt, und die Treiber hockten in ihrem Windschatten.

Schließlich konnten wir kaum noch fünf Meter weit sehen. Obwohl alle Fenster fest geschlossen waren, drang der Staub durch die feinsten Ritzen in das Wageninnere, legte sich auf unsere Kleider, belegte Gaumen und Zunge. Dabei wurde es unerträglich heiß. Der Schweiß rann uns allen über das Gesicht. Ich hatte furchtbaren Durst.

Wir mußten anhalten: der Wagen kochte. Ich war froh, aus dieser schrecklichen Hitze herauszukommen. Aber der Sturm warf mich fast um. Hass holte die Kamera aus dem Wagen und machte Aufnahmen. Sein Mund und seine Augen waren mit Sand überkrustet. Inzwischen hielt der Commissioner nach dem zweiten Wagen Ausschau. Endlich löste sich ein dunkler Schatten aus dem Nebel, und der zweite Wagen hielt hinter uns.

Alsbald klangen Fetzen einer wütenden Auseinandersetzung zu uns herüber. Der Commissioner hatte herausgefunden, daß ein Dutzend Sudanesen auf unserem Gepäck saß. Es war offenbar streng verboten, Sudanesen mitzunehmen. Wahrscheinlich hatten sie den Chauffeur dafür bezahlt. Die armen Kerle standen ängstlich hinter dem Wagen zusammengekauert. Bill brüllte auf sie ein, dann auf den Chauffeur. Er ging ärgerlich auf und ab. Dann sagte er etwas zu dem Wagenlenker. Wir stiegen alle wieder ein – drehten um und fuhren den gleichen Weg zurück. In Suakin setzten wir die Sudanesen ab und begannen unsere Fahrt von neuem.

Allmählich ließ der Wind nach, und die Sicht wurde besser. Vor uns tauchte die Silhouette hoher Berge auf. Bill erklärte uns, wir hätten die ersten Hügel erreicht. Nach meiner Schätzung waren diese „Hügel" immerhin achthundert bis tausend Meter hoch. Über den kahlen Abhängen erhoben sich bizarre Spitzen.

Dann kamen die ersten Bäume. Sie waren ebenfalls ziemlich kahl. Hier und dort sahen wir Wüstennomaden mit ihren Kamel- und Schafherden. Sie kauerten in dieser trostlosen Einöde meist regungslos auf dem Boden, die struppigen, gelockten Haare hochgekämmt und nach allen Seiten wegstehend.

In einer Schlucht, am Fuße wildzerklüfteter Felsen, machten wir halt. Der malerische Anblick hätte mich noch mehr begeistert, wenn irgendwo ein schäumender Wildbach gewesen wäre oder auch nur eine winzig kleine Quelle. Ehe wir weiterfuhren, entdeckte ich im Wagen ein paar Äpfel. Sie löschten für kurze Zeit unseren Durst – dann kehrte er nur noch schlimmer zurück. Etwas später gelangten wir zu einem Plateau, einer sandigen Hochfläche, ringsum eingezäunt, unendlich einsam. Bill erklärte mir, daß hier im Krieg jahrelang deutsche und italienische Gefangene gelebt hätten. Es gab da keinen einzigen größeren Baum, nur Büsche. Ich versuchte mir vorzustellen, wie man hier existieren konnte – meilenweit kein anderer Mensch.

Zu guter Letzt blieben wir doch im Sand stecken. Alle mußten aussteigen, anschieben... Dann tauchten endlich einige menschliche Behausungen auf. Wir kamen zu der „Hauptstadt" dieser Gegend, wo Bill vier Jahre lang stationiert gewesen war. Er zeigte uns das Haus, in dem er damals gelebt hatte; es sah trostlos aus. Ringsum gab es nichts als ein paar ärmliche Hütten. Einige Sudanesen spielten auf einem freien Platz Fußball. Wir waren am Ende der Welt.

„Es war eine herrliche Zeit", erklärte Bill. Selbst mit allergrößter Phantasie konnte ich mir das nicht vorstellen.

Wir fuhren weiter, von einer Straße war kaum eine Spur. An den steilen Berghängen tauchten nun etwa zwanzig erstaunliche Kunstwerke auf, jedes etwa hundert bis zweihundert Meter hoch: eines stellte einen Löwen, ein anderes eine Gazelle dar. Diese Bilder waren mit weißen Steinen auf schwarzem Grund zusammengestellt worden.

„Das sind die Regimentszeichen der Truppen, die hier stationiert waren", erklärte Bill. „Die Burschen haben sich da große Mühe gegeben – sie hatten auch nicht viel anderes zu tun."

Nach einer Stunde erblickten wir die ersten Kandelaberkakteen. Sie waren hoch wie Bäume. Eine weitere halbe Stunde später hatten wir Eukawit erreicht. Hier gab es ganze Wälder dieser riesigen Kakteen, dazwischen standen palmenartige Bäume. Alles ringsum war grün: ein wohltuender Anblick. Es war hier auch bedeutend kühler.

Inmitten dieser parkartigen Landschaft befand sich ein Hotel, hier stiegen wir ab. Es setzte sich aus einem stattlichen Mittelgebäude und zahlreichen kleineren Häuschen zusammen. Jedes dieser Häuschen hatte zwei Zimmer mit Bad und elektrisches Licht. Auch das war nach den Wochen in Suakin etwas Besonderes. Ich dachte voll Sehnsucht an ein heißes Bad. Aber zuallererst etwas zu trinken!

An der Bar im Mittelgebäude bekamen wir ein leider nicht eisgekühltes Getränk serviert. Es saßen hier einige Engländerinnen und zwei Herren. Ich wunderte mich, warum uns alle so belustigt ansahen. Plötzlich begann Hass zu lachen. Mein Gesicht und meine Wimpern waren mit einer feinen Staubschicht bedeckt. Ich sah offenbar wie eine Schauspielerin aus, die zu tief in die Puderdose gegriffen hat. Der Hotelbesitzer kam, um uns zu begrüßen, sowie verschiedene Bekannte von Bill und Georgi. Alle grinsten.

Zum Dinner waren wir beim Mahdi eingeladen. Er weilte hier zur Erholung.

„Er ist das Haupt einer religiösen Bewegung, und alle Anhänger arbeiten umsonst auf seinen Plantagen", erklärte Bill. „Ich schätze, er verdient an die zwei Millionen Pfund im Jahr. Wir sind sehr gute Freunde, der Mahdi ist ein ungewöhnlicher Mann."

Endlich konnte ich für eine Stunde über meine Zeit verfügen. Ich nahm ein Bad – das erste warme Bad seit Wochen! Die Entspannung tat unbeschreiblich wohl.

Um sieben Uhr wurde ich wieder abgeholt. Das Haus, in dem der Mahdi wohnte, stand auf einem Hügel. Hass erklärte mir, daß unser Gastgeber der Sohn jenes noch berühmteren Mahdi sei, der um 1880 in Khartum den Aufstand gegen die Engländer inszeniert hatte. Alsbald stand ich ihm gegenüber. Mein erster Eindruck war: wie makellos weiß! Der Mahdi trug ein schneeweißes Gewand aus feinstem Linnen und darüber einen ebenso blütenweißen Schleier, der über der Stirn von einer Goldkrone gehalten wurde. Er war groß und ebenholzschwarz. Er mochte fünfzig, vielleicht auch achtzig Jahre alt sein. Er gab mir freundlich die Hand und richtete einige arabische Worte an mich. „Er heißt Sie willkommen und fragt Sie, wie es Ihnen hier im Sudan gefällt", dolmetschte Bill.

Ich antwortete höflich, daß es mir im Sudan ausgezeichnet gefalle. Der Mahdi fragte weiter, ob ich wirklich keine Angst vor Haifischen hätte.

Die Räume waren nicht so prunkvoll, wie ich sie mir vorgestellt hatte. Auch die Zusammenstellung der Einrichtung zeigte keinen besonderen Geschmack. Da standen einige ganz billige Dinge neben anderen sehr wertvollen.

Wir aßen in einem Nebenraum an einer Tafel mit auserlesenem Silbergeschirr. Es gab zuerst eine gute Suppe, dann gekochten Barrakuda und anschließend das gleiche zähe Hammelfleisch, von dem wir uns auch in Suakin täglich ernährten. Das einzig wirklich Gute war ein Pudding, mit Marillenkompott und Rahm garniert.

Die Konversation wurde durchwegs arabisch geführt. Der Mahdi war überaus gesprächig. Er erzählte die haarsträubendsten Geschichten, von denen uns Bill die eine oder andere übersetzte. Ob sie sich tatsächlich oder nur in der morgenländischen Phantasie des Erzählers zugetragen hatten, war schwer zu sagen. Jedenfalls unterhielten wir uns köstlich.

Der Mahdi lud uns für den nächsten Tag zu allen Mahlzeiten ein. Ich war todmüde. Kaum war ich wieder in meinem hübschen Zimmer, fiel ich in einen traumlosen Schlaf.

Ich war wohl die letzte, die zum Frühstück erschien. Der Saal im Hauptgebäude war voll von englischen und griechischen Frauen. Es gab hier offenbar überhaupt keine Männer – und ich saß gleich mit dreien an einem Tisch!

Nach dem Frühstück führte uns Bill zu einem Berg, von dem wir einen herrlichen Ausblick bis zum Meer hatten. In dunstiger Ferne konnten wir sogar Suakin erkennen.

Das kühle Bergklima wirkte ungemein erfrischend. Mir war, als hätte ich während der letzten Wochen in einer Art Narkose gelebt. Der Küstenstreifen tief unter uns zitterte in einem flimmernden Licht.

Nach dem Mittagessen wurde mir die Ehre zuteil, die Frauen des Mahdi kennenzulernen. Er führte mich selbst in die hinteren Gemächer. Ein Dolmetscher begleitete uns. Ich war gespannt, denn bei dem Reichtum dieses Mannes stellte ich mir seine Frauen besonders schön vor. In einem großen Raum, in dem mindestens zehn Kinder schliefen, wurde ich zwei fetten, gar nicht hübschen älteren Frauen vorgestellt. Sie waren mit Schmuck überladen: an den Armen trugen sie ganze Lasten prächtig gearbeiteter Goldreifen und an jeder Hand sicher nicht weniger als acht Brillanten. Ihre Gewänder und Schleier glichen jenen der Frauen in Suakin, waren aber aus viel kostbarerem Material. Neu für mich war die schwarze Bemalung der Fußsohlen und Handflächen.

„Sie wagten es, im Wasser des Roten Meeres zu schwimmen?" fragte mich eine der beiden in gutem Englisch.

Ich nickte und erzählte ihnen von den schönen Korallenriffen und den prachtvollen Fischen.

Nachmittags begleitete ich Bill und Hass auf den Golfplatz. Hass war ein besserer Taucher als Golfspieler. Um halb sechs fragte mich Bill, wie spät es sei. Ich erinnerte ihn, daß uns der Mahdi für fünf Uhr zum Tee geladen hatte. „Excellent!" sagte Bill und ließ sich dadurch in keiner Weise stören. Erst um sechs wurde das Spiel abgebrochen, weil Hass den letzten Ball in die Büsche befördert hatte.

Wie wir waren, Bill und Hass in schmutzigen Shorts, erschienen wir zum Tee. Georgi kam uns aufgeregt entgegen. Im ersten Stock waren die Großen des Sudans, sämtliche Distrikt-Commissioners und andere hohe Beamte, versammelt. Man wartete bereits eine Stunde auf uns. Der Mahdi sei schon ungeduldig. Mit der größten Ruhe der Welt marschierte Bill voran und begrüßte alle mit entwaffnender Herzlichkeit. Auch Hass schien sich nichts daraus zu machen, daß wir zu spät kamen und unsere Kleidung so wenig formell war. Der Mahdi ließ sich nicht das geringste Zeichen von Unmut anmerken. Die Teestunde verlief in freundlicher Atmosphäre. Der Tee war von erlesener Qualität, Kuchen und Eiscreme schmeckten ausgezeichnet.

Am Abend trank ich etwas mehr, als ich gewohnt war. War es nun der Gin-Fizz oder die Wirkung der Höhenluft: jedenfalls war meine Müdigkeit plötzlich verschwunden. Wir lachten und tranken und waren in allerbester Laune.

„Das ist eigentlich ein recht ungewöhnliches Modell", sagte Hass und betrachtete mein Kleid. Jetzt bemerkte ich, daß ich es in der Eile verkehrt angezogen hatte.

„Das kommt davon – ich habe eben verlernt, Kleider zu tragen. Ich bin ein Mann – haben Sie das vergessen?"

Hass lächelte. „Beinahe ja", sagte er.

Wir blieben bis Mitternacht, und es war fast ein Uhr, als ich meine Sachen gepackt hatte. Todmüde fiel ich ins Bett.

Um drei Uhr wurde ich geweckt. Mit der ersten Morgendämmerung fuhren wir ab. Kaum saß ich im Wagen, schlief ich bereits wieder.

Als wir in Suakin einfuhren, herrschte auf dem Markt schon reges Leben. Zu Hause angelangt, machte ich schnell ein Frühstück für uns alle. Der Koch war wieder einmal nicht da.

Der Commissioner und Georgi fuhren nach dem Frühstück gleich weiter.

„Ich hoffe, Sie haben sich ein wenig erholt", sagte Bill.

„Ja, ich fühle mich wie neugeboren", antwortete ich. „Vielen herzlichen Dank. Es waren zwei herrliche Tage!"

Ich war so müde wie nie zuvor. Trotzdem raffte ich mich auf, noch einen Satz in mein Tagebuch zu schreiben: *Es ist doch schön, ein Mädchen zu sein.*

## ÜBERRASCHUNGEN

DIE ATEMVENTILE auf meinem Rücken klapperten mit beruhigender Gleichmäßigkeit. In fünf Meter Tiefe hielt ich inne. Ich blickte zum Boot hinauf. Durch die Wellen konnte ich Hass erkennen, der sich über den Bootsrand beugte und mir offenbar nachsah. Durch die Wellenbewegung verkrümmte sich seine Gestalt, zerfloß – dann gelangten die Körperteile wieder zusammen. Ich schwamm weiter hinab. Ich dachte an die beklemmende Angst, die ich bei meinem ersten Absteigen empfunden hatte. Jetzt, knapp acht Wochen später, erlebte ich diese Welt des Meeres ganz anders. Ich genoß ein herrliches Gefühl der Freiheit, schwerelos wie ein Vogel in diese geheimnisvollen Abgründe hinunterzugleiten.

Ich steuerte zu einer Korallenwiese hinab, über der sich zahllose bunte Schmetterlingsfische tummelten. Hass hatte mir erlaubt, Fische zu photographieren, nur sollte ich mich nicht zu weit entfernen.

Als erstes nahm ich ein Fischpärchen aufs Korn. Sie sahen wie Herbstblätter aus, die der Wind im Takt hin und her drehte, und waren unzertrennlich. Mit ihren kleinen spitzen Mäulern schnappten sie nach Algen oder Kleinlebewesen. Ein dicker blauer Papageienfisch kam herangeschwommen, hielt inne und drehte sich schräg aufwärts. In dieser Stellung hing er nun regungslos im Wasser. Nur seine Brust- und Bauchflossen waren in Bewegung. Erst jetzt bemerkte ich zwei kleine wurmartige Fische, die an seinem Bauch schwammen und an den Schuppen nagten. Der eine schwamm zum

Kopf des Papageienfisches; dieser öffnete seine Kiemenspalten, und der kleine Kerl schlüpfte hinein, so daß nur noch sein Schwänzchen hervorsah. Diese Fische säuberten den Papageienfisch! Und er hielt noch ganz still, um die beiden ja nicht zu stören. Langsam sank er bis auf die Korallen nieder. Dann spreizte er plötzlich die Kiemen und Brustflossen, schüttelte sich. Die beiden Putzerfische verließen seinen Körper, und er schwamm weg.

Schon von der Oberfläche aus hatte ich einen großen Rotfeuerfisch erspäht: zu diesem schwamm ich jetzt hin. Er stand unbeweglich über einer sandigen Stelle. Die prächtig gefärbten flügelartigen Flossen spreizte er wie einen großen Fächer nach beiden Seiten. Der steil aufgerichtete, gezackte Kamm seiner Rückenflosse glich einem malerischen Segel. Obwohl ich mit der Kamera dicht an ihn heranschwamm, rührte er sich nicht vom Fleck.

Die Rückenflossenstacheln waren seine besondere Waffe: in ihnen befand sich ein ungemein wirkungsvolles Gift. Aber ich wußte, daß dieses Tier nicht angreift. In aller Ruhe stellte ich Entfernung und Blende ein, dann knipste ich.

Ich schwamm von einem Fisch zum nächsten. Als ich das erstemal das Manometer prüfte, hatte ich noch vierzig Atmosphären Sauerstoff in meiner Flasche, beim zweitenmal waren es nur noch zehn. Die Zeit verging hier unten wie im Flug. Höchstens noch fünf Minuten, dann war ich eine volle Stunde unter Wasser und mußte wieder auftauchen.

Da hörte ich ein durchdringendes Knirschen. Etwa zwanzig Meter von mir entfernt waren zehn oder zwölf riesige blaue Fische aufgetaucht, die mit ihren gelben vorstehenden Zähnen an den Spitzen der Korallenäste nagten, als sei das wohlschmeckender Salat. Nach meiner Schätzung waren sie dreißig bis vierzig Kilo schwer; sie hatten riesengroße blaue Schuppen und eine kindskopfgroße Beule auf der Stirn.

Plötzlich gab es einen lauten Schlag im Wasser. Alle Fische drehten sich und schwammen ein Stück zur Seite, sie hatten mich bemerkt. In diesem Augenblick sah ich einen Schwarm schlanker, silberglänzender Fische, der wie ein Kampfgeschwader aus dem tiefen Wasser auf mich zuschoß.

Ich erkannte sie sofort: es waren Barrakudas! Nach Machmouds Ansicht waren sie nicht weniger angriffslustig als Haie!

Ich hielt mich unbeweglich. Die silbernen Pfeile – jeder gut ein-einhalb Meter lang – kamen näher, vollführten eine synchronisierte Wendung, schwebten in Richtung der Beulenfische – und beachteten mich nicht weiter.

Erst langsam, dann schnell und schneller schwamm ich zum Boot zurück. Kaum an der Oberfläche, riß ich den Atemschlauch aus meinem Mund. Mit einer Hand hielt ich mich zitternd am Bootsrand fest. Mein Herz klopfte zum Zerspringen. „So lange sollten Sie aber nicht ausbleiben", sagte Hass. Er war gerade dabei, sich sein Tauchgerät umzuschnallen.

„Da ist ein ganzer Schwarm von Barrakudas!" stieß ich hervor. „Und außerdem ein Schwarm von riesigen blauen Fischen, mit einer großen Beule auf dem Kopf."

„Wo?"

„Gleich dort drüben am Riffabhang. Ich kann Sie hinführen."

Hass überlegte nur einen Augenblick. „Wunderbar, das nützen wir aus. Ich werde versuchen, die Barrakudas mit Ihnen gemeinsam zu filmen. Wenn ich den Schwarm zu Ihnen hindränge, müssen Sie ein wenig Angst zeigen. Man muß aus Ihrem Verhalten sehen können, daß diese Tiere keine Sardellen sind – sondern gefährlich."

„Aber ich bin leider mit dem Sauerstoff auf Null. Wir müssen zuerst die Flasche auswechseln."

„Unmöglich, dann sind sie längst davon." Hass wandte sich an Xenophon. „Ist im Reservegerät von Wawrowetz noch etwas drin?"

„Ja, noch gut dreißig Atmosphären."

Ich schnallte das eine Gerät ab und das andere um. Es war unangenehm, mit einem fremden Gerät tauchen zu müssen. Aber es ging nicht anders.

Schon waren wir im Wasser. Da mir das Tauchgerät viel zu groß war, schlug mir die Sauerstoffflasche gegen die Beine. Ich führte Hass den gleichen Weg, den ich zurückgeschwommen war. Als die Barrakudas uns kommen sahen, drehten sie und kamen interessiert näher. Hass zeigte auf eine Koralle und beschrieb dann mit dem Arm einen Bogen. Bei dieser Koralle sollte ich also bleiben, er wollte rings um die Barrakudas schwimmen. Ich versuchte ihn zurückzuhalten. Mein Atemschlauch war undicht, und Wasser drang in die Kalipatrone auf meinem Rücken; dauernd kam scheußlich schmeckendes Wasser in meinen Mund. Ich machte Hass Zeichen, daß ich nach oben müsse.

Hass nickte beifällig. „Genauso müssen Sie es machen", hörte ich ihn in sein Mundstück sagen. Offenbar glaubte er, ich wolle ihm vorführen, wie ich Angst zeige. Und schon schwamm er weg, die Kamera in beiden Händen. Die Barrakudas kamen genau in meine Richtung. Ich würgte die ätzende Flüssigkeit hinunter. Meine Augen tränten. Nur undeutlich sah ich, daß Hass jetzt hinter den Barrakudas war. Er hob den Arm. Ich konnte einfach nicht mehr. Ich begann zu husten und schwamm, so schnell ich konnte, nach oben.

Sein Gesicht erschien vor meiner Maske. „Das ist zuviel!" blubberte er ungeduldig. „Nur ein bißchen Angst sollen Sie zeigen!" Er zerrte mich wieder hinunter zu den Korallen.

Ich glaubte zu ersticken. Um mich zu retten, würgte ich den ganzen Schwall dieser ätzenden Flüssigkeit hinunter. Jetzt kam wieder etwas Luft in meine Lunge. Ich wußte kaum mehr, wo oben und unten war. Mit äußerster Gewalt zwang ich mich, noch einige Sekunden durchzuhalten.

Wieder kam die Staffel der Barrakudas auf mich zu. Ich tat, als bemerkte ich sie jetzt erst, machte eine zögernde Bewegung – dann jagte ich mit peitschenden Flossenschlägen hoch.

An der Oberfläche riß ich das Mundstück aus dem Mund und atmete tief. Ich war völlig erschöpft. Neben mir erschien der Kopf von Hass. „Das war rettungslos überspielt", sagte er ärgerlich. „Aber vielleicht sieht es im Film ganz gut aus."

Erst im Boot erklärte ich, was passiert war.

Wawrowetz nickte verständnisvoll. „Dieser Atemschlauch ist nicht dicht. Ich wollte ihn sowieso schon reparieren..."

Alle lachten, bis ihnen die Tränen kamen.

Später sagte Hass zu mir: „Eigentlich sollte Leo schon da sein. Versuchen Sie doch, von Hassan Efendi aus in Port Sudan bei der Fluggesellschaft anzurufen. Vielleicht hat er die Flugkarte nicht bekommen."

Wir warteten schon recht ungeduldig auf Leo Rohrer. Es gab in unserem Film eine Reihe von Szenen, bei denen Hass mit mir oder mit Gerry im Bild sein sollte, und niemand war da, die Unterwasserkamera zu bedienen.

Also wanderte ich am Nachmittag zu Hassan Efendi. Er war Vertreter einer großen englischen Handelsfirma und besaß das einzige

Telephon in der Umgebung. Das Büro befand sich in der Nähe der Brücke zum Festland. O-Sheik begleitete mich.

„Ich bin neugierig, welcher seiner Frauen er den Nagellack geschenkt hat", sagte ich. Ich hatte schon zweimal bei Hassan Efendi telephoniert, und als Dank hatte ich ihm ein Fläschchen mit rotem Nagellack für eine seiner Frauen geschickt.

„Sicher der jüngsten", erklärte O-Sheik. „Sie ist zwölf Jahre alt."

Hassan Efendi war an die Siebzig, hatte ein dickes, freundliches Gesicht und war in wallende Tücher gehüllt. Er erhob sich hinter seinem Schreibtisch, als er mich kommen sah. Nach der Begrüßung meldete er sofort das Gespräch nach Port Sudan für mich an. Dann gab er einem Jungen den Auftrag, Kaffee zu bringen.

Das war immer der schwierigste Teil jedes solchen Besuches. Dieser Kaffee war für mich einfach ungenießbar. Aber ich hatte mir bereits eine Taktik zurechtgelegt: ich nahm einen kräftigen Schluck, behielt ihn jedoch im Mund. Dann stand ich aus irgendeinem Grund auf, ging vor die Tür und spuckte den Kaffee heimlich aus.

Hassan Efendi nötigte mich zum Sitzen. „Sie erwarten noch einen Taucher?" fragte er höflich. „Hier, Fräulein Lotte, Ihr Kaffee –"

„Ja, er sollte eigentlich schon da sein." Ich nahm dankend die Tasse und gleich einen gehörigen Schluck. Zum Glück lief eines von Hassan Efendis reizenden Enkelkindern gerade zur Tür hinaus. Schnell stand ich auf, um es zurückzuholen.

Da läutete das Telephon. Hassan Efendi reichte mir den Hörer. „Hier, Ihr Gespräch!"

Einen Augenblick stand ich wie versteinert. Solange ich dieses Zeug im Mund hatte, konnte ich unmöglich sprechen. Also blieb mir nichts anderes übrig, als es hinunterzuschlucken.

Auf dem Heimweg fragte mich O-Sheik: „Haben Sie die beiden Knaben gesehen, die ganz rechts an der Wand saßen?"

„Ja, warum?"

„Sie hatten die Nägel mit Ihrem Nagellack lackiert. Hassan Efendi ist eben ein rührender Großvater."

VOR DEM Eingang unseres Palastes stand Hass. Er schien bereits ungeduldig zu warten.

„Kein Mensch weiß etwas von Leo", berichtete ich. „Auch die Fluggesellschaft konnte mir keine Auskunft geben."

„Das ist ja dumm", sagte Hass und machte ein finsteres Gesicht. „Man kann sich auf niemanden mehr verlassen."

Von der Terrasse tönte mir lautes Stimmengewirr entgegen. Ich trat hinaus. Dort saß neben Gerry und Xenophon – Leo.

Meine Überraschung war vollkommen. Hass grinste über das ganze Gesicht. Leo sprang auf und kam auf mich zu – ich fiel ihm vor Freude um den Hals und gab ihm einen Kuß.

„Das ist der einzige Kuß, den Sie für die nächsten Monate von einer Frau erhalten haben", erklärte Xenophon salomonisch.

„Wie bist du denn hergekommen?" fragte ich.

Leo grinste vielsagend. „Auf abenteuerlichen Wegen. Ich soll dich übrigens von deinen Eltern herzlich grüßen."

„Sind sie sehr besorgt?"

„Nun, nicht eigentlich. Ich glaube, sie sind sehr stolz auf dich. Ich habe auch noch einen Brief für dich."

Wir setzten uns, und nun erfuhr ich auch, wie Leo hierhergekommen war. „Ich wollte eigentlich nach Italien fahren", erklärte er mir. „Und so sagte ich meinen Eltern, ich hätte von Doktor Hass ein Telegramm bekommen, daß ich als Ersatzmann gebraucht würde." Er lachte. „Ja, und dann lag plötzlich wirklich ein solches Telegramm da. Natürlich dachte ich mir: Da hat dir wohl irgend jemand einen Streich gespielt. Als ich dann bei Radio Austria herausfand, daß dieses Telegramm wirklich nur in Port Sudan aufgegeben worden sein konnte, bin ich einfach mit dem Auto losgefahren."

„Du hast die Flugkarte nicht bekommen?"

„Keine Spur! Ich dachte mir, nur weg! Sonst kommt am Ende noch eine Absage."

Da Leo weder ein Visum noch genügend Geld hatte, schlug er sich auf abenteuerlichen Wegen bis Alexandrien durch. Dort verdiente er den fehlenden Restbetrag, indem er im Hafen Fische harpunierte und diese von einem Fischer verkaufen ließ. „Und jetzt bin ich da", sagte er und strahlte.

Am folgenden Morgen fuhren wir vor die Hafeneinfahrt und zeigten Leo ein Korallenriff. Er war ein großartiger Schwimmer und Taucher, ein leidenschaftlicher Unterwasserjäger. Wir schwammen mit Harpunen und Kameras kreuz und quer. Es war rührend, wie Leo sich über alles freute – das klare Wasser, die bunten Korallen, die vielen großen Fische.

„Ich verstehe nicht, wie ihr das macht", schnaufte er, als wir wieder im Boot saßen. „Mich treibt das Wasser immer hoch, ich komme einfach nicht hinunter." Leo mußte sich erst an den hohen Salzgehalt im Roten Meer und den damit verbundenen Auftrieb gewöhnen.

Abends auf der Terrasse nahm mich Leo beiseite. „Du hast dich unglaublich verändert", sagte er.

Ich lachte. „Ich bin kein Mädchen mehr", sagte ich.

„Nein?"

„Du wirst es nicht glauben: ich bin ein Mann. Doktor Hass meinte, es sei für alle besser so."

Leo schmunzelte. „Auch so gefällst du mir noch sehr."


## EIN BITTERER TROPFEN

*28. Juni. Unser letzter Abend in Suakin: Morgen geht es zurück nach Port Sudan und von dort zur Flamingo Bay. Seit Wochen habe ich diese alte Bruchbude verwünscht, jetzt fällt mir der Abschied von „unserem Palast" beinahe schwer.*

*Über mir spannt sich der Tropenhimmel mit unzählbaren blinkenden Sternen. Unter der Terrasse singt O-Sheik ein eintöniges Lied; der ganze Zauber der afrikanischen Landschaft liegt darin. Hass will in der Flamingo Bay ein Segelschiff mieten, um damit bis Mohamed Ghul zu kreuzen und das Verhalten der Haie zu studieren. Ich habe allerdings den Verdacht, daß ihn das Romantische dieses Unternehmens lockt.*

*Morgen beginnt ein neuer Abschnitt, wahrscheinlich unser größtes Abenteuer.*


WIR FUHREN in drei Autos. Im ersten saß Abdul Wahab Tachlowe, ein dicker Araber in blendendweißem Kaftan, begleitet von zwei Dienern. Im zweiten fuhren Xenophon, Gerry, Leo und O-Sheik, im letzten Wawrowetz, Hass und ich. Port Sudan blieb hinter uns zurück; vor uns erstreckte sich die Wüste bis zum Horizont.

Ich war gespannt, wie die Flamingo Bay aussehen würde. In dieser tief in die Wüste einschneidenden Bucht südlich von Port Sudan lagen alle Segelschiffe vor Anker, die an diesen Küsten kreuzten. Es wurde hauptsächlich Perlenfischerei betrieben.

Hass wandte sich an Wawrowetz, unseren Tontechniker. „Es wird gar nicht so einfach sein, nahe einer Stelle zu ankern, wo es Haie gibt. Haie finden wir nur an steil abfallenden Riffen, und die sind bei Kapitänen nicht sehr beliebt. Wie lang, glauben Sie, kann das Kabel sein, ohne daß Störgeräusche auftreten?"

„Es sollte nicht länger als zweihundert Meter sein."

„Das ist nicht viel." Hass sah sinnend vor sich hin.

„Und Sie glauben, daß sich die Haie mit Lautsprechern anlocken lassen?"

Hass nickte: „Im Karibischen Meer haben wir das beobachtet: Wenn man einen großen Fisch harpuniert, sind gleich Haie da. Sie werden sicher nicht nur durch Blut angelockt – der Blutgeruch kann sich unmöglich so schnell ausbreiten. Durch ihr Gezappel verursachen die Fische Schwingungen im Wasser, die die Haie wahrnehmen und in ihrer Bedeutung erkennen. Sie kommen dann, um den hilflosen Fisch aufzufressen. Wenn wir also diese Schwingungen auf Tonband aufnehmen und später durch den Lautsprecher wieder ins Meer ausstrahlen, müßten wir Haie anlocken können. Das wäre auch für die Haifischvertilgung in Badeorten und für den gewerblichen Fischfang von beträchtlicher Bedeutung."

In der Wüste tauchten jetzt einige kärgliche Behausungen auf. Dahinter ragte eine Reihe von schräg stehenden Schiffsmasten empor. Wir holperten zwischen diesen jämmerlichen Hütten hindurch, dann hielt unsere Karawane an, und wir stiegen aus. Ein betäubender Gestank schlug uns entgegen. Es lagen hier riesige Haufen von Perlmuscheln. Eine Wolke von kleinen Fliegen fiel über uns her. Sie setzten sich auf Arme, Beine, auf das Gesicht und in die Haare.

Aus den Bretterbuden krochen ausgemergelte Gestalten hervor. Als sie Abdul Wahab Tachlowe sahen, der majestätisch aus seinem Wagen stieg, grinsten sie unterwürfig. Zwei Kleinkinder spielten in dem schmutzigen Sand. An ihren Augen krochen Dutzende von Fliegen herum; die Kinder achteten überhaupt nicht darauf, sie waren offenbar daran gewöhnt. Wir gingen einige Schritte, dann lag der Hafen vor uns. Hier waren an die fünfzig Segelschiffe vertäut, einige bunt bemalt, alle sehr alt und ungeheuer schmutzig. Eines war mit hübschen Holzschnitzereien verziert und so bunt bemalt wie ein Nürnberger Lebkuchenhäuschen. Mit großen Gesten zeigte Abdul Wahab Tachlowe auf dieses Schiff.

Ein von Schmutz starrendes Boot kam eilig herangerudert. Ich hatte unglücklicherweise ein hübsches Sommerkleid und Schuhe mit Absätzen angezogen. Aber zurückbleiben wollte ich hier auf keinen Fall. Wir waren jetzt von über fünfzig Verbrechertypen umringt. Wahrscheinlich waren es ganz harmlose und nette Leute, aber schwere Arbeit, Hunger, Fliegen und Gestank hatten aus ihnen so häßliche Menschen gemacht.

„Ein bißchen schade um Ihr hübsches Kleid", sagte Hass. „Vielleicht bleiben Sie lieber hier –"

Aber schon war ich aus meinen Schuhen geschlüpft, hatte sie in die Hand genommen und landete mit einem kühnen Sprung in dem Boot. Ich lächelte. „Nein, ich bin so gespannt, wie dieses Schiff aussieht."

Wir stießen ab. Die beiden Ruderer wirkten nicht gerade vertrauenerweckend. Besonders der eine machte einen unheimlichen Eindruck auf mich. Er war dunkelhäutig, kräftig und geschmeidig wie ein Panther, etwa dreißig Jahre alt. Die kurzen gelockten Haare wuchsen ihm beinahe bis zu den Augen. Sein Blick durchbohrte mich geradezu. In diesen Augen flackerte es, wie mir schien, gefährlich. Der zweite Ruderer war hager, ausgemergelt – wahrscheinlich tuberkulös, dachte ich mir. Die riesigen Augen sahen aus blutroten Höhlen.

Mit schnellen Ruderschlägen überquerten wir die Bucht und legten seitlich an dem großen Segelschiff an. Der „Raubmörder" – wie ich den Kerl mit dem flackernden Blick im stillen getauft hatte – wollte mir helfen und mich hinaufheben, doch schneller als ein Eichhörnchen war ich an Bord des Schiffes. Ich fiel beinahe in den großen hohlen Schiffsbauch hinunter. Dieses Schiff mit dem Namen *El Chadra* – die Grüne – hatte in der Mitte überhaupt kein Deck, es war offen wie eine riesige Nußschale. Nur über Bug und Heck waren Latten gelegt und bildeten somit ein provisorisches Vorder- und Hinterdeck. Gerry, Leo und Wawrowetz rümpften die Nase, als sie die von Ungeziefer bedeckten Planken sahen. Aber keiner wollte es sich anmerken lassen.

Hass war von dem Schiff ehrlich begeistert. Er begutachtete den riesigen Baum und das eingerollte Segel, das Tauwerk, die Schnitzereien und den klaffenden Schiffsbauch.

„Das ist ein prachtvolles Schiff!" sagte er. „Ihr werdet sehen, wie wir uns hier wohl fühlen."

Es folgte nun ein längeres Gespräch zwischen Hass und Abdul Wahab Tachlowe; O-Sheik dolmetschte. Ja, das Schiff würde natür-

lich gründlich gesäubert werden. Die zehnköpfige Mannschaft war bereit, in vier Tagen konnte das Schiff seeklar sein. Der Preis – ja, darüber hatte Abdul Wahab Tachlowe noch nicht nachgedacht.

O-Sheik zeigte ein völlig ausdrucksloses Gesicht, als er diesen letzten Satz übersetzte: „Abdul Wahab Tachlowe sagte, das sei wohl kein wichtiger Punkt. Bei einem so reichen Mann wie Doktor Hass kann das kaum eine Rolle spielen –"

Hass schluckte: „Sagen Sie ihm, wir sind Jünger der Wissenschaft, aber reich sind wir leider gar nicht."

Abends herrschte eine gespannte Stimmung. Wir hatten für die Dauer der Vorbereitung zu dieser Fahrt ein Haus in Port Sudan gemietet. Es gehörte einem englischen Beamten, der gerade in Urlaub war, und hatte allen Komfort. Die Aussicht, dieses hübsche Haus gegen zwanzig Quadratmeter schmutzige Planken zu vertauschen, war nicht unser Geschmack. Leo war besonders um sein leibliches Wohl besorgt. „Sag, Toiletten gibt es da überhaupt keine?" wandte er sich an Xenophon.

„Geh, du arme Landratte", erwiderte Xenophon etwas von oben herab, „da geht man eben über Bord – das ist alles."

Auch ich machte mir so meine Gedanken.

Die Verhandlungen erwiesen sich als schwierig. Abdul Wahab Tachlowe verlangte einen völlig irrsinnigen Preis. Die letzte, entscheidende Unterredung sollte nun in unserem Garten stattfinden. Hass hatte mir eingeschärft, zuerst bei der Unterredung anwesend zu sein und mit zu versuchen, Tachlowe freundlich zu stimmen. Dann sollte ich mich zurückziehen.

Hass begrüßte Abdul Wahab Tachlowe wie einen alten und sehr geehrten Freund. An einem schattigen Plätzchen des Gartens setzten wir uns um einen Tisch. Während Gerry um Limonade und Eiswasser ging, zeigte Hass dem Araber seine Bücher und Unterwasseraufnahmen, Bilder von einem versunkenen Schiff, von Fischen, Muscheln und Korallen. Tachlowe war sichtlich beeindruckt, besonders von dem Photo eines Haifisches.

Endlich kam Gerry mit zwei Flaschen. Hass mixte eigenhändig Limonadenessenz und Eiswasser, reichte Abdul Wahab Tachlowe das erste Glas – wir prosteten uns zu.

Mitten im ersten Schluck hielt ich wie erstarrt inne. Diese Limonade war gallenbitter. Ein kurzer, höchst eindringlicher Seitenblick von Hass traf mich warnend. Dann nahm er, ohne mit der Wimper zu zucken, einen kräftigen Schluck, lächelte verbindlich und sah Abdul Wahab erwartungsvoll an.

Mir war klar, was passiert war. Gerry hatte im Eisschrank statt der Wasserflasche die Flasche mit dem Photoentwickler erwischt, die wir auch dort kühl stellten. Die Entwicklerlösung war farblos und durchsichtig wie Wasser. Ich schluckte das Zeug mit Todesverachtung hinunter. Wenn Hass das trank, war es jedenfalls nicht giftig. Unser Schiff, und damit die Expedition, stand auf dem Spiel.

„Ein österreichisches Nationalgetränk", sagte Hass. O-Sheik übersetzte.

Abdul Wahab Tachlowe hatte bei dem unerwarteten Geschmack ebenfalls innegehalten. Seine Augen waren jetzt ganz groß und erschreckt. Er würgte einen Schluck hinunter. „Vorzüglich, vorzüglich –", ließ er uns dolmetschen.

Hass zeigte weitere Bilder, und die Gläser wurden geleert. „Darf ich Ihnen noch ein Glas geben?" fragte er.

Ich konnte das Lachen kaum unterdrücken. Abdul Wahab Tachlowe zuckte zusammen. O-Sheik, der völlig ahnungslos war, übersetzte: „Abdul Wahab Tachlowe bittet mich, Ihnen verbindlich zu danken. Aber unsere Religion verbietet es ihm, am Vormittag mehr als ein Glas zu trinken."

Ich ließ die beiden allein. Etwas später beobachteten wir, wie Hass Abdul Wahab Tachlowe wieder zum Auto brachte. In bester Laune kam er zurück. Der Handel war perfekt. Hass lachte. „Ich weiß nicht, was ihn mehr beeindruckt hat", sagte er, „die Unterwasserbilder oder unser Nationalgetränk. Aber beeindruckt war er jedenfalls."

## ZWEI VERRÜCKTE

Hoch über mir, im schwarzen Nachthimmel, schwebte ein riesengroßer Mond. Da das Schiff schwankte und mein Feldbett genau unter dem Großbaum aufgestellt war, pendelte der Mond über mir hin und her. Das Steuerrad dicht hinter meinem Kopf ächzte wie die Tür in einem verfallenen Schloß.

Ich konnte nicht einschlafen. Bei Einbruch der Dunkelheit hatte die Fliegenplage etwas nachgelassen, dafür kamen Hunderte von großen Kakerlaken aus den Ritzen hervorgekrochen. Jetzt liefen sie, kaum einen Meter über mir, über den Großbaum. Einer war mir bereits aufs Gesicht gefallen; vor Schreck und Ekel lag ich jetzt stocksteif und wagte nicht, mich zu rühren.

Wir waren mit einiger Verspätung erst gegen zehn Uhr vormittags zur Flamingo Bay gekommen, und es war schwierig gewesen, die große Lichtmaschine an Bord der *El Chadra* zu hieven. Der „Raubmörder" war wieder da, nur mit einem Lendentuch bekleidet – es stellte sich heraus, daß er unser Steuermann war. Sein brennender Blick folgte mir überallhin. Die ganze Besatzung bestand aus Arabern. Der Kapitän gefiel uns allen gut. Seine muskulöse Gestalt, die ruhig und aufmerksam blickenden Augen, der entschlossene Mund flößten Vertrauen ein, obwohl er mit seinem glattgeschorenen Kopf und den großen, abstehenden Ohren ein wenig komisch aussah. Der Bootsmann, ein breitschultriger, gutmütig wirkender Mann, hockte, als wir an Bord kamen, an der Reling und spielte auf einem gitarreähnlichen Instrument.

Meine Gedanken kehrten zu den Kakerlaken zurück. Über mir begann es wieder aufgeregt zu kribbeln.

Mutter hatte geschrieben, sie staune, daß ich das alles durchhalte. Jetzt begann ich selbst, über mich zu staunen. Irgendwie hatte ich dieses Schiff trotz seines Ungeziefers gern; es war über hundert Jahre alt. Aber was ich immer mehr fürchtete, war die wachsende Spannung unter uns. Es gab immer häufiger Streit, und meist wegen einer lächerlichen Kleinigkeit. Gerry konnte empfindlich wie eine Mimose sein, wenn er sich ungerecht behandelt oder in seiner Eitelkeit gekränkt fühlte. Leo hatte sich noch nicht richtig akklimatisiert und übertraf beinahe Gerry an Empfindlichkeit. Wie würde das weitergehen?

Ich drehte mich vorsichtig auf die linke Seite. Im Geist sah ich über mir die Kakerlaken sitzen und beraten, wer sich als nächster auf mich herabfallen ließe. Es war ziemlich heiß. Ich trug einen leichten Pyjama und war nur mit einem Leintuch zugedeckt. Bill Clark hatte mir freundlicherweise sein Feldbett zur Verfügung gestellt – alle übrigen schliefen auf Gummimatratzen. O-Sheik, Machmoud und Stamat, unser neuer Koch, schliefen bei der Mannschaft. Der Ruderstand, auf dem mein Bett stand, war um einen halben Meter höher als das Deck. So lag ich in der Mitte von allen und doch etwas abgeschieden. Schließlich fiel ich in einen tiefen, traumlosen Schlaf.

Als ich erwachte, war die Sonne bereits aufgegangen. Der Himmel war eine unendliche blaue Kulisse, von der sich die rötlichbraunen Segel der *El Chadra* prächtig abhoben. Gerry und Wawrowetz standen an der Reling und putzten ihre Zähne. Xenophon und Stamat hatten bereits in dem Holzkohlenbecken auf dem Hinterdeck ein Feuer entzündet. Hass lag auf seiner Matratze und schrieb. Schnell stand ich auf.

Von Port Sudan und der Flamingo Bay war nichts mehr zu sehen. Die flache, wüstenhafte Küste, an der wir entlangfuhren, war zwei oder drei Kilometer entfernt. Unser Ziel war die Insel Markowar, etwa zweihundert Kilometer südlich von Port Sudan. Auf der Höhe der Insel lag auf dem Festland ein kleines Dorf, Mohamed Ghul, die einzige menschliche Ansiedlung weit und breit. Das Frühstück verlief sehr vergnügt. Jeder ließ es sich schmecken.

Leider gab es wieder furchtbar viele Fliegen. Weder der Fahrtwind noch unsere Flitspritzen konnten ihnen etwas anhaben. Nachdem wir das Frühstücksgeschirr abgeräumt hatten, rief Hass gut gelaunt nach O-Sheik. „Kommen Sie doch, O-Sheik!" sagte er. „Setzen Sie sich zu Fräulein Lotte und fächeln Sie ihr!"

Das war nicht böse gemeint, aber O-Sheik war sehr empfindlich, und diese Tätigkeit war bestimmt unter seiner Würde. Doch er übernahm ohne Widerspruch den großen Fächer, kniete sich neben mich und begann mir zu fächeln.

Sobald Hass wegsah, sagte ich: „Lassen Sie das, O-Sheik. Erzählen Sie mir lieber etwas. Was habt ihr gestern abend dort vorn verbrannt? Was war das für ein Geruch – war es Weihrauch?"

O-Sheik blieb eine Weile stumm und starrte vor sich hin. „Haben Sie das Geschrei der Mannschaft gehört, als Sie gerade beim Essen waren?" fragte er dann.

„Ja. Was hatte das damit zu tun?"

O-Sheik wandte den Kopf und zeigte mit dem Finger auf den „Raubmörder", unseren Steuermann. „Dieser Kerl ist verrückt –"

Der „Raubmörder" sah jetzt zu uns her. O-Sheik blickte ihn fest an, tupfte mit dem Finger auf seine Stirn und wackelte dazu mit dem Kopf. Der „Raubmörder" nahm das aber gar nicht übel, sondern grinste nur und nickte fröhlich.

„Gestern begann er plötzlich zu schreien und schlug wild um sich," sagte O-Sheik. „Schaum trat ihm aus dem Mund. Der Mann ist schwer krank. Die anderen hielten ihn fest. Darauf machten sie ein kleines Feuer und verbrannten Weihrauch. Langsam kam er dann wieder zu sich."

Ich konnte die Geschichte nicht recht glauben.

„Diese Araber sind alle schlecht", fuhr O-Sheik fort. „Kein Fuzzi gibt sich mit ihnen ab." O-Sheik gehörte zu den Wüstennomaden, den Fuzzi Wuzzis. „Sein Name ist Abu Obeda, er ist mit Tachlowe verwandt. Abdul Wahab Tachlowe ist ein reicher Mann, ihm gehören fast alle Perlkutter. Er läßt seine Familie auf seinen Schiffen arbeiten."

Xenophon brachte einen Teller mit Mandeln. Ich bot O-Sheik einige an und ließ ihn dann wieder gehen. Ich sah noch, daß Xenophon etwas zu ihm sagte und dazu lachte.

Kurz darauf erhob sich auf dem Vorderdeck lautes Geschrei. Ich sah, wie der Kapitän O-Sheik festhielt und O-Sheik wie wahnsinnig auf den Kapitän losschlug. Mehrere Matrosen sprangen hinzu, und im Nu wälzte sich ein schreiender Haufen von zappelnden Armen und Beinen über das Deck. O-Sheik kämpfte wie ein Tier. Schaum stand ihm vor dem Mund, die Augen traten aus den Höhlen. Er grölte wie ein Irrsinniger. Die Matrosen versuchten ihn zu fesseln, aber O-Sheik biß wild um sich, in einen Arm, in ein herunterhängendes Seil...

Wir standen wie gelähmt, fassungslos.

Hass, der sich gerade zu einem Morgenbad über Bord geschwungen hatte, schwamm mit schnellen Stößen zum Schiff zurück und kletterte an einer Strickleiter die Bordwand herauf.

O-Sheik beruhigte sich allmählich. Der Kapitän versuchte, uns den Vorfall zu erklären. O-Sheik hatte offenbar Haschisch genommen. Er trug das Rauschgift in einer Kugel unter der Zunge. „Viele Fuzzis nehmen Haschisch", sagte Stamat, der Englisch sprach, mit wichtiger Miene. „Wer einmal damit angefangen hat, kann nicht mehr aufhören."

„Sie sind ein großer Mann", stieß O-Sheik hervor. „Lassen Sie mich nach Port Sudan zurückbringen. Ich will hier nicht länger bleiben."

„Wir brauchen zwei Tage, um gegen den Wind wieder nach Port Sudan zu kommen." Hass kämpfte um seine Beherrschung. „Wir setzen Sie bei nächster Gelegenheit hier am Ufer ab."

O-Sheik

O-Sheik versuchte sich loszureißen und wollte sich auf Hass stürzen. „Sie sind ein schlechter Mensch!" schrie er. Er zitterte am ganzen Körper, sein Kopf wackelte. „Ich bin kein Hund, den man einfach an Land setzt. Ich bin ein Mensch wie Sie, ich sterbe wie Sie. Ich verzichte auf meinen Lohn und mein Zeugnis, aber ich will zurück nach Port Sudan!" Die letzten Worte klangen ganz weinerlich.

„Das ist ja unglaublich", sagte Hass. Er hielt mit dem Kapitän und uns Kriegsrat. Der Kapitän weigerte sich, O-Sheik weiter an Bord zu behalten. Nach dem Seerecht waren wir verpflichtet, ihn zur nächsten Polizeistation zu bringen – also nach Port Sudan. Was tun?

„Ich bringe ihn im Beiboot mit dem Außenbordmotor zurück", erklärte Xenophon. „Dann schaffe ich den Motor im Auto bis Mohamed Ghul, und dort miete ich mir ein anderes Boot."

„Das ist eine weite Fahrt", meinte Hass zögernd. „Von hier sind es etwa sechs Stunden mit dem Motorboot bis Port Sudan. Und wenn der Motor streikt?"

„Wawrowetz soll mitkommen", antwortete Xenophon. „Dann können wir den Motor nötigenfalls reparieren."

Eine halbe Stunde später wurde der Außenbordmotor ins Boot gebracht, ebenso Proviant und Wasser für mehrere Tage. O-Sheik war jetzt völlig apathisch. Xenophon hatte erklärt, daß Fesseln überflüssig seien, es war kein Anfall mehr zu befürchten. Das Boot fuhr ab. Bedrückt sahen wir ihm nach. Wir konnten diese plötzliche Wendung noch immer nicht fassen. Stamat erzählte uns, daß O-Sheik mit einem Messer auf Hass hatte losgehen wollen.

„Warum gerade auf mich?" fragte Hass.

„Weil Sie ihm befahlen, Fräulein Charlotte zu fächeln. Herr Xenophon fragte ihn dann noch, ob er ihm nicht auch fächeln wolle. Und die Mannschaft hat ihn geneckt – das hat den Anfall ausgelöst."

*5. August.* O-Sheik wird mir fehlen. Er war herzlich, höflich und immer lustig; mit keinem konnte man so nett plaudern wie mit ihm. Unsere Expedition geht weiter, schon morgen wird es so sein, als wäre nichts geschehen.

## DER FISCHWALZER

DER HÖCHSTE PUNKT der einsamen Insel Maytib, an deren öder Küste wir vor Anker lagen, entzündete sich, als sei dort oben ein strahlendes Feuer entfacht worden. Die kahle Felsspitze schien von innen her zu leuchten – die Verwandlung setzte sich abwärts zu fort und ergriff nach und nach den ganzen Berg.

Die Sonne ging auf. Dort oben hatte der neue Tag bereits begonnen. Unser Schiff lag noch im ungewissen Dämmerlicht des zeitigen Morgens.

Ich setzte mich in meinem Bett auf, rieb mir den Schlaf aus den Augen. Am Vorderdeck bewegte sich etwas. Halb vom Mast und vom Tauwerk verdeckt, kniete dort unsere Mannschaft, alle der aufgehenden Sonne zugewandt. Sie berührten mit der Stirn die Planken, richteten sich auf, verneigten sich wieder. Ich brauchte bloß unter mein Bett zu greifen: Dort lag meine Kamera. Aber ich ließ sie, wo sie war: Stamat hatte uns gestern erzählt, daß man an einem betenden Mohammedaner nicht vorbeigehen dürfe, sonst sei sein Gebet nutzlos. Gehe eine Frau vorüber, habe das Gebet vierzig Tage keinen Wert. Meine Kamera sollte hier nicht stören.

Eine Stunde später saßen wir beim Frühstück. Xenophon und Wawrowetz waren wohlbehalten wieder an Bord.

Hass sah frisch und unternehmungslustig aus. „Der Kapitän konnte mir nicht versprechen, daß wir hier vor Anker bleiben", sagte er. „Wenn sich das Wetter ändert, fahren wir zur Küste. Wir müssen also die Zeit nützen."

„Ich bin bereit", erklärte Wawrowetz. „Wenn hier alles abgeräumt ist, baue ich die Anlage auf. Gegen elf Uhr können wir anfangen."

Hass nickte. „Schön, dann sehen wir uns inzwischen die Gegend genauer an." Er wandte sich an mich: „Sie kommen am besten mit, vielleicht können wir Filmaufnahmen machen. Bei den Tonbandaufnahmen brauchen wir Sie dann nicht."

Wir kletterten ins Boot, der „Raubmörder" übernahm die Ruder. Etwa fünfzig Meter von der *El Chadra* entfernt warfen wir Anker und gingen ohne Tauchgeräte ins Wasser.

Es sah hier ziemlich unheimlich aus. Der Grund lag etwa zwölf Meter tief, er war flach und unregelmäßig mit Korallenstöcken bewachsen. Ein Stück weiter brach er in einer scharf gezogenen Kante fast senkrecht zur Tiefe ab.

Hass schwamm allein zu dieser Kante hinunter. Neben zwei pilzartig aufragenden Korallenstöcken stand ein mächtiger Zackenbarsch. An der Kante schwammen große Makrelen hin und her. Hass schwebte langsam wieder zu uns empor.

„Der Platz ist gut", sagte er zu Gerry und Leo. „Allerdings sieht es hier auch nach Haien aus, aber wir haben zwischen den Korallen gute Deckung. Hoffentlich reicht das Kabel bis dorthin. Sie, Leo, schießen dann einen Fisch, ich halte das Mikrophon, und Gerry paßt auf..."

Ich war heilfroh, daß ich bei diesen Aufnahmen nicht gebraucht wurde. An diesem gähnenden Abgrund Fische zu jagen und ihnen das Mikrophon vor die Flossen zu halten war nicht nach meinem Geschmack. Noch dazu an einem Platz, der „ganz nach Haien aussah".

„Seht – dort!" schrie Leo plötzlich aufgeregt.

An der Grenze unseres Sichtbereiches, nicht weit vom Abbruch, bewegte sich ein riesiges Tier über dem flachen Grund. Ich sah nicht viel mehr als eine lange helle Linie, die sich hob und senkte, und dahinter einen großen dunklen Schatten. Es konnte nichts anderes sein als ein riesiger Manta, der dort wie ein gewaltiger Vogel über den Boden hinwegschwebte.

„Los, mir nach!"

Ich staunte wieder einmal, wie schnell Hass schwamm, wenn sich etwas Besonderes ereignete. Wie ein Pfeil jagte er uns voran. Gerry, Leo und ich folgten eilig nach, die Kante entlang, über tiefes, dunkles Wasser. Hass war weit voraus. Das verankerte Boot blieb hinter uns zurück. Ich hielt nach allen Seiten Ausschau nach Haien.

Endlich holten wir Hass ein. Vom Manta war nichts mehr zu sehen. Doch direkt unter mir bewegte sich etwas. Es war groß wie ein Mensch, aber fast ebenso breit wie lang. Eine Schildkröte! Auf ihrem Rücken wuchs ein ganzes Beet von Muschelkrebsen. „Da, da, da!" schrie ich.

Hass schwamm schräg abwärts. In der Höhe der Schildkröte prüfte er die Einstellungen. Sie hatte ihn inzwischen bemerkt und näherte sich ihm langsam, den Kopf mit dem riesigen Schnabel vorgestreckt.

Endlich hob Hass die Kamera. Wir hörten das Surren des Auslösers – die Schildkröte schwamm näher an ihn heran, ließ sich nicht stören. Dann drehte sie ab und entfernte sich langsam. Eine großartige Szene!

Plötzlich sah ich links von mir einen Hai, der direkt auf Hass zuschwamm. Hass filmte noch immer und sah ihn nicht.

Da ich eine Harpune hatte, tauchte ich und schwamm gegen den Hai los. Er war nur etwas über zwei Meter lang und ziemlich schlank, aber es war etwas bösartig Unruhiges in seinen Bewegungen. Das mir zugewandte Auge war tückisch. Ich hatte mich dem Hai auf etwa fünf Meter genähert, da machte er eine jähe Wendung und schwamm eilig davon. Ziemlich außer Atem tauchte ich neben den anderen auf.

„Hast du den Hai gesehen?" hörte ich Gerry sagen.

„Ja, er drehte plötzlich ab."

„Das Surren der Kamera hat ihn erschreckt", erklärte Gerry.

Ich schluckte meinen Ärger hinunter. „Die weiße Fahne ist gesetzt", sagte ich nur. Das war das vereinbarte Zeichen. Wenn Wawrowetz mit den Vorbereitungen fertig war, sollte er ein Leintuch als Fahne hissen.

Das Boot hatte uns eingeholt; erleichtert kletterte ich hinein. Bald waren wir wieder an Bord der *El Chadra*. Das Deck hatte sich inzwischen in ein Tonstudio verwandelt. In der Mitte waren das große Magnetophon und die Verstärker aufgebaut. Die Kabel mit dem Unterwassermikrophon und dem Unterwasserlautsprecher waren säuberlich bereitgelegt. Im Schiffsbauch ratterte die Lichtmaschine.

Gerry und Leo benahmen sich wie Gladiatoren. Sie ölten sich gegenseitig ein und prüften Tauchgeräte und Harpunen. Dabei konnte ich sehen, daß ihnen alles nicht ganz geheuer war.

„Wenn ich einmal ans Mikrophon klopfe, schalten Sie ein", wandte sich Hass an Wawrowetz. „Klopfe ich dreimal, bedeutet das, daß ein Fisch harpuniert wurde; dann können Sie wieder ausschalten."

Wawrowetz nickte. Das Unterwassermikrophon wurde über Bord gelassen. Leo schwamm damit ein Stück weg. Aus dem Lautsprecher tönte ein Prasseln und dazwischen knackende Geräusche. Es waren Wellengeräusche, doch hörten sie sich etwas ungewöhnlich an.

„Ich bin mit dem Ton nicht zufrieden", sagte Wawrowetz verdrossen und drehte am Verstärker. „Aber besser geht es nicht."

„Also, dann los!" rief Hass.

Die drei kletterten über Bord und verschwanden in der Tiefe. Hass trug das Mikrophon; wir hörten deutlich sein Atmen. Der Schweiß lief Wawrowetz über den ganzen Körper; mir ebenfalls. Es war drückend schwül.

Es dauerte ziemlich lange, ehe das erste Klopfzeichen ertönte. „Einschalten!" Meine Stimme schnappte vor Aufregung beinahe über.

Wawrowetz nickte. „Ich hab's gehört."

Ich konnte mein Herzklopfen kaum niederkämpfen. Ich hatte Angst um Hass. Wenn er es sich in den Kopf gesetzt hatte, würde er den Haien das Mikrophon direkt vor die Schnauze halten.

Plötzlich ertönte ein donnerndes Brausen. Ich war vor Schreck wie gelähmt. „Hm-hm-hm", klang es aus dem Lautsprecher; das war unser Haisignal. Es folgten starke Atemgeräusche und mehrfaches scharfes Knacken.

„Hoffentlich reißen sie das Kabel nicht ab!" sagte Wawrowetz nervös. „Wahrscheinlich hat es sich irgendwo verhängt, und sie zerren nun daran. Natürlich bekommen wir so Nebengeräusche."

Wieder war es still. Dann ein neuerliches Klopfzeichen – ein-, zwei-, dreimal klopfte unten jemand ans Mikrophon!

Später tauchte Leo mit einem großen harpunierten Fisch auf. Er übergab ihn Xenophon, und dieser reichte Leo eine andere Harpune.

„Daß das Gezappel die Haie anlockt, läßt sich jedenfalls nicht bestreiten. Jetzt sind nicht weniger als vier da." Leo steckte den Atemschlauch wieder in den Mund und verschwand.

Im Laufe der nächsten zwanzig Minuten wurden noch zwei weitere Fische harpuniert. Eine ganze Symphonie von brausenden, knackenden und plätschernden Geräuschen kam zu uns empor.

Dann endlich ein Stoßseufzer der Erleichterung – Hass, Gerry und Leo tauchten auf; das Experiment war für heute beendet.

Das Mittagessen hatten wir völlig vergessen. Stamat hatte neugierig zugeschaut, statt zu kochen. Ich beeilte mich, den Mittagstisch zu decken. Ich hatte Leo einen Milchreis versprochen, aber dazu war es jetzt zu spät. Er machte ein langes Gesicht.

Während wir Zwieback, Sardinen und Käse aßen, sah ich den Kapitän unruhig zur Küste und aufs offene Meer hinausblicken. Kurz darauf kam er zu uns. Er müsse das Schiff in eine geschützte Bucht legen, erklärte er. Die über dem Festland stehenden Wolken könnten Sturm bringen.

„In Ordnung", sagte Hass. „Verlegen wir. Aber morgen kommen wir wieder und senden die Geräusche aus, die wir heute aufgenommen haben. Dann werden wir ja sehen, ob die Haie wiederkommen."

Gegen Abend erreichten wir die Bucht. In der Ferne hoben sich die Berge von Markowar und die hinter Mohamed Ghul liegenden Bergzüge wie zart gezeichnete Striche vom dunstigen Himmel ab.

In dieser Nacht schlief ich sehr schlecht. Es war feucht und heiß wie in einem Dampfbad. Alles klebte an mir. Ich wälzte mich schlaflos hin und her. Als der erste Schein der Morgendämmerung über den Horizont heraufstieg, tastete ich mich in den Schiffsbauch hinunter und holte aus meinem Koffer das Tagebuch.

*12. August. Im Kino werden dann die Leute in weiche Fauteuils zurückgelehnt sitzen, einander Bonbons anbieten und denken: Ach, wie nett! Auf so einem Schiff würde ich auch gerne fahren. Wie romantisch! Ich glaube, ich werde in Zukunft Expeditionsfilme mit ganz anderen Augen sehen.*

*Heute hatte ich wirklich Angst. Ich fühlte diese Angst körperlich, mir war beinahe übel. Dabei war da nichts weiter als diese dunkle Wand tief unter mir und eine Art Verheißung, daß dort etwas Schreckliches auftauchen würde. Hoffentlich hat Hass nichts bemerkt.*

*Ich bin die einzige, die zum Waschen täglich zwei Schöpfer Süßwasser bekommt. Dafür bin ich auch die einzige – außer Hass –, die bisher von Furunkeln verschont geblieben ist. Alle anderen haben schon mehrere, meist an den unbequemsten Körperstellen – Gerry und Leo sind auf jede kleine Bevorzugung, die ich genieße, eifersüchtig. „Immer muß sie eine Extrawurst haben..."*

*In manchen Dingen sind Hass und Xenophon rührend besorgt um mich. Wenn ich mich waschen oder umziehen will, werden quer über eine Ecke des Decks Decken gespannt. Hass schreibt meist bis tief in die Nacht – seine Disziplin und Konzentration bei dieser Hitze und Anspannung sind zu bewundern. Ob ich es wirklich noch erleben werde, aus einem bequemen Kinostuhl die Expedition vor mir ablaufen zu sehen?*

AM MORGEN segelten wir wieder zum selben Platz zurück. Der Wind war ungünstig, und es war Mittag, ehe wir ankamen. Die Anlage wurde wieder aufgebaut, die Lichtmaschine angeworfen. Hass, Gerry und Leo waren tauchbereit.

Dann kam der große Augenblick.

Wawrowetz hatte die Zappelgeräusche der gestern harpunierten Fische auf ein Band montiert. Hass brachte den Unterwasserlautsprecher auf den Grund. Dann tauchte er auf und gab ein Zeichen. Es konnte losgehen!

Wawrowetz schaltete ein. Die Zappelgeräusche wurden erst normal, dann immer mehr verstärkt ins Meer ausgestrahlt. Nichts geschah. Nach einer Weile erschien Leo an der Oberfläche. „Ein paar Fische knabbern am Lautsprecher", rief er lachend. „Die Haie sind anscheinend auf Urlaubsreise!"

Wawrowetz wechselte das Band. „Versuchen wir einmal etwas anderes –" Er schmunzelte.

Hörte ich recht? Beschwingte Melodien erfüllten plötzlich die Luft – und das Meer. Ohne lange zu überlegen, nahm ich Maske und Flossen; nach den Klängen von „Leichte Kavallerie" tauchte ich in den seltsamsten Konzertsaal der Welt hinab.

Das Meer war wie verwandelt. Die Musik ertönte klar, jedes einzelne Instrument war zu hören. Hass saß in der Nähe des Lautsprechers auf dem Grund und winkte zu mir herauf. Einige Fische schwammen sichtlich nervös gegen den Lautsprecher, machten kehrt, kamen wieder zurück.

Die Musik brach ab, und minutenlang war die blaue Tiefe ebenso still und unheimlich wie sonst. Dann setzte der Walzer „Rosen aus dem Süden" ein. Der Meeresgrund wurde zum Ballsaal. Ein riesiger Schwarm Jacks kam vom tiefen Wasser hereingeschwommen. Jeder dieser Fische – es mochten mindestens zweihundert sein – war an die zehn Kilo schwer. Dicht gedrängt näherten sie sich bis auf fünf Meter und schwammen dann rings um Hass und den Lautsprecher im Kreis. Nach den Klängen des Walzers schwammen die Fische einen geschlossenen Reigen – jedenfalls sah es von oben, aus meinem Blickwinkel, so aus. In der Mitte stand Hass und filmte; ein Stück außerhalb des Kreises stand Leo und filmte ebenfalls. Der Anblick war so unwahrscheinlich, die wiegende Bewegung der Fische paßte so gut zu der Melodie, daß ich wie verzaubert den Atem anhielt.

Die Jacks umkreisten die fremdartige Geräuschquelle noch fünf- oder sechsmal, dann entfernte sich der Schwarm wieder. Nun hatten wir es eilig aufzutauchen, um unserer Begeisterung freien Lauf zu lassen. Leo war völlig aus dem Häuschen.

„Das war die Aufnahme meines Lebens!" rief er. „Wenn mir jemand erzählt hätte, daß es das gibt, hätte ich es nicht geglaubt!"

Wawrowetz, als Urheber der Idee, war sehr stolz.

Etwas später kam Hass wieder auf sein geplantes Forschungsschiff zu sprechen. Wenn es erst einmal soweit sei, werde er auch den Beweis für seine Theorie erbringen. Die Haie hatten sich nicht anlocken lassen, aber es wäre – so meinte er – ein reines Wunder gewesen, wenn es bei dieser primitiven Ausrüstung geklappt hätte.

„Die Haie merkten einfach, daß das kein zappelnder Fisch ist. Aber dieser Fischreigen wird ein Höhepunkt unseres Films."

Am Abend nahmen wir den Gesang der Mannschaft auf Tonband auf. Zu unserer Überraschung wurde Stamat zum Vorsänger bestimmt. So häßlich sein Gesicht war, so schön war seine Stimme. Sie sangen ein Liebeslied – nie hätte ich gedacht, daß diese rauhen, abgearbeiteten Männer so weich und hingebungsvoll singen würden.

Über uns spannte sich das unendliche Sternenzelt. Ich fühlte mich froh und stark. Vielleicht zum erstenmal auf dieser Reise war ich wirklich glücklich.

## JAGD AUF TEUFELSROCHEN

MACHMOUD STAND hoch aufgerichtet im Boot und spähte voraus. Seine dunklen Augen hatten einen listigen Ausdruck, seine Nasenflügel bebten. Kein Zweifel, er sah etwas. Und schon rief er triumphierend: „Alaa, alaa –! Plenty Manta! Manta kabir!" Er zeigte aufs offene Meer hinaus. An der Oberfläche regte sich etwas.

„Er hat recht, dort sind Mantas", erklärte Hass. „Endlich!"

Machmoud strahlte vor Stolz. Er hatte uns erklärt, wir würden an der Küste von Markowa sicher Mantas finden, und ziemlich genau in der Gegend, die er angegeben hatte, waren sie wirklich.

Hass wandte sich an Xenophon: „Stell den Motor ab, wir warten hier."

„Fahren wir nicht gleich hin?" fragte Gerry.

„Nein, wir warten noch. Die schwimmen nicht davon. Wenn wir zu nahe fahren, erschrecken wir sie. Bei dem Licht können wir nicht filmen. Wir müssen warten, bis dieser Dunst sich hebt."

Gerry und Leo waren mit dieser Lösung nicht sehr zufrieden. Wir setzten uns alle im Boot auf den Boden und lehnten uns gegen die Bordwand. Es war heiß wie in einem Dampfbad. Ein leichter Wind brachte kaum Kühlung.

„Die Mantas sind bei den Fischern nicht sehr beliebt", erklärte Hass. „Sie haben vorn am Kopf zwei bewegliche Schaufeln, die wie Hörner aussehen – deshalb werden sie auch Teufelsrochen genannt. Zwischen den Hörnern setzen sich parasitäre Krebse fest. Um die Parasiten loszuwerden, schwimmen die Mantas zu Fischerbooten, die vor Anker liegen, nehmen das Ankerseil zwischen die Hörner und sausen an dem Seil entlang. So kratzen sie sich die Schmarotzerkrebse ab." Hass lachte. „Dabei – so behauptet Machmoud – reißen sie manchmal den Anker vom Boden los und ziehen dann das ganze Boot am Ankerseil hinter sich nach. Darum sind die Mantas so gefürchtet."

„Wozu dienen diese Hörner?"

„Es sind bewegliche Lappen, mit denen der Manta Schwebetiere direkt in sein Maul hineinschaufeln kann."

Hass und Leo kontrollierten die Filmkameras. Alles war zum Einsatz bereit.

„Ich nehme die Kamera mit dem Teleobjektiv", sagte Hass, „und Sie nehmen die Weitwinkelkamera. Wenn Sie nahe an den Kopf eines Mantas herankommen und Pilotenfische sehen, filmen Sie diese auch. Mir liegt ganz besonders daran, daß wir festhalten, wie die Pilotenfische vor dem großen Maul schwimmen und sich hineinflüchten, wenn man näher kommt. Sie säubern das Maul des Mantas. Wir müssen also bei unseren Aufnahmen drei Dinge besonders im Auge – und im Sucher – haben: erstens die Mantas selbst in Lebensgröße, möglichst mit einem Taucher daneben, damit man sieht, wie riesig sie sind; zweitens ihre Schwimmbewegungen: ihr werdet sehen, wie großartig es ist, wenn sie in eine Kurve gehen; und drittens: die Pilotenfische in ihrem Maul."

Wir warteten fast eine Stunde, dann löste sich der Dunst endlich auf, und die Sonne kam hervor. Der Schweiß lief mir in kleinen Bächlein von der Stirn.

„Jetzt wäre ein schönes kühles Bad genau das richtige", sagte Gerry. „Könnt ihr euch das vorstellen: ein kühler Waldbach? Nicht diese Suppe da!" Das Wasser hatte mindestens 34 Grad.

Wir fuhren ein Stück mit dem Motor bei halber Kraft, dann stellten wir ab, und Xenophon ruderte. In einem Gebiet von etwa einem Kilometer Durchmesser tummelten sich dicht unter der Oberfläche zwanzig bis fünfundzwanzig Mantas.

„Leo und ich machen den Anfang", sagte Hass zu Gerry und mir. „Wenn ich euch ein Zeichen gebe, kommt ihr nach."

Hass und Leo glitten mit ihren Kameras, aber ohne Atemgeräte über Bord. Gerry und ich spähten durch den Guckkasten in die Tiefe. Der Grund lag sicher über fünfundzwanzig Meter tief.

„Den großen dort nehmen wir zuerst in die Mitte!" hörten wir Hass rufen. „Ich schwimme von vorn an das Maul heran – und Sie versuchen, uns beide ins Bild zu bekommen."

Wir konnten die Mantas durch die Wasseroberfläche nur undeutlich sehen. Einer, ein wahres Ungetüm, schwamm geradewegs auf Hass zu. Ein Stück weiter entfernt schwammen fünf Mantas in geschlossener Formation; vielleicht waren es Eltern mit ihren Jungen.

„Die Kamera steckt –", rief Leo gellend über das Wasser. Er kam eilig zum Boot geschwommen. Keuchend reichte er Wawrowetz die Kamera über den Bootsrand. Wawrowetz gab ihm die dritte Filmkamera.

„Los, Gerry und Lotte, kommt!" rief Hass.

Gerry verschwand wie ein Delphin. Ich ließ mich nach ihm ins Wasser gleiten. Leo kontrollierte die Kamera.

Jetzt sah ich die Mantas – hier zwei, dort eine Gruppe von fünf. Wie riesige Schmetterlinge flatterten sie durchs Wasser. Gerry schwamm eilig zu Hass hinüber. Er schwang kampflustig seine Harpune.

„Dort drüben kommt der große –", hörte ich Xenophon rufen.

„Schwimm von vorn an ihn heran", prustete Leo an der Oberfläche, „möglichst nah."

Ich tauchte unter dem Boot durch. Ein gewaltiger Anblick! Dieser Manta hatte sicher fünf Meter Spannweite. Einen Moment lang hing ich wie gelähmt im Wasser und starrte dem heranbrausenden Tier entgegen. Leo schwamm eilig zur Seite, um Abstand zu bekommen.

„Los, Lotte, auf ihn los!" schrie er.

Leo Rohrer, Hans Hass, Lotte Bayerl, Gerry

Ich hatte einen Speer in der Hand, aber gegen dieses Monstrum war das Stäbchen geradezu lächerlich. Ich schnappte nach Luft, tauchte unter und sagte mir: Die fressen nichts als Plankton! Die haben überhaupt keine Zähne! Zaghaft schwamm ich dem Manta entgegen. Er kam wie eine Lokomotive mit Riesenflügeln auf mich zu. Dieses Monstrum jagte mir Angst ein. Die Oberseite des Tieres war dunkel, die Bauchseite hell mit dunklen Flecken. In der Mitte klaffte ein riesengroßes viereckiges Maul. Rechts und links drehte und bewegte sich etwas: das waren die Kopflappen.

Im nächsten Augenblick sah mich der Manta. Er drehte wie ein Flugzeug – der eine Flügel verschwand über der Wasseroberfläche, der andere schwang schräg abwärts. Ich sah die kleinen Pilotenfische vor seinem Maul schwimmen und zwei andere, größere Fische unter seinem Bauch, dicht an die Haut gepreßt.

„Sehr schön!" rief mir Leo übers Wasser zu. „Ich hab euch beide!"

Xenophon schwenkte die Arme. „Achtung, er kommt wieder zurück!"

„Schnell, Lotte!" rief Leo. „Schwimm so nahe wie möglich an den Kopf heran und streck die Hand aus, als wolltest du nach seinem Maul greifen. Dann sehen wir, was die Pilotenfische tun."

Also tauchte ich. Der Manta kam im spitzen Winkel auf mich zu. Leo war auf der anderen Seite untergetaucht und hielt die Kamera im Anschlag. Ich schwamm schräg auf den Kopf des Mantas zu. Die Pilotenfische – klein, zierlich, höchstens zehn Zentimeter lang, gelb mit schwarzen Querstreifen – wirkten wie kleine Elfen vor dem Rachen eines Ungeheuers.

Der Manta ließ sich durch mich nicht stören. Gleichmäßig schwangen seine Riesenflossen auf und nieder. Jetzt war ich dicht vor dem Kopf des Tieres ... Ich streckte die linke Hand vor, so weit ich konnte, genau in Richtung der kleinen Fische. Ich sah nur noch sie. Sie bemerkten meine Hand, hielten inne – verschwanden im Maul.

Eine riesige Bewegung ging über mich hinweg. Instinktiv rollte ich mich zusammen. Ich fühlte, wie mich ein Schlag an der Schulter traf. Alles war voll Luftblasen ... Ich wußte nicht mehr, wo oben und unten war. Ein starker Sog erfaßte mich, zog mich zur Seite, dann wurde es wieder heller über mir.

„Hat er dich verletzt?" empfing mich Leo an der Oberfläche.

Ich rang nach Atem. „Ich glaube nicht." Mein Herz klopfte zum Zerspringen. „Hast du's –"

„Ich könnte weinen!" jammerte Leo. „Eine so herrliche Aufnahme – und auch diese Kamera steckt!" Er winkte Hass, der aufgetaucht war und nun auf uns zuschwamm.

„Ich hab die Pilotenfische in sein Maul gejagt!" rief ich Hass, noch atemlos, entgegen.

„Sie dürfen nicht zu nahe heranschwimmen", sagte Hass, „sonst kriegen Sie eins über den Kopf. Diese Kerle sehen nämlich schlecht, und dann erschrecken sie ... Übrigens bluten Sie an der Schulter."

Jetzt sah ich erst die Hautabschürfung an meiner Schulter. Es blutete ein wenig, war aber nicht weiter schlimm.

„Wollen Sie lieber ins Boot?"

„Nein – ich spüre das überhaupt nicht."

Leo war inzwischen ins Boot geklettert. Er und Wawrowetz hantierten an den Kameras.

„Mach eine von den großen Spitzen an das lange Seil!" sagte Hass zu Xenophon. „Du weißt schon."

„Willst du einen harpunieren?"

„Vielleicht."

In einiger Entfernung tummelte sich ein Kindergarten von Mantas. Vier Junge spielten dort und schwammen Kapriolen. Nur mit Mühe gelang es uns, ihnen zu folgen und ein paar nette Schnappschüsse zu erbeuten. Diese kleinen Mantas hatten keine Pilotenfische. Als Hass nach einer längeren Aufnahme verschnaufte, fragte ich ihn: „Was sind das für Fische, die unter dem Bauch schwimmen?"

„Das sind Schildfische. Wenn sie müde sind, saugen sie sich mit dem Kopfschild an der Haut des Mantas fest."

„Fertig!" rief Leo. „Jetzt läuft sie wie Butter. Kommt hierher, da sind zwei große!"

Wir waren alle drei außer Atem. Unter Wasser schien es, als bewegten sich die Mantas nur langsam, doch wenn man ihnen folgen wollte, merkte man, daß sie doch recht schnell waren.

Ich schwamm um das Boot herum und sah gerade noch, wie Hass seinen Arm gegen einen großen Manta vorstieß. Das Tier drehte und tauchte steil hinab. Es zog ein langes Seil hinter sich nach, das bis zum Boot führte.

„Achtung, ich hab ihn!" brüllte Hass. „Gleich wird er ziehen!" Das Boot neben mir drehte sich. Machmoud packte das Seil, es gab einen heftigen Ruck – Machmoud ließ mehr Seil auslaufen. Nun lag das Boot wieder still. Der Manta war von der Oberfläche nicht mehr zu sehen. Gerry und Leo waren ihm nachgetaucht, jetzt kamen sie wieder herauf.

„Die Harpune hat ihm den Flügel durchbohrt!" rief Leo atemlos. „Ich hab's im Bild!"

Gerry schnappte nach Luft. „Es ist wahnsinnig tief. Aber er ist in ein Loch hinein, unter einem Vorsprung. Das Seil führt jetzt unter diesen Vorsprung."

„Mich interessiert vor allem eines: sind die Pilotenfische noch bei ihm oder nicht?" rief Hass. „Er hatte ein ganzes Regiment vor dem Maul." In diesem Augenblick begann sich das Boot, wie von Geisterhand gepackt, im Kreis zu drehen. Es fuhr auf das offene Meer zu und schwankte bedrohlich hin und her. Machmoud, Xenophon und Wawrowetz stolperten durcheinander. Gerry bog sich vor Lachen.

Dieser Anblick – das Boot an der Leine und die entgeisterten Gesichter der drei Männer – war aber auch zu komisch.

Die Mantas waren verschwunden. Das Boot trieb immer noch weiter ins Meer hinaus. Wir blickten ihm nach – Machmoud stand wieder vorn und hielt das Seil.

Das Boot fuhr noch einige hundert Meter, dann lag es still. Xenophon blickte mit dem Guckkasten in die Tiefe. Sie zogen am Seil – „Das Seil ist ab", erklärte Hass. „Wahrscheinlich ist es an einer Koralle hängengeblieben. Jetzt werden wir nie wissen, ob die Pilotenfische mitgekommen sind."

Machmoud winkte zu uns herüber, Xenophon warf den Motor an. Das Boot war bald wieder bei uns. Wir kletterten hinein und stellten einmütig fest, daß wir hungrig waren!

Xenophon betrachtete besorgt die Wunde an meiner Schulter. Ich war ihm dankbar dafür – nicht so sehr, weil die Verletzung schmerzte, sondern weil mir seine Fürsorge wohltat.

„Soll ich ein bißchen Wasserstoff daraufgeben?"

„Danke, Xenophon. Ich glaube, das ist nicht nötig. Das Meerwasser desinfiziert."

Kurz darauf sichteten wir einen anderen Schwarm von Mantas. Ich versuchte nochmals, zwei Pilotenfische in ein riesiges Maul zu jagen, aber ich kam nicht mehr so nahe heran. Meine Schulter tat nun doch etwas weh.

„Jetzt komm ich!" gellte es über das Wasser. Gerry hatte die Harpune mit dem langen Seil genommen. Auf ein Zeichen tauchten er und Leo gleichzeitig. Gerry wußte, daß er gefilmt wurde, und schwamm daher geschmeidig wie eine Robbe. Er spannte den Körper, schnellte die Harpune vor – daneben. Der Rochen war sehr geschickt ausgewichen.

„Geh, du Patzer!" schrie Leo. „Soll ich dir zeigen, wie man das macht?"

Aber damit war Gerry nicht einverstanden. „Warte einen Augenblick, der kommt gleich wieder!"

Der Manta kam wirklich zurück. Plötzlich drehte er sich um die eigene Achse, schlug mehrere Purzelbäume, brauste in die Tiefe hinab. Gerry hatte ihn in die äußerste Ecke des Flügels getroffen.

„Versuchen Sie, mit der Handkamera zu filmen!" rief Hass zu Wawrowetz hinüber. Hass hatte seine Kamera leergefilmt.

Jetzt kam der Manta wieder herauf. Er drehte sich wie verrückt im Kreis und schlug dabei wild um sich.

„Schwimmen Sie lieber weg!" rief mir Hass zu. „Mit dem ist nicht zu spaßen!"

Gerry hatte das Seil gepackt; Leo kurbelte an der Kamera. Ich hielt mich am Bootsrand fest, da schlug der Manta einen Bogen – sein Flügel warf mich heftig zur Seite, das Seil ging über mich hinweg; ich versuchte, es zu halten, aber vergeblich.

„Achtung – weg!" brüllte Xenophon im Boot. Er schwang einen Holzknüppel. Leo versuchte, den Manta von schräg unten zu filmen, und erhielt ebenfalls einen Schlag. Der nächste Schlag traf das Boot. Wawrowetz fiel mit der Kamera beinahe über Bord.

Der Manta warf sich mit dem ganzen Körper aus dem Wasser. Ich hielt mich noch immer am Bootsrand fest. Dann ein gewaltiger Ruck – der Manta schwamm genau unter mir durch. Er hatte einen langen Riß im linken Flügel. Er hatte sich losgerissen!

Erschöpft und atemlos kletterten wir ins Boot. Nach einem Seesturm hätte es hier nicht schlimmer aussehen können. Der Boden war überschwemmt, Tauchgeräte, Flaschen, Harpunen – alles lag wild durcheinander.

„Ich hab sie erwischt!" erklärte Leo stolz. „Sie waren ganz aus dem Häuschen und schwammen immer hinterdrein, wie erschreckte Kinder."

„Du meinst die Pilotenfische?" fragte Hass.

„Ja, die Pilotenfische."

## IN EINEM VERSUNKENEN SCHIFF

*22. August. Heute steht uns ein großes Erlebnis bevor. Hoffentlich geht alles gut ...*

AUF DEN tiefblauen Wellen waren weiße Kämme. Unser großes, vielfach geflicktes Segel blähte sich in dem heißen Wind. Wir machten gute Fahrt.

An Bord herrschte nervöse Spannung. Hass hatte auf einer alten Seekarte ein Riff ausfindig gemacht, bei dem ein versunkenes Schiff eingezeichnet war. Dorthin segelten wir; Hass wollte über diesem

Wrack ankern. Die Stelle war gut gegen das offene Meer geschützt, aber der Kapitän erklärte, es sei zu weit von der Küste entfernt: man müsse in dieser Gegend mit plötzlichen Stürmen rechnen. Darauf ließ Hass durch Stamat übersetzen, er persönlich übernehme die Verantwortung. Der Kapitän fand sich damit ab, wenn auch nur unwillig.

Gegen elf Uhr näherten wir uns dem Riff. Mehrere Riffbänke lagen zwischen uns und der Küste. Über diesen Riffen herrschte starke Brandung, das Wasser war dort von der hochschäumenden Gischt schneeweiß.

Wir konnten das Riff, bei dem das Wrack liegen sollte, mit dem Feldstecher deutlich sehen. Wir hatten genau Kurs darauf. Kein Segel wurde eingeholt. Der Kapitän stand unbeweglich neben dem Steuermann: In voller Fahrt fuhren wir geradewegs auf das Riff los, kamen immer näher.

Es war atemberaubend. Wir waren kaum dreißig Meter von der Brandungslinie entfernt, und noch immer regte keiner der Matrosen die Hand. Plötzlich wendete der Kapitän den Kopf und sagte etwas. Die Segel flogen herunter, das Steuer wurde herübergerissen, der „Raubmörder" sprang mit einem Anker ins Wasser. Die *El Chadra* schaukelte ein wenig, dann straffte sich das Seil, und wir lagen still. Eine prachtvolle Landung!

„Wir machen uns gleich auf die Suche nach dem Wrack", erklärte Hass. „Wenn wir es finden, gehen wir mit Tauchgeräten hinunter und sehen es uns genau an. Morgen können wir schon die ersten Szenen schießen."

Ich war sehr aufgeregt. Als kleines Mädchen hatte ich einmal eine Geschichte über ein versunkenes Schiff gelesen; ein Taucher hatte dort nach einem Goldschatz gesucht und war dabei von einem Riesenkraken angefallen worden.

In fieberhafter Eile verluden wir die Tauchgeräte und sonstigen Ausrüstungen ins Boot und fuhren dann langsam am Riff entlang. Hass stellte sich mit dem Guckkasten an den Bug und starrte durch den Metallzylinder in die Tiefe. Wir waren kaum fünfzig Meter gefahren, da rief er: „Hier ist es!"

Der Motor wurde gestoppt, und wir schauten der Reihe nach durch den Zylinder. Einige merkwürdige Korallenbildungen bedeckten hier den Grund. Sie hatten wie mit dem Lineal gezogene Begrenzungen und sahen überhaupt anders als normale Korallenstöcke aus.

„Das sind Eisentrümmer", erklärte Hass. „Meist brechen bei einem Schiffbruch irgendwelche Teile vom Schiff los, die liegen dann im Seichten, und Korallen siedeln sich auf ihnen an." Er hob den Guckzylinder ins Boot. „Der Kapitän hatte recht", fuhr er fort. „Er sagte, etwa hundert Meter links liege das Schiff – und da liegt es. Nach seiner Behauptung war es ein russischer Frachter, der hier vor achtzig Jahren vom Sturm gegen das Riff geworfen worden und gesunken ist."

Wir legten die Tauchgeräte an und spülten unsere Masken. Ich zog mir die Flossen an.

„Glauben Sie, daß es Riesenkraken gibt?" fragte ich.

Hass lachte. „Die einzigen, die ich bisher zu Gesicht bekam, stammen aus amerikanischen Filmen und sind aus Gummi."

„Aber große Tintenfische gibt es doch, oder nicht?" fragte Gerry.

„Ja, im Museum in Monako befindet sich ein ausgestopftes Exemplar mit zehn Meter langen Armen; aber die leben in größeren Tiefen draußen im offenen Meer. Ich halte diese Erzählungen von Riesenkraken in versunkenen Schiffen für sehr übertrieben. Eine größere Spannweite als zwei Meter ist schon selten."

Leo, Gerry und ich griffen nach einer Harpune. Hass nahm eine Unterwasser-Photokamera. Wir ließen uns ins Wasser gleiten. Der Grund lag hier etwa sechs Meter tief und fiel schräg ab. Das Wasser war nicht besonders klar, die Sehweite betrug nicht mehr als zwanzig bis fünfundzwanzig Meter. Dicht nebeneinander glitten wir den Hang hinab. Vor uns wurde ein Abbruch sichtbar – dahinter lag dunkles Wasser. Hass, der die Kante als erster erreichte, hielt inne; Gerry und Leo folgten seinem Beispiel. Dann blieb auch ich wie angewurzelt stehen.

Unter uns lag ein riesiges Etwas, das wie eine mit Urwaldgewächsen überwucherte Ruinenstadt aussah. Spitze Teile ragten daraus hervor; dahinter verschwammen die Konturen zu einem schachbrettartigen Muster. Den Rest verschluckte das Dämmerlicht der Tiefe.

Hunderte und Tausende von Fischen kreisten um diesen Fremdkörper. Eine Kindheitsvorstellung kam mir in den Sinn: das mit blühenden Ranken überwachsene Dornröschenschloß.

Wir tauchten in den Zaubergarten hinab. Die Ruinen nahmen jetzt deutlichere Gestalt an – ein Trümmerhaufen von Eisenteilen, wie von einem Wirbelsturm durcheinandergeworfen und von Korallen überkrustet. An mehreren Stellen ragten verbogene Stangen hoch empor. Auch auf ihnen wucherten malerisch Korallen. Das Wasser wurde merklich kühler. Ein grünliches Dämmerlicht umfing uns.

Ich war so aufgeregt, daß ich Mühe hatte, den Atemschlauch nicht zu verlieren. Mein Atem ging viel zu schnell; meine Tauchmaske beschlug, und ich konnte nur noch verschwommen sehen. Bei einem der Trümmer hielten wir inne. Ich ließ Wasser in die Maske einströmen und spülte das Glas rein. Jetzt konnte ich wieder klar sehen.

Nicht weit von mir entdeckte ich eine verbogene Schiffsleiter; sie war von Steinkorallen völlig überkrustet. Daneben lag ein großes rundliches Gebilde; zwischen den Korallen lugten Zahnräder hervor – das mochte vielleicht die Ankerwinde gewesen sein. Gerry und Leo waren schon ein Stück weiter vorn. Nun machten sie uns aufgeregte Zeichen, wir sollten nachkommen, und wir folgten den beiden.

Plötzlich wurde mir bewußt, wie das Schiff lag. Wir waren jetzt über dem gut erhaltenen Mittelteil. Das Schiff lag seitlich geneigt, und die schachbrettartige Kontur war das einstige Deck. Alles Holz war hier weggefault, nur die alten Eisenstreben waren übriggeblieben.

In der Mitte des Decks wuchs eine tischartige Koralle von gut zwei Meter Durchmesser. Durch die quer und längs laufenden Eisenstreben konnten wir in den dunklen Schiffsbauch hinuntersehen. Vorn im Deck war ein großes Viereck ausgespart; das war die einstige Ladeluke. Eine gleiche Öffnung befand sich ein Stück weiter unten. Ich sah deutlich, daß unter dem ersten Raum noch ein zweiter lag.

Hass berührte mich an der Schulter. Er zeigte auf ein Eisengeländer zu unserer Rechten: die Reling! Wir schwammen hin, ich hielt mich daran fest – und als ich mich vorbeugte, sah ich die schräg abfallende Schiffswand. Sie war etwa fünf bis sechs Meter hoch. Darunter erstreckte sich der absinkende Meeresboden, auf dem der Schiffsrumpf auflag. Wo ich jetzt schwebte, hatten einst die Passagiere gestanden und auf das vorbeirauschende Meer hinabgeblickt.

Während ich an der Reling stand, schwamm Hass über die Schiffswand hinunter. Erst auf dem Grund richtete er die Kamera zu mir empor. Ich beugte mich über die Reling vor – ein Passagier, der auf die vorbeischwimmenden Delphine hinabblickt... Hass streckte den Daumen hoch: Die Aufnahme war okay.

Auf der anderen Seite des Decks ragte ein großer rundlicher Körper auf, aus dem ein Rohr hervorsah. Eine Kanone! Hass gab mir

Zeichen, mich daneben aufzustellen. Er hob die Kamera und photographierte. Wieder hielt er den Daumen hoch.

Als ich mir die Rückseite dieser Kanone ansah, mußte ich lachen. Was ich für ein Kanonenrohr gehalten hatte, war ein Stück des einstigen Mastes. Im Innern des Rohres stand ein Rotfeuerfisch. Seine Flossen waren nicht flügelartig, sondern liefen in einzelne weitausladende Strahlen aus. Er war schwarzweiß gemustert – aber vielleicht war er auch rot, denn hier unten gab es nur noch grünliche und bläuliche Farbtöne. Meine eigenen Finger wirkten aschfahl.

Wir gelangten zum rückwärtigen Teil des Schiffes, der noch gut erhalten war. Das Heck war rund, hatte einen Aufbau in der Mitte, wahrscheinlich den Kompaßstand – und eine Reling, die ringsum lief. Als ich mich vorbeugte, sah ich tief unter mir die Kontur der einstigen Schiffsschraube. Ein mittelgroßer Hai kam schräg emporgeschwommen. Er blickte zu uns herüber und entschwand dann wieder in der Dunkelheit. Es war hier schon sehr düster. Von der Oberfläche konnte ich nichts mehr sehen. Ein beklemmendes Gefühl sagte mir, daß wir jetzt schon zu tief waren – zwanzig Meter war die äußerste Grenze für unsere Tauchgeräte. Nach meinem Ermessen waren wir jedoch tiefer. Hass machte weitere Aufnahmen, dann schwammen wir auf der anderen Seite der Schiffswand entlang. Etwa zwei Meter unter der Reling kamen wir zu einem großen, klaffenden Loch. Wir schwammen hinein.

Meine Augen gewöhnten sich rasch an das Dunkel. Ich war jetzt im Schiffsbauch. Hass untersuchte die Eisendecke über uns. Unwillkürlich sah ich mich um, ob nicht irgendwo Skelette umherlagen. Aber der Boden war wie reingefegt. Unzählige kleine Fische hingen wie Mücken im Raum.

Das Manometer meiner Sauerstoffflasche zeigte fünfzig Atmosphären Druck. Ich hatte also noch Luft für zehn bis fünfzehn Minuten.

Durch mehrere kreisrunde Löcher fiel blaues Licht in diesen dunklen Raum. Das waren die einstigen Bullaugen! Ich schwamm näher an eines heran und blickte hindurch. Im selben Augenblick tauchte dort draußen der Körper eines großen Fisches auf, und von schräg oben näherte sich gleichzeitig ein Stab, schoß plötzlich vor, schlug in den Fisch hinein. Mit einer erschreckten Reflexbewegung sauste der Fisch, ein Zackenbarsch, direkt auf mich zu, in die Öffnung herein. Ich schrie in meiner Maske. Der Fisch wirbelte herum, sauste wieder hinaus und verschwand, eine Schnur hinter sich nachziehend. Arme kamen ins Bild, kurz ein Kopf, zwei Flossen – dann war die Erscheinung vorbei.

Es dauerte eine Weile, ehe ich begriff: Vor meinen Augen hatte Leo einen Fisch harpuniert. Ein unglaublicher Zufall!

Ich brauchte einige Zeit, um mich zu beruhigen. Ich fühlte jetzt sehr deutlich, daß ich hier nicht länger bleiben durfte. Wir waren zu tief. Um Himmels willen: wo war Hass?

Er war genau hinter mir. Von der anderen Seite kam er aus dem Dunkel. Ich atmete auf. Wir schwammen quer durch den weiten Raum bis unter die Ladeluke und durch diese wieder empor. Oben auf dem Deck stießen wir auf Leo. Er war gerade damit beschäftigt, seinen Pfeil wieder geradezubiegen. Der Zackenbarsch hatte sich offenbar losgerissen.

Leo führte uns zur Schiffsseite und zeigte in die Tiefe. Unter der überhängenden Bordwand quoll eine gewaltige Schmutzwolke, aus der zwei Flossen hervorsahen. Es waren die Füße von Gerry: nach seinen Bewegungen zu schließen, war er bei einer angestrengten Tätigkeit. Wir schwammen alle hinunter.

Der getroffene Fisch lag offenbar in einem Spalt zwischen der Schiffsunterseite und dem Grund. Gerry steckte zur Hälfte in diesem Spalt und stocherte darin herum. Hass und Leo verschwanden ebenfalls in der Schmutzwolke, und bald waren von allen dreien nur noch die unter dem Schiffsboden hervorschauenden Flossen zu sehen.

Mir wurde kalt und schwindlig. Ich konnte nicht mehr klar sehen und schwamm etwas höher. Hier war ein klaffender Riß in der Schiffswand. Ein riesiges, fächerartiges Gebilde lugte aus dieser Öffnung hervor. Ich schwamm zögernd in die Öffnung hinein: Es war eine Fächerkoralle, die auf dem Eisen wuchs. Hier unten sahen sie schwarz aus, doch wußte ich, daß diese Art leuchtend orange gefärbt war. Kleinere hatte ich schon öfter gepflückt – diese war ein Prachtstück.

Ich versuchte, sie loszureißen. Ein unbestimmtes Gefühl sagte mir, daß ich in Gefahr war, aber ich zerrte mit aller Kraft an der Koralle. Eine bleierne Müdigkeit überkam mich... Plötzlich fühlte ich zwei Hände, und mein Bewußtsein kehrte zurück. Ich war tief in die Öffnung hineingerutscht, die Eisenkante kratzte scharf über meine Schulter. Hass zog an mir, jetzt war auch Gerry da und packte mich an der anderen Schulter. Ich machte mich frei und versuchte, selbst zu schwimmen. Ich fühlte eine unbeschreibliche Sehnsucht, wieder nach oben zu kommen. Hass hielt mich an der Hand.

Die düstere Ruine blieb hinter uns zurück. Es wurde heller, heller. Viel Luft strömte aus meinem Mund, der Druck auf meinen Körper nahm ab.

Es wurde wärmer um mich. In meinen Ohren sauste es – pfeilschnell flogen wir aufwärts. Wir brachen durch den Wellenhimmel, und um uns war wieder Licht und Sonne.

„Sie hätten nicht so tief tauchen sollen!" sagte Hass, als wir wieder im Boot waren.

Ich war noch schwindlig, aber sehr erleichtert. „Sie waren noch tiefer", sagte ich.

„Das ist etwas ganz anderes", sagte Hass.

Ich lächelte: „Wirklich?"

Hass sah mich sehr nett an. Ich glaube, er hatte ein schlechtes Gewissen. „Sie sind ganz schön mutig", sagte er.

## IN TODESGEFAHR

WIR ASSEN zu Mittag und waren alle in Hochstimmung. Der Wind hatte nachgelassen, und das Meer breitete sich ölig und glatt um uns aus. Auf unseren zehn Quadratmetern Deck hatten wir weder Stühle noch einen Tisch, also benutzten wir die Planken als Tisch und hockten wie bei einem Picknick im Kreis auf dem Boden.

Mein Ehrgeiz war, trotz dieser primitiven Situation hübsch zu decken. Wir aßen von bunten Plastiktellern auf kleinen Bastmatten, die Speisen standen auf einem großen runden Brett in der Mitte. Zu Mittag gab es stets nur leichte Kost, damit wir schnell wieder ins Wasser konnten.

„Heute abend gibt es eine Überraschung", verkündete ich. „Ratet, was?"

„Meinen Zackenbarsch!" erklärte Leo. „Erst den Kopf als Suppe und dann den Rest, hübsch braun gebraten."

„Zur Hälfte erraten", sagte ich. „Aus dem Kopf machen wir eine Suppe – aber da heute Bill Clark kommt, habe ich mir etwas anderes ausgedacht. Es gibt ein ganz heimatliches Gericht: Rehrücken in Rahmsoße mit Preiselbeeren. Was sagt ihr!"

Beifälliges Murmeln um den „Tisch". Wir hatten zu Versuchszwecken verschiedene Konserven mit, darunter eine große Dose Rehrücken in Rahmsoße.

Wir freuten uns alle, daß Bill Clark den weiten Weg nicht scheute, uns einen Besuch abzustatten. Er kam per Auto auf der Küstenstraße, und Gerry und Machmoud sollten ihn am Nachmittag mit dem Boot abholen. Von unserem Ankerplatz konnten sie die Stelle mit dem Außenbordmotor in ungefähr dreißig Minuten erreichen.

Ich hörte, wie die beiden abfuhren, dann sah ich das Boot auf dem spiegelglatten Meer verschwinden.

Etwa eine Stunde später zeichnete sich in Richtung der Küste ein merkwürdiger weißer Streifen am Horizont ab. Die Sonne war hinter einer Dunstwolke verschwunden. Der Streifen sah wie eine Brandung aus. Er kam in seiner ganzen Länge näher.

Ich rief Hass. Sein Gesicht war ernst: „Wir bekommen Sturm."

Die Männer hatten sich in schattige Winkel verkrochen. Nun wurde es am Vorderdeck plötzlich lebendig. Der „Raubmörder" kletterte in das kleine Boot, ein Anker wurde ihm hinuntergegeben; das Seil hinter sich nachziehend, ruderte er eilig vom Schiff weg, gegen das tiefe Wasser zu. Dort ließ er den Anker ins Meer fallen.

Es war gespenstisch. Wie eine lange Front rückte die weiße Linie näher. Jetzt konnte man bereits sehen, wie es dort spritzte und schäumte.

„Das Sonnensegel wegmachen!" rief Hass. Alles lief durcheinander. Und schon brach es auf uns nieder. Die Wanten begannen zu surren, die *El Chadra* legte sich zur Seite. Die Wellenwand schlug gegen das Schiff. Große Hagelkörner donnerten auf uns nieder.

Wir drängten uns unter ein Stück Sonnensegel, das noch etwas Schutz bot. Es war unglaublich, nach dieser drückenden Hitze plötzlich das ganze Deck mit Eis bedeckt zu sehen. Es war kühl, eine heftige Sturmbö heulte über uns hinweg. Die *El Chadra* begann zu stampfen und zu schlingern.

„Ich mach unten die Kisten fest!" rief Xenophon. „Kommen Sie mit, Wawrowetz?" Auch Leo folgte den beiden.

„Da haben Sie einen Strick! Halten Sie sich daran fest, sicher ist sicher." Hass knotete ihn am Schanzkleid fest. „Nötigenfalls können Sie sich anbinden."

„Ist es so gefährlich?"

„Nein, nein. Ich glaube, es wird gleich vorbei sein." Er eilte zum Vorderdeck.

Der Hagel hatte aufgehört. Nun peitschte ein warmer Regen hernieder. Der Sturm schien gedreht zu haben, das Donnern der Brandung kam jetzt aus einer anderen Richtung.

Ich klammerte mich an dem Strick fest. Alles, was nicht niet- und nagelfest war, wurde vom Sturm durcheinandergeschüttelt. Es war ziemlich dunkel geworden. Ich zitterte vor Nässe und Aufregung. Das Vorderdeck konnte ich nur undeutlich sehen; schemenhaft huschten dort Gestalten hin und her. Wir hingen an drei Ankern. Ich wagte nicht, mir vorzustellen, was geschah, wenn die Seile rissen.

Endlich tauchte Hass wieder auf. Der Sturm heulte jetzt so stark, daß man dem anderen ins Ohr schreien mußte, um verstanden zu werden. „Glauben Sie, daß die Anker halten?" schrie ich.

„Einer wird schon halten!" schrie Hass zurück.

„Und wenn sie nicht halten?"

„Dann machen wir eine Gratisfahrt nach Saudi-Arabien, dort soll es auch sehr hübsche Korallen geben!"

Das sollte wohl ein Witz sein, um mich aufzumuntern. Saudi-Arabien war auf der anderen Seite des Roten Meeres, und in dieser Richtung lag unser Riff, an dem wir zerschmettern mußten. Der Kapitän hatte schon gewußt, warum er hier nicht ankern wollte!

Regen und Sturm ließen etwas nach. Hass, Leo und Xenophon zerrten das Schlauchboot an Deck und bliesen es mit dem Blasebalg auf. Xenophon stieg wieder in den Schiffsbauch hinunter und reichte zwei Wasserkanister, eine Proviantkiste und mehrere in Segeltuch verpackte Raketen herauf. Alles wurde im Boot festgemacht.

Es wurde immer düsterer. Ich kauerte an der Reling und klammerte mich am Seil fest. Das unheimliche Donnern der Brandung kam jetzt von der anderen Seite. Der Sturm schwoll wieder an und schien ständig zu drehen. In der kurzen Pause zwischen zwei Böen wollte ich zu den Männern hinübergehen – in diesem Augenblick heulte es auf, als wollte uns der Orkan verschlingen. Die *El Chadra* wurde wie von einer Riesenhand niedergedrückt. Ich sah, daß Hass und Leo das Boot an den Mast banden... dann sah ich nichts mehr. Eine Riesenwelle ging über uns alle hinweg. Das Schiff bäumte sich auf, ein peitschender Knall... Die *El Chadra* wurde hochgehoben, stampfte...

Mein Herzschlag setzte aus: Eines oder zwei der Ankerseile waren gerissen! Das Schiff schlingerte jetzt viel stärker.

Vom Vorderdeck gellten aus der Dunkelheit Schreie zu uns herüber. Hass turnte die Reling entlang, verschwand. Ich wartete einen günstigen Augenblick ab und lief zum Mast hinüber, wo ich mich neben Leo und Wawrowetz am Boot festklammerte. Wenn das Schiff gegen das Riff geschmettert wurde, war dieses Schlauchboot wahrscheinlich unsere einzige Rettung. Die Riffe hier waren nicht breit. Vielleicht würden wir im Schlauchboot darüber hinweggespült und hatten doch noch eine Chance...

Plötzlich wurde mir klar, was mich schon die ganze Zeit hindurch im Unterbewußtsein beschäftigte. Natürlich! „Ich komme gleich wieder!" brüllte ich Leo ins Ohr.

Ich hörte noch, wie mir Leo nachrief: „Bist du verrückt?", doch schon war ich bei der Leiter und kletterte in den stockdunklen Schiffsraum hinab. Auch hier unten war alles naß. Ich stolperte über eine Kiste, schlitterte durch die Finsternis. Dann war ich wieder auf den Beinen und tastete mich weiter. Endlich fand ich meinen Koffer. Mit einer Hand hielt ich mich fest, mit der anderen wühlte ich in den Kleidern – dann hatte ich, was ich suchte. Wieder rollte das Schiff, ich stürzte und umklammerte dabei krampfhaft das Metallstück in meiner Hand. Dann trat sekundenlang wieder Ruhe ein. Ich stopfte das harte Metall in meine Tasche, schloß den Koffer und verspreizte ihn wieder. Als ich oben anlangte, prasselte gerade eine Riesenwelle über das Deck. Es war jetzt völlig finster, pechschwarz. Wie spät mochte es sein?

Leo half mir, mich mit dem Seil am Mast festzubinden. Dann fuhr ich mit der rechten Hand in die Tasche, umklammerte das runde Eisen – und fühlte mich beruhigt.

Es war der Schekel eines Segelbootes, ein Talisman, den ich von Gerrys Bruder Harry bekommen hatte. Im Krieg hatte ihm dieser Schekel das Leben gerettet; ein Schuß hatte ihn getroffen, doch die Kugel war gegen den Schekel geprallt. Vor meiner Abreise von Wien hatte mir Harry diesen Talisman gegeben. „Er wird dir immer Glück bringen", hatte er gesagt.

Harry und ich hatten auf der Alten Donau in einigen Stürmen gesegelt, und das war uns schon recht aufregend vorgekommen. Was Harry wohl jetzt sagen würde?

Ich dachte an meine Eltern. Irgend jemand würde ihnen wohl die Nachricht schonend beibringen, falls wir hier alle zugrunde gingen. „Mir wäre schon lieber, du bliebst da", hatte mein Vater gesagt. „Aber du bist ja nicht zu halten. Also paß gut auf dich auf."

Plötzlich war Hass wieder da. „Sie haben noch einen Anker geworfen!" schrie er. „Den vierten! Ein ganz vorsintflutliches Ding. Sie hatten es unten im Schiffsraum, offenbar als letzte Reserve."

„Die anderen sind alle ab?" brüllte Leo.

„Ja, drei sind ab. Aber dieser hat ein vierfaches Seil. Die ganze Mannschaft hängt daran, um jeden Ruck auszugleichen. Dort, wo das Seil über die Reling schleift, haben wir es ganz dick mit Decken umwickelt."

„Gehen wir ins Schlauchboot, wenn das Seil reißt?" schrie ich Hass ins Ohr.

„Ja!"

„Und die Mannschaft?"

Keine Antwort. Ich umklammerte den Schekel. Ich war völlig durchnäßt, und obwohl der Sturmwind heiß war, fröstelte ich. Meine Haare hingen mir in Zotten ins Gesicht. Zum erstenmal in meinem Leben fühlte ich nackte Todesangst. Der Gedanke, daß dieses Leben nun so plötzlich vorbei sein sollte, war einfach unfaßbar. Ich saß in der pechschwarzen Finsternis an den Mast gebunden und haßte Hass, der neben mir kauerte und schuld daran war, daß unser aller Leben nun an einem Ankerseil hing. Ich spürte, wie mir die Tränen in die Mundwinkel liefen.

Zeit verging. Vielleicht eine Stunde, vielleicht mehr. Zwei- oder dreimal flaute der Sturm etwas ab, dann peitschten neue Böen über uns hinweg.

Hass hatte seinen Arm um mich gelegt; mein Kopf lag an seiner Schulter. „Das war keine gute Idee, hier zu ankern", hörte ich ihn sagen.

Ich antwortete: „Das konnten Sie nicht wissen!"

Plötzlich sah ich diesen Mann, das Idol der Jugend, anders als bisher. Er hatte eine rege Phantasie und den verbissenen Willen, diese in Wirklichkeit zu verwandeln. Das war der Motor seines Wagemutes und seiner Entschlußkraft. Auf seiner ersten Expedition im Karibischen Meer hatte man ihm erklärt, er und seine zwei Begleiter würden bestimmt von Haien gefressen werden. Kein Mensch hatte es bis dahin gewagt, in diesen Gewässern zu tauchen. Aber der junge Mann aus Wien wußte es besser und behielt recht. Die drei tauchten monatelang in den von Haien verseuchten Gewässern. Wer wagt, gewinnt. Allerdings: Wer wagt, kann auch verlieren.

Ich schämte mich meines Vorwurfs. Wenn eine Sache schiefging, hatten es alle vorher besser gewußt. Aber das Unmögliche war nur so lange unmöglich, als es unversucht blieb. Nur solange es Menschen gab, die es versuchten, gab es einen Fortschritt.

Ich drückte meinen Kopf gegen seine Schulter.

„Haben Sie Angst?"

„Ja, aber nicht sehr."

Die Nacht war endlos. Der Mastbaum ächzte unter dem Anprall des Sturms. Trotzdem war er noch der sicherste Platz, das Schlingern und Stampfen war hier nicht so stark zu spüren wie am übrigen Deck. Mich hielt ein Arm fest, ich fühlte mich geborgen. Ich sank in eine Art von Dämmerschlaf und dachte an das versunkene Wrack. Vielleicht hatte dieses Schiff bei einem ähnlichen Sturm hier Zuflucht gesucht.

Schließlich mußte ich wirklich eingeschlafen sein, denn als ich die Augen wieder öffnete, hatte der Sturm nachgelassen. Leo und Wawrowetz lagen zusammengerollt im Schlauchboot und schliefen. Hass, an dessen Schulter ich noch immer lehnte, hatte sich die ganze Zeit nicht bewegt.

„Ist es vorbei?" fragte ich.

„Ich glaube, ja. Schon seit einer Stunde ist es ruhiger." Hass stand auf und kam kurz darauf mit einer Flasche Tee zurück; irgendwo hatte er auch ein halbwegs trockenes Paket Zwieback aufgetrieben. „Da, trinken Sie", sagte er und reichte mir die Flasche. „Die Leute schlafen jetzt. Sie haben die ganze Nacht am Seil gehangen und sind nun völlig erschöpft."

Allmählich wurde es heller. Die Windstärke war noch immer beträchtlich, aber der Sturm lag in den letzten Zügen. Hinter uns donnerte die Brandung gegen das Riff.

„Wissen Sie, daß wir nur dreißig Meter vom Riff entfernt sind?" sagte Hass. „Der letzte Anker hat uns wirklich gerettet."

Das Deck glich einem Schlachtfeld – aber die *El Chadra* hatte die Schlacht gewonnen. Allmählich wurde es auf dem Schiff wieder lebendig. Xenophon hatte unten im Schiffsraum geschlafen. Nun tauchte er auf und weckte Stamat. Gemeinsam gelang es ihnen, in dem Holzkohlenbecken Feuer zu machen, und bald weckte der Duft von Kaffee unsere Lebensgeister wieder.

Der Kapitän trank eine Tasse mit uns. Er ließ uns unsere Niederlage nicht fühlen. Nichts deutete darauf hin, daß er Hass und uns für diese Schreckensnacht verantwortlich machte.

Der Wind flaute langsam ab. Durch das nebelige Licht näherte sich das Tuckern des Motorbootes. Bill Clark kletterte an Bord und begrüßte uns herzlich. Er und Gerry hatten die Nacht auch nicht gerade angenehm im Auto verbracht.

„Wir haben schon gedacht, wir würden euch mit Tauchgeräten suchen müssen", sagte Gerry.

Der Kapitän ließ uns durch Stamat fragen, ob wir versuchen könnten, die Ankerseile wieder anzuknüpfen. Hass und Leo schnallten sich Tauchgeräte um. Ich bat, auch mitkommen zu dürfen. Zu dritt kletterten wir über Bord. Das Meer war trüb. Wir konnten höchstens acht oder zehn Meter weit sehen. Einige Fische schossen aufgeregt an uns vorbei.

Wir schwammen an dem dicken Seil entlang, das uns vor dem Riff bewahrt hatte. Da Hass und Leo die abgerissenen Seile hinter sich nachzogen, kamen wir nur langsam vorwärts. Die ersten beiden Anker fanden wir schnell, der dritte lag in über zwanzig Meter Tiefe. Endlich waren alle drei Seile wieder mit ihren Ankern verbunden.

Wir schwammen nun auch noch zu dem vierten Anker, an dem unser Lebensfaden eine Nacht lang gehangen hatte. Er lag wie eine dicke Spinne im Boden festgekrallt. Hass klopfte ihm auf die hochstehende Zinke, so wie ein Reiter ein braves Pferd auf den Hals klopft.

Als wir auftauchten, stand Bill an der Reling. „Ich habe gehört, es gibt heute eine österreichische Nationalspeise?"

„Ja, das ist eine Überraschung", sagte ich. „Die gibt es aber erst am Abend."

„Excellent!"

## IM GLUTOFEN DER HÖLLE

WIR WAREN WIEDER in Port Sudan. Die *El Chadra* hatten wir in der Flamingo Bay zurückgelassen; wie ein Abschnitt meines Lebens blieb sie dort zurück – inmitten des Gestanks der verwesenden Perlmuscheln...

Ich betrachtete meine Finger, die in den vollgeschriebenen Seiten meines Tagebuches blätterten. Sie waren in diesen Monaten viel schlanker geworden. Wie lange konnte ich diese Hitze noch ertragen? Im Juli wollten wir wieder zu Hause sein – jetzt war Ende August. Wir waren in der heißesten Gegend der Welt – in der heißesten Zeit des Jahres.

Die Sudanesen lagen wie tote Fliegen unter den Bäumen im Park; gekrümmt und regungslos. Aus der Ferne hallte arabische Musik. Wir waren der einzige Wille in dieser Apathie. Bill Clark war nach England abgereist. Das Leben stand für zwei Monate still...

„Nehmen Sie kein zu großes Risiko auf sich", sagte Xenophon neben mir. „Wir könnten Schluß machen. Hass muß jetzt dreimal soviel Aufnahmen haben, als man für einen Film braucht."

Natürlich hatte Xenophon recht, das wußte ich. Wir hatten alle genug geleistet. Ich hatte jetzt Angst, ehrliche Angst. Und doch sagte ich: „Er möchte noch Aufnahmen, auf denen ich mit Haien gleichzeitig auf dem Bild bin. Er meint, sonst glaubt es niemand. Mit Filmschnitt kann man ja so leicht schwindeln. Das eben will Hass nicht."

Ich blätterte im Tagebuch, las da und dort ein paar Sätze. Hatte ich das wirklich geschrieben, vor drei, zehn Wochen?

*... Hass wieder einmal ärgerlich, weil ich durch eine unachtsame Bewegung ein Stück Koralle abgebrochen habe... Heute erzählte mir O-Sheik, daß die Leute glauben, Hass hätte einen Brief von seinem Gott an die Haie, darum täten sie ihm nichts... Meine Schwester schreibt, sie habe mich im Rundfunk sprechen gehört; sie sei, genau wie meine Eltern, sehr stolz auf mich... Die Männer lassen es mich immer öfter spüren, daß sie allein sein, sich gehenlassen und über Dinge sprechen möchten, die ich nicht hören soll...*

Die letzte Eintragung lautete: *Nur beim Tauchen habe ich noch manchmal das Gefühl, völlig wach zu sein und Wirklichkeit zu erleben...*

Die Hitze lähmte sogar die Erinnerung, zerdehnte die vergangenen Monate zu einer endlosen, kaum noch überschaubaren Folge von Geschehnissen.

DA WAR JENE senkrecht abstürzende Wand, an der Hass hinuntergeschwommen war. Vom Fuße der Wand führte eine steile Schutthalde in einen schwarzen Abgrund hinab. Dort unten schimmerten einige weiße Flecken: das waren zerstückelte Fische. Hass hatte sie an der Kante des Riffes ins Meer geworfen. Sie sollten Haie anlocken. Hass wollte Großaufnahmen drehen. Er erlaubte niemandem, mit ihm zu tauchen. Deshalb lagen Gerry, Leo und ich jetzt im seichten Wasser, direkt an der Kante, und blickten ihm nach. In etwa achtzehn Meter Tiefe ragte eine große Hirnkoralle wie ein Pfeiler vor. Hass schwebte hinab und setzte sich rittlings darauf. „Da ist schon einer –", hörte ich Leo neben mir sagen.

Wir sahen, wie Hass die Kamera hob. Ganz leise hörten wir das Surren im Wasser. Es war ein drei Meter langer Hai, der aus der Tiefe langsam auf ihn zuschwamm. Die hinabgeworfenen Fleischstücke, von denen einige auch an Vorsprüngen der Wand hingen, hatten ihn angelockt. Der Blutgeruch machte ihn unruhig. Der Hai schwamm Hass direkt an, eine stromlinienförmige, elegante Gestalt. Er kam bis auf zwei Meter an Hass heran, dann drehte er geschmeidig ab und schlug einen Bogen.

Die gleiche Szene wiederholte sich zwei- oder dreimal. Der Hai verdiente als Filmschauspieler einen Oscar.

Da sah ich ein U-Boot; einen Augenblick lang glaubte ich zumindest, eins zu sehen: es war ein riesengroßer Hai, der dicht an der Wand entlang auf Hass zuschwamm. Hass filmte nach der anderen Seite, von wo der geschmeidige Hai gerade wieder auf ihn zusteuerte. Ich war wie erstarrt. Hass sah das riesige Tier nicht! Es war ein heller, fast weißer Hai, ungeheuer dick und groß – wir hatten noch nie einen ähnlichen gesehen. Ich wollte schreien, aber ich konnte es nicht.

Jetzt drehte sich Hass    er sah den Hai. Der breite, vorn spitz zulaufende Kopf war bereits dicht neben ihm! Ganz fern hörte ich

Hass einen Schrei ausstoßen, Luftblasen stiegen vor seinem Kopf auf. Der Hai kam näher, im nächsten Augenblick würde er Hass packen und verschlingen!

Hass stieß seinen Arm vor, seitlich gegen den Kopf des Haies. Das große Tier drehte und schwamm einen Bogen. Hass griff nach seinem Speer, der mit einer Schlinge an seiner Schulter befestigt war und über ihm schwebte, stieß ihn gegen den Hai, der wieder zurückkam, und traf ihn am Kopf. Unwillig drehte der Hai ab.

Aus der anderen Richtung kam der erste Hai wieder zurück. Er griff nun auch an: Er sah, daß sein großer Bruder dieses fremde Wesen fressen wollte, und da wollte er auch ein Stück haben. Ich konnte nicht mehr zusehen – und doch starrte ich wie gebannt hinab. Mit aller Kraft drehte Hass den Speer und stieß ihn gegen den Kopf des kleinen Haies. Er riß den Speer zur anderen Seite – wegen des Wasserwiderstandes ging das sehr langsam – und kam gerade zurecht, um den großen Hai nochmals zu treffen. Er saß dort unten auf der Hirnkoralle wie auf einem Pferd und verteidigte sich nach zwei Seiten. Plötzlich sah ich seine Beine zappeln, er hatte seinen Sitz verlassen und kam senkrecht zu uns empor.

Die beiden Haie sausten ihm nach. Hass stieß mit der Harpune abwärts, während er schnell höher kam. Er prallte mit der Schulter gegen eine vorspringende Koralle, taumelte zur Seite, schwamm schräg – genau neben uns kam er herauf. „Zurück ins Seichte!"

Ich schnellte nach rückwärts, Hass warf sich über die Kante. Hinter seinen Beinen kam der Kopf des großen Haies herauf... Im Seichten lagen wir nebeneinander und starrten auf die Haie, die aufgeregt an der Kante hin und her schwammen. Zum Glück war Niedrigwasser, es stand nicht höher als dreißig Zentimeter über dem Riff. Der Kopf des großen Haies kam bis über die Kante. Er war hellgrau, das Maul breit und leicht geöffnet. Wir hielten die Speere schützend vor uns.

„Jetzt habe ich mich gegen diese verfluchte Feuerkoralle gelehnt!" stieß Leo hervor.

Wir lachten. Die Haie waren plötzlich weg. Sie waren wieder in die Tiefe abgeglitten. Ich zitterte so, daß mir die Zähne gegeneinanderschlugen.

„Das war ein weißer Hai", hörte ich Hass sagen. „Sie kommen sonst nie ins Seichte. So ein Biest..."

Ich hatte ein übles Gefühl im Magen, ich hatte zum Frühstück nichts gegessen. Wir waren im Boot; hinter uns zitterten die Ruinen von Suakin in der heißen Luft. Die Sonne, weißglühend und mitleidlos, schien zu wachsen, sie schrumpfte wieder, ihre Strahlen flogen im Zickzack kreuz und quer.

„Fühlen Sie sich nicht gut?" fragte Hass. Er hatte sich neben mich gesetzt.

„Doch, ich fühle mich sehr gut", sagte ich und lächelte, so gut ich konnte. Was immer auch kommen mochte: ich hielt diese Expedition durch. Irgendwann mußte es ja vorbei sein...

Und dann sah ich wieder den blauen Brief vor mir, mit dem Gerry auf mich zugekommen war. Ich hatte schon im voraus gewußt, daß mit diesem Brief etwas nicht stimmte.

In Port Sudan hatte uns eine Menge Post erwartet. Alle Briefe klangen sehr stolz auf das mutige Mädchen, das in den Zeitungen zu Hause Schlagzeilen machte. „Ein Mädchen unter Männern und Haien" – und wir hatten noch nicht einmal eine Aufnahme, auf der ich mit einem Hai zusammen im Bild war!

Da war Gerry mit diesem blauen Brief gekommen. Er hatte mich ganz merkwürdig angesehen. „Harry ist tot", hatte er gesagt. „Er ist mit dem Wagen gegen eine Mauer gefahren. Auf der Rückfahrt von einer Regatta in Italien."

Ich sah Harry vor mir, wie wir zusammen auf der Alten Donau segelten. Der Schekel hatte ihm gefehlt! Mir hatte er das Leben gerettet.


„Wir ankern am oberen Ende dieser Ruine", hörte ich Hass sagen. Wir waren jetzt nur noch zu viert, Gerry und Wawrowetz waren abgereist.

„Wenn Sie sich nicht gut fühlen, lassen wir es", meinte Hass.

„Ich fühle mich ausgezeichnet. Ich habe auch nicht viel zu tun."

„Sehr tapfer", sagte Hass. „Also kommen Sie! Ich zeige Ihnen, wo Sie sich hinsetzen sollen: Sie auf der einen Seite dieser Schlucht – wir auf der anderen. Dann harpuniere ich einen Fisch, und es würde mich wundern, wenn nicht gleich ein paar Haie kommen. Und wenn ein Hai genau zwischen uns ist, dann schreien Sie ihn an oder stoßen eine Hand vor, damit man eine Reaktion sieht. Erst wenn die Leute das sehen, werden sie es glauben."

„Der weiße Hai hat dich ganz schön angegriffen", erklärte Xenophon trocken. „Das willst du verheimlichen?"

„Das war ein besonderer Fall", entgegnete Hass unwillig. „Schließlich haben wir dort angefüttert. Die normale Reaktion der Haie ist das wichtigste. Das ist es, worin sich die Leute so maßlos irren. In achtundneunzig von hundert Fällen greifen Haie nicht an."

Wir hatten gestern im seichtesten Teil der Lagune getaucht und dort die Wassertemperatur gemessen – über neununddreißig Grad Celsius. An den Abbruchkanten zum tieferen Wasser fiel das heiße Wasser wie ein Katarakt hinab. Unten mischten sich die warme und die kühlere Strömung; wir schwammen wie durch ein Wechselbad.

Eine Beklemmung legte sich wie mit Armen um mich, als wir in die Schlucht hinabschwammen. Wo hatte ich bloß meine freche Sicherheit verloren? Ich sagte mir: Es dauert ja nicht lange; eine halbe Stunde, dann ist auch das hinter uns.

Die Schlucht wurde breiter, weitete sich zu einem Tal. Hass führte mich zu dem einen Abhang und zeigte neben eine steil aufragende Koralle. Ich kauerte mich dorthin. Der Platz war wirklich sehr geschützt; mein Rücken war hier gut gedeckt, und kam ein Hai von vorn, hatte ich ja die Harpune. Leo postierte sich auf der gegenüberliegenden Seite des Tales, vielleicht fünfzehn oder zwanzig Meter von mir entfernt. Zu unseren Füßen verlief ein sandiger Streifen, der schräg zur Tiefe absank.

Hass war jetzt über der Sandfläche. Dort stand regungslos ein großer Bajard und ließ sich von Putzerfischen den Bauch reinigen. Hass hatte seine Harpune an einer Koralle festgemacht und pirschte sich mit der Filmkamera an den Bajard heran. Er begann die Putzerfische zu filmen!

Mir fiel ein, daß ich diesmal selbst mit einer Unterwasserkamera – einer Photokamera – ausgerüstet war. Wenn Haie an mir vorbeikamen, wollte ich sie gleich photographieren.

Hass hatte die Filmkamera weggelegt und die Harpune geholt. Er schwamm wieder langsam an den Bajard heran. Die Harpune schnellte vor, der Fisch wurde in der Mitte durchbohrt. Er schwamm einige heftige Kreise und zerrte Hass hinter sich nach. Hass hielt sich am Harpunenstock fest und blickte nach allen Seiten.

Rings um uns war plötzlich unter den Fischen die Hölle los. Zwei Schwärme kleiner blauer und silberner Fische, die bisher regungslos im Wasser gestanden hatten, sausten erschreckt auf uns zu und umkreisten uns. Aus einem Loch war ein großer Zackenbarsch hervorgekommen und stand inmitten eines Schwarmes von heftig schwingenden schwarzen Drückerfischen.

Hass hatte jetzt den Bajard unter Kontrolle und zog ihn über die Sandfläche. An einem Korallenstock knüpfte er die Schnur fest. Der Bajard versuchte, nach aufwärts zu entkommen. Er kam aber nicht weiter, als die Schnur lang war. So hing er wie eine wehende Fahne zwei Meter hoch über der Koralle. Hass holte die Filmkamera und kam in unsere Nähe geschwommen.

Von schräg oben, geradewegs aus dem Nichts, schoß ein ziemlich dicker Hai auf den Bajard zu. Von der anderen Seite kam ein zweiter Hai, dünner und länger als der andere.

Leo bedeutete mir durch Zeichen, hinter ihm in Deckung zu gehen. Aber gerade von dort kam ein dritter Hai.

Überall schossen jetzt Haie umher. Ich hob die Kamera. Der dicke Hai kam geradewegs an mir vorbei. Ich drückte auf den Auslöser, alles jubelte in mir. Hurra, ich hatte meinen ersten Hai photographiert! Hatte ich Angst? Ich war jetzt so konzentriert, daß ich gar nicht Zeit hatte, daran zu denken. Ich drehte den Film weiter.

Hass winkte zu mir herüber und hob den Daumen. Also auch er hatte das gefilmt. Der Hai war planmäßig genau zwischen uns durchgeschwommen. Zwei schlankere Haie glitten hinter mir vorbei. Ich machte weitere Aufnahmen.

Inzwischen war der dicke Hai wieder zur Sandfläche geschwommen, wo der Bajard matt zuckend auf dem Sand lag. Der Hai schwamm geradewegs auf ihn zu – verschlang ihn; nur die Schwanzflosse sah noch aus dem Maul hervor. Es war ein grotesker Anblick: Der Hai schüttelte den Kopf, die Harpunenschnur störte ihn. Diese riß von der Koralle los, und die Harpune begann jetzt über den Sand zu tanzen. Ich photographierte aufs Geratewohl: Die Harpune verklemmte sich, und der Hai taumelte. Er drehte sich halb auf den Rücken, schüttelte den Kopf hin und her. Aber die Harpune saß zwischen den Korallen eisern fest, und auch die Leine hielt. Die Spitze hing ja an einem Stahldraht, und den konnte der Hai nicht durchbeißen.

Der Hai gab nach. Da er den Fisch nicht von diesem Platz wegbekam, legte er sich neben die Koralle auf den Sand. Da lag er nun genießerisch, würgte und begann, den Bajard in aller Gemütsruhe zu verdauen. Leo und Hass schwammen mit den Kameras zu dem Hai hinunter. Als der Hai die beiden kommen sah, begann er plötzlich zu toben. Der Fisch kam wieder aus seinem Maul hervor und lag wie zuvor und matt zuckend auf dem Sand. Der Hai schwamm eilig davon.

Ich warf einen Blick zurück. Direkt hinter mir standen zwei große schwarze Dicklippen, ihr Verhalten sagte mir, daß sie hinter mir Schutz suchten. Diese Erkenntnis traf mich wie ein elektrischer Schlag. Ich, ein Mädchen aus Wien, stand hier unten am Fuße eines Korallenriffs, auf dem Grund des Roten Meeres, und zwei riesengroße Dicklippen suchten hinter meinem Rücken Schutz! Auch die kleinen blauen Fische hatten sich hinter mir versammelt. Ich war ein Bestandteil dieser unheimlichen Welt geworden. All meine Angst war plötzlich verschwunden.

Über dem Sand kreisten jetzt drei Haie rings um den Bajard. Sie hielten einander gegenseitig in Schach. Einen Augenblick lief es mir kalt über den Rücken. Durch eine schnelle Drehung hätte ich beinahe das Mundstück verloren. Leo machte mir ein Zeichen, die Harpune vor mich zu halten. Sieben bis zehn Haie schwammen jetzt unermüdlich an uns vorbei. Leo und ich waren wie eine Insel, um welche diese Haie kreisten.

Es dauerte eine Weile, ehe ich begriff, daß ich an einer Feuerkoralle lehnte. Tränen kamen mir in die Augen, ich konnte nicht mehr klar sehen. Eine Hand packte mich am Arm: es war Hass. Undeutlich sah ich sein Gesicht durch meine Maske. Er machte mir Zeichen, ich solle etwas höher schwimmen – dort auf den Korallenberg! Ich nickte und schwamm hinauf.

Überall rings um uns waren Haie. Hass schwamm zur anderen Seite des Tals hinüber; ich sah, daß er filmte: Meine Sicht war endlich wieder klar. Ich fühlte mich brennend heiß an und zitterte am ganzen Körper. „Hm – hm –!" hörte ich Leo rufen. Hass drüben schwenkte die Faust. Das hieß wohl: beide Kameras waren leergefilmt.

Ich sah mich um. Rechts von mir kam ein ziemlich großer Hai direkt auf mich zu. Ich blickte ihm ruhig entgegen und ließ ihn näherkommen. Obwohl er bedeutend größer war als ich, fühlte ich mich überlegen, als wäre er nichts anderes als ein Hund, der mir gut befreundet war. Eine Stimme in mir sagte: Bist du verrückt? Eine

andere sagte: Komm nur, ich möchte dich von ganz nahe sehen! Mit einer plötzlichen Bewegung schnellte ich ihm entgegen und warf die Harpune vor. Der Hai wirbelte herum und sauste direkt an Leo vorbei. Ich lachte, ich konnte mich einfach nicht halten. Leo sah zu mir her und tippte sich an die Stirn.

Hass schwamm schräg abwärts zum Sandboden – mitten unter die Haie hinein! –, löste in aller Ruhe den Harpunenstock aus den Korallen und schwamm in unsere Richtung... den toten Bajard hinter sich herziehend. Die Haie waren so verblüfft, daß sie die Stelle noch weiter umkreisten, obwohl der Bajard gar nicht mehr da war. Dann drehte einer und folgte Hass.

Hass schien in Hochstimmung zu sein. Er schwamm schräg empor, den Bajard hatte er ganz nahe an sich herangeholt. Der Hai folgte ihm; Leo und ich folgten nun auch. Und nach uns kamen zwei weitere Haie: eine ganze Prozession bewegte sich in Richtung zum Boot. Leo blickte nach allen Seiten.

Ich blieb etwas zurück und ließ die zwei Haie näher herankommen. Durch eine Bewegung erschreckte ich sie – sie schlugen einen kurzen Bogen, kamen aber gleich wieder. Der Blutgeruch führte sie, als hätten sie eine Leine an der Nase.

Wir hatten das Boot erreicht. Ich klammerte mich am Bootsrand fest. Es ist vorbei, sang es in meinen Ohren. Sie sind besiegt!

Der Bajard verschwand im Boot. „Ich bin doch nicht verrückt, ihnen diesen guten Fisch zu lassen", hörte ich Hass sagen. „Der wird uns noch gut schmecken!"

Xenophon half mir ins Boot. Mit zitternden Fingern löste ich die Gurte und legte mich auf den Boden. Rings um mich war Luft und Sonne. Und dort unten blieben die Haie zurück – das Leben mußte ihnen richtig langweilig werden ohne uns!

Einige Stunden später erreichten wir die Küste und landeten in einer flachen Bucht. Da in Suakin die Hitze unerträglich war, wollten wir versuchen, in der Wüste zu schlafen.

Wir bliesen die Gummimatratzen auf. Hass und Xenophon machten ein Feuer. Ich putzte den Fisch und schnitt ihn säuberlich in Scheiben; alsbald brutzelte er in der Pfanne, und ein köstlicher Duft breitete sich um uns aus.

Es wurde dunkel. Ich dachte an die grünen Wälder daheim und hatte Sehnsucht nach Kühle, nach einem klaren Gebirgsbach. Aber auch hier war es schön. Ich fühlte mich heute dieser trostlos öden Wüste näher als irgendwann. Wir saßen im Kreis und aßen den Fisch. Er schmeckte phantastisch!

„Haben Sie jetzt genug Haiaufnahmen?" fragte ich.

Hass nickte. „Jetzt haben wir genug. Es bleiben nur noch ein paar recht einfache Aufnahmen – dann sagen wir: Adieu!"

Später lagen wir alle nebeneinander unter dem unermeßlichen glitzernden Sternenzelt. Ich konnte nicht schlafen, ich sah die Haie um mich – und bedauerte, daß ich sie nicht wiedersehen würde.

„Sind Sie noch wach?" hörte ich Hass neben mir sagen.

„Ja", sagte ich. „Ich fühle mich glücklich. Ich finde es hier unaussprechlich schön."

Gemeinsam schauten wir in den endlosen Himmel.

## DIE DREI PAKETE

Ich humpelte über die Freitreppe in die orientalisch verzierte Hotelhalle hinunter. Es kam mir ganz unwirklich vor: Wir waren in Kairo! Von der Straße her tönte das laute Hupkonzert der Autos.

Hass erwartete mich schon. Er erhob sich aus einem der riesigen Fauteuils und kam mir entgegen. Da gerade einige prächtig gekleidete saudiarabische Scheichs, von Dienern gefolgt, durch die Halle marschierten, mußten wir beide, wie an den Ufern eines Flusses, warten. „Ich kam leider nur noch in diese Schuhe hinein", sagte ich, als wir endlich zusammentrafen.

„Tut es weh?"

„Ein bißchen schon. Aber ich glaube, der Furunkel bildet sich erst. Es ist einfach eine Schwellung unter der Ferse – und was macht Ihr Furunkel?"

Hass lächelte sauer. „In diesen weichen Fauteuils geht es, aber wenn ich mich auf etwas Hartes setze, tut es abscheulich weh."

„Ich habe mich gewogen", sagte ich. „Ich habe acht Kilo abgenommen."

Hass lachte. „Ich auch. Genau acht Kilo. Wir sind ganz schön verwundete Krieger. Der Botschafter hat mich angerufen, ich mache ihm einen Besuch. Er würde sich freuen, wenn Sie mitkommen. Haben Sie Lust?"

„Eigentlich lieber nicht – wenn es nicht sehr unhöflich ist", sagte ich. „Um ehrlich zu sein, ich möchte mir ein Kleid kaufen. Die Sachen haben in der Feuchtigkeit doch sehr gelitten. Und wenn wir heute wirklich ausgehen, möchte ich gern etwas Hübsches anhaben."

„Sicher gehen wir aus, und zwar ganz schick. Das mit dem Kleid halte ich für eine gute Idee. Es geht selbstverständlich auf Expeditionskosten."

„Ja?"

„Nun, das ist wohl das mindeste, das Sie sich verdient haben."

Hass wandte sich an einen der Boys und gab ihm den Auftrag, ein Taxi zu rufen. „Wir treffen uns dann um sieben Uhr in der Bar. Und kaufen Sie sich etwas Nettes."

„Vielen Dank. Also bis abends!"

Als ich auf die Straße trat, stürzten drei zerlumpte Kinder auf mich zu. „Bakschisch! Bakschisch!" Ich war in Geberlaune, und jedes erhielt eine Münze. Das war ein Fehler, denn nun kamen noch mehr, die Bakschisch wollten.

Zum Glück befand sich das Modegeschäft gleich einige Türen weiter. Ich hatte es schon bei unserer Ankunft erspäht. Es gab hier reizende französische Modelle. Ich begann nach Herzenslust zu wühlen und fand auch gleich genau das Richtige: ein hübsches schwarzes Jackenkleid. Ich probierte es, und es paßte ausgezeichnet. Ich ließ mir nichts anmerken. „Ich möchte noch ein paar andere Sachen ansehen", sagte ich. Diese herrliche Gelegenheit ließ ich nicht so schnell vorübergehen. Es war einfach wunderbar, nach all diesen Monaten wieder hübsche Sachen anzuziehen und mich im Spiegel begutachten zu können.

Nachmittags ging ich zum Friseur. Es war ein unbeschreibliches Gefühl, wieder in einer gepflegten Umgebung zu sein. Die Luft war angenehm kühl. Die vergangenen Monate erschienen mir wie ein Traum: ein schwerer, heißer, unheimlicher Traum. Ich sah jetzt alles anders, viel klarer.

Als ich in mein Zimmer zurückkehrte, schloß ich meinen Koffer auf und holte daraus ein Paket hervor. Es steckte noch in derselben Leinwandumhüllung, in der ich es bekommen hatte. Vorsichtig öffnete ich die Hülle und holte ein hübsch verziertes Holzkistchen hervor.

Ich hatte dieses Paket am letzten Tag vor unserem Abflug von Port Sudan erhalten. Die Anschrift war in arabischer Schrift säuberlich auf die zusammengenähte Leinwand geschrieben. Das Begleitschreiben hatten wir uns von einem Sudanesen übersetzen lassen.

Jetzt hielt ich es wieder in Händen und versuchte, mir den Absender vorzustellen. Wahrscheinlich war es ein reicher alter Mann, ähnlich dem Mahdi. In dem Brief stand bloß, er habe einen Zeitungsbericht über mich gelesen. Wörtlich hieß es darin: „Dieses Geschenk soll ein bescheidener Ausdruck meiner Bewunderung sein, ein Abschiedsgruß des Sudans." Das Paket enthielt herrlich gearbeiteten sudanesischen Schmuck, alles aus reinem Gold – insgesamt etwas mehr als ein halbes Kilo.

„Das kann ich doch unmöglich annehmen", hatte ich zu Hass gesagt.

„Das können Sie ruhig annehmen", war seine Antwort. „Das müssen Sie sogar behalten – denn sonst würden Sie diesen freundlichen Mann sehr beleidigen."

„Aber ich weiß doch gar nicht, wer das ist."

„Darum erst recht. Daß eine Frau sich ins Rote Meer wagt, das hat ihm eben imponiert. Sie sind berühmt geworden – und das ist ein Tribut, den Sie erhalten."

Ich legte die einzelnen Stücke nebeneinander auf den Tisch. Ein herrliches Halsband, ein Armband, Ringe für Nase, Ohren und Beine. Die Frauen in Suakin hatten ähnlichen Schmuck getragen. Daß ich selbst einmal einen solchen besitzen würde, hätte ich nie gedacht. Das Armband paßte wunderbar zu dem schwarzen Kleid. Ich betrachtete meine Schätze eine ganze Weile, dann versperrte ich sie wieder.

In der Bar erwartete mich Hass. Erst jetzt, da er einen dunklen Anzug trug, fiel mir auf, wie mager er geworden war. Der Kragen seines Hemdes war ihm eine Nummer zu groß. „Ich trinke einen Tom Collins", sagte er. „Der ist sehr zu empfehlen."

„Ja, ich möchte gern auch einen haben."

„Ist das das Kleid, das Sie sich gekauft haben?"

„Ja, gefällt es Ihnen?"

„Sehr. Und das Armband sieht hübsch dazu aus. Sie haben wahrscheinlich schon nicht mehr daran geglaubt, daß diese Expedition je enden wird?"

Ich lachte. „Um ehrlich zu sein, ich hatte schon beinahe daran gezweifelt. Aber es würde mir nichts ausmachen, wieder zurückzufahren."

Wir gingen in den prächtigen Speisesaal, in dem eine Tanzkapelle spielte. Die vielen eleganten Leute an den Tischen erschienen mir nach den vergangenen Monaten wie Wesen einer anderen Welt. Ich dachte an Leo und Xenophon, die in Port Sudan zurückgeblieben waren, um per Schiff mit aller Ausrüstung heimzukehren.

Hass bestellte Grapefruits als Vorspeise, dann am Spieß gebratenes Fleisch mit Rosinenreis, dazu tranken wir einen französischen Rotwein. Zum Abschluß gab es noch eine köstliche Eiscreme.

Hass sprühte vor guter Laune, so hatte ich ihn selten gesehen. Er sah blendend aus, braun gebrannt mit hellgebleichtem Haar. Seine Augen glitzerten unternehmungslustig.

„Wollen wir es einmal versuchen?" sagte er. „Der ist ganz langsam, das geht vielleicht mit Ihrem Bein –"

Wir tanzten. Mir wurde plötzlich klar, daß mich diese Reise sehr verändert hatte. Ich fragte mich, wie ich in Wien in den Alltag zurückfinden würde.

Als wir wieder an unserem Tisch saßen, zündete sich Hass eine Zigarette an. Das fiel mir auf, weil er nur selten rauchte. „Ich habe einen Gedanken", sagte er unvermittelt. „Aber es ist nichts als ein Gedanke –"

„Ja?"

„Es ist ein Vorschlag, vielleicht ein ganz dummer –", fuhr er fort.

„Sie machen mich neugierig", sagte ich.

Hass sah mich prüfend an. „Wenn Sie es für eine schlechte Idee halten, braucht es Sie nicht zu bekümmern. Und Sie können sich das natürlich reiflich überlegen –"

Es begann mir etwas zu dämmern.

„Kurz gesagt –" Er zog noch einmal an seiner Zigarette. „Der Gedanke ist, ob Sie vielleicht Lust hätten, meine Frau zu werden. Ich kann es mir kaum vorstellen, daß wir wieder getrennt sein sollen –"

EINE WOCHE später saß ich in Wien meinen Eltern gegenüber. Sie sahen mich ganz feierlich an.

„Und wo wollt ihr wohnen?" fragte mich mein Vater.

„In Liechtenstein. Hans bekam eine Einladung, dort sein Institut zu gründen, und hat sie angenommen. Aber wir werden sicher viel in Wien sein."

Meinem guten Vater standen die Tränen in den Augen. „Du wirst uns fehlen, Kind."

„Das ist ja furchtbar plötzlich", sagte meine Mutter. „Wir haben ja die Aussteuer noch gar nicht vorbereitet. Schon in vierzehn Tagen, sagst du?"

„Ja, am dreißigsten November –"

„Könnt ihr denn nicht wenigstens in Wien heiraten?"

„Hans kann jetzt nicht von Zürich weg", sagte ich. „Er hat sich verpflichtet, den Film für die Biennale in Venedig fertigzumachen, und wir haben ja mehr als zwei Monate verloren."

Jetzt kämpfte auch meine Mutter mit den Tränen. „Ich hoffe, du wirst glücklich", sagte sie. „Hans Hass ist ein berühmter Mann, mit ihm wirst du ein ganz anderes Leben führen. Du wirst es nicht ganz leicht haben."

Das große Ereignis vollzog sich dann in Küsnacht, einem kleinen Städtchen, etwa zwanzig Minuten von Zürich entfernt. Bis zehn Uhr waren wir noch am Schneidetisch, dann zogen wir uns schnell um und fuhren los.

Nur ein Schulfreund von Hass, der in Zürich lebte, und dessen Frau begleiteten uns als Trauzeugen.

Der Standesbeamte prüfte sorgfältig alle Dokumente. Er sah uns kritisch, aber nicht unfreundlich an, dann sagte er: „Wir Schwizerbürger sind einfache Leut, und so frage ich Sie, Charlotte Hildegard Bayerl, wollen Sie den Doktor Hans Heinrich Romulus Hass zum Mann wählen? Sagen Sie laut und vernehmbar ja."

Laut und vernehmbar sagte ich: „Ja."

„Und nun frage ich Sie, Herr Doktor Hans Heinrich Romulus Hass, wollen Sie das Fräulein Charlotte Hildegard Bayerl zur Frau nehmen?"

Auch Hans ließ es bei seinem Ja an Lautstärke nicht fehlen.

Das war alles.

Der Standesbeamte machte uns noch auf Rechte und Pflichten in der Ehe aufmerksam und drückte mir dann ein Büchlein, „Der Weg zum Eheglück", in die Hand.

Im stillen hatte ich an eine große Feier, einen langen weißen Schleier und an viele Gäste gedacht. Aber Hans wollte davon nichts hören. „Wir heiraten nicht für die anderen, sondern für uns", hatte er gesagt. Ich begann zu verstehen, was meine Mutter meinte, als sie mir zu erklären versuchte, daß ich nicht einen normalen bürgerlichen Mann zum Gatten erwählt hatte. Aber ich war so glücklich – und was zählt mehr?

Als wir wieder im Hotel waren, übergab mir Hans ein verschnürtes Paket. Ich öffnete es voll Erwartung. Nie hätte ich erraten, was es enthielt: die handgeschriebenen Kochbücher seiner verstorbenen Mutter.

„Mit unserer Hochzeitsreise werden wir noch ein bißchen warten müssen", sagte Hans. „Jedenfalls bis nach der Biennale. Vielleicht kannst du dir inzwischen ausdenken, wohin wir fahren könnten."

Es folgten Monate, in denen wir ausschließlich im Schneideraum, in der Kopieranstalt und im Tonstudio lebten. Dann fuhren wir nach Venedig, wo unser Film – wir hatten ihm den Titel „Abenteuer im Roten Meer" gegeben – für Österreich laufen sollte. Für die Vorführung beim Festival wurde eine Kopie mit italienischen Untertiteln benötigt – und wir hatten eine anfertigen lassen. Natürlich kam sie erst im letzten Augenblick.

Als wir sie endlich durch den Zoll bugsiert hatten, war es elf Uhr vormittags.

Hass, genau wie immer, bestand darauf, den Streifen zu überprüfen. Dabei kam ans Licht, daß eine ölige Schicht über den Film aufgetragen und dann nicht wieder entfernt worden war, Schmutzlinien liefen kreuz und quer über die Szenen.

Nachmittags war die Vorführung vor dem Richterkollegium angesetzt. Wir gingen an einen Umrolltisch und putzten jeden Meter mit einem Lederlappen. Der Film hatte zweitausendachthundert Meter Länge.

Während ich putzte, konnte ich manche Szene erkennen, und ich erinnerte mich daran, wo und wie sie zustande gekommen war. Ich sah Machmoud vor mir, dem Hass noch ein saftiges Bakschisch gegeben hatte. Unser Kapitän von der *El Chadra* tauchte vor mir auf – wir hatten ihm zum Abschied ein Fernglas verehrt. Ich dachte an Bill Clark, der jetzt längst wieder von England nach Port Sudan zurückgekehrt war. Und ich dachte an den armen O-Sheik, von dem wir nie mehr etwas gehört hatten.

Wir brachten die Kopie gerade noch rechtzeitig zur Vorführung. Wie wir tags darauf erfuhren, hatte unser Film für Österreich den Internationalen Ersten Preis gewonnen.

Am Galaabend flammten Blitzlichter auf, wir mußten in verschiedenen Sprachen Interviews geben. Hans wurde feierlich die Medaille überreicht. Der Vertreter der österreichischen Regierung strahlte.

Prinz Borghese, ein begeisterter Unterwasserjäger, lud uns mit einigen Freunden nach der Festvorführung zu einem Diner auf dem Dachgarten des Danieli-Hotels. Hans wurde gefragt, welche Gegend er zum Tauchen für die interessanteste hielt.

„Sie meinen überhaupt auf der Welt?"

Prinz Alliata, ein anderer der tauchbegeisterten Gäste, nickte.

„Die Antwort ist leicht", sagte Hass. „Das Große Barriereriff von Australien dürfte alles übertreffen. Nach dem wenigen, was ich darüber gehört habe, dürfte sich damit nichts in der Welt vergleichen lassen."

Am nächsten Morgen schrieb ich zwei Zeilen auf ein Blatt Papier und knüllte dieses zu einer ganz kleinen Kugel zusammen. Ich steckte sie in eine Zündholzschachtel, umwickelte diese mit Seidenpapier, steckte sie in eine größere Schachtel, umhüllte auch diese, und so fort. Am Ende hatte ich einen ziemlich großen Karton, in dem sechs immer kleinere Schachteln waren – und in der kleinsten war mein Zettel.

Ich adressierte das Paket an Hans und brachte es zum Postamt. Dieses lag an einem der Kanäle, und ich setzte mich dann auf die dort stehende Bank. Die Gondeln glitten vorbei.

Im Geist sah ich Hans, wie er mit wachsendem Ärger die Schachteln öffnen würde. Hoffentlich hielt er bis zur kleinsten Schachtel durch und fand darin meinen Zettel.

Auf diesen hatte ich geschrieben: „Du wolltest, daß ich mir wünsche, wohin unsere Hochzeitsreise gehen soll. Ich habe darüber nachgedacht. Mein Wunsch wäre: das Große Barriereriff von Australien."

*Lotte Hass*

Seit Lotte Bayerl als Lotte Hass von ihren ersten Abenteuern zurückgekehrt ist, haben Verlage sie gedrängt, ein Buch zu schreiben. „Mit Recht", sagt Hans Hass, „schließlich war sie die erste Frau, die auf Tauchexpeditionen ging. Und damals war das alles noch viel problematischer, viel gefährlicher als heute. Lotte ist wirklich eine Pionierin. Dabei ist sie nicht einmal von Haus aus mutig. Aber Frauen können ja fast alles, wenn sie etwas wollen und jemanden lieben." Lotte Hass hingegen fand nur das Bücherschreiben höchst problematisch: „Ich könnte kein unehrliches, unaufrichtiges Buch schreiben", sagt sie, „aber ein ehrliches? Ich hatte das Gefühl, plötzlich nackt dazustehen, wenn jeder alles über mich lesen könnte." Aber dann wurde – zwischen zwei Expeditionen – die Tochter Meta geboren. Meta wuchs heran und begehrte Geschichten über die Reisen der Eltern zu hören. Und so wurde erzählt und erzählt, und schließlich hatten die Geschichten Gestalt angenommen und waren bereit, ein Buch zu werden, ein ehrliches, aber kein entblößendes.

Seit den frühen Abenteuern dieses Buches haben die Hass' zahllose Expeditionen unternommen, zahllose Filme gedreht, hat viele Bücher geschrieben, und Lotte wird, nach dem Erfolg ihres ersten, vielleicht ein zweites schreiben. Die berühmte *Xarifa* wurde als Forschungsschiff ausgerüstet und mußte aus finanziellen Gründen aufgegeben werden. „Uns ist fast das Herz gebrochen", erzählt Lotte Hass, „als wir vom jetzigen Besitzer zu einer kleinen Mittelmeerfahrt eingeladen waren. Jetzt ist es ein Luxusschiff, mit antik eingerichteten Bädern: aber mein Mann hat es dann doch genossen, an Bord rauchend im Liegestuhl zu sitzen und für nichts verantwortlich zu sein."

Die Tochter Meta spielt eine große Rolle in der Familie. Sie hat nun auch ihre ersten Taucherfahrungen hinter sich. Und kürzlich haben die Hass' ihre Hochzeitsreise zum Großen Barriereriff in Australien zum zweitenmal gemacht, um Meta zu zeigen, wie es damals war. Auch, um halb belustigt, halb zufrieden zu sehen, wie leicht heute das Tauchen mit modernen Geräten geworden ist.

Am meisten erzählt Lotte Hass von ihrem Mann, und wenn man sie auf ihr eigenes Leben anspricht, protestiert sie: „Sein Leben ist ja meines." Nur zögernd gesteht sie, daß es keine kleine Aufgabe ist, an der Seite dieses eigenwilligen Menschen zu leben. Es erfordert Anpassung ebenso wie Aktivität, wie man sich denken kann. Aber die strahlend hübsche, braungebrannte Lotte Hass ist sehr bescheiden. Erst von Freunden erfährt man, daß sie auch noch eine hervorragende, geräuschlose Hausfrau und Köchin ist, die zudem noch leidenschaftlich gern mit der Tochter reitet, Ski läuft und Tennis spielt. Sie ist es, die das dreihundert Jahre alte Bauernhaus in Liechtenstein verwaltet, die Mäuse vertreibt und sich in der Einsamkeit fürchtet, bis dann etwa zu Weihnachten die gesamte Familie eintrifft und es rasend gemütlich in dem Haus findet, das Lotte Hass fast gegen ihren Einspruch erworben und eingerichtet hat. „Wissen Sie, ich bin auch gern allein", sagt sie, „ob es nun unter Wasser bei den Fischen oder in dem Liechtensteiner Berghaus ist" – oder auch in ihrer Wiener Stadtwohnung hoch oben über dem Opernring.

# LORBEER
# FÜR DIE BESIEGTEN

# Lorbeer für die Besiegten

Eine Kurzfassung des Buches von

## Ernest K. Gann

Ins Deutsche übertragen von
Otto Bayer

Illustrationen von Robert Lavin
Deutsche Buchausgabe: „Lorbeer für die Besiegten" (The Antagonists)
Droemersche Verlagsanstalt Th. Knaur Nachf.,
München/Zürich 1972 (ISBN 3 426 08824 x)
© 1970 by Ernest K. Gann

*Als der israelische Archäologieprofessor Dr. Yigael Yadin 1964 die Felsenfestung Masada vom Schutt zweier Jahrtausende befreite, vergegenwärtigten seine erschütternden Funde der ganzen Welt die Geschichte Masadas. „In ehrfürchtiger Scheu" standen Yadin und seine freiwilligen Helfer vor den unwiderlegbaren Beweisen der legendenumwobenen Tragödie aus dem Jahre 73 n. Chr., von der bisher nur der Bericht des antiken Geschichtsschreibers Josephus Zeugnis gegeben hatte. Und es schien, als habe sich der letzte, verzweifelte Kampf um die Freiheit Judäas nicht vor fast zweitausend Jahren, sondern eben erst, vor unser aller Augen, abgespielt.*

*Ernest K. Ganns großartiger Roman ist aus dieser weltweiten Ergriffenheit vom Schicksal der neunhundert Unbeugsamen auf Masada entstanden. Wir erleben mit, wie der römische Feldherr Flavius Silva und sein Gegner Eleasar ben Jair den ewigen Kampf der Gewalt gegen den Willen zur Freiheit austragen – zwei einander ebenbürtige Widersacher; der eine überzeugt vom Sieg der Macht, die er auf seiner Seite weiß, der andere nur gehalten vom Glauben an das vom Gott seines Volkes verbürgte Recht auf ein freies Judäa, beide vereinsamt unter ihren Gefolgsleuten, beide gebunden an ungewöhnliche Frauen, die zum letzten Opfer bereit sind.*

*Das Drama Masadas, das vor dem gebannten Leser abrollt, ist die Geschichte eines ungeheuren Sieges, abgetrotzt einem mächtigen Gegner und der menschlichen Schwäche. Und als die Römer die Felsenfestung betraten, konnten sie nur, so berichtet Josephus, den Mut und die unerschütterliche Todesverachtung der Besiegten bewundern.*

# IM VIERTEN JAHRE
## DER REGIERUNG KAISER VESPASIANS

„Das ist nämlich so, Soldat", sagte der Zenturio Rosianus Geminus. „Dein stinkiger Helm ist dein Zuhause und wird's so lange sein, bis du zum Kämpfen zu krumm oder zu alt oder tot bist. Diese stinkige Wüste hier ist kein Paradies, aber so schlimm ist sie auch wieder nicht, wenn man bedenkt, wie's um diese Jahreszeit in den Ländern des Nordens aussieht..."

Er kratzte sich den schwarzen Vollbart und seufzte tief, um seinem Zuhörer zu zeigen, wie gut er sein Elend verstand. „Ich sag ja gar nicht, daß ich wüßte, wie lange das hier noch dauert. Mir hängt's genauso zum Hals heraus wie dir, immerzu auf diesen stinkigen Felsen zu starren und zu sehen, wie er zu tanzen anfängt, wenn die Sonne steigt. Aber das eine kann ich dir versprechen: Diese Sauerei nimmt ein Ende. Unser Feldherr mag ja den Rüssel öfter im Becher haben, als ihm guttut, aber er wird die Juden von diesem Felsen holen, und wenn er dazu dem Wein abschwören müßte. Ich kenne Flavius Silva schon ziemlich lange, Soldat."

Geminus, der vielnarbige alte Krieger, der alles wußte, sprach's und ging in die Nacht hinaus.

Der Wachtposten murmelte ein paar Worte der Dankbarkeit, als die Sterne am aschgrauen Himmel zu verblassen begannen. Es ging dem Ende seiner Wache zu, und wo man auch auf Posten stand, ein leerer Magen knurrte überall gleich. Leutselige Bemerkungen von Vorgesetzten, daß alles noch viel schlimmer sein könnte, füllten einem sowenig den Bauch, wie sie gegen diese zum Wahnsinn reizenden Hitzepickel halfen, die sich überall dort bildeten, wo Metall und Leder auf Haut trafen.

Er blickte zu der schwarzen Masse hinauf, die fast den ganzen östlichen Himmel bedeckte. Sie stand dort für die Ewigkeit. Wie die Menschen darauf. Da sollte man nun den Abschnitt zwischen dem Lager und diesem verhaßten Masadafelsen im Auge behalten – es war freilich mehr ein Berg als ein Felsen –, als ob die Juden im Sternenlicht ungesehen durchkommen könnten. Die Heerführer wußten, daß das unmöglich war, und der Feldherr hätte es eigentlich auch wissen sollen.

Der Posten schob seinen Helm in den Nacken und seufzte. Wie weit war das alles von zu Hause! Er drehte sich um und schaute nach Westen, zur Lagermitte, wo sein Zelt stand. Das hatte nicht viel von einem Zuhause. Es stand nicht weit vom Zelt des Feldherrn, das viel größer war und schon eher ein Zuhause sein mochte. Kein gemeiner Soldat hatte dort Zutritt, und so konnte sich jeder von den Wundern darinnen seine eigenen Vorstellungen machen. Die einen meinten, es sei vollgestopft mit funkelnder Beute, andere glaubten, von dort aus werde die ganze Welt östlich von Brundisium regiert, und wieder andere erzählten, der Feldherr sei andauernd betrunken – vor allem nachts.

Der Feldherr Flavius Silva lag auf dem Rücken und betrachtete einen dünnen Lichtspalt in der Mitte des Zeltdachs. Schuld daran war so ein Bauerntölpel, der die Zeltschnüre so straff gespannt hatte, daß zwischen Tuch und Zeltstange eine Ritze entstanden war. Die Verantwortung aber trug Rosianus Geminus, der als Hauptmann der Prätorianergarde für das Wohl des Feldherrn zu sorgen hatte. Ergo würde Geminus demnächst ein paar unfreundliche Worte zum Thema militärische Perfektion in der Zehnten Legion zu hören bekommen, und Geminus würde sie – mit Sicherheit per Ende seiner überaus beredten Peitsche – an den Tölpel weitergeben, der die Stange aufgestellt hatte. Das römische Heer, zu klein für die Welt, die es regieren mußte, stand und fiel mit seiner Disziplin.

Das Licht brachte Silva auf unerfreuliche Gedanken, die sich abwechselnd mit seinem schweren Kopf und seinem unvollendeten Haus in Praeneste beschäftigten. Bei allen Göttern, man hatte doch überall den gleichen Ärger, ob man nun in jenem rosenduftenden Landstrich bei Rom oder hier in der judäischen Wildnis etwas zu Ende bringen wollte.

Noch einmal überflog er den letzten Brief von Antonius Mamilianus, der sich für einen Architekten hielt.

> An Flavius Silva, Feldherr der Legionen und Statthalter von Judäa, von Antonius Mamilianus. Sei gegrüßt.
> Ich bin gewiß, daß Du mit der Arbeit der letzten Monate sehr zufrieden wärst, auch wenn die Kosten die erste Schätzung nicht unbeträchtlich übersteigen. Die Mehrkosten gehen ja größtenteils auf Deine werten Änderungen der Pläne zurück... besonders auf das zusätzliche Bad und die sechs Statuen, die das Peristyl bereichern werden. Wenn erst der Wein und die Schattenbäume blühen, wird Dein Haus ein Ort großer Beschaulichkeit sein.

Neues Haus oder Belagerung – wenn man etwas anständig gemacht haben wollte, erforderte das mehr als einen Befehl. Man mußte sich schon selbst darum kümmern.

Silva fand, jemand müsse ihm im Laufe der Nacht die Augen mit Asche bestreut haben. Er richtete sich halb auf seinem Lager hoch, um die Frau neben sich zu betrachten. Zweifellos, dachte er, stellt sie sich nur schlafend, wie sie es mit mehr oder weniger Erfolg auch während lichterer Augenblicke dieser abermals weinschweren Nacht getan hatte. Sie hatte sich ihm mit mürrischer Willfährigkeit hingegeben und ihn so noch in der Vereinigung verhöhnt.

Er bereute die Nacht. Es war, als hätte er eine Schlacht verloren, die er nicht hätte verlieren dürfen. Eine Frau, dachte er, hat mich allein mit der Waffe ihrer bernsteinschimmernden Haut die Bitterkeit der Niederlage kosten lassen und erwartet obendrein, daß ich ihr beim Erwachen den Hof mache.

Während er sie beobachtete und dabei seine eigene Geduld belächelte, fragte er sich, wie er diese Zauberin, die ihn so in ihren Bann geschlagen hatte, wohl endgültig erobern könne. Es war doch die Höhe! Was zerbrach er sich wegen einer einzigen Frau den Kopf, wenn er doch nur in die Hände zu klatschen brauchte und Dutzende haben konnte! Aber was für welche? Kranke Dirnen, die Überbleibsel eines langen Feldzugs? Während seiner ganzen drei Jahre in Judäa – einschließlich dieser letzten drei elenden Monate am Fuße Masadas – hatte er nicht eine Frau gesehen, um die sich's gelohnt hätte.

Bin ich so lange aus Rom fort, dachte er, daß mir diese Jüdin hier neben mir schon wie eine Trophäe vorkommt? Bin ich nur deshalb so von ihr gefangen, weil sie Griechisch spricht, als wäre es ihre Muttersprache, Hebräisch so, daß es nicht wie eine Halskrankheit klingt, und ein Aramäisch, das sogar ich verstehen kann? Oder kommt es daher, daß sie so furchtlos ist oder es mir doch geschickt vorspielt? Wie ausgehungert muß ich sein und wie einsam, daß ich mich schon für ihr Kommen herausputze wie ein verliebter Jüngling!

Sie hat einen zu großen Mund, sagte er sich. Und doch, wie verführerisch ihre Lippen waren! Ihre Backenknochen, ihre Nase und Stirn waren entschieden zu ausgeprägt, aber jeder ihrer Gesichtszüge bildete mit den andern eine solche Harmonie, daß ihr Gesicht ein Meisterwerk war.

Plötzlich mußte er wieder daran denken, wie er zum erstenmal ihre Augen gesehen hatte, die ihn aus einem Meer flehender Gesichter trotzig anstarrten. Damals, vor nicht einmal einem Monat, hatte er dem langwierigen Geschäft hier in der Wüste den Rücken gekehrt und war nach Jericho gereist, von wo ihm Meutereien gemeldet worden waren. Die Meldungen hatten sich als reichlich übertrieben herausgestellt, obwohl die Truppen wirklich außer Kontrolle geraten waren. Schuld daran war hauptsächlich die Feigheit ihres Befehlshabers Quadratus, der eine solche Angst vor seinen eigenen Truppen hatte, daß er ihnen die Erlaubnis zu Plünderungen gab, nur weil ihr Sold nicht pünktlich eingetroffen war. Sie hatten sich schadlos halten wollen, indem sie alle gutgewachsenen Einwohner Jerichos zusammentrieben, um sie als Sklaven zu verkaufen.

Silva war mit seinem schönsten Streitwagen mitten in das Gewühl hineingerast, als wären sie nicht einmal seiner Verachtung wert, und hatte ihnen befohlen, die Juden auf der Stelle freizulassen. Ihre Antwort war Hohngelächter gewesen. Da hatte er seine rechte Hand gehoben und ihnen damit sein Wort verpfändet, daß ihr Sold von Rom aus zu ihnen unterwegs sei. Er war stolz darauf, in den ganzen siebenunddreißig Jahren seines Lebens noch nie sein Wort in betrügerischer Absicht verpfändet zu haben. Er gab sein Wort nicht nur als Statthalter von Judäa, sondern auch als echter Cornelier, wie die geachtete römische Familie seiner Mutter hieß.

Nachdem die Ordnung wiederhergestellt war, hatte Silva ihnen nachsichtig erklärt, daß Plündern, Schänden und Morden nur auf

Befehl – auf obersten Befehl – zu geschehen oder zu unterbleiben hätten. Alle Juden seien jetzt Eigentum des römischen Reiches, folglich könnten untergeordnete Stellen nicht mehr frei über sie verfügen. Es wurde noch ein bißchen gemurrt, dann ließen die Hilfstruppen ihre Gefangenen frei.

Silva erinnerte sich, daß Quadratus ihm auf der oberen Terrasse seiner Unterkunft noch ein halbwegs eßbares Mahl vorgesetzt hatte und sie dann beide an die Brüstung getreten waren, um auf die mehreren hundert Juden hinabzusehen, die im Hofe Schutz gesucht hatten. Dabei war Silva eine kleine Gruppe aufgefallen, die abseits von den andern stand. Sie verhielten sich still. Nur die Frau unter ihnen sah so kühn zu ihm hoch, wie es bisher noch kein Jude gewagt hatte.

„Kennst du die Frau da?" hatte er Quadratus gefragt.

„Ja. Sie gehört zu einer Familie aus Alexandria. Wie ich höre, sind die Leute am Getreidehandel mit Rom reich geworden."

„Ist der Mann daneben ihr Vater?"

„Ja. Er scheint recht klug zu sein für einen Juden. Überhaupt tut die ganze Familie ziemlich gebildet, was ich ganz schön komisch finde."

„Was machen sie in Palästina?"

„Sie sagen, sie hätten nur nach Jerusalem pilgern und Verwandte besuchen wollen. Ziemlich schlechte Zeiten für Pilgerreisen, findest du nicht auch?" Darauf hatte Quadratus so schallend losgelacht, daß alle Blicke sich ihnen zuwandten.

„Du lachst zu schnell, Quadratus, vielleicht ist das der Grund, warum deine Truppen so aufsässig sind. Deine gegenwärtigen Sorgen will ich beheben, aber laß dir gesagt sein, wenn dir deine Truppen noch einmal aus der Hand geraten, geht es um *deinen* Kopf."

Quadratus war fast vor ihm auf die Knie gefallen. „Ich bin dir zutiefst dankbar, Herr. Du kannst dich darauf verlassen, daß ich einen Weg finden werde, dein Leben zu bereichern und meine Schuld zu bezahlen."

Wie so ein feiger Ziegenbock jemandem das Leben bereichern wollte, blieb sein Geheimnis, bis Silva schon wieder über eine Woche in der Wüste war. Da näherte sich Masada eine kleine Karawane von der Oase Engeddi im Norden.

Quadratus hatte ihm „die Augen" in die Wildnis geschickt, begleitet von ihrem Vater, einem Onkel und dessen Frau, drei angeblichen Vettern, zahlreichen Dienern und einer bewaffneten Begleitmannschaft, um ihre unversehrte Ankunft sicherzustellen. Auch eine blumige Botschaft schickte er mit.

An Flavius Silva, Statthalter von Judäa und Feldherr der Zehnten Legion, von Ptolemäus Quadratus, derzeit Befehlshaber von Jericho. Sei gegrüßt.

Alle, die Deinen Aufenthaltsort kennen, versichern mir, daß es eine der ödesten und unwirtlichsten Gegenden der Erde ist. Ich kann daher nichts anderes vermuten, als daß an einem solchen Ort selbst ein Römer Deiner wohlverdienten Machtfülle und Findigkeit gewisse Annehmlichkeiten vermissen muß.

Verzeih mir, erlauchter Feldherr, wenn ich Dir ein Geschenk zu senden wage, das anfangs vielleicht Deine Geduld auf die Probe stellen wird. Der wesentliche Teil meines Geschenks weigerte sich hartnäckig, sich ohne die andern auf den Weg zu machen, aber Du kannst ja mit dem Rest ganz nach Deinem Belieben verfahren. Ich werde der Venus opfern und hoffen, daß ich mit meiner Wahl Deinen Geschmack getroffen habe.

Möge der große Vespasian immer über uns herrschen!

Sehr wohl, Quadratus, meinen Geschmack hast du getroffen, aber glaube ja nicht, ich könnte mich so an dieses fremde Geschöpf verlieren, daß ich darüber deine Unzulänglichkeiten vergäße. Aber ich beglückwünsche dich zu deinem Scharfblick. Wäre deine Wahl anders ausgefallen, ich hätte ganz gewiß die Annahme verweigert. O ja, du bist sehr schlau zu Werke gegangen, mein guter Quadratus, denn wenn diese Frau aus mir wirklich einen zweiten Titus machen könnte, der seiner berühmten Jüdin Berenike ja jeden Wunsch von den Augen ablesen soll, dann ständest doch du, mein Bester, als ihr ehemaliger Gönner gerade unter der Sonne!

Aber, Quadratus, eines hast du beim Spinnen deines feinen Netzes vergessen, und das ist der *Charakter* der Frau, die du mir zum Geschenk gemacht hast. Es ist dir gewiß nie in den Sinn gekommen, daß ich zunächst ihr genügen muß, wenn ich soviel Freude an ihr haben soll, um darüber den Verstand verlieren zu können – und das ist, wie ich leider sagen muß, bisher noch nicht der Fall.

Er drückte seine Hand an ihre Wange und rief ihren Namen. „Schewa! Es ist Morgen!"

Sie schlug die Augen auf und sah ihn an wie einen völlig Fremden. „Kann ich jetzt gehen?" fragte sie gleichgültig.

„Nein. Ich habe über dich nachgedacht, und das war ganz unterhaltsam. In diesen Tagen, da deine schwachsinnigen Landsleute da oben wie die Tauben über meinem Kopf sitzen, finde ich wahrhaftig wenig Grund zum Lachen."

„Sie sind nicht meine Landsleute. Das habe ich dir schon hundertmal gesagt. Ich stamme nicht aus diesem gottverlassenen Land."

„Wie kannst du die Erde so schmähen, die dein unsichtbarer Gott doch angeblich so liebt! Wenn du eine anständige Jüdin wärst, würdest du dich überall zu Hause fühlen. Manchmal habe ich den Eindruck, daß in Rom mehr Juden als Römer leben."

Sie zuckte die Achseln und ging in die andere Ecke des Zeltes. Dort schlüpfte sie in ein reichbesticktes, leinenes Gewand. Schade, dachte er. Jetzt ist sie wieder verhüllt, diese Bernsteinhaut.

Während sie ihre Sandalen band, sagte sie ärgerlich auf griechisch: „Man hat mir die Freiheit versprochen, wenn ich die Berührung deiner abscheulichen Reptilienhaut nicht scheue."

„Wer hat das versprochen?"

„Du."

„Unsinn. Ich habe etwas Wein getrunken, aber das hat mich doch nicht um den Verstand gebracht."

Er setzte sich ruckartig auf und spürte sofort seinen Kopf, der ihm wie ein dicker Marmorstein vorkam. Er hatte wirklich viel getrunken. Das kam zu oft vor, und er mußte damit aufhören. Wenn Vespasian von einem hörte, der zu sehr dem Becher zusprach, war dieser Mann die längste Zeit auf seinem Posten gewesen... und früher oder später erfuhr Vespasian doch alles.

Ganz behutsam streckte er Arme und Beine von sich, stöhnte und sagte: „Komm, reib mir den Nacken." Er war nicht wenig überrascht, als sie ohne Zögern gehorchte; aber das war ja der Zauber dieser Frau -- sie steckte so voller Überraschungen.

Er konnte das Kneten ihrer Finger beim besten Willen nicht als Liebkosung mißverstehen, aber es wirkte beruhigend. Er sagte: „Ich habe sehr lange herauszubekommen versucht, was mich eigentlich so an dir fesselt. Ich glaube jetzt, ich bin schon so lange in diesem widerlichen Land, daß ich eine Mutterziege nicht mehr von einer Frau unterscheiden kann."

„Vielleicht liegt's an meinem Geruch? Alle Juden stinken doch, nicht wahr, großer Feldherr?"

„Ach, laß das. Warum sollen wir ein so spannendes Gespräch mit Tatsachen verwässern? Es gefällt mir, über deine unglückselige Abstammung hinwegzusehen."

Er bemerkte, daß die Bewegungen ihrer Finger keinen Augenblick gestockt hatten. Sie hätten ebensogut übers Wetter reden können. Gerade darum muß ich darauf achten, daß ich mich ebenso beherrsche, und wenn sie mich noch so reizt, dachte er. Dieses Spiel macht Spaß, weil meine Gegenspielerin auf die kleinste Schwäche lauert und mich zu ihrem Gefangenen zu machen hofft. Und das wäre der Anfang vom Ende, denn was ist seltener als eine wirklich barmherzige Frau?

Sie schwiegen eine Zeitlang, und Silva lauschte dem knirschenden Geräusch draußen, das nie aufhörte. Man kommt sich vor wie mitten in einem Steinbruch, dachte er. Doch wenn das Knirschen aufhörte, konnte das nur bedeuten, daß mit der Arbeit etwas nicht klappte, mit diesem gewaltigen militärischen Bauwerk, das bald alle Menschen auf Erden, Freund wie Feind, bewundern – oder verlachen würden: Flavius Silvas große Rampe!

Zu dumm, daß Vespasian Masada noch nie gesehen hatte. Sonst hätte er nämlich besser verstanden, daß die Einnahme der Festung nicht einfach mit Gewalt zu bewerkstelligen war. Welche Genugtuung, wenn er, nachdem die Juden ihr tägliches Quantum Beleidigungen verspritzt hätten, nach oben zeigen und zu Vespasian sagen könnte: „Wie du siehst, Cäsar, ist dort einfach nicht hinaufzukommen, wenn man keine Eidechse ist. Aber du kannst dir auch vorstellen, wie wir unsere Maschinen dort hinaufschaffen, wenn die Rampe fertig ist, und dann werden wir die Mauer niederreißen und diesen letzten Stein des Anstoßes in Judäa beseitigen..." Und natürlich würde Vespasian beifällig lächeln und laut verkünden, Flavius Silva habe ein militärisches Wunder vollbracht. Oder? Nein, er würde natürlich nichts dergleichen sagen, falls nicht seine Ansichten einen grundlegenden Wandel durchgemacht hatten. Der geizigste Kaiser der ganzen römischen Geschichte würde sich bitter über die Kosten dieser absolut notwendigen militärischen Anlage beklagen. Und wenn die Rampe ihren Zweck gar nicht erfüllte? Dann fand sich der Feldherr Flavius Silva mit allergrößter Gewißheit bald als Statthalter irgendwo in der frostigen Wildnis Britanniens wieder. Wenn er Glück hatte.

Er legte den Kopf zurück und seufzte. „Bacchus hat meine Zunge mit Schwamm bedeckt. Ich werde keinen Tropfen Wein mehr anrühren, bis deine Freunde da oben sich ergeben."

Ihre Finger hielten nicht inne, als sie antwortete: „Meinen Glückwunsch. Du hast dir soeben ewige Enthaltsamkeit auferlegt."

„Die Rampe wird bald fertig sein. So lange kann der Becher warten."

„Ha!" rief sie verächtlich, doch ihre Finger bewegten sich rhythmisch weiter. „Du hättest gar nicht die Kraft dazu."

Jetzt hielten die Finger still, und sie kam um ihn herum, um ihm ins Gesicht zu sehen. „Was ist mit deinem Versprechen? Du hast gesagt, ich wäre frei. Du hast gesagt, mir würde kein Leid geschehen, falls ich nicht gegen Gesetze verstoße. Das waren deine eigenen Worte, großer und gütiger Statthalter Judäas."

„Dann war ich eben doch betrunken."

„So? Es ist schon so, wie ich dachte."

Ihr forschender Blick machte ihn derart unsicher, daß er über ihren Kopf hinweg zu dem hellen Lichtfleck im Zeltdach sah. „Was ist so, wie du gedacht hast?" fragte er. „Komm, sag nur, was du auf dem Herzen hast. Ich bin guter Laune."

„Ich dachte mir nur, daß dein Wort so schwach ist wie dein Wille – und deine Lenden", sagte sie ungerührt.

Er sprang auf und gab ihr einen Schlag auf den Mund. Sie taumelte von seinem Lager zurück, und Blut trat auf ihre Lippen.

Als er die Wachen rief, klang seine Stimme so hysterisch, daß er sie kaum als seine eigene erkannte. Die Wachen erschienen, und er begann: „Packt diese Frau –" Packt sie – und dann was? dachte er. Ich muß mir selbst beweisen, bevor es zu spät ist, daß ich ohne dieses bösartige kleine Tier auskommen kann.

Von jetzt an wollte er alle Juden als hinterhältige Barbaren betrachten. „Wachen, bringt diese Frau zu Zenturio Rosianus Geminus. Sagt ihm, ich schenke ihr die Freiheit. Er soll sie im Lager der dritten Kohorte freilassen, wenn er fünfzig Freiwillige gefunden hat, die sich folgende Belohnung verdienen wollen: Der erste, der sie erwischt, bekommt fünfzig Schekel. Wenn er fertig ist, soll er sie wieder freilassen, damit ein zweiter sich neunundvierzig Schekel verdienen kann. Der letzte, der wohl nicht mehr besonders leichtfüßig zu sein braucht, erhält einen Schekel..."

Er nickte knapp mit dem Kopf in ihre Richtung. „Bis dahin dürfte sie auch höchstens noch einen Schekel wert sein."

Er war fest entschlossen, ganz gleichgültig zu erscheinen, als die Wachen sie bei den Armen packten und zum Ausgang drängten. Schau sie dir an, Schewa – siehst du ihren steinernen Gesichtern nicht an, daß sie dich wirklich zur dritten Kohorte bringen, wenn du mich nicht um Gnade bittest? Siehst du denn nicht, kleine Jüdin, was für ein einsamer Mensch ich bin? Würde es dich überraschen, wenn du merktest, daß auch ich Angst habe, was aus mir werden könnte, und daß ich dich brauche?

Er suchte in ihrem Gesicht nach dem winzigsten Anzeichen eines Nachgebens, und als er keines fand, hielt er die Wachen mit erhobener Hand zurück.

„Schewa, ist dir klar, daß du nie mehr zurückkommen kannst? Ist dir klar, was mit dir geschehen wird?"

Sie starrte ihn nur an, und es war der gleiche Blick wie damals auf dem Hof in Jericho.

„Ja", sagte sie ruhig. „Und ich weiß jetzt auch, was vom Wort eines edlen römischen Feldherrn zu halten ist." Sie räusperte sich bedächtig und spie ihm mitten ins Gesicht.

FLAVIUS SILVA saß in seiner reichverzierten bronzenen Badewanne. Sie war ein Geschenk, das ihm sein Pate bei seiner Ernennung zum Tribunen in der Siebten Legion in Dalmatien gemacht hatte. Ach ja, dachte er, wie ist doch dieses Bad zu einem Spiegelbild meiner selbst geworden, ein vielbenutztes Ding, vorzeitig gealtert, in Erfüllung seiner Pflicht ganz unnatürlich verbeult und entstellt, nachdem es auf Kamelen in Afrika, auf Pferden in Aquitanien, auf Kähnen, Schlitten und auf Sklavenrücken herumgeschaukelt worden ist.

Er sah an seinem Körper hinunter. Doch, er paßte gut zu der Wanne – selbst in der Farbe, die ihm die judäische Sonne aufgebrannt hatte, und auch mit der tiefen Narbe in seinem rechten Oberschenkel, dem Andenken an einen thrazischen Wurfspieß, den der Arzt, ein recht findiger Grieche, ihm herausgeschnitten hatte.

„Ich sollte lieber alles tun, um meinen Geist zu schärfen", sagte er zu Epos, seinem numidischen Sklaven, „denn dieser überbeanspruchte Kadaver wird allmählich ziemlich wertlos." Er vertraute sich gern dem taubstummen Numidier an, den er auf dem Markt in Antiochia gekauft hatte. Epos' früherer Herr hatte ihm als Strafe die Trommelfelle durchlöchert und die halbe Zunge abgeschnitten. Konnte ein Feldherr, der ja notgedrungen Geheimnisse hatte, einen besseren Leibsklaven haben?

Während ihm Epos den Körper ölte, betrachtete Silva mißmutig seine Beine. Das rechte, das mit dem Andenken an thrazische Rachsucht, war kräftig und wohlgeformt, aber das linke, das nicht einmal einen Kratzer hatte, war ein Drittel dünner und fast zwei Zoll kürzer. Seine Achillessehne war beim Angriff auf Jerusalem verletzt worden. Die hinzugezogenen griechischen Ärzte hatten gemeint, das Bein werde immer kürzer bleiben als das andere, und er werde sein Leben lang hinken. Mit siebenunddreißig ein alter Krüppel! Beim Jupiter!

Das warme Bad und das Öl auf der Haut taten wohl gegen Silvas Kater, aber die Jüdin wollte ihm nicht aus dem Kopf. „Da bin ich nun durch die ganze Welt gekommen", sagte er zu Epos, „und noch nie habe ich solchen Kummer mit einer Frau gehabt."

Kaum hatten die Wachen Schewa aus dem Zelt geschafft, da hatte er schon nach Attius, seinem Adjutanten, gebrüllt und ihn mit neuem Befehl zum Lager der dritten Kohorte gejagt. „Ein Gegenbefehl zu meinem ersten Befehl, Epos. Verwirrung in der Heeresleitung. Jetzt sitzt sie wieder gemütlich in ihrem Zelt und hält einen fröhlichen Morgenplausch mit ihren ränkeschmiedenden Verwandten."

Der Numidier begann soeben, ihm das Öl mit einem Schaber herunterzukratzen, und Silva betrachtete seine Hände und redete und redete, nur um seine Einsamkeit zu übertönen. „Wenn ich mir auf eines etwas zugute halten kann, Epos, dann sind es meine Finger, an denen nicht ein einziger Ring steckt. Meine Gattin Livia, die ich mehr als mein Leben geliebt habe, hat mir alle möglichen Ringe gekauft, aber ich habe mich geweigert, sie zu tragen. Nach ihrem Tod habe ich mir eine Konkubine genommen, die geschworen hat, sich nicht mit mir in der Öffentlichkeit zu zeigen, solange ich nicht mindestens zwei Ringe an den Fingern hätte. Und ich bin standhaft geblieben."

Während ihm der Numidier die Ölreste in die Schultern massierte, versuchte Silva pflichtschuldigst, sein lahmes linkes Augenlid zu üben. Der tiefe Schnitt, der sich vom Kinn aus quer über die Lippen bis zum Helmrand zog, hatte den Augenringmuskel verletzt. Mit Übung, hatte ihm der Arzt versprochen, könne er vielleicht eines Tages das Lid wieder gebrauchen. Sechs Jahre waren seitdem vergangen, und das Lid war höchstens noch lahmer geworden.

„Meine Konkubine war eine sehr humorvolle Frau, und als ich sie fortschickte, habe ich das mit einem Scherz getan, der sie hoffentlich zum Lächeln gebracht hat, wann immer sie an mich dachte. Ich hatte gehofft, wenn ich Frohsinn auf ihre Lippen brächte, dann könnte diese bewundernswerte Frau mir verzeihen, daß ich es nicht ein einziges Mal geschafft habe, unser Zusammensein voll auszukosten.

Halte mir zugute, daß ich's versucht habe, Epos, und ich hab's ja auch später noch mit vielen anderen versucht. Glaub mir, Epos, ich habe sämtliche Götter angerufen, mir zu helfen. Jeden Quacksalber habe ich mir geholt, jeden Priester, den ich finden konnte, jeden Zauberer und Ratgeber. An Aphrodisiaka habe ich heiße und kalte Schlammbäder versucht; ich bin um Mitternacht um den Circus Maximus herumgelaufen, einmal mit dem linken, einmal mit dem rechten Fuß beginnend; ich habe täglich mein Eiweiß mit Zimt und heißem Met getrunken, bis es mich schon beim bloßen Gedanken daran gewürgt hat. Und alles war umsonst, Epos. Seit ich meine Frau verloren hatte, war nichts mehr zu machen. Es hat Zeiten gegeben, da habe ich geglaubt, den Verstand zu verlieren — und dann kam diese Jüdin, die mir nur unter die Augen zu treten braucht, damit mir das Blut in den Adern rauscht, wie wenn ich wieder ein Jüngling wäre.

Was soll ich machen, Epos? Ist diese Jüdin denn wirklich die einzige anziehende Frau auf der Welt?" Silva beugte sich vor und spannte die Schultermuskeln, damit der Numidier ihm besser den Rücken abbürsten konnte. Wie sehnte er sich doch nach einem richtigen römischen Bad mit seinem *laconicum,* dem Schwitzraum, wo einem der Schmerz aus den Muskeln gesogen wurde, und dem *tepidarium,* einem schön warmen Raum, wo er sich mit seinesgleichen treffen und den Ruin des Reiches durch Speichellecker, Narren und Glücksritter besprechen konnte. Ich bin völlig abgeschnitten von Rom, dachte er, und das heißt, daß ich völlig aus der Welt bin. Ich ertränke mich in Wein, weil ich keinen anderen Freund auf der Erde mehr habe.

„Und außerdem", sagte er laut, als er aus dem Bad stieg, „habe ich, Flavius Silva, den Flavius Silva mit all seinen endlosen Wehwehchen gründlich satt!"

Silva zog es vor, sich selbst zu rasieren, und als er damit fertig war, putzte er sich die Zähne mit einem Pulver aus kalzinierten Knochen, Austernschalen und einer Prise Salpeter, der den Gaumen stärken sollte. Dann streifte er die kurzen Beinkleider über und setzte sich, damit Epos ihm die Wildledersandalen schnüren konnte.

Er schlüpfte in die Tunika, die Epos ihm hielt, und als sein Kopf daraus auftauchte, sah er zu seinem Erstaunen einen Fremden im Zelteingang stehen. Aber nein, dachte er gleich, das ist kein Fremder! Unter dieser lächerlichen Aufmachung steckte Pomponius Falco, genau der eine Mann aus der großen Stadt Rom, den Silva im Augenblick am wenigsten zu sehen wünschte. Und neben ihm stand natürlich, schüchtern und zaghaft, einer seiner schönen Jünglinge.

„Bei den Göttern, Falco, wie kommst du hierher?"

„Ich versichere dir, lieber Freund, es war eine sehr beschwerliche Reise, und nach solcher Mühsal hätte ich schon ein herzlicheres Willkommen erwartet." Er faßte die Hand des Jünglings. „Hier stelle ich dir Cornelius Tertullus vor, der aus Ravenna stammt."

„Ich fühle mich nicht sonderlich geehrt", sagte Silva, ohne den Knaben zu beachten. Er musterte Falco, dessen grausame Augen hin und her huschten und sich das ganze Innere des Zeltes einprägten. Der Schurke trug eine Perücke oder hatte sich das Haar färben lassen – es war ja auch egal, was – und stank wie immer nach Parfum. Seine Finger steckten voller Ringe, und jetzt erinnerte sich Silva auch, daß Pomponius Falco seines häßlichen Teints wegen immer mit einer Herde Eselinnen reiste, aus deren Milch er eine Paste machte, die er sich abends vor dem Schlafengehen aufs Gesicht schmierte. Bisher hatte die Prozedur sein Aussehen nicht im mindesten verbessert.

Aber Vorsicht! dachte Silva. Was für Geschichten man sich auch von Pomponius Falco erzählt und wie sehr du ihn auch verabscheust, vergiß nicht, daß er äußerst gefährlich sein kann! Er hat ein unglaubliches Gedächtnis für andrer Leute Angelegenheiten, wahr oder unwahr – ein weibischer Kopf.

Es war drei Jahre her, daß er Falco zuletzt gesehen hatte, aber es hieß, inzwischen habe er sich bei der einflußreichen Berenike eingeschmeichelt, und die habe Titus, den Sohn des Kaisers, davon überzeugen können, daß er zum *vir perfectissimus,* zum Erhabenen, erklärt werden müsse. Als pflichtgetreuer Sohn würde Titus das natürlich an Vespasian weiterleiten.

„Hättest du mir Nachricht von deinem Kommen geschickt", sagte Silva vorsichtig, „so wäre ich besser vorbereitet gewesen. Ich heiße dich offiziell in Judäa willkommen, muß dich aber darauf aufmerksam machen, daß der Zutritt zu diesem Zelt, besonders zu solch gottloser Stunde, ohne Rücksicht auf den Rang des Bittstellers der vorherigen Anmeldung bedarf. Ich schlage vor, du kommst später wieder, wenn ich meine dringenden Arbeiten erledigt habe."

Der Numidier reichte Silva den ledernen, messingbesetzten Rock. Silva schnallte ihn sich um die Hüften und tat, als hätte er jedes Interesse an Falco verloren. „Einer meiner Tribunen soll dafür sorgen, daß du mit deiner Begleitung so angenehm unterkommst, wie es die begrenzten Mittel an diesem Außenposten zulassen."

Als Falco antwortete, hörte Silva in seiner sonst so dünnen Stimme einen Anflug von heftigem Zorn. Wie schön! „Ich bin kein Bittsteller! Ich bin einen langen Weg gereist und habe unsägliche Mühen erduldet, um dir eine Botschaft des Kaisers zu überbringen."

Silva nahm die kurze, schwere Schriftrolle entgegen und bemühte sich, gleichgültig zu scheinen. Aber ich bin ein schlechter Schauspieler, dachte er, und schließlich streckt sich nicht jeden Tag Vespasians eigene Hand über die ganze Welt hinweg nach meiner aus.

Er erbrach das kaiserliche Siegel und las: „Ich erkläre, daß Pomponius Falco als mein Abgesandter nach Judäa reist.

Er ist beauftragt, Dir gewisse wichtige Mitteilungen zu machen und Dir in Deiner Lage jedwede Hilfe zu geben.

Ich, Vespasianus Imperator, habe dies unterschrieben."

Silva ließ sich Zeit, seine Gedanken zu ordnen. „Na ja, gut, es scheint also, daß du sozusagen in halbamtlichem Auftrag reist. Andererseits würde Vespasian sicher verstehen, daß ein Soldat zum Tagesbeginn gewisse Pflichten hat."

„Vespasian ist von dir enttäuscht."

„So? Na schön, ich bin von Vespasian enttäuscht."

„Das würdest du vor ihm nicht auszusprechen wagen!"

„Nein? Ich geb's dir schriftlich. Oder meinst du, ich betrachte mein Hiersein als eine Auszeichnung – nach den Schlachten, die ich für Rom geschlagen habe? Ich habe den Befehl, das heruntergekommenste Land im ganzen Imperium wieder auf die Beine zu stellen, nachdem wir es zuerst getötet haben. Du darfst mir glauben, dies ist die einzige erträgliche Stunde des ganzen judäischen Tages, und

bald werden sogar die Eidechsen unter der Hitze stöhnen. Wenn du in dieser Wüste etwas entdecken solltest, woran man Geist oder Seele wieder aufrichten kann, wäre ich dir für einen Bescheid dankbar. Die Eingeborenen dieser Wüsteneien sind das schmutzigste und jähzornigste Volk, das wir jemals unterworfen haben."

„Wir haben Juden in Rom. Viele sogar. Sie machen gar keine Schwierigkeiten."

„Das sind andere Juden als hier. Die hier sind einfach wahnsinnig. Die meisten sehen ihre Lebensaufgabe darin, sich endlos zu streiten. Für anderes haben sie gar keine Zeit. Und aus dieser Wildnis, in der Menschen wohnen, die mehr kämpfen als essen, soll ich eine römische Provinz machen. Und das mit herzlich wenig Unterstützung aus Rom, wenn's gestattet ist."

Silva streckte die Arme nach vorn, und der Numidier ging um ihn herum und legte ihm den Brustpanzer und die Schulterstücke an.

Falco hob seine beringte Hand und zupfte sich am Ohrläppchen. Er blickte zu Tertullus, wie um sich zu vergewissern, daß er dessen volle Aufmerksamkeit besaß, und sagte: „Aber Silva, wir wollen doch nicht leugnen, daß Judäa bereits unterworfen ist? Der Sieg ist gefeiert und Triumphbögen sind zur Erinnerung daran errichtet worden. Es wurden Münzen geprägt –"

„Das war voreilig", knurrte Silva. „Judäa – schön und gut, aber da sind eben noch diese rund neunhundert Leutchen, die sich beharrlich weigern, ihre Unterwerfung zur Kenntnis zu nehmen."

„Aus keinem anderen Grund bin ich hier. Es ist Vespasian peinlich, daß eine Handvoll elender Juden den römischen Waffen so lange widerstehen kann. Das ist dem Senat nicht leicht zu erklären. Du bist sein Abgesandter –"

Silva holte tief Luft und sagte sich, daß er sich zusammenreißen müsse. „Vor langer Zeit hat ein jüdischer König namens Herodes dieses Masada zur Festung ausgebaut. Zu seinem persönlichen Wohlbefinden hat er da oben zwei Paläste errichtet. Die Vorräte in den Kammern reichen für Tausende von Menschen und sind so gut haltbar gemacht, daß die heutigen Bewohner sehr gut davon leben. Der Boden ist so beschaffen, daß sie die notwendigen Frischgemüse selbst anbauen können. Derselbe Herodes hat riesige Zisternen gebaut und sie über ein System von Felsenkanälen von genau diesem Berghang aus mit Wasser gefüllt."

„Falls du mich hinters Licht führen willst, Feldherr, ich weiß sehr wohl, daß es in der Wüste nicht regnet."

„Ach, das weißt du? Dann will ich etwas zu deiner Bildung beitragen! Es regnet nämlich doch, und zwar immerhin so viel, daß Herodes sich die Mühe gemacht hat, zwei Aquädukte zu bauen. Wir haben natürlich beide zerstört, aber gegen das Wasser, das schon in den Zisternen war, konnten wir nichts machen, und das reicht denen da oben noch auf Jahre hinaus. Diese Juden dort sind störrisch und aufsässig; sie kämpfen Seite an Seite mit ihren Familien und werden von einem gewissen Eleasar ben Jair geführt, der ein gerissener Bursche ist. Schwerter schneiden nun einmal keinen Stein."

„Ich habe die weite Reise nicht gemacht, um mir Binsenweisheiten anzuhören."

„Du wirst noch Schlimmeres erleben, wenn du mich weiter ärgerst."

Einen Augenblick war es ganz still im Zelt, und man hörte nur das metallische Klicken, als Silva sich sein Schwert nach Legionärsart an die rechte Hüfte schnallte. Dann sagte Falco bedächtig: „Ich hatte auch nicht erwartet, den Beauftragten unseres Kaisers mit einer Jüdin herumhuren zu sehen."

Silva kniff die Lippen zusammen. Er dachte: Dieser Speichellecker hat sich den falschen Vormittag ausgesucht. Ich bringe ihn um.

Er hatte schon halb sein Schwert aus der Scheide, doch dann stieß er es langsam wieder zurück. Reiß dich zusammen, Saufkopf! Wahrscheinlich steht Falcos Leibwache vorm Zelteingang, und sein Süßer würde gewiß um Hilfe brüllen. Ein so großer Herr wie Pomponius Falco konnte leicht den bedauerlichen Tod des Flavius Silva und seines Numidiers erklären. Und welchen Sinn hatte es auch, Schewa zu verleugnen? Zweifellos hatte Falco schon über sie Bescheid gewußt, bevor er in die Wüste kam.

„Sie ist keine Hure", sagte Silva bedächtig.

„Ach nein? Nur ein freches Dämchen, das sich in die Geheimnisse unseres Feldherrn in Judäa einschleichen und sie an ihre Leute weitergeben kann. Wie praktisch!"

„Lächerlich! Glaub ja nicht, es gäbe in Judäa Geheimnisse, weder römische noch andere."

„Und ich habe ebenfalls nicht erwartet, den Mann, den Rom mit solch schwerer Verantwortung betraut hat, derart mit Wein vollgesogen anzutreffen, daß er nicht einmal in der Lage ist, den Abgesandten des Kaisers in angemessener Weise zu begrüßen."

Silva machte einen Schritt auf Falco zu, hielt aber inne, denn er wußte, wenn er noch näher heranginge, würde er kaum widerstehen können, Falco an die Kehle zu gehen. Seine Stimme bebte vor Zorn. „Ich pflege keine Emporkömmlinge in meinem Lager willkommen zu heißen. Ich begrüße keine Ratgeber und Ränkeschmiede, die nur nach Judäa kommen, um ein paar von meinen Soldaten sterben zu sehen, damit sie als ‚Kenner der Lage' nach Rom zurückkehren können. Ich gebe zu, du hast den Aufstieg aus den Elendsvierteln von Ravenna in die römische Gesellschaft sehr schnell geschafft, aber keine deiner bisherigen Taten empfiehlt dich als Soldaten."

Der Numidier reichte ihm den Helm. Silva ergriff ihn, als Falco sagte: „Du bist ein richtig ungehobeltes Soldatenschwein!"

„Stimmt. Und jetzt entschuldige mich bitte, meine Pflicht ruft. Ruh dich etwas aus, und nimm deinen kleinen Freund mit, er muß sehr müde sein."

Ich muß meine Unsicherheit verbergen, ermahnte sich Silva. Er lauert ja nur auf das kleinste Zeichen, daß ich ihn fürchte.

Silva blies ein nicht vorhandenes Stäubchen von seinem Helmbusch und ging an seinen Besuchern vorbei zum Zeltausgang. Er riß den Vorhang zurück und beglückwünschte sich, denn keine Speerlänge von seinen eigenen Prätorianern entfernt standen in einem festgefügten Block an die zwanzig *auxilia*, Germanen dem Aussehen nach. Einflußreiche Männer in Rom hielten sich solche Barbaren als Leibwache und taten gut daran, denn sie waren ihrem jeweiligen Herrn treu ergeben und kannten keine Furcht.

Silva lächelte zu Falco hinüber. Dann sagte er auf lateinisch mit sizilianischem Tonfall, damit seine eigenen Leute ihn verstanden: „Du reist standesgemäß." Er blickte verächtlich auf die Germanen. „Hoffentlich hast du auch genug Futter für diese Tiere bei dir."

Er trat in die sengende Sonne hinaus, und plötzlich fiel ihm auf, daß der große Lärm verstummt war. Wie lange schon? Wenn es vor Falcos Ankunft passiert wäre, hätte er es gemerkt. Wenn es hier still war, bedeutete dies nur eines: Eleasar ben Jair stand auf der Mauer!

Silva klatschte vor Freude in die Hände. Er schielte Falco mit seinem schlimmen Auge an, grinste und griff nach seinem Arm. „Komm mit, Pomponius Falco! Dann zeige ich dir etwas, womit du zu Hause ein paar gelangweilte Senatoren erheitern kannst. Wenn die judäische Wüste schon sonst nichts zu bieten hat – über die Akustik können wir uns nicht beklagen, wie du gleich hören wirst."

Trotz seines Humpelns schlug Silva eine so forsche Gangart an, daß der ganze Zug ihm fast im Laufschritt folgen mußte, und ihr Schwitzen und Keuchen tat der Würde seiner Besucher nicht gerade wohl. Der Anblick freute ihn so, daß er für einen Augenblick sogar die sengende Sonne vergaß, die täglich heißer zu werden schien.

Er versuchte an Erfreulicheres zu denken. Bitte sehr, wer konnte denn zur Zeit die Ehre für sich in Anspruch nehmen, die berühmte Zehnte Legion zu führen? Wie sehr hatte Vespasian sich während des ganzen Feldzugs in Palästina auf sie alle verlassen müssen! Es dienten mehr als fünftausend Mann in der Zehnten, zweitausend allein in diesem Lager, aus allen Provinzen ausgehoben und zu einer unbezwingbaren Legion zusammengewachsen.

Silva schritt noch schneller aus und dachte: *Das* hier ist das römische Reich, nicht jene verweichlichte Hauptstadt, wo man einen Mann an seiner Schönheit und seinen Worten ebenso mißt wie an seiner Macht. Da ist nicht einer in diesem Lager, und sei es der jüngste Trompeter, der nicht mehr wert wäre als die Parasiten, die da hinter mir herlaufen.

Silva mäßigte jetzt seinen Schritt, denn hier von dieser kleinen Erhebung aus konnte er nicht nur mit einem gewissen Stolz den größten Teil seines eigenen Lagers überblicken, sondern auch noch weitere drei von den insgesamt sieben, die Masada umzingelten. Vor langer Zeit hatten die römischen Soldaten erfahren müssen, daß Unordnung das beste Heer besiegen kann. Seitdem waren alle Heerlager im römischen Reich ganz gleich angelegt, so daß ein frisch eingetroffener Rekrut genau den Ort seiner Pflicht kannte, selbst wenn das Lager schon in der ersten Nacht angegriffen wurde.

Den Helm unterm Arm, blieb Silva kurz bei Rosianus Geminus stehen, der wie allmorgendlich auf dem erhöhten Tribunal wartete. Hier besichtigte Silva jeden vierten Tag seine Truppen. Hier wurden Belobigungen und Bestrafungen ausgesprochen, die Auspizien vor der Schlacht befragt und Befehle ausgegeben.

„Geminus", sagte er, „wir werden etwas für unsern geschätzten Gast Pomponius Falco tun müssen. Würdest du bitte für ihn und sein Gefolge eine Unterkunft besorgen?"

Geminus betrachtete den Haufen voller Verachtung. „Ein Zelt könnten wir noch auf den Mittelplatz neben das Feldherrnzelt quetschen", knurrte er. „Aber wo ich die übrigen unterbringen soll, weiß ich nicht."

Wie Geminus doch gleich eine unerfreuliche Situation durchschaute! „Du wirst dir etwas einfallen lassen müssen", sagte Silva, ohne in seinem Tonfall auch nur die mindeste Eile anzudeuten.

Geminus zupfte sich am Bart und schnaubte durch die Nase. „Die übrigen müssen sich eben außerhalb des Walles einrichten. Ich denke schon, daß ich ein paar von den nabatäischen Händlern verscheuchen kann – sowieso nichts als Diebsgesindel."

Jedes der Lager um Masada hatte sein eigenes Gefolge, Leute, die sich so dicht bei den römischen Soldaten hielten, wie es das Gelände oder das Temperament des Lagerkommandanten gestattete. Unter den Legionären war der Aberglaube verbreitet, ein plötzliches Verschwinden dieses Lagergefolges bedeute, daß ernsthafte Gefahr drohe. Blieben sie aber als Zuschauer in der Nähe des Schlachtfeldes, war der Sieg sicher.

Silva setzte seinen Helm auf und wandte sich an Falco. „Keine Sorge", sagte er. „Meine Rüstung soll die Juden nur beeindrucken. Gefahr besteht nicht. Um diese Zeit schießt Eleasar ben Jair mit viel gefährlicheren Waffen als mit Pfeilen."

Er schlug die Richtung zum Prätorianertor des Lagers ein, das nach alter Heerestradition im Osten lag, weil bei den Auspizien günstige Vorzeichen von dort am ehesten zu empfangen waren. Der Zug ging durch das Tor und wandte sich einem kleineren Lager zu, das im großen Belagerungswall, den Silva um Masada gezogen hatte, als Kontrollpunkt diente. Hier auf den westlichen Berghängen war der Wall ziemlich einfach gebaut, aber auf der Ostseite hatte er zwölf Beobachtungstürme wegen eventueller Ausbruchsversuche aufrichten müssen. Der Bau des Walles war teuer gewesen, aber die klugen Männer in Rom legten ja solchen Wert darauf, wie er sich bitter erinnerte, daß nur ja kein Jude entwischte – als wenn es hier ein anderes Entkommen gäbe als in den sicheren Tod in der Wüste.

Silva ging jetzt ein gutes Stück vor seinem Adjutanten Attius und den andern her und blickte finster zu dem mächtigen Felsen empor, der ihm so im Weg stand. Dahinter lagen das Tote Meer und die dürren Geheimnisse von Moab. Dieser verfluchte Felsen war uneinnehmbarer als jede Burg, jedes Heerlager oder jede befestigte Stadt der Welt. Er war mehr als alle andern sein persönlicher Gegner.

Wie beim erstenmal, als er Masada erblickt hatte, mußte er Herodes heimlich bewundern. Welch eine vollkommene Zuflucht hätte er hier gehabt, wenn seine Befürchtungen zugetroffen wären und Kleopatra sich von Antonius hätte Judäa schenken lassen! Hier wäre Herodes sicher gewesen. Jetzt wurde das Denkmal seiner Ängste wenigstens benutzt.

Es gab nur einen Weg den Felsen hinauf, und das war der schmale, sehr schwierige Schlangenpfad an der Ostwand Masadas. Da er nur im Gänsemarsch zu begehen war, genügten zehn Mann mit ein paar handlichen Steinen, um ein ganzes Tausend aufzuhalten.

Von seinem Lager aus konnte Silva den kleinen Palast sehen, den Herodes hart an den nördlichsten Zipfel gebaut hatte. Dort mußten natürlich die kühlsten Winde wehen, die besten Schatten zu finden sein, und dort mochte sich der herrlichste Ausblick über das Tote Meer und die judäische Wüste bieten. Silva glaubte, man müsse von solcher Höhe sogar die Oase Engeddi sehen können, und dort, hatte er sich geschworen, würde er den besten Schluck Wein trinken und seine Glieder kühlen, wenn der Felsen erst sein war. Und Schewa? Warum nicht auch sie?

Silva ging raschen Schrittes durch das westliche Lager und dann durchs Osttor, das einen Teil der Umwallung bildete. Sein Kopf wurde jetzt klarer, aber er war doch froh, als er in den Schatten des großen Felsens trat. Er nahm sich fest vor, das Wortgefecht augenblicklich abzubrechen, sobald die Sonne über den Felsenrand kroch, denn er mochte an diesem verkaterten Morgen nicht auch noch zu Eleasar hinaufblinzeln müssen. Es war natürlich kein Zufall, daß Eleasar ihn nie am Nachmittag zum Wortstreit herausforderte, wenn die Sonne *ihm* in die Augen schien.

Diese Wortwechsel waren kleine Gefechte, aus denen Silva selten als Sieger hervorging. Wenn sie Eleasar schon sonst keinen Nutzen brachten, so hielten sie doch wenigstens den Bau der Rampe auf. Alle Arbeit ruhte dann, und vor einem Publikum von zwanzigtausend Sklaven und Soldaten sah ein römischer Feldherr sich gezwungen, mit einem störrischen jüdischen Rebellen einen Zweikampf mit Worten zu führen. Je höher die große Rampe wuchs, desto mehr legte sich Eleasar ins Zeug. Die ungewöhnliche Akustik hier gab seinen

Worten eine Reichweite, die seine Steine und Pfeile nicht hatten. Sie ermutigten seine eigenen Leute und untergruben die Moral der vielen tausend Juden, die an der Rampe arbeiteten.

Vor, während und nach Eleasars Erscheinen an der Brüstung und seinen ersten Drohungen warfen sich die jüdischen Sklaven zwischen die großen Steine, wo keine Peitsche sie traf, oder kletterten zum höchsten Punkt der Rampe, wohin sich bisher noch kein Römer gewagt hatte. Ihre Aufseher hatten längst resigniert und ließen die Peitschen schweigen, während sie dastanden und wie verzaubert zuhörten, wenn Eleasar ben Jair, der Führer der Juden, und Flavius Silva, Statthalter von Judäa, sich mit Worten maßen. Silva wagte sich kaum vorzustellen, wieviel Schaden diese Wortgefechte schon bei seinen Truppen angerichtet haben könnten.

Durch ein staubiges Wadi kamen sie in ein Gelände, das vorwiegend aus Schiefer und Sand bestand. Rote Steinbrocken lagen auf eisenharter Erde verstreut. Jetzt erreichten sie den Fuß der großen Rampe, die sich jeden Tag ein Stückchen weiter zu der Felsenfestung hinaufschob.

Nach Ansicht der Bautruppen sollte es noch einen Monat dauern, bis die Rampe so hoch wäre, daß sich der Angriffsturm hinaufziehen ließe. In einem Monat haben wir April, überlegte er.

Er traf Rubrius Gallus, den für die Bauarbeiten verantwortlichen Tribun, auf der Rampe, wo er sein Werk bis in die kleinste Einzelheit überwachte. Silva erinnerte sich an Gallus' schmerzlichen Gesichtsausdruck, als er ihm befohlen hatte, die Rampe in aller Eile zu bauen und nicht danach zu fragen, ob sie am Tage nach der Einnahme Masadas wieder einstürze. „Laß mich nur meine Wurfmaschinen hinaufschaffen, und bau mir einen gepanzerten Angriffsturm von sechzig Fuß Höhe. Dazu gehört ein Sturmbock, und mit unsern Katapulten werden wir dafür sorgen, daß die Hebräer die Köpfe einziehen. Gib mir das, lieber Freund, und am Tage darauf führe ich euch alle aus dieser Wüste."

Lieber Freund? Aber ja. Welch zuverlässigeren Freund könnte denn ein Feldherr haben als diesen Rubrius Gallus, zu dessen Klugheit und Mut sich auch noch ein enormer Körperbau gesellte? Wer sonst hörte so mitfühlend zu, wenn Silva von der Jüdin Schewa erzählte? Gallus, der einzige treue Freund, den Flavius Silva auf der Welt noch hatte.

Jetzt schimpfte Gallus über den Aufenthalt. Er zeigte auf die Mauer Masadas und sagte: „Da oben steht er, Silva. Ich kann nichts tun, solange er nicht wieder weg ist."

Silva sah zu der einzigen Gestalt hinauf, die hoch über ihm stand. Er brauchte seine Stimme nicht anzustrengen, als er auf griechisch zu sprechen begann, das die meisten Juden verstanden, seine Legionäre aber nicht. So hoffte er sie nicht merken zu lassen, wie schlecht er sich auf Worte verstand. Eleasar dagegen sprach natürlich reinstes Lateinisch, *damit* sie ihn nur ja verstanden.

„Sei gegrüßt, Eleasar ben Jair! Bist du endlich zu Verstand gekommen und willst dich ergeben?"

Die Antwort von oben war nur Gelächter, wie Silva nicht anders erwartet hatte. Dann hörte er Eleasars Stimme, mühelos wie seine eigene und doch leicht zu verstehen. „Letzte Nacht habe ich schlecht geschlafen, weil ich mir den Bauch zu voll geschlagen hatte! Da habe ich den armen Flavius Silva und seine elenden Soldaten vor mir gesehen, wie sie unten im Staub unserer Wüste herumscharren. Und großes Mitleid überkam mich, weil ich mir ausmalte, was aus euch wird, wenn die richtige Hitze des Sommers einsetzt. Die ganze Nacht habe ich daran denken müssen, wie eure Augen braten und unzählige Fliegen sich an euren Hitzeblasen und Wunden gütlich tun werden. Was macht eure Ruhr? Falls ihr noch Gedärme habt, die Hitze wird sie euch schon verschmoren. Ich gebe euch den guten Rat, achtet genau auf eure Haut, denn mit der Hitze kommt der Fluch unseres Landes – der Aussatz! Die kleinste Wundstelle ist schon das erste Zeichen. Wenn ihr sofort in kühles Klima geht, seid ihr noch zu retten. Sonst dürft ihr den Rest eures Lebens die Schelle tragen..."

Silva hörte hinter sich Pomponius Falco und sein Gefolge begeistert feststellen, wie gut sie doch den Juden auf Masada hören könnten. Sie gackern wie die Weiber beim Wagenrennen, dachte er angewidert; aber er mußte Falco begreiflich machen, warum er sich auf diese Wortwechsel einließ. „Alle paar Tage kommt er und droht uns. Schicke ich einen meiner Tribunen, dann sagt er, ich hätte Angst. Immer hält er uns vor Augen, daß die Zeit gegen uns arbeitet und die Hitze immer schlimmer werden wird. Er hat es bereits geschafft, daß meine Soldaten sich elend fühlen und auf Anzeichen von Krankheiten achten, von denen sie noch nie gehört haben. Er redet und redet von der Hitze und hofft, daß uns der Teufel schon einheizt, wenn er ihn nur beharrlich genug an die Wand malt – womit er durchaus recht haben könnte. Ich streite nicht gern mit der Zunge, aber bis die Rampe steht, habe ich keine andere Wahl."

Er wandte sich wieder Eleasar zu. „Höre, Jude. Hör mir endlich einmal zu. Ich gebiete dir, hole deine Leute an die Mauer, damit sie sehen, wie nahe ihnen die Rampe schon ist. Sie sollen selbst beurteilen, wie lange es noch dauert, bis meine Legionäre ihre Schwerter in ihrem Blute tränken. Dann wird ihnen aufgehen, daß du ihnen falsche Hoffnungen gemacht hast. Noch lange wird dein Volk dich Eleasar den Betrüger nennen – der seine Leute ins Unglück gestürzt hat. Ergib dich – solange noch Zeit ist! Im Namen Vespasians befehle ich dir, die Waffen zu strecken und herunterzukommen. Ich verspreche, daß die Milch eurer Mütter wieder fließen wird!"

Während Silva mit der erhobenen Rechten sein Versprechen bekräftigte, sah er über die Schulter zurück zu Falco. „Jetzt kannst du einmal hören, wie er beim alten Thema bleibt."

Fast freute es ihn, als Eleasars Stimme wieder zu ihnen herunterdrang, immer noch leicht und entspannt, als erteilte ein guter Onkel seinem schwierigen Neffen Ratschläge. Selbst Falco mußte begreifen, daß Eleasar ben Jair kein gewöhnlicher Gegner war.

„Meine Leute stehen jetzt an der Brüstung und blicken hinab auf deine elenden kleinen Legionäre mit ihren bunten Kleidern. O Flavius Silva, armer kleiner Feldherr, bittest du uns etwa, es dir zu ersparen, daß an der kommenden Hitze noch einmal tausend deiner Leute sterben? Denk daran, noch hast du Zeit, die Zelte abzubrechen und zum Meer zu ziehen, wo die Luft frisch und kühl ist und unsere furchtbaren Krankheiten nicht an euren Knochen nagen können. Geh, solange noch Zeit dazu ist. Wir werden euch Verpflegung und Wasser für den Marsch hinunterschicken..."

Eleasars Stimme tönte weiter, und Falco zischte: „Das ist ja schändlich! Wie kannst du dir diese Unverschämtheiten gefallen lassen? Solange er dich zum Zuhören zwingt, beleidigt er Rom."

„Wenn ich ihm nicht mehr zuhöre, tun meine Soldaten es um so aufmerksamer."

„Du brauchst diesem Barbaren nur mitzuteilen, daß ich mit einer Verfügung Vespasians hier bin. Der Kaiser sichert ihnen freien Abzug zu, wenn sie sich auf der Stelle ergeben."

„Ist das wahr?" Silva wollte schon zu hoffen anfangen.

„Natürlich nicht. Wenn sie erst die Waffen gestreckt haben, brauchst du nur noch einen nach dem anderen ans Kreuz zu schlagen, und die Sache ist ausgestanden."

Silva blickte Falco in die Augen und bemerkte zum erstenmal, daß er sie mit Farbe ummalt hatte. Jetzt sah er auch, daß seine Lippen so komisch rot gefärbt waren, und dachte: Alles an diesem Mann ist Lüge!

„Falco, ich habe dich unterschätzt", sagte er langsam. „Möchtest du dieses Angebot selbst machen?"

„Ich bin dazu bereit, wenn du endlich begreifst, daß ich nicht hier bin, um dich zu demütigen, sondern um dir zu helfen."

Silva dachte: Die Umstände zwingen mich, dem Wein abzuschwören! Wie sollte ich es sonst mit diesem Chamäleon aufnehmen können? „Vielleicht", sagte er, „würde es noch mehr Eindruck machen, wenn du dazu ein Stück die Rampe hinaufgehst, damit du von uns andern abstichst und wirklich wie ein Bevollmächtigter erscheinst, der mit einem glaubhaften Angebot kommt." Und ehe Falco antworten konnte, rief er zu den Mauern hinauf: „Die Götter meinen es gut mit dir, Eleasar! Zwei große Römer sind im Morgengrauen angekommen. Es sind Pomponius Falco, Abgesandter des Kaisers, und Cornelius Tertullus, sein Adjutant. Vespasian nimmt väterlichen Anteil an deinem Schicksal. Wenn diese Männer vortreten, um dir seine Botschaft mitzuteilen, garantierst du dann für ihre Sicherheit?"

Auf dem Berg war es eine Weile still. Dann rief Eleasar: „Sie mögen herankommen, so nah sie möchten. Sie werden keinen Schaden nehmen."

Falco und Cornelius machten sich auf den Weg die Rampe hinauf wie die Pfauen. Nach dreißig Schritten blieben sie stolz und aufrecht stehen. Silva konnte sich leichter Gewissensbisse nicht erwehren, wenn er sich vorstellte, was gleich mit Sicherheit geschehen würde. Aber Mitleid für den Mann, den er verachtete? Lieber die kostbare Zeit nutzen, gewisse Vorbereitungen zu treffen.

Fast unhörbar befahl er den Bogenschützen und Trägern der Feldzeichen zurückzutreten. Dann sagte er zu Attius und Gallus: „Kommt, wir gehen langsam zu dem großen Felsen da drüben."

Während Attius und Gallus mit ernstem Nicken zeigten, daß sie verstanden hatten, ertönte Falcos hohe Stimme:

„Juden von Masada! Hört die Worte Vespasians!"

Falco machte eine Kunstpause, in der nur die heiser klagenden Rufe der Raubvögel zu hören waren.

„Wenn ihr Masada sofort räumt und alle eure Angehörigen auf unsere nützliche Sache verpflichtet, dann wird euch samt und sonders Gnade zuteil. Alle eure Verbrechen der Vergangenheit werden vergeben sein. Ihr habt jetzt keinen Grund mehr, zu kämpfen und zu sterben. Ich erwarte eure Antwort!"

Sowie sie hinter dem großen Felsen waren, sah Silva zu den Mauern hinauf. Dann sagte er leise zu Attius und Gallus: „Da kommt ihre Antwort."

Sie sahen einen kleinen Gegenstand über der Mauer aufsteigen, einen Augenblick am Morgenhimmel schweben, dann sich senken und in eine Anzahl merkwürdig geformter Objekte zerfallen. Diese regneten auf Pomponius Falco und Cornelius Tertullus herab, bis sie mit Unrat und kotgefüllten Tierblasen zugedeckt waren. Das Zeug kam in solchen Mengen und mit solcher Wucht, daß es beide von den Beinen riß.

Sie rappelten sich hoch und kamen blind und kreischend die Rampe heruntergerannt.

Silvas Stimme klang vollkommen ernst, als er sich an Attius und Gallus wandte und traurig den Kopf schüttelte. „Eine Schande ist das. Wirklich eine arge Zumutung für einen vornehmen Römer."

## BEI DEN BELAGERTEN

WIE DAS letzte Aushauchen eines sterbenden Körpers verzitterte das Lachen, und furchtbare Stille herrschte wieder auf Masada. Je höher die Rampe wuchs, desto schweigsamer sah Eleasar seine Leute werden. Sie sind wie die Wellen im Wind, dachte er; der leiseste Hauch kann sie beeinflussen.

Wenn etwas über seine Kräfte ging, zog er gern Vergleiche aus der Seefahrt, denn vor dem großen Krieg hatte er in der Stadt Bethsaida, dem „Haus der Fische", am Nordufer des Sees Genezareth gewohnt. Dort hatte er als Fischer großes Ansehen genossen.

Eleasars Hebräisch mit seinen verschluckten Kehllauten hatte starke Ähnlichkeit mit dem Syrischen, doch nur wenige auf Masada nahmen Anstoß daran. Selbst die Judäer, die sich soviel auf die Reinheit ihrer Sprache einbildeten, verziehen ihm gern seine Aussprache und ließen sich dafür vom Inhalt fesseln. Denn was er sagte, schlug alle in seinen Bann.

Er war mit enormen Körperkräften gesegnet und überragte die meisten Männer um eine bis zwei Handbreit. Seine Bewegungen waren von leopardenhafter Geschmeidigkeit. Er wußte seine Gaben zu gebrauchen, wußte so zu gestikulieren, daß seine großen Hände die ganze Welt umfaßten. Er war nach Art seines Volkes unrasiert, pflegte aber seinen Bart zu stutzen. Seine Haut war von Wind und Sonne so gegerbt, daß sie wie Bronze wirkte und man glauben konnte, ein Schwert, das ihn träfe, glitte an ihm ab. Nur die übel zugerichtete Nase und die ausgeschlagenen Zähne zeigten, daß auch er verwundbar war. Wie so viele Galiläer hatte er eine helle Haut und blaugrüne Augen, wie wenn sie die Farbe seines Sees angenommen hätten. Er trug beherrschte Überlegenheit zur Schau, was ihm oft den Vorwurf einbrachte, ein Demagoge zu sein, doch wenn seine Kritiker ihn selbst gefragt hätten, wie es komme, daß er der gewählte Führer der Juden auf Masada sei – Eleasar hätte ihnen die Wahrheit gesagt.

„Keiner von denen traut dem andern. Ich bin weder Pharisäer noch Sadduzäer, noch Essener, noch überhaupt ein Mann von strenger Gottgläubigkeit. Aber ich bin ein Kämpfer, das wissen sie, und darum bin ich ihr Führer. Ich bin ein Zelot und habe viele Juden eigenhändig getötet, weil sie nicht kämpfen wollten."

Die Juden auf Masada waren auch von seiner Lebensgeschichte beeindruckt; er war der letzte Überlebende einer Familie von Kämpfern und Märtyrern. Seinen Vater hatten die Römer erschlagen; sein Großvater war von Herodes umgebracht worden; bei der Belagerung Jerusalems, wo auch Eleasar mitgekämpft hatte, waren drei seiner Brüder von den Römern gekreuzigt worden. In seiner Gesinnung hatte er viel von den wilden Sikariern angenommen, und über der Tür zu seinen Gemächern stand der trotzige Sikarierspruch: „Gott allein ist der Herr! Nichts gilt der Tod. Freiheit ist alles!"

Insgeheim verfluchte Eleasar sämtliche palästinensischen Sekten, da sie den Juden nur Zwietracht und Haß brachten. Auf Masada waren alle Sekten vertreten, und er mußte sie oft ermahnen: „Hört, meine lieben, lieben Freunde, ich frage nicht, wie ihr zu eurem Gott betet, und ich bitte euch in dieser Stunde der Not, fragt auch ihr nicht bei anderen danach. Was ändert es, ob ihr nun nach dem geschriebenen oder dem mündlich überlieferten Gesetz lebt? Macht es so wie ich, sonst gehen wir alle an unseren eigenen Streitereien zugrunde. Seid wie ich – ein Jude, *nichts* als ein Jude!"

Miriam, Eleasars Frau, kam auch aus einer Fischerfamilie. Er hatte sie mit nach Masada gebracht, aber sie hatte kein Rebellenblut in den Adern. Von den Zeloten hatte sie, obgleich sie doch von Galiläa ausgegangen waren, bis zu ihrer Verheiratung noch nie gehört. Als er ihr sagte, die Zeloten wollten die Römer aus ganz Palästina vertreiben, antwortete sie, das klinge dumm und undurchführbar.

Miriam war eine Frau von großer Körperkraft und starkem Knochenbau. In Gesellschaft zierlicher, zerbrechlicher Frauen war sie zurückhaltend und scheu. Sie war selbst für eine Galiläerin sehr hellhäutig, und ihr säuberlich geflochtenes Haar war gelb wie Sand.

Es war zehn Jahre her, seit Miriam den Myrtenkranz getragen hatte und Eleasars Frau geworden war. Seitdem waren sie und ihr Gatte einander ganz und gar ergeben. Eleasar pflegte über seine Ehe zu sagen: „Meine Miriam wurde genau wie alle Frauen aus der Rippe des Mannes geschaffen, da habe ich überall nach der Rippe gesucht, die meinem Körper fehlte, bis ich sie gefunden hatte."

Jetzt stand Eleasar ben Jair, Sohn eines Rebellen und Enkel eines Rebellen, an der äußersten Schutzmauer und blickte mit der wiedergeborenen Hoffnung eines jeden neuen Tages über sein Reich. Die Sonne bedeutete Hoffnung; er flüsterte ein Gebet, sie möge bis zum Mittag zur unerträglichen Feuersbrunst werden. Es *gibt* noch Hoffnung, dachte er, denn wir sind noch auf Jahre hinaus mit Nahrung versehen. Unser letztes Schaf wurde erst gestern geschlachtet, und wir haben Öl, Korn, Datteln und Wein im Überfluß, mit unsern Waffen könnten wir jeden Mann zehnmal ausrüsten, und so viel Wasser haben wir, daß wir uns sogar den Luxus des Badens leisten können. Wann hätten Belagerte es je so gut gehabt?

Er fühlte eine federleichte, feuchte kleine Hand in der seinen und blickte hinunter auf seinen Sohn Reuben. Nun, mein Kleiner, was hast du denn heute vor? Am Strand entlanglaufen? Stehenbleiben und eine winzige Krabbe beobachten? Denk daran, im nächsten Jahr erwarte ich von dir, daß du mir im Boot hilfst, und ich werde dich dann lehren, wie man Barben fängt. Und das Jahr darauf...

Die Wirklichkeit kehrte zurück; ob Reuben wohl je dieses Grabmal in der Wüste verlassen und auf den See hinausfahren würde?

Er begreift noch nicht, daß ihm jemand Böses wollen könnte. Er meint, die Römer bauten die Rampe, damit sie uns besuchen können. Großer Gott, zeig mir das Wunder, das ihn retten wird...

„Sein Gesicht ist schmutzig", sagte er leise zu Miriam.

„Ich weiß", sagte sie. „Er ist vor Eile hingefallen, weil er hören wollte, wie sein Vater den Römern bange macht. Sie haben ihm fürchterlich leid getan."

Sie schwieg eine Weile, dann sah sie auf die Rampe hinunter. Die Legionäre trieben ihre Sklaven wieder an die Arbeit. „Wie lange noch?" fragte sie.

„Höchstens noch dreißig Tage."

„Und dann? Viele meinen, wir sollten uns jetzt ergeben." Ihr Blick sagte ihm, daß sie Angst hatte, nicht um sich selbst, sondern um Reuben.

Er hob den Jungen hoch in die Luft, und während der Kleine vor Freude quiekte, meinte er: „Wie kommt ein so fröhlicher Junge nur an eine so trübsinnige Mutter?"

„Einmal", sagte sie schelmisch, „hast du mich deine Burg der Freude genannt."

Lachend stellte er den Jungen auf die Erde. „Laß dich warnen, mein Sohn. Auch wenn du einmal so feine Netze knüpfen lernst, daß alles darin hängenbleibt – an das Gedächtnis einer Frau kommst du doch nie heran."

Hand in Hand, den Jungen zwischen sich, stiegen sie von der Mauer hinunter. Am westlichen Palast, der Herodes' Hauptsitz gewesen war, ließ Eleasar sie allein und ging an dem Gebäude vorbei nach Norden. Diesen Weg schlug er jeden Morgen ein, vom Osttor am Schlangenpfad nach Süden an den Kasematten vorbei, wo viele Familien sich zwischen den Doppelmauern häuslich eingerichtet hatten. Unterwegs fragte er die Posten aus und grüßte alle die – fast tausend Männer, Frauen und Kinder –, die mit ihm von Jerusalem her durch die Wildnis gekommen waren. Die meisten kannte er jetzt mit Namen.

Es war, das wußte Eleasar, sehr wichtig, daß er sich alle ihre Klagen anhörte, von denen es immer genug gab, denn tat er das nicht, dann blieben nur noch die Priester, an die man sich wenden konnte, und denen mißtraute er zutiefst. Sogar noch hier in dieser Abgeschiedenheit war ein Zehntel alles dessen, was die Vorratskammern enthielten, für die Priester bestimmt, und jede Familie gab ihnen von ihrer täglichen Teigzuteilung Brot ab. Die Priester waren so sehr mit Gottes Wort beschäftigt und hatten so viel mit rituellen Waschungen zu tun, daß sie sich weder ihr Essen selbst bereiten noch mit an den Mauern arbeiten konnten. Einmal hatte er in einer Anwandlung von Zorn zu ihnen gesagt: *Ich bin Gottes Geißel, hier und jetzt. Ich kann euch helfen, wenn ihr auf mich hört. Ich kann es nicht, wenn wir unsere Zeit damit vertun, über Tempelmaße zu streiten!"*

Er war nicht wenig über seine eigenen Worte erschrocken, aber er war doch in der Tat täglich gezwungen, Gott zu spielen. Jawohl, auch wenn die Einsprüche gegen seine Maßnahmen nie endeten und er schon oft seinen Rücktritt angeboten hatte – nicht einer auf Masada stellte seine Führerschaft in Frage.

Am Südende der Wehrmauer pflegte er stehenzubleiben und das Römerlager jenseits der Schlucht zu betrachten. Dann versuchte er, sich neue Fluchtwege auszudenken.

In letzter Zeit hatte er mit dem ständigen Wachsen der Rampe immer mehr undurchführbare Pläne geschmiedet, um seiner Verzweiflung Herr zu werden.

Von der südlichsten Zinne aus führte ihn sein Rundgang an der Westmauer vorbei zum alten Palast, wo jetzt in überfüllten Gemächern dreihundert Männer, Frauen und Kinder hausten.

Dieser Bienenschwarm, der Herodes' alte Gemäuer bevölkerte, zwang Eleasar immer ein Lächeln ab. Wie der alte Gauner toben würde, wenn er seine derzeitigen Gäste an seinen Fresken herumkritzeln sehen könnte! Diese Überlebenden aus Jerusalem waren zumeist niedriger Abstammung und von durchtriebenem Charakter. Bis auf eine Minderheit von Zeloten waren es diejenigen, die sich in den Ruinen Jerusalems versteckt hatten und sich während des Kampfes nicht blicken ließen. Viele wären römische Bürger geworden, wenn sich ihnen die Gelegenheit geboten hätte. „Ihr seid wie die Sandkörner", hatte er ihnen bei ihrer Ankunft auf Masada gesagt. „Um zu bestehen, müßt ihr Mörtel werden."

Jetzt wandte sich Eleasar, wie jeden Morgen nach seinem Rundgang, dem Haus zu, das einmal Herodes' Beamte beherbergt hatte. Hier traf er mit seinen Unterführern und Beratern zum täglichen Kriegsrat zusammen. Sie besprachen die letzten Vorratszählungen und die zukünftige Verteilung. Und dann gab es dauernd Streitereien zwischen Sekten oder Familien, die freilich nie befriedigend beigelegt werden konnten.

Bei diesen Besprechungen wurde auch regelmäßig über den Fortschritt der Rampe gestritten. Eleasar hatte festgestellt, daß immer weniger über Widerstand gesprochen wurde, je näher die Rampe kam.

Die fünfzehn Familien seiner engsten Vertrauten teilten „Eleasars Gartenlaube" mit der seinen. Es war ein Ort, wo die ständigen Probleme der Gemeinschaft schnell erledigt werden konnten. Die Familien bewohnten kleine Gemächer, die einen Mittelhof umschlossen, und dort wurden zwischen dem Lärm spielender Kinder und schwatzender Frauen die morgendlichen Besprechungen abgehalten.

Als Eleasar auf den Hof trat, hallte er wieder vom Lachen seiner Gefährten. Da war der alte Esra, mit seinen sechzig Jahren immer noch ein rechter Draufgänger. Er war einer der letzten überlebenden Sadduzäer. Da ihm die Übertragungen der Heiligen Bücher ins Griechische nicht zusagten, war er bei Philo von Alexandria in die Lehre gegangen und hatte sich an eine eigene Fassung der fünf Bücher Mose gemacht. Er schwor, daß er seine Arbeit zu Ende führen wolle, wenn erst die Römer geschlagen und aus Palästina verjagt seien.

Esra hielt sich die Rippen und lachte. „Ich fühle mich zwanzig Jahre jünger, seit ich diese beiden Römer habe laufen sehen! Die werden noch in einer Woche stinken."

Eleasar hätte Esra nicht gegen hundert andere eingetauscht. Er war nicht nur weise und gelehrt, sondern zudem ein Kämpfer bis zum letzten Atemzug. Acht Söhne und drei Töchter hatte er gezeugt, und alle bis auf einen waren von Römerhand gefallen, doch er hatte seine Haltung nicht verloren. Esras letzter Sohn Heth, ein kräftiger Bursche von zwanzig Jahren, stand jetzt neben ihm. Die beiden sorgten abends oft für allgemeine Belustigung, indem sie miteinander rangen, wobei der Sohn immer gewann, oder um die Wette schossen, woraus immer der Vater als Sieger hervorging.

Auf dem Hof wartete auch Alexas, ein ergrauter, unbeugsam harter Mann, einer der letzten, die aus Jerusalem entkommen waren. Er war schon sehr bald wieder eingefangen worden und hatte in Berytus als Gladiator auftreten müssen, doch er war abermals entwischt. Und wieder war er eingefangen worden und auf unbegreifliche Weise aufs neue entkommen. Dieses Mal hatte er sich zu den Zeloten durchschlagen können, und seitdem hieß er liebevoll „der Aal". Eleasar schätzte Alexas als seinen einfallsreichsten Mann.

Es wartete Sidon, der Führer der Pharisäer; und Esau, ein Sikarier, der einen Menschen so leicht tötete, wie er ausspie; und Jawan, Kittim, Assur und Nimrod. Sie alle gehörten zu Eleasars Rat, und er begrüßte jeden einzelnen von ihnen. Dann nahmen sie um ihn herum auf den Stufen des Hofes Platz, wie sie es gewohnt waren. Hillel, der junge Priester, segnete die Versammlung, und noch ehe er fertig war, erhob sich Alexas, um zu sprechen.

„Nein, was haben wir doch heute auf Kosten der Römer gelacht! Wirklich und wahrhaftig! Aber ich sage euch, wir hätten sie lieber mit Pfeilen durchbohren sollen. Unser Dung tötet keinen einzigen Römer." Er drehte sich zu Eleasar um. „Ich hätte auf die Entfernung sogar Silva abschießen können, davon bin ich überzeugt."

Eleasar hob die Hand und wartete, bis alles still war. „Recht so, Alexas, wir töten Silva und ein paar seiner Leute. Die Römer ersetzen Silva durch einen andern, der dann allen Grund hätte, uns nicht mehr zuzuhören. Für die Genugtuung eines Augenblicks würden wir uns der Möglichkeit begeben, denen da unten Angst zu machen. Solange wir ihnen Angst machen können, braucht Gott uns nur noch einen wirklich heißen Tag und einen sengenden Wind zu schenken, und Silva hat die schönste Meuterei am Hals. Es wäre ja nicht das erste Mal, daß so etwas in den Legionen vorkommt. Stimmst du mir darin zu, Alexas?"

„Ich gebe zu, es hat schon Meutereien gegeben, aber noch nicht in der Zehnten Legion. Wir haben es mit Elitetruppen zu tun, und ich kenne sie besser als du. Ich sage, wir reden zuviel und kämpfen zuwenig."

„Und was genau sollen wir deiner Meinung nach tun?" fragte Eleasar geduldig. „Silva, möge er in der Hölle braten, nachdem er hier geschmort hat, hält seine Legionäre außer Schußweite. Offensichtlich dürfen sie nicht einmal kleine nächtliche Raubzüge unternehmen. Sie widmen sich ganz der Umwallung und der Rampe. Sonst gibt es für sie überhaupt nichts."

Alexas pfiff durch die Zähne, wie immer, wenn er ungeduldig wurde. Dann sagte er: „Ich für meinen Teil habe nicht vor, hier wie eine alte Frau zu warten, bis mir die Römer die Kehle durchschneiden. Ich schlage vor, wir schleichen uns einmal nachts den Schlangenpfad hinunter. Zehn gute Leute brauche ich, nicht mehr. Am Morgen bringe ich dir die Köpfe von fünfzig Römern."

Esau, der Sikarier, lachte und meinte: „Und dann schmeißen wir sie ihnen wieder zu ihren Kadavern hinunter."

Darauf sagte Hillel, der Priester: „Gott hat keinen Gefallen an deinen wüsten Worten." Aber niemand beachtete ihn.

Eleasar sah auf seine großen Hände hinab und seufzte. Er wartete, bis er ihrer aller Aufmerksamkeit besaß. „Nehmen wir einmal an, Alexas, daß du unverschämtes Glück hast und in eines ihrer Lager kommst, ohne die Wachen zu alarmieren. Wie geht's dann weiter?"

„Wir schlüpfen in eines der Zelte und gebrauchen unsere Sikariermesser, wie sich's für sie gehört."

„Und wenn nur ein einziger Römer Krach schlägt, hängt ihr morgen früh alle am Kreuz, und wir dürfen von hier oben zusehen, wie ihr verfault. Ich sage *nein!* Ich brauche euch noch für den Tag, an dem die Römer oben auf ihrer Rampe stehen werden. Dann dürft ihr ebenso bereitwillig sterben wie wir übrigen."

Alexas war noch lange nicht zufrieden. „Also gut, und was ist mit der Rampe? Wir sehen zu, wie sie wächst, und tun überhaupt nichts dagegen."

„Und was sollten wir deiner Meinung nach tun?" fragte Eleasar wieder, wobei er im stillen hoffte, es möge endlich einer aussprechen, was sie alle schon gedacht hatten. Aber Alexas forschte mit wildem Blick in den Gesichtern um ihn herum und schien die Sprache verloren zu haben.

Endlich löste der alte Esra die Spannung, indem er sich kräftig räusperte. „Gepriesen sei Gott", sagte er. So unbeugsam wie er muß einmal Mose ausgesehen haben, dachte Eleasar. „Wir alle müssen jetzt der Wahrheit ins Auge sehen. Die Rampe wird nicht von Römern gebaut, sondern von Juden, und wir alle sind mit denen da unten auf die eine oder andere Weise verwandt. Wir haben Öl genug, sie zu verbrennen, und Steine genug, sie zu zerschmettern. Es muß sein. Nicht einmal die Römer können einen Toten zur Arbeit zwingen."

In dem langen Schweigen, das darauf folgte, raffte Esra sein Gewand um die Beine und setzte sich. Er schloß die Augen und murmelte ein Gebet.

Sidon, der Führer der Pharisäer, sagte unsicher: „Die Römer haben mehr als fünfzehntausend Juden zum Arbeiten hier. Bleiben wir doch bitte auf der Erde. Wir können sie nicht alle töten."

„Wir können es und sollten es auch", schnaubte Alexas. „Ich sage, laßt uns diesem Knirschen von Stein auf Stein ein Ende setzen. Heute noch!"

Sidon, dessen Gesicht zuckte, daß der Anblick einen rasend machte, vermied es, die andern offen anzusehen, und sagte auf seine schwerfällige Art: „Ich habe den Römern heute zugehört, und während sie sprachen, habe ich an unsere Kinder gedacht, die am Leben bleiben würden, wenn wir uns Silva ergeben –"

Esau sprang auf und packte Sidon am Hals. „Du widerlicher alter Schwätzer!" schrie er. Esra und sein Sohn Heth mußten Esau zurückreißen und festhalten, bis seine Wut sich legte.

„Laßt Sidon reden", sagte Eleasar so gelassen wie möglich. Jetzt würde er zum erstenmal erfahren können, wie viele von seinem Rat eigentlich aufgeben wollten.

Sidons Blick huschte furchtsam von einem zum andern, während er sich den Hals rieb und ein Stück von Esau abrückte. „Wenn wir zu den Römern hinuntergingen –"

„Bringt ihn um!" schrie Esau und wollte ihn wieder anspringen, aber Esra und Heth hielten ihn zurück.

„Wenn wir zu den Römern hinuntergingen, könnten wir ein zweites Tabor, ein zweites Gamala verhindern. Titus hatte uns angeboten, den Tempel zu schonen, aber wir haben nicht auf ihn gehört. Jetzt steht der Tempel nicht mehr. Die Römer brauchen uns. Sie werden uns in die Sklaverei schicken, aber wir werden *leben,* unsere Kinder werden *leben!*"

„Schneidet ihm die Zunge aus dem Maul!" schrie Esau, und alle andern begannen gleichzeitig zu reden.

Dann erscholl Eleasars Stimme: „Ruhe!" Es war eine Stimme, die wie ein Blitzstrahl durch das Stimmengewirr zuckte. Eleasar stemmte seine großen Fäuste in den Schwertgurt und baute sich auf wie ein Seemann im heftigem Sturm. „Einige von euch scheinen vergessen zu haben, wie Titus' Versöhnlichkeit aussah, nachdem Jerusalem gefallen war. Laßt euch daran erinnern, daß die Alten und Kranken zuerst hingeschlachtet wurden. Erinnert euch, wie alle unsere gefangenen Führer zuerst gegeißelt, dann gekreuzigt wurden. Habt ihr wirklich vergessen, daß alle unter siebzehn Jahren als Schaustücke zum Triumphzug des Titus nach Rom verschleppt wurden? Und die von euch, deren Gedächtnis nicht wie ein Sieb ist, wissen vielleicht auch noch, daß man alle, die über siebzehn waren, in Ketten gelegt und in die Gruben Ägyptens gebracht hat. Ich wüßte gern, wie viele von ihnen allen heute noch leben. Solche Taten zeigen wahrhaftig, wie barmherzig die Römer sind!"

Eleasar hielt inne und musterte seine Zuhörerschaft. Anscheinend schlug die Stimmung um.

Dann sprach Sidon wieder. „Ich glaube nach wie vor, daß sie uns nicht töten, solange sie uns brauchen. Und ich denke an unsere Kinder. Ich sage euch, wir dürfen nicht zulassen, daß Fanatiker so leichtfertig mit unserm Blut umgehen. Mag unser Staat auch zugrunde gehen – unser Geist wird noch tausend Jahre überdauern. Laßt uns den Frieden annehmen ... und leben!"

Jetzt, dachte Eleasar, ist es zu spät. Ich hätte Esau gewähren lassen sollen. Der Augenblick, in dem alles, was ich getan hätte, für richtig befunden worden wäre, ist jetzt vorbei, und Sidon kann sich mit seinem Memmengeschwätz als die Weisheit selber feiern lassen. Ich muß ihn loswerden, bevor er uns alle vor Silva auf die Knie bringt.

„Gut, Sidon. Dann geh. Nimm von deiner Familie und den andern Pharisäern, die kein Vertrauen zu uns haben, bis zu vierzig mit. Ich nehme jetzt schon Abschied von dir, denn ich rechne nicht damit, dich lebend wiederzusehen."

Eleasar machte kehrt und ging auf seine Gemächer zu. Ich muß mich von der Gegenwart dieses Mannes befreien, bevor er auch noch meinen eigenen Glauben zerstört, dachte er. Ein Rebell, der auf seine Gegner hört, ist wie ein Seemann ohne Wind. Er treibt hierhin und dorthin, bis er früher oder später verloren ist.

Der alte Esra kam rasch an seine Seite. „Du bist mutlos, mein Sohn", sagte er. „Laß Sidon nicht dein Feuer ersticken."

„Er ist ein gefährlicher Narr. So etwas dürfen wir hier nicht dulden."

„Ich gehe mit ihm."

„*Du?*" Eleasar blieb wie angewurzelt stehen. „Aber – du bist doch meine eiserne Faust. Ohne dich kann ich nicht kämpfen. Du wirst doch wohl dieses Gegeifer nicht glauben, daß die Römer uns brauchen!"

„Natürlich nicht. Aber ich bin alt und durchaus zum Sterben bereit. Meine angebliche Kraft ist reiner Schwindel. Ich ermüde so schnell, daß ich dir schon nach dem ersten Schlagabtausch hier oben nichts mehr nützen würde. Aber ich habe einen Plan, womit ich unsere allerstärkste Waffe und unsere einzige Überlebenschance überhaupt noch verstärken könnte."

„Die Hitze?"

„Und Meuterei. Man muß den Römern sagen, wie es ist, unterhalb des Meeresspiegels zu leben, wenn die Hitze kommt, und wie die schwere Luft sie in den Sand drücken wird. Ich werde ihnen ein paar furchtbare Prophezeiungen machen –"

„Warum sollten sie dir zuhören?"

„Weil ich alt bin und weise aussehe. Ich spreche fließend Lateinisch und kenne ihre abergläubischen Schwächen."

„Sie werden dich umbringen, sowie du das erste Lager betrittst."

„Das glaube ich kaum. Ich werde verlangen, daß man mich zu Silva bringt, und werde zu diesem Zweck das Märchen erzählen, wir seien als Vorhut heruntergekommen, um uns des näheren über Vespasians Angebot zu unterrichten – obwohl ich, nebenbei gesagt, bezweifle, daß es ernst gemeint ist. Aber ich werde so tun, als ob – damit gewinne ich Zeit und kann vor Silva selbst ein paar schreckliche Voraussagen machen."

„Und wenn wir dann nicht nachkommen, was wird dann aus dir, lieber Freund?"

Esra zuckte die Achseln. „Wie gesagt, ich bin alt."

## IMPERIUM ROMANUM

Die sternklare Nacht war gekommen. Im finsteren Schatten Masadas diktierte Pomponius Falco einen vertraulichen Brief, der am Morgen nach Rom abgehen sollte.

Falco amüsierte sich über die ironische Beziehung, die zwischen seinem gegenwärtigen Aufenthaltsort und der Empfängerin dieses Briefes bestand. Berenike – eine Jüdin! Wie günstig für ihn, daß Titus so lächerlich verliebt in diese Frau war und ihre leisesten Andeutungen gleich zu seinem Vater weitertrug. An Vespasian selbst heranzukommen war nämlich immer schwierig, und dann wußte man auch nie, wohin es führte. Er war ein sturer Soldat und hatte die Denkweise eines kleinen Beamten. Aber wenn man dem Klatsch glauben durfte, benahm sogar er sich in Berenikes Gegenwart wie ein brünstiger Hirsch. Und das lag gewiß nicht daran, daß Venus sie mit besonderen Gaben ausgestattet hätte! Sie war mehr als pummelig und legte auf Kleidung und Haartracht überhaupt keinen Wert. Doch ihr Ideenreichtum faszinierte jeden. Sie war eine echte Orientalin, sinnlich und sehr darauf bedacht, die Reize des Geheimnisvollen auszuspielen, aber auf der anderen Seite war sie nüchtern genug, die ständige Gefahr zu erkennen, in der sie schwebte, und schlau genug, um zu wissen, daß die Zeit, die sie sich auf dem Palatin behaupten konnte, durchaus von der Zahl ihrer Freunde abhing.

Und ich, Verehrteste, nehme mit Genugtuung zur Kenntnis, daß man mich zu deinen vertrauten Freunden rechnet, sann Falco. Ich werde nie aufhören, dich zu bewundern und zu verehren, wenn du es schaffst, wenigstens das Wesentliche dieses Briefes unserm Kaiser nahezubringen.

Falcos Brief begann ganz schlicht, nachdem er dem Schreiber ihren Namen und den seinen diktiert hatte.

„Um der Kürze willen möchte ich die Beschwerlichkeiten meiner Reise an diesen unglückseligen Ort übergehen und hoffe, davon berichten zu dürfen, wenn ich einer gewissen bezaubernden Frau gegenübersitze, die ich meine Freundin zu nennen die Kühnheit habe.

Wir lagern hier unterhalb eines zerklüfteten Berges, auf dessen Höhen sich eine Bande von Dieben und Mördern festgesetzt hat, die schon seit Jahren Schrecken in dieser Gegend verbreitet und letzten Endes die Herstellung von Frieden und Wohlstand in der Umgebung verhindert hat. Man sagt mir – aber es fällt schwer, etwas von dem zu glauben, was einem hier gesagt wird –, dieses Gesindel zähle an die tausend Mann.

Nun wirst du mit Recht fragen, wie es kommt, daß ein so berühmtes Heer wie die Zehnte Legion diesem peinlichen Zustand nicht schon lange ein Ende gesetzt hat."

Er hielt inne und betrachtete den Schreiber, der den Namen Albinus angenommen hatte, als Falco ihn kaufte. Seine griechischen Buchstaben waren archaisch und sein Lateinisch ärgerlich langsam. Trotz dieser Nachteile hatte Falco auf Grund seiner wunderschönen Gestalt sehr viel für ihn bezahlt. Jetzt herrschte Eifersucht zwischen ihm und dem schönen Cornelius Tertullus, und das, dachte Falco, kann noch recht erheiternd werden, wenn erst ein richtiger gegenseitiger Haß daraus wird.

„Wie lange bist du schon bei mir, lieber Albinus?" fragte er.

„Drei Jahre und siebzehn Tage."

„Woher weißt du das so genau?"

„Weil du mir versprochen hast, mich nach fünf Jahren freizulassen."

„Das habe ich. Nun, und so soll es auch sein."

Falco dachte, er müsse verrückt gewesen sein, als er das versprach. „Natürlich, lieber Albinus", fuhr er fort, „stellst du eine beträchtliche Geldanlage dar, und ich kann dir nur empfehlen, sehr verschwiegen zu sein – zum Beispiel, was diesen Brief hier betrifft –, wenn du erwartest, daß ich dich pünktlich und in Ehren entlasse."

„Cornelius hat auch eine Zunge", schmollte Albinus.

„Das ist richtig." Falco lächelte. „Aber du darfst nicht vergessen, daß er ja eigentlich gar nicht hier ist. Offiziell haben nur du und ich und unsere Leibwächter die Genehmigung zu dieser Reise." Er streckte die Hand aus und strich Cornelius zärtlich über die Wange.

„Ich verstehe", sagte Albinus.

„Nun gut, dann können wir fortfahren." Mit einer lässigen Handbewegung begann er wieder zu diktieren. „Mit tiefster Betroffenheit muß ich dir von der Unfähigkeit des gegenwärtigen Befehlshabers der Zehnten Legion berichten, der zu allem Unglück auch noch Statthalter dieses Landes ist. Tag und Nacht ist Flavius Silva betrunken. Erst heute morgen bin ich ihm zum Fuße des Masadafelsens gefolgt, wo er unter ungeheurem Aufwand eine riesengroße Rampe bauen läßt, über die er diese Handvoll widerspenstiger Rebellen anzugreifen gedenkt. Nur ein vom Wein total benebelter Kopf konnte einen so lächerlichen Plan aushecken, und ich versichere dir, daß die Ehre Roms täglich aufs neue in Mitleidenschaft gezogen wird. Wer kann es dieser buntscheckigen Gesellschaft auf Masada verübeln, wenn sie beim Anblick von fünfzehntausend Sklaven und fünftausend unserer besten Legionäre, die Stein auf Stein schichten, als wollten sie eine Treppe zum Mond bauen, nur lauthals lachen? Vielleicht ist dieser große römische Feldherr das Opfer zu vieler Schlachten geworden. Ganz gewiß aber gehört er abgesetzt, bevor er das Maß des Unheils vollmacht."

Falco zögerte und überlegte, ob er auch Silvas Abenteuer mit Schewa anschneiden solle. Er entschied sich dagegen. Schließlich hatte diese Geschichte eine verblüffende Ähnlichkeit mit dem Verhältnis zwischen Titus und Berenike selbst, und jede Bemerkung dazu könnte falsch verstanden werden. Er mußte sich behutsam ausdrücken und dabei doch sicherstellen, daß dieser Brief zunächst Berenike, dann Titus und endlich auch Vespasian zu dem Schluß führte, ein besserer Statthalter sei in Gestalt des Pomponius Falco bereits bei der Hand.

„Verzeih, wenn es anmaßend klingt, aber die Götter waren dem römischen Glücke in Judäa hold, als sie für meine rechtzeitige Ankunft sorgten. Unser armer Feldherr Silva macht ja nicht nur ganze Berge zu seinem Spielzeug, er hat sich auch noch angewöhnt, mit seinen Feinden von Angesicht zu Angesicht zu sprechen und diese elenden Halunken *anzubetteln,* daß sie sich ergeben! Nachdem ich ein paar beschämende Augenblicke Zeuge dieser Schmach gewesen war, habe ich mich selbst der Lage bemächtigt, ohne daß der Feldherr im mindesten dagegen aufbegehrt hätte. In Begleitung meines Gehilfen und Schreibers Albinus habe ich mich dann an diese Leute in einer Weise gewandt, die auf Erfolg abzielte –"

„Das war nicht Albinus, das war ich", winselte Cornelius.

„Du bist offiziell überhaupt nicht hier, deshalb gibt es dich zur Zeit gar nicht!"

„Dann hätte ich mir das ganze Stinkzeug im Gesicht also nur eingebildet?"

Wieder griff Falco an Cornelius' Wange. Er packte sie fest zwischen Daumen und Zeigefinger und begann langsam zu drehen.

„Manchmal bist du schlimmer als ein Kind. Du wirst am Ende noch zu Fuß nach Rom zurückpilgern, wenn du mich weiterhin mit deinen weinerlichen Zwischenbemerkungen ärgerst."

Falco sah, daß Cornelius weinte. Da nahm er ihn in die Arme und wischte ihm die Tränen ab. „Laß uns allein", sagte er zu Albinus. „Warte draußen, bis ich nach dir schicke."

ACHTUNDDREISSIG hatten sich entschlossen, mit Sidon von Masada hinabzusteigen, zwei weniger, als Eleasar genehmigt hatte. Die meisten gehörten zu Sidons Familie, aber es waren auch noch andere Pharisäer dabei sowie Esra, der Gelehrte, was Sidon sehr verwunderte, denn bisher waren sie noch nie derselben Meinung gewesen.

In der Dunkelheit war der Schlangenpfad sehr tückisch. Hin und wieder mußte einer gerettet werden, unter dessen Tritten sich der Schiefer gelöst hatte. Als sie endlich den Fuß des Berges erreichten, sahen sie die große römische Rampe, von tausend Fackeln beleuchtet, aus einem ganz neuen Blickwinkel. Kaum näherten sie sich dem Wall, rief eine Stimme sie an: „Halt, wer da? Gebt euch sofort zu erkennen, sonst seid ihr des Todes!"

Sidon entgegnete freundlich: „Wir sind Juden von Masada. Wir folgen der Aufforderung Vespasians."

Und Esra fügte hinzu: „Wir möchten mit eurem Feldherrn Silva sprechen. Wir bringen ihm wichtige Nachricht!"

Es folgte ein langes Schweigen.

Dann rief eine Stimme: „Kommt einzeln zum Tor, die Arme seitlich ausgestreckt. Haltet den Mund, sonst werdet ihr nie wieder einen Ton von euch geben."

So geschah es, daß Sidon und seine Leute sich in die Hände der Römer begaben. Sie mußten sich in Reihen aufstellen und wurden von zehn Legionären unter Führung eines Dekurios ins Lager begleitet. Voran ging der Tribun Cerealius. Sie waren noch keine zehn Schritte weit den felsigen Hang hinaufgegangen, als Esra in gewöhnlichstem Sizilianisch das Schweigegebot brach. „Ich nehme doch an, ihr Römer wißt alle, daß dieser Ort namens Masada verflucht ist?"

Der Dekurio, ein Riesenkerl, sah über die Schulter zurück und sagte: „Ich warne dich, Jude. Halt den Mund, oder ich trete deine Gedärme in den Sand."

„Warum nicht? Ich für meine Person habe es mir anders überlegt. Ich finde, es ist besser, jetzt gleich zu sterben, als meine Lebenssäfte in der Hitze verkochen zu lassen. Wißt ihr ach so klugen Römer überhaupt, was es heißt, in der kommenden Hitze unterhalb des Meeresspiegels zu leben? Ich jedenfalls würde den schnellen Tod begrüßen, den du mir gütigst geben möchtest. Wie leicht wäre er im Vergleich zu den furchtbaren Qualen, die ich hier mit euch zusammen erdulden müßte. Töte uns! Verschone uns nicht! Wir Juden kennen dieses Land und wissen, was den erwartet, der es unbedingt darauf anlegt, daß die schwere Luft ihn in den Erdboden drückt."

„Mund halten, Jude!"

„Den werde ich noch früh genug halten. Denn in einem Monat werde ich wie alle Römer und Juden hier in der Wüste mich gezwungen sehen, mir ein Loch in den Sand zu graben und mein Gesicht hineinzulegen, damit ich überhaupt noch atmen kann. Jeden Tag werde ich tiefer graben, um mich gegen die immer stärkere Hitze zu wehren, bis ich mir schließlich mein eigenes Grab geschaufelt habe..."

Esra ließ seine Stimme sinken. Im Weitergehen lauschte er dem feinen Bimmeln der Glöckchen an den Frauengewändern, dem Schlurfen der Sandalen im Sand auf dem Weg zum Lager und dem schweren Ächzen von gefettetem Metall und Leder bei dem Legionär neben ihm. Der Mann keucht ja, dachte er. Sein Atem geht viel zu schwer für einen in seinem jugendlichen Alter. „Dein Atmen verrät dich", sagte er vertraulich. „Ist dir schon aufgefallen, wie schwer du atmest, seit du in der Wüste bist?"

Gerade wollten sie durch den Osteingang das Lager betreten, als Esra die Stimme hob, so daß ihn alle hören konnten. „Ihr Römer solltet euch einmal alle diesen Sack voll Knochen ansehen, der vor uns hergeht. Er heißt Sidon und ist ein guter Kerl, wenn auch etwas einfältig. Könnt ihr euch vorstellen, daß er glaubt, euer großer Feldherr – so voll Wein, wie er um diese Nachtstunde ist – würde aus seinem Zelt treten und ihn willkommen heißen? Wie kommt es eigentlich, daß so gescheite Leute wir ihr einem Trunkenbold folgt, der einer unserer Frauen hörig ist und so geniale Einfälle hat wie einen Berg an den andern zu rücken, um über die Leichen seiner Soldaten hinaufzuspazieren?"

Der Handrücken seines Bewachers schlug auf Esras Mund, und eine Weile war nur das Keuchen des Soldaten zu hören.

SILVA stellte mit Genugtuung fest, daß alle seine Offiziere trotz der warmen Nacht daran gedacht hatten, ihre Mäntel mitzubringen. Die roten, purpurgesäumten Umhänge lagen säuberlich gefaltet über ihren bloßen Knien oder hingen lässig über ihren Armen. Sehr erfreulich, dachte er. Solange die Offiziere noch Stolz im Leib hatten, steckte auch noch Stolz in der Mannschaft. Jetzt, da alle Offiziere sich herausgeputzt hatten und ihre Brustschilde im Schein der Lichter blinkten, schien es in seinem Zelt geradezu festlich zuzugehen.

Silva saß auf einem U-förmigen Stuhl. Das einst so prächtige Stück war jetzt genauso angeschlagen wie seine Badewanne. Attius stand einen halben Schritt hinter ihm.

Rubrius Gallus, der Führer der Bautruppen, brütete während des Wartens stumm vor sich hin, sichtlich mit seiner Rampe beschäftigt. Heute abend sieht er aus wie ein Leichnam vor der Beisetzung, dachte Silva. Die Juden bringen uns alle um, langsam, stückchenweise, durch bloßes Warten. Was für ein schlaues Volk – oder waren sie nur so abgebrüht?

Silva erinnerte sich jetzt, daß er Gallus einmal gefragt hatte, was er mit Schewa täte, wenn sie ihm gehörte. Würde er sie mit nach Rom nehmen? Gallus hatte geantwortet: „Ich bin nicht du, infolgedessen kann meine Antwort kaum von Belang sein. Wie alle Frauen weiß sie, daß wir Männer Gewohnheitstiere sind, und so baut sie eben jetzt schon, lange vor der Zeit, für die Tage vor, da ihr Zauber zu verblassen beginnt. Aber du bist ja anscheinend überzeugt, daß ein Leben ohne sie unerträglich leer wäre; drum schlage ich vor, stelle sie doch auf die Probe, bevor es zu spät ist."

Und auf Silvas Frage, wie er denn die wahre Schewa erkennen solle, hatte Gallus gegähnt und geantwortet: „Prüfe die Aufrichtigkeit ihrer Gefühle. Freut sie sich nur, daß sie als Jüdin einen Römer ausnutzen kann, oder ist sie wirklich in dich verliebt? Gib ihr die Möglichkeit, dir ans Leben zu gehen, und wenn sie sich nicht überwinden kann, dir weh zu tun, darfst du sicher sein, daß sie ein wahres Juwel ist. Tötet sie dich, dann weißt du wenigstens, daß du vor einem schweren Fehler bewahrt geblieben bist."

Ach Gallus, dachte Silva. Hier in diesem Zelt so fern der Heimat bist unter meinen Offizieren du das wahre Juwel.

Am Eingang des Zeltes stand der Zenturio Rosianus Geminus, die haarigen Hände um den Weinstab, das Zeichen seiner Würde, gelegt. Auch Geminus war einfach unersetzlich – der geborene Soldat.

Silva wandte sich an Timoleon, den ranghöchsten Arzt der Zehnten. Timoleon meldete nur einunddreißig Legionäre dienstunfähig. Acht waren bei einem Felsrutsch an der Rampe verletzt worden, und einen Reiter hatte sein Pferd getreten. Es gab elf Fälle von Fieber, einen Kropf und viermal Rotlauf – wie vorige Woche. In allen Kohorten sei ein gewisses Zunehmen von Ausschlag zu beobachten. Die ärgerlichen Pusteln, erklärte Timoleon, seien zweifellos auf die übergroße Hitze zurückzuführen. Doch sei nur ein neuer Fall von Lepra aufgetaucht, und nur sechs Ruhrerkrankungen waren dazugekommen – alle Lager zusammengerechnet. Ein junger Bursche aus Syrakus sei von einer Prostituierten in die Lenden gestochen worden. „Wir haben unsere ganze Kunst bemüht, damit er noch ein paar kleine Römer zeugen kann. Ich darf mit Freude melden, daß es uns gelungen ist." Da Timoleon, wie alle andern Ärzte auch, Grieche war, durfte er an den geheimen Dienstbesprechungen der Römer nicht teilnehmen, und Silva entließ ihn mit einem anerkennenden Lächeln.

Als Timoleon fort war, erhob sich Longus Julianus, der Zahlmeister, um über den Kassenstand zu berichten. Nach seiner Schätzung würden sich die Zuweisungen für Judäa auf vier Millionen Schekel belaufen, was nach Abzug des Jahressoldes für die Legionäre von zweihundertfünfzig Denar pro Mann noch einen erfreulichen Spielraum für den Rest des Jahres lasse.

Dann kam Metilius Nepos an die Reihe, den Silva nach den Maschinen fragte, die er für den Angriff auf Masada baute. Der Angriffsturm war gleich am Fuß der großen Rampe zusammengebaut worden und stand jetzt dort auf seinen vier großen Rädern, einsatzbereit. Nur noch die Eisenplatten fehlten, mit denen die ganze Vorderseite sowie die beiden oberen Stockwerke an drei Seiten gepanzert werden sollten.

„Und wann kommen die Platten, Nepos?"

„Sie wurden per Schiff nach Caesarea gebracht und nach Jerusalem weitergeleitet. Nach Tribun Fabatus' Versicherungen hätten sie schon vor zehn Tagen hier sein sollen."

Ummidus Fabatus trat mit dem Selbstbewußtsein eines Mannes auf, der seine Arbeit als Nachschuboffizier durch und durch kannte und wußte, daß ihn Silva schätzte. Grunzend wies er mit einem fetten Finger auf Nepos.

„Fang jetzt ja nicht an, mich für deine Schwierigkeiten verantwortlich zu machen! Ich habe dir gesagt, daß die Platten vor zehn Tagen hätten hier sein *können*, nicht daß sie hier sein *würden*. Du hast mir geantwortet, du seist sowieso noch nicht soweit, und weiter habe ich in der Angelegenheit nichts mehr gehört."

„Setz dich", befahl Silva. „Wir brauchen die Platten, und zwar sofort. Sie sind aber nicht hier. Warum? Fabatus, wo sind die Platten jetzt in dieser Stunde? Ich will es genau wissen."

Fabatus wand sich verlegen auf seinem Stuhl und betrachtete seinen Mantelsaum, als könne er dort die Antwort lesen. Dann sagte er endlich: „Ich weiß es nicht."

„Was kann so Geheimnisvolles am derzeitigen Aufenthaltsort einer für Masada bestimmten Sendung sein? Es sind kaum vierzig Meilen nach Jerusalem. Ich kann ja fast mit meinem schlechten Auge bis dorthin sehen."

„Die Karawanen sind mehr oder weniger auf sich selbst gestellt."

Silva wandte sich stirnrunzelnd an Maturus Arvianus. Tribun Arvianus war frisch aus Rom eingetroffen und hatte die Aufgabe, die Verbindungen zur Küste aufrechtzuerhalten, die kaiserliche Post zu befördern und für die Nachrichtenübermittlung zwischen den acht Lagern um Masada zu sorgen. Das dürfte doch wohl eine leichte Aufgabe sein, dachte Silva; aber in letzter Zeit waren ihm zahlreiche Klagen zu Ohren gekommen, und er wollte der Sache jetzt auf den Grund gehen.

„Wenn zu den Karawanen keine Verbindung besteht, ist das deine Sache, Arvianus. Warum hast du nicht dafür gesorgt?"

„Verzeih mir, Feldherr, aber für gute Verbindungen braucht man Pferde und Boten. Mir fehlt es an beidem, und brauchbare Pferde sind in diesem Land ja auch kaum aufzutreiben. Ich habe zum Beispiel kaum Reiter genug, um morgens die Post bis über Tyrus hinaus zu bringen."

Silva lehnte sich zurück und winkte dem jungen Attius. „Geh sofort zu Zenturio Lupus von der ersten Kohorte. Er soll sechzehn Mann als Boten abstellen und Tribun Arvianus sechzehn seiner besten Pferde überlassen. Sag ihm, ich weiß, daß er das nicht gern tut, aber wir haben hier sowieso wenig Beschäftigung für die Reiterei, und er soll es wie üblich mit Fassung tragen."

Silva wandte sich wieder an Arvianus. „Du wirst bis spätestens morgen mittag die Platten ausfindig machen und mir darüber berichten. Ab sofort erwarte ich eine spürbare Verbesserung im Nachrichtendienst, besonders zwischen hier und der Küste."

Dann sprach er fast ohne Pause weiter zu Tribun Larcus Liberalius, seinem Erkundungsoffizier. „Hast du noch etwas von den Juden erfahren, die zu uns gekommen sind, Liberalius?"

„Nicht direkt. Aber zwei der Leute, die sie jetzt bewachen, sprechen fließend Hebräisch und Aramäisch, was die Juden ganz sicher nicht wissen. Ich hoffe, daß sie etwas Brauchbares aufschnappen. Fürs erste sind sie in der Südwestecke des unteren Lagers untergebracht. Ich habe den Eindruck, sie sind froh, daß sie hier sind."

„Hast du schon versucht, Informationen aus ihnen herauszuholen?"

„Noch nicht. Mein Vorschlag wäre, ein paar von ihnen zu geißeln und zu sehen, ob nicht einer von ihnen uns doch etwas zu sagen hat."

„Damit warten wir noch ein, zwei Tage. Dieser ältere Mann, der sich Esra nennt und leugnet, ihr Anführer zu sein – ich höre, er sei ganz anders als die übrigen."

„Er ist und bleibt ein Jude, folglich ist ihm nicht zu trauen."

Silva knetete nachdenklich sein verkrüppeltes Bein. „Ich hoffe natürlich, daß sich die Juden ergeben, *bevor* wir ihnen zu Leibe rücken. Mir geht es nicht so sehr um die Mühen und Kosten für den Bau der Rampe, sondern um die vielen Legionäre, die wir beim Angriff verlieren werden. Wir brauchen diese Männer noch, um später in Judäa für Ordnung zu sorgen, und Rom hat uns schon wissen lassen, daß es keine Verstärkungen mehr schicken wird."

Er stockte und wischte sich den Schweiß von den Augen. Durfte er ein Wort über die Hitze verlieren? Nein, je weniger davon gesprochen wurde, desto besser. Es war eine uralte militärische Erfahrung, daß die geheimen Ängste der Führer auf unerklärliche Weise zu den Truppen durchsickerten. „Jetzt wäre noch ein wichtiger Punkt zu überlegen. Wenn wir Masada einnehmen, werden wir dafür sorgen, daß höchstens ein paar Juden am Leben bleiben." Er legte wieder eine Pause ein und lächelte seinen Zuhörern zu. „Es sei denn, einer von euch möchte sich etliche als Andenken mit nach Hause nehmen." Nach kurzem, beifälligem Lachen sprach Silva weiter: „Ich denke an unsere Zukunft in Judäa. Wenn die Juden da oben bis zum letzten Mann kämpfen, was sie sicher tun, wie ich Eleasar kenne, werden sie möglicherweise für alle andern Juden in Palästina zum Symbol. Deshalb meine ich, daß wir alle Möglichkeiten ausschöpfen sollten, Masada kampflos einzunehmen. Bekomme ich Vorschläge zu hören?"

Es folgte ein langes Schweigen. Silva beobachtete seine Offiziere, die einander ansahen, als hätte ein jeder gerade eine gewichtige Erklärung auf der Zunge. Er ließ ihnen Zeit, ihre Mäntel zu falten und sich den Schweiß von der Stirn zu wischen, und schließlich sagte er – mehr belustigt als enttäuscht – zu sich selbst: „Großartig."

Sie hatten nicht weniger gebracht, als er erwartet hatte – nichts. Ein jeder gehorsam, ein jeder willig, wie die Kinder, wenn der Vater spricht.

Silva seufzte, und ganz plötzlich hatte er den Geschmack von Wein auf der Zunge. Eine Stimme aus dem Schatten seines Zeltes schien zu flüstern: „Wenn du hier weder Freund noch Feind hast, wenn du einsam bist und die ganze Wüste nur auf deine Entscheidung wartet, dann leiste doch mir Gesellschaft. Es muß ja nicht viel sein, ein Becher, höchstens zwei. Schick diese gutmütigen Dummköpfe weg."

Als Silva aufstand, erhoben sich auch die andern erwartungsvoll. „Wir sollten das alles einmal überschlafen", sagte Silva ruhig. „Mögen die Götter euch erleuchten." Er hob lässig die Hand, als sie sich verabschiedeten, und noch ehe sie alle fort waren, ließ er sich wieder schwer auf den Stuhl sinken. Seine Hand wollte nach einem unsichtbaren Becher greifen, und er biß sich auf die Lippen, bis er Blut schmeckte. Er mußte seine ganze Selbstzucht aufbieten, um sich auf andere Gedanken zu bringen. Da war doch dieser Brief von Livia, den er bis heute noch auswendig kannte. Ihn sich zu wiederholen würde den Geist beschäftigen; über jedem Wort, jeder Redewendung zu verweilen, die alle so sehr nach Livia klangen, wäre ein Schutzschild gegen die Schwachheit.

Mein geliebter Gemahl!

Den ganzen letzten Monat habe ich unaufhörlich mit mir gerungen, wie ich diesen Brief abfassen könnte. Nichts hätte ich mir je weniger gewünscht, als Dir irgendwie weh zu tun; doch ich halte es für besser, Dir jetzt alles zu erklären – wenn Du zurückkehrst und mich nicht mehr vorfindest, sollst Du Dich nicht Dein ganzes Leben lang nach dem Grund fragen.

Geliebter, mein Lohn wird es sein, wenn Du den Namen Livia immer voll Zärtlichkeit aussprechen wirst.

Ich habe heute für Dich der Minerva geopfert und für mich selbst dem Neptun. Ich schreibe meine letzten Worte an Dich nieder, denn selbst wenn Du mir jetzt so nah wärest, daß ich Dich mit meinen Händen fassen könnte, so wäre ich doch nicht imstande, Dir zu sagen, wonach mein Herz mich drängt.

Du wirst Dich noch der zunehmenden Heiserkeit in meiner Stimme erinnern, über die Du einst so nachsichtig gelacht hast, als Du nach Norden ziehen mußtest und wir zu zweit Deinen Abschied feierten. Bei Deiner Rückkehr magst Du die Ärzte nach meiner Krankheit befragen, aber ich glaube kaum, daß Du viel erfahren wirst. Soweit sie ehrlich sind, geben sie zu, daß sie selbst vor einem Rätsel stehen. Nur darin sind sich alle einig, daß die Wucherungen in meiner Kehle es mir bald nicht mehr gestatten werden, überhaupt noch einen verständlichen Laut herauszubringen, und daß ich wohl bald zu meinen Ahnen eingehen werde.

Außer daß ich Dich immer lieben werde, weiß ich nur eines ganz sicher: Ich werde nicht warten, bis der Tod zu mir kommt. Ich werde zu ihm gehen. Du hast mir oft gesagt, daß es Dir als Soldat am besten anstände, im Kampf zu fallen. So ist es auch mit mir.

Für eine Frau, die auf der Erde nichts getan hat, als Dich zu lieben, die Dir noch nicht einmal ein Kind geschenkt hat, wären Tränen der Trauer fehl am Platze. Zwar muß ich meine weibliche Schwachheit eingestehen, indem ich hoffe, daß Du wenigstens eine Weile um mich trauern wirst, doch hättest Du wirklich keinen ehrlichen Grund, Dich über meiner Asche der Trübsal zu ergeben. So ist es denn meine Absicht, Dir und meiner Familie die aufreibende, aber unumgängliche Leichenfeier zu ersparen.

Ich werde morgen nach Neapolis reisen und dort in der Nacht ein Schiff nach Capreae besteigen. Ich will zu den Sternen hinuntersehen, die sich im Meere spiegeln, und mich zu ihnen gesellen.

Geliebter, mögen die Götter Dich schützen. Leb wohl.

Silva stand langsam auf. Er hob beide Fäuste gegen das Zeltdach, als wäre es der Himmel, und blieb so stehen, bis er am ganzen Körper zitterte. „Mars, du mein Schutzgott, rette mich aus dieser ewigen Nacht! Schicke mir Sieg oder Niederlage, aber laß mich nicht so allein in der Wildnis umherirren!"

Er ließ die Fäuste sinken und ging zum Tisch. Dort goß er sich aus dem Weinkrug einen Becher voll.

DER LEGIONÄR Valerius Valens saß in seinem erstickend heißen Zelt. Es war ein Zehnmannzelt, aber jetzt drängten sich mehr als fünfzehn darin, die gerade vom Wachdienst abgelöst worden waren.

Sie saßen um die einzige Öllampe herum und hörten Marcus Fronto zu, einem ergrauten Dekurio von der ersten Kohorte. Fronto war zwar ganz klar der Kopf der Gruppe, aber manchmal sprachen auch andere, und was sie zu sagen hatten, sorgte bei Valens für ein höchst ungutes Gefühl.

„Ihr habt den Juden gehört", sagte Fronto, der Dekurio. „Ihr habt gehört, was der Alte über die Hitze gesagt hat. Und ihr habt auch mich gehört, der ich in Afrika schon vom einen bis zum andern Ende gedient habe und weiß, was die Hitze mit einem machen kann. Jetzt laßt uns auch noch Plinius Severus hören, der über die Juden ganz genau Bescheid weiß."

Ein langer, dünner Legionär fragte trocken: „Vielleicht sogar besser als Silva neuerdings?" Aber keiner lachte.

Plinius Severus war für einen Legionär recht klein, aber er hatte bei Jerusalem tapfer gekämpft und wurde folglich von den andern respektiert. „Also, er hat gesagt, sein Name ist Esra. Er hat überhaupt nicht wie ein Jude gesprochen, sondern viel eher wie ein Mensch. Zuerst hat er noch einmal das alles über die Hitze gesagt, was wir schon gehört haben. Dann hat er gefragt, wie wir überhaupt für einen Feldherrn kämpfen können, der die ganze Zeit betrunken ist und –" Severus zögerte und kostete seine Wichtigkeit aus. „Ihr müßt nämlich wissen, daß die meisten Juden eine Gabe haben. Sie können sehen, was in der Zukunft geschieht, und dieser Esra hat gesagt, er sehe von heute an in fünfunddreißig Tagen unser Blut kochen."

„Demnächst sagst du uns auch noch, du glaubst an einen Gott, den man nicht sieht", sagte Vespillo, ein kräftiger Legionär der dritten Kohorte.

Silius Proculus, ebenfalls von der dritten Kohorte, lachte und sagte: „Severus, du hast überhaupt keine Ahnung von den Juden. Ich sage euch, die haben geheime Gesetze, nach denen jeder Stamm jedes Jahr einen Ungläubigen mästen und schlachten darf. Sie essen seine Gedärme und schwören, jeden zu hassen, der ihren unsichtbaren Gott nicht anbeten will. Und du willst uns einreden, ein so wildes, unbegreifliches Volk wisse, was nächsten Monat geschieht?"

„Wir kommen vom Gegenstand unserer Versammlung ab", erinnerte Fronto. „Ob ihr dem alten Juden nun glaubt oder nicht, wir sollten jetzt beschließen, was wir tun, wenn die Hitze kommt, wie er sagt. Sollen wir uns in dieser stinkigen Wüste unsere eigenen Gräber schaufeln und uns nicht einmal dagegen wehren?"

Eine Weile herrschte drückende Stille. Fronto sah in die angsterfüllten, verschwitzten Gesichter, die ihn im schwachen Licht anstarrten. „Wir sind Männer", sagte er leise, „und wir sind nicht unbewaffnet. Meint ihr, Silva käme noch gegen uns an, wenn er allein stände?"

„Am selben Tag, an dem ein stinkender Dekurio die Zehnte Legion befehligt, haue ich ab", sagte Silius Proculus. „Ich kann mich noch erinnern, wie du einmal mit bloßen zehn Mann nicht fertig geworden bist."

„Ich rede nicht von mir", erwiderte Fronto. „Ich denke an einen hochgestellten Römer, der unsere Handlungen in Worten erklären könnte, die zu Hause verstanden werden. Viele von euch haben ihn heute morgen gesehen. Auf mich hat er Eindruck gemacht."

„Ich habe ihn die Kacke vom Gesicht wischen sehen und war überhaupt nicht beeindruckt", sagte Valens.

„Und ein Feldherr ist er auch nicht", krächzte Plinius Severus. „Dieser stinkige Falco ist ein Politiker."

Valerius Valens fand, er habe genug zugehört, ohne selbst etwas zu sagen. Also sprach er jetzt mit feierlichem Ernst: „Ich möchte so wenig in dieser Wüste sterben wie ihr, aber euch scheint die Hitze schon das Gehirn angesengt zu haben. Wir sind keine zwanzig in diesem Zelt, und wenn wir ganz vorsichtig werben, bekommen wir vielleicht tausend Mann zusammen. Und dann? Selbst wenn Silva bis dahin noch nichts gemerkt hat, sind in der Zehnten immer noch viertausend Mann, und von denen sind viele bereit, für Silva zu sterben. Ich sehe Schlimmeres auf uns zukommen als die Hitze, wenn dieses Gerede weitergeht."

„Immer mit der Ruhe", sagte Fronto beschwichtigend. „Wir wollen ja nichts überstürzen. Wir müssen das sehr sorgfältig vorbereiten und unsere Pläne streng für uns behalten. Wir sagen den andern nur weiter, was der Jude gesagt hat – daß wir bald alle tot sein werden, wenn sie sich uns nicht anschließen. Bedenkt, daß so etwas immer von kleinen Gruppen ausgeht und geleitet wird. Daß wir wenig sind, ist nur von Vorteil."

Als sie die Augen öffnete, sah sie im Fackelschein die Gesichter der beiden römischen Wachtposten und glaubte schon, sie wären aus ihrem Alptraum zum Leben erwacht. Viele Male hatte sie ihre schwitzenden Gesichter mit den dicken Lippen und römischen Nasen in ihren Träumen gesehen; aber jetzt sagte Severus ganz deutlich: „Er verlangt nach dir."

Paternus und Severus warteten ungeduldig, doch sie ließ sich Zeit beim Kämmen und tupfte dann noch die letzten Tropfen ihres kostbaren alexandrinischen Parfums auf ihren Körper.

Sie brauchte einfach Zeit, um sich zu fangen und zu begreifen, warum sie es selbst kaum erwarten konnte, Flavius Silva wiederzusehen. Ihre Familie, die weniger stolzen Überbleibsel eines Stammes, der angeblich mit Mose durch die Wüste Sinai gezogen war, saß den ganzen Tag im Schatten ihres Zeltes herum, verfluchte mit eintöniger Regelmäßigkeit Silva und jammerte, daß sie sich einem Römer hingebe. Sie ließen nicht locker, mochte sie auch noch so oft darauf hinweisen, daß sie es tat, um sie zu retten. Während sie jetzt auf Silvas Zelt zuging, wunderte sie sich, was sie nur so trieb, ihn zu verteidigen. Wieso sprach sie noch gut von einem Mann, der sie mitten in der Nacht zu sich befahl und dazu auch noch zwei Wachen schickte? Es wäre viel bewunderungswürdiger, ihn zu töten. Heute nacht. Kein anderer Jude auf der ganzen Welt hatte eine solche Gelegenheit.

Als sie endlich in seinem Zelt stand und mit ihm allein war, betrachtete sie eingehend sein Gesicht. Sie sah, daß sein schlimmes Auge vor Müdigkeit fast geschlossen war, und gestattete sich einen Augenblick des Mitleids. Dann sah sie den Weinkrug neben ihm und dachte sich, daß er betrunken sei.

„Nun? Der große Feldherr hat also den Wanst so voll Wein, daß er die Jüdin sehen möchte, die er der dritten Kohorte vorgeworfen hat?"

„Dir ist kein Leid geschehen. Ein Freund von dir hat den Befehl wieder aufgehoben." Silva zeigte mit wackligem Finger auf sein Lager, und ohne sie weiter zu beachten, drehte er sich um und trank einen kräftigen Schluck Wein. Sie ging ganz langsam auf ihn zu. Er starrte zum Zeltdach hinauf und schien sie vergessen zu haben.

„Ein altes hebräisches Sprichwort sagt, großer Feldherr, daß der erste Schluck Wein einen Mann zum Lamm macht; ein wenig mehr,

und er wird zum Löwen, den keiner reizen sollte. Dann wird er zum Schwein, das sich im Kot wälzt, und schließlich zum Affen, der sich kreischend von Ast zu Ast schwingt und nicht mehr weiß, was er tut."

Silva lachte leise, und Schewa war angenehm berührt. Trotz seiner Narben und seiner abgekapselten Art konnte er eine Fröhlichkeit an den Tag legen, die sie faszinierte. Das war eine Eigenart, die sie bisher noch an keinem jüdischen Mann kennengelernt hatte.

Sie bewegte sich ganz behutsam, bis sie unmittelbar vor ihm stand; während sie leise betete, ihre Hand möge ruhig bleiben, streckte sie langsam den Arm nach vorn und nahm ihm den Becher fort. Ich nehme einem Löwen den Knochen weg, dachte sie. Ihre Spannung ließ nach, als sie sah, daß er noch lächelte. Dadurch ermutigt, beugte sie sich vor, um den Becher auf den Tisch zu stellen, und dabei entblößte sie sich vor ihm.

Ihre Befürchtungen kehrten zurück, als er jetzt nicht nach ihr griff. Statt dessen warf er einen Blick auf den Becher und sah ihr dann kalt in die Augen. „Du scheinst müde zu sein", sagte sie und streckte die Hand aus, um ihm sanft über die Stirn zu streichen.

Er schloß die Augen und murmelte: „Ich weiß nicht, ob ich einer Frau trauen kann, die so plötzlich die Krallen einzieht. Als ich das letztemal mit dir geschlafen habe, war deine Stimmung noch ganz anders."

„Ich bitte um nichts als meine Freiheit."

„So? Dann bittest du um den Tod. Nur er ist wahre Freiheit."

Er schwieg eine Zeitlang, und sie trat vorsichtig hinter ihn. Während sie ihm weiter über Stirn und Augen strich, merkte sie zu ihrer Überraschung, wie sie das selbst besänftigte. Immer nachdrücklicher mußte sie sich vorhalten, daß dieser Mann ein verhaßter Römer war und sie allein dem Volk der Juden den Gefallen erweisen konnte, ihn zu töten. Jetzt wäre es so leicht. Dort auf dem Tisch lag sein Dolch. Besänftige ihn noch mehr, und dann nimm den Dolch rasch an dich. Dann stoß zu, in den Nacken, der so nackt und verwundbar ist.

Ihre Finger glitten in seine Locken, und er sagte: „Wenn ich müde bin, dann nur, weil ich meine Kraft damit verschwende, euch Juden verstehen zu wollen und zu begreifen, wieso ihr in Jerusalem denselben Tempel in Brand gesteckt habt, den zu verschonen ihr uns gebeten hattet."

„Vielleicht kann ich dir helfen, uns zu verstehen", sagte sie sanft. Vorsichtig, dachte sie. Beschäftige ihn weiter, aber achte darauf, daß er nicht mißtrauisch wird. „Du wirst die Juden besser verstehen, wenn du dir klarmachst, daß wir von der Hoffnung leben können."

„Hoffnung?" brummte Silva. „Dazu muß man erst etwas haben, worauf man hoffen kann, etwas Greifbares, sonst wäre man ja verrückt. Wir waren euch an Zahl und auch an Körperkräften immer überlegen. Trotzdem treffen wir jetzt hier bei Masada denselben Starrsinn an wie vor Jerusalem, und das begreife ich nicht."

„Schließ die Augen und vergiß uns, vergiß einmal alles, mein Feldherr. Stelle dir vor, du seist zu Hause in deinem kühlen Garten, gehst auf und ab und atmest die frische römische Luft... und du *wirst* nach Hause gehen, großer Feldherr, wenn du die Juden unterworfen hast."

„Ihr seid schon unterworfen", knurrte er. „Vespasian hat zum Beweis eine Münze geprägt."

Sie konnte zwar sein Gesicht nicht sehen, doch sie nahm an, daß er lächelte. Zärtlich fuhren ihre Finger über seine Augen. Und während sie mit der einen Hand weiter seine Stirn streichelte, griff sie langsam nach dem Dolch. Es war, als führte eine unsichtbare Macht ihre freie Hand.

Seine Stimme wurde noch schläfriger, und seine lateinischen Worte begannen zu verschwimmen, als er murmelte: „Warum sollte ich je nach Hause? Allein in einem Garten spazierenzugehen ist etwas für Philosophen. Mein Kopf ist nicht für Betrachtungen und Geistesergüsse geschaffen. Kaum zu glauben, daß ich Quintilian und Cicero studiert habe und nicht einmal mit einem hebräischen Fischer ein Streitgespräch führen kann."

Sie hob den Dolch hinter seinem Nacken und legte ihre andere Hand langsam an die Seite seines Kopfes.

„Du atmest ja gar nicht mehr, Schewa. Was ist denn?"

Er ergriff ihre Hand und führte sie an seine Lippen, küßte sie sanft und sagte: „Überrascht es dich sehr, liebe Schewa, daß ich mir schon überlegt habe, ob ich dich mit nach Rom nehmen soll, nicht als meine Gefangene, sondern als Herrin meines Hauses? Wenn wir einträchtig miteinander leben und es dir in jeder Beziehung recht wäre, möchte ich sogar hoffen, daß du meine Frau wirst. Zugegeben, es würde anfangs gewisse gesellschaftliche Schwierigkeiten geben, aber die sind für eine kluge, anmutige Frau nicht unüberwindlich, wie Berenike beweist. Gefällt dir dieser Gedanke, Schewa? Schewa, antworte."

Hilf mir, Gott, betete sie. Laß mich jetzt dieses Messer niederstoßen. Sie sah zu ihrer erhobenen Hand mit der glitzernden Schneide empor und befahl ihr, sich zu bewegen, doch sie blieb in der Luft wie festgenagelt. Wie von weitem hörte sie ihn sagen: „Schewa, leg den Dolch fort. Mein lieber Freund Gallus hat ihn mir geschenkt, und er möchte ihn sicher nicht mit meinem Blut besudelt sehen."

Er hatte sich nicht bewegt, und als sie mit der Hand über seine Augen fuhr, fand sie sie noch geschlossen. Plötzlich ließ sie den Dolch fallen, schlang die Arme um ihn und küßte ihn auf Hals, Ohren und Wangen, wobei sie flüsterte: „Mein liebster, mein tapferer Feldherr, ich bin eine Verräterin! Ich wäre rasend vor Freude, wenn ich meine Hände jetzt in deinem Blut tränken könnte, aber ich kann nicht, ich kann nicht!"

Er drehte sich um, nahm sie in die Arme und zog sie zu sich herunter, und als sie schluchzte, bedeckte er ihre Lippen mit den seinen.

Nachdem sie sich endlich beruhigt hatte, tupfte er ihr sanft die Tränen ab und flüsterte: „Ich bin wirklich ein einmaliger Narr, daß ich meinen Hals einer jüdischen Schlampe anvertraue, aber Gallus wird sich freuen, wenn er hört, daß du die Prüfung bestanden hast."

„Ich werde dich immer verabscheuen –"

„Wieso klammerst du dich dann so an mich?"

Er war plötzlich wieder so geistesabwesend wie vorhin, als sie in sein Zelt gekommen war. Sie hörte ihn sagen: „Es macht mir große Sorgen, daß die Leute auf Masada sich nicht ergeben wollen. Eleasar macht ihnen Hoffnungen, daß sie sich halten können. Ist dir klar, was das heißt?"

„Ich könnte wenigstens noch ein bißchen stolz auf mich sein, wenn ich eine von ihnen wäre."

„Nicht mehr lange, denn bald wärst du tot, und ich habe noch nie eine stolze Leiche gesehen. Die Tausende, die ich in der Schlacht habe fallen sehen, hatten alle so verdutzte, so betrogene Gesichter, und das geht gegen meinen früheren Glauben, daß ein Soldatentod ehrenvoll sei ... Ich glaube, es wird wirklich Zeit, daß ich nach Hause komme."

Er ergriff ihre Hand und küßte sie wieder. Aber er sah sie dabei nicht an und schien mit den Gedanken woanders zu sein. „Mich bekümmert nicht der Tod der Juden auf Masada, aber ich möchte nicht, daß sie dem übrigen Judäa Hoffnung machen. Märtyrer sind gefährlich. Und ich habe auch keine Lust, an die tausend Legionäre zu verlieren, wie mein Stab für den endgültigen Angriff ausgerechnet hat. Aber es kann jetzt jeden Tag soweit sein, und wenn ich auch nur im mindesten zaudere, kannst du dich darauf verlassen, daß dieser Falco mir den Garaus macht."

„Es geht doch mich nichts an", sagte sie so gleichgültig wie möglich, „welcher Römer wem den Garaus macht."

„Wenn deine Sorge um dein Volk echt ist, sollte dich mein Wohlergehen sehr viel angehen, denn ich kann dir versichern, daß Falcos Barmherzigkeit so dünn aufgetragen ist wie die Farbe um seine Augen."

Er nahm den Becher Wein vom Tisch. Er hob ihn an die Lippen, trank ihn leer und sagte: „Ich habe schon nachgedacht, was ich tun könnte, um Eleasar seinem Schicksal zu entreißen – denn um der Wahrheit die Ehre zu geben, ich bewundere ihn. Er wäre ein guter römischer Soldat geworden. In letzter Zeit habe ich mich gefragt, ob nicht du vielleicht der Schlüssel dazu sein könntest."

Er knallte den Becher auf den Tisch und stand unsicher auf. Dann sah er sie an. „Was, meinst du, würden die Juden auf Masada mit dir machen, wenn du plötzlich bei ihnen auftauchtest?"

„Sie würden mich töten."

„Da müßte ich aber meinen Gegner schlecht kennen. Wenn du eine persönliche Botschaft von mir bringst, wie sollte er da überhaupt anders können als dir zuhören? Und ist es dann nicht Ehrensache, daß er auch für deine unversehrte Rückkehr sorgt?"

„Ich dachte, in deiner Meinung über die Juden komme das Wort Ehre nicht vor."

„Eine römische Redensart. Ich hätte vielleicht sagen sollen, er wäre verpflichtet, dich unversehrt zurückzuschicken. Würdest du Eleasar eine Botschaft von mir überbringen? Wenn es gelänge, könnte es das wirkliche Ende des Krieges in Judäa bedeuten, und wir könnten ernsthaft an unsere gemeinsame Reise nach Rom denken."

Sie sah zu ihm auf und versuchte festzustellen, wie betrunken er war. Er war noch im Stadium des Löwen, kühn genug, daß er bewußt sein Leben aufs Spiel gesetzt hatte, aber noch vollkommen Herr seiner selbst. Und die Müdigkeit schien aus seinem Gesicht verflogen, so daß er viel jünger wirkte. Wenn meine Hand gehorcht hätte, dachte sie, wäre er jetzt tot.

Sie hörte ihn sagen: „Es könnte für dein Volk sehr viel bedeuten. Du würdest Eleasar sagen, daß du frei bist, und so frei wären sie alle, wenn sie sich jetzt ergeben. Du würdest ihn bitten, sich mit mir allein zu treffen, auf halber Höhe des Schlangenpfades. Du wirst ihm sagen, ich erwarte ihn dort, wenn die Wüste schläft, zwei Stunden vor Morgengrauen, und ich werde allein kommen."

„Ich glaube, ich muß den großen Feldherrn bei Laune halten. Wann würdest du wagen, so etwas zu tun?"

„Ich bereite deine Flucht für morgen abend vor. Es ist von äußerster Wichtigkeit, daß außer uns niemand von diesem Treffen erfährt."

„Er wird es nur für eine Falle halten."

„Alle Vorteile sind auf seiner Seite. Er kommt von oben, ich von unten. Nur ich könnte in eine Falle gehen."

Nach einer Weile streckte sie die Hand aus, und er nahm sie in die Arme. Als er sie zu seinem Lager trug und sanft dort niederlegte, dachte sie: Ich bin die Sklavin dieses Römers und werde mich mit ihm vergessen. Mein Volk sollte mich verbrennen.

## UNTER DEN STERNEN

Eleasar ben Jair stand in der Synagoge, die dem Brauch entsprechend nach Jerusalem ausgerichtet war, und lauschte der melodischen Stimme des Priesters Hillel, der Davids Psalmen sang. Alle Männer, die nicht Dienst auf den Mauern taten, hatten sich in der Synagoge zum Sabbatgottesdienst versammelt, und wer drinnen keinen Platz mehr gefunden hatte, stand aufmerksam draußen, wo er wenigstens Hillels Verse und den Antwortgesang hören konnte.

Eleasar stand schon lange so da. Er knetete seine großen Hände, um seinen Unmut über den Priester zu unterdrücken, dem er übelnahm, daß er noch jetzt von seiner Gemeinde Geld für den Unterhalt eines Tempels eintrieb, den es gar nicht mehr gab.

Aber Eleasar spürte, wie wichtig es für ihn war, sich jetzt in der Synagoge zu zeigen, denn daß Esra, Sidon und seine Familie gegangen waren, hatte unter den Juden auf Masada böses Blut gemacht. Die hiergeblieben waren, konnten jetzt auf die Abtrünnigen hinuntersehen und feststellen, daß sie zwar eingesperrt, aber noch sehr lebendig waren. Eleasar wußte, daß die Versuchung, es ihnen gleichzutun, groß war – bei den Römern winkte wenigstens noch *irgendeine* Zukunft. Während hier...?

Ich muß deshalb meinem Volk noch näher sein, hatte Eleasar sich vorgehalten. Ich muß mit ihnen beten und mit ihnen glauben, sonst hören sie auf, an mich zu glauben.

So hatte er sich heute abend gezwungen, in die Synagoge zu gehen, so wie er zuvor in die Mikwe, das Ritualbad, gegangen war, um seinen Körper zu reinigen. Besser wär's ja, dachte Eleasar heimlich, diese ganze Kraftanstrengung in den Widerstand gegen den bevorstehenden Angriff der Römer zu stecken. Doch auf der anderen Seite mußte er auch wieder denken, wie glücklich diejenigen doch waren, die so vorbehaltlos glauben konnten. Allmächtiger Gott! Vertreibe die Zweifel aus meinen Gedanken, und laß mich an Deine Stärke glauben! Laß mich auch glauben, es sei notwendig, daß Hillel sich in diese feierlichen Gewänder kleidet, während er doch besser einen Brustschild trüge. Er sah auf und schüttelte den Kopf. Gott! Du solltest uns lieber bald einen Ausweg zeigen!

Sein Unmut wuchs weiter, je länger der Priester vorsang, und er seufzte so laut, daß einige Köpfe sich mißbilligend nach ihm umdrehten.

Alexas, der neben ihm stand, flüsterte: „Still. Es kann ja nicht ewig dauern."

„Das tut's doch schon."

Endlich gab Hillel den Segen. Als die Synagoge fast leer war, ging Eleasar zu ihm und spendete ihm zähneknirschend Beifall. „Du tust wohl daran, mich hören zu machen, wenn meine Ohren nur den Baulärm der Römer vernehmen", log er. Jetzt habe ich also falsches Zeugnis abgelegt, dachte er, und das vor dem Priester selbst, aber ich brauche Rat und Trost gegen die finsteren neuen Gedanken, die in meinem Kopf umgehen. „Hillel", sagte er, „ich habe Gott beleidigt, indem ich dir hier unter uns das Leben schwergemacht habe. Ich bedaure es und hoffe, daß du mir verzeihst."

„Es ist schwer, Gott in den Herzen des Volkes lebendig zu halten, wenn unser Anführer ohne ihn auszukommen scheint."

„Ich will das gutmachen", sagte Eleasar und wandte sich ab, ohne noch mehr zu sagen, und ging gedankenverloren auf seine Unterkunft zu. Sei auf der Hut, sagte er sich. Laß einige Zeit verstreichen, bevor du vor Miriam und Reuben trittst, sonst erraten sie noch deine finsteren Gedanken.

In seiner Einsamkeit zwang er sich, an Erfreulicheres zu denken – an einen frischen Wintertag, gleichsam in einem anderen Leben, als er an der Jordanmündung am Toten Meer gestanden hatte. Er erinnerte sich, daß er Jericho und weit im Norden den schneegekrönten Berg Tabor hatte sehen können. Damals wäre es ihm nicht in den Sinn gekommen, Menschen zu töten.

„Ich habe schon zu lange gekämpft", flüsterte er zu den Sternen empor; und plötzlich fiel ihm Abigail ein. Ach, mein überlasteter Kopf, dachte er. Schon viel zu lange habe ich die beste Freundin vernachlässigt, die ich auf Masada habe!

Halb im Laufschritt eilte er zu den westlichen Kasematten, warf seine Sandalen ab und bückte sich tief, um in die winzige, verräucherte Kammer zu treten. Eine einzelne Lampe flackerte auf dem Boden, und darüber gebeugt saß Abigail, die Tochter Hiskias, bei dem Eleasar zuerst in die Schule gegangen war – die legendäre Abigail, die schon seit Ausbruch der ersten Unruhen in Caesarea gegen die Römer kämpfte.

„Frau, die ich schon mein Lebtag kenne", begann er in einem eigens für Abigail bestimmten Tonfall, „darf ich wohl sagen, daß du von Tag zu Tag schöner wirst?"

Abigail gab einen schnarrenden Ton von sich. Sie verdrehte die großen schwarzen Augen nach oben und schüttelte heftig den Kopf.

„Du raspelst Süßholz, mein Junge", grunzte sie, „aber das will nicht heißen, daß du dir selbst gegenüber ehrlicher wärst als ein Esel, der sich einbildet, ein Pferd zu sein."

„Und darf ich auch sagen, daß deine Erhabenheit und stille Anmut zu einer viel älteren Frau passen würden, sagen wir, von drei-, vierhundert Jahren?"

Sie spuckte in den Sand zwischen ihren nackten Füßen. „Ich bin so alt, daß ich wohl kaum noch Zeit genug habe, deine Gesellschaft allzu lange zu ertragen. Du steckst in Schwierigkeiten, sonst hättest du dich nicht zu mir bemüht. Also heraus damit, solange Abigail noch bei Laune ist."

Eleasar seufzte. Bei Abigail fühlte man sich, als wäre man nach Haus zurückgekehrt. Er sagte: „Die Schwierigkeiten liegen nicht bei mir. Anscheinend bin ich außerstande, auch nur einen einzigen Vorschlag beim Rat durchzusetzen. Ich kann sagen, was ich will, immer ist einer da, der widerspricht, und wenn ich sage, er soll schweigen, bis ich fertig bin, nennen sie mich einen Tyrannen. Dann geht gar nichts mehr weiter. Die Folge davon ist, daß viele wichtige Dinge nie getan werden."

„Die Griechen nannten dein Problem Demokratie."

„Was kann ich dagegen tun?"

„Sterben."

„Ich verstehe dein elendes Hebräisch nicht."

„Mein Hebräisch könnte man in Musik setzen, aber nur, wenn kultivierte Ohren zum Zuhören da sind. Du bist ein Nichts, folglich hat dein Tod nichts zu bedeuten, falls du es nicht so einrichtest, daß du als Märtyrer stirbst. Dann würden die Leute sagen, du hättest ja schon immer recht gehabt. Du und niemand anders bist hier oben unser Führer. Wenn du nicht bereit bist, ein Märtyrer zu werden, kann ich dir nur empfehlen, dich selbst zu deinem Rat zu machen. Lächle, wenn die andern leeres Stroh dreschen. Pflichte ihnen bei. Bewundere ihre Klugheit."

„Ich – soll also dasitzen und alles, wofür wir bisher gekämpft haben, in die Binsen gehen lassen? Ich soll lächeln, wenn sie bis zum Morgengrauen herumstreiten, und leise weinen, während die Römer jubeln?"

„Welcher Gott hat dir zu deiner übergroßen Dummheit verholfen? Freu dich über die Klugheit andrer, aber gebrauche deine eigene. Lächle. Übertrage den Vorlautesten wichtig klingende Pflichten. Führer wird man nicht durch Zufall – obschon ich in deinem Falle geradezu von einer Katastrophe sprechen möchte. Tu, was du für richtig hältst, und pfeife auf den Rat. Große Führer tun alles, um zu siegen. Wenn die Römer Masada erobern, wer außer dir müßte es sich zum Vorwurf machen lassen?"

„Du rätst mir also, zuerst zu handeln und hinterher den Rat um seine Zustimmung zu bitten?"

„Seit wann hast du dir ein Gewissen zugelegt? Deine Skrupel tun meinem Herzen nicht weh, denn kaum hast du sie ausgesprochen, fühlst du dich wieder frei, ganz nach deinem Belieben zu handeln –

wie jeder Anführer. Jetzt scher dich fort von hier, und komm erst wieder, wenn in deinen Adern keine Ziegenmilch mehr fließt."

Als er später unter dem Wüstenhimmel zum Westtor hinüberging, traf er dort Assur, der den wichtigsten Abschnitt auf Masada bewachte. Hier, wo Herodes einst seine Vorräte hereingeschafft hatte, bauten jetzt die Römer ihre große Rampe. Ein guter Plan, mußte Eleasar zugeben, denn dadurch, daß er seine Kräfte auf einen Punkt zusammenfaßte, hatte Silva die ganzen übrigen Verteidigungsanlagen im Osten und Süden nutzlos gemacht.

Doch hier am Westtor, wo Assur Wache hielt, durfte man sich keinen Augenblick zu lange über der Mauer zeigen, wenn man nicht Gefahr laufen wollte, einen Römerpfeil in seinem Schädel wiederzufinden oder den dumpfen Schlag einer römischen Wurfmaschine zu hören, kurz bevor einen ein fünfzigpfündiger Stein erschlug.

„Laß mich mal sehen, wie die Heuschrecken vorankommen", sagte Eleasar.

Assur überließ ihm seinen Platz an der Schießscharte und sagte: „Seit Sonnenuntergang sind sie wieder eine Handbreit höher gekommen." Selbst in der Dunkelheit spürte Eleasar Assurs Angst.

Er sah durch die Schießscharte und beobachtete ein paar von den Tausenden Juden, die im Fackelschein umherwimmelten und für Silva arbeiteten. Sie waren in Gruppen von zehn bis fünfzig Mann eingeteilt, je nach Größe der Steine, die sie die Rampe hinaufschleppten. Sobald ein Stein an Ort und Stelle war, entfernten sie die Schleppseile und versammelten sich auf einer Seite, um zu schieben.

Eleasar fand die Untätigkeit der Aufseher beunruhigend. Sie hatten ihre Krummschilde schon ziemlich weit unten auf der Rampe abgelegt. Offenbar verließen sie sich ganz auf ihre syrischen Bogenschützen, deren Umrisse er vor der obersten Fackelreihe sah, die Bogen schußbereit. Sie waren so nah, daß Eleasar trotz des alles übertönenden Lärms fast ihre Unterhaltung mit anhören konnte, und ihre sichtliche Gelassenheit machte ihn rasend. Und wieso sollten sie nicht gelassen sein? Erst heute hatte Silva für ihre Sicherheit allein durch die Ankündigung gesorgt, daß für jeden Pfeil und jeden Stein, der von Masada käme, und zwar unabhängig von seiner Wirkung, der nächststehende Jude sofort erschlagen würde. Für jeden getroffenen Römer würden zwei Juden sterben. Damit hatte er der Festung ihren Stachel genommen.

Und so mußte nun Eleasar tatenlos mit ansehen, wie die Römer immer näher kamen. In seiner hilflosen Wut hämmerte er mit den Fäusten gegen die Mauer. Wie hatte er doch den ganzen Nachmittag lang den Rat angefleht: „Ich warne euch, wenn wir die Römer jetzt nicht aufhalten, haben wir sie in einer Woche hier! Wälzen wir ihnen doch die großen Steine auf die Köpfe. Wir müssen jeden auf der Rampe töten, Römer wie Juden!" Aber wieder einmal hatte sich die Mehrheit mit ihrem Gejammer durchgesetzt, wie gotteslästerlich es sei, wehrlose Juden zu töten, darunter womöglich noch eigene Verwandte.

Eleasar sah, daß die Aufseher es schon gar nicht mehr nötig hatten, ihre Peitschen überhaupt aus dem Gürtel zu nehmen, da ihre Gefangenen offenbar freiwillig arbeiteten. Ob Silva es tatsächlich fertiggebracht hatte, seinen jüdischen Sklaven einzureden, daß ihre Brüder oben auf dem Felsen nichts als Störenfriede seien? Erst jetzt merkte Eleasar, daß in der Dunkelheit noch ein dritter Mann zu ihnen getreten war. Er drehte sich um, erkannte den jungen Sem und begrüßte ihn.

Sem war der Sohn Ismaels, jenes Ismael, der mit noch dreißig weiteren Juden bei den Feiern nach der Einnahme Jerusalems als lebende Fackel hatte herhalten müssen. Sems Vater mußte brennen, weil Titus den Geburtstag seines Bruders zu feiern wünschte – so hatte Titus wenigstens verkünden lassen. Zugleich aber sollten diese Verbrennungen einmal der gewöhnlichen Hinschlachtung von rund zweitausend anderen Juden die Würze geben, zum andern all denen, die dem Schauspiel als Zeugen beiwohnten, zur Warnung dienen, daß der Krieg vorüber sei und die Römer nicht den mindesten Widerstand dulden würden. Viele sogar aus Titus' Umgebung hatten die Verbrennungen abscheulich gefunden und statt dessen vorgeschlagen, die Opfer sollten sich lieber gegenseitig erschlagen oder ihre Kräfte mit wilden Tieren messen dürfen.

Sem hatte es unwiderstehlich zum Ort des Geschehens hingezogen, und er hatte hinter einem Gebüsch hervor seinen Vater sterben sehen. Da hatte er mit seinen vierzehn Jahren gewußt, daß er sein ganzes weiteres Leben damit verbringen würde, Römer zu töten. Jetzt war er siebzehn und hatte die Verantwortung für einen der achtunddreißig Türme entlang der Mauer. Bisher hatte er mit nur fünfzehn Pfeilen schon elf unvorsichtige Römer erlegt.

Gleich unter Sems luftigem Sitz schliefen die Bewohner Masadas; ringsum in der Tiefe lag die matt erleuchtete Wüste. Wenn er Römer sehen wollte, brauchte er nur nach unten zu schauen, wo die Lichter in den Lagern es den Sternen über ihnen gleichtaten. Und dort, wo die Römer Tag und Nacht ihre Gefangenen zur Arbeit an der großen Rampe antrieben, wanderten unaufhörlich die Lichter der Aufseher hin und her.

Die Römer hatten gelernt, Abstand zu halten, und wenn es unterhalb der Mauern Masadas etwas zu tun gab, schickten sie lieber ihre jüdischen Gefangenen oder – so argwöhnte Sem – verkleideten sich selbst als solche. Viele Nächte hatte er darüber nachgedacht, wie er sie wohl unterscheiden könne. Es war schon viel zu lange her, seit er den letzten Römer getötet hatte.

Sem hatte eben seinen Posten im Turm verlassen. Sein Blick war ungewöhnlich lustlos.

„Eleasar!" sagte er bitter. „Was ist das nun wieder für ein verrücktes Zeug? Zuerst darf ich die Juden nicht töten, die unsere Vernichtung vorbereiten. Jetzt soll ich nicht einmal mehr Römer töten dürfen. Sollen wir vielleicht alle so sterben wie mein Vater? Wenn das so ist, muß ich schon sagen, daß ihr alten Männer zu alten Weibern geworden seid!"

Eleasar lächelte. „Du hast recht, Sem, aber ich muß es mir doch verbitten, daß du mich einen alten Mann nennst. Das hat noch mindestens zwanzig Jahre Zeit. Aber ich kann dem Rat einfach nicht klarmachen, daß die lieben Verwandten sterben müssen."

„Was hältst du dich denn überhaupt mit dem Rat auf?"

„So stehen die Dinge nun mal. Dir wäre es auch nicht recht, wenn hier nur auf meine Stimme gehört würde."

„Mir wär's schon lieber", meinte Assur.

„Und mir auch", sagte Sem. „Gib mir freie Hand, und ich lege von dieser Stelle aus mindestens zehn Römer um. Mit Leichtigkeit."
Im Widerschein der Fackeln sah Eleasar, wie Sem zärtlich über seinen Bogen strich, als wäre er ein lebendes Wesen.

„Willst du zusehen, wie neben ihnen zwanzig Juden sterben?"
„Warum nicht?"
„Du bist hart, Sem. Ich könnte tausend wie dich brauchen."
„Gib mir freie Hand", drängte Sem. „So nah waren sie noch nie."
Eleasar sah dem Jungen fest in die Augen. Er dachte an Sems

Vater und wie sich in eben diesen Augen die Flammen gespiegelt haben mußten, die seinen Vater verzehrten, genau wie jetzt der Schein der römischen Fackeln. Er kratzte sich den Bart und überlegte, wie weit er wohl gehen dürfe. Wie leicht ließ man sich doch zu etwas überreden, was man selbst so sehnlich wünschte!

„Morgen werden sie noch näher sein", sagte Eleasar. „Und übermorgen greifen sie nach unseren Kehlen. Der Rat hat befohlen, wir sollen abwarten und beobachten, bis er zu einem Entschluß kommt – und das wird er nie. Also sage ich dir, du hast nicht mal einen Kieselstein nach dem Feind zu werfen. Aber ich habe einen schweren Tag hinter mir und möchte vor dem Einschlafen noch ein paar Augenblicke bei meiner Familie sein. Ich gehe jetzt. Was du dann machst, wenn ich fort bin, weiß ich eben nicht." Er sah mit Genugtuung, wie sich die Augen der beiden aufhellten, und sagte: „Wir Juden bilden uns ja sehr leicht etwas ein – wie ihr euch ja auch nur eingebildet, ihr hättet mich heute abend hier gesehen."

Sem lächelte und eilte die Treppe zu seinem Turm hinauf. Assur folgte ihm. Eleasar zögerte kurz, wollte fortgehen, überlegte es sich plötzlich anders und lief den beiden nach.

Eleasar stand links von Sem, Assur rechts, und beide schauten ihm zu, wie er den Bogen spannte. Fast erreichte die Pfeilspitze seine Fingerknöchel. Sem hielt den Atem an, bis sein ganzer Körper versteinert schien. Jetzt öffneten sich seine Finger, und fast im selben Augenblick begann ein Legionär mit einem Pfeil im Unterarm zu taumeln. Der Mann stieß einen Fluch aus, doch seine Stimme war noch nicht verklungen, da war schon ein zweiter Pfeil von Sems Sehne geschnellt, und dann noch einer und noch einer. Alle fanden ihr Ziel im Hals, Mund oder Arm eines Legionärs, und auf der Rampe brach die Hölle los. Die Flüche der Legionäre mischten sich in die verängstigten Schreie der Juden. Eleasar sah, daß einige von ihnen von den rasenden Legionären ergriffen und auf der Stelle durchbohrt wurden, aber die meisten schienen in die Dunkelheit entwichen zu sein, so daß er nur ganze acht zuckende Kleiderbündel auf dem Boden erkennen konnte, dagegen aber zwölf gefallene Römer.

Das alles war Sache eines Augenblicks gewesen. Die syrischen Bogenschützen hielten nur noch so lange ihre Stellung, bis sie einen Pfeilhagel zu den Mauern hinaufgeschickt hatten, aber dort fand sich kein Ziel als eben die Mauern, und bald rannten sie in wilder Flucht die Rampe hinunter und brachten sich in Sicherheit. Die Fackeln erhellten die großen Steine. In ihrem Schatten sah Eleasar einen Juden, der sich trotz eigener Verwundung auf einen der verletzten Römer stürzte. Sofort verbissen sie sich ineinander zu einem furchtbaren, lautlosen Kampf, bis sich plötzlich beide nicht mehr bewegten.

Nun senkte sich schwere Stille über Masada. Eleasar wußte, daß bald alle Belagerten an die Mauern stürzen würden, um zu erfahren, warum das ewige Knirschen und Poltern so plötzlich aufgehört habe.

Heute nacht wird nicht mehr an der Rampe gearbeitet werden, dachte Eleasar. In wenigen Augenblicken waren seine Argumente bekräftigt worden. Ein Jüngling hatte mit seinem Bogen und sicherem Auge die ganze vorgebliche Weisheit des Rates besser Lügen gestraft als er mit seinem ganzen Bitten und Betteln.

Er breitete seine langen Arme aus, um Assur und Sem gleichzeitig an sich zu drücken. Mit einem einzigen Schwung riß er sie beide von den Beinen und küßte sie, und triumphierend hallte sein wildes Lachen über die Rampe.

Er sog die Nachtluft tief in sich hinein, denn plötzlich hatte er auf seiner Wange den ersten heißen Hauch des Südwinds gespürt, seit Silva in die Wüste gekommen war. „Gott ist endlich mit uns!" rief er und zog seine beiden Gefährten wieder und wieder an die Brust. Er wußte, daß die Römer am Morgen das wahre Gesicht Masadas kennenlernen würden.

Der heisse Wind war im Laufe der Nacht immer stärker geworden, und jetzt war sogar die Morgensonne hinter wehendem Sand versteckt. Hin und wieder zügelte Pomponius Falco seine wütenden Schritte, mit denen er sein Zelt durchmaß, um laut seine Verzweiflung kundzutun. „Ich kann bei diesem abscheulichen Wind meine Gedanken nicht mehr zusammenhalten! Wer soll denn bei diesem ewigen Sirren noch denken können! Das treibt mich noch zum Wahnsinn."

Seine Worte waren an Albinus gerichtet, der aufmerksam beim Zelteingang hockte, und an Cornelius, der bäuchlings, die Füße in der Luft, auf Falcos Bettstatt lag und hin und wieder, wenn Falcos Blick auf ihn fiel, langsam die Beine vor und zurück bewegte, wie beim Schwimmen. Wenn er aufhörte, gab ihm Falco einen Tritt, daß er vor Schmerzen stöhnte. Cornelius büßte für seine Tischmanieren.

Heute, am vierten Tage nach seiner Ankunft bei Masada, begann

Falco an der Klugheit seines Kommens zu zweifeln. Auf was hatte er sich da eingelassen! Nur eine Ehrung, die so groß wäre, daß er kaum davon zu träumen wagte, könnte ihn für die Gefahren, Mühen und Erniedrigungen entschädigen, die er seit dem Verlassen Roms durchgemacht hatte. Zum Beispiel die Ernennung des Pomponius Falco zum *vir clarissimus* – zum Erlauchten – durch den Kaiser.

Seit sich heute morgen die ganze Welt in eine tosende Hölle heißer Winde und beißenden Sandes verwandelt hatte, empfand Falco ein perverses Vergnügen daran, sich immer wieder alles Unerfreuliche zu vergegenwärtigen, das er seit seiner Ankunft in Palästina erlitten hatte. Einen besonderen Platz nahmen darin die Kränkungen ein, die ihm Flavius Silva absichtlich zugefügt hatte.

Dieser betrunkene und verhurte Sohn des Mars hatte doch bisher noch nicht einmal die Höflichkeit besessen, seinen hochgestellten Gast zum Essen einzuladen! Die Verpflegung, die er ihnen geschickt hatte, war die übliche römische Legionärsküche – ein widerlicher Mischmasch aus Bohnen, Suppe, Brot, Fett und einem Schuß Essig. Einfach ungenießbar, und der Wein war nicht besser.

Um seine Qualen zu lindern und seine Gedanken vom Wetter abzulenken, rief sich Falco ein Gelage ins Gedächtnis, dem er einmal im Hause eines Senators beigewohnt hatte. Intim und köstlich war es gewesen, mit nur neun erlesenen Gästen. Diese Zahl war damals Mode, denn sie lag nicht unter der Zahl der Grazien und nicht über der Zahl der Musen.

Den ersten der zwanzig Gänge, die auf dem Tisch aus Limonenholz aufgetragen wurden, bildeten die berühmten Austern aus dem Lukriner See, garniert mit den Flügeln winziger Drosseln. Dann als Kontrast germanische Bärentatzen in Pfeffertunke und danach Taubeneier, kunstvoll eingebettet in Gallerte aus dem Innern der oberen Schildkrötenschalen. Es folgten Forellen aus dem cisalpinen Gallien, die den Gästen vor dem Zubereiten in ihrer Reiseverpackung, einem Klumpen Gletschereis, gezeigt wurden. Zur Überbrückung während des Kochens gab es knusprige Lippfische und Pilze zum Knabbern nebst großen Krügen Bier, um die Nieren anzuregen. Nachdem schließlich die Forellen gegessen waren, kamen Pasteten an die Reihe, als Übergang vom Fisch zum Fleisch.

Danach kam als Wein ein hervorragender Caecuber, und schließlich wurde eine riesige dampfende Fleischplatte von neun schönen

Knaben hereingetragen, die sich lachend jeder einen der Gäste auswählten und ihn von nun an bedienten, als könne der arme Mann seine Hände nicht mehr gebrauchen. Sie fütterten sie mit Rehherzen aus Spanien, Hirsch aus Gallien, Eberzungen aus Belgien und saftiger Gazelle aus Afrika.

Er riß sich von seinem Traum los und sah auf Cornelius hinunter, der noch immer Schwimmbewegungen machte, aber dabei die Augen geschlossen hielt, als wolle er sich aus dem Zelt wegdenken.

Falco verzog den Mund und gab ihm einen Tritt. „Ich würde dir raten, die Augen offenzuhalten", sagte er. Er sah Albinus zusammenzucken und freute sich. Was für dumme Kerle!

„Hast du schon einmal daran gedacht, Albinus, daß ich vielleicht der erste sein werde, der mit einem Augenzeugenbericht vom endgültigen Sieg in Judäa nach Rom zurückkehrt? Silva wird zuerst einmal hier Ordnung schaffen müssen und erst nach Wochen die Heimreise antreten können. Ich will jetzt schon einmal mit Briefen meine Ankunft vorbereiten, so daß alles schon atemlos auf mich wartet, wenn ich den richtigen Zeitpunkt wähle. Auf die Nachricht, die *erste* Nachricht, kommt es an. Als Helden werden immer die gefeiert, die nach dem Krieg als erste heimkehren. Wer auch nur ein paar Wochen später kommt, kann so tapfer gekämpft haben wie ein Löwe, man wird ihn übersehen. Vespasian hat kürzlich neue Provinzen gegründet – Achaia, Rhodus und Byzantium, um nur einige zu nennen. Jede wird einen Statthalter brauchen, und für eine von ihnen bin dann ich genau der richtige Mann.

Aber im Augenblick beschäftigt mich etwas anderes", fuhr er fort. „Silva verkehrt ja mit dieser Jüdin Schewa, und da er sie nach der ersten Leidenschaft nicht wieder fallengelassen hat, müssen wir davon ausgehen, daß sie einen gewissen Einfluß auf ihn hat. Wir müssen unser Augenmerk auf *sie* richten und herausbekommen, was sie von Silva will; wenn wir dann nicht ihre Wünsche besser oder schneller erfüllen können, müssen wir uns etwas anderes ausdenken, womit wir sie uns zur Freundin machen. Sobald wir genug über sie wissen, werde ich sie in dieses Zelt einladen... und sobald sie hier ist, könnt ihr euch darauf verlassen, daß Silva nicht mehr sein eigener Herr ist."

Albinus sagte: „Ich kenne das Zelt, in dem ihre Familie wohnt. Ich habe sie griechisch sprechen hören, und da kann ich mich vielleicht mit ihnen bekannt machen."

Falco schnippte mit den Fingern und lächelte. „Geh hin, mein Lieber, geh hin. Aber hülle dein Gesicht gut ein, damit der Sand deiner Haut nicht schadet."

DER STURM fegte von den dürren nabatäischen Hügeln aus nach Norden, holte sich Kraft am Golf von Akaba und erwärmte sich über der Wüste Zin. Er versengte alles, was auf seinem Wege lag, und wälzte dichte Staubwolken vor sich her, als er sich ins Salztal stürzte. Bald engten ihn die rostroten Berge von Moab im Osten des Toten Meeres und die wilden judäischen Hügel im Westen ein, so daß er zum Orkan anschwoll, bis er Masada erreichte. Er nahm Juden wie Römern den Atem, bis die ganze Wüste unter ihren Füßen zu erzittern schien und an den offenen Flanken Masadas sogar der Schiefer zu klappern anfing. Immer wieder taten Wolken und Staub sich zusammen, um die Sonne gänzlich zu verdecken und alles in ein unheimliches Zwielicht zu hüllen, das manche als Vorboten des Weltuntergangs ansahen.

An diesem fürchterlichen Morgen kämpfte sich Silvas Pferd durch die Lager, den Kopf gesenkt und heftig schnaubend, als wollte es Silva darauf aufmerksam machen, wie tapfer es sich dem Unwetter stellte.

Neben Silva ritt der Zenturio Rosianus Geminus, dessen Pflicht es war, die Sturmschäden in den Lagern zu beheben. Die Hälfte der Zelte war zusammengestürzt, einige sogar über den Wall geweht worden und im Sandsturm verschwunden. Die morgendlichen Übungen und Appelle waren ausgefallen, und die Arbeit an den fahrbaren Wurfmaschinen und dem Angriffsturm hatte ausgesetzt.

Sie waren nur langsam vorangekommen, weil sie streckenweise kaum noch die Ohren ihrer Pferde sehen konnten. Silvas Mund und Nase waren vom Staub ausgedorrt, und das Prasseln des Sandes an seinem Helm schien ihn dauernd erinnern zu wollen, daß Masada sehr bald fallen mußte – oder vielleicht nie mehr fallen würde.

Endlich kamen sie in den Windschatten im Norden der Rampe, wo sie Tribun Gallus verdrießlicher denn je antrafen. Es überraschte Silva nicht im geringsten, daß er Gallus auf seinem Posten fand, denn das war *seine* Rampe, die er allen Launen der Götter zum Trotz erbauen würde. Wäre sie heute fortgeweht worden, er hätte morgen von vorn angefangen.

„Sei gegrüßt, guter Gallus!" begann Silva. „Wie geht es deiner Leber an diesem strahlenden, erfrischenden Morgen? Hast du vergessen, daß ich dir kühle Luft und schöne Jungfern versprochen habe, zwei Tage nachdem du mir die Rampe gegeben hast?"

„Ich habe hier seit dem Kampf von gestern abend einigen Ärger, Silva. Und nicht einmal meine besten Dekurionen bringen bei diesem Sturm die Juden zum Arbeiten."

„Hast du ihnen gesagt, daß sie noch nie so sicher waren? Erstens kann man von Masada aus nichts sehen, zweitens könnte nicht einmal ein Pfeil gegen diesen Wind fliegen."

„Das Grundübel sitzt tiefer, Silva. Seit es gestern abend hier Tote gegeben hat, verweigern mir fünfhundert Legionäre den Dienst."

Silva fragte ungläubig: „Deine Zenturionen haben die Legionäre zur Arbeit befohlen – und sie weigern sich?"

„Sie sagen, wir würden bald alle an der Hitze sterben, und sie sähen keinen Sinn darin. Sie haben die Nase voll, und der Aufruhr breitet sich von Zelt zu Zelt aus."

„Nichts breitet sich von selbst aus. Wer ist der Anstifter?"

„Ich weiß von zweien. Der eine ist ein Dekurio namens Fronto, den ich noch von Afrika her als Unruhestifter kenne, der andere ein Speerwerfer namens Valens aus der zweiten Zenturie. Meines Wissens hat dieser Esra sie aufgehetzt, einer von den Juden, die zu uns heruntergekommen sind."

Silva wandte sich an Rosianus Geminus. „Bring diese Männer in einer Stunde zu meinem Zelt – den Juden auch."

Als Geminus davonritt, stieg auch Silva wieder auf. Er sagte zu Gallus: „Mach weiter, so gut es geht, mein Freund; tu so, als wäre nichts gewesen. Ich fürchte ja, daß sich das schon seit geraumer Zeit zusammenbraut und nicht erst durch die Ankunft eines redegewandten Juden entstanden ist."

Eine Weile beschäftigte Gallus weiter Silvas Gedanken. Für einen Mann von solcher Ergebenheit mußte ein Feldherr einfach dankbar sein. Silva bückte sich, bis er fast Gallus' Gesicht berührte. „Du wirst mutlos, Gallus, weil du sowenig zur Ruhe kommst. Nutze doch diesen widerlichen Tag, an dem sowieso nichts getan werden kann, zu einem Ausflug. Und morgen früh kehrst du dann frisch zu deinem Werk zurück."

„Du weißt doch, daß ich unmöglich hier fort kann."

„Unmöglich? Na schön, dann komm in mein Zelt, und hol dir etwas zu lesen – Seneca oder vielleicht etwas Leichteres. Ich könnte dir ein ziemlich merkwürdiges Buch mit dem Titel *Satyricon* empfehlen."

„Sehr freundlich von dir. Ich danke dir. Ich werde kommen, sobald hier wieder alles seinen Gang geht."

Das heißt also nie, dachte Silva. Er tippte an seinen Helm und machte kehrt. Er hatte es wenigstens versucht.

Jetzt, da der Wind von hinten kam, fand Silva den Rückweg ins Lager erträglicher, obschon dieser Sturm ihm auch weiter Sorgen bereitete. Er verzögerte nicht nur den Bau der Rampe, sondern schob auch noch ein anderes Vorhaben in die Ferne, von dem er plötzlich wie besessen war – seine Begegnung mit Eleasar ben Jair.

Aber Schewa konnte in diesem Sturm unmöglich den Berg hinaufsteigen, mochte er für ihre Flucht auch noch so günstig sein. Silva hielt die Hand vor das gesunde Auge und sah hinauf zu der wirbelnden Sandmauer, die Masada völlig verdunkelte. Er knurrte: „Diesen Tag hast du gewonnen, Jude, und du wirst vielleicht auch noch den nächsten gewinnen. Aber der Tag darauf muß mir gehören."

WIE IMMER besorgte Rosianus Geminus seinen Auftrag schnell und gewissenhaft. In Silvas Zelt standen der Jude Esra und ein Pharisäer namens Sidon, der behauptete, der Anführer der von Masada gekommenen Juden zu sein. Geminus hatte auch die fünf Legionäre hergebracht, die als Anstifter der Meuterei galten. Die Hände mit dicken Lederriemen gefesselt, standen sie im Zelteingang, hinter ihnen die doppelte Anzahl Prätorianer und vor ihnen die Juden, recht verdutzt und wie fehl am Platz.

Silva saß bequem auf seinem Stuhl aus Elfenbein und Ebenholz. Epos hatte ihm einen Schemel für sein schlimmes Bein gebracht, und er bewegte den Fuß langsam vor und zurück, wie ihm der griechische Arzt geraten hatte. Endlich befahl er Esra und Sidon vorzutreten. Er musterte sie schweigend, als entstammten sie einer Menschenrasse, die er noch gar nicht kannte.

Jetzt richtete er den Blick fest auf Esra, und während er mit der Hand sein Bein massierte, sagte er: „Du bist doch ein Jude von einiger Bildung?"

Esra senkte den Kopf und schien mit den Gedanken woanders zu sein.

„Solltest du dir nicht schlüssig sein, ob du meine Fragen auf der Stelle beantworten willst", grollte Silva, „so möchte ich dir dringend dazu raten, falls du nicht gleich für immer verstummen möchtest."

„Ich wollte deiner Frage nicht ausweichen, Feldherr. Ich suche nur nach einer wahren Antwort. Du fragst, ob ich gebildet bin, aber wer weiß denn, welcher Mensch gebildet ist?"

„Und dein Gefährte? Ist er auch so klug, daß er nur den Mund aufmachen kann, um Unruhe zu stiften?"

„Ich habe keine Unruhe gestiftet, Herr", sagte Sidon mit einer Stimme, die im Tosen des Windes kaum zu hören war. „Ich bin ein Mann des Friedens, wie meine Leute. Wir sind gekommen, dich um Gnade zu bitten."

„Mit anderen Worten, du willst leben?" fragte Silva. Eine Weile konnte er den Blick nicht von Sidons Gesichtszuckungen losreißen. Es war ihm schon klar, daß Sidon der geborene Kriecher war. Sieh ihn dir an, dachte er, beobachte seine Augen, wie sie jeder deiner Bewegungen und Gesten folgen, wie die blanke Angst ihm das Blut aus dem Gesicht treibt. Und beobachte dann im Gegensatz zu ihm den andern, diesen Esra. Er macht den Eindruck, als ob ihm die Erde unter seinen Füßen gehörte, was in gewissem Sinne ja auch stimmt, aber schließlich steht er in *meinem* Zelt. Dieser Mann hat Stolz im Leib – und Mut dazu.

„Es will mir scheinen", sagte Silva leichthin, „daß du unsere Gastfreundschaft mißbraucht hast."

„Ich verstehe nicht, Herr", sagte Sidon.

„Du hast nichts als Lügen in die Welt gesetzt."

Silva sah über seine Schulter nach Epos, seinem Numidier. Er winkte ihm, sich neben seinem Stuhl hinzuknien. Dann packte er Epos' Kopf und drehte sein Gesicht den Juden zu. Er öffnete ihm den Mund, damit man den Stumpf seiner Zunge sah, und sagte gleichmütig: „Dieser Mann hat seine Zunge einmal dazu gebraucht, einem Römer Unannehmlichkeiten zu machen. Verdient ihr eine bessere Behandlung?" Silva entließ Epos mit einem liebevollen Klaps auf den Rücken. „Ich höre, daß ihr falsche Gerüchte unter euren Bewachern verbreitet habt, die diesen Unsinn dann ihren Gefährten weitererzählt haben. Die fünf Legionäre hinter euch werden schon bald ihre Leichtgläubigkeit bereuen. Ich will, daß ihr mir jetzt genau erzählt, was ihr ihnen erzählt habt."

Esra antwortete schnell: „Ich habe keine Lügen erzählt, Feldherr. Ich habe nur gewisse Dinge prophezeit."

„Ich habe wenig Zutrauen zu Wahrsagern, auch zu unsern eigenen. Aber ich habe mir einmal eure unzähligen Sekten etwas genauer angesehen und dabei entdeckt, daß ihr ja alle etwas anderes glaubt. Sag du mir", befahl er, indem er auf Esra zeigte, „von welcher Sekte du bist."

„Ich bin Sadduzäer."

„Und du, Sidon?"

„Ich bin Pharisäer."

„Sehr schön. Dann will ich euch beiden eine Frage stellen. Glaubt ihr an die Unsterblichkeit?"

„Natürlich. Das hat uns Gott geboten", sagte Sidon.

„Und du, Esra, bist du derselben Meinung?"

Esra zögerte, dann antwortete er leise: „Nein, Feldherr, ich glaube nicht daran."

Silva klatschte in die Hände. „Da habt ihr's! Nicht einmal in den grundlegendsten Dingen könnt ihr Juden euch einigen. Wie könnt ihr leugnen, daß euer Volk unserer Führer bedarf?"

„Gott ist unser Führer", sagte Esra.

„Wirklich? Dieser geheimnisvolle Gott zieht es vor, unsichtbar zu bleiben, er tut euch seinen Willen kund, ohne daß einer weiß, von woher, und ihr gehorcht ihm wie die Schafe, obgleich ihr mir nichts Gutes nennen könnt, das er für euch getan hätte! Einmal, da hat euch euer Gott allen miteinander zum Lohn für eure Missetaten den Aussatz geschickt, aber ihr habt einem armen Schwein die Schuld zugeschoben und wollt seitdem kein Schweinefleisch mehr essen. Wie kindisch und wie schlau zugleich! Um euch eurer natürlichen Trägheit hinzugeben, ruht ihr jeden siebten Tag aus und erklärt ihn zum Tag der Gottesanbetung. So ein ungeheuerlicher Unsinn übersteigt mein Begriffsvermögen. Ihr tut mir leid."

Silva war überrascht, als er ein Lächeln um Esras Lippen spielen sah. Dann sagte Esra: „Es gab einmal einen jüdischen Führer, Feldherr, den wir Juden als Saul von Tarsus kannten, aber er hat den römischen Namen Paulus angenommen. Ich muß gerade an ihn denken, weil er auch ein schlimmes Auge und ein krankes Bein hatte."

Silva erhob sich und ging drohend einen Schritt auf Esra zu, während ihm das Blut ins Gesicht schoß. Dieser feixende Jude hatte es gewagt, so mir nichts, dir nichts seine Gebrechen zu erwähnen! Er sagte: „Jude, ich werde dich mit dem Kopf nach unten kreuzigen!"

Esra wich Silvas Blick nicht aus, noch verrieten seine Augen auch nur die mindeste Furcht. Schließlich meinte er, als spräche er vom Wetter: „Es bekümmert mich wenig, auf welche barbarische Weise du mich umbringen willst, Feldherr, denn damit zeigst du nur, wie man sich auf römische Gnade verlassen kann. Doch bevor du mich für immer zum Schweigen bringst, will ich dir eines versprechen: Auch wenn du alle Juden in dieser Wüste und alle Einwohner Palästinas tötest, das Judentum wird es noch lange geben, wenn du schon Staub bist."

Silva stand wie erstarrt da, das gesunde Auge unverwandt auf Esra gerichtet. Schweiß war auf seine Stirn getreten, und er zitterte. Plötzlich dachte er: *Ich* bin hier der Angeklagte! Die Augen dieses Juden töten mich. Er hat keine Angst.

Esra sagte: „Es gibt ein altes hebräisches Sprichwort, Feldherr, wonach man einen Menschen am besten kennenlernt, wenn man ihn im Zorn erlebt."

Dann fragte Esra, ob Silva verheiratet sei, und zu seiner Verwunderung hörte er sich antworten, nein, er sei es nicht. Esra erwiderte in Silvas eigenem Tonfall, das tue ihm leid für den Feldherrn, denn für alle Juden, gleich welcher Sekte, seien Ehe und Familie der Quell des Lebens. „Wenn du aus diesem Leben scheidest, ohne einen Sohn gezeugt zu haben, dann stirbst du. Hast du aber einen Sohn, dann schläfst du nur."

„Genug des Wortschwalls, Jude", sagte Silva. „Ihr beide, Esra und Sidon, seid des Hochverrats gegen die gesetzliche Regierung Judäas angeklagt. Darauf steht der Tod." Er verließ den Stuhl und humpelte auf Esra zu. Er blieb dicht vor ihm stehen und sah ihm in die ruhigen Augen, wo er nur Schicksalsergebenheit, aber keine Angst sah. „Da du ja prophezeist, wir würden sowieso alle sterben, sehe ich keinen Grund, weshalb meine Soldaten sich mit eurer Beseitigung aufhalten sollten."

Er winkte Rosianus Geminus zu sich, der rasch vortrat. „Bring diese Juden an die Rampe. Sieh zu, daß sie und ihre Gefolgschaft ebenso zur Arbeit herangezogen werden wie die andern auch."

Silva kehrte Esra den Rücken, ehe die Versuchung, weiter mit ihm zu diskutieren, unwiderstehlich wurde. Er lauschte dem Wind und ließ sich Zeit, sich zu beruhigen. Dann drehte er sich um und sah die fünf Legionäre an. Man hatte ihnen ihre Waffen und Rüstungen abgenommen und die Hände auf dem Rücken gefesselt. Ironischerweise wirkten sie viel verstörter als Esra.

„Ihr habt alle einen Eid auf den Kaiser und die Legion geschworen. Durch euren Eidbruch habt ihr über uns alle Schande gebracht!"

Silva war sich völlig im klaren, daß seine Prätorianer ihn beobachteten und jedem seiner Worte lauschten. Sehr gut. Sollten sie den andern im Lager berichten, wie er mit Meuterern verfuhr. Er wischte sich mit dem Handrücken die Nässe von der Oberlippe und sagte: „Eigentlich sollte ich euch häuten und dann mit euren eigenen Schwertern köpfen lassen. Aber diese Strafe wäre viel zu gut für euch. Es sähe zu sehr nach einem Soldatentod aus, und einer von euren Verwandten könnte am Ende die Tatsachen so verdrehen, daß es aussieht, als wärt ihr im Kampf gefallen. Darum will ich dafür sorgen, daß man euch als das kennt, was ihr seid. Sobald sich dieser Wind gelegt hat, werdet ihr nackt ausgezogen, ans Lagertor gebracht und ohne Wasser und Verpflegung in die Wüste geschickt. Aber vorher werdet ihr noch beschnitten. Wenn ihr dann in der Wildnis auf Juden trefft, werden sie vielleicht so barmherzig sein, euch zu töten."

## WENN JUPITER IM ZENIT STEHT

ELEASAR BEN JAIR saß auf den noch warmen Stufen des Hofes, der einmal Erholungsort für Herodes' Beamte hatte sein sollen. Die Nacht war windstill – als hätte der große Sturm die Luft selbst aus der Wüste gefegt. Den Blick zu den Sternen gehoben, dachte Eleasar an den heutigen Versuch, die Arbeiten an der Rampe aufzuhalten.

Noch während des heftigen Sturmes war Eleasar vor den Rat getreten und hatte nach langem Betteln schließlich die Erlaubnis erhalten, die großen Steine auf ihr eigenes Volk hinunterzuwälzen. Unter Tränen und Gebeten war es geschehen, und öfter als einmal hatte man ihn Mörder genannt.

Nach seinem Plan hatten sie schnell zuschlagen, sich in Deckung begeben und das Chaos auf der Rampe beobachten und dann noch einmal zuschlagen sollen.

Dazu war eine Bresche in der Mauer nötig gewesen, denn es war unmöglich, die tödlichen Steine darüber zu heben. Kurz vor Morgengrauen war die Bresche offen, und als die ersten Steine hinunterrollten, war alles gekommen wie vorausberechnet. Arbeiter wie Aufseher waren in Panik geraten. Nur das Wimmern derer, die auf der Rampe noch lebten, brach die folgende Stille. Und auf Masada herrschte wieder Hoffnung.

Aber Flavius Silvas Antwort war nüchtern und verheerend gewesen. Ehe die Sonne über Masada stieg, hatte er seine sämtlichen Wurfmaschinen, Katapulte und arabischen Bogenschützen auf das schmale Ziel schießen lassen, das die Lücke in der Mauer bot. Auf Masada waren fünf Mann getötet worden, und die Arbeit an der Rampe hatte nur einen halben Vormittag geruht.

Jetzt in der Nacht war Eleasar dankbar, daß der Rat und die Angehörigen der Erschlagenen ihn nur vorwurfsvoll angesehen hatten. Ihr wißt es also, liebe Freunde, daß ich innerlich sterbe, dachte er.

Reuben und Miriam saßen neben ihm und betrachteten die Sterne. Der Junge hatte den Kopf in den Nacken gelegt und den Mund vor Staunen geöffnet. Eleasar erklärte seinem Sohn, daß die Zwillingssterne dort geradeaus Castor und Pollux hießen und die Seeleute im Sturm beschützten, und in Zukunft könne Reuben sie selbst erkennen, wenn er sich merke, daß sie links vom Gürtel Orions ständen.

Zukunft? Für Reuben? Reubens Zukunft dürfte wohl noch ganze fünf Tage betragen.

Eleasar seufzte und versuchte sich einzubilden, er säße auf der Schwelle seiner Hütte am See Genezareth. Es konnte so ein Abend sein, an dem die Nachbarn kamen, um sich mit ihm über die Fangplätze für Barben zu unterhalten, und später würde Miriam für die Gäste singen. Wie gut er sich noch ihre helle, klare Stimme vor dem sanften Plätschern des Sees vergegenwärtigen konnte! Jeder Gast würde dann sein Lieblingslied verlangen, und er müßte einschreiten und sagen, daß Miriam ja die ganze Nacht singen müßte, um alle Wünsche zu erfüllen.

„Kommen wir vom selben Stern wie die Römer?" fragte Reuben plötzlich.

„Man kann nicht so richtig sagen, daß wir von einem Stern kämen", begann Eleasar unsicher. Und dann erzählte er in Miriams leises Lachen hinein, wie die zwölf Söhne Jakobs selbst Väter geworden waren und wie sich ihre Familien zu zwölf Stämmen vervielfacht hatten, die das Land Kanaan und die Verheißung Gottes an Abraham erbten und so das Volk Gottes wurden.

„Wenn du einen von diesen Sternen kaufen könntest", fragte er Reuben, „welchen würdest du nehmen?"

Ohne Zögern zeigte Reuben auf Prokyon. „Den da."

Plötzlich verflogen Eleasars dunkle Gedanken, und er wünschte nur noch, er könnte diesen Augenblick verlängern; aber Miriam ergriff Reubens Hand und zog ihn hoch.

„Wenn du noch lange hier bei deinem Vater sitzt, wird der Morgen kommen und deinen Stern holen. Komm ins Bett."

Sie stellte sich auf die Zehen, um Eleasar zu küssen, und lächelte, als er sie stumm in den Armen hielt. Dann drehte sie sich um und ging mit Reuben an der Hand ins Sternenlicht, und als sie schließlich in den schwarzen Schatten verschwanden, die den Eingang zu seinen Gemächern kennzeichneten, dachte Eleasar, daß er vorsichtig sein müsse. Miriam hatte seine Verzweiflung gespürt und so getan, als sorgte sie sich um den Schlaf des Jungen, weil sie vielleicht schon ahnte, daß er bald für immer schlafen würde.

Es GAB DA vor dem niedrigen Ostwall des Lagers ein Plätzchen, das Cornelius und Albinus besonders lieb geworden war. Es lag dem Osttor von Silvas Lager fast genau gegenüber und nah bei einem Felsvorsprung, an dessen steiler Wand der Wall endete. Hier konnten sie über sich die dunklen Umrisse Masadas sehen, unter sich das Wadi und hinter sich das Lager und Falcos Zelt. Da unmöglich jemand die steile Felswand hinaufklettern konnte, kamen hier keine Wachen vorbei, und es war auch unwahrscheinlich, daß sonst jemand hier auftauchen würde. So konnten Cornelius und Albinus sich hier ganz für sich fühlen, und das hatten sie schon lange nicht mehr gekonnt, seitdem sie sich in Falcos Dienste begeben hatten. Hier, wo ihr Herr und Gebieter sie nicht wegen jeder Kleinigkeit rufen konnte, waren sie ganz und gar füreinander da.

Cornelius stieß Albinus plötzlich von sich und flüsterte: „Sieh mal – da möchte noch jemand allein sein."

Albinus erhob sich und sah unter den Sternen zwei Gestalten, die schnell und offenbar zielstrebig in Richtung Masada ausschritten. Das eine schien eine Frau zu sein. Vor ihr blitzte im Sternenlicht ein Helm. Der Soldat schaute sich nach ihr um, dann waren beide nicht mehr zu sehen, da sie in ein enges Wadi getreten waren.

„Das war die Jüdin", sagte Cornelius. „Und ich möchte schwören, der andere war Zenturio Geminus!"

Cornelius und Albinus schoben sich langsam nach vorn, bis sie genau in das Wadi unter sich sehen konnten. Still und gebannt beobachteten sie, wie die beiden Gestalten um den nördlichen Ausläufer Masadas herum verschwanden.

Cornelius grunzte. „Ach, da steckt also mehr dahinter als die Gelüste einer gefügigen Frau und eines Soldaten. Ich glaube, Pomponius Falco würde einen solchen Hinweis sehr begrüßen."

„Wir sollten ihn lieber nicht wissen lassen, daß wir zusammen hier waren."

„Natürlich nicht. Ich beziehe wieder meinen Posten beim Zelt der Familie der Jüdin, wo ich wie immer die Augen gut aufgesperrt habe. Ich werde sagen, ich hätte sie dort allein fortgehen sehen. Du hast einen Spaziergang gemacht und sie zufällig mit einem Soldaten zusammentreffen sehen. Und weil wir unsern großen Herrn und Gebieter so lieben, haben wir uns gedacht, daß er unsere Beobachtungen sicher gern im Zusammenhang sehen möchte."

ELEASAR verließ den Hof und suchte seinen Lieblingsplatz an der Ostmauer auf, wo er sich angewöhnt hatte, Nacht für Nacht seine einsame Wache zu halten. Hier konnte er über das Tote Meer hinweg die wilden Hügel von Moab und unter sich die östlichen Lager der Römer sehen. Er hörte eine Stimme laut lesen. *„Herr, ich traue auf dich... sei mir ein starker Hort, dahin ich immer fliehen möge... denn du bist mein Fels und meine Burg..."* Er seufzte. Alles schön und gut, dachte er. Aber wenn wir uns zu sehr auf die Schrift verlassen, ist die Burg Masada mit Sicherheit verloren. Ein Rabbi hatte einmal zu ihm gesagt, ein Mann, der allein nach der Schrift lebe, sei ein Narr. War dementsprechend nicht auch er ein Narr, da er sich doch ganz auf ein rechtzeitiges Wunder verließ, nur weil die Schrift davon berichtete?

Er breitete seine großen Hände über dem Kopf aus und wandte sich mit heiserem Flüstern an die Sterne. Seine Worte hätten sicher nicht Hillels oder eines anderen Priesters Beifall gefunden. Für sie galten nur die überlieferten Gebete. Aber er betete in letzter Zeit mit eigenen Worten und sprach unmittelbar zu Gott, ohne den Kopf zu senken und die Augen niederzuschlagen. „Allmächtiger Gott", begann er, „ich danke Dir für mein Augenlicht und meine Sinne, ich danke Dir für den Morgentau und den Reichtum des Meeres. Ich danke Dir für die Gnade, daß ich in dieser Wüstennacht noch atmen darf. Ich danke Dir für mein Leben, allmächtiger Gott. Möge ich es verdienen. Wenn nicht – dann nimm es mir fort!"

Er stieg von der Mauer hinunter und ging, die Hände auf dem Rücken, über den harten Boden Masadas. Meine kleine rote Insel aus Stein, dachte er. Du bist so überaus hart und häßlich, du letztes Stückchen Israel, das der Löwe bald verschlingen wird, wenn nicht ein Wunder geschieht.

Plötzlich hörte er vom Osttor her lautes Fluchen. Er ging darauf zu und traf am Tor, umringt von einer Schar Männer, eine Frau. Er kannte sie nicht. Doch als er hörte, wie sie ihr Publikum auf hebräisch, griechisch und aramäisch gleichzeitig beschimpfte, beeindruckte ihn sogleich ihr Wortschatz. Sie duckte sich wie ein in die Enge getriebenes Tier. Einen Arm hielt sie dabei ausgestreckt, und Eleasar sah in der Hand ein Messer blinken. Er fragte den Mann neben sich, wer sie sei.

„Ein Kaktus in Gestalt einer Frau ist der Wüste entsprossen", antwortete der Mann.

Sooft der Kreis der Männer ihr von einer Seite zu nahe kam, sprang die Frau auf den nächstbesten Mann zu und stach wütend mit dem Messer um sich.

„Wessen Frau ist das?" fragte Eleasar.

„Sie ist den Schlangenpfad heraufgekommen. Chaim hat sie am Tor erwischt, aber sie ist ihm entschlüpft. Sie ist flink und bösartig – bestimmt eine Spionin."

Eleasar hörte einen Mann auf der andern Seite des Kreises rufen: „Jetzt schicken uns die Römer schon ihre Huren!"

Ein anderer grölte: „Sie will eine Jüdin sein! Ich sage, schmeißt sie wieder dorthin zurück, wo sie herkommt!"

Es war einen Augenblick still; dann sagte die Frau, sie sei gekommen, um Eleasar ben Jair zu sprechen und sonst niemand.

Eleasar trat in den Kreis und sah auf sie hinab. Sie wollte mit dem Messer auf ihn losgehen, doch er wich schnell aus und bekam ihr

Handgelenk zu fassen. Er hielt sie auf Armeslänge von sich ab und verdrehte ihr den Arm, bis sie das Messer fallen ließ. Dann nannte er ihr seinen Namen, und sie beruhigte sich sofort.

„Ja", sagte sie, während sie sein Gesicht im Licht der Sterne musterte. „Ich glaube dir. Deine Stimme würde ich überall erkennen. Gebrauche sie jetzt, um dieses Rudel Hyänen zurückzurufen."

„Wo kommst du her?" fragte Eleasar.

„Ich bin von unten geflohen. Ich habe dir viel über die Römer zu berichten."

„Dann berichte." Er faßte ihr Handgelenk fester.

„Ich sage es nur dir allein."

Die ungewöhnlichen Vorgänge am Osttor hatten noch mehr Männer herbeigelockt. Große Neugier war eine Seite der ständigen Angst, die von den Bewohnern Masadas Besitz ergriffen hatte. Sollte sich der Rat entschließen, diese Frau zu verhören, dann wußte Eleasar jetzt schon, daß alles Wichtige, was sie ihnen mitzuteilen haben mochte, in endlosen Vorwürfen und Streitereien untergehen würde.

Er trat neben sie, als wollte er sie in besserem Licht betrachten, und während er sie fragend musterte, erhob er auf einmal seine Stimme so laut, daß alle Umstehenden ihn hören konnten. „Dich kenne ich", sagte er. „Du bist doch Jedida, Tarschischs Schwester. Wir sind verwandt!" Erleichtert sah er, daß sie nur kaum merklich zögerte; dann küßte sie rasch seine Hand.

„Ich bedaure die Art, wie du hier empfangen worden bist", sagte er mit einem gezwungenen Lächeln der Entschuldigung. „Wir sind hier oben alle etwas gereizt."

Er legte schützend den Arm um sie und sagte, er wolle sie zu seiner Frau bringen. Und noch ehe die andern zuviel fragen konnten, führte er sie durch den Kreis neugieriger Gesichter.

Bald waren sie auf dem Hof vor seinen Gemächern. Hinter dem Tor ging er mit ihr in den dunkelsten Schatten und packte sie fest bei den Armen. Er roch ihr Parfum, und das brachte ihn irgendwie in Wut. Er strich mit den Fingern über die Innenflächen ihrer Hände, und als er fühlte, wie weich sie waren, hätte er am liebsten zugeschlagen. „Meine Freunde hatten recht", sagte er kalt. „Warum sollten mir die Römer ihr Spielzeug schicken?"

„Silva selbst hat meine Flucht in die Wege geleitet."

„Lüg nicht. Wer hätte Lust, nach Masada zu fliehen?"

Da berichtete sie, Silva wolle sich heimlich mit ihm treffen und habe sie als Botin geschickt, weil er angenommen habe, daß ein Mann getötet worden wäre, bevor er seine Botschaft hätte ausrichten können.

„Das heißt – während andere Frauen Israels sich lieber in ein Messer gestürzt hätten, als sich einem Römer hinzugeben, läßt du es dir sehr gut dabei gehen."

„Ich bin nicht diesen Berg heraufgekommen, um Predigten zu hören. Wenn du dich mit Silva triffst, habe ich vielleicht mehr Juden gerettet, als dein dummer Stolz schon umgebracht hat."

Er widerstand erneut der Versuchung, sie zu schlagen. „Der Römer braucht nur seine Stimme zu erheben, wenn er mit mir sprechen will."

„Das habt ihr doch beide schon ohne den geringsten Erfolg versucht. Er will dich allein sprechen."

„Ich habe nichts zu gewinnen, wenn ich mir römische Lügen anhöre."

„Vielleicht hast du sogar etwas zu verlieren, wenn du die Wahrheit hörst. Wenn Friede nach Masada käme, was würde dann aus dir? Du wärst ein Jude wie jeder andere, und deine Macht wäre dahin. Ein Mann deines Schlages erträgt es nicht, kein Held zu sein. Eine Zeitlang haben mich deine Worte beeindruckt. Jetzt enttäuschst du mich. Wenn ein großer römischer Feldherr seinen Stolz überwindet und zu dir heraufsteigt –"

„Er will allein hier heraufkommen?" Wo war da der Haken, überlegte er. Wieso sollte Silva die kleinste Gefahr auf sich nehmen, wenn er den Sieg doch gewiß so nah glaubte?

„Er hat seine rechte Hand verpfändet, daß er allein sein wird", sagte sie.

Die Römer waren ja nach wie vor unberechenbar. Um ihre Verbrechen zu sühnen, hätten die Sterne vom Himmel fallen müssen, doch hatte Eleasar in den sieben langen Jahren, in denen er mit ihnen Krieg führte, noch nie gehört, daß ein römischer Feldherr sein Wort gebrochen hätte, wenn er es mit seiner rechten Hand verpfändet hatte. Vielleicht war doch noch ein Wunder im Werden.

Er sah zu den Sternen empor. „Geh zu deinem Römer", sagte er schließlich. „Sag ihm, er soll aufbrechen, wenn Jupiter im Zenit steht."

FLAVIUS SILVA konnte sich nicht erinnern, wann er je mit seinen Gedanken so durcheinander gewesen war. Es war fast, als lägen sie miteinander im Krieg, und mit jeder neuen Entwicklung dieser ungewöhnlich ereignisreichen Nacht fühlte er sich abwechselnd übermütig und niedergeschlagen. Epos hatte den Weinkrug verführerisch an seinen gewohnten Platz auf dem Tisch gestellt. Aber wenn er noch nach Masada hinaufklettern und einem so wortgewandten Gauner wie diesem Eleasar ben Jair gegenübertreten wollte, sollte er lieber seinen Grips beieinanderhalten. Demnach war heute abend der Feind im Krug gefährlicher als der Feind auf dem Berg.

Aber anscheinend war schon etwas schiefgegangen. Warum blieb Schewa viel zu lange?

Bestimmt tat Eleasar ben Jair einer Frau seines Volkes nichts zuleide. Er brauchte schließlich nur nein oder ja zu sagen und Schewa wieder ihrer Wege zu schicken. Aber wer wußte, was so ein Zelot nicht alles fertigbrachte?

Während er auf und ab ging, dachte er, ich sollte mich lieber hinsetzen, sonst muß ich nachher den Berg hinauf zu sehr humpeln, aber ich kann es nicht, solange die Frau sich noch mitten auf dem Schlachtfeld herumtreibt. Bin ich denn von allen Göttern verlassen? Wo im Namen eines jeden von euch ist Schewa?

Normalerweise wäre dieser Brief von Titus, der ihm heute abend durch Sonderboten überbracht worden war, das Ereignis der Woche gewesen. Als er kam, war Schewa gerade gegangen, und so hatte er ihm seine ungeteilte Aufmerksamkeit widmen können.

Bis auf den letzten Teil war es gar kein Brief von einem Kaisersohn an einen Soldaten, sondern ein freundschaftlicher Gedankenaustausch, wie sie ihn gepflegt hatten, als sie beide noch junge Tribunen in Germanien waren. Doch gegen Ende des Briefes war ein Stück freigelassen, und dort hatte Titus eine Nachricht in eigener Handschrift eingesetzt. Echt Titus, daß er dazu dieselbe Geheimschrift benutzte, in der sie einst ihre Erfahrungen mit den Reizen gewisser römischer Damen ausgetauscht hatten.

Titus hatte geschrieben: „Als Freund muß ich dich vor Pomponius Falco warnen. Vorsicht! Ich weiß nicht, warum mein Vater ihn geschickt hat, aber auf jeden Fall ist er gefährlich."

Lieber vornehmer Freund, deine Warnung kommt etwas spät, aber ich freue mich, daß du meine Meinung bestätigst!

Der übrige Inhalt des Briefes bedurfte nicht der Auslegung. Er war unmißverständlich.

> Es ist äußerst wichtig, daß du Masada *sofort* einnimmst. Verluste auf unserer Seite sind außer acht zu lassen. Man wird dich nur zur Rechenschaft ziehen, wenn der Sieg sich noch länger verzögert. Der Kaiser und ich machen uns dieser Handvoll Widerständler wegen Sorgen, denn sie verhöhnen unseren Anspruch, den Weltfrieden zu bringen. Für Rom ist schon der Stand der Dinge wenig erfreulich, aber was schlimmer ist, wir fürchten auch, daß es in Palästina weitere Aufstände geben wird, wenn Masada sich noch lange hält. Leb wohl, alter Gefährte. Ich brauche dir sicher nicht zu sagen, daß an deinen Feldzeichen nicht nur der Stolz und die Ehre Roms, sondern auch des Kaisers hängen.

Er schob den Brief beiseite. Es sah fernen Kaisersöhnen ähnlich, die überaus greifbaren Schwierigkeiten am Ort des Geschehens einfach zu übersehen. Sofort angreifen! Es dauerte mindestens noch eine Woche, bis die Rampe fertig war, und auch dann konnte niemand genau sagen, wie viele Angriffe nötig wären. Wer wußte denn, was die Hitze noch alles aus seinen Soldaten machte, wo sie jetzt schon an der Grenze ihrer Kräfte angelangt waren?

Dieser Brief machte das Treffen mit Eleasar nur noch wichtiger. Und wo blieb die Antwort, ganz zu schweigen von der Frau, die sie bringen sollte? Eben wollte er mit einer entsprechenden Frage nach Geminus schicken, als er draußen die Wachen lärmen hörte. Er sah den ledernen Vorhang sich bewegen und dann die steinernen Gesichter von Paternus und Severus. Und wer da hinter ihnen eintrat, war nicht, wie erwartet, Geminus mit Schewa, sondern Pomponius Falco, der jetzt schnell um die Wachen herumkam und mit einer Anmaßung, die Silva unverschämt fand, über den Teppich schritt und vor ihn trat.

„Was machst du hier?" knurrte Silva. „Ist mein Zelt ein Treffpunkt für alle, die nicht schlafen können?"

„Da dies erst mein zweiter Besuch bei meinem judäischen Gastgeber ist, hatte ich gehofft, er wäre etwas freundlicher", entgegnete Falco. „Ich muß sagen, sehr gut schlafe ich in deiner häßlichen Wüste wirklich nicht."

„Komm zur Sache, Pomponius Falco, und dann scher dich weg. Ich habe heute nacht noch viel vor."

„Wahrhaftig, Feldherr, das hast du. Darf ich der erste sein, der dich zu deiner Schlauheit beglückwünscht? Bitte verzeih mir, daß ich dich früher unterschätzt habe, und da ich mich also hiermit in den Staub werfe, beauftragst du mich vielleicht damit, deinen Gefangenen nach Rom zu bringen? Schließlich ist dann ja der Zweck meines Besuches erfüllt, so daß es keinen Grund mehr gäbe, deine Gastfreundschaft länger ..."

„Wovon schwätzt du eigentlich?"

„Von Eleasar ben Jair natürlich."

„Falco, je länger ich in Judäa bin, desto kürzer wird meine Geduld. Trag jetzt endlich deine Bitte vor!"

„Du wagst es, mich wieder Bittsteller zu nennen, obwohl ich dich gewarnt habe, daß ich mir das nicht gefallen –"

Silva schlug mit der Faust auf den Tisch. „Und ich gebe dir den guten Rat, dir ganz schnell einen vernünftigen Grund für deinen mitternächtlichen Überfall hier auszudenken, sonst verläßt du dieses Zelt in Ketten!"

„Gemach, gemach, Feldherr!" Falco hob mahnend den Finger. „Ich habe nur den Wunsch, dich zu diesem strategischen Meisterstück zu beglückwünschen, mit dem du den Führer der Juden fangen und seine flinke Zunge für immer zum Schweigen bringen willst. Dann wird Masada sofort fallen, und ich werde vor einflußreichen Ohren in Rom deine List rühmen."

Um seine Überraschung zu verbergen, knurrte Silva verdrießlich, er komme sehr gut ohne die Fürsprache lästiger Emporkömmlinge aus, aber in Falcos Haltung lag jetzt etwas Drohendes, das weit über seine gewohnte Unverschämtheit hinausging.

„Aus Gründen, die mir zugegebenermaßen unerfindlich sind", sagte Falco gelassen, „ist Eleasar bereit, dich in der Mitte des Schlangenpfades zu treffen, wenn Jupiter im Zenit steht. Er wird unbewaffnet und allein sein."

„Wer hat dir diese Worte in den Mund gelegt?"

„Mußt du das wirklich fragen, da du doch selbst den Boten gewählt hast? Übrigens sehr schlau, eine Frau dafür zu nehmen."

„Wo ist sie?" Silva konnte sich nur mit Mühe zurückhalten, sein Schwert in Falcos Lenden zu stoßen.

„Im Augenblick ist sie mein Gast, wie ich deiner – obschon sie sich keine Kränkungen anhören muß, die ich, nebenbei bemerkt, auch nicht mehr lange zu ertragen gedenke. Ich schlage vor, du zeigst uns jetzt einmal, daß selbst ein abgestumpfter Soldat sich noch ein besseres Benehmen zulegen kann –"

„Ich werde dich töten", sagte Silva so beherrscht, wie er es gerade noch schaffte.

Falco lächelte und meinte: „Ich glaube kaum, daß du so unüberlegt handeln wirst, denn deine Jüdin befindet sich bei meinen Usipetern, meinen germanischen Leibwächtern. Muß ich dich daran erinnern, wie ungeschlacht und wie gehorsam sie ihrem jeweiligen Herrn sind? Wenn ich nicht bis morgen mittag unversehrt vor ihnen erscheine, lautet ihr Auftrag –"

„Dein Kopf wird einen Pfahl neben meinem Feldzeichen zieren. Jetzt schnell heraus damit, wo ist die Frau?"

Falco lächelte. „Aber ich bitte dich, Feldherr. Ich würde dir empfehlen, so vernünftig zu sein wie die Jüdin. Sie hat keinen Atemzug lang gezögert, als sie vor der Wahl stand, freiwillig ihr rätselhaftes Kommen von Masada zu erklären oder sich durch gewisse häßliche Nachhilfen zum Sprechen ermuntern zu lassen."

Falco hielt inne, um die beiden edelsteinbesetzten Ringe an seinen kleinen Fingern zu betrachten. „Mein Angebot: du bekommst die Jüdin unversehrt zurück. Als Gegenleistung erbitte ich nur genügend Pferde für mein Gefolge und Verpflegung für zehn Tage. Für deine Großzügigkeit will ich dann gern die Jüdin und den Juden nach Rom bringen – Eleasar als dein Geschenk von Masada an Vespasian, die Jüdin zu deinem späteren Vergnügen."

Silva erhob sich ganz langsam und tat, als sei er voll mit Titus' Brief beschäftigt, den er gerade aufrollte. Er war froh, daß seine Finger so ruhig blieben. Wie hatte es dieser widerliche Pfau fertiggebracht, Schewa abzufangen, wo er doch unmöglich etwas von ihrem Fortgehen erfahren haben konnte?

Er blieb vor Falco stehen. Ich muß jetzt ganz, ganz vorsichtig sein, dachte er.

Er sprach langsam und sehr bedächtig. „Du hast eine lebhafte Phantasie, Pomponius Falco. Ich gebe zu, daß Eleasar ben Jair die Einnahme Masadas bedeuten könnte, und zweifellos sollte man zu Hause das Beste aus ihm machen. Ferner sehe ich keinen Grund, weshalb du ihn nicht in meinem Auftrag nach Rom bringen solltest, wie du vorschlägst – vorausgesetzt natürlich, daß der Frau kein Leid geschehen ist."

„Aber ich versichere dir –"

„Da sie noch nicht lange aus dem Lager fort ist, kann sie ja nicht weit sein. Wo ist sie?"

„Wenn ich dir das sagte, wäre es das Ende deiner Jüdin. Die Usipeter werden sie nur mir übergeben ... und dazu müßte ich in meinem derzeitigen ausgezeichneten Gesundheitszustand vor ihnen erscheinen. Mir liegt daran, daß sie dir unversehrt wieder ausgehändigt wird. Aber so sehr ich sie schätze, mein eigentliches Begehren gilt Eleasar."

„Ich habe meine rechte Hand verpfändet, daß Eleasar kein Leid geschieht."

„Du hast dich also auch noch mit deinen überholten Ehrbegriffen aufgeplustert. Ihr Soldaten lebt doch alle in einer längst vergangenen Welt. Kein Mensch von Bildung glaubt heute noch an *gloria patriae*. Verlaß dich darauf, daß der Jude dich töten wird, wenn er nur kann. Aber halt – !"

Falco reckte den Kopf vor und sah lauernd in Silvas Augen. Er schürzte kurz die Lippen, dann sog er langsam die Luft ein. „*Halt mal!* Wäre es möglich, daß unser lieber Feldherr noch schlauer ist, als ich dachte? Könnte es sein, daß er einfach mit dem Juden ein Schwätzchen halten will und den Schurken dann wieder in seine Festung zurückkehren läßt? Na so etwas!"

Falco tippte sich mit dem langen Zeigefinger an den Kopf. „Wie blind muß ich gewesen sein! Ich habe mich doch nicht einmal gefragt, *warum* sich unser tapferer Feldherr wohl so benimmt – am Ende beherbergt dieses Zelt noch das Eitergeschwür des Verrats!"

Silva fühlte seine Hände an Falcos Kehle, ehe er gemerkt hatte, daß seine Arme sich bewegten. Er setzte die Daumen auf den Kehlkopf und drückte zu, bis Falco auf die Knie sank.

Falco würgte, seine Kinnlade fiel nach unten. Unbarmherzig drückte Silva weiter zu, bis er Falcos Augen sich verdrehen sah und seinen Körper erschlaffen fühlte. Erst dann lockerte er den Griff und ließ Falco auf den Teppich fallen.

Dann klatschte er nach Paternus und Severus, und als sie fragend auf den Körper blickten, der sich langsam auf dem Teppich wand, sagte er: „Unser Freund war zu lange in der Sonne. Bringt ihn in sein Zelt und stellt sechs Mann davor, die aufpassen, daß er drin bleibt. Sagt Zenturio Clemens, er soll Ketten für ihn besorgen, damit er nicht in Versuchung kommt, sich wieder zu übernehmen."

Als sie Falco auf die Beine hoben, sah Silva mit Erleichterung, daß er noch atmete. Armer Kerl. Er hatte die grundlegendsten Regeln der Kriegführung nicht gelernt: Sag deinem Feind niemals *selbst,* daß du etwas hast, was ihm teuer ist.

Er schnallte sich sein Schwert an die Seite und nahm den Helm vom Ständer. So, Pomponius Falco, im Augenblick ist Schewa sicher in deiner Obhut – und nächste Woche, wer weiß? Vielleicht ist sie dann schon unterwegs zu meinem Haus in Praeneste.

Eleasar ben Jair hatte nur einen Augenblick gezögert, als er den Posten am Osttor begegnete. Er unterhielt sich ein wenig mit ihnen über die verhältnismäßig kühle Nacht und wartete, bis sie ihm das schwere Tor geöffnet hatten. Zum Glück waren es jetzt andere Wachen als vorhin, als er die Frau zu den Römern zurückgeschickt hatte. Er spürte ihre Neugier so deutlich, als hätten sie sie in Worte gefaßt. Hat Eleasar den Verstand verloren? Was um alles in der Welt hat unser Anführer um diese Stunde auf dem Schlangenpfad zu suchen, allein und, da man kein Messer in seinem Gewand stecken sieht, anscheinend unbewaffnet? Sie würden sein Fortgehen noch lange bereden, daß er längst zurück wäre, bevor die Nachricht bis zum Rat drang, der natürlich wissen wollte, warum er nicht eingeschaltet worden sei. Wie er es habe wagen können, sich mit diesem gemeinen Judenmörder einzulassen? Ach ja, dachte er, die Herren Politiker werden dich des Verrats und die Priester der Sünde bezichtigen. Frieden gab es weder innerhalb noch außerhalb der Mauern Masadas.

Und nun sei ehrlich vor dir selbst. Gib zu, daß du dich auf dieses Zusammentreffen mit Silva nur eingelassen hast, weil eine glutäugige Frau es gewagt hat, dich machthungrig zu nennen, und weil du die Gelegenheit beim Schopf packen mußt, diesem Flavius Silva, dem Symbol römischer Herrschaft, in die Augen zu sehen und zu entdecken, daß dieser Herr alles Bösen kleiner ist, als deine Ängste ihn haben scheinen lassen. Du mußt sehen, daß er so schwach und furchtsam ist wie jedes menschliche Wesen ... sonst bist du verloren.

Unterwegs fragte er sich, ob der Mann, den er träfe, wirklich Flavius Silva oder nur ein Ersatzmann sei. Die winzige Gestalt, die er von den Höhen Masadas gesehen hatte, war ja nur ein Spielzeugsoldat. Er konnte sich nicht vorstellen, wie Silva für sich allein aussehen würde. Aber ich weiß, daß ich ihn erkennen werde, dachte er.

Er war absichtlich früh aufgebrochen, denn er hatte vor, den Treffpunkt in der Mitte als erster zu erreichen. Der Pfad machte dort eine Doppelbiegung, und der Schiefer war so lose, daß man nur mit allergrößter Vorsicht über diese Stelle kam. Genau oberhalb davon wollte er warten und Silva heraufkommen sehen.

Er sah zurück und konnte nur staunen, wie sehr Masada mit dem Himmel verwachsen schien. Es war schon lange her, daß er diesen Anblick vor Augen gehabt hatte, und er hatte schon fast vergessen, wie anders die Wüste aus geringer Höhe aussah. Und Masada selbst war von unten viel eindrucksvoller.

Er wählte seinen Platz so, daß er nicht nur den unteren Teil des Schlangenpfades, sondern auch seinen gewundenen Verlauf bis hin zum Wall der Römer im Auge behalten konnte. Nachdem er sich von der Einsamkeit des Ortes überzeugt hatte, setzte er sich auf einen Stein und wartete.

DER ZENTURIO Rosianus Geminus hatte einen Fehler gemacht, und sein geschliffener Soldateninstinkt sagte ihm jetzt, daß Silva eher über einen Mann lächeln würde, der seinen Fehler offen eingestand, als über einen, der Ausflüchte suchte. Während sie auf den Ostwall zugingen, legte er Silva die Tatsachen so dar, wie sie sich ereignet hatten. „Ich hätte wohl neugieriger sein sollen. Aber ich rede nun einmal nicht gerne mit Männern, die besser Frauen geworden wären, deshalb habe ich die beiden Knaben zunächst einfach übersehen. Als dann Falcos germanische Wachen kamen, habe ich mich gescheut, vom Wall herunterzukommen und Fragen zu stellen, weil ich allein war, und die Frau war ja auch schon überfällig."

Silva blieb stumm, und Geminus wurde es immer unbehaglicher. „Ich hatte deinem Befehl gemäß die auf diesem Abschnitt eingeteilten Wachen weggeschickt. Da kamen Falcos Knäblein und machten sich über mich lustig, bis ich schließlich die Beherrschung verlor und ihnen ans Leder wollte."

„Wie weit hast du dich von deinem Posten weglocken lassen?"

„Gar nicht. Meinen Posten hätte ich nur als Leiche verlassen. Ich war immer in der Nähe, aber die beiden waren ja so flink wie die Rehe. Zwischen den Felsen sind sie herumgehuscht und haben mir dabei Sachen nachgerufen, die einem schon die Beherrschung rauben können. Ich wollte ihnen nur beibringen, was Anstand ist."

„Wie viele Germanen waren es?"

„Das weiß ich nicht genau. Sie haben sich vom Wall ferngehalten."

„Wann hast du gemerkt, daß sie dich hereingelegt haben?"

„Erst viel später. Falcos Knäblein haben mich noch eine Weile geärgert, dann waren sie plötzlich verschwunden, und die Germanen habe ich auch nicht mehr gesehen. Ich konnte den ganzen Schlangenpfad bis oben nach Masada überblicken, aber da war nirgends eine Bewegung. Da wurde mir klar, daß etwas schiefgegangen war."

„Dieses Etwas warst du selbst. Aber vielleicht mache ich deine Strafe vom Ausgang dieser Nacht abhängig. Jetzt hör mir gut zu, und paß auf, daß du diesen Auftrag nicht auch verpatzt."

Silva nahm seinen Helm ab und das Schwert vom Gürtel und gab beides Geminus.

„Wie?" Geminus schüttelte verständnislos den Kopf.

„Du bleibst hier am Wall. Behalte allen Ablenkungsversuchen zum Trotz Masada im Auge. Beim geringsten Anzeichen einer ungewöhnlichen Bewegung von oben wirst du mich durch Zuruf warnen. Sofort werden zwei Manipel von der ersten Kohorte zu dir stoßen, die jetzt dort hinter dem Hügel liegen. Du führst sie auf dem schnellsten Wege den Schlangenpfad hinauf, wo ihr mich hoffentlich noch lebend antrefft. Wenn aber alles so ruhig bleibt wie jetzt, wartest du hier nur auf meine Rückkehr, und wenn es darüber Morgen werden sollte. Habe ich mich klar ausgedrückt, Geminus?"

„Ja, Feldherr, aber..."

Sie stiegen den Wall hinauf, und Geminus hielt ihm sein Schwert hin. „Was du auch immer mit dem Juden anstellen willst, Feldherr, hiermit wird's besser gehen."

Silva stieß das Schwert von sich.

Im Licht der Sterne konnte Geminus die humpelnde Gestalt mit seinen Blicken verfolgen, bis der Weg in einem Wadi verschwand. Dann war der Feldherr fort.

Je höher Silva kam, desto steiler wurde der Weg und desto lockerer der Untergrund. Er hatte eben eine Doppelbiegung hinter sich und verhielt, um einen Blick in die Tiefe zu werfen. Das ist etwas für Bergziegen, dachte er. Wenn ich noch einmal hier hinuntersehe, wird mir schlecht.

Sein Fuß trat ein Stück Schiefer los. Als das Geprassel aufhörte, vernahm er von oben ein gleitendes Geräusch. Schnell blickte er hoch, darauf gefaßt, vor den Sternen die Umrisse eines Mannes zu sehen. Aber es war nichts da.

Er hörte sein Herz pochen, aber er behielt seine Stimme in der Gewalt, als er auf lateinisch sagte: „Zeig dich, Jude. Höher steige ich nicht mehr."

Er erschrak, als er dicht hinter sich eine Stimme hörte. Es war Eleasar ben Jair, und er sprach griechisch. Silva fuhr herum und hob abwehrend den Arm. An der Biegung, die er eben hinter sich gelassen hatte, stand ein Mann. Er hörte ihn sagen: „Die Erfahrung hat mich gelehrt, daß es sicherer ist, einen Römer erst vorbeizulassen und nachzusehen, was er hinter sich verbirgt."

„Ich bin unbewaffnet."

„Davon habe ich mich eben überzeugt." Eleasars Stimme verklang, als er sich Silva näherte.

Sie standen schweigend wenige Schritte voreinander. Eleasar war fast einen Kopf größer als Silva, doch das Gefälle des Pfades ließ sie beide gleich groß erscheinen. Eleasar betrachtete Silvas Brustpanzer, der mit sprungbereiten Löwen, Trompetern und sich bäumenden Pferden verziert war. Er sah, daß sich seinem Messer, wenn er es gebrauchen wollte, ein leichtes Ziel bot, denn Silvas ganzer Hals war schutzlos.

„Du bist jünger, als ich erwartet hatte", sagte Eleasar.

„Und du bist größer, als ich dachte", antwortete Silva. „Hoffentlich entspricht deine Klugheit deinen Körpermaßen."

„Wer auf dem Berg wohnt, hat einen weiten Horizont. Im Tal kann man sich nur schwer vorstellen, wie es dahinter aussieht."

In der folgenden Stille trat Silva versehentlich wieder ein Stück Schiefer los, und beide Männer fuhren wie erschreckte Tiere zusammen. Allmählich beruhigte sich ihr rascher Atem.

„Hast du Familie?" fragte Silva.

„Auf Masada sind alle eine Familie."

„Ich habe diesen Aufstieg nicht gemacht, um mir die schwülstigen Phrasen anzuhören, in denen du dir gefällst."

Silva verstummte, und plötzlich stürmte alles, was er schon so lange hatte sagen wollen, auf ihn ein. Und merkwürdigerweise schienen seine Vorwürfe ihm selber ebenso zu gelten wie Eleasar ben Jair.

„Du hast dich vor deine Leute gestellt und ihnen den Sieg versprochen, ohne die Stärke deines Feindes zu berücksichtigen. Solche Führermethoden sind nicht neu. Die Lügen, die dir so leicht von den Lippen kommen, hören die zur Niederlage Verdammten schon seit dem ersten Krieg der Menschheitsgeschichte. Du behauptest, ihr würdet siegen, obwohl du genau weißt, daß das gelogen ist; oder du sagst, irgendeine geheimnisvolle Macht werde euch im letzten Augenblick retten. Das Komische an diesem uralten Märchen ist, daß der jeweilige Führer sich selbst damit genauso überzeugen kann wie sein Gefolge. Ich fürchte, du bist ein Opfer deiner eigenen Beredsamkeit, sonst hättest du dich längst ergeben. Ich bin als Soldat zum Soldaten gekommen, weil ich hoffe, daß du wenigstens nüchtern genug bist, dein Volk jetzt zu retten. Ich will euch das Leben bieten."

„Ich bin kein Soldat", sagte Eleasar. „Ich bin ein Sohn Gottes. Er wird uns gegen dein gewaltiges Heer beschützen."

„Unsinn – das weißt du selbst. Sogar euer Gott muß begreifen, daß ihr höchstens fünfhundert wehrhafte Männer habt, ich aber über fünftausend. Eine ganz einfache Rechnung."

„Und ich habe die judäische Sonne, die bald eure Rüstungen schmelzen wird."

Silva seufzte. Die Juden waren ohne Zweifel die unvernünftigsten Menschen der Welt. „Du scheinst mich nicht verstanden zu haben", sagte er geduldig. „In zwei, höchstens drei Tagen bin ich mit meiner Rampe an eurem Westtor. Dagegen könnt ihr oder euer Gott machen, was ihr wollt, unsere Maschinen werden eure Mauern niederlegen, und in wenigen Stunden sind wir drinnen. Und wenn es erst soweit ist, kann ich nicht zu meinen Soldaten sagen: ‚Ihr habt euch tapfer bis hierher gekämpft – jetzt laßt ab.' Selbst wenn ich es versuchte, sie würden mir nicht gehorchen. Im Grunde habe ich die gleichen Versprechungen am Hals wie du. Ich habe meinen Soldaten den Sieg versprochen. Aber ich bin gekommen, um dir unter vier Augen zu sagen, was ich schlecht vor einem tausendköpfigen Publikum sagen kann: Ich finde, daß Rom von eurem Tod nichts hätte. Was auch hier in der Wüste geschieht, wir werden Judäa weiter wiederaufbauen. Euer Widerstand ist also nicht nur hoffnungslos, er ist auch sinnlos. Als Führer müssen wir natürlich prahlen und drohen und unser Gefieder spreizen. Hier unter uns sprechen wir als Menschen miteinander. Drum sage ich es noch einmal: Ich bin gekommen, um euch das Leben zu bieten."

Nach einer kurzen Pause sagte Eleasar leise auf hebräisch: *„Ich habe gesehen einen Gottlosen, der war trotzig und breitete sich aus und grünte wie ein Lorbeerbaum."*

„Was sagst du da?" fragte Silva. „Mein Hebräisch ist dürftig."

„Nichts Wichtiges." Er trat behende einen Schritt zur Seite, damit die Sterne auf Silvas Gesicht schienen. „Du bist ein merkwürdiger Soldat und ein merkwürdiger Römer. Ich höre mit Staunen, daß du uns das *Leben* bieten willst. Ist das, was die Juden auf deiner Rampe führen, ein Leben? Sind die, die in euren Bergwerken arbeiten, eure Kanäle bauen, eure Schiffe rudern und in den Arenen für eure Belustigung sorgen, am Leben? Wenn du uns freien Abzug bieten und uns versichern könntest, daß wir unser gewohntes, erfülltes Leben wieder aufnehmen dürfen, dann wäre es meine Pflicht, deine neue Politik meinem Rat vorzutragen. Machst du ein solches Angebot?"

„Du weißt doch, daß das unmöglich ist."

„Eben. Deshalb frage ich mich ja auch, wozu wir hier noch länger herumstehen. Meine Neugier ist befriedigt. Ich weiß jetzt, wie du aussiehst, und sehe mit Genugtuung, daß die Berichte über dein Auge und Bein stimmen. Wir wissen viel über euch, eure Schwierigkeiten und eure Pläne –"

„Mich täuschst du nicht. Du weißt überhaupt nichts außer dem, was ich dir groß und breit erklärt habe."

„So? Und was ist mit den fünf Meuterern, die du heute morgen in den Tod geschickt hast? Was mit deiner Liebe zum Wein? Und mit dieser Schewa? Du kannst mir glauben, daß in keinem deiner Lager etwas geschieht, wovon wir nicht unterrichtet sind. Heute abend erst ist ein Bote aus Rom mit einer Nachricht für dich gekommen. Ich wette, dein Hiersein hat mit diesem Brief zu tun. Masada bereitet dir Ärger, und du bereitest Rom Ärger. Und nun siehst du als einzigen Ausweg, uns von hier zu verjagen oder in deine Sklaverei zu locken. Aber wir wollen uns so wenig von euch ausbeuten lassen, wie wir eure Welteroberungspläne billigen."

„Du machst schon wieder große Sprüche. Das Pack, das du deine Familie nennst, ist doch der Abschaum Jerusalems. Nicht einmal jeder zehnte weiß, wovon du überhaupt redest, wenn du über die römische Herrschaft schimpfst. In eben dieser Nacht schlafen Tausende und aber Tausende Juden sicher im Schutz unserer Waffen. Kannst du überhaupt begreifen, was wir für die gesamte Welt getan haben?"

„Ich weiß nur, was ihr der Welt *angetan* habt, aber so gut wie nichts, was ihr *für* sie getan habt. Trotzdem wären wir als friedliebendes Volk bereit, auf Rache zu verzichten und zu verhandeln."

Silva schüttelte ungläubig den Kopf. „Beneidenswert! Du bringst es fertig, dich als Sieger aufzuspielen, wo du doch schon so gut wie verloren bist."

„Wenn du dein Heer aus der Wüste abziehst, bleiben wir hier und mischen uns nicht in deine Politik im übrigen Palästina ein."

„Du bist ja verrückt. Diesen Vorschlag kann ich nicht einmal in Betracht ziehen."

„Natürlich nicht. Weil du mit echt römischer Überheblichkeit davon überzeugt bist, daß nur die Macht siegen kann. Du tust mir jetzt schon leid, Flavius Silva, wenn du eines Tages entdecken mußt, daß das nicht stimmt."

Eleasar griff unter seinen Umhang und zog ein Messer hervor. Er drehte es langsam und ließ die Sterne auf der Schneide funkeln. „Das habe ich mitgebracht, weil ich keinen Grund hatte, einem Römer zu trauen. Wenn ich mich nicht davon überzeugt hätte, daß du doch ein ganz klein wenig anders bist, hätte ich dich vielleicht getötet."

Er warf das Messer achtlos weg. Man hörte es noch den Hang hinunterklappern, als er sagte: „Du bist ein armer Mensch, der nicht glaubt, und noch ärmer, weil du auch an der Nützlichkeit der Macht zweifelst, sonst wärst du nämlich nicht hier. Ich glaube, es wird nicht mehr lange dauern, bis du dich umbringst." Damit kehrte er Silva langsam und betont den Rücken und stieg gemessen wieder den Sternen entgegen.

Noch schwer atmend von dem anstrengenden Aufstieg, ließ sich Eleasar neben Miriam aufs Lager nieder. Er wußte gleich, daß ihre Augen in der Dunkelheit offen waren, und sagte: „Schlaf."

Sie aber fragte: „Wo warst du so lange?"

„Ich habe mit einem Römer gesprochen. Mit Flavius Silva."

„Eleasar, deine großen Töne stören mich nicht, aber wenn du anfängst, deine Frau anzuschwindeln –"

„Ich fand ihn recht unterhaltsam. Er ist etwas kleiner, als ich dachte."

„Wie enttäuschend. Laß dir sagen, mein Eleasar, daß ich dich liebe. Ich weiß, daß du ein großer Mann bist, viel größer als jeder andere hier auf Masada, und ich weiß auch, daß du manchmal den Leuten zuliebe etwas großzügig mit der Wahrheit umgehen mußt, aber du solltest solche Halbwahrheiten nicht jemandem auftischen, der dich so gut kennt und liebt."

„Man braucht oft viel Phantasie, um die Wahrheit zu glauben. Ich will dich nicht mit noch mehr Tatsachen aufhalten, wenn du jetzt schlafen möchtest."

Eine Weile war es still zwischen ihnen. Dann flüsterte sie: „Wie könnte ich schlafen, während unsere Welt untergeht?"

„Sie geht noch nicht unter. Uns bleibt noch vieles zu tun."

„Bitte, sag mir die Wahrheit. Was wird aus Reuben?"

„Ich weiß nicht."

Er drehte sich von ihr weg, und noch lange lag er im Dunkeln wach und versuchte den Gedanken zu verdrängen, daß er und Flavius Silva die einsamsten Menschen auf der Welt waren.

„WASCH MICH ... wasch mich ganz vorsichtig, lieber Cornelius", winselte Falco. „Wasche mir die Berührung seiner schmutzigen Hände von Gesicht und Hals; auch hier, überall, wo er mich angefaßt hat ..."

Pomponius Falco lag auf seinem Ruhebett ausgestreckt, die Hände auf dem Rücken gefesselt, die Fußgelenke in schweren bronzenen Klammern, die von einer so kurzen Kette zusammengehalten wurden, daß ihm schon wenige Schritte große Mühe machten. In seiner Verzweiflung hatte er das Bett aufgesucht, weil er hoffte, die vertraute Unterlage werde ihn seine Befürchtungen vergessen lassen, doch sie brachte ihm nur seine Hilflosigkeit zum Bewußtsein.

Vorher hatte er mit kalter Würde den mürrischen Befehlen des Kettenschmieds gehorcht, der ihn aufforderte, Arme und Beine in die richtige Lage zu bringen, damit er ihm die Ketten anlegen konnte. Er hatte den ungläubigen Schrecken in Cornelius' und Albinus' Augen gesehen, die dabeistanden und zusahen, und um sie zu beruhigen, hatte er gesagt: „Ich bin froh, daß ihr Zeugen dieser ungeheuerlichen Kränkung seid, die, wie ihr mir glauben könnt, schon bald tausendfach gerächt werden wird. Ihr bekommt bald noch mehr Unterhaltung. Ihr werdet einen gewissen römischen Feldherrn auf Knien in dieses Zelt kommen sehen... und ihr werdet hören, wie er mich anflehen wird, kein Wort hiervon nach Rom verlauten zu lassen. Ihr werdet ihn von einem furchtbaren, bedauerlichen Irrtum plärren hören, und er wird uns mit Abbitten förmlich überschütten. Das verspreche ich euch!"

Während der Kettenschmied sich weiter an ihm zu schaffen machte, wandte sich Falco wiederholt mit brechender Stimme an Cornelius und Albinus. „Silva ist *verrückt,* versteht ihr? Einfach verrückt, daß er so etwas einem Freund des Kaisers antut! In spätestens einer Stunde werdet ihr das Schauspiel erleben, daß ein berühmter Feldherr vor Eifer sabbert, wenn er mich losbindet. *Ich* allein kann ihn zu seiner geliebten Jüdin führen! Und jetzt will ich euch meinen Dank aussprechen, meine lieben Jungen, daß ihr mich mit solch scharfer Waffe versorgt habt. Nicht nur für eure Beobachtungen gebührt euch Dank, sondern auch für eure scharfsinnigen Folgerungen. Von solchem Wissen den richtigen Gebrauch zu machen ist eine meiner besonderen Gaben. Unser Feldherr hat über seiner Begierde nach dieser orientalischen Frau seinen kühlen Kopf verloren. Ich werde weiter über seinen gerechten Lohn nachdenken, während ich in diesen Ketten darniederliege. Sie werden mich Flavius Silvas Verrat an Rom nicht vergessen lassen."

Nachdem der Kettenschmied gegangen war, ließ Falco sich von Cornelius Gesicht und Hals einölen. Und je mehr er sich dabei entspannte, desto melodischer wurde seine Stimme und desto fröhlicher sein Lächeln.

„Lieber Cornelius, lieber Albinus, ich weiß gar nicht, wie ich euch für eure Liebe so recht danken soll. Vielleicht bin ich gelegentlich ein wenig zu streng mit euch gewesen. Wenn wir nach Rom zurückkehren, Albinus, und dort mit Ehren und Würden empfangen werden, will ich sofort deine Freilassung in die Wege leiten. Cornelius, mein Lieber, vielleicht sollten wir zur Feier von Albinus' Freilassung ein Fest veranstalten. Wen sollen wir einladen? Laßt uns Pläne machen für dieses Fest. Es muß so werden, daß man in Rom noch nach Jahren davon spricht."

Cornelius hielt mit dem Öleinreiben inne und trat zurück, während Falco weitersprach. Bald stellte sich Albinus neben ihn.

„Vielleicht holen wir uns ein paar Schauspieler dazu oder sehen uns eine Pantomime an? Nein? Gefällt euch das nicht? Ihr seid ja beide so still. Stumpf, sollte ich wohl lieber sagen. Und schrecklich verzogen. Nun kommt schon! Vielleicht muß ich eine Zirkusvorstellung geben, um eure Begeisterung zu wecken –"

Falco stockte und betrachtete Cornelius und Albinus mit neuem Interesse. Sie waren merkwürdig still und starrten ihn nur an.

„Was ist denn los mit euch?" fragte er ärgerlich. „Seht ihr nicht, wie schlecht es mir geht? Wenn ich es mir trotzdem angelegen sein lasse, uns aufzuheitern, könntet ihr wenigstens mitmachen."

Sie blickten auf ihn hinab, und in ihren Augen regte sich nichts. Im gelben Lichtschein wirkten ihre Gesichter wie aus Wachs geformt.

Falco sagte: „Ich muß ja fürchterlich aussehen. Bringt mir einen Spiegel."

Albinus gehorchte wie ein Traumwandler und kniete sich vor Falco hin. Falco betrachtete nachdenklich sein Gesicht und fuhr sich mit der Zunge über die Lippen. „Cornelius, Lieber, bring die Schale."

Nicht anders als Albinus, bewegte sich auch Cornelius wie in Trance. Er ging in die Ecke, wo die Schale mit der übelriechenden Eselsmilch stand, und hob sie auf. Dann schritt er sehr langsam damit durchs Zelt, damit er auch ja nichts verschüttete.

Als er ohne Zwischenfall beim Lager angekommen war, lächelte Falco ihn an. „Bewundernswürdig! Ich werde dich nicht wieder wegen deiner Unbeholfenheit züchtigen müssen wie die letzten Male, wenn du mir die Milch gebracht hast, nicht wahr, mein Lieber? Da zeigt sich eben, daß eine Tracht Prügel zur rechten Zeit nicht so leicht vergessen wird."

Er sah zu Cornelius auf und bedeutete ihm mit den Augen, sich hinzuknien. „Trag mir die Milch auf, Cornelius, und ich bitte dich, tu es ganz zart. Du weißt ja, wie empfindlich ich bin. Bring die Schale näher an mein Gesicht – siehst du denn nicht, daß ich mich kaum rühren kann?"

Cornelius bückte sich und hielt die Schale knapp unter Falcos Kinn. Dann sah er fragend zu Albinus auf und fand Zustimmung in seinem Blick. Er stemmte die Schale fest gegen sein Knie und griff mit der freien Hand in Falcos Haare. Er stieß seinen Kopf tief in die Schale, und fast gleichzeitig ergriff Albinus mit seiner freien Hand Falcos Genick. Gemeinsam hielten sie ihn fest, bis sein Gezappel aufhörte.

Als sie schließlich überzeugt waren, daß Pomponius Falco nie wieder einen Atemzug tun würde, wuschen sie die Milch von seinem Gesicht sowie die Spritzer von seiner Tunika und dem Teppich. Dann legten sie ihn in Schlafstellung auf sein Lager und schlossen ihm die Lider. Cornelius trug die Milchschale an ihren Platz zurück, und Albinus entfernte Wasser und Tücher.

Gemeinsam betrachteten sie Falcos Gesicht und vergewisserten sich, daß der Kampf keine Spuren hinterlassen hatte. Albinus blies die eine Lampe aus, Cornelius zog den Docht der anderen herunter, bis die Flamme nur noch die Größe einer Perle hatte. Dann nahm er Albinus bei der Hand, und zusammen gingen sie zu ihren Lagern beim Zelteingang.


## DIE ERNTE DES KRIEGES

Beim Abstieg von Masada überdachte Silva alles, was Eleasar zu ihm gesagt hatte. Er hat mit derselben Überzeugung gesprochen wie dieser Alte namens Esra, dachte Silva, folglich müssen wohl beide glauben, was sie sagen. Wenn dem so war, hatte Schewa recht. Dann gab es keine Mittel und Wege mehr, ihr starrsinniges Volk vor dem Untergang zu bewahren.

Widerstrebend mußte sich Silva eingestehen, daß sein Unternehmen ein Fehlschlag gewesen war. Bei den Göttern, es geschah einem auch ganz recht, wenn man versuchte, mit einem im Grunde barbarischen Volk kultiviert umzugehen. Also, dachte er, nimm Eleasar ben Jair als Gegner an und schlage ihn. Nimm Schewa zur Frau und sei froh, daß du wieder lieben kannst.

Die Berge von Moab trugen blutrote Ränder, und der ganze östliche Himmel war mit einem sanften Lila überzogen, als Silva und Geminus durchs Prätorianertor kamen.

Silva sagte: „Ich bin müde. Ich bin kein junger Soldat mehr. Aber ausruhen können wir noch nicht, Geminus. Wir haben mit diesem Pomponius Falco noch ein Hühnchen zu rupfen. Geh zu seinem Zelt, und bring ihn zu mir."

Als Geminus sich von Silva trennte, graute schon der Morgen. Silva ging weiter zu seinem Zelt, in dem es noch fast stockdunkel war, als er eintrat. Als sich seine Augen nach einer Weile an das schwache Licht gewöhnt hatten, sah er, daß Timoleon, der Arzt, auf ihn wartete sowie auch Albinus und Cornelius – und gleich dämmerte ihm, daß etwas schiefgegangen sein mußte.

Timoleon verbeugte sich und sagte: „Herr, ich muß dir traurige Nachricht bringen. Dein Gast Pomponius Falco ist tot. Ich wurde um die Mitternachtswache in sein Zelt gerufen, aber er war schon nicht mehr zu retten."

Durch Silvas Kopf zuckte Falcos Drohung, daß er bis zum Mittag wieder bei seinen Germanen sein müsse. Es mußte sofort etwas geschehen.

„Bei meinem Eintreffen hatte die Totenstarre schon eingesetzt, Herr, und nach meinem ersten Eindruck schien er einen Anfall von Tollwut erlitten zu haben –"

„Komm zur Sache, Timoleon. Woran ist er gestorben?" fragte Silva stumpf.

„Bitte glaub jetzt nicht, ich hätte den Verstand verloren, Herr. Aber ich muß feststellen, daß der Mann ertrunken ist."

„Mitten in der Wüste? Und ob du den Verstand verloren hast!"

„Herr, es ist unter gewissen, zugegebenermaßen seltenen Bedingungen möglich, an seinem eigenen Schleim zu ertrinken."

„Bist du sicher, daß er nicht ermordet wurde?"

„Ganz sicher, Herr. Sein Körper zeigt keine Spuren von Gewalteinwirkung, und nichts im Zelt deutet auf einen Kampf hin. Gewundert hat mich nur, daß er in Ketten lag."

„Was ist mit diesen beiden?" Silva sah stirnrunzelnd zu Albinus und Cornelius.

„Da der Verblichene sich nicht selbst helfen konnte, hatte er die beiden gebeten, sich bereit zu halten, um ihm während der Nacht beizustehen. Nachdem sie ein paar Stunden nicht gerufen worden waren, haben sie nachgesehen. Als sie die Situation begriffen, haben sie schnellstens nach mir gerufen, aber der Verstorbene war deutlich schon vor Stunden aus dem Leben geschieden."

Jetzt wandte sich Silva an Cornelius und Albinus. In seiner Stimme klang die Angst mit. „Sagt mir eines, wenn euch euer Leben lieb ist. Wo sind die Usipeter und die Frau?"

Sie schwiegen lange, bis endlich Cornelius den Mund aufzutun wagte. „Das hat man uns nicht gesagt, Herr. Es ist die Wahrheit."

„Ob ein glühendes Eisen euch nicht doch die Wahrheit etwas klarer sehen lassen wird?"

Silva beobachtete aufmerksam ihre Mienen. Wenn Falcos Drohung stimmte, war keine Zeit zu vergeuden, denn bis zum Mittag blieben gerade noch fünf Stunden.

„Sagt mir", sagte er so ruhig wie möglich, „sagt mir alles, was ihr wißt, und zwar sofort, dann werde ich euch mit einer baldigen und sicheren Heimreise belohnen. Sonst werdet ihr die Heimat nie mehr erreichen."

Er sah Albinus einen furchtsamen Blick zu Cornelius werfen, bevor er sagte: „Er hat es uns nicht gesagt, Herr. Aber wir waren angewiesen, für heute morgen den Aufbruch vorzubereiten. Ich möchte annehmen, daß unsere Begleitmannschaft irgendwo unterwegs auf uns wartet. Glaub mir, Herr, ich bitte dich. Mehr wissen wir wirklich nicht."

Silva rieb sich die müden Augen. *Denk nach,* ermahnte er sich. Durchdenke das wie einen Schlachtplan. Falco mußte es eilig gehabt haben, in das angenehmere Klima Jerusalems zu kommen. Demnach hätte er sich bestimmt nicht nach Süden gewandt, wo eine schwierige Straße nur durch unendliche Wüste zum Golf von Akaba führte. Deshalb wartete diese Handvoll Barbaren irgendwo in der Wildnis im Norden – mit Schewa. Man mußte sie irgendwie dazu bringen, sich zu zeigen.

Eine ganze Weile starrte er nachdenklich auf Albinus und Cornelius. Dann rief er plötzlich mit lauter Stimme nach seinem Adjutanten, der sofort erschien.

„Attius, was ich dir jetzt sage, erfordert höchste Eile. Ruf Rubrius Gallus von seiner Rampe weg. Ich habe hier eine dringende und knifflige Aufgabe für ihn. Befiehl dem Zenturio Lupercus Clemens, er soll einen Juden heraussuchen, der wenigstens einigermaßen Eleasar ben Jair gleicht, und ihn in Gehketten legen. Zu Zenturio Geminus kannst du sagen, er darf seinen Fehler wettmachen, indem er ein paar Germanen erschlägt. Und jetzt schaff mir diese beiden Knäblein aus den Augen."

Kurz nachdem die Trompeten den Beginn eines neuen Tages verkündet hatten, brach Eleasar ben Jair sein Fasten mit einem Brotfladen und einer Handvoll Feigen. Dann begab er sich gleich zur Synagoge, wo sich der Rat versammelt hatte.

Hillel rief sie zum Gebet. Eleasar wurde immer ungehaltener über den Priester und seine lange Beterei, denn er wußte, daß die Zeit gekommen war, einen furchtbaren Entschluß zu fassen. Er war jetzt sogar froh, daß es den Rat gab, so war dieser Entschluß nicht allein seine Sache. Die Männer, mit denen er so häufig gestritten, die er gescholten hatte, weil sie sich nicht von ihm bevormunden ließen, heute erschienen sie ihm als gute Leute, die nach besten Kräften versuchten, das Unmögliche zu bewerkstelligen.

Nachdem endlich dem religiösen Brauch Genüge getan war, konnte Eleasar vor die Versammlung treten und ihr von seiner Begegnung mit Silva berichten. „Wir brauchten jetzt dringend einen Josua", sagte er, „einen Mann, der die Sonne stillstehen lassen kann. Wenn wir zu den Römern hinuntergehen, werden wir ihre Sklaven sein, und damit hat sich's."

Alexas' Stimme ertönte aus dem Hintergrund der Synagoge. „Wenn wir unsern Leuten von Silvas Angebot erzählen, stehen wir allein auf Masada."

Nimrod sagte ruhig: „Wir müssen es ihnen aber sagen. Das für uns zu behalten wäre unverzeihlich."

„Ich sage, erzählt ihnen nichts davon!" schrie Assur.

Jawan stellte sich neben ihn und sagte: „Noch sind die Römer nicht hier. Ich werde gegen sie kämpfen, und wenn ich der einzige bin, der hierbleibt!"

Eleasar hob die Hände und schlug sie über dem Kopf zusammen, um sich Gehör zu verschaffen. So war es schon immer, erinnerte er sich. Wo zehn Juden zusammenkamen, gab es immer zehn verschiedene Meinungen. „Spätestens morgen früh werden die Römer an unser Tor klopfen. Wir müssen uns jetzt entscheiden."

Eleasar sah in ein Meer fragender Augen. Die Leute schienen sagen zu wollen: Führe uns! Und er wußte zum erstenmal in seinem Leben nicht, was er sagen sollte; denn er sah im Geiste, wie Miriam und Reuben flehend zu ihm aufblickten, wenn er erst tat, was er für richtig hielt. Er sah ihre Augen, und er sah auch das faltige, pockennarbige Gesicht Abigails.

Gleich nach seinem morgendlichen Rundgang durch die Kasematten und Türme machte sich Eleasar auf den Weg zu Abigail und fand sie wie gewöhnlich in ihrem schwarzen Gewand auf dem Boden. Der Rauch aus ihrem Herd hüllte sie so dicht ein, daß sie auf einer blauen Wolke zu schweben schien. „Was führt dich zu mir, großer Mann?" schnarrte sie. „Plagt dich dein Gewissen? Eleasar der Große! Was für eine schöne Falle hast du deinem Volk da gebaut! Mose hat uns aus der Wüste herausgeführt und du hinein. Und dann hast du uns klugerweise auch noch auf dem Gipfel eines Berges ausgesetzt, von dem es kein Entkommen gibt. Sag mir, wie viele Schekel dir die Römer dafür bezahlt haben, damit ich, wenn ich schon sterben muß, wenigstens nicht an meiner Neugier sterbe."

Eleasar lächelte und kauerte sich neben sie. „Meine Ohren sagen mir, daß du heute morgen für eine alte Hexe recht guter Laune bist, und deine überwältigende Schönheit blendet mich so, daß es mir schwerfällt zu glauben, daß du erst achtundneunzig Jahre alt bist."

„Mich haben schon größere Männer als du beleidigt. Ich bin noch nicht einmal siebzig und rechne auch nicht damit, es zu werden, solange ich unter dem Schutz von deinesgleichen lebe. Da sitze ich nun den ganzen Tag hier herum und frage mich, wo denn unsere *tapferen* Juden geblieben sind. Sind sie alle bei Jerusalem gefallen? Ihr übriggebliebenen Affen seid doch nur verkleidete Ägypter. Also, worüber wolltest du dich bei mir ausweinen?"

Eleasar hustete und wedelte den Rauch vor seinem Gesicht fort. „Ich sitze in einer argen Klemme, Abigail."

„Hm! Ist das etwas Neues?"

Sie spuckte in den Sand.

„Ich will's dir sagen, ich glaube nicht daran, daß wir die Römer noch besiegen können. Darf ich meinem Volk meine Ohnmacht eingestehen? Oder muß ich es sogar? Soll ich zurücktreten und einem entschlosseneren Mann Platz machen, selbst noch in dieser hoffnungslosen Lage, oder soll ich bis zum bitteren Ende ausharren? Ich bin zu dir gekommen, um deine Meinung zu hören, auch wenn sie mir nichts nützt. Ich hätte nichts dagegen, wenn deine seidenweiche Stimme meinen Kummer besänftigte und den Stachel aus meinem Gewissen zöge."

„Was du Gewissen nennst, ist wohl nur dein dummer Stolz. Was soll es nützen, wenn du den Leuten sagst, daß sie sterben werden?"

„Aber wenn ich es ihnen sage, gehen sie zu den Römern hinunter und bleiben am Leben."

„Weißt du das so genau? Und wenn du deinen Platz als ihr Führer verläßt, wer soll ihn einnehmen?"

Wieder spuckte sie in den Sand und senkte langsam die Lider, bis ihre Augen fast geschlossen waren.

„Stell dich nicht schlafend, Abigail."

„Ich überlege eine Möglichkeit, den Römern eine Niederlage beizubringen, und frage mich, ob ein galiläischer Taugenichts wie du dazu imstande ist. Ich denke darüber nach, wie du die Menschen auf Masada zu einer Tat bringen könntest, die weit über die Kräfte gewöhnlicher Sterblicher geht. Du wirst deine flinke Zunge brauchen, um sie anzufeuern wie nie zuvor. Du mußt sie davon überzeugen, daß sie die Römer hinter dem Strom des Schweigens begrüßen müssen."

Eleasar versuchte zu lächeln.

Abigail streckte ihre kleine Hand aus und berührte seinen Arm. „Die Römer dürsten nach unserem Blut", flüsterte sie. „Machen wir ihnen einen Strich durch die Rechnung! Wenn uns auch nur ein Fünkchen Mut geblieben ist, wird das unser Sieg sein."

SCHEWA beobachtete mit zunehmender Sorge die Sonne, denn ihr klangen noch Pomponius Falcos Worte in den Ohren: „Ich rechne bis spätestens morgen mittag mit unserem Wiedersehen. Bis dahin bist du das Unterpfand meiner Freiheit."

Lange vor Morgengrauen waren sie in dieses Wadi in der Niederung Juda gekommen, die sich zum Toten Meer neigte. Die wellige Böschung des Wadis versperrte den Blick nach Süden bis auf die Gipfelplatte Masadas. Am Ende des Wadis verlief entlang dem Toten Meer die Nachschubstraße zwischen dem fruchtbaren Palästina und dem römischen Heer bei Masada. Es war schon eine lange Karawane nach Süden vorbeigezogen, und der gelbe Staub, den sie aufgewirbelt hatte, hing jetzt noch in der Luft.

Drei Germanen hatten sich hinter einem Felsbrocken ausgestreckt, der sie vor der Sonne schützte. Die andern saßen herum und bewegten sich nur, um sich zu kratzen. Schewa war sicher, daß sie nicht mehr lange im Wadi bleiben würden, denn sie hatten weder Verpflegung noch Wasser bei sich. Einer von den Germanen, die wahrscheinlich den gleichen Durst hatten wie sie, war aus dem Wadi hinaufgeklettert und hatte sich oben auf den Bauch gelegt, um die Straße zu beobachten.

Plötzlich hörte sie Steine prasseln, und als sie aufblickte, sah sie den Germanen die Böschung herunterrutschen. Er weckte die andern auf, und zwei von ihnen kamen gleich zu ihr. Sie zeigten eifrig das Wadi hinunter, wo sich eine kleine Karawane von Masada her näherte.

Einer der Germanen versuchte sie vorwärtszustoßen, aber sie schlug nach ihm und wehrte ihn ab. Wenn Pomponius Falco sein Freiheitspfand abholen kam, sah sie keinen Grund, es ihm auch noch besonders leichtzumachen.

Sie sah jetzt die Karawane anhalten und verlangsamte ihren Schritt noch mehr. Während die Germanen sich schützend um sie verteilten, erkannte sie beim Näherkommen plötzlich voller Schrecken Eleasar ben Jair bei der Karawane. Er war zu Fuß und in Ketten, und sie dachte: Mein Gott, jetzt ist mein Verrat also vollkommen!

An der Spitze des Zuges ritt Pomponius Falco, flankiert und gestützt von seinen beiden Knaben. War er betrunken? Hinter Eleasar folgten zwei Reiter und hinter diesen zu Fuß eine Gruppe von etwa zwanzig Juden. Sie zogen einen schweren Versorgungswagen. Das Ende der Karawane bildete ein einzelner Reiter. Sie blickte nach Masada.

Keine Staubwolke verriet eine zweite Karawane. Also, mein Feldherr? Bist du deiner Jüdin doch endlich überdrüssig?

Sie blieb weiter zurück, während es die durstigen Usipeter zum Versorgungswagen zog.

Urplötzlich stob die Karawane auseinander, als ob ein riesiges Tier in seine Teile zerfiele. Die Reiter sprengten hinter die näher kommenden Usipeter. Jetzt warfen die Juden am Wagen ihre Geschirre ab. Schewa sah Eisen in der Sonne blitzen, als sie sich auf die verblüfften Germanen stürzten. Eine Weile schwirrten heisere Schreie und das Keuchen der Kämpfenden durcheinander. Dann war es wieder still in der Wüste.

Schließlich kam ein Mann zu ihr gelaufen, und trotz seiner jüdischen Gewänder erkannte sie Zenturio Geminus. Er blieb stehen, streckte ihr seine große Hand hin und knurrte: „Hoffentlich machst du ihm soviel Freude, wie du mir Kummer machst."

Als er sie zum Versorgungswagen führte, sah sie, daß Falcos Augen geschlossen waren und nur ein Gestell aus Eisenstäben ihn auf seinem Pferd aufrecht hielt. Geminus warf einen Blick auf ihn und meinte: „Ich finde, tot sieht er besser aus als lebendig."

Noch ehe die Legionäre Falco vom Pferd genommen und seine Leiche auf den Wagen geworfen hatten, schwebten schon die Geier auf die toten Germanen herab.

NACHDEM er Gewißheit hatte, daß Schewa sich wieder unversehrt in ihrem Zelt befand, gab Silva endlich seiner Müdigkeit nach und legte sich schlafen. Es war Abend, bevor er wieder erwachte, und widerwillig versagte er es sich, nach der Jüdin zu schicken. Statt dessen rief er einige seiner Offiziere zusammen und gab ihnen, als wäre ihnen diese Tatsache völlig neu, mit feierlich ernster Stimme Kenntnis vom Ableben des Pomponius Falco. „Natürlich bestürzt es uns zutiefst, daß solch ein vornehmer Römer aus dem Leben scheiden mußte, während er unser Gast war. Es ist daher unsere Pflicht, so von ihm Abschied zu nehmen, wie es einem Abgesandten Vespasians zusteht. Die Beisetzung findet morgen zur Zeit der Abendwache statt. Ich erwarte, daß ihr alle in euren Aufgabenbereichen entsprechende Vorbereitungen trefft."

Nachdem also die flammende Sonne des nächsten Tages hinter die westlichen Hügel gesunken war und sich sanftblaues Zwielicht über die Wüste gelegt hatte, stand Flavius Silva barhäuptig vor dem riesigen Scheiterhaufen und sah dem aufsteigenden Rauch nach.

Ein umfassender Bericht über die Feierlichkeiten würde von Silvas Schreiber ausgefertigt und den einzigen Überlebenden aus Falcos Begleitung, Cornelius Tertullus und dem Sklaven Albinus, übergeben werden. Sie konnten die Kunde dann nach Rom bringen und aus eigener Anschauung berichten, wie die Usipeter von einer Bande jüdischer Freischärler überfallen worden waren.

Während die Flammen züngelten, hob Silva grüßend die Hand zum Feuer hin. Und er flüsterte auf lateinisch: „Wie du kürzlich ganz richtig bemerkt hast – kein Mensch von einiger Bildung glaubt noch an so etwas wie Ehre."

Und wieder einmal lag Flavius Silva wach und sah den Morgen heraufziehen. An seiner Seite ruhte Schewa, und zum erstenmal war er überzeugt, daß sie sich ihm ohne Vorbehalte hingegeben hatte. Jetzt bei Tagesbeginn drängte es ihn danach, den Göttern zum Dank für diese Frau ein Opfer darzubringen. Ihre Lippen, dachte er, schenken mir mehr Liebe und Leben, als ich je gekannt habe.

„Schewa", sagte er, „ich weiß jetzt sicher, daß wir unser weiteres Leben zusammen verbringen sollten. Alles andere wäre eine unverzeihliche Beleidigung der Götter."

„Gottes."

„Wie du willst."

„Wie hieß eigentlich deine Frau? Ich habe es vergessen."

„Wie kannst du so mir nichts, dir nichts das Thema wechseln? Livia hieß sie."

„Hast du sie geliebt?"

„Ja, sehr, aber es war nicht dasselbe. Ich hatte noch nie im Leben dieses Gefühl des vollkommenen Einsseins. Es ist –"

„Lügner."

Er stützte sich auf einen Ellbogen und sah auf sie hinab. „Was gibt dir Anlaß, das zu sagen?"

„Alle Römer sind Lügner."

Es belustigte Silva, mit welcher Gelassenheit sie ihn beleidigte, und mehr noch, wie geduldig er sich das gefallen ließ. Es ist endlich soweit, dachte er. Offenbar bin ich reif, wieder ein häusliches Leben zu führen.

„Geliebter Lügner", sagte Schewa. „Ich habe nicht mehr die Kraft, dich zu hassen."

„Dann ist Rom ein Stück vorangekommen."

„Hast du noch immer die Absicht, mich dorthin mitzunehmen? Ich fürchte, ich lasse mich nicht gut verpflanzen. In der Umgebung, die dir vertraut ist, werde ich anders aussehen als jetzt."

„Wenn du unbedingt in Palästina bleiben möchtest, läßt sich das vielleicht auch einrichten. Ich werde einmal mit dem Statthalter reden – es ist ein guter Freund von mir namens Silva. In mancher Hinsicht ist er ein ziemlich grober Klotz, aber er gibt sich Mühe."

„Was hat er mit den Juden auf Masada vor?"

Er hörte eine merkliche Veränderung in ihrem Ton, eine spürbare Ernüchterung.

„Ich weiß nicht, was er mit ihnen machen wird, denn sie weigern sich beharrlich, nachzugeben. Ich fürchte, er hat die Entscheidung nicht mehr in der Hand."

„Wieso? Hat er hier nichts mehr zu sagen?"

„Soweit wird es höchstwahrscheinlich kommen, wenn es ihm nicht gelingen sollte, Masada einzunehmen. Und mittlerweile steht ja fest, daß die Juden es ihm nicht freiwillig geben."

„Also müssen alle, die auf dem Berg sind, sterben?"

„Wir sind noch nicht oben."

„Und wie soll ich danach mit mir zurechtkommen? Und wie mit dir, wenn –"

„Darf ich dich darauf hinweisen, daß du für das Wohl und Wehe dieser Juden nicht verantwortlich bist? Und daß ich nicht die Politik Roms bestimme? Wir sind zwei Menschen und sonst gar nichts. Wir sollten annehmen, was uns die Götter geben. Wenn wir tot sind, können wir immer noch darüber streiten, ob es zuviel oder zuwenig war."

„Eleasar ben Jair hatte recht. Er hat gesagt, ich sei eine Schande für das jüdische Volk."

„Wie immer verdreht er die Tatsachen. ‚Das jüdische Volk' gibt es gar nicht."

Plötzlich erstarrte er und richtete sich halb auf seinem Lager auf. Wieder diese alles durchdringende Stille, und es war keine Essenszeit. Die Arbeit an der Rampe hatte aufgehört.

Den Kopf zur Seite geneigt, wie um besser zu hören, wartete er. Aber der große Lärm setzte nicht wieder ein. Er sah zum Zelteingang und lauschte.

Draußen hörte er die Wachen schimpfen, anscheinend mit einem Fremden. Er hörte einen von ihnen nachdrücklich sagen, daß der Feldherr nicht gestört werden dürfe.

Jetzt setzte er sich ganz auf und rief nach draußen: „Was soll der Lärm? Könnt ihr euch nicht benehmen?"

Er hörte zur Antwort Paternus' Stimme. „Herr! Es ist ein Bote von Tribun Rubrius Gallus. Er möchte melden, daß die Rampe fertig ist!"

Der Tribun Metilius Nepos war der erste, der in Silvas Zelt gerufen wurde. Er kam um die Mitte des Vormittags und berichtete, daß alle Maschinen und Waffen einsatzbereit seien. Nepos hatte nicht damit gerechnet, seinen Feldherrn noch im Bad anzutreffen. „Du hast wohl zur Abwechslung einmal gut geschlafen, Silva?"

„Danke, ausgezeichnet, Nepos. Ich könnte mir geradezu einbilden, wieder ein junger Mann zu sein."

Nepos erzählte später den andern erfreut, daß der Feldherr wieder guter Laune sei und die Absicht habe, schon um Mittag die Auspizien zu Rate zu ziehen.

Die Nachricht, daß jetzt bald etwas geschehen sollte, verbreitete sich mit Windeseile in allen Lagern und fand ihre Bestätigung, als man Silva in voller Kriegsausrüstung die *via principalis* oder Feldherrenstraße hinunter zu dem Podium gehen sah, wo ihn die Priester und die Offiziere befehlsgemäß erwarteten. Während die meisten Feldherren es vorzogen, die Auspizien in der Abgeschiedenheit des *praetorium,* ihres eigenen Quartiers, zu befragen, wo nur die Offiziere und die Leibwachen Zeugen waren, hielt Silva mehr davon, die Zeremonie vor aller Augen durchzuführen.

Während er entschlossenen Schrittes die breite Straße hinunterging, hörte er aus Tausenden von Kehlen im Sprechchor seinen Namen, als sollte der Rhythmus seine Schritte beflügeln: Silva! Silva! Silva! Silvas sehnige Gestalt steckte in seiner schönsten Kriegsrüstung; der schräg gehaltene Kopf kündigte große Ereignisse an, was nur wenige Legionäre unbeeindruckt ließ. Sie schlugen im Takt ihres rauhen Sprechgesangs mit den Schwertern auf ihre Schilde.

Je lauter der Lärm anschwoll, desto selbstsicherer wurde Silva. *Jetzt* war der Augenblick, den Sieg zu erringen – mochten die Auspizien zeigen, was sie wollten! Hier, inmitten dieses Geschreis, dachte Silva, liegt die Entscheidung. Hier lagen wieder einmal Macht und Recht. Hier war, allen Einwänden eines elenden Juden zum Trotz, Rom im Begriff, der Welt die Zivilisation zu bringen.

Silva blieb vor den Stufen des Podiums stehen und ließ sich Zeit, einen langen Blick den Berg hinauf zu werfen. Dann lächelte er zur Freude aller, die ihn sehen konnten, und hob die Faust zu den Mauern empor.

Seine Geste löste ein ohrenbetäubendes Geschrei aus, während er aufs Podium trat.

Silva betrachtete die Gesichter seiner Offiziere und fühlte sich in seiner Überzeugung bestärkt, daß dies der Augenblick des Triumphes war. Er gab Attius seinen Helm und begrüßte die Offiziere einzeln, jeden mit einem besonderen Zeichen seiner Zuneigung. Dann begrüßte er, schon etwas weniger begeistert, die Priester. Es waren ihrer fünf, und da sie dem Mars geweiht waren, trug jeder von ihnen ein symbolisches Schwert sowie einen kurzen Speer in der rechten und einen Schild in der linken Hand. Silva hatte sich nie so recht wohl in seiner Haut gefühlt, wenn die Priester ihres Amtes walteten. Sie ahnen meine Zweifel, dachte er.

Endlich stimmte der Oberpriester die *axamenta* genannten Gesänge an. Sie waren in einem derart altertümlichen Latein verfaßt, daß niemand sie verstand. „Ich glaube, er versteht sie selber nicht", brummte Silva. Nach dieser Beschwörung ließ der Oberpriester einen großen hölzernen Käfig öffnen, der, wie Silva sich erinnerte, zu erheblichen Kosten durch die Wüste geschafft worden war.

Der Käfig beherbergte ein halbes Hundert Vögel aller Arten, von der Schwalbe bis zur Möwe. Silva hatte schon Feldherren gekannt, die alles glaubten, was die Priester sagten, und sich vom Verhalten der freigelassenen Vögel übertrieben hoffnungsfroh stimmen oder maßlos entmutigen ließen. Wenn der Priester meinte, die Vögel müßten nach Süden fliegen, und sie flogen dann nach Norden, galt das als ein böses Omen.

„Weh dem, der den Auguren trotzt!" riefen die Priester beim Öffnen des Käfigs. Zu Silvas heimlicher Belustigung flogen die Vögel in allen Richtungen davon, aber der Oberpriester zeigte sich trotz ihres eigenwilligen Verhaltens erfreut. Er bat jetzt um Aufmerksamkeit für den Ziegenbock, der willfährig vor dem Altar stand – ein gutes Omen. Als Silva nickte und ihnen sagte, sie sollten mit dem Opfer fortfahren, zerkrümelte der Priester gesalzenes Kleiebrot über dem Kopf des Tieres und goß ihm ein Gemisch aus Olibanumöl und Wein zwischen die Hörner. Gleich darauf erschlug ein anderer Priester den Bock mit einer schweren Keule.

Dann stachen alle Priester mit ihren Messern auf das Tier ein und fingen das Blut in Kelchen auf. Sie gossen das Blut auf den Altar; dann legten sie den Kadaver, nachdem sie die Leber herausgeschnitten hatten, ins Feuer. Silva faßte sich in Geduld, während die Priester mit großem Getue die Leber untersuchten und dann halbierten. Aus der einen Hälfte, der *pars familiaris,* waren die kommenden Ereignisse für die Legion herauszulesen, und die andere, die *pars hostilis,* gab über das Schicksal des Feindes Aufschluß. Während er auf den Spruch wartete, hob Silva den Kopf und beobachtete einen vor dem lodernden Himmel kreisenden Geier. Dort, dachte er, ist ein Omen, das ich verstehen und für wahr halten kann. Dann wandte sich der Oberpriester an ihn. Die Zeichen waren günstig.

WENN ER SICH die Rampe so besah, konnte Silva kaum noch glauben, daß er für ihren Bau verantwortlich war. Jetzt, da keine Arbeiter, keine Maschinen, Tiere und Werkzeuge mehr darauf waren, erschienen ihre Ausmaße so gewaltig, daß man sie eher für natürlich als künstlich halten möchte.

Der Angriff stand schon seit Monaten in allen Einzelheiten fest, so daß sich ein Kriegsrat nach den Auspizien erübrigte. Silva brauchte nur zu sagen: „Jetzt nehmen wir dem Juden den Berg ab."

Der große Angriffsturm war zwar noch nicht ganz fertig, aber er stand schon am Fuß der Rampe. Die Bautruppen unter Rubrius Gallus' Befehl waren gerade dabei, die Winden, Seile und Rollen zu prüfen. Die Rampe war steil und der Turm unglaublich schwer. Er mußte auf jeden Fall unversehrt und pünktlich am Westtor der Festung Masada ankommen.

Der große Sturmbock lag auf einem Wagen, der hinter dem Angriffsturm hinaufgezogen werden sollte. Es war der längste und schwerste Mauerbrecher, den je ein Legionär gesehen hatte. Silva wunderte sich heimlich über die Zuversicht, mit der Gallus behauptete, der Balken werde sich ganz leicht in Schwingbewegungen versetzen lassen. Gallus hatte erklärt: „Wenn wir den Schwerpunkt der Rampe erst einmal kennen, brauchen wir sie nur noch entsprechend aufzuhängen, dann kann ein kleines Kind sie bewegen, einfach indem es sie rhythmisch anstößt. Gib du uns Deckung, und wir reißen die Mauer für dich ein."

Deckung sollte er haben. Genau genommen, dachte Silva, wird Gallus auf Grund seines eigenen Weitblicks den stärksten Verbündeten oben am Himmel haben. Endlich wurden die Qualen, die die Sonne den Römern bereitet hatte, mit gleicher Münze zurückgezahlt. Wenn Gallus' Berechnungen stimmten – und nach Silvas Erfahrungen stimmten sie immer –, würde der Angriffssturm genau zwei Stunden, nachdem er sich in Bewegung gesetzt hatte, die halbe Rampe geschafft haben. Von diesem Zeitpunkt an waren die fünfzig arabischen Bogenschützen, die im Turm saßen, im Schußbereich der Mauern – aber mit der Sonne im Rücken. Und der Turm würde weiter steigen und die Sonne weiter sinken. Wenn also alles planmäßig verlief, hatten die Juden während der zweiten Hälfte des Aufstiegs die Sonne genau in den Augen, während alle Ziele hinter der Mauer hell erleuchtet waren.

Schon vor langer Zeit, als die Zehnte frisch in die Wüste gekommen war, hatten Silva und Gallus beschlossen, sich diesen Vorteil, den die Natur bot, zunutze zu machen. Gallus hatte sich schon darangemacht, Seiten- und Höhenwinkel zu berechnen, so daß sie beide bereits vor Baubeginn gewußt hatten, daß der Angriff ungefähr an diesem Tage, aber genau um diese Stunde, erfolgen mußte. Und jetzt, wo mitsamt der Sonne alles bereit war, konnten sie ihre Freude darüber kaum zügeln. „Ich danke dir, guter Gallus!" rief Silva, indem er seinen Tribun umarmte und ihm liebevoll auf die Schulter klopfte.

Und zum erstenmal, seit er ihn kannte, sah er Rubrius Gallus lächeln.

Silva schätzte die Zahl derer, die da auf oder an der Rampe standen und seinen Befehl erwarteten, auf rund zwanzigtausend. Ich muß mir eingestehen, dachte Silva, daß ich die Juden überhaupt nicht hasse, schon gar nicht Eleasar ben Jair und sein armes Häuflein Rebellen. Ich glaube nicht einmal, daß die Welt von ihrem Tod einen Nutzen haben wird. Aber sterben müssen sie. Er holte tief Luft und hielt sie eine Weile an, als wollte er mit ihr jede Einzelheit dieses Bildes in sich aufnehmen. Er schaute nach der Sonne; gleich war es soweit. Er versuchte die Stimmung und den Zustand seiner Truppen abzuschätzen, die sich in fernen Staubwolken verloren. Viele von ihnen trugen die neuen Schuppenpanzer aus mehr Bronze als Leder. Dann sah er mit unverhohlenem Mißvergnügen, daß etliche von denen, die an ihm vorbeizogen, ihre genagelten Stiefel mit bequemen palästinensischen Sandalen vertauscht hatten. Wir stehen schon zu lange im fremden Land, dachte er.

Sonne – Sonne! Beweg dich! Oder wartest du, bis unsere Tuben zum Angriff blasen? Die zweite und vierte Kohorte gingen jetzt in

Stellung. Er wischte sich den Schweiß von den Wangen. Sein Helm juckte ihn. Plötzlich fiel ihm ein, daß er vor lauter Sorge um die Sonne nicht ein einziges Mal daran gedacht hatte, nach Masada hinaufzusehen. Jetzt drehte er sich um und suchte die Verteidigungsmauern ab. Nichts rührte sich dort oben. Er faßte Gallus am Arm und sagte kaum vernehmbar: „Die Juden sind mir zu still. Ich muß dir gestehen, mein lieber Freund, daß sie mich manchmal unsicher machen."

Aber Gallus war seinerseits mit den Gedanken woanders, denn er beobachtete schon die ganze Zeit einen seiner Männer, der in geraumer Entfernung genau in der Fluchtlinie der Rampe stand. Eine ganze Weile hatte er sich mit einem Winkelmeßgerät befaßt. Jetzt drehte er sich langsam zu Gallus um. Langsam hob er beide Arme über den Kopf und schlug die Hände zusammen. Gallus bedeutete ihm mit einer lässigen Handbewegung, daß er verstanden hatte, dann sagte er: „Wir können anfangen, Silva. Die Sonne ist jetzt unsere Verbündete."

OBEN AUF MASADA stand Sem, der Sohn Ismaels, in dem Verteidigungsturm, der so lange sein Zuhause gewesen war. Es war der wichtigste Turm der ganzen Anlage, da er an das gefährdete Westtor stieß. Sem wußte, daß man ihm die Verantwortung für diesen wichtigen Posten auf Grund seiner Geschicklichkeit im Umgang mit dem Bogen übertragen hatte, und war mit dem ganzen Eifer seiner siebzehn Jahre entschlossen, sich dieser Ehre als würdig zu erweisen.

Er war jetzt ganz aufgeregt, denn er hatte Besuch von Eleasar ben Jair, Esras Sohn Heth und Esau, dem Sikarier. Er wußte, daß diese drei Männer die größten der Welt waren, aber sie sprachen jetzt mit ihm, als wäre er ihnen in Alter und Würde ebenbürtig. Dieser Augenblick war alle die Monate wert, in denen er einsam die Römer beobachtet hatte, die sich so aufreizend genau außerhalb der Reichweite seiner Pfeile hielten.

Doch während er seinen Besuchern stolz seinen Doppelbogen und die Pfeile zeigte, auf die er in hebräischer Schrift „Sem, Sohn Ismaels" gemalt hatte, wunderte er sich sehr über die Gesichter dieser drei erfahrensten Kämpfer auf Masada. Sie sahen den Angriffsturm schwerfällig immer näher kommen und zeigten nicht die mindeste Begeisterung. Endlich kamen die Römer in seinen Schußbereich, und es schien weder Eleasar noch Heth, noch Esau zu freuen.

Er versuchte seine Enttäuschung darüber zu verbergen, daß seine Gäste ihm weder Glück wünschten noch sagten, daß sie auf seine Zielsicherheit angewiesen seien. Sie wirkten überhaupt wie hypnotisiert von den nahenden Römern und starrten nur schweigend auf die Rampe hinunter.

Da sagte Esau mit so leiser Stimme, daß Sem ihn kaum verstand: „Bei Jotapata haben wir Bockshornklee gekocht und ihnen auf den Weg geschüttet. Das Zeug war so schlüpfrig, daß sie sich nicht mehr auf den Beinen halten konnten. Eine Weile hat es geholfen."

„Wir haben keinen Bockshornklee", sagte Heth.

Und Eleasar sagte mutlos: „Wir bekommen die Sonne in die Augen."

DER PHARISÄER Sidon bog sich gleich einem Grashalm im Sturm, als er sich wie die andern Juden in das armdicke Seil stemmte. Über tausend Juden, darunter auch diejenigen, die mit Sidon von Masada gekommen waren, mußten hier alle dieselbe Arbeit verrichten. Der Sadduzäer Esra war nicht unter ihnen. Einer der ersten großen Steine, die von Masada heruntergewälzt worden waren, hatte ihn zermalmt.

Auf der anderen Rampenseite zogen noch einmal tausend Juden an einem Seil und gruben beim Ziehen ihre blutenden Fersen in den rauhen Belag der Rampe. Im selben Maße, wie diese beiden Kolonnen sich Schrittchen um Schrittchen die Rampe hinunterbewegten, schob sich der schwere Angriffsturm aufwärts, denn die Seile, an denen sie unter Schmerzensschreien zogen, liefen über Flaschenzüge, die der Tribun Gallus hatte einbauen lassen, und übertrugen so die gesammelten Kräfte von zweitausend Juden auf den Angriffsturm.

Es kam vor, daß die schweren Räder, auf denen der Turm rollte, einsanken oder durch einen herausragenden Stein blockiert wurden. Dann suchten Legionäre der römischen Bautruppen, die dem Turm folgten, nach der Ursache, und bald kam der Befehl, noch kräftiger zu ziehen. Die Juden brüllten auf und versuchten aus ihren müden Gliedern noch mehr Kraft herauszuholen, denn wenn es ihnen nicht gelang, den Turm wieder in Bewegung zu bringen, bekamen sie ganz bestimmt die Peitschen der Legionäre zu fühlen.

Gallus, der die Grenzen menschlichen Durchstehvermögens kannte, hatte befohlen, daß viermal stündlich die Taue gesichert und den

Juden Ruhepausen gegönnt wurden. Dies waren Zeiten des Heulens und Wehklagens. Und die Römer gingen die Reihen entlang, schleuderten die Körper der Toten und Sterbenden über die Rampenränder und sahen ihnen nach, wie sie die steilen Böschungen hinunterstürzten und schließlich zerschmettert unten im Wadi lagen. Dann schickten sie nach Ersatz, und mit jedem Halt nahm die angeforderte Zahl zu.

Der Wagen mit dem großen Sturmbock folgte dicht hinter dem Turm. Da er wesentlich leichter war, zogen hier nur je zweihundert Juden an den beiden Seilen. Sie gingen zwischen den Reihen derer, die den Turm zogen. Sollte also irgendein Teil in dem System, das den Turm bewegte, plötzlich versagen, würden sie mit Sicherheit zermalmt werden. Hinter dem Sturmbock kamen zwei schwere Wurfmaschinen, denen später noch weitere folgen sollten. Sie liefen auf Schlitten und wurden von je hundert Juden unmittelbar gezogen. Als Gallus sah, daß ihre Kräfte nicht ausreichen, schickte er noch fünfzig dazu, die an den Enden schieben sollten.

Als am späten Nachmittag die Sonne sich gelb verfärbte, war der Turm fast an Ort und Stelle. Ein plötzlich aufkommender Südwind machte den Aufenthalt in Silvas Quartier unmöglich. Er ließ sich sein Pferd bringen und ritt zur Windseite der Rampe, von wo die riesige Staubwolke aufstieg und fast bis zum Gipfel Masadas hochgerissen und dann nach Norden gefegt wurde, bis sie den Horizont verdunkelte.

Silvas gesamter Stab außer Rubrius Gallus saß ebenfalls auf und ritt mit ihm auf die Windseite der Rampe, um den Turm weiter beobachten zu können. „Ich hoffe nur, daß dieser ganze Staub nicht den Eifer unserer Freundin, der Sonne, dämpft", sagte Silva zu Tribun Arvianus. „Reite einmal die Rampe hinauf und erkundige dich, warum die Wurfmaschinen noch nicht schießen und –"

Silvas Worte gingen in einem freudigen Aufschrei seines Stabes und der Leibgarde unter. Sie hatten die ersten Steine aus dem Staub aufsteigen, einen Bogen beschreiben und hinter dem Westtor Masadas niedergehen sehen. Immer und immer wieder krachten die starken Wurfarme gegen die Querbalken.

In seinem ganzen Leben hatte Eleasar ben Jair keine solche Angst gekannt. Denn endlich standen seine Leute im Kampf mit den Römern, und es war so ganz anders als erwartet. Die meiste Zeit war der Feind unsichtbar, verbarg sich entweder hinter den ehernen Panzerplatten des riesigen Turmes, der sich noch immer unaufhaltsam dem Westtor näherte, oder blieb in dem weißen Staub versteckt, der über die Rampe hinwegfegte wie die Gischt über eine Klippe im Meer.

Er hatte von den römischen Wurfmaschinen Unannehmlichkeiten erwartet, aber nicht annähernd die Verheerung, die sie jetzt schon angerichtet hatten. Er hatte von den nicht mehr wehrfähigen Männern einige an die Mauern gestellt, damit sie vor den schweren Steinen warnen sollten, aber diese kamen aus der blendenden Sonne und waren erst zu sehen, wenn es zu spät war.

Bald merkte Eleasar, daß die Römer es nicht nötig fanden, die Wurfmaschinen auf bestimmte Ziele zu richten, sondern sich damit begnügten, die Gegend um das Westtor herum zu beschießen, weshalb er seine Leute auf sicherere Posten schickte. Doch bis diese Verlegung durchgeführt war, gab es schon neun Tote und vierzehn Schwerverwundete.

Ermutigend war nur der bemerkenswerte Wandel, der bei Eleasars Räten eingetreten schien. Endlich gaben sie sich in Entschlossenheit geeint. Und auch die andern waren wie umgedreht. O Herr! Dort an der gefährdetsten Stelle der Mauer stand, den Römern trotzig drohend, der alte Jakob, der sich sonst schon in der Dunkelheit fürchtete. In seiner Nähe schwenkte Meirus, der so oft damit angegeben hatte, er sei der faulste Mensch auf ganz Masada, drohend sein Schwert. Und noch ein Dutzend andere, die bis jetzt die eilfertigsten und hartnäckigsten Unheilsverkünder auf Masada gewesen waren, zeigten plötzlich entschlossene Mienen und waren endlich, endlich bereit, sich den Römern entgegenzustellen.

Eleasar traf sich mit dem Rat auf dem Dach von Herodes' altem Palast, wo sie außerhalb des Schußbereichs der Wurfmaschinen das bedrohliche Näherkommen des Turmes beobachten konnten. Wenn sie der Sonne den Rücken kehrten, überblickten sie die ganze Festung, und was Eleasar ben Jair sah, tat ihm weh.

Er beobachtete nämlich, daß sich alle Frauen und Kinder bei dem baufälligen Gebäude versammelt hatten, das ein kleines Badebecken umschloß. Dort war während der Belagerung eine Oase des Frohsinns für alle auf Masada entstanden. Die vergnügten Schreie planschender Kinder und das stete Gesumm plappernder Mütter hatten für die Illusion gesorgt, das Leben gehe seinen natürlichen Gang. Jetzt standen die Frauen schweigend beieinander und drückten ängstlich ihre Kinder an sich. Sie starrten auf das Westtor und die großen Steine, die dahinter herunterplumpsten, als trauten sie ihren Augen nicht.

Eleasar dachte: Diese Augen werden mich immer verfolgen! Wie Silva gesagt hatte, seine Leute hatten jedes seiner Worte für unanfechtbare Wahrheit gehalten. Nie würden die Römer hier heraufkommen, denn soweit sie nicht an Krankheiten zugrunde gingen oder von der Sonne geschmolzen würden, hätten sie gar keine Kraft mehr für den Angriff. Das hatte Eleasar ben Jair gesagt. Und jetzt standen die Römer fast am Tor.

Abigail hatte wahr gesprochen, als sie sagte, sogar Gott habe die Menschen auf Masada verlassen.

DER TRIBUN Rubrius Gallus hatte noch nie solche Genugtuung empfunden. Alle seine geheimen Zweifel an der Eroberung Masadas waren wie weggeblasen, bis es ihm fast schien, daß er überhaupt nichts falsch machen könne. Trotzdem fühlte er sich verpflichtet, ständig dabeizusein, so als hätte er ein gewaltiges Tier geschaffen, das er keinesfalls ohne strenge Bewachung aus dem Käfig lassen durfte. Er folgte dem Angriffsturm dichtauf und überprüfte ständig die Seile auf beiden Seiten. Er kroch unter den Turm, um nachzusehen, ob seine Leute auch genügend Fett an die Achsen schmierten. Er begab sich sogar in die Gefahr, von Masada aus beschossen zu werden, indem er auch oberhalb des Turmes die Zugvorrichtungen überprüfte. Er kletterte in den Turm hinein und ritt auf den dicken Querstreben mit, um das Ächzen und Stöhnen zu belauschen, das sich der gewaltigen Konstruktion während des langsamen Aufstiegs ständig entrang. Fast erstickte er, ehe er überzeugt war, daß die gelegentlichen Schüttelbewegungen keine übermäßigen Belastungen erzeugten.

Dann wieder erklomm er die gepanzerte Plattform, wo die arabischen Bogenschützen auf ihren Einsatz warteten. Von dieser Höhe aus stellte er erleichtert fest, daß Silvas Hauptquartier schon im Schatten lag und somit alles nach Plan verlief.

Bei einer Kontrolle des Sturmbocks entdeckte er voller Unbehagen, daß sich der Abstand zum Turm vergrößert hatte. Doch anstatt die Zahl der Juden an den Seilen zu erhöhen, ließ er nach hundert Mann schicken, die den Wagen schieben sollten. Dann kehrte er wieder zum Turm zurück, der ihn mit magischen Kräften anzog. Noch nie in seiner Laufbahn war er auf etwas so stolz gewesen.

Er nahm den Weg zum Turm am Südrand der Rampe entlang, bis er am letzten Juden vorbei war und an das blanke Seil kam. Er sah eine Weile zu, wie es langsam an ihm vorüberkroch, und hielt dabei die Hand vor die Nase, um den Staub etwas abzuhalten. Der Wind änderte für einen winzigen Augenblick die Richtung und klärte die Stelle auf, an der er stand, und instinktiv blickten seine entzündeten Augen nach Masada hinauf. Fast im selben Augenblick heftete ihm ein Pfeil die Hand vor den Mund. Noch im Fallen drang ihm die Pfeilspitze aus dem Hinterkopf wieder heraus. Auf ihr standen die hebräischen Schriftzeichen für „Sem, Sohn Ismaels".

Die geschmolzene Sonne brannte eine Wunde in die westlichen Hügel, als Eleasar ben Jair seine Leute zu einer Leistung antrieb, deren er sie nicht für fähig gehalten hätte. Unaufhaltsam nahte der große Turm, und es war klar, daß nichts seine Vereinigung mit dem Westtor verhindern konnte. Als er einmal stehenblieb, um die Entfernung zwischen Turm und Mauer abzuschätzen, sah Eleasar hinter der ehernen Panzerung des Turmes die Augen der Bogenschützen herüberlauern.

Von Sems Ausguckposten konnte Eleasar sehen, daß die ganze Rampe voller toter Legionäre lag. Noch drei weitere schoß Sem unter Eleasars Augen ab. „Ach ja, Sem", sagte er, indem er ihn ungestüm umarmte, „hätte ich doch tausend wie dich!"

Als der Turm sich auf Speerwurfweite der Mauer genähert hatte, verließ er Sem und begab sich in den Schutz der Mauer, wo sich die Überreste seiner Streitmacht versammelt hatten. Ihre trotzige Entschlossenheit überstieg noch seine Erwartungen. Sie lechzten nach römischem Blut an ihren Schwertern.

Plötzlich kam Abigail blinzelnd aus dem leuchtenden Abendrot auf ihn zu. Sie packte seinen Arm und schüttelte ihn kräftig. *„Jetzt!"* rief sie. „Habe ich etwa meinen kostbaren Atem verschwendet, um eine Hyäne ehrbar zu machen? Zögerst du noch lange, werde ich jauchzen, wenn dir die Ratten das Gesicht zerfressen. Ruf jetzt deine Leute zusammen, und sag ihnen, wie der Sieg zu erringen ist!"

Er stieß sie fort und lief zur Mauer des westlichen Palastes, wo sich alle versammelt hatten, die nicht an den Mauern standen. Er sagte zu ihnen, sie sollten sich aufrappeln und Assur folgen, der neben ihm stand, und sie sollten alles tun, was er bestimme.

„Wir bauen eine Mauer innerhalb unserer Mauer!" rief Eleasar und achtete darauf, daß seine Stimme so zuversichtlich klang wie eh und je. „Und zwar werden wir sie so bauen, daß man sie nicht niederreißen kann!" Dann erklärte er ihnen, sie sollten die großen Balken des Palastes nehmen, zum Westtor tragen und dort gitterförmig ablegen. Gleichzeitig, sagte er, sollten Frauen die Hohlräume mit Erde auffüllen. Je länger und kräftiger ein Sturmbock gegen diesen Wall anrenne, desto fester werde er.

„Keine Macht der Erde wird uns von diesem Berg vertreiben. Ich verspreche euch, Masada bleibt unser – für immer und ewig!"

ALS EIN BOTE ihm die Nachricht von Rubrius Gallus' Tod brachte, war Silva so verzweifelt, daß er auf der Stelle zum Feldlazarett ging, wohin man die Leiche gebracht hatte. Er hatte sich immer vor dem Besuch von Lazaretten gedrückt, weil er den Eindruck hatte, daß dort noch mehr Blut floß als auf dem Schlachtfeld. Aber Gallus war ein so hervorragender Offizier gewesen, daß er schon einen Abschiedsbesuch seines Feldherrn verdient hatte. Und mehr noch, Gallus war sein Freund gewesen.

Timoleon, der Grieche, ließ es sich nicht nehmen, ihm zu erklären, warum die Ärzte hier so wenig tun konnten – die ungewöhnliche Treffsicherheit der Juden sorge für viel mehr Tote als Verwundete. Silva hörte ihm nur mit halbem Ohr zu, denn er betrachtete Gallus' zerfurchtes Gesicht und überlegte, wie er den Brief an seine Angehörigen abfassen könne. „Unser lieber, tapferer Gefährte stürmte furchtlos einer übermächtigen Horde von Feinden entgegen. Er verstarb mit euren Namen und einem letzten Gruß an Rom auf den Lippen... Ich bin sicher, daß unser großer Vespasian seine Tapferkeit belohnen wird –" Silva seufzte. So ähnlich mußte es heißen. Auf gar keinen Fall konnte er einfach schreiben, Gallus sei so besessen von einem Haufen sonnengebleichter Steine gewesen, daß er sich unnötig feindlichem Beschuß ausgesetzt hatte.

Als es über der Wüste dämmerte, ritt Silva langsam zu seinem Zelt zurück. An seiner Rechten trug er den goldenen Ring, der das Zeichen für Gallus' Tribunenwürde gewesen war und den er mit dem Beileidsbrief der Familie schicken wollte. Er war sich der Ironie bewußt, daß ausgerechnet dieser Ring der erste in seinem Leben war, den er freiwillig trug.

Neben ihm ritt Attius, und beide Männer ließen Masada nicht aus den Augen, auf dem noch die letzten Sonnenstrahlen lagen. Silva konnte keine Bewegung auf den Mauern entdecken, und zu seiner Verwunderung sah er auch auf der Rampe wenig Tätigkeit. Plötzlich fiel ihm auf, daß die Katapulte schwiegen und die Legionäre sich überhaupt nicht mehr rührten.

Am Fuß der Rampe meldete ihm ein Bote von Tribun Sextus Cerealius, die Mauer der Juden sei gefallen.

„Worauf warten sie denn dann noch?"

„Die Juden haben eine zweite Mauer gebaut, und ich soll dir melden, daß der Sturmbock nichts gegen sie ausrichten kann."

Ach, guter Gallus! Konntest du diesen Tag nicht überleben? Eine Mauer, die dieser Sturmbock nicht niederrennen konnte, mußte wahrhaftig einmalig sein!

Silva stieg vom Pferd und übergab Attius die Zügel. Es war ein langer Aufstieg bis oben, und er wäre lieber geritten, aber Pferd und Reiter hätten ein zu verlockendes Ziel für die Juden geboten. Er befahl Attius, ein Feldherrnzelt am Fuß der Rampe aufzuschlagen und mit dem Stab weitere Befehle abzuwarten. „Sag ihnen, es ist etwas Unvorhergesehenes passiert, womit wir vielleicht die ganze Nacht zu tun haben. Fabatus soll schon das Essen für die Kohorten vorbereiten, die den Sturmangriff führen werden. Sag zu Arvianus, die berittenen Truppen sollen an die Rampe verlegt werden und dort in Bereitschaft stehen. Auf mein Zeichen müssen sie sofort die Rampe hinaufreiten können. Liberalius soll sich persönlich davon überzeugen, daß seine Posten heute nacht besonders wachsam sind, vor allem am Ostwall. Diese neue Entwicklung kommt mir irgendwie merkwürdig vor. Es würde mich nicht überraschen, wenn die Juden einen Ausfall planten."

Silva reichte Attius seinen Mantel und ging die Rampe hinauf. Er war noch keine hundert Schritte gegangen, da wurden die Schmerzen in seinem Bein zur Folter.

Mit den letzten Lichtstrahlen erreichte er den Angriffsturm. Dort traf er Tribun Sextus Cerealius, der nervös auf neue Anweisungen wartete. Er war ein schüchterner, gelehrsamer junger Mann, der nach Silvas Ansicht besser Dichter als Soldat geworden wäre. Erst jetzt wurde Silva richtig klar, daß der Angriff über eine Stunde gestockt und Cerealius in dieser Zeit nur dagestanden und an seinen Fingernägeln gekaut hatte. Hinter ihm standen drei ergraute Zenturionen, die vor unterdrückter Wut fast überkochten. Silva merkte sich vor, daß er mit Titus über die Ernennung der Tribunen sprechen mußte – besonders der jüngeren, die ein dummer Zufall einmal mit einer wichtigen Entscheidung allein lassen konnte.

In Begleitung der drei Zenturionen stiegen Silva und Cerealius in den gepanzerten Turm. Einer der arabischen Bogenschützen mußte Silva seinen Platz überlassen, damit er einen Blick auf die Bresche in der Mauer Masadas werfen konnte. Nirgends in der unheimlichen Stille entdeckte er ein Lebenszeichen. Doch man hatte ihn gewarnt, daß jeder, der sich auch nur kurz ohne Deckung zeigte, von einem Pfeil durchbohrt würde.

Er sah, daß der Sturmbock über die niedergerissene alte Mauer hinweggebracht worden war, jetzt aber vor dem Hindernis dahinter festsaß. Er blickte fragend die drei Zenturionen an, ohne sich um ihren Vorgesetzten Cerealius zu kümmern.

„Ob es etwas nützt, wenn wir den Turm näher heranschieben? Wir könnten die Juden noch einmal anspannen."

„Nein, Herr, der Untergrund ist dafür ungeeignet, und er hätte auch eine andere Neigung. Die eigentliche Schwierigkeit ist der neue Wall. Er ist größtenteils aus Holz und gibt vor dem Rammbock nach."

Silva ging zu dem Sehschlitz zurück und sah, wie kostspielig es wäre, diesen Wall mit Gewalt zu erstürmen. Die Juden hätten alle Vorteile auf ihrer Seite und könnten am Ende noch die Angriffstruppen der Zehnten aufreiben; denn da nur Platz für zwei oder drei Sturmleitern vorhanden war, brauchten sie sich immer nur mit wenigen auf einmal zu befassen.

„Wir haben Südwind", sagte er bedächtig. „Wenn wir die Schanze nicht einreißen können, brennen wir sie eben nieder."

Sein Vorschlag fand aber nicht die Gegenliebe, die er erhofft hatte. Zenturio Lupus, der älteste der drei, den Silva als unerschrockenen

Mann kannte, räusperte sich verlegen. „Der Wind ist hier in der Gegend launisch, Herr. Wenn er sich dreht, nachdem wir die Schanze in Brand gesteckt haben, verlieren wir unsern Turm."

Hier stand Silva also vor dem uralten Dilemma des Heerführers. Lupus hatte natürlich völlig recht, und man konnte sich nur zu leicht vorstellen, wie die Flammen den kleinen Zwischenraum übersprangen, wenn der Wind sich drehte, und ebenso leicht konnte man sich die Wut von Vespasian und Titus vorstellen, wenn sie erfuhren, daß auf Grund einer bedauerlichen Fehlentscheidung ihres geschätzten Feldherrn in Judäa die Eroberung Masadas noch einmal um mindestens drei Monate verschoben werden mußte.

Silva sagte sich, daß der Vorsichtige selten eine Schlacht gewann. „Setzt sie in Brand!" schnauzte er.

Als Eleasar ben Jair die ersten brennenden Pfeile über den Sternenhimmel ziehen sah, rief er Hillel, den Priester, zu sich und sagte: „Jetzt erhebe deine Stimme zu Jahwe und bitte ihn, den Wind umschlagen zu lassen. Auf mich mag er anscheinend nicht mehr hören."

Die Flammen verbreiteten sich so schnell über die neue Schanze, daß sie kaum noch die Nacht überstehen würde, und der Südwind wehte die Flammen genau über den Bereich, wo neue Verteidigungsanlagen hätten gebaut werden können. Der ganze Westteil Masadas war von den Flammen hell erleuchtet. Unter und hinter dem Angriffsturm sah Eleasar die Helme der Römer blitzen und wußte, daß sie nur noch warteten, bis das Feuer niedergebrannt war.

Seine Getreuen standen jetzt um ihn, nicht nur der Rat, sondern auch die Oberhäupter der großen Sikariersippen, in denen verläßliche Kämpfer waren.

Noch nie hatte er ihre Gesichter so unsicher gesehen.

Er sagte zu ihnen: „Ich will jetzt *eure* Stimmen hören. Es ist soweit. Wir sind jetzt einer auf des andern Klugheit angewiesen."

Alexas meldete sich zu Wort. „Solange die Römer so an unserer Westseite beschäftigt sind, warum nicht einen Ausfall im Osten wagen? Wir kämen gewiß durch die östlichen Lager. Sie sind so gut wie verlassen."

Josia, den Eleasar schon immer für einen besseren Bäcker als Krieger gehalten hatte, wurde plötzlich hysterisch. „Was sollen wir denn mit unseren Frauen und Kindern machen? Wir können sie nicht in die offene Schlacht mitschleppen!" Und er begann zu heulen und zu klagen, Eleasar habe sie alle betrogen.

Eleasar spürte die aufkeimende Rebellion und sagte ganz langsam: „Selbst wenn einige von uns es fertigbrächten, sich bis hinter ihre Lager durchzuschlagen, und selbst wenn die römische Reiterei uns nicht verfolgte, wir befänden uns letzten Endes nur in der offenen Wüste."

Ham, einer der Unterführer, sagte: „Das eine sage ich euch gleich, bevor ich an Durst sterbe, bekomme ich lieber ein römisches Schwert in den Bauch. Ich könnte den Römer wenigstens mit in den Tod nehmen."

„Und ich sage, wir können genug Wasser mitnehmen, um Engeddi oder sogar Herodeion zu erreichen! Die Juden dort würden sich schon um uns kümmern –"

„Ludim denkt an längst vergangene Zeiten!" rief Esau. „Die letzten Juden, die den Römern noch Widerstand leisten, befinden sich hier auf Masada! Keiner würde es wagen, uns auch nur zu grüßen!"

„Wir haben das schon Hunderte von Malen besprochen", sagte Eleasar. „Bleiben wir und kämpfen – oder versuchen wir einen Ausfall? Aber ich habe bisher noch keinen Plan für einen Ausfall gehört, der einen Versuch wert wäre."

Jetzt rief eine hohe, dünne Stimme: „Nur du hast uns da hineingerissen!" Es war Usul, der eigentlich mit Sidon hatte fortgehen wollen. „Warum hast du Silvas Angebot abgelehnt?"

„Ich habe euch gesagt, sein einziges Angebot hieß Sklaverei."

„Und ich sage noch einmal, du solltest hinuntergehen zu Silva und ihm alles sagen, was er hören will! Nur sorge dafür, daß er seine Absicht ändert!"

„Ich bin nicht Gott."

„Du tust aber so!"

Eleasar ging auf Usul zu. Er hob schon die Hand, um ihn zu schlagen, doch dann ließ er sie plötzlich wieder sinken. „Du hast recht, Usul." Er seufzte. „Ich bin nur ein kleiner Mensch – wie du. Das ist keine erfreuliche Entdeckung, nicht?"

Ein langes Schweigen trat ein. Das Brüllen der Flammen schien die Worte, mit denen Eleasar seine Ohnmacht eingestanden hatte, immerzu wiederholen zu wollen. Plötzlich fühlte er auf seiner Wange, daß der Wind umgeschlagen war. Ungläubig schaute er sich um, dann lief er zur Mauer und blickte in die Richtung, wo einmal das Westtor gewesen war. Überwältigt vor Staunen sah er, daß der Wind jetzt tatsächlich aus Norden kam und die Flammen zum Turm der Römer blies. Noch während er hinschaute, begannen die Römer die oberen Stockwerke des Turmes zu räumen.

„Hillel!" rief Eleasar triumphierend. „Gott hat dich erhört! Richte ihm unseren Dank aus!"

Jetzt hatte Eleasar die ganze Nacht gewonnen, um das zu tun, was für den Sieg vonnöten war.

Als der Wind umschlug, wußte Silva sofort, daß Masada in dieser Nacht nicht mehr einzunehmen war. Er rief Cerealius und dessen Zenturionen zu sich und fragte, ob man nicht die Seile nachlassen und den Turm ein Stück von den Flammen wegrollen könne. Cerealius sah zu den Flammen hinauf und sagte nichts, ganz wie Silva erwartet hatte. Aber Zenturio Lupus sagte: „Meiner Meinung nach könnten wir dadurch noch eher den Turm verlieren als durch die Flammen. Unsere Seilzüge sind nicht für eine Abfahrt gedacht. Eine kurze Überlastung, ein leichtes Nachgeben, und die Verankerungen könnten aus der Erde gerissen werden. Zur Zeit glaube ich auch nicht, daß die Flammen viel Schaden anrichten können. Sie werden die Eisenplatten erhitzen, mehr nicht. Sieh doch, wie trotz Wind die Luft über dem Feuer hochsteigt."

Silva drehte sich mit dem Rücken zum Feuer und sah die Legionäre an, die in langer Reihe auf der Rampe standen. Sie warteten dort schon seit dem frühen Nachmittag und hatten inzwischen bestimmt vom Nichtstun schlechte Laune. Wahrscheinlich hatte ihre Wut sich von den Juden auf Näherliegendes verlagert, und Silva zweifelte nicht daran, daß sein Name inzwischen eine Menge schmückender Beiwörter erhalten hatte.

Er warf noch einmal einen Blick auf die hell erleuchtete Festung Masada. Daß die Juden nicht herunterkommen würden, hielt er für sicher, und eine neue Schanze konnten sie der Flammen wegen nicht bauen. Er nahm seinen Helm ab und wischte sich die Schmiere aus Schweiß, Staub und Ruß vom Gesicht. „Blast zum Rückzug", sagte er. „Gebt die Meldung durch, daß wir Masada erst morgen erstürmen."

Erst in seinem Zelt merkte Silva, wie erschöpft er war. Nachdem

Epos ihn gebadet hatte, saß er noch lange blinzelnd vor der Öllampe und versuchte seine wirren Gedanken in geordnete Bahnen zu lenken. Sollte er die Juden schonen, wenn Masada morgen gefallen war, sozusagen als Geschenk an Schewa, die Alexandrinerin? Nein, dachte er, du bist ein gefühlsduseliger Schwachkopf! Ach, Schewa! Womit hast du bloß das Unglück verdient, als Jüdin geboren zu sein?

Silva ließ sich tief in seinen Sessel sinken und versuchte, seine Gedanken von Schewa abzulenken, indem er sich den Brief zurechtlegte, den er an Vespasian schicken wollte. „Flavius Silva an Vespasian, unseren hochverehrten Kaiser. Im Laufe des heutigen Morgens war mir die Ehre vergönnt, die Zehnte Legion bei der Einnahme Masadas zu befehligen..."

Plump und überheblich dazu, weil es den Eindruck erweckte, als wüßte Vespasian nicht, wo sich die Zehnte befand. Silva schloß die Augen und döste ein. Und in einem unruhigen Traum zwischen Schlafen und Wachen sah er sich auf seiner Terrasse in Praeneste neben Schewa stehen, die lächelte.

Rosianus Geminus kam ihn wecken. Der Kerzenschein verzerrte seine Umrisse, daß er wie ein Riese wirkte.

„Silva", grollte er. „Der Wind hat sich wieder gedreht, und die Juden haben ganz Masada angezündet."

## DAS MASSAKER

DIE STERNE verschwanden hinter den schweren Rauchwolken, die über Masada hinwegrollten. Die Flammen, angefacht vom Südwind, breiteten sich von Süden her an den Kasematten entlang nach Osten und Westen aus. Die Priester selbst legten Feuer an die Synagoge und das Ritualbad. Die kleinen Paläste brannten schon. Soeben züngelten bei den Lagerhäusern Flammen hoch. Der Wind trug Ströme von Funken über Masada hinweg.

Alles geschah so, wie Eleasar ben Jair es ihnen ans Herz gelegt hatte: „Nicht einen Splitter Holz wollen wir den Römern zurücklassen! Laßt uns alles vernichten, was uns teuer ist, und ihnen damit unsere Verachtung für Besitztümer zeigen. Laßt uns unser Geld auf den Boden verstreuen wie die Saat eines giftigen Krauts. Laßt uns unsere Waffen verbrennen in dem Wissen, daß die ehernen Rückstände ihnen schon zeigen werden, wie viele wir hatten. Laßt uns unsere Vorratskammern verbrennen bis auf eine, die wir gefüllt mit Öl und Mehl und Feigen übriglassen wollen, damit sie sehen, daß es uns nicht an Nahrung fehlte. Laßt uns den Römern diesen Ort als eine verkohlte Wüste hinterlassen, daß ihnen die Wüste da unten wie eine erfrischende Oase erscheint. Und laßt uns dies alles tun, solange uns Masada noch gehört!"

Miriam sah teilnahmslos zu, wie die ersten Flammen an dem Gebäude hochzüngelten, das nun fast drei Jahre lang ihr Zuhause gewesen war. Als das Feuer den Hof erhellte, übersah sie geflissentlich die Tränen der Nachbarsfrauen. Sie ließ Reuben bei ihnen zurück und ging betont ohne jede Hast in ihr Gemach. Bald war sie wieder zurück, in den Händen ihre Schminksachen, die sie wie selbstverständlich auf den Stufen ausbreitete.

Eleasar hatte ihr gesagt, sie müsse ein Beispiel geben. Sehr wohl, geliebter Gatte, dachte sie, dein Wunsch ist mir Befehl. Mehr denn je in unserem gemeinsamen Leben möchte ich, daß du mich jetzt anschaust und nur Schönheit und Hingabe an mir findest.

Und so kniete Miriam unter den Blicken der Nachbarinnen auf einer Stufe nieder, lehnte den Spiegel an eine andere, um im zuckenden Licht ihr Gesicht betrachten zu können, nahm ihren breiten hölzernen Kamm und begann, indem sie zu ihren Freundinnen aufsah, ihr Haar zu kämmen. Sie brachte ein Lächeln auf die Lippen und sagte: „Im Innern weine ich, genau wie ihr – aber kein Römerohr wird mich jemals hören."

Nachdem sie mit ihrem Haar zufrieden war, griff sie nach dem Lidschatten. Sie führte den Pinsel zur Palette und wartete, bis sie sicher war, daß ihre Hand nicht mehr zitterte, wenn sie die Farbe auftrug. Die Frau Eleasar ben Jairs durfte nicht schwanken. Sie betrachtete nachdenklich ihr Gesicht, ob sie nicht im flackernden Licht etwas zu verschwenderisch mit der Farbe umgegangen sei.

Jerioth, Heths Frau, begann wild zu schluchzen, als die Flammen in das Gemach schlugen, das ihr gehört hatte. Sie hob die Fäuste zum schwarzen Himmel empor und rief: „Du bist ein böser Gott, ich speie auf dich!"

Miriam zögerte einen Augenblick, ehe sie mit ihrem Ritual fortfuhr. Sie hatte zwei kleine Parfumfläschchen neben den Spiegel gestellt. Jetzt nahm sie eines davon in die Hand und schnupperte daran.

Doch dann stellte sie es zurück und wählte die Myrrhe in dem anderen Fläschchen. Einen Tropfen davon tupfte sie hinter jedes Ohr, dann an die Wangen und schließlich an die Lippen.

Danach stand sie ohne Eile auf, nahm ihre Sachen, ging zu ihren Gemächern hinüber und warf mit gleichgültiger Gebärde alles in die Flammen.

Sie winkte Reuben zu sich; dann streckte sie die Arme nach ihren Freundinnen aus und sagte: „Kommt, gehen wir zu den Männern, die uns geliebt haben."

Überall auf Masada herrschte rege Geschäftigkeit. In den Vorratskammern zerschlugen Männer Reihe um Reihe die Tongefäße mit Getreide, das sich auf den Boden ergoß, bis sie knöcheltief darin wateten. Sie zerschmetterten die Krüge mit den Feigen, Bohnen und Früchten. Sie zerbrachen die Weinfässer und tranken, soviel sie wollten, doch ihr Zerstörungseifer war so groß, daß nur wenige sich die Zeit nahmen, sich zu betrinken. Und sie entleerten die Ölkrüge überall dort, wo Holz war, und steckten das Ganze in Brand.

Auch vor den lodernden Ruinen des westlichen Palastes standen Männer und warfen stapelweise Waffen, Rüstungen und Pfeile in die Flammen.

Hillel, der Priester, hatte bewußt der einstürzenden Synagoge den Rücken gekehrt und sah lieber zu, wie die Flammen aus dem Gebäude schossen, das er mit Eleasar ben Jair und den Familien des Rates geteilt hatte. Unter dem Boden des Gemaches, das ihm gehört hatte, lagen all die silbernen Schekel begraben, die er auf Masada für den Wiederaufbau des Tempels von Jerusalem gesammelt hatte. Er war's jetzt zufrieden, daß das Geld wenigstens nicht den Römern in die Hände fallen würde. Es sollte für immer versteckt bleiben.

In den östlichen Kasematten, nördlich des Tores zum Schlangenpfad, saß Simeon, der alte Essener, und befühlte die weiße, lederne Schriftrolle, seinen letzten Besitz im Leben, den er liebte. Es war das Buch der Psalmen, und er hielt es gegen den Feuerschein, um noch einmal die Schriftzeichen zu sehen. Eigentlich hatte er die Rolle zusammen mit seiner Schlafmatte und den beiden geflochtenen Körben, seinem ganzen Hab und Gut, verbrennen wollen, doch er fand jetzt, solche Worte dürfe er nicht einfach zu Asche machen. Also ließ er sich auf die Knie sinken und grub verzweifelt mit bloßen Händen den harten Boden auf. Als er sah, daß die Flammen ihn fast erreichten, küßte Simeon die Rolle und legte sie sanft in die Erde. Dann deckte er seinen Schatz zu und verließ die Kasematte.

Die Leute kamen auf Eleasar zu wie windgetriebene Blätter. Manchmal liefen sie halb, dann wieder verhielten sie plötzlich, um sich umzublicken. Ihr Klagen schwoll zu einem Verzweiflungsschrei an und legte sich wieder, bis aus dem Lärm nur noch der Name Eleasar zu verstehen war.

Die einen sagten, Eleasar ben Jair werde jetzt ein Wunder tun und sie retten, andere erzählten, er habe sich von der Mauer hintergestürzt. Und alle zogen sie, Gewißheit suchend, zu dem Platz, wo er zuletzt gesehen worden war.

Die weinenden Kinder auf ihren Armen fürchteten die Verzweiflung ihrer Eltern mehr als die Flammen. Die Alten brachten nur die Stöcke mit, auf die sie sich stützten; alle übrigen achthundertzwei Überlebenden von Masada kamen aller Habe bar zu Eleasar ben Jair.

Als sie ihn erblickten, verstummten sie und brachten auch die Kinder zum Schweigen. Hinter Eleasar stand Miriam, und um ihn scharten sich neun Männer, die er mit äußerster Sorgfalt ausgewählt hatte. Es waren Kittim und Esau, Jawan und Assur, Nimrod, Josia, Alexas, Ham und Abram. Jeder von ihnen trug ein Schwert.

Eleasar begann mit ruhiger Stimme zu sprechen. Er sprach den über hundert Familien, die beim Angriff der Römer einen Angehörigen verloren hatten, sein Mitgefühl aus und pries die, die sich ausgezeichnet hatten. Als er sah, daß alle versammelt waren, die noch gehen konnten, hob er die Hand und bat, sie möchten ihm zuhören. Sein großer Körper war von Müdigkeit gebeugt, als er sie teils mit ihren Namen ansprach: „Du, Tema, und Elam und Atara, Rodamin und Put und Ludim, Saba, Ketura und Tarschisch und ihr alle, die ich auf diesen Berg geführt habe, sollt wissen, daß wir noch eine Möglichkeit zum Sieg haben!"

Er ergriff Miriams Hand, drückte sie fest und dachte dabei: Gib mir von deinem unerschöpflichen Mut, Frau! Denn hier ist die unglaubliche Wahrheit, und meine Eingeweide krampfen sich zusammen, wenn ich andere auffordern soll zu glauben.

„Wir alle sind Diener Gottes", begann er. „Wir haben uns vor langer Zeit geschworen, niemals die Sklaven Roms zu werden. Jetzt müssen wir zeigen, daß Gott allein unser Herr ist und immer sein wird. Ihr seht ja nun, daß sie uns morgen überwältigen werden."

Er hielt inne und blickte in die schmutzigen, erschöpften Gesichter, die zu ihm aufschauten, und suchte darin vergebens einen Trost. Er stand im Begriff, ihnen Abigails Siegesplan zu erklären, und fragte sich einen winzigen Augenblick lang, ob sie wohl eine Hexe sei, die ihn hinterhältig getäuscht hatte.

Seine tiefe Stimme drang durch das Brüllen des Feuers. „Gott hat uns die Gelegenheit gegeben, tapfer zu sterben und den einzigen Sieg über die Römer zu erringen, der uns möglich ist. Denn seid gewiß, daß Silva uns gern lebend ergreifen würde, wenn er nur könnte. Er kann unsere Männer brauchen, zum Arbeiten, zum Sterben für Rom, zur Belustigung der Römer, denen es ja außerordentliches Vergnügen bereitet, uns wilden Tieren vorzuwerfen. Das alles, sage ich euch, ist die Wahrheit!"

„Woher willst du das wissen?" fragte eine Stimme aus der Menge. „Andere Juden arbeiten für die Römer und sind durchaus nicht alle tot!"

Im ersten Augenblick fiel Eleasar darauf keine Antwort ein.

„Du vergißt, daß du uns nicht mit den andern Juden vergleichen kannst, denn wir haben den Römern immerhin fast drei Jahre lang getrotzt. Meinst du, sie würden die Mühen vergessen, die wir ihnen verursacht haben? Sie werden über die Leichen ihrer Gefährten hier hereinkommen, und ich sage euch, sie werden sich in einer Weise rächen, die unsere schlimmsten Erwartungen noch übersteigt. Sie werden eure Kinder auf ihre Spieße stecken, eben weil sie die Kinder ungewöhnlich starrsinniger Juden sind. Was eure Frauen betrifft, brauche ich euch wohl nicht daran zu erinnern, daß Silvas Truppen schon sehr, sehr lange in der Wüste sind. Alle Frauen auf Masada werden sie vergewaltigen. Glaubt denn einer von euch wirklich, die Römer brächten den Juden auf Masada Geschenke? Die Vernunft gebietet, daß wir uns weder foltern, verbrennen, auspeitschen noch von Tieren verschlingen lassen."

Eleasar hielt wieder inne, denn er wollte sich seiner Worte sehr sicher sein. Er sah zu Miriam, und tiefe Liebe stand in beider Blick. Er drückte fest ihre Hand und flüsterte: „Du bist meine Stärke."

Er ließ ihre Hand los und nahm das Schwert von Jawan, der neben ihm stand. Als er sah, daß alle Augen auf ihn gerichtet waren, sagte er: „Der Tod ist Teil des Lebens! Gott selbst bereitet uns auf seine Weise darauf vor – von der Stunde unserer Geburt an. Wir fürchten

sein plötzliches Kommen, doch alle, die Zeit haben, sich mit dem sicheren Tod abzufinden, erfahren unwandelbaren, nie gekannten Frieden, als wüßten sie schon von den Geheimnissen jenseits des Lebens.

Laßt uns in diesen letzten Stunden von unserm Vorrecht Gebrauch machen. Laßt uns die Römer um ihren Sieg bringen. Laßt uns ihren Schwertern die Freude nehmen, indem wir unsere eigenen benutzen – laßt uns in Freiheit aus diesem Leben gehen!"

Eleasar ließ das Schwert sinken und mit ihm seine Stimme. Er sprach, als wäre er zufällig mit ein paar vertrauten Freunden zusammengetroffen. „Die Männer hier hinter mir sind euch wohlbekannt. Wir haben darum gelost, wer wem das Leben nimmt und wer zuletzt am Leben bleibt. Es ist Assur, Joktans Sohn, der auch nicht die Absicht hat, die Römer morgen anders als auf seine Art zu begrüßen. Diejenigen unter euch, die aus natürlicher Liebe zu ihrer Familie zögern, dürfen um Beistand bitten. Wir werden ihn euch geben. Wir haben genügend Waffen vor dem Feuer bewahrt, um jedem Mann das geben zu können, was er braucht. Ist von einer Familie der Mann tot, so mag die Frau kommen und sich eine Waffe nehmen, oder wenn es ihr lieber ist, wird einer von uns den Streich führen. Laßt uns jetzt beginnen, denn der Morgen ist nicht mehr fern. Laßt uns dies als Sieger vollenden, den Namen Gottes auf den Lippen und in unsern Herzen nichts als Liebe und die Freiheit."

Eben wollten die Bewohner Masadas davongehen, da erschien Abigail aus den schwarzen Rauchwolken. Ganz still ging sie durch das Gewühl, bis sie eines nach dem andern fünf kleine Kinder gefunden hatte, die unbeachtet etwas abseits von ihren Müttern standen. Leise sprach sie auf sie ein, schmeichelte und lockte und forderte sie auf, sie bei der Hand zu nehmen und sich mit ihr fortzustehlen zu einem Ort voller Wunder. Sie sagte, sie würden nur einen Augenblick fortbleiben, und die ihr glaubten, waren Tamar, Esras Enkelin, Laban, Gideons Sohn, Hodia, die Tochter Kedars, Ismael, der Sohn des Magadatus, und Reuben, Eleasars Sohn. Keines von ihnen war älter als fünf Jahre, als sie mit ihnen im Rauch verschwand.

Flavius Silva stand mit den ersten Lichtstrahlen auf. Trotz einer unruhigen Nacht fühlte er sich erfrischt, wohl hauptsächlich deswegen, dachte er, weil er wußte, daß an diesem Tage Masada endlich ausgelöscht würde. Er stieg in sein Bad und ließ den Tribun Larcus Liberalius rufen.

Als Larcus kam, begrüßte Silva ihn herzlich und meinte: „Heute hat meine Stimmung Flügel; ich bin aufgeregt wie ein junger Tribun vor seiner ersten Schlacht. Dabei habe ich so unruhig geschlafen. Wie reimst du dir das zusammen?"

„Es liegt wohl daran, daß wir heute alle den Sieg erwarten. Muß ich dich, der so viele Siege erlebt hat, daran erinnern, wie belebend das wirkt? Und dann vergiß nicht die Verquickung der Umstände, die unseren Sieg so außergewöhnlich lange hinausgezögert haben."

„Genau. Und ich will sehr gründlich dafür sorgen, daß solche Umstände nicht wieder zusammenkommen – aus diesem Grunde habe ich dich gerufen. In dieser unruhigen Nacht habe ich mir einen Plan ausgedacht, der uns dauerhaften Nutzen bringen könnte. Unser Angriff wird durchgeführt wie geplant, aber wir werden hinter den ersten beiden Kohorten noch eine dritte folgen lassen. Diese Kohorte soll nicht kämpfen, sie soll sich im Gegenteil aus dem Kampf heraushalten. Dafür wird jeder einzelne Legionär aus dieser Kohorte einen unserer jüdischen Arbeiter bei sich haben und dafür sorgen, daß dieser unversehrt oben ankommt und sehen kann, was geschieht. Wenn dann unsere Arbeit dort oben getan ist, sollen diese Juden die Toten begraben. Anschließend wirst du eine Überraschung für sie haben."

Silva hielt ungeduldig still, während Epos ihn mit einem Tuch abrieb. „Du wirst ihnen sagen, daß sie frei sind und dahin zurückkehren können, woher sie kommen, und jedem geben wir genug Wasser und Verpflegung mit, daß er den Weg durch die Wüste schafft. Was hältst du davon, Liberalius?"

„Ich fürchte, ich komme nicht ganz mit, Silva. Die meisten Juden, die wir hier haben, sind Verbrecher oder Rebellen. Ich sehe wirklich nicht, wie dem Frieden in Palästina gedient sein könnte, wenn wir sie freilassen." Liberalius stockte unsicher und fragte sich, ob er wohl schon zu offen geredet habe. Aber dann fuhr er fort: „Und außerdem, Silva, ich möchte tausend Sesterzen wetten, daß über die Hälfte von dem Gesindel sich gegenseitig umgebracht hat, bevor sie überhaupt aus der Wüste heraus sind."

„Da hast du wahrscheinlich recht, also verdoppeln wir ihre Zahl. Ich habe nämlich vor, so an die hundert Leute mit einer bestimmten Botschaft in alle Teile Palästinas zu entlassen. Sie sollen zu Hause berichten, was auf Masada geschah, als die Zehnte Legion zeigte, daß ein Römer das meint, was er sagt."

„Jetzt verstehe ich. Sehr gut."

„Und noch etwas. Etwas Persönliches. Du kennst mein besonderes Interesse für eine gewisse jüdische Familie?"

„Ich wäre pflichtvergessen, wenn ich nicht davon wüßte."

„Es wäre mir lieber, wenn sie während der Ereignisse dieses Tages nicht in der Nähe wäre. Du wirst sie mit allem Notwendigen für eine angenehme Reise nach Caesarea versorgen. Du kannst ihnen sagen, daß sie dort, sofern sie wollen, ein Schiff nach Alexandria nehmen dürfen. Du wirst jede Vorsorge für ihr Wohlbefinden treffen und ihnen ein sicheres Geleit stellen. Sie sollen in einer Stunde aufbrechen."

„So wird es geschehen."

„*Sie* wird ihre Familie nicht begleiten. Du wirst sie bitten – ich wiederhole, Liberalius, *bitten* –, daß sie, wenn es ihr beliebt, in mein Zelt kommt und hier meine Rückkehr vom Berg erwartet. Hast du noch Fragen?"

„Ja, eine. Was soll ich tun, wenn sie nicht will?"

Silva zögerte. Dann holte er tief Luft und sagte fest: „Sag ihr, mein Leben hängt davon ab."

Als Silva aus seinem Zelt trat, war er zunächst bestürzt über die drückende Hitze. Die Sonne schien ihn wie mit körperlicher Gewalt in die harte Erde zu drücken, und ihre Strahlen, vertausendfacht im Spiegel der Rüstungen, trafen seine Augen wie Pfeile.

Bei allen Göttern, dachte er, wir verlassen diese Wüste eben noch zur rechten Zeit!

Es war heller Vormittag, bis alle Einheiten angetreten, die als Augenzeugen vorgesehenen Juden zusammengeholt und die Steine für die Wurfmaschinen ergänzt waren.

Silva wartete, bis die Sonne hoch genug stand, um den Juden keine Vorteile mehr zu bieten, dann ließ er die Wurfmaschinen mit der Beschießung beginnen.

Die Steine segelten aufwärts und verschwanden im Rauch hinter der rußgeschwärzten Bresche, und in der gespenstischen Stille der

Wüste hörten die Römer bis unten die Einschläge. Von oben wurde nicht zurückgeschossen, aber das hatte Silva auch nicht erwartet. Er wußte, daß Eleasar seine Pfeile und Krieger für den entscheidenden Augenblick schonte, wenn die Sturmleitern angelegt wurden.

Silva hatte jetzt den Befehl über die Truppen auf der Rampe selbst übernommen. Diesmal durfte es keine unvorhergesehenen Verzögerungen geben. Wie er doch Rubrius Gallus vermißte! Aber der junge Cerealius hatte ihm gemeldet, der rauchgeschwärzte Angriffssturm sei unbeschädigt und genügend abgekühlt, um die Bogenschützen aufzunehmen.

Während er noch wartete, bis die Sonne über die Festungsmauern stieg, ging Silva durch die Reihen der zweiten und vierten Kohorte, die als erste auf die Leitern sollten. Denen, die er kannte, klopfte er leutselig auf den Helm, und denen, die er nicht kannte, wünschte er ganz besonders herzlich Glück. Es war klug gewesen, den Angriff zu verschieben. Trotz der Hitze waren seine Legionäre jetzt sichtlich frischer und besser gelaunt. Er selbst jauchzte innerlich, wenn er diese gesunden römischen Gesichter unter den blinkenden Helmen sah. Neben ihm stand Zenturio Rosianus Geminus, und er sagte zu ihm: „Gib mir hundert davon, und ich stelle die Erdscheibe auf den Kopf."

Als endlich die Sonne so hoch gestiegen war, daß sie die arabischen Bogenschützen im Turm nicht mehr blenden konnte, rief Silva nach den Sturmleitern. Im Laufschritt wurden sie hinter dem Turm hervorgeholt, und sie hatten die Mauer Masadas noch nicht berührt, da drängten sich auf ihnen schon die Legionäre, die einander anfeuerten und Schmähungen in Richtung der Feinde riefen.

Silva wartete im Turm auf den unvermeidlichen Gegenschlag Eleasars. Rechts und links von ihm standen die arabischen Bogenschützen, die Pfeile auf den Sehnen, um den stürmenden Legionären Rückendeckung zu bieten. Sie sollten auf alles schießen, was sich bewegte, aber noch hatte keiner einen Pfeil verschossen.

Silva sah ungläubig die ersten Legionäre hinter dem dünnen Rauchvorhang verschwinden. Bald war die ganze Kohorte drüben. Als er sah, daß die Bogenschützen noch immer kein Ziel entdeckt hatten, stieg Silva eilig vom Turm.

Der Jude hatte ihnen eine Falle gestellt, und sicher blieb für lange Überlegungen keine Zeit.

Mit Geminus auf den Fersen, der ihn vor der Gefahr warnte, in die er sich begab, rannte Silva zu den Leitern, so schnell es sein Humpeln gestattete. Er stieß einen Legionär zur Seite und nahm seinen Platz an der Leiter ein.

Er kam aus dem Rauch mit Geminus und drei Legionären, die so verblüfft waren, den Feldherrn in ihrer Mitte zu sehen, daß sie im ersten Augenblick vergaßen, ihre Schwerter zu ziehen. Sie folgten ihm, aber schon nach ein paar Schritten blieben sie entgeistert stehen. Das einstmals prächtige Masada war nur noch ein erstickender Glutofen, der in der Morgenhitze knisterte. Silva traute seinen Augen nicht. Ringsum standen seine altgedienten Legionäre, Männer, die in der blutigsten Schlacht nicht wichen und nicht wankten. Jetzt aber standen sie, noch schwer atmend vom Aufstieg in Erwartung eines mörderischen Kampfes, mit offenen Mündern da und blickten mit stieren Augen um sich. Manche hatten ihre Helme abgenommen, andere ihre Schwerter wieder in die Scheiden gesteckt. Sie sahen einander an und kratzten sich verwirrt die Bärte. Um sie herum war nur Tod.

Vorsichtig, in alle Richtungen nach einem Hinterhalt ausschauend, ging Silva weiter. Was für eine orientalische List war nun das? Er befahl den Legionären, ihre Helme wieder aufzusetzen und ständig auf einen Überfall aus irgendeiner Ecke gefaßt zu sein. Dann begannen sie langsam, schrittweise und immer vorsichtig um sich spähend, die Festung zu durchsuchen. Sie sprachen fast nichts, als fürchteten sie, mit Worten den Zauber zu brechen und die Juden wieder lebendig zu machen. Denn sie sahen jetzt, daß die Juden nicht nur an einer Stelle lagen, sondern überall – bei der rauchenden Ruine lagen ein Mann, eine Frau und zwei Kinder ordentlich nebeneinander, hier an einem freien Hang die Leichen von vier Familien, wie zum Appell geordnet, dort für sich allein ein älterer Mann und eine Frau, dann wieder, Seite an Seite, zwei alte Männer.

„Sie haben sich gegenseitig umgebracht", flüsterte Silva, „und nicht einer scheint sich gewehrt zu haben." Er hielt den Atem an, denn schon sein Flüstern schien den Berg zu erschüttern.

Die Offiziere von Silvas Stab hatten vom frühen Aufbruch ihres Feldherrn gehört und beeilten sich jetzt, sich ihm oben anzuschließen. Schweigend folgten sie ihm in eine Vorratskammer, die nicht abgebrannt war, und sahen, daß sich Getreide, Öl und Wein im Überfluß darin befanden. Wie Silva schritten sie schwer und nachdenklich aus und blieben mit ihm stehen, wenn er eine Familie betrachtete oder einen Mann in inniger Umarmung mit seiner Frau, was ihn, wie sie bemerkten, am meisten ergriff.

Silva ging langsam um einen großen, kräftigen Mann herum, der neben einer Frau mit auffallend heller Haut lag. Er schien sich in sein eigenes Messer gestürzt zu haben. Irgendwie hatte er noch das Gesicht der Frau dem seinen zugewandt, und Silva hätte schwören mögen, daß sie lächelte.

Er sagte mit bewegter Stimme: „Dieser Mann war Eleasar ben Jair." Und plötzlich, als wäre sein empfindlichster Nerv jäh gerissen, fuhr er seine Offiziere an und schrie: „Wir haben nichts als nackten Fels erobert! Laßt mich allein!"

Sie machten kehrt, und nur das Klirren ihrer Rüstungen begleitete ihren Abzug.

Als das schwere Donnern der Wurfmaschinen verstummte, zwang Schewa ihre Gedanken von Masada fort. Sie brauchte die kurze Zeit allein in Silvas Zelt, um mit sich ins reine zu kommen. Hier war sein Zuhause, und für die Dauer dieses gestohlenen Augenblicks wollte sie die zufriedene Hausherrin sein. Da auf dem Tisch lagen seine Bücher, die er so schätzte, und dort die säuberlich aufgeschichteten Schriftrollen, die Briefe aus seiner Heimat. Neben dem Schreibzeug sah sie den Zierdolch, den ihm sein Freund Rubrius Gallus geschenkt hatte, den Dolch, mit dem sie Silvas Leben hatte enden wollen.

Dort standen sein Becher und der Krug mit dem Falerner, den er den besten Wein der Welt nannte. Kannst du mir verzeihen, lieber Flavius, wenn ich dir ein Geständnis mache? Ich mag deinen aufdringlichen Falerner nicht. Mein Volk liebt mehr das Milde. Es ist dasselbe wie mit so vielen anderen Dingen, in denen wir immer verschieden bleiben werden. Mein Gott sagt, deine Götter gäbe es nicht. So steht das nun mit uns. Wenn wir versuchten, miteinander zu leben, würden wir einander zerstören.

Aber ich liebe dich, mein Flavius. Das ist etwas, wogegen ich machtlos bin.

Ich vergäße ja so gern, daß du ein Feind meines Volkes bist, aber es wird mir wohl nie gelingen. Immer wieder fiele es mir ein, und du würdest dich über mein mürrisches Betragen wundern und es nach und nach meinem jüdischen Blut zuschreiben. Bald würdest du immer mehr kleine Fehler an mir entdecken, und nach einiger Zeit wäre alle Freude, die du jetzt an mir hast, unwiderruflich dahin.

Und mich würde an jedem Wort und jeder Geste von dir stören, daß du ein Römer bist. Deine echteste Demut wäre in meinen Augen noch Überheblichkeit. Ich sähe deine selbstverständlichsten Bitten als Befehle eines römischen Soldaten an. Und wenn du sagtest: „Hier habe ich einen Schmuck für dich", erschiene mir das als echt römische Protzerei.

Ach, mein lieber, großer Feldherr, welcher Widerstreit der Gefühle in mir! Wie ich rechtfertige und verdamme. Ich sollte noch diesen Augenblick davonlaufen und mich dem Reisezug nach Caesarea anschließen. Der kann noch nicht weit sein. Aber ich bin so schwach vor Liebe zu dir, daß ich hierbleibe – als deine gehorsame Sklavin. Ich werde mich damit abfinden, daß du ein Römer bist, und es genießen, während ich es zugleich schmähe. Heil dir, siegreicher Flavius Silva! Du hast mich unglückselige Jüdin erobert.

Sie hörte draußen Stimmen nahen und entnahm dem gewählten Latein und den eingestreuten griechischen Redewendungen, daß es Silvas Offiziere sein mußten; sie wunderte sich, daß sie so schnell wieder zurück waren. Neugierig lauschte sie.

„Ich denke, ich gehe ein bißchen in die Berge, um eine Weile allein zu sein."

„Hast du Silvas Gesicht gesehen? Wie ein geprügelter Hund."

Einer von ihnen lachte. „Ich werde mich besaufen."

„Und ich hab gedacht, ich hätte schon alles auf der Welt gesehen."

„Ich verstehe nicht, wie ein Mann seine ganze Familie umbringen kann."

„Sie haben es alle getan – nicht einer hat sich gedrückt."

„Hast du gesehen, wie die Ratten und Geier sich über sie hergemacht haben?"

Sie hielt sich die Ohren zu und hörte eine Zeitlang nur das wilde Pochen ihres Herzens. Dann zwang sie sich, wieder den Stimmen zu lauschen.

„Ich kann es immer noch nicht fassen, daß wir die Festung so kampflos eingenommen haben."

„Wir haben sie ja gar nicht eingenommen. Sie haben sie uns vor die Füße geworfen."

„Ich wüßte zu gern, wie Silva den Selbstmord der gesamten gegnerischen Streitmacht nach Rom meldet."

„Das dürfte ein interessanter Brief werden. Aber keiner in der Zehnten wird eine Belohnung bekommen."

„Ein Schlag ins Gesicht für alle Römer."

„So viele Juden, die alle *freiwillig* Seite an Seite gestorben sind – den Anblick werde ich so schnell nicht vergessen. Man kann ihnen jedenfalls nicht nachsagen, sie wären feige gewesen."

Endlich verhallten die Stimmen. Schewa schloß die Augen und flüsterte: „Flavius... Flavius..." Und während der Name ihr weiter in den Ohren hallte, begann sie zu weinen.

Nachdem ihre Verzweiflung sich gelegt hatte, ging sie zu Silvas Tisch, ging langsam um ihn herum und strich zärtlich über die Platte.

Du hast mich gebeten, hier auf dich zu warten, Flavius Silva, und ich will es tun. Aber ich weiß jetzt, daß ich es auf meine Weise tun muß.

Ihre Hand griff langsam über den Tisch, bis sie über dem Zierdolch verharrte. Sie zog ihn langsam aus der Scheide. Ein paarmal drehte sie die Klinge um, und schließlich sah sie nach oben zu dem Loch im Zeltdach. Ohne den Blick zu senken, durchstach sie sich die Pulsadern, dann ging sie zum Lager und legte sich nieder.

EINE GANZE ZEIT stand Silva allein in der summenden Hitze. In meinem Kopf ist ein heilloses Durcheinander, dachte er. Ich allein auf diesem Berg habe meinen Gegner gekannt. Es überrascht mich nicht sonderlich, daß ein Heerführer vor einer Niederlage den Freitod wählt. Aber die übrigen? Wenn ihnen dieser pathetische Sieg über uns so wichtig war, kann ich nur noch glauben, daß sie unter dem Einfluß einer Macht standen, die gewöhnliche Menschen nicht kennen.

Gewöhnliche Menschen? Wie du, Flavius Silva, geschlagener Feldherr? Du, der du bis ins Mark erschüttert bist. Wie willst du deinem mächtigen Kaiser erklären, daß alle Macht eine Grenze hat?

Silva begab sich sehr langsam zur Nordseite Masadas. Er war so in Gedanken, daß er fast mit Rosianus Geminus zuammenstieß. „Darf ich dich stören, Silva?" fragte Geminus vorsichtig.

„Das hast du schon."

„Wir haben Gefangene."

Silvas Miene hellte sich schlagartig auf. Sein Rücken streckte sich, und ein Lächeln der Erleichterung ging über sein Gesicht. „Also doch! Nun, dann ist wenigstens mein Glaube an die Schwäche der Menschen wiederhergestellt!"

„Hier herüber, Silva." Geminus machte kehrt und führte ihn an den verkohlten Überresten eines Badehauses vorbei. Nach einer scharfen Biegung trat er durch eine bogenförmige Tür und ging eine schmale Treppe hinunter, die zu Herodes' Palast führte.

Hierher hatte Silva mit Schewa kommen wollen, um den Sieg zu feiern, wenn Masada gefallen war. Jetzt sah er auf der Terrasse zwei seiner Prätorianer mit einer alten Frau und fünf verschüchterten Kindern. „Sind *das* deine Gefangenen?"

„Andere gibt es nicht. Die hier hatten sich in einer Zisterne, eine Treppe tiefer, versteckt."

Silva blickte in die trotzigen Augen der Alten und der Kinder und schüttelte den Kopf. Er fuhr sich mit der Hand über die Augen und wollte etwas auf griechisch zu der Frau sagen, aber er besann sich anders.

Mit unnatürlich heiserer Stimme sagte er zu Rosianus Geminus: „Ich muß fort von hier. Nimm die Kinder und die Alte mit."

Er drehte sich um und wollte die Treppe hinaufgehen, blieb aber noch einmal stehen. Er wandte sich an Geminus und die Prätorianer, die schon Abigail und die Kinder hinter ihm hertreiben wollten: „Verbindet ihnen die Augen, bis sie vom Berg herunter sind. Wenn sie Masada jetzt sehen, werden sie ihr Lebtag kein anderes Bild mehr vor Augen haben."

Der kleine Zug bewegte sich durch die Ruinen und kam schließlich an die rauchende Schanze am Westtor. Silva war nicht wenig erleichtert, als sie durch den Turm hinunterstiegen und endlich auf der Rampe standen. Er sog tief die Luft in sich hinein, die hier vergleichsweise kühl war, und sagte zu Geminus, er solle die Kinder und die Frau zu dem nabatäischen Lagergefolge bringen. „Such die beste Familie, die du finden kannst. Sag ihnen, ich werde aus meiner eigenen Tasche hundert Schekel für ihren Unterhalt beisteuern."

Er sah ihnen nach, wie sie ihn verließen und die Rampe hinuntergingen. Dann nahm er seinen Helm ab und schaute nach Masada zurück. Schweigend stand es da, brütend in der Hitze, und darüber schwebten die Geier vor der Sonne.

Er schauderte, aber er sagte sich, daß er die grauenvollen Bilder von Masada jetzt schnell vergessen mußte. Schewa wartete. Mit ihr waren Welten zu erobern, Welten ohne Fliegen und Gestank und in der Sonne faulende Körper, Welten für einen Krieger, der jetzt nur noch Frieden wollte. Jetzt waren nur noch Schewa und die Zukunft wichtig. Sie würden noch ein paar Wochen in Palästina bleiben, um sicherzustellen, daß alles ruhig blieb, dann wollten sie mit dem Schiff nach Ostia reisen. Komisch, er hatte sie nie gefragt, ob sie seekrank wurde. Dann ein paar Tage in Rom. Vielleicht konnte Schewas Anmut die eine oder andere Vorschrift erweichen. Aber eigentlich wichtig war das nicht. Das Wichtige und Erregende war, daß er sie keine Woche nach ihrer Ankunft auf römischem Boden auf seinen Armen über die Schwelle in Praeneste tragen wollte!

Er lächelte. Und wie er die Rampe hinunterlief, mußte er über sein jugendliches Ungestüm sogar leise lachen.

# Mein Freund
# ERNEST K. GANN

*von Robert Montgomery*

Vor zwölf Jahren war ich mit meiner Frau zum Skifahren in den französischen Alpen. Eines Abends wurde ich im Hotel einem abenteuerlich aussehenden, athletisch gebauten Mann vorgestellt, der mir schon durch seine waghalsigen Abfahrten aufgefallen war. Wir wurden bald Freunde, aber in Wahrheit kannte ich Ernest K. Gann schon lange – aus seinen Büchern.

*Im Spiel der Gewalten* und *Strandgut* heißen die großartigen, auch in den Reader's Digest Auswahlbüchern erschienenen Romane, die den Menschen zum Thema haben, der sich in außergewöhnlichen Situationen bewähren muß. Jetzt zeigte mir meine persönliche Begegnung mit dem Autor, daß er genau die gleichen Eigenschaften besitzt, die seine Bücher auszeichnen. Wie ich selber als Schauspieler immer versucht habe, über die Grenzen von Bühne und Film hinauszukommen, die mein Beruf mir zieht, so ist auch mein Freund Ernest immer unterwegs in Neuland; er ist ein Mensch, der sich dem Leben stellt.

Wahrscheinlich ist er so schon in seiner Jugend gewesen, damals in Lincoln in Nebraska, wo er vor zweiundsechzig Jahren geboren wurde. Denn was er auch mit sich anfing: ob er als Schauspieler oder Verkehrspilot arbeitete, ob er im zweiten Weltkrieg Maschinen des Lufttransportkommandos flog oder sich als Schriftsteller an einen Stoff machte – immer und überall fand er das Abenteuer. Der Himmel lockte, er wurde Flieger. Die See rief, und er verschrieb sich als Kapitän einer Brigg der Hochseefischerei – seine herrlichen Seefahrer-Romane zeugen von den Erlebnissen jener Tage.

Auf seiner Suche nach immer neuen Ufern hat er auf einer Insel vor der Küste Washingtons eine Farm von achtzig Hektar erworben und sich der dortigen Charterfluggesellschaft als Pilot zur Verfügung gestellt, um Land und Leute noch besser kennenzulernen. Ich aber warte auf die Gelegenheit, ihn zu besuchen, mit ihm fischen zu gehen und zu plaudern – mit Ernest K. Gann, meinem Freund.

# MRS. POLLIFAX
KOMMT WIE GERUFEN

# MRS. POLLIFAX KOMMT WIE GERUFEN

Eine Kurzfassung des Buches von

DOROTHY GILMAN

Ins Deutsche übertragen
von Bettina Berger
und Heinz von Sauter

Illustrationen von John Falter
Deutsche Buchausgabe:
„Mrs. Pollifax kommt wie gerufen"
(The Unexpected Mrs. Pollifax)
Wilhelm Heyne Verlag, München 1971
© 1966 by Dorothy Gilman Butters

*Emily Pollifax blieb nicht verborgen, daß sie den jungen CIA-Mann mit ihrem Ansinnen einigermaßen aus der Fassung brachte. Doch was in aller Welt sprach denn dagegen, daß sie Spionin werden wollte?*

*Sie war verwitwet, ihre Kinder waren längst erwachsen und verheiratet, und die ewigen Zusammenkünfte ihres Gartenklubs hatte sie nachgerade satt. Außerdem käme kein normaler Mensch auf die Idee, sie könnte vielleicht noch etwas anderes sein als eine liebe Großmutter.*

*Trotzdem – ihr Einfall hätte beim CIA keine Gegenliebe gefunden, wenn ihr nicht ein Zufall zu Hilfe gekommen wäre. So aber verließ sie die Geheimdienstzentrale, die sie ungerufen betreten hatte, mit dem ersehnten amtlichen Auftrag.*

*Damit beginnt diese köstliche, aufregende Geschichte, in der – beinahe – alles unweigerlich schiefgeht.*

*Bald haben der CIA wie auch seine Gegner allen Grund zu wünschen, Mrs. Pollifax wäre zu Hause geblieben und hätte beide Seiten ihren kalten Krieg in Ruhe ausfechten lassen.*

# 1

Die Sprechstundenhilfe ging hinaus, und Mrs. Pollifax sah den Doktor an. Er war ein ausnehmend netter junger Mann mit blendendweißen Zähnen und einer Hornbrille. Die nahm er jetzt ab. „Nun, Mrs. Pollifax", sagte er freundlich, „für Ihr Alter ist Ihr Gesundheitszustand großartig. Ich kann Ihnen nur gratulieren... aber da gibt es gewisse Anzeichen eines Abfallens. Sie sind nicht ganz so auf der Höhe wie noch vor einem Jahr. Bedrückt Sie irgend etwas?"

Mrs. Pollifax zögerte und überlegte, ob er es wohl verstehen würde. Er war so lächerlich jung. „Nun ja, manchmal denke ich, man kann auch *zuviel* Zeit haben." Sie stockte. „Es klingt schrecklich frivol, wo doch so viele heute verhungern, aber ich kann mich des Gefühls nicht erwehren, daß ich überflüssig geworden bin." Nun war es heraus, und die Worte gerannen in der Luft.

Der Arzt setzte die Brille wieder auf. „Ich verstehe. Ihre beiden Kinder, Mrs. Pollifax, sind..."

„Erwachsen und weit fort. Und wenn sie zu Besuch kommen, ist es doch nicht dasselbe."

Er hörte aufmerksam zu. „Sie sagten, Sie seien auf vielerlei Weise sozial tätig. Macht Ihnen das Freude?"

Mrs. Pollifax blinzelte bei dieser unerwarteten Frage, dann lächelte sie plötzlich und sagte: „Im Grunde, fürchte ich, ist es mir ziemlich zuwider."

Er mußte nun auch lachen; ihr Lächeln wirkte so ansteckend, irgendwie beifallheischend und verschmitzt. „Vielleicht wäre es an der Zeit, daß Sie sich nach einer Betätigung umsehen, die Ihnen mehr zusagt", empfahl er. „Es ist in jedem Alter ungeheuer wichtig, seine Möglichkeiten voll auszuschöpfen. Andernfalls setzt man gewissermaßen Rost an."

„Ja", sagte sie einfach, „das stimmt, aber was soll man tun? Nach dem Tod meines Mannes bin ich darangegangen, mir mein einschichtiges Leben möglichst vernünftig einzurichten, damit ich meinen Kindern nie zur Last falle. Nur..."

„Ist es vielleicht zu vernünftig?" half er nach. „Gibt es nicht irgend etwas, das Sie schon immer gern getan hätten, wozu Sie aber nie die Möglichkeit hatten?"

Mrs. Pollifax blickte ihn an.

„In meiner Jugend war es jahrelang mein sehnlichster Wunsch, Spionin zu werden", gestand sie.

Der Arzt warf den Kopf zurück und lachte laut, und Mrs. Pollifax fragte sich, warum die Leute sie gerade dann so komisch fanden, wenn es ihr bitterernst war. Ihr Mann hatte sie mit Vorliebe „süßes kleines Schaf" genannt und damit auf seine Art ihre seltsamen Neigungen entschuldigt, für die ihm das rechte Verständnis fehlte. Und als ihre Kinder, Roger und Jane, älter wurden, hatten sie sich ebenfalls angewöhnt, sie für ein wenig überspannt zu halten. Auch jetzt konnte sie Jane sagen hören: „Aber Mutter, *warum* in aller Welt...?", und zu ihrem eigenen Erstaunen ertappte sie sich bei dem Gedanken: Wahrscheinlich bin ich wirklich keine sehr vernünftige Person. Vielleicht hat der Doktor recht. Es macht mich nur unglücklich, wenn ich versuche, anders zu sein, als ich bin.

Aber seit dem schallenden Gelächter des Arztes war ihr nicht mehr nach Beichten zumute. Sie plauderten noch ein paar Minuten über gleichgültige Dinge, und Mrs. Pollifax verließ die Praxis.

Ich habe nicht gespaßt, dachte sie entrüstet, ich wollte wirklich Spionin werden. Sie hatte sich auch redlich dafür geplagt. Jeden Samstagmorgen hatte sie ihren Vetter John zu den städtischen Müllgruben begleitet, um zuzuschauen, wie er Ratten schoß. Sie war eine so hartnäckige Klette gewesen, daß er sich endlich bereit gefunden hatte, sie auch schießen zu lassen. Und dann die Landkarten. Mit welcher Hingabe hatte sie in ihrem Zimmer darüber gebrütet! Noch beim Ausbruch des zweiten Weltkrieges war sie imstande, Längen- und Breitengrad von irgendwelchen winzigen Inseln anzugeben, von denen die andern nie gehört hatten. Was für ein seltsames Kind war sie doch gewesen, dachte sie mit Rührung, einsam, aber sehr glücklich. Auch jetzt war sie einsam, aber so – so überflüssig, so ohne Lebensinhalt. Vergangenen Montag, als sie ihre Geranien auf das Dach des Apartmenthauses getragen hatte, war sie lange an der Brüstung stehengeblieben, hatte hinuntergestarrt und vergeblich nach einem Grund gesucht, warum sie nicht doch den einen Schritt vorwärts ins Vergessen tun sollte. Selbst jetzt war sie nicht sicher, was geschehen wäre, hätte nicht der junge Mr. Gabor gerufen: „Mrs. Pollifax! Treten Sie um Himmels willen zurück!" Als sie seiner Aufforderung gefolgt war, hatte sie gesehen, daß er zitterte.

Dem Arzt hatte sie das nicht erzählt. Aber ihr war klar, sie mußte ihrem Leben irgendwie einen neuen Sinn geben, sonst würde sie es nicht mehr wagen, ihre Geranien aufs Dach zu tragen, und sie liebte doch ihre Geranien.

Im Parterre ihres Hauses sah sie Miß Hartshorne am Aufzug stehen. Sogleich fühlte sie sich klein und häßlich, denn bei ihrem Anblick mußte sie immer an ihre Mathematiklehrerin denken. Miß Hartshorne konnte nichts dafür, trotzdem machte Mrs. Pollifax es ihr unlogischerweise zum Vorwurf.

„Mrs. Pollifax", schmetterte Miß Hartshorne mit ihrer Feldwebelstimme. Sie traten beide in den Aufzug, und Miß Hartshorne drückte auf den Knopf. „Warm heute", stellte sie fest.

„Geradezu schwül", steuerte Mrs. Pollifax bei. Dann nahm sie sich zusammen und fügte hinzu: „Haben Sie diesen Sommer eine Reise vor, Miß Hartshorne?" Miß Hartshorne hatte immer entweder eine Reise vor, oder sie zeigte Farbaufnahmen von einer früheren. Manchmal schien es Mrs. Pollifax, als sehe ihre Nachbarin von den Ländern, die sie bereiste, erst etwas, wenn sie zu Hause in ihrem Wohnzimmer die Aufnahmen betrachtete.

„Im September", sagte Miß Hartshorne entschieden. „Der einzige Monat, der für den erfahrenen Reisenden in Frage kommt." Die Aufzugstür öffnete sich. Mit einem „Guten Tag" rauschte sie davon.

„Ja – gleichfalls", murmelte Mrs. Pollifax und verschwand mit einem Gefühl der Erleichterung in ihrer Wohnung. Als sie an ihrem Schreibtisch vorbeikam, blieb sie stehen und warf einen Blick auf ihren Vormerkkalender. Heute war Montag. Morgen schob sie den Bücherwagen durchs Krankenhaus, am Mittwoch wickelte sie Bandagen. Donnerstags war der Kunstverein an der Reihe und freitags der Gartenklub. Am Samstag ging sie zum Friseur und trank Tee mit Elise Wiggin, die von nichts anderem als von ihren Enkeln redete und wie wundervoll sie sich ans Töpfchen gewöhnten.

Mrs. Pollifax griff nach der Zeitung und überflog sie; es war wichtig, gut informiert zu sein. Auf Seite drei fiel ihr Blick auf das Bild einer Frau und die Unterschrift: KARRIERE MIT 63. Mrs. Pollifax setzte sich interessiert und las. Magda Carroll hatte sich nach der Verheiratung ihrer Kinder einer kleinen Theatergruppe angeschlossen, war von einem Broadway-Agenten entdeckt worden und spielte nun in einem Stück, das in New York begeisterte Kritiken gefunden hatte. „Das verdanke ich ausschließlich meinem Alter", hieß es in dem Interview. „Die Theaterwelt wimmelt von begabten jungen Dingern, aber an Dreiundsechzigjährigen herrscht Mangel. Sie brauchten mich – ich kam für sie wie gerufen."

„‚Sie brauchten mich – ich kam für sie wie gerufen', wie wundervoll!" flüsterte Mrs. Pollifax. Sie stand auf, ging zum großen Spiegel in der Diele und musterte die Frau, die er ihr zeigte: klein, sehr weiblich, von etwas rundlichen Formen, mit fast weißem Haar und blauen Augen. Eine nette kleine Frau, für fast alles Praktische unbrauchbar. Gab es denn wirklich kein Gebiet, das vielleicht gerade auf sie wartete?

Unsinn, sagte sie sich, vollkommen ausgeschlossen. Aber frisch gewagt ist halb gewonnen, mahnte sie sich schüchtern. Und: „Gibt es nicht irgend etwas, das Sie schon immer gern getan hätten?" Fragen kostete nichts. Schon der bloße Versuch würde eine nette kleine Erholung von ihren freiwillig übernommenen Pflichten sein. Ich war seit meinem elften Jahr nicht mehr in Washington... Es war völlig verrückt.

„Ich fahre!" verkündete sie laut und kam sich ausgesprochen tollkühn vor, als sie ihren Koffer aus dem Abstellraum holte.

Nachdem Mrs. Pollifax in Washington ein Hotelzimmer genommen hatte, suchte sie als erstes ihren Abgeordneten auf. Den nächsten Tag verbrachte sie damit, Sehenswürdigkeiten zu besichtigen und ihren Mut wieder zu beleben, der wie Flut und Ebbe in ihr stieg und sank und dann ein trauriges Gewirr von Zweifeln zurückließ. Aber tags darauf nahm sie entschlossen den Bus, der sie in zwanzig Minuten nach Langley in Virginia und zum CIA, der Geheimdienstzentrale, brachte. Die Adresse hatte sie in einer Bibliothek herausgefunden und mit verstohlenen Blicken über die Schulter abgeschrieben. Aber jetzt stellte sie erstaunt fest, daß Schilder entlang der Straße jedermann, vermutlich auch Russen, zum CIA wiesen. Auch das Gebäude selbst war keineswegs unauffällig. Mit seinen Türmen, Vordächern und riesigen Glasflächen schrie es geradezu nach Beachtung.

Mrs. Pollifax schritt durch die Eingangspforte und wandte sich an den Wachtposten im Innern. Ihr Mut war heute im Steigen. Nur Miß Hartshorne hätte ihn dämpfen können. Mit einem Blick in ihr Notizbuch erklärte sie: „Ich möchte Mr. Jaspar Mason sprechen."

Sie mußte ein Formular ausfüllen, dann geleitete sie ein Posten durch einen Korridor. Mrs. Pollifax ging langsam und las alle Anschläge, wie alte Geheimakten zur Vernichtung vorzubereiten waren und zu welchen Stunden sie abgeholt würden. Sie wurde in ein helles, kleines, unpersönliches Zimmer geführt. Aus der Einrichtung – einigen Sesseln, einem Sofa und einem Teetischchen – schloß Mrs. Pollifax, daß man hier ungeladene Besucher abfertigte. Mr. Mason trug, als er hereinkam, noch zu diesem Eindruck bei – ein Mann, der fähig schien, sowohl Personen wie alte Akten zu sortieren und mit Takt und Geschick beiseite zu schaffen. Er schüttelte ihr die Hand und warf einen Blick auf seine Uhr. „Ich fürchte, ich kann mich Ihnen nur zehn Minuten widmen", sagte er. „Sagen Sie mir, was ich für Sie tun kann."

Mit gleicher Selbstverständlichkeit überreichte ihm Mrs. Pollifax das Empfehlungsschreiben, das sie von ihrem Abgeordneten erbeten hatte (natürlich, ohne ihm den wahren Grund zu sagen, warum sie jemanden vom CIA sprechen wollte).

Der junge Mann las den Brief, sah Mrs. Pollifax an und runzelte die Stirn. Es schien vor allem ihr Hut zu sein, den er mißbilligte, wahrscheinlich hing die einzelne fuchsienrote Rose, die ihn zierte, wieder einmal müde herab.

„Hm ja – Mrs. Politflack", murmelte er, offensichtlich ratlos.

„Pollifax", berichtigte sie höflich.

„Oh – Verzeihung. Nun also, Mrs. Pollifax, Sie sind Mitglied eines Gartenklubs und sammeln Informationen..."

Mrs. Pollifax vergewisserte sich durch einen Blick, daß die Tür wirklich geschlossen war, und sagte in gedämpftem Ton: „Eigentlich bin ich gekommen, um mich über Ihre Spione zu erkundigen."

Er starrte sie mit offenem Mund an: „Wie bitte?"

Mrs. Pollifax nickte: „Ich meine, ob Sie nicht welche brauchen."

Er schien nicht zu begreifen – vielleicht war er schwerhörig. Klar und deutlich sagte sie: „Ich wollte mich um einen Posten als Spionin bewerben."

Sein Mund klappte wieder zu: „Doch nicht im Ernst."

„Ich bin hergekommen, um meine Dienste anzubieten", erklärte sie ihm eifrig. „Ich stehe völlig allein, sehen Sie, und habe keinerlei Verpflichtungen. Ich gebe zu, daß meine einzige Qualifikation meine Charaktereigenschaften sind, aber in meinem Alter sind sie eben das, was man hauptsächlich zu bieten hat. Ich habe zwei Kinder großgezogen und einen Haushalt geführt. Ich verstehe was von Erster Hilfe, werde beim Anblick von Blut nicht gleich ohnmächtig und bin auch schwierigen Situationen durchaus gewachsen."

Mr. Mason wirkte etwas verwirrt. „Aber heutzutage ist Spionage keineswegs eine blutige Angelegenheit, Mrs. –, Mrs. – "

„Pollifax. Es beruhigt mich, das zu hören, Mr. Mason. Dennoch hoffte ich, daß Sie vielleicht für jemand – nun ja, Entbehrlichen – Verwendung fänden, um das Leben Ihrer jüngeren Leute zu schonen. Ich will keine großen Worte machen, aber ich bin durchaus bereit, mein Leben einzusetzen, sonst wäre ich nicht hier."

Mr. Mason war entgeistert. „Aber Mrs. Politick", protestierte er, „so geht das doch nicht. Spione werden nicht auf diese Weise rekrutiert, durch freiwillige Meldung. Es ist vielmehr Sache des Staates, sich an Sie zu wenden."

Mrs. Pollifax widersprach höflich: „Aber wie in aller Welt sollte mich der Staat in New Brunswick in New Jersey finden?"

Es klopfte, und eine junge Dame erschien. „Verzeihung, Mr. Mason, Telephon für Sie."

„Telephon? Ich komme." Mason sprang auf. „Sie müssen mich entschuldigen, Mrs. Politick."

„Pollifax", verbesserte sie ihn nachsichtig und lehnte sich auf dem Sofa zurück, um auf seine Rückkehr zu warten.

BILL CARSTAIRS war groß und hager, mit graumeliertem Haar und wettergebräuntem Gesicht. Sein Sekretär Bishop fragte sich vergeblich, wie er es fertigbrachte, sich diese Frischluftfassade so zu erhalten. Carstairs verbrachte die meiste Zeit in seinem Büro – einem Raum, dessen ganz besondere Ausstattung es ihm ermöglichte, sich binnen weniger Sekunden mit jeder x-beliebigen Gegend der Welt in Verbindung zu setzen –, arbeitete oft bis Mitternacht, und wenn etwas Ungewöhnliches im Gange war, blieb er bis zum Morgen. Bishop fand es unmenschlich, wie er seine Ruhe bewahrte; er selbst konnte schon wegen einer abgebrochenen Bleistiftspitze hochgehen.

„Irgend etwas Neues von Tirpak?" hatte Carstairs diesen Morgen Bishop als erstes gefragt.

„Nichts seit Nicaragua."

„Das war vor zwei Tagen. Kein Wort aus Costa Rica?"

Bishop schüttelte den Kopf, und Carstairs lehnte sich in seinem Sessel zurück. „Verdammt... aber das mit Mexico City will ich auf jeden Fall in die Wege leiten. Wenn irgendwas hereinkommt, möchte ich es sofort wissen. Ich bin bei Higgins."

Higgins mit seinem unschuldigen Kindergesicht und phantastischen Gedächtnis leitete die Personalabteilung mit ihren Tausenden von Namen in einer höchst geheimen Kartei. „Schönen guten Morgen", sagte Carstairs, als er bei Higgins aufkreuzte.

„Genaugenommen eher bewölkt als schön", wandte Higgins sanft ein. „Das ist die Kehrseite der modernen Architektur. Aber was kann ich für Sie tun?"

„Ich brauche einen Touristen, eine ganz bestimmte Art von Touristen."

Higgins seufzte: „Touristen habe ich jede Menge, aber eine ganz bestimmte Art? Also, was soll's sein?"

„Ein Außenstehender, völlig Unbekannter. Das ist wesentlich."

„Und weiter? Für welche Art von Auftrag?"

Carstairs zögerte. Er haßte es, Informationen preiszugeben, aber es war nicht anzunehmen, daß man Higgins in den nächsten vierundzwanzig Stunden foltern würde. „Es kommt ein Päckchen nach Mexico City. Der besagte Tourist muß es an einem bestimmten Tag an verabredeter Stelle abholen und hierherbringen."

Higgins zog eine Augenbraue hoch. „Ein normaler Kurier tut's nicht?"

„Kuriere sind ihnen allzu gut bekannt", erklärte Carstairs geduldig. „Und mit der Post ist es viel zu riskant."

„Denken Sie an jemand ganz Neuen – ein unbekanntes Gesicht?"

„Das hieße, einen vollkommen Unerfahrenen?"

„Würde das eine Rolle spielen? Immer noch besser als jemand, der 1935 in Wien gesehen worden ist und nun plötzlich in Mexico City auftaucht."

„Was hätten Sie da auf Lager? Von meinem Touristen wird fast nichts verlangt außer Zuverlässigkeit, aber er oder sie muß absolut richtig aussehen."

Aus seiner Kartei zog Higgins ein Photo nach dem andern. Einige wurden sofort wieder zurückgesteckt, mit einem: „O nein, der geht nicht, der hat sich auf dem Balkan das Schienbein gebrochen", oder „Leider wurde diese Dame in den Osten verliehen." Als Carstairs ging, nahm er nur vier Bilder mit.

„Noch nichts von Tirpak", empfing ihn Bishop.

„Verdammt", sagte Carstairs abermals. Bishop, der gute Kerl, hatte eine Tasse Kaffee auf seinen Schreibtisch gestellt, und Carstairs nahm dankbar einen Schluck. Tirpak war einer seiner besten Leute und hätte sich schon längst melden sollen. Acht Monate arbeitete er nun an seiner Aufgabe, und nach den kurzen Nachrichten, die er hin und wieder aus Südamerika drahtlos oder verschlüsselt durch die Post gesandt hatte, waren es fruchtbare Monate gewesen. Wie Tirpak aussah, wußte Carstairs nur von dem Photo in der höchst geheimen Kartei, aber seine Fähigkeiten kannte er sehr wohl – er war der reinste Computer, ein Statistiker. Vor Monaten war er mit allen verfügbaren Tips, Geschichten und Gerüchten über Castros geheime Operationen in jenem Teil der Welt gefüttert worden, und jetzt kamen saubere, nackte Fakten von ihm. Aber Fakten allein nützten nichts; entscheidend war der Beweis, den er nach Mexico City bringen sollte, so hieb- und stichfest, daß jede Nation in der Allianz des Fortschritts genau erfuhr, in welcher Gestalt das Trojanische Pferd des Kommunismus in ihrem Land erscheinen würde.

Mit der Tasse in der Hand starrte Carstairs mißgelaunt auf die bis zur Decke reichende Landkarte an der Wand. Der schwierigste Teil von Tirpaks Auftrag bestand darin, den Beweis in die richtigen Hände und nordwärts von Land zu Land bis auf Carstairs Schreibtisch zu befördern. Es war zu erwarten gewesen, daß irgendwo die falschen Leute davon Wind bekamen, man brauchte sich also nicht zu wundern, daß Tirpaks Informanten einer nach dem andern verschwanden. Aber nun war Tirpak selbst überfällig, und Carstairs machte sich Sorgen.

Er wußte, wie sich alles abwickeln würde, wenn nichts dazwischenkam: In dem schäbigen Photoatelier in Costa Rica mußte Tirpaks umfangreiches Material in Mikrofilme verwandelt werden, dann folgte der Abstecher nach Mexico City, wo der Mikrofilm de Gamez übergeben werden sollte, denn Tirpak war in den Vereinigten Staaten *Persona non grata* – eine Fabel, die zu seiner Sicherheit aufrechterhalten werden mußte. Von Mexico City an war es Sache von Carstairs und seinem Touristen. Nervös zündete sich Carstairs eine Zigarette an. Wurde Tirpak beschattet? War er ermordet worden und die ganze Dokumentation verloren?

Die Tür ging auf. Carstairs zwang sein Gesicht zur gewohnten Maske, aber Bishop lächelte. „Tirpak ist in Costa Rica."

Carstairs' Reaktion war inbrünstig und kurz. „Gott sei Dank." Dann wütend: „Wo hat er denn so lange gesteckt?"

Fünf Minuten später starrte er stirnrunzelnd auf eine entschlüsselte Botschaft. Castros rotchinesische Freunde seien an ihm interessiert, berichtete Tirpak. Er halte es für ratsam unterzutauchen. Die Dokumente würden, entsprechend getarnt, zwischen dem 12. und 18. August in Mexico City sein. Er selbst wolle noch ein bis zwei Wochen in Costa Rica bleiben.

Wenn Tirpak sagte, die Mikrofilme seien zwischen dem 12. und 18. in Mexico City, dann waren sie es auch. Es wurde Zeit, den Touristen in Marsch zu setzen. „Bishop", sagte Carstairs und legte die Photos auf den Tisch, „wen nehmen wir?"

„Für mich sehen sie alle wie waschechte Touristen aus", meinte Bishop.

Carstairs seufzte. „Man sollte nie nach dem Gesicht allein urteilen, aber dieser da sieht mir zu beflissen aus. Er könnte sich unter Umständen vergessen und ins Prahlen geraten – es ist erstaunlich, wie es manche Leute in fremden Ländern überkommt. Und dieser hier war während des zweiten Weltkriegs in China. Wenn die Chinesen hinter Tirpak her sind, können wir den nicht nehmen."

„Und die Frau da?" fragte Bishop.

„Nein, ich will jemanden über fünfundvierzig." Carstairs musterte das vierte Gesicht. „Humorloser Typ. Die würde es schaffen, redet sicher mit keiner Seele. Charlotte Webster, achtundfünfzig Jahre, Washington. Bishop, die möchte ich mir anschauen, ohne selbst gesehen zu werden."

„Ich werde Mason sagen, er soll sie ins Besuchszimmer im Erdgeschoß bestellen. Da können Sie dann einen Blick hineinwerfen."

„Guter Gedanke, Bishop. Sehen Sie zu, ob Mason sie für zwei Uhr herbestellen kann."

Um zwei beendete Carstairs seinen Imbiß in der Kantine und eilte zum Besuchszimmer. „Ist Masons Verabredung drin?" fragte er den Posten im Flur.

„Ja, Sir. Eine Frau."

Die Frau saß allein in dem Zimmer und war so entschieden die Richtige für diese Sache, daß er kaum seinen Augen traute. Schon immer war es seine Stärke gewesen, Verstellung und Echtheit sofort unterscheiden zu können. Als erstes fiel ihm der wirklich absurde Hut mit der einen völlig schief sitzenden Rose auf, dann die weißen Haarbüschel, die widerspenstig darunter hervorstanden. Er bemerkte den heiteren Mund, und als er ihrem Blick begegnete, der ebenso interessiert war wie sein eigener, empfand er den Triumph eines Theaterdirektors, der eben die ideale Besetzung für eine Hauptrolle entdeckt hat.

Mit ausgestreckter Hand eilte er auf sie zu und sagte herzlich: „Ich bin Carstairs. Wir hätten da eine Aufgabe für Sie. Haben Sie schon mit Mason gesprochen?"

„Mit Mr. Mason?" Nur einen Augenblick lang schien sie verdutzt. „O ja, doch er wurde zum Telephon gerufen und –"

„Spielt keine Rolle. Es ist mir klar, daß Sie keine Erfahrung haben, aber es handelt sich um eine ganz einfache Sache. Das Wesentliche war uns, genau die richtige Person dafür zu finden. Ich glaube, Sie wären sehr gut geeignet. Paßt es Ihnen, vom 3. bis 22. August für uns zu arbeiten?"

„Das paßt ausgezeichnet", erwiderte sie atemlos und rot vor Freude. „Mit dem größten Vergnügen!"

„Wunderbar. Waren Sie je in Mexiko?"

„In Mexiko! Nein, nie. Möchten Sie mich nach Mexiko schicken?"

Ihre begeisterte Reaktion gefiel ihm sehr. „Sie erhalten die übliche Kuriervergütung und natürlich die Auslagen. Sie werden eine amerikanische Touristin sein und Ihren eigenen Namen benützen. Ihre Aufgabe besteht darin, an einem bestimmten Tag einen bestimmten Ort in Mexico City aufzusuchen; die übrige Zeit haben Sie zur freien Verfügung."

Miß Webster, dachte Carstairs beglückt, war nicht nur geeignet, sondern übertraf alle Erwartungen – obgleich ein ganz miserabler Photograph die Aufnahme gemacht haben mußte. „Sie fühlen sich der Sache gewachsen?" fügte er mit einem Lächeln hinzu.

Sie holte tief Luft. „Deshalb bin ich ja hergekommen. Ja, ich schaffe es bestimmt und werde mir besondere Mühe geben."

Er fragte: „Würden Sie bitte noch in mein Büro kommen, damit wir einen Termin vereinbaren? Im Augenblick habe ich zu wenig Zeit, Ihnen die nötigen Anweisungen zu geben. Wie wäre es morgen früh?"

„Ausgezeichnet." Strahlend kramte sie in ihrer Handtasche und zog eine Visitenkarte heraus. „Ich glaube, Sie wissen noch nicht, wie ich heiße. Ich habe immer einige bei mir."

Amüsiert steckte Carstairs die Karte in die Tasche und geleitete sie durch die Halle zu seinem Büro. „Mal sehen, was mein Terminkalender sagt. Morgen früh um neun? Tut mir leid, daß Sie nochmals herkommen müssen, aber ich bestehe immer auf sorgfältiger Instruktion."

„Da haben Sie ganz gewiß recht", pflichtete sie ihm bei. „Und Sie waren wirklich nett zu mir, ich hatte das gar nicht erwartet. Danke vielmals."

„Nett?" wiederholte Carstairs, als sie gegangen war. „Hören Sie, Bishop, ich habe meine Touristin gefunden. Sie ist so von Grund auf harmlos, daß sie sogar Mao Tse-tung täuschen würde."

Bishop blickte ihn verblüfft an. „Aber, Sir – Mason hat mich gerade erst telephonisch verständigt, daß Miß Webster eingetroffen ist."

„Unsinn. Miß Webster ist eben fortgegangen."

„Nein, Sir, Miß Webster ist eben gekommen."

Carstairs fluchte leise und ausgiebig. „Dann tun Sie mir den Gefallen, Bishop, und fragen Sie Mason, wer zum Teufel in seinem Besuchszimmer auf mich gewartet hat. Aber bitte dalli." Er zog Mrs. Pollifax' Karte aus der Tasche und griff nach dem Photo von Miß Webster. Ja, eine oberflächliche Ähnlichkeit bestand – Miß Webster war eine vertrocknete Ausgabe von Mrs. Pollifax. „Nun?" knurrte er, als Bishop zurückkam.

„Ihr Name war Politick oder Politflack. Mason sagt, sie sei hergekommen, weil sie sich um einen Posten als Geheimagentin bewerben wollte."

Carstairs war baff. „Niemand kommt einfach daher und will Agent werden." Dann begannen seine Mundwinkel zu zucken. „So was Verrücktes. Aber verdammt noch mal, Bishop, veranlassen Sie eine Blitzüberprüfung von" – er schaute auf die Karte – „Mrs. Virgil

Pollifax in New Brunswick, New Jersey. Ich möchte das Ergebnis bis morgen früh um acht haben. Und dann fangen Sie an zu beten."

„Beten, Sir?"

„Ja, beten Sie, daß diese Dame niemals nichtsahnend einen Roten zum Essen eingeladen hat. Und sagen Sie Mason, er soll Miß Webster nach Hause schicken."


2


„Zum Flug Nummer einundfünfzig nach Mexico City bitte zu Ausgang vier. Zum Flug Nummer einundfünfzig zu Ausgang vier..."

Mrs. Pollifax platzte fast vor Aufregung. Tagelang hatte sie den unergründlichen Ausdruck einer Geheimagentin geübt, aber jetzt konnte sie ihn unmöglich beibehalten – die Vorstellung, zum erstenmal nach Mexiko zu kommen, war zu überwältigend. Und das machte auch nichts, denn Mr. Carstairs hatte ihr eingeschärft, daß sie nichts als eine Touristin war. „Würde ich Ihnen zutrauen, was anderes zu sein, hätte ich Ihnen diesen Auftrag nie gegeben", hatte er nachdrücklich erklärt.

Mrs. Pollifax hatte ihm mit leuchtenden Augen zugehört. „Ihr Flugschein und die andern Papiere werden Ihnen durch die Post zugeschickt. Im Hotel *Reforma Intercontinental* ist für den 3. August ein Zimmer für Mrs. Virgil Pollifax bestellt, die zu einem dreiwöchigen Aufenthalt nach Mexiko kommt. Was Sie sich ansehen, ist Ihre Sache, ich würde sagen, die üblichen Touristenattraktionen – Taxco, Acapulco. Aber am 19. August um zehn Uhr vormittags werden Sie, *unter allen Umständen*, diese Buchhandlung in Mexico City aufsuchen." Er gab Mrs. Pollifax einen Zettel. „Lernen Sie die Adresse auswendig", sagte er ruhig, und Mrs. Pollifax' Herz begann rascher zu klopfen. „Vor Ihrer Abreise wird Sie ein Herr aufsuchen und sich vergewissern, daß Sie sie im Kopf haben."

Mrs. Pollifax begann auf der Stelle, sich die Worte einzuprägen:

El Papagayo Librería (Buchhandlung zum Papagei)
Calle el Siglo 14
Mexico City
Señor R. de Gamez, Inhaber – Buchhandlung und Antiquariat.

Carstairs hatte weiter erklärt: „In der Buchhandlung verlangen Sie *Eine Geschichte aus zwei Städten* von Dickens. Señor de Gamez wird bedauern, daß er das Buch im Augenblick nicht vorrätig hat." Mrs. Pollifax wartete atemlos. „Darauf werden Sie ihm sagen – wobei Sie sich entschuldigen, daß Sie ihm widersprechen –, im Schaufenster sei ein Exemplar. Und dann fügen Sie hinzu: ‚Ich finde diese Madame Defarge* einfach abscheulich, Sie nicht auch?'" Mrs. Pollifax wiederholte die Worte. „Diese Erkennungsphrasen sind lästig", hatte Carstairs gesagt, „aber eine doppelte Kontrolle ist sicherer. Die Frage nach der *Geschichte aus zwei Städten* und die Erwähnung von Madame Defarge sind das Wesentliche, das Sie sich merken müssen."

Mrs. Pollifax nickte: „Und was ich Ihnen bringen soll, wird in dem Buch sein? Ach herrje, das hätte ich wohl nicht fragen sollen!"

Carstairs lächelte. „Nein, und ich würde es Ihnen auch auf keinen Fall sagen. Allerdings, um ehrlich zu sein", fügte er trocken hinzu, „ich weiß selbst nicht, was er Ihnen geben wird. Sobald Sie das Buch bezahlt haben, verlassen Sie den Laden und gehen nicht wieder hin. Sie setzen dann noch zwei Tage lang Ihre Besichtigungen fort und fliegen am Abend des 21. zurück."

„Oh", sagte Mrs. Pollifax enttäuscht, „das klingt nicht im geringsten gefährlich."

„Meine liebe Mrs. Pollifax, ein Risiko ist immer dabei, aber wenn eine ernste Gefahr damit verbunden wäre, hätte ich die Sache nie einem Amateur übertragen. Dies ist eine einfache Kuriertätigkeit." Er stand lächelnd auf. „Ich hoffe, Sie waren nicht gekränkt wegen der Überprüfung mit dem Lügendetektor?"

„O nein, es war schrecklich interessant", erwiderte sie strahlend.

„Gut. Es ist für jeden hier eine Routinesache." Er schüttelte ihr die Hand. „Ich werde Sie nicht mehr sehen, Mrs. Pollifax – viel Spaß also."

Sicher hatte er das Wort „Spaß" absichtlich gebraucht, um sie von etwa noch vorhandenen Phantasievorstellungen zu heilen, vermutete sie wohl nicht zu Unrecht. Nun, ihren Spaß würde sie haben. Die Reaktion ihrer Kinder auf die geplante Reise war sehr verschieden gewesen. „Aber Mutter", hatte Jane in einem Ferngespräch lamentiert, „wenn du verreisen willst, hättest du doch zu uns nach Arizona kommen können."

---
\* Eine der blutdürstigen Revolutionärinnen aus Dickens' Erzählung.

Roger hatte sie ermahnt, mit Wassertrinken vorsichtig zu sein, dann aber, da er seiner Mutter viel ähnlicher war als Jane, hinzugefügt: „Ich habe mich schon um dich gesorgt, Mutter, du hast seit Jahren keine Eskapaden mehr gemacht. Gute Reise. Wenn du in einer Klemme bist, telegraphiere."

Guter Roger. Als das Flugzeug anrollte, beugte sie sich vor und schaute aus dem Fenster. Hoffentlich macht es mir auch wirklich Spaß, fuhr es ihr plötzlich mißtönend durch den Kopf, als unter ohrenbetäubendem Lärm die Landschaft vorbeizurasen begann.

DAS HOTEL *Reforma* in Mexico City übertraf alles an Luxus, was Mrs. Pollifax je erträumt hatte – es war fast zuviel des Guten, aber das war ja nicht ihre Sache; hier stieg man jedenfalls als Tourist ab. Am nächsten Morgen wartete sie als erste auf den Rundfahrtbus. Bis zum Abend hatte sie zwei neue Bekanntschaften gemacht – amerikanische Lehrerinnen, Miß Lambert und Mrs. Donahue –, hatte eine Menge über Mexikos Geschichte gelernt und wußte noch die Namen sämtlicher Straßen, durch die sie gekommen waren. Aber die Calle el Siglo war nicht darunter gewesen.

Tags darauf kaufte sie einen Stadtplan, und nach einstündigem Studium machte sie sich auf die Suche nach der Calle el Siglo und der Papagayo Librería, denn sie hatte das Gefühl, sie könne den Aufenthalt nicht wirklich genießen, bevor sie nicht genau wußte, wo sie sich am 19. August einzufinden hatte. Zu ihrer Überraschung war der Laden vom Hotel aus leicht zu Fuß zu erreichen. Er lag in einer hochachtbaren, von Touristen wimmelnden Seitenstraße und war weder schäbig noch verkommen, wie sie sich ihn romantischerweise vorgestellt hatte, sondern schick und modern.

Am folgenden Nachmittag, nach einer Besichtigung des Nationalpalastes, steuerte sie ihre beiden Bekannten durch die Calle el Siglo, wobei sie völlig skrupellos behauptete, es sei der kürzeste Weg zurück zum Hotel. Diesmal kamen sie direkt am Eingang des Papagayo vorbei, und Mrs. Pollifax schaute hinein. Der Mann hinter dem Ladentisch sah sympathisch aus, sein weißes Haar und weißer Schnurrbart kontrastierten stark mit seinem dunklen Gesicht. Wie ein spanischer Grande, dachte sie.

In den nächsten Tagen fand Mrs. Pollifax so viele Gelegenheiten, dort vorbeizugehen, daß sie die Buchhandlung schon wie ihre eigene betrachtete. Nach einer Woche fuhr sie für einige Tage nach Taxco und wanderte allein durch die krummen, kopfsteingepflasterten Gassen. Überall stieß sie auf reizende, hilfsbereite Leute. Im Bus zurück nach Mexico City unterhielt sie ein Witwer aus Chikago. Aus seinen Äußerungen schloß sie, daß er ein passionierter Spieler war, aber das verminderte ihr Interesse keineswegs – sie hatte noch nie einen Berufsspieler getroffen.

Nach der Rückkehr in ihr Hotel am 15. August ging sie als erstes in die Calle el Siglo, um nach ihrer Buchhandlung zu sehen. Señor de Gamez war da und sah so nett aus, daß sie dachte, es würde doch sicherlich nicht schaden, wenn sie etwas kaufte, denn sie hatte gar nichts zum Lesen. Als sie unschlüssig stehenblieb, kam eine Gruppe Touristen lachend und mit Päckchen beladen aus dem Papagayo. Mrs. Pollifax überquerte die Straße und trat ein.

Señor de Gamez packte gerade für einen Kunden ein Buch ein. Leider sprach er jedoch spanisch, und so konnte Mrs. Pollifax kein Wort verstehen. Sie beugte sich über einen Stapel mit der Bezeichnung NEUERSCHEINUNGEN AUS DEN USA, wählte die Memoiren einer bekannten Schauspielerin und wühlte gerade in ihrer Tasche, als eine schrille Stimme kreischte: „Alte Bücher, neue Bücher, lesen Sie ein Buch!" Erstaunt wandte sich Mrs. Pollifax um und entdeckte in nächster Nähe einen Käfig mit einem Papagei.

„Gefällt Ihnen mein Papagei?" Señor de Gamez' Kunde hatte den Laden verlassen, und sie waren allein. „Kommen Sie nur", sagte er und ging zum Käfig. „Verstehen Sie etwas von Papageien? Das ist ein besonders schöner."

„Was für herrliche Farben", sagte Mrs. Pollifax befangen.

Señor de Gamez strich mit der Hand über den Käfig. „Ich habe mein Geschäft nach meiner Olé genannt. Sie ist schon zwölf Jahre bei mir. Was ich tun soll, wenn sie stirbt, weiß ich nicht."

Mrs. Pollifax nickte verständnisvoll. „Die Leute würden sagen, kaufen Sie sich einen neuen Papagei, aber das ist doch nie das gleiche, nicht wahr?"

„*Si*, wie recht Sie haben! Meine Frau ist seit fünf Jahren tot, und meine Söhne sind erwachsen und fortgezogen. Haben Sie auch Kinder?"

Mrs. Pollifax zahlte. „Zwei", antwortete sie, „beide erwachsen. Ich bin seit acht Jahren Witwe."

„Das tut mir aber leid. Sie sind doch wohl nicht allein nach Mexiko gekommen?" Mrs. Pollifax nickte. „Das beweist Mut, bravo."

„Manchmal ist es schon ein bißchen einsam", gab sie zu.

„Legen Sie Patiencen, Señora?" Mrs. Pollifax schüttelte den Kopf. „Da entgeht Ihnen aber etwas. Ich selbst schwärme dafür. Es ist so entspannend."

„Ich erinnere mich, daß ich es als Kind ein paarmal versucht habe – "

„*Sí*, aber nun sind Sie erwachsen", sagte er lächelnd. „Bitte, gestatten Sie mir –" Er wehrte ihren Protest mit einer Handbewegung ab und reichte ihr ein Büchlein, *77 Arten, Patience zu legen.* „Weil Ihnen mein Papagei gefällt."

Mrs. Pollifax war bezaubert und begann zu lachen. „Ich will es versuchen."

„Gut." Er nickte einem Mann und einer Frau zu, die gerade den Laden betraten, und wickelte die Bücher ein. „Es war mir ein Vergnügen, Señora. Hoffentlich haben Sie noch einen schönen Aufenthalt."

Mrs. Pollifax war von so viel Freundlichkeit gerührt und beglückt. „Vielen herzlichen Dank", sagte sie und wandte sich zur Tür.

„O Señora", rief er ihr nach, „wie wollen Sie Patience legen ohne Karten?" Mrs. Pollifax drehte sich um, und er warf ihr durch den ganzen Raum ein Päckchen Spielkarten zu.

„Oh, aber...", rief sie, streckte sich und fing die Karten in der Luft. Ihr Sohn wäre stolz auf sie gewesen.

„Wie man so sagt: auf Kosten des Hauses!" fügte er gut gelaunt hinzu.

Was für ein reizender Mann. Aber sie war kaum einen Häuserblock weit gegangen, als sie bestürzt stehenblieb. Dieser liebenswürdige Herr war niemand anders als Carstairs' Señor de Gamez! Sie hatte nur hineinschauen, unauffällig ein Buch kaufen und wieder gehen wollen. Was in aller Welt würde er nun denken, wenn sich herausstellte, daß sie Mr. Carstairs' Kurier war! Wie schrecklich, dachte sie. So etwas taten Geheimagenten nicht. Sie beschloß, sich bis zu DEM TAG dem Laden nicht mehr zu nähern.

Nun machte sie sich eine Liste für ihre Erledigungen in den nächsten vier Tagen: Mitbringsel für Roger, Jane und die Enkel besorgen, Ansichtskarten schreiben. *Liebe Miß Hartshorne, Mexiko ist herr-*

*lich*... Aber das war alles furchtbar langweilig, und so schlug sie das Buch auf, das Señor de Gamez ihr gegeben hatte, und stellte zu ihrer Überraschung fest, daß eine Patience nicht nur die Nerven beruhigte, sondern auch unterhaltsam war. Sie fragte sich, ob sie das Señor de Gamez gegenüber erwähnen solle, wenn sie sich wieder trafen. Lieber nicht, entschied sie mit Bedauern. Am 19. hatte sie sich zu benehmen, wie es sich für eine Geheimagentin geziemte, kühl und unpersönlich.

Am 18. zog sie auf gut Glück los, um ihre Einkäufe für die Familie zu vervollständigen. Am Abend hingen auf ihrem Zimmer bunte Ponchos über Tisch und Stühle gebreitet. Nicht gerade die besten, dachte sie, aber sechs auf einmal zu kaufen ist teuer, und natürlich bezahle ich die aus meiner Tasche. Sie hatte sorgfältig über jeden ausgegebenen Dollar Buch geführt, weil sie sich an die grimmigen Äußerungen von Janes Mann über die Verschwendung erinnerte, die man in Washington trieb. Sie war nun schon fast drei Wochen hier... Zum erstenmal schoß es Mrs. Pollifax durch den Kopf, daß ihr Besuch in der Papagayo Librería doch wichtiger sein mochte, als Mr. Carstairs ihr weisgemacht hatte.

Unsinn, dachte sie, er wollte nur sichergehen, daß jeder sie als Touristin kannte.

Als Mrs. Pollifax am nächsten Morgen die Augen aufschlug, wußte sie sogleich, daß es der Tag war. Sie zog den Reißverschluß am Rock ihres besten, marineblauen Kostüms zu, und weil es kühl war, schlüpfte sie noch in die tolle guatemaltekische Molljacke, die sie sich selbst spendiert hatte. Dann steckte sie die Spielkarten in ihre Handtasche. Die Tasche enthielt ein erstaunliches Sammelsurium der verschiedensten Dinge: ein Taschenmesser für den Geburtstag ihres Enkels, zwei Tafeln Schokolade, einige Taschentücher, Verbandzeug, Travellerschecks, zwei neue Lippenstifte und einen alten, der fast aufgebraucht war, dazu einen Notizblock mit Bleistift. Sie würde das bald einmal ausräumen müssen.

Um neun Uhr fünfundvierzig bog sie in die Calle el Siglo ein. Die Tür der Papagayo Librería stand offen. Sie trat mit einer, wie sie glaubte, unnachahmlichen Lässigkeit ein.

„*Buenos días*", sagte der Mann hinter dem Ladentisch und sah lächelnd auf. Nach kurzem Zögern fügte er hinzu: „Good morning."

Mrs. Pollifax schaute sich unsicher im Laden um, aber es war sonst niemand da. „Guten Morgen", sagte sie. Der Mann war nicht Señor de Gamez.

„Kann ich Ihnen behilflich sein?" erbot er sich mit einer Verbeugung.

Mrs. Pollifax entschied, daß ihr nichts übrigblieb, als zu fragen, wann Señor de Gamez zurück sei. „Als ich das letztemal hier war", vertraute sie ihm an, „hat sich der Inhaber so freundlich meiner angenommen. Kommt er bald zurück?"

„Aber der Inhaber bin ich, Señora. Der andere Herr war mein Vetter, der mir manchmal hilft. Er heißt auch de Gamez."

„Er war so nett", erklärte Mrs. Pollifax. „Er hat mir ein Buch über Patiencen geschenkt – ach herrje!" Sie stockte erschrocken. „Das hätte ich vielleicht nicht erwähnen sollen – aber ich bezahle es gern –"

„Das ist typisch José", sagte der Mann mit einem trüben Lächeln. Er entblößte einen schimmernden Goldzahn und zuckte die Achseln. „Wenn das Geschäft ihm gehören würde, wären wir in einem Monat bankrott. Immerhin hat seine Liebenswürdigkeit Sie wieder hierhergeführt, nicht?"

„So ist es – und zwar, um die *Geschichte aus zwei Städten* zu kaufen", erklärte sie ihm beherzt. „Ich glaube, Sie haben ein Exemplar in Ihrem Schaufenster."

„*Si?*" Das kam genau mit dem richtigen Anflug von Überraschung heraus. Sie gingen beide zur Auslage und spähten über den halbhohen Vorhang, der sie vom Laden trennte. Aber Mrs. Pollifax konnte das Buch nicht entdecken. Wie peinlich, sie hätte sich natürlich überzeugen sollen, bevor sie eintrat. Nichts schien zu klappen; es war, als wolle das Schicksal sie auf die Probe stellen. „Neulich war es noch da, ich hätte gleich hereinkommen sollen. Ich finde diese Madame Defarge abscheulich, Sie nicht auch?" Sie sah ihn gespannt an.

Señor de Gamez erwiderte ihren Blick, und seine Augen wurden nachdenklich. „Es ist nicht mehr da", sagte er. „Aber ich glaube, wir verstehen uns trotzdem, Sie und ich."

„Wie bitte?"

„Ich meine, daß ich Sie erwartet habe. Bitte – vielleicht eine Tasse Tee in meinem kleinen Hinterzimmer, während ich das hole, weswegen Sie gekommen sind."

„Das ist sehr freundlich von Ihnen", sagte Mrs. Pollifax vorsichtig, obwohl sie nicht recht davon überzeugt war. Sie hatte so ein dummes Gefühl, weil das Buch nicht da war. Doch der Mann hatte gesagt, er habe sie erwartet. Vielleicht war das Buch verlegt worden – sicher haben selbst Spione mal einen schlechten Tag. „Wirklich sehr freundlich", fügte sie bestimmter hinzu, und da er den Vorhang, der das Hinterzimmer vom Laden trennte, offenhielt, blieb ihr wohl nichts übrig, als an ihm vorbei nach hinten zu gehen.

„Verzeihen Sie die Unordnung", sagte er mit einer entschuldigenden Handbewegung.

Es war wirklich unordentlich, Bücherpakete türmten sich bis zur Decke, und auf dem Boden lag überall Papier verstreut. Aber Señor de Gamez hatte sie ja nicht hinter den Vorhang gelockt, um ihr eins über den Kopf zu hauen.

Auf einem Kocher brodelte wirklich Teewasser, und bei diesem Anblick – das Teemachen hatte so etwas Anheimelndes – kehrte ihr Zutrauen wieder.

„Milch, Zitrone, Zucker?" fragte er und führte sie zum Tisch.

„Milch und ein Stück Zucker, bitte", sagte sie und setzte sich auf den Drehstuhl. „Aber ich sollte wirklich nicht länger als eine Minute bleiben."

„Nein, natürlich nicht, das wäre höchst unklug", stimmte er zu und brachte ihr eine dampfende Tasse. „Ich bin gleich wieder da."

Er verschwand hinter dem Vorhang, und Mrs. Pollifax nahm einige Schlucke Tee. Der Mann war wohl höflich, aber es fehlte ihm die Herzlichkeit seines Vetters. Was er ihr wohl bringen würde – ein anderes Buch oder ein Päckchen? Wie stickig es hier drin war! Wenn er doch wenigstens ein Fenster geöffnet hätte. Sie trank den Tee aus, und als sie aufstand, blieb ihr Blick an einem seltsam geformten Gegenstand haften. Er war hoch gewölbt und mit einem Tuch verhängt. Sie hob das Tuch auf: ein Vogelkäfig, nun leer bis auf eine leuchtendblaue Feder.

Der Papagei! dachte sie verwundert. Der andere Señor de Gamez hatte gesagt: „Ich habe meinen Laden nach meiner Olé benannt. Sie ist schon zwölf Jahre bei mir..." Mein Laden... Aber sie konnte im Augenblick nicht klar denken, denn es war sehr dumpfig hier, und der Kopf begann sie zu schmerzen. Sie versuchte ihre Gedanken zu sammeln: Wenn der Papagei dem ersten Señor gehörte... Daraus ließ sich ein Schluß ziehen, aber Mrs. Pollifax war dazu nicht imstande. Etwas stimmte hier ganz und gar nicht, und das war nicht die Hitze. Das war der Tee. „Es war der Tee", schrie Mrs. Pollifax und machte einen Schritt auf den Ausgang zu. Aber zu mehr als einem kam sie nicht, dann sank sie bewußtlos zu Boden.

3

Mrs. Pollifax öffnete ein Auge mit dem undeutlichen Gefühl, daß ihr jemand methodisch ins Gesicht schlug, erst auf die linke, dann auf die rechte Backe. Sie schloß die Augen wieder, und das rhythmische Schlagen begann erneut. Als sie das nächstemal zu sich kam, versuchte sie ein über sie gebeugtes Gesicht mit dem Blick festzuhalten.

„Fu Manchu", murmelte sie witzig und kicherte.

„Sie aufwachen, bitte sehr", sagte eine Stimme.

Mrs. Pollifax seufzte. „Schon gut. Hören Sie nur auf, mir ins Gesicht zu schlagen." Diesmal gab sie sich alle Mühe, die Augen offenzuhalten, aber der Anblick, der sich ihr bot, war es nicht wert. Sie schienen sich in einem kleinen, fensterlosen, mit Dachpappe verkleideten Schuppen zu befinden. Eine Petroleumlampe warf groteske Schatten auf die häßlichen Wände, es roch nach Schimmel und nasser Erde, und nun sah sie auch, warum sie in ihrer Benommenheit etwas von Fu Manchu gelallt hatte; der Kerl, der sie geschlagen hatte, war Chinese. Er trug schicke westliche Kleidung und sah aus wie ein Student.

„Wo bin ich denn?" fragte sie entrüstet.

„Ich an Ihrer Stelle würde mir die Frage lieber sparen", sagte eine Stimme hinter ihr, eine männliche und entschieden amerikanische Stimme. Mrs. Pollifax wollte sich auf ihrem Stuhl umdrehen, konnte es aber nicht. Ihre Hände waren hinter ihrem Rücken fest mit Draht angebunden. „Wir sind aneinandergefesselt", erklärte die Stimme, „Rücken an Rücken, Handgelenk an Handgelenk – sozusagen unzertrennlich. Ich heiße Farrell. Und wer zum Teufel sind *Sie*?"

Sie antwortete förmlich: „Mrs. Virgil Pollifax aus New Brunswick, New Jersey." Und zu ihrem Wächter gewandt, sagte sie energisch:

„Hören Sie, junger Mann. Ich verstehe was von Erster Hilfe. Sie werden meine linke Hand amputieren müssen, wenn Sie den Blutkreislauf weiter so abschnüren."

Der Mann erwiderte ungerührt: „Sie bald essen und bekommen Gelegenheit, Hände zu bewegen..."

Die Tür ging auf, und ein zweiter Mann kam mit einem Tablett herein. An ihm vorbei sah Mrs. Pollifax, daß es draußen stockdunkel war. Ich bin den ganzen Nachmittag bewußtlos gewesen, dachte sie erstaunt. Der Chinese beugte sich über sie und machte sich daran, ihre Handgelenke mit einer Zange zu befreien. Hungrig betrachtete sie das Essen – schlaffe Tortillas, trockenes Schwarzbrot und zwei Tassen Kaffee. Gut, daß dieser Anblick sie ablenkte, denn ihr Entführer war nicht allzu sanft bei seiner Arbeit, und Tränen stiegen ihr in die Augen. Endlich war er fertig, und sie legte ihre schon ganz taub gewordenen Hände in den Schoß, bemüht, nicht zu sehr auf die hervorquellenden Blutstropfen zu achten. Der junge Chinese sagte: „Essen" und ging mit dem andern hinaus. Ein Schlüssel kreischte im Schloß, und Mrs. Pollifax wandte sich um. Der Mann hinter ihr starrte sie ungläubig an.

„Du meine Güte", sagte er verblüfft. „Wie passen Sie denn in diese Geschichte? Nein, rühren Sie den Kaffee nicht an", fügte er rasch hinzu, „da ist wahrscheinlich eine Droge drin."

Mrs. Pollifax betrachtete ihn argwöhnisch. Er war nicht der Typ von Mann, der bei ihr Anklang fand: ein hartes, knochiges Gesicht, irgendwie gut aussehend auf Hollywoodart, leicht zu karikieren. Man zeichne ein vollkommenes, tiefgebräuntes Oval, verbreitere es am Kinn ein wenig, kröne es mit einer Kappe glatter schwarzer Haare, füge einen schwarzen Schnurrbart hinzu, und schon hätte man Mr. Farrell – den hartgesottenen Vertreter einer Welt, die sie mit Sicherheit schockieren würde. Vielleicht trieb er sogar mit den Drogen, die er so leichthin erwähnte, selbst Handel. „Wo sind wir", wollte sie wissen, „und wer sind diese schrecklichen Leute?" Sie nahm eine Tortilla in die Hand und begann entschlossen zu kauen.

„Das sind Kerle von Mao Tse-tung", sagte Farrell, „und während man versuchte, Sie wach zu bekommen, habe ich ganz deutlich ein Flugzeug draußen landen hören."

„Was für ein Flugplatz kann denn das sein?" fragte Mrs. Pollifax zweifelnd.

Er zuckte die Achseln, setzte sich und biß in seine Tortilla. „Soviel ich weiß, haben sie in Mexiko geheime Flugplätze."

Mrs. Pollifax sagte kühl: „Sie scheinen gut informiert zu sein. Wie können Sie das alles wissen, wenn Sie nicht einer von ihnen sind?"

Er grinste. „Sie trauen mir nicht? Das macht mich zum erstenmal Ihnen gegenüber argwöhnisch. Ich bin auch entführt worden, falls Sie es nicht bemerkt haben sollten, mitten aus einem Theaterrendezvous mit der bildschönen Miß Willow Lee, die allerhöchste Verbindungen zu Peking hat."

„Und da gehen Sie mit ihr ins Theater?" fragte Mrs. Pollifax erstaunt.

Wieder grinste er. „Meine liebe Dame, ich wußte alles über sie, als ich mich mit ihr verabredete. Mir entging nur, daß sie auch alles über mich wußte. Nun sagen Sie bloß, wie *Sie* da hineingeraten sind?"

Plötzlich mußte Mrs. Pollifax lachen. Weil ich eines Tages meine Geranien aufs Dach getragen habe, dachte sie. Und ich habe kein Recht zu verzagen. Ich habe mir ein kleines Abenteuer gewünscht, und genau das erlebe ich jetzt. Sie war mit einemmal ganz ruhig und sagte: „Ich bin wohl hier, weil ich in Mexico City in einen kleinen Laden ging, um ein Buch zu kaufen."

Farrell sah sie seltsam an: „Doch nicht in den Papagayo?"

Sein Gesicht schwankte auf sie zu, dann wieder zurück. Sie hörte ihn mit dumpfer Stimme sagen: „Verdammt, sie haben es in die Tortillas getan."

Mrs. Pollifax nickte weise. Genau die richtige Dosis, um sie wieder zu betäuben, sehr geschickt, dachte sie. Und diesmal setzte sie sich vorsichtshalber so, daß sie nicht zu Boden fallen konnte. Ich werde noch ganz routiniert, stellte sie stolz fest und lächelte sogar ein wenig, als es um sie wieder dunkel wurde.

BILL CARSTAIRS hatte am 20. August den größten Teil des Vormittags damit verbracht, mit einem Beamten vom Außenministerium über eine Revolution zu konferieren, die in einem kleinen südamerikanischen Land ausgebrochen war. Zugleich mit dem Kaffee brachte ihm Bishop ein Fernschreiben mit dem Vermerk: *Carstairs, dringend.* Es lautete: LEICHE IDENTIFIZIERT ALS RAFAEL DE GAMEZ VERGANGENE NACHT IM KANAL GEFUNDEN STOP POLIZEI VERMUTET EINTRETEN DES TODES 17 AUGUST STOP UNTERSUCHUNG LÄUFT.

Carstairs fühlte heiße Wut in sich aufsteigen. Bald würde er eiskalt seine Maßnahmen treffen; aber erst gestattete er sich einen Augenblick der Trauer um de Gamez, den er gekannt und geschätzt hatte. Das war keine Art zu sterben für einen Mann – selbst nicht für einen, der das Risiko kannte.

„Lassen Sie sich die Nachricht durch die Polizei von Mexico City bestätigen, Bishop, und sie sollen uns auf dem laufenden halten. O Gott", stöhnte er plötzlich, „Mrs. Pollifax! Sie sollte de Gamez gestern aufsuchen. Rufen Sie auch in ihrem Hotel an."

„Sie lassen Mrs. Pollifax ausrufen", berichtete Bishop nach ein paar Minuten.

„Verbinden Sie mich inzwischen mit Johnny in der Galería del Artes in Mexico City", knurrte Carstairs.

Aber Johnny war noch nicht da; Carstairs nahm den Hörer und begann in fließendem Spanisch zu fragen: War das öfters so? Wann war der Galeriebesitzer zuletzt gesehen worden? Wütend legte Carstairs den Hörer auf. „Notieren Sie, Bishop: *Temperatur in Mexico City 39 Grad. Sorgen uns um Tante Josephine. Schlagen völlige Ruhe im Krankenhaus vor.*" Er schrieb Namen auf ein Blatt Papier. „Geben Sie das weiter, es soll vordringlich an diese Leute gehen."

Gegen zwei Uhr tröpfelten Nachrichten herein. Mrs. Pollifax war im Hotel seit dem Morgen des 19. August nicht mehr gesehen worden. Über Johnny wußte man nichts. Wenn man ihn geschnappt hatte, war das Ganze wie eine Rakete hochgegangen. Man hatte de Gamez erstochen und mit Zement beschwert in einem Kanal gefunden, mit dessen Trockenlegung die Gesundheitsbehörden wegen einer neuen Schädlingsbekämpfungsaktion begonnen hatten. Das Merkwürdige war nur, das de Gamez' Laden während des ganzen 19. August offen gewesen war. Die Polizei suchte nach dem Mann, der dort bedient hatte. Dann meldete der Hoteldetektiv, daß die Kleider von Mrs. Pollifax noch in den Schränken hingen, sämtliche Futter aber seien aufgeschlitzt, ebenso ihr Kopfkissen und ihr Koffer. Von Johnnys Apartment kam die Nachricht, daß nichts angetastet worden war, außer einem Safe in der Küche. Man hatte ihn säuberlich mit Nitroglyzerin aufgesprengt.

Carstairs fluchte lästerlich. „Sie haben Johnny erwischt und auch den Kode. Schicken Sie folgendes Telegramm: *Müssen leider mitteilen, daß Tante Josephine um fünf Uhr gestorben ist. Erbitten sofortige Rückäußerung.*" Er mußte sich mit dem Gedanken vertraut machen, daß sie auch Tirpak erwischt hatten. „Verbinden Sie mich mit Costa Rica."

Um fünf kam eine Beschreibung von dem Mann in de Gamez' Laden durch. Niemand in der Nachbarschaft hatte ihn je zuvor gesehen. Carstairs wurde nachdenklich. „Ich kann nur hoffen, daß ich mich irre", sagte er zu Bishop. „Holen Sie mir den Akt 6x."

Der Akt kam, und Carstairs starrte finster auf zwei Photos des gleichen Mannes: das eine war eine Vergrößerung, die ihn unmittelbar neben Mao Tse-tung stehend zeigte, das andere ein unbemerkt in Kuba aufgenommener Schnappschuß. „Denken Sie sich die Brille fort, wen haben wir dann?" fragte er. Bishop ließ einen Pfiff hören. Carstairs nickte. „Unsern höchst tüchtigen und rücksichtslosen Freund General Perdido, Maos sorgfältig ausgewählten Mann für Südamerika – der auch für Castros Schwenkung von Rotrußland zu Rotchina verantwortlich war." Das hieß, daß sie Tirpak aufgespürt haben mußten. „Es gibt noch eine schwache Hoffnung. Perdido war doch letzte Woche in Kuba?"

„Man hat ihn am 15. August dort gesehen", sagte Bishop.

Carstairs fuhr langsam fort: „Vielleicht wird er einen von ihnen – Johnny oder Tirpak oder Mrs. Pollifax – mit nach Kuba nehmen." Er schaute Bishop mit einem schwachen Lächeln an. „Gehen Sie zum Mittagessen oder was sonst an der Reihe ist, und bringen Sie mir einen Kaffee und eine Tafel Schokolade mit."

Erleichtert, daß er endlich allein war, zündete sich Carstairs eine Zigarette an. Mit unbewegtem Gesicht wog er alle Aspekte ab. Acht Monate von Tirpaks unschätzbarer Arbeit hatten sich in nichts aufgelöst, drei Spitzenagenten waren vermißt und wahrscheinlich tot. Er dachte an all die Jahre, die de Gamez und Johnny darauf verwendet hatten, sich in Mexico City Namen und Ansehen als Tarnung für ihre wirkliche Arbeit aufzubauen. Sie waren gut gewesen, sehr gut.

Aber in diesem Spiel passierten solche Pannen. Tirpak, de Gamez und Johnny waren alle gewiefte Agenten gewesen – schon dachte er an sie in der Vergangenheitsform. Sie kannten die Tricks des Gegners, sie hatten ihre eigenen Tricks, und wenn alles schiefging, wußten sie, wie man sich selbst rasch umbringt. Aber Mrs. Pollifax lastete auf Carstairs' Gewissen. Sie war so absolut richtig gewesen, mit ihrem verrückten Hut und diesen kleinen Absonderlichkeiten, die ihr so viel Charakter verliehen. Er hatte ihr nur eine ganz gewöhnliche Routinearbeit übertragen, aber die Tatsache blieb bestehen, daß er sie vollkommen unvorbereitet losgeschickt hatte, ohne ihr wenigstens eine Blausäureampulle mitzugeben. Sie hatte keine Ahnung von General Perdidos Welt. Sie war wie ein Lamm unter die Wölfe geschickt worden, und die Wölfe würden mit diesem Lamm kurzen Prozeß machen.

Gott steh ihr bei, dachte Carstairs inständig.

„Ob sie an uns wohl eine Gehirnwäsche versuchen werden?" fragte Mrs. Pollifax seelenvergnügt. „Wissen Sie über Gehirnwäschen Bescheid, Mr. Farrell?"

„Äh – nein", erwiderte Farrell höflich.

„Es könnte interessant werden." Sie dachte an den Lügendetektortest. Das Leben wurde wirklich immer wissenschaftlicher heutzutage. Sie war nun seit einer Stunde munter, und sie flogen durch die Nacht. Ihre Hände waren frei, aber um jeden ihrer Fußknöchel lief eine mittelalterlich aussehende Kette zu einem Ring an ihrem Sitz. Es war nicht unbequem, erzeugte aber in ihr das unsinnige Verlangen, gerade jetzt die Beine übereinanderzuschlagen, da es nicht ging.

„Sie haben meine Frage nicht beantwortet", sagte Farrell plötzlich. „Über den Buchladen, in den Sie gegangen sind. War es der Papagayo?"

„Leider habe ich nicht auf den Namen geachtet", log Mrs. Pollifax glatt. „Das tue ich selten. Es war ein ganz kleiner Laden."

Ein Schimmer von Heiterkeit stieg in Farrells Augen: „So, ein ganz kleiner Laden. Und was geschah dort?"

„Ich ging hinein", sagte Mrs. Pollifax, „und fragte nach einem Buch. Der Mann war sehr freundlich und lud mich zu einer Tasse Tee im Hinterzimmer ein. Das nächste war, daß ich mich mit Ihnen zusammengebunden in jenem Schuppen wiederfand." Sie erinnerte sich plötzlich daran, daß Angriff die beste Verteidigung war. „Und wie kommen *Sie* hierher? Sind Sie auch ein Tourist?"

„Ich lebe seit 1945 in Mexiko – ich leite die Galería de Artes in Mexico City. Mein Name ist John Sebastian Farrell."

Mrs. Pollifax atmete auf. „Oh, ich dachte schon, Sie wären vielleicht ein Rauschgifthändler oder..."

Er grinste. „Ich habe schon allerlei komische Dinge in meinem Leben getan. Aber für einen Rauschgifthändler hat mich noch niemand gehalten."

Mrs. Pollifax entschuldigte sich sogleich. „Ich habe ein behütetes Leben geführt; aber Sie sehen wirklich so aus, als hätten Sie allerlei komische Dinge getan."

„Merkt man es mir schon an? Mit einundvierzig ist das leider kein Wunder."

Mrs. Pollifax achtete nicht auf seinen spöttischen Ton. „Was haben Sie zum Beispiel Komisches gemacht?"

„Du lieber Himmel, sollte Sie das interessieren? Wollen Sie etwa über Ihre Reisen ein Buch schreiben?" Er grinste immer noch.

Sie überlegte das ernsthaft und schüttelte den Kopf. „Nein, daran habe ich nie gedacht, trotzdem würde mich Kuba wirklich interessieren. Glauben Sie immer noch, daß sie uns dorthin bringen?"

Farrell antwortete nervös: „Aller Wahrscheinlichkeit nach, aber wir sind schon verdammt lange unterwegs. Verzeihung – was haben Sie gefragt?"

„Sie wollten mir erzählen, worin so ein komisches Leben besteht."

Er grinste wieder. „Glauben Sie, ich könnte es wagen, Ihnen eine ungereinigte Version zu geben? Ich habe mich seit 1945 in Mexiko herumgetrieben, nachdem ich aus der Marine entlassen war. Fuhr in Acapulco ein Mietboot, bis ich es beim Pokern verlor. Dann habe ich höheren Töchtern Malstunden gegeben – gelegentlich verkehre ich in den besten Kreisen."

„Wie auch in den schlechtesten?" Mrs. Pollifax hoffte, er werde sie nicht enttäuschen.

„Wie auch in den schlechtesten. Ein Jahr lang habe ich Gewehre zu Castro hineingeschmuggelt, bis er mit seiner Revolution Erfolg hatte. Wir sind ziemlich befreundet, obgleich ich ihn schon länger nicht mehr gesehen habe", fügte er mit gelindem Spott hinzu. „Und ich könnte bescheiden erwähnen, daß mir dauernd Frauen zu Füßen fallen."

Mrs. Pollifax konnte diese Schwäche ihres Geschlechts nicht unwidersprochen hinnehmen.

Sie sagte zuckersüß: „Wie dieses chinesische Frauenzimmer, mit dem Sie ins Theater gehen wollten?"

Farrell blickte sie für einen Augenblick überrascht an. „Herzogin –

ich hoffe, Sie haben nichts dagegen, daß ich Sie so nenne –, Sie überraschen mich. Sie sind doch nicht etwa Mitglied der ‚Töchter der amerikanischen Revolution'?"

„Nein, aber ich bin Mitglied des Gartenklubs und –"

„Wenn General Perdido das wüßte, würde er erbleichen."

„General wer?"

„Nur jemand, den ich kenne." Er beugte sich vor und schaute zum Fenster hinaus. „Wir fliegen noch immer sehr hoch, aber mir schien eben, ich hätte da unten Lichter gesehen." Er fügte ruppig hinzu: „Sie wissen doch, in was Sie da hineingeraten sind? Was uns erwartet?"

Mrs. Pollifax war es müde, Ahnungslosigkeit zu heucheln. Sie sagte ruhig: „Ja. Es ist mir klar, daß ich von sehr gefährlichen Leuten entführt worden bin."

„Und das regt Sie nicht auf?" fragte er.

Gern hätte Mrs. Pollifax gesagt, daß es sie natürlich aufregte und daß sie bedeutend lieber nach Hause zu einem heißen Bad fliegen würde. Sie wollte nicht in einem fremden Land sterben und gab sich nicht der Illusion hin, daß Carstairs sie etwa hier herausholen würde. Sie mußte mit dieser Situation allein fertigwerden, aber sie war es gewohnt, allein zu sein, und es erschreckte sie nicht. Was sie ängstigte, war nur der Gedanke, sie könnte ihre Haltung verlieren. Sie hatte nie zuvor Grausamkeit erfahren. Sollte sie ihr Leben bald beschließen müssen, so würde sie hoffentlich dabei ihre Haltung bewahren können. Um keinen Preis durfte sie sich eine Schwäche anmerken lassen; es war das mindeste, was die Alten für die Jungen tun konnten.

Ihr Blick fiel auf den Sitz neben Farrell, und sie tat einen überraschten Ausruf. „Nicht möglich – meine Handtasche! Sie haben sie nicht weggenommen. Da. Sie ist zwischen Ihren und den nächsten Sitz gerutscht."

„Natürlich sorgfältig durchsucht. Was ist drin?" fragte er, als er sie ihr herüberreichte.

Sie befühlte sie wie ein Weihnachtspäckchen. „Sie ist wesentlich leerer", gab sie zu und öffnete den Verschluß. „Ach herrje, das Aspirin ist weg. Und das Verbandzeug. Und das Taschenmesser für Bobby auch – das ist mein elfjähriger Enkel."

„Dagegen hatten sie bestimmt etwas einzuwenden."

„Aber der Notizblock mit Bleistift ist da, und die Lippenstifte – und da sieh an", rief sie glücklich, „sie haben mir meine Spielkarten gelassen!" Sie nahm sie zärtlich aus ihrer Hülle.

„Ein schwacher Trost", brummte Farrell.

„Sie haben keine Ahnung, wie tröstlich sie sein können", erklärte sie ihm mit der Begeisterung einer Bekehrten. „Ich kann bereits zweiundzwanzig verschiedene Patiencen. Es ist so entspannend, und ich habe wenigstens etwas zu tun." Und schon begann sie einen Kreis von Karten für eine Patience auf dem Nebensitz auszulegen. „Sie haben mir auch die Schokoladetafeln gelassen", sagte sie geistesabwesend. „Wenn Sie wollen, können Sie eine essen."

Den Blick auf die Karten gerichtet, hörte sie ihn befremdet sagen: „Wir müßten eigentlich hungry sein, schrecklich hungry."

„Hm, eigentlich ja." Sie überlegte. „Ich hatte die Tasse Tee von diesem Mann und weiter nichts bis zum Abend und dann eine Scheibe Brot und eine Tortilla."

Er rollte den Ärmel hoch und sagte ruhig: „Haben Sie auch Einstiche im Arm? Ich glaube, man hat uns intravenös ernährt, damit wir ihnen nicht unter den Händen sterben." Er beugte sich vor und fügte leise hinzu: „Das Flugzeug, das ich in Mexiko landen hörte, war propellergetrieben. Jetzt sind wir in einem Düsenflugzeug. Sie müssen irgendwo gelandet und umgestiegen sein. Wahrscheinlich waren wir einen ganzen Tag bewußtlos und nicht nur ein paar Stunden."

Mrs. Pollifax legte die Karten weg. „Aber Düsenflugzeuge sind sehr schnell. Und wenn wir schon so lange fliegen –"

Er nickte. „Ich glaube nicht, daß Sie etwas von Kuba zu sehen kriegen."

„Nicht Kuba?" echote sie. „Aber wohin...?" Doch sie vollendete die Frage lieber nicht. Statt dessen sagte sie mit fast unmerklich zitternder Stimme: „Hoffentlich vergißt Miß Hartshorne nicht, meine Geranien zu gießen."

# 4

Es war noch dunkel, als sie tiefer gingen, und Mrs. Pollifax überkam dieselbe angstschlotternde Erwartung wie einst als Kind, wenn der Zahnarzt sie als nächste hereingewinkt hatte. Erstaunt starrte sie auf die immer deutlicher erkennbare Landschaft unter ihnen.

„Hohe Berge", sagte Farrell, ohne sich darüber auszulassen, was für Berge es sein könnten. „Wir landen", stellte er plötzlich fest.

Die erst verstreuten Lichter mehrten sich, und dann raste der Erdboden mit beängstigender Geschwindigkeit unter ihnen weg, bis sie nach einem ziemlich holprigen Auslauf hielten. Mrs. Pollifax steckte die Karten gerade in ihre Handtasche, als sich die Tür des Cockpits öffnete und zwei Chinesen heraustraten, die sie noch nicht gesehen hatte, einer davon mit einem Revolver. Der andere befreite ihre Knöchel von der Kette und gab ihnen zu verstehen, sie sollten eine Leiter hinuntersteigen, die an der Außenwand des Flugzeuges lehnte. Die beiden Männer, die sie in der drückend heißen Nacht unten erwarteten, waren keine Asiaten; vielleicht Griechen, dachte Mrs. Pollifax. Sie beobachtete, wie Farrell zu den Bergen sah, und fragte ängstlich: „Haben Sie eine Ahnung, wo wir sein können?"

Er erwiderte grimmig: „Wenn meine Vermutung stimmt, Herzogin, würde ich sagen: Willkommen in Albanien."

„Albanien!" stieß Mrs. Pollifax hervor. „Über Albanien weiß ich doch gar nichts. Die Idee ist absurd!"

„Ich fürchte, es ist trotzdem so", entgegnete Farrell.

Ein langer Wagen, weiß von Staub, fuhr vor, und sie mußten im Fond Platz nehmen. „Ein Rolls-Royce", flüsterte Farrell, und Mrs. Pollifax nickte höflich. Die beiden griechisch aussehenden Männer stiegen ebenfalls ein und setzten sich, die Gewehre in der Hand, auf Klappsitze ihnen gegenüber. Dann ging es in verwegenem Tempo über unglaublich holpriges Terrain. Bald kamen sie in eine Stadt und wanden sich durch enge Straßen. Die Häuser, die kurz im Scheinwerferlicht auftauchten, sahen wenig einladend aus: über die hohen Mauern mit ihren riesigen eisenbeschlagenen Toren ragte kaum ein Stück vom Dach hervor. Dann ließen sie die Stadt hinter sich und fuhren auf schroffe, zerklüftete Berge zu.

„Aber warum Albanien?" fragte Mrs. Pollifax. „Da irren Sie sich bestimmt!"

„Weil es nicht China ist und weil es nicht viele Gegenden auf der Welt gibt, wo die Rotchinesen willkommen sind. Die Stadt sah nach Balkan aus. Die Berge könnten die albanischen Alpen sein, und die Männer sind jedenfalls Europäer."

Mrs. Pollifax nickte. „Griechen, dachte ich."

„Wenn das Albanien ist, so liegt Griechenland nur ein paar hundert Kilometer südlich", erklärte Farrell. „Albanien ist das einzige Land, wo die Rotchinesen nach Belieben kommen und gehen können. Bis 1960 war Rußland Albaniens großer Bruder. Dann war Stalin der Sündenbock, und das brachte in Albanien alles ins Wanken – die sind hier nämlich Stalinisten. Als Rußland ihm dann seine Hilfe entzog, rückten die Chinesen an. So gewannen sie einen Stützpunkt in Europa."

„Aber warum der Aufwand, uns hierherzubringen?" fragte Mrs. Pollifax.

„Vielleicht finden sie uns der Mühe wert", erwiderte Farrell.

„Oh", machte Mrs. Pollifax nur und war dann still.

Der Wagen kroch eine steile Straße hinan, die aus der Flanke des Berges herausgehauen schien. Höher und höher ging es, bis sie schließlich hielten und ihre beiden Wächter zum Leben erwachten, heraussprangen und ihnen bedeuteten auszusteigen. Sie befanden sich in einem riesigen, verlassenen Kessel aus grauem Felsgestein. Es dämmerte schon, und verrückterweise kam Mrs. Pollifax die Mahnung ihres Sohnes Roger in den Sinn, sie solle ihm telegraphieren, wenn sie in eine Klemme gerate.

Einer der Wächter verschwand und kam mit vier Eseln zurück. Zu Mrs. Pollifax' Bestürzung winkte er ihr, sie solle einen besteigen. „Das kann ich nicht", sagte sie.

„Ich glaube, es wird Ihnen nichts anderes übrigbleiben", erklärte Farrell erheitert.

Sie musterte das Tier voll Abscheu und wurde ihrerseits von ihm argwöhnisch beäugt. Farrell half ihr hinauf, und sobald sie oben saß, herrschte Waffenstillstand, weil der Esel sie nicht mehr sehen konnte. Farrell und die Wächter saßen nun auch auf.

Ihr Weg führte sie durch eine unsagbar trostlose Steinwüste. Mit Sonnenaufgang wurde es heiß, und Mrs. Pollifax fühlte sich bald furchtbar elend. Sie waren vielleicht eine Stunde geritten, da sagte Farrell plötzlich: „Pst – schauen Sie."

Mrs. Pollifax hob widerstrebend den Blick. Sie waren auf ein kleines Plateau hinausgekommen, das buchstäblich mit Steinen übersät war wie ein trockenes Bachbett. Gerade vor ihnen an der äußersten Kante eines Abbruchs stand ein festungsähnliches steinernes Gebäude mit schmalen Schlitzen statt Fenstern. Während ihr Esel sich seinen Weg zwischen den Steinen hindurch suchte, sah Mrs. Pollifax, daß sie sich auf ein zweites kleineres Gebäude gleicher Art zu bewegten. Wäre ich als Touristin hier, dachte sie trübe, fände ich die Szenerie wildromantisch; aber sie war eine gefangene amerikanische Spionin, und niemand auf Gottes weiter Erde wußte, wo sie war. Einen Augenblick lang erlaubte sie sich, an ihre Kinder zu denken. Es ist alles so unwirklich, dachte sie bekümmert.

„Letzter Akt", stellte Farrell trocken fest.

„Ich finde, so brauchten Sie es nicht gerade zu formulieren", protestierte Mrs. Pollifax. „Ich habe es immer für das vernünftigste gehalten, in bösen Zeiten jede Stunde zu nehmen, wie sie kommt. Aber, du meine Güte, was gäbe ich jetzt um ein Bad!"

Die eiserne Tür des kleineren Gebäudes öffnete sich, und ein Mann mit einem Gewehr trat heraus. Doch Mrs. Pollifax war zu sehr damit beschäftigt, von ihrem Esel herunterzukommen, um auf irgend etwas anderes zu achten.

Alle Knochen taten ihr weh, aber kaum stand sie auf dem Boden, packte der Posten sie am Arm und führte sie hinein.

Der Eingang befand sich auf der Schmalseite eines zehn Meter langen Rechtecks; sie gelangten in einen Raum, der unmittelbar an der Bergkante lag. Zur linken dehnte sich eine dunkle Halle, an deren Ende Mrs. Pollifax zwei eiserne Zellentüren erkennen konnte. Im Vorraum waren ein Schreibtisch, ein Stuhl, ein Tonkrug zum Kühlhalten von Wasser, ein Gewehrständer, ein kleiner Schalterkasten und ein grauhaariger Mann in Uniform. Er begrüßte sie kurz auf englisch.

„Ich bin Major Vassovic." Einen riesigen Schlüssel schwenkend, führte er sie zur ersten Zellentür und öffnete. „Hier hinein, bitte."

„Hätten Sie vielleicht ein Aspirin?" fragte Mrs. Pollifax hoffnungsvoll. „Ich habe ganz lächerliche Kopfschmerzen. Ich will mich ja nicht beklagen, aber ich bin zweimal betäubt worden, und der Flug war ziemlich anstrengend –"

Der Major schaute sie erstaunt an, dann wurde sein Gesicht ausdruckslos. „Ich habe keine Weisung, Ihnen irgend etwas zu geben."

Krachend fiel die Tür hinter ihnen ins Schloß, und Mrs. Pollifax sagte: „Ich sehe nicht ein, wieso ein Aspirin..." Sie verstummte beim Anblick ihres Gefängnisses. Es hatte eine recht anständige Größe, wurde aber nur durch zwei Mauerschlitze erhellt. Hier gab es keine Möglichkeit, sich zurückzuziehen. Links und rechts stand je eine eiserne Pritsche an der Wand mit einem Nachttopf darunter, ferner gab es zwei kleine Tische, aber weder Stühle noch Schränke, Waschbecken oder Kleiderhaken.

„Da wären wir", sagte Farrell und ließ sich auf eine der Pritschen fallen.

Sie starrten einander an, bis das Schweigen allzu drückend wurde. „Ja, da wären wir also", sagte Mrs. Pollifax munter und breitete ihre Spielkarten aus.

„Nicht schon wieder", stöhnte Farrell. „Nicht hier."

„Warum denn nicht?" fragte sie, froh, ihn abgelenkt zu haben.

Sie hatte drei Patiencen gelegt, als die Tür aufging und ein Wächter Zeichen machte, sie solle mit ihm kommen, Farrell aber dableiben. „Viel Glück, Herzogin", sagte Farrell leichthin.

Mrs. Pollifax sah sich nicht um. Ihre Knie zitterten, als sie in die glühende Sonne hinaus und über den steinigen Weg zum Hauptgebäude geführt wurde. In einem großen Raum mit weißgetünchten Steinwänden standen zwei Männer in Uniform, ein dritter saß an einem Schreibtisch. „Nanu, Señor de Gamez", rief Mrs. Pollifax verblüfft. „Wie kommen Sie denn hierher?"

Ein Lächeln ließ seinen Goldzahn aufblitzen. „Auf die gleiche Weise wie Sie, Mrs. Pollifax."

„Nur war mir sofort klar, als ich den leeren Papageienkäfig sah, daß Sie nicht Señor de Gamez sind."

„Tatsächlich bin ich General Raoul Perdido. Lassen Sie mich Ihnen General Hoong vorstellen, dem die – eh – Gebäude hier unterstehen." Der Chinese am Fenster verbeugte sich, und Perdido fuhr fort: „Setzen Sie sich, Mrs. Pollifax, wir haben einige Dinge zu besprechen. Ob angenehm oder unangenehm, hängt allein von Ihrem Verhalten ab."

Gehirnwäsche, dachte Mrs. Pollifax verächtlich und plötzlich ohne jede Angst. Sie hatte schon andere Krisen überstanden, ohne ihre

Haltung einzubüßen – Geburten, den Verlust ihres Mannes –, und sie wußte aus Erfahrung, daß alles Wesentliche nur allmählich und in der Einsamkeit reifen konnte. Ich weigere mich, dachte sie, einen Mann zu fürchten, dessen einzige Waffe gegen mich darin besteht, mein Leben zu beenden.

Laut sagte sie: „Darf ich fragen, warum Sie mich eigentlich auf diese Weise entführen mußten?"

Er lehnte sich in seinem Sessel zurück, zündete sich eine Zigarre an und durchbohrte sie mit einem scharfen Blick. „Mrs. Pollifax, ich verabscheue geheuchelte Unschuld."

„Und ich habe mich über allerhand Dinge zu beschweren", erklärte sie ihm kühl. „Sie haben mich um die halbe Welt hierhergeflogen, um Fragen zu stellen, die Sie mir auch in Mexiko hätten stellen können. Ich weiß nicht, für welches Land Sie arbeiten, General Perdido, aber Ihre Steuerzahler haben allen Grund, wütend zu sein."

Des Generals Gesicht verfinsterte sich: „Anscheinend wollen Sie leugnen, eine amerikanische Spionin zu sein."

„Spionin?" stieß Mrs. Pollifax voll Hohn hervor. „Dafür halten Sie mich? Ein Grund mehr zur Beschwerde gegen Sie, Herr General. Und ich möchte wissen, wo ich bin. In Albanien – stimmt das?"

„Das kann Ihnen gleichgültig sein", schrie er. „Jedenfalls weit von zu Hause, und niemand weiß, wo Sie sind. Ich habe Methoden, die Wahrheit aus Ihnen herauszuholen – sehr unangenehme Methoden. Ich bin außerordentlich bewandert darin."

„Ich bin überzeugt, Sie beherrschen Ihr Gewerbe vollendet", erwiderte sie sarkastisch, „aber ich halte es für kein sehr achtenswertes Gewerbe."

General Hoong wandte sich vom Fenster ab und warf ein paar schnell gesprochene Sätze dazwischen. Darauf sagte Perdido widerwillig: „Lassen Sie uns doch vernünftig sein, Mrs. Pollifax. Sie sind eines Tages in die Papagayo Librería gegangen, wie Sie mir erzählten, und da hat Ihnen der erste Señor de Gamez ein Buch geschenkt?"

„Ja, er war sehr freundlich." In dieser Beziehung konnte Mrs. Pollifax ganz offen sein. „Wir unterhielten uns – über seinen Papagei und über das Alleinreisen. Dann gab er mir das Buch. Er meinte, Patiencen legen werde mir bestimmt Spaß machen. Haben Sie es schon versucht?"

Der General öffnete eine Tischlade und nahm zwei Bücher heraus. „Dann ist es also dieses Buch über Patiencen, das er Ihnen gab!"

Mrs. Pollifax rief entrüstet: „Was – Sie haben meine Bücher gestohlen?"

„Ja, aber eines davon hat Ihnen ein außerordentlich gefährlicher Mann geschenkt." Der General musterte sie. „Sie sind ein bißchen sehr treuherzig, Mrs. Pollifax. Bis jetzt haben wir nichts gefunden. Im Augenblick genügt es uns zu wissen, daß *77 Arten, Patiencen zu legen* das Buch ist, das er Ihnen gegeben hat. Wir werden es noch viele Male untersuchen."

Mrs. Pollifax sagte von oben herab: „Das Buch wurde mir aus Nettigkeit geschenkt, was mir ein sehr dürftiger Grund für meine Entführung scheint. Wenn Sie partout meinen, daß es voller Botschaften in unsichtbarer Tinte ist oder was ihr Leute sonst heutzutage benutzt –"

„Wenn Sie unschuldig sind", unterbrach sie der General und betrachtete sie mit Widerwillen, „so haben Sie einen höchst ungünstigen Morgen gewählt, um diese Buchhandlung aufzusuchen, Mrs. Pollifax."

„Keineswegs", erwiderte sie kühl, „die Sonne schien, und ich brauchte etwas zum Lesen."

„Aber Sie haben nicht eine Sekunde gezögert, als ich sagte, ich hätte Ihnen etwas zu geben. Wieso waren Sie bereit, eine Tasse Tee mit mir zu trinken? Was haben Sie eigentlich erwartet?"

„Einen Schwatz", erklärte Mrs. Pollifax. „Scheint Ihnen das so aus der Welt? Meine Regierung erwartet von uns, daß wir uns auf Reisen als Botschafter unseres Landes fühlen. Ich habe versucht", fügte sie unschuldsvoll hinzu, „Sie besser kennenzulernen."

General Perdido stieß etwas hervor, was wie ein Fluch klang. „Sie können in Ihre Zelle zurück."

Mrs. Pollifax nickte und erhob sich. „Da ist noch etwas", sagte sie. „Könnte ich bitte ein Aspirin bekommen?"

FARRELL sprang auf, als die Tür hinter Mrs. Pollifax ins Schloß fiel. „Alles in Ordnung?" fragte er.

Sie war tief bewegt über seine Anteilnahme. „Ja, völlig. Ich wurde von demselben Mann ausgefragt, den ich in der Buchhandlung in Mexico City getroffen habe." Sie setzte sich und mischte ihre Karten. „Ob hier wohl eine Wanze eingebaut ist?"

„Sicher sind irgendwo Mikrophone – deshalb hat man uns auch zusammengesteckt – aber wo haben Sie bloß diesen Ausdruck her?"

„Man erfährt beim Friseur eine ganze Menge über das Leben." Sie flüsterte: „Farrell, ich muß mich entschuldigen. Der Grund, warum sie uns hierherbrachten, ist, daß sie mich für eine gefährliche amerikanische Spionin halten."

„Sie?" Seine Mundwinkel zuckten. „Das sind Sie doch nicht, oder?"

Mrs. Pollifax zögerte. „Wie man es nimmt – nein und ja. Aber jedenfalls nicht gefährlich." Dann erzählte sie ihm, immer noch flüsternd, ihre Geschichte. „General Raoul Perdido", sagte sie. „Sie erwähnten den Namen einmal – so leichthin – im Flugzeug. Kennen Sie ihn?"

„Niemand erwähnt Perdido leichthin; wenn ich es getan habe, sollte ich mich auf meinen Geisteszustand untersuchen lassen. Er ist ein grausamer, bösartiger Schweinehund – Verzeihung." Ein Lächeln erhellte sein Gesicht. „Wir wollten nicht trübsinnig werden, Herzogin. Für den Augenblick haben Sie ihn geschlagen. Sie haben Zeit gewonnen... Oh, wir bekommen wieder Gesellschaft."

Die Tür ging weit auf, und ein Mann mit einem Essenstablett kam herein, einen Wachtposten hinter sich, der ihm dramatisch mit einem Gewehr im Anschlag Deckung gab. Mrs. Pollifax hielt das für eine ausgesprochene Ungezogenheit. Die Männer verschwanden, und sie besah sich das seltsam aussehende Essen, das wie ein Stück geschmolzener Gummi auf ihrem Teller lag. „Meinen Sie, da ist wieder was drin?"

„Kaum. Sie werden mich bald verhören, und in betäubtem Zustand wäre ich zu nichts nütze. Es ist irgendein Käsegericht. Schmeckt nicht schlecht."

Sie aßen schweigend. Dazu gab es starken Kaffee und von Honig triefendes Gebäck. Als sie fertig waren, sagte Farrell: „Und nun, Herzogin, habe ich Ihnen ebenfalls etwas zu erzählen. General Perdido weiß es bereits. Ich arbeite auch für Carstairs." Mrs. Pollifax unterdrückte einen erstaunten Ausruf. „Ich war seit 1947, als der CIA gebildet wurde, als Agent in Mexiko. Einmal habe ich eine Sache mit de Gamez gemeinsam gemacht, aber dann sah ich ihn jahrelang nicht mehr. Da bekam ich am 19. nachmittags eine verrückte, entstellte Botschaft von ihm und ging sofort zu seinem Laden.

Die Nachricht enthielt nämlich ein Kodewort, das SOS bedeutet. Indem ich darauf reagierte, hatte ich bewiesen, daß ich genau der war, für den sie mich hielten – ein Agent, nach dem sie die ganze Zeit gesucht hatten. Als erstes nahmen sie mir die Blausäureampulle weg, die ich immer bei mir trage. Das zweite, was sie mir nahmen, war meine Freiheit. Hier bin ich nun, voller Informationen, ein richtiges Weihnachtsgeschenk im August für General Perdido."

Mrs. Pollifax sah ihn mit großen Augen an: „Sie sind sehr tapfer."

Er zog spöttisch eine Augenbraue hoch. „Im Augenblick nicht, Herzogin. Ich darf General Perdido keine Gelegenheit geben, mich zu verhören. Sie verstehen doch, was ich tun muß?"

„Wie – wie meinen Sie das?" stammelte Mrs. Pollifax.

„Ich meine, daß niemand auf die Dauer den Methoden des Generals Widerstand leisten kann. Ich darf es nicht dazu kommen lassen, daß sie mich lebend in das andere Gebäude bringen."

Mrs. Pollifax wurde sehr still. Farrell begann auf und ab zu gehen. „Für mich gehört das einfach zum Geschäft", sagte er, „aber Sie in dieser Klemme allein zu lassen ist mir arg."

„Um mich dürfen Sie sich überhaupt keine Gedanken machen. Bitte! Aber was haben Sie vor?"

Er zuckte die Achseln. „Versuchen, auf dem Weg ins andere Gebäude auszubrechen, in der Hoffnung, daß sie mich niederschießen – oder ihnen Steinbrocken an den Kopf werfen."

Sie schaute weg, ihr Mitgefühl sollte es ihm nicht erschweren. Da waren nun Jahr für Jahr Männer wie er in den abgelegensten Winkeln der Erde gestorben, und sie hatte nicht einmal etwas von ihrer Existenz gewußt. Sie war außerordentlich dankbar, Farrell kennengelernt zu haben.

„Es ist mir schrecklich, Sie im Stich zu lassen", fuhr er fort. „Aber Carstairs würde es nicht gutheißen, wenn ich am Leben bliebe; ich weiß zuviel." Als er den Schlüssel im Schloß hörte, schüttelte er ihr ernst die Hand. Zwei schwerbewaffnete Wächter und Major Vassovic kamen herein und führten Farrell ab.

„Gott mit Ihnen", flüsterte Mrs. Pollifax.

Major Vassovic räusperte sich. „Der – eh – Befehl ist nun da. Ein Aspirin, in meiner Gegenwart einzunehmen. Kommen Sie."

Mrs. Pollifax, deren Kopf jetzt zum Zerspringen schmerzte, folgte dem Major in die Wachstube. Er brachte ihr eine Tasse Wasser und eine Tablette. Während sie diese einnahm, fiel ihr Blick auf eine Wand voller Gewehre und Messer mit herrlicher Silbereinlegearbeit. Sie hätten in ein Museum gehört, und sie sagte das dem Major auch.

„Die langen Gewehre heißen hier Puschkas", erwiderte er mürrisch, „und die Säbel Jatagans."

Außerdem waren unverzierte, gefährlich aussehende Pistolen und Revolver verschiedener Art da, aber Mrs. Pollifax beachtete sie nicht. Sie hatte die drei Schubladen im unteren Teil des Gewehrständers entdeckt. Im Schloß der einen steckte ein Schlüssel, ein Messingschlüssel ganz besonderer Art. Sie hielt ihren Blick darauf geheftet. Ich bewundere einen Messingschlüssel, sagte sie sich. Gleich wird Farrell getötet werden, und ich darf nicht daran denken. Sie brauchte nicht lange zu warten. Draußen erhob sich wüstes Geschrei, dann krachten Gewehrschüsse. Mrs. Pollifax setzte sehr vorsichtig die Tasse auf dem Schreibtisch des Majors ab und stellte mit Genugtuung fest, daß ihre Hand dabei nicht zitterte.

Major Vassovic stieß einen Fluch aus, sah zum Fenster hinaus, befahl: „Zurück – rasch" und schob Mrs. Pollifax unsanft durch die Halle in ihre Zelle. Die Tür knallte hinter ihr zu, und dann war alles still. Mrs. Pollifax setzte sich auf Farrells Pritsche und sagte ruhig: „Ich habe nicht hinausgeschaut." Aus irgendeinem Grund war ihr das sehr wichtig. „Ich habe nicht hinausgeschaut", sagte sie noch einmal. Sie wühlte in ihrer Handtasche, zog ein Taschentuch heraus und schneuzte sich ärgerlich. Dann begann sie entschlossen, ihre Karten für eine Patience, genannt „Die Spinne", aufzulegen.

Stille hing zwischen den Steinmauern wie ein Leichentuch – wie Farrells Leichentuch, dachte sie bitter. Dann hörte sie leise Geräusche von der Wand hinter sich. Es klang wie ein rhythmisches Pochen gegen die Mauer. Die zweite Zellentür in der Halle fiel ihr ein. Sie kniete sich auf die Pritsche und klopfte zurück. Sogleich hörte das Geräusch auf. Und dann, gerade als Mrs. Pollifax meinte, es sei doch nur jemand, der einen Abfluß reparierte, pochte es ein aufgeregtes Stakkato als Antwort. Wieviel Eigenleben doch eine Hand haben konnte, dachte Mrs. Pollifax, denn diesmal hatte sie voll Freude geantwortet. Ja, voll Freude. Wenn das nicht brutale Wirklichkeit wäre, ging es ihr durch den Kopf, würden wir jetzt wichtige Botschaften hin- und hermorsen. Aber leider konnte sie nicht morsen. Sie klopfte wieder, aber es war wie ein Verständigungsversuch mit jemandem, der nur Suaheli sprach; nach der anfänglichen Begrüßung war nicht mehr viel zu sagen. Außerdem war sie zu sehr mit Farrell beschäftigt. Traurig kehrte sie zu ihren Karten zurück.

Eine lange Zeit schien vergangen zu sein, als die Stille erneut durchbrochen wurde. Stiefeltritte hallten durchs Haus, Major Vassovic bellte wütende Befehle, und sie wartete auf das unvermeidliche Kreischen des Schlüssels im Schloß – ein Geräusch, das sie zu fürchten begann. Dann ging die Tür auf. „Farrell!" stieß sie hervor.

Er wurde von zwei Wächtern gestützt, ein Bein baumelte nutzlos herab, seine Kleider waren blutbeschmiert. Bei ihrem Aufschrei öffnete er ein Auge. „Wieder der Dumme, Herzogin", sagte er, und als ihn die Männer auf seine Pritsche fallen ließen, fügte er verdrossen hinzu: „Verdammte Felswand. Wenn Sie aus dreißig Meter Höhe hinunterspringen, würden Sie dann nicht erwarten, tot zu sein?" Bewußtlos sank er auf sein Lager zurück.

5

Die Nacht kam, und Mrs. Pollifax wachte neben Farrell, der immer von neuem in Fieberträume fiel. Sein Bein war an zwei Stellen gebrochen, und sie hatte weder Wasser noch Verbandzeug für ihn. Offenbar war er nur von einer einzigen Kugel getroffen worden; sie steckte im rechten Arm oberhalb des Ellbogens. Mrs. Pollifax hatte mit ihrem Leintuch einen Druckverband angelegt und so die Blutung gestillt.

Als General Perdido mit Major Vassovic erschien, kochte sie innerlich vor verhaltener Wut.

Major Vassovic steckte die mitgebrachte Kerze in einen eisernen Halter an der Wand. Der General schaute verächtlich auf Farrell hinab. „Ich habe Wasser und Verbandzeug verlangt, und niemand hat es mir gebracht", sagte Mrs. Pollifax eisig. „Wenn mir ein Vorschlag gestattet ist, Herr General, warum erschießen Sie Mr. Farrell nicht? Er macht eine Menge lästiger Umstände und besudelt Ihre ganze Einrichtung mit Blut."

Perdido wandte sich wütend zu ihr um: „Sie sind unverschämt, Mrs. Pollifax."

„Dann möchten Sie mich vielleicht auch gleich erschießen."

Einen Augenblick dachte sie, General Perdido werde sie schlagen. Sie hoffte es sogar, so unbändig war ihr Zorn. Aber er drehte sich brüsk um. „Geben Sie der Frau, was sie verlangt", sagte er zu Major Vassovic. „Vielleicht kann sie den Gefangenen wieder vernehmungsfähig machen." Damit stolzierte er hinaus.

Der Major brachte Leinwandstreifen und einen Wasserkrug und sah zu, wie Mrs. Pollifax Farrells Lippen befeuchtete, den Druckverband abnahm und zwei Holzlatten aus ihrer Pritsche holte.

„Was haben Sie vor?" fragte er neugierig.

„Ich will sein Bein einrichten, ich hoffe, Sie werden mir helfen."

Er sagte abweisend: „Ich habe keinen Befehl" und ging hinaus.

Mrs. Pollifax wußte, sie würde es allein nicht kunstgerecht schaffen. Mit zusammengebissenen Zähnen riß sie das Hosenbein auf. Das Bein war bereits geschwollen und rot. „Ich werde nicht ohnmächtig werden. Nein!"

Die Tür hinter ihr ging leise auf. Einer der Wächter erschien, den Finger an den Lippen. „Ich heiße Lulasch." Er schloß die Tür ebenso leise. „Der Major ist für die Nacht fort", sagte er. „Ich habe in Krankenhaus gearbeitet und kann das Bein einrichten. *Zot*, das sieht bös aus."

Tränen stiegen Mrs. Pollifax in die Augen. „Er hat versucht, sich umzubringen, Mr. Lulasch", erklärte sie mit erstickter Stimme.

Lulasch nickte nur. „Ich tue mein möglichstes. Ich bitte, setzen Sie sich auf seine Brust und halten Sie ihn unten." Benommen gehorchte Mrs. Pollifax.

Zehn Minuten später war das Bein eingerichtet, und Mrs. Pollifax sah zitternd und mit einem flauen Gefühl im Magen zu, wie Lulasch es mit den Latten schiente. Nach einem wilden Aufschrei hatte Farrell wieder das Bewußtsein verloren. Lulasch wischte sich mit einem schmutzigen Taschentuch die Stirn.

„Wir sind Amerikaner", sagte Mrs. Pollifax. „Ist das hier Albanien?"

Der Wächter zuckte die Achseln. „Wir nennen es Schkiperia – das Land des Bergadlers. Aber natürlich, es ist Albanien."

„Sprechen in Albanien alle ein so gutes Englisch?"

„Nein. Sie haben uns in der Sigurimi – Name von Geheimpolizei – nach unsern Englischkenntnissen ausgesucht."

Mrs. Pollifax schluckte: „Dann sind Sie –"

Wieder ein Achselzucken. „Die Zeiten sind schwer. Wer nicht in die Sigurimi geht, der ist beim Straßenbau. Er klopft Steine. Hat keine Hoffnung."

„Tut mir leid", sagte Mrs. Pollifax. Sie konnte in dem dunklen, verschlossenen Gesicht nichts entdecken, was seine Hilfsbereitschaft Farrell gegenüber erklärt hätte.

„Wir Albaner sind ein stolzes, kühnes Volk", sagte er. „Aber ohne Glück. Zuerst haben uns die Türken beherrscht, dann die Russen, jetzt die Chinesen. Wissen Sie nichts über unser Land?"

„Nicht das geringste, leider."

„Ich habe Buch darüber, das zeige ich Ihnen", versprach er. „Das schönste Land der Welt. Ah, Ihr Freund rührt sich. Ich hole ein Aspirin."

An der Tür wartete er auf sie. Überrascht folgte sie ihm, gerührt über sein Vertrauen. In der Wachstube öffnete er eine Schreibtischlade und nahm eine Flasche heraus, in der Schnaps zu sein schien. Mrs. Pollifax' Blick glitt wieder über den Gewehrständer hinter dem Schreibtisch. Der kleine Messingschlüssel steckte immer noch. Wenn in der Lade Munition war, konnte jemand den Schlüssel stehlen, in der Hoffnung, später wiederzukommen. Dann konnte man vielleicht ein Gewehr nehmen... Während sich Lulasch über die unterste Schreibtischlade beugte, trat sie zurück, bis sie den Gewehrständer an den Schulterblättern fühlte. Tastend zog sie die Lade auf; sie war mit sauberen Stapeln von Patronen und Ladestreifen gefüllt. Sie schob sie wieder zu und legte ihre Finger um den Schlüssel. Ich kann's nicht tun, dachte sie bekümmert. Lulasch würde bestraft werden. Ich tauge ganz und gar nicht zur Agentin. Diese Leute wollen mich umbringen, und trotzdem kann ich den Schlüssel nicht stehlen, weil der Mann mir geholfen hat.

Lulasch richtete sich auf und winkte ihr mit einem Röhrchen voll weißer Tabletten.

Sie ging mit ihm in die Zelle zurück.

„Was ist los?" fragte Farrell matt.

„Der Herr hier hat Ihr Bein eingerichtet", erklärte sie. „Wir haben Schnaps und Aspirin für Sie geholt. Können Sie sich ein wenig aufsetzen?"

Mühsam richtete er sich auf einen Ellbogen auf. „Hoffentlich habe ich nichts verraten. Mir ist, als hätte ich wie ein Idiot gequatscht."

Sie lächelte schwach. „Aber nicht im entferntesten wie ein Freund von Mr. Carstairs."

„Wie sind die Aussichten?" stöhnte er und legte sich wieder zurück, nachdem er das Aspirin mit einem großen Schluck Schnaps hinuntergespült hatte.

„Düster", erwiderte Mrs. Pollifax trocken. „General Perdido ist wütend, weil Sie sich so schwer verletzt haben, daß aus seinem Verhör nichts wurde." Flüsternd, so daß Lulasch sie nicht hören konnte, fügte sie hinzu: „Es dürfte zweckmäßig sein, weiter so wild wie möglich zu phantasieren."

Lulasch wandte sich zum Gehen. Mrs. Pollifax griff nach seiner Hand. „Vielen Dank", sagte sie warm. „Wir danken Ihnen wirklich sehr."

„Ist schon gut." Er nickte lächelnd.

Als er gegangen war, ließ sich Mrs. Pollifax auf ihre Pritsche plumpsen.

„Sie sehen ziemlich angegriffen aus, Herzogin", sagte Farrell. „Schlafen Sie um Himmels willen ein wenig. Ich werde versuchen, meine Fieberphantasien für eine Weile zu bezähmen."

Mrs. Pollifax sah im gespenstischen Licht der flackernden Kerze zu ihm hinüber. Dabei wurde ihr plötzlich bewußt, wie lieb er ihr schon geworden war. Als sie sich ausstreckte, sank sie sogleich in einen tiefen Schlaf der Erschöpfung.

AM 23. AUGUST saß Carstairs mit Bishop und einem Mann, der als Experte für Mao Tse-tung galt und einer der wenigen Amerikaner war, die General Perdido persönlich kannten, in seinem Büro.

„Nicht das geringste Anzeichen deutet darauf hin", sagte Carstairs, „daß man Farrell und Mrs. Pollifax nach Kuba hineingeschmuggelt hat, obgleich das nicht ausschließt, daß sie doch dort sind. Aber ich glaube, wir können mit Bestimmtheit sagen, daß Perdido im Augenblick nicht in Kuba ist." Er reichte dem Experten, der Peattie hieß, ein Schriftstück. „Wir wissen von zwei geheimen Landeplätzen der Russen in Mexiko, und wie Sie aus diesem Bericht ersehen können, wurden auf dem in Niederkalifornien Aktivitäten beobachtet. Eine viermotorige russische Maschine ist dort am Abend des 19. August gelandet – dem Tag, an dem wir Perdido aus den Augen verloren haben und an dem Farrell und Mrs. Pollifax verschwunden sind."

„Mm", brummte Peattie, „zwei Personen wurden auf Bahren an Bord gebracht. Hat die schöne Miß Willow Lee Mexico City auch verlassen?"

Carstairs nickte. „Sie ist in Hongkong, mit Ziel Peking."

Peattie überlegte laut: „Es widerstrebt mir, das zu sagen, weil Sie wahrscheinlich verzweifelt hoffen, Ihre beiden Agenten wiederzubekommen. Aber wenn General Perdido nicht in Kuba ist, dann ist er, fürchte ich, auf dem Weg nach Rotchina."

„Diese Abteilung hofft nicht verzweifelt", sagte Carstairs in hartem Ton. „Farrell und Mrs. Pollifax sind von unsern Listen gestrichen."

„Dann verstehe ich nicht recht...", sagte Peattie.

Carstairs zögerte. „Sie können unsere Nachforschungen zu fünfzig Prozent Vorsicht und zu fünfzig Prozent Gewissen nennen. Wir wünschen keinerlei internationale Verwicklungen. Wir müssen einfach sicher sein, daß diese Leute tot sind, wir müssen Beweise dafür haben."

Peattie nickte. „Ich werde meine Fühler ausstrecken. In ein paar Tagen kann ich Ihnen sagen, ob Perdido in China ist oder war." Er warf Carstairs einen fragenden Blick zu. „Und die fünfzig Prozent Gewissen?"

Carstairs seufzte. „Ich denke an Mrs. Pollifax. Die verstorbene Mrs. Pollifax, wie ich fürchte. Eine freundliche kleine Frau in den Sechzigern, mit so einer netten geraden Art. Sie fragte Mason, ob sie etwas für uns tun könne; ganz naiv, aber so goldrichtig für meine Zwecke, daß ich sie sozusagen vom Fleck weg engagierte."

„Aha", sagte Peattie ruhig. „Kannte sie das Risiko?"

„Ja, gewiß. Aber ich habe sie ohne Unterweisung oder Schulung oder Blausäureampulle gehen lassen. Und nun muß ich ihren Verwandten telegraphieren und erklären, warum sie nicht auf der Heimreise ist; und muß mir für sie einen plausiblen Tod in Mexiko ausdenken."

„Vielleicht einen Bootsunfall. Mexiko ist da sehr hilfsbereit", warf Bishop ein.

Peattie stand auf. „Ich kann Ihnen innerhalb einer Woche Nachricht versprechen. Leider geht es nicht rascher – China bewegt sich immer noch im Ochsenkarrentempo."

„Danke – wir sind mit allem zufrieden, was wir bekommen."

Als Peattie gegangen war, zündete sich Carstairs eine Zigarette an und sagte müde: „Tirpak ist tot, in Guatemala erstochen, eben identifiziert."

Bishop seufzte: „Großreinemachen also."

„Das ist noch nicht alles. Unser Kontaktmann in Costa Rica hat alles Material, das Tirpak ihm brachte, photographiert und die Papiere verbrannt. Sechs Mikrofilme voll. Tirpak hat sie in einem einfachen weißen Umschlag mitgenommen."

„Autsch", sagte Bishop.

Carstairs nickte. „Ich möchte annehmen, er wollte sie in etwas Gedrucktem verstecken – sagen wir, in einem Buch. Ich glaube auch, daß sie die Papagayo Librería erreicht haben und daß de Gamez deswegen umgebracht worden ist."

„General Perdido hat also die Mikrofilme."

Carstairs runzelte die Stirn. „Da bin ich nicht so sicher. Wenn ja, warum hat er dann die Buchhandlung offengehalten und Mrs. Pollifax' Zimmer durchsucht? Und daß sie es auch auf Farrell abgesehen hatten, macht mir Kopfzerbrechen. Seine einzige Verbindung mit den Chinesen war diese Miß Willow Lee. Er wußte nichts von Tirpak oder den Mikrofilmen."

Bishop nickte. „Seine Entführung sieht allerdings nach einer Verzweiflungstat aus."

„Ja. Deshalb bin ich auch ziemlich sicher, daß Perdido es vorzieht, Farrell und Mrs. Pollifax noch ein oder zwei Tage am Leben zu lassen. Und das ist der Grund, mein lieber Bishop, warum ich die letzten Nächte nicht gut geschlafen habe. Perdidos Methoden, jemandem Informationen zu entlocken, sind weder höflich noch hübsch."

„Aber bei Mrs. Pollifax gibt es keine Informationen zu entlocken."

„Bishop, meinen Sie, Perdido würde das glauben?"

Ein langes Schweigen folgte. „Aber wenn Perdido die Mikrofilme nicht hat, ist das doch immerhin etwas?"

Carstairs lachte kurz auf. „Gewiß. Das bedeutet, daß sie überhaupt verloren sind. Wenn sie in ein Buch eingefügt und in de Gamez' Laden verkauft worden sind, so liest vielleicht gerade in diesem Augenblick jemand in diesem Buch, ohne auch nur zu ahnen, daß es Geheimnisse enthält, die acht Monate Arbeit und das Leben mehrerer Menschen gekostet haben. Und das nenne ich Vergeudung. Wo ist das Telegramm an Mrs. Pollifax' Kinder?"

Bishop zog zwei Durchschläge aus seinem Akt. „Hier, bitte. Sie sind gestern spätabends von Mexico City an Roger Pollifax in Chikago und Mrs. Kempf in Arizona abgegangen."

Carstairs las sie mit bitterer Ironie: GENIESSE AUFENTHALT STOP VERSCHIEBE RÜCKKEHR UM EINE WOCHE ODER LÄNGER STOP MEXIKO BEZAUBERND STOP LIEBE GRÜSSE AN ALLE MUTTER.

PERDIDO erschien am nächsten Morgen wieder in der Zelle. Mrs. Pollifax hatte ihn kommen hören, er fand sie daher bei einer friedlichen Patience, während sich Farrell fiebernd auf seiner Pritsche herumwarf.

„Schaff die Grünen weg, um Himmels willen!" schrie Farrell.

Beide, der General und Mrs. Pollifax, schauten zu ihm hin, er mit Erbitterung, sie bewundernd. Mrs. Pollifax sagte scharf: „Ich habe sein Bein geschient, aber die Kugelwunde in seinem Arm ist infiziert."

„Señor Farrell!" brüllte Perdido grob.

„Carmelita?" flüsterte Farrell zärtlich, und dann hoffnungsvoll: „Mein Liebling?"

Es war ein ekelhaftes Geräusch, als General Perdidos Faust dumpf gegen Farrells Backenknochen krachte. Mrs. Pollifax wandte sich ab. Ich kann es nicht ertragen, dachte sie. Aber während der nächsten Minuten mußte sie noch viel mehr ertragen. Der General war entschlossen herauszubringen, ob Farrell sich verstellte. Als er schließlich von ihm abließ, war sie ruhiger als er – rasende Wut verzerrte sein Gesicht. „Sie können Mr. Farrell sagen, daß ich seiner baldigen Genesung entgegensehe." An der Tür wandte er sich nochmals dramatisch um. „Und was Sie betrifft, Mrs. Pollifax, Sie machen mir so viel Ärger, daß ich schon allein Ihre Existenz übel vermerke."

Die Tür knallte hinter ihm zu, und erst jetzt wagte sie zu Farrell hinüberzuschauen. „Mir scheint, der General hat zu viele Wildwestfilme gesehen", sagte sie leichthin, dabei hätte sie über Farrells zerschundenes Gesicht weinen mögen.

Farrell fragte gelassen: „Hat mir dieser verdammte Hund das Nasenbein gebrochen?"

Mrs. Pollifax setzte sich neben ihn, und gemeinsam machten sie Bestandsaufnahme. Sie war ermutigend: Quetschungen, zwei lockere Zähne – beides Backenzähne – und eine gespaltene Oberlippe, aber

Knochen waren anscheinend nicht gebrochen. „Haben Sie so etwas schon einmal durchgemacht?" fragte sie teilnahmsvoll.

Er schaute weg. „Einmal, während des Krieges. Damals kannte ich Carstairs schon. Nach dem ersten Mal gibt es Grenzen, verstehen Sie. Man weiß, was einen erwartet, und das kann schlimmer sein als der Schmerz selbst. Aber diesmal war es Gott sei Dank kurz."

Mrs. Pollifax befühlte seine Stirn und seufzte. „Sie haben immer noch Fieber. Achtunddreißig fünf, schätze ich."

„Aber es reicht nicht zum Phantasieren." Er versuchte zu lächeln.

„Nein, dazu reicht's nicht. Aber Sie haben sehr echt gewirkt."

Dankbar sagte er: „Herzogin, ich habe eine unglaubliche Zahl junger hübscher Frauen gekannt – aber ich ernenne Sie zur ‚Frau, mit der ich am liebsten die Gefangenschaft in Albanien teilen möchte'."

„Ah, es geht Ihnen besser", sagte Mrs. Pollifax mit einem Zwinkern.

Zur Essenszeit kam ein neuer Gefangener. Major Vassovic stieß ihn unter Flüchen herein, als man die Tabletts brachte. Eine dritte Pritsche folgte und wurde an der noch freien Wand aufgestellt. Mrs. Pollifax war zu sehr damit beschäftigt, Farrell mit dem Löffel zu füttern, um weiter darauf zu achten. Aber während sie selbst aß, musterte sie den Mann neugierig. Er lag auf der Seite, und es war praktisch von ihm nichts zu sehen als eine große Glatze mit weißen Haarbüscheln um die Ohren herum.

Auch Farrell studierte den Mann. „Mein Name ist Farrell. Sprechen Sie englisch?" fragte er.

Der Mann antwortete mit einem Schwall unverständlicher Worte.

„Er spricht nicht englisch – das ist gut", sagte Mrs. Pollifax.

„Schauen Sie – die Kerze!" rief Farrell plötzlich.

Mrs. Pollifax' Blick glitt sogleich zur Kerze an der Wand über dem Kopf des Neuankömmlings – dann merkte sie, daß auch dieser nach der Kerze schaute: er hatte Farrell also verstanden. Offensichtlich hatte der General einen weiteren englischsprechenden Sigurimi-Mann aufgestöbert.

An diesem Abend kam Lulasch die Tabletts holen. „Wir sind heute spät dran. General Perdido mußte zu seinem Flugzeug gefahren werden." Er legte zwei Aspirin auf ihren Tisch. Leise fügte er hinzu: „Für Sie zum Lesen über mein Land", und mit dem Rücken zu dem neuen Gefangenen schob er ihr ein Buch unter das Kissen.

Mrs. Pollifax mußte sich mit einem dankbaren Lächeln begnügen. Als schließlich Farrell in unruhigen Schlaf fiel und der Fremde den Raum mit rhythmischem Schnarchen erfüllte, legte sie sich nieder und zog Lulaschs Buch hervor: *Albanien, Land ursprünglicher Schönheit*. Es war ein altes Buch, 1919 erschienen, und sie war gerührt, daß Lulasch es immer noch in Ehren hielt. Sie blätterte es durch und mußte an Bücher aus ihrer Kindheit mit den gleichen grauen Photographien von Leuten in Nationaltracht denken; und dann stieß sie auf eine Karte – eine sehr gute Karte. Da war Albanien, eingeklemmt zwischen Griechenland im Süden und Jugoslawien im Norden und Osten. Und da war die Adria... Wasser, dachte Mrs. Pollifax, und ein Plan begann sich, noch undeutlich, in ihr zu formen. Gedankenverloren suchte sie nach Bergen. Im Süden lag eine schmale Kette an der Meeresküste, aber sie war kaum fünfhundert Meter hoch. Doch Farrell und sie hatte man in ein sehr hohes Gebirge gebracht. „Ah", machte sie, als sie die nordalbanischen Alpen entdeckte, die den oberen Rand des Landes wie ein Diadem von Ost nach West abschlossen – ein Diadem, das außerordentlich nahe an Jugoslawien und nicht weit von der Adria lag. Sie überlegte. Wie war das doch gewesen? Sie waren mit dem Flugzeug bei einer alten Stadt gelandet, auf die Berge zugefahren, ein oder zwei Stunden auf Eseln geritten. Würde es möglich sein, die Richtung festzustellen?

„Die Sonne", durchfuhr es Mrs. Pollifax. Vom auf und ab wogenden Rücken ihres Esels aus hatte sie die Sonne aufgehen und eine Flut goldenen Lichts über das Tal ausgießen sehen. Ja, kein Zweifel, die Sonne war ein wenig rechts vor ihnen aufgegangen. Also waren sie nordostwärts geritten. Wenn sie das umkehrte und mit dem Finger auf der Karte nach Südwesten fuhr, traf sie nur auf eine einzige richtige Stadt: Skutari. Die anderen Städte waren klein. Wenn das Flugzeug in Skutari gelandet war, mußten sie ungefähr hier sein, schloß sie und machte mit dem Fingernagel ein Kreuz. Die Stelle war überraschend nahe an der Adria. Und jenseits der Adria lag Italien...

Sie schob das Buch unter die Matratze und streckte sich aus, fast erschrocken über ihre Gedanken. Es dauerte sehr lange, bis sie endlich einschlief.

## 6

„Sie können herauskommen", sagte Lulasch am nächsten Nachmittag. „General Hoong hat gesagt, Sie dürfen spazierengehen."

Mrs. Pollifax nickte und trat an Farrells Bett. Wenn er überleben sollte, mußte die Kugel aus seinem Arm entfernt werden. Er hatte wohl um die vierzig Grad Fieber und war nicht immer klar bei Bewußtsein. Sie beugte sich über ihn und sagte leise: „Ich bin in ein paar Minuten wieder zurück."

Farrell öffnete ein Auge und grinste schwach: „Viel Spaß."

Bevor sie ging, nahm Mrs. Pollifax die guatemaltekische Jacke, in der sie vor einer Ewigkeit ihr Hotelzimmer in Mexico City verlassen hatte. Sechs Tage und sechs Nächte lebte sie nun schon im selben Rock und in derselben Bluse, aber die Jacke hatte sie nicht angezogen. Tagsüber lag sie sorgfältig über ihr Kissen gebreitet und nachts zusammengefaltet auf dem kleinen Tisch, auf dem sie ihre Patiencen legte. Als sie jetzt danach griff, tastete ihre Hand unter dem Kissen nach dem Buch über Albanien. Ohne einen Blick auf den Golem – wie Farrell ihren Spitzel getauft hatte – ging sie hinaus.

„Hat Ihnen mein Buch gefallen?" fragte Lulasch in der Halle.

Sie nickte lebhaft. Lulasch führte sie ins Freie, und dabei sah sie, daß man den Schlüssel wieder in der Munitionslade hatte steckenlassen. Nach der Dunkelheit in der Zelle blendete sie die Sonne so, daß sie die Augen mit der Hand schützen mußte.

„Hier." Lulasch reichte ihr seine Sonnenbrille.

„Sie sind wirklich sehr freundlich." Sie setzte die Brille auf und konnte sich nun unbehindert umsehen. „Soll ich spazierengehen?"

Er nickte, ließ sich auf einer Bank neben der Tür nieder und erklärte: „Besser, Sie gehen heute nur in Sichtweite hin und her, Sie verstehen? Von hier bis da." Er deutete die Grenzen an.

Sie steuerte also auf die Kante des Abbruchs zu, in der Hoffnung, es würde wie zielloses Schlendern aussehen. Von hier oben konnte sie weit ins Tal hinausblicken. Sie entdeckte das gewundene Band eines Flußbettes, das sich von Osten nach Westen durch die Ebene zog; an ihm lagen vier kleine Städte. Die Talsohle mit ihren symmetrischen Linien und Feldern, vermutlich Reisfeldern, glich einem

Schachbrett. Am Fuß des Abbruchs war eine steinige Wiese voller Ziegen, und daran schlossen sich weitere abschüssige Weideflächen. Von Westen her führte eine Straße auf sie zu in die Berge, auf der sie Leute, so winzig wie Ameisen, arbeiten sehen konnte. Hinter Lulasch und ihrem Gefängnis ragte der Berg hoch über ihr empor. Eines war ihr gleich klar: Eine Flucht über dieses Gebirgsmassiv nach Jugoslawien war nicht möglich. Die einzigen Chancen lagen westwärts, entlang der Straße, auf der sie gekommen waren, oder durch das Tal.

Flucht ... zum erstenmal hatte sie sich die Richtung ihrer Gedanken eingestanden. Es war völlig verrückt, aber man mußte doch irgend etwas unternehmen. Mrs. Pollifax hatte es schon immer widerstrebt, sich mit etwas abzufinden, und es kam ihr charakterlos vor, einfach herumzusitzen und auf die Hinrichtung zu warten. Sie winkte Lulasch zu, setzte sich auf einen Felsblock und schlug die Karte in dem Buch auf. Ein Tal, ein Berg, ein Fluß ... ja, da war ein Fluß. „Der Drin", rief sie hocherfreut. Nach dem Maßstab der Karte war er etwa fünfundzwanzig Kilometer entfernt und floß nach Westen in die Adria.

Sie ging zu Lulasch zurück und sagte freundlich: „Die Stadt mit dem Flugplatz, ist das Skutari, Ihre Hauptstadt?"

Sein Gesicht leuchtete auf. „Ah, Sie haben mein Buch gelesen. Nein, das ist nicht die Hauptstadt, und sie heißt jetzt Shkodër. Aber der Flugplatz ist dort."

„Sie sind eine Fundgrube an Wissen über Ihr interessantes Land", sagte Mrs. Pollifax mit vollkommener Aufrichtigkeit. „Verzeihen Sie, aber ich glaube, ich gehe jetzt lieber hinein. Die Hitze..." Lulasch ließ sie in den Steinbau und schloß die Tür hinter ihr. Major Vassovic kniete in einer Ecke der Wachstube. „Oh – Verzeihung!" sagte sie. „Ist das eine Yogaübung?"

„*Zot*, nein", stöhnte er, „hier ist der einzige elektrische Anschluß – ah, ich hab's." Der Major richtete sich schwerfällig auf. „Für meinen Heizziegel. Mit dem Elektrischen ist es hier schwierig. Wir haben eine – wie heißt das bei Ihnen? – eine große Maschine im andern Haus drüben."

Mrs. Pollifax strahlte. „O ja, einen Generator. Und das ist Ihr Heizziegel? Wir nennen das zu Hause ein Heizkissen."

„Ja, für meinen Rücken", sagte er. „Mein Rücken sehr schlimm."

Mrs. Pollifax war ehrlich besorgt. „Sie meinen, Sie haben sich den Rücken verkühlt? Sie armer Mensch! Haben Sie es schon mit Massage versucht?"

Er starrte sie verständnislos an, und sie sagte bestimmt: „Ziehen Sie Ihr Hemd aus. Haben Sie Alkohol zum Einreiben da?"

„Alkohol?" Zweifelnd nahm er aus einer Schublade eine Flasche Schnaps.

„Ja, warum nicht?" sagte sie lächelnd. „Wenn Sie sich jetzt bitte auf den Schreibtisch legen, massiere ich Ihnen den Rücken." Er wich erschrocken zurück. „Nein, nein, Sie verstehen mich nicht." Sie ging zur Tür und rief: „Mr. Lulasch, würden Sie bitte für mich dolmetschen? Ich möchte dem Major den Rücken massieren. Bitte sagen Sie ihm, er soll das Hemd ausziehen und sich auf den Schreibtisch legen."

Grinsend kam Lulasch herein und übersetzte. Major Vassovic sagte erst: „Ah!" dann „Oh?" und zog sein Hemd aus.

Mrs. Pollifax goß etwas Schnaps in die hohle Hand, dann begann sie den Rücken des Majors mit Enthusiasmus zu knuffen, zu kneten und zu klopfen. Seine leisen Protestschreie gingen bald in wohliges Stöhnen über.

„Er braucht eine Decke", sagte Mrs. Pollifax zu Lulasch. „Er muß noch einige Minuten liegenbleiben, bevor er aufsteht." Lulasch holte eine Decke, Mrs. Pollifax warf sie dem Major über und sank dann erschöpft auf einen Stuhl. „Das habe ich seit Jahren nicht mehr gemacht."

Vom Schreibtisch her kam ein zufriedenes Brummen, und Lulasch sagte: „Gestatten Sie" und goß Schnaps in zwei Papierbecher.

Mrs. Pollifax meinte zweifelnd: „Man könnte es vielleicht einen späten Nachmittags-Cocktail nennen?" Sie nahm den Becher entgegen, ließ ihre linke Hand wie zufällig über der Munitionslade baumeln und tastete nach dem Messingschlüssel. Lulasch saß auf der anderen Seite des Schreibtisches, und sie wechselte freundliche Blicke mit ihm über den ausgestreckten Körper des Majors hinweg. „Prost!" rief Lulasch und hob den Becher.

„Prost!" gab Mrs. Pollifax vergnügt zurück, während sie die Lade hinter sich aufzog. Sie nahm eine Handvoll Patronen heraus und schob sie wieder zu.

Der Major setzte sich auf. „War gut, gut. Sie machen wieder?"

Mrs. Pollifax strahlte. Sie hatte jetzt vier Patronen im Schoß. „Selbstverständlich, bis sie mich umlegen." Lulasch sah sie erstaunt an, und sie fügte heiter hinzu: „Oh, irgendwann werden sie mich wohl umbringen müssen."

„Aber Sie können doch nicht gefährlich sein", protestierte er.

Mrs. Pollifax zuckte die Achseln. „Wen kümmert das schon? Das ist hier ja keine Demokratie. In einer Demokratie entscheidet ein Geschworenengericht von zwölf Leuten über Schuld oder Unschuld."

Major Vassovic starrte sie an. „Zwölf Offiziere, meinen Sie?"

„O nein", erklärte Mrs. Pollifax. „Zwölf gewöhnliche berufstätige Menschen."

Nun starrten beide Männer sie an, und Vassovic sagte: „Aber dann würde doch nie jemand schuldig gesprochen. Wer sagt ihnen, was sie tun sollen?"

„Sie bilden sich ihre eigene Meinung auf Grund der Beweise."

Der Major sah erschrocken aus, Lulasch interessiert. „Erklären Sie mir, wie das funktioniert", bat er.

Mrs. Pollifax zögerte, nicht weil es ihr schwergefallen wäre, sondern wegen der vier Patronen in ihrer Hand. „Erst muß ich meine Jacke anziehen, mir ist kalt", sagte sie und ging zu dem Hocker, auf den sie die Jacke und das Albanien-Buch gelegt hatte. Sie ließ die Patronen in die Tasche gleiten, schlüpfte in die Jacke und klemmte das Buch fest unter den Arm. „Das funktioniert so", begann sie gerade, als von der Tür her eine kalte Stimme sagte: „Guten Tag, Mrs. Pollifax."

Mrs. Pollifax wandte sich um. Es war ihr bisher noch nicht aufgefallen, wie sehr General Hoongs Gesicht einem glatten braunen Ei glich. Wie jeder Mensch, in dessen Zügen weder Lachen noch Traurigkeit Spuren hinterlassen hatten, wirkte er irgendwie unheimlich. „Guten Tag", sagte sie.

Seine Nasenflügel bebten mißbilligend. „Lulasch, Vassovic, haben Sie getrunken?"

„Ich durfte ein wenig spazierengehen", mischte sich Mrs. Pollifax ein, „und dabei bekam ich einen leichten Sonnenstich. Da haben sie mir als Medizin ein Glas Schnaps gegeben. Gut, daß Sie hier sind, General Hoong. Ich brauche Ihre Erlaubnis, die Kugel aus Farrells Arm zu entfernen, sonst stirbt er daran. Sicher wäre General Perdido darüber sehr ärgerlich, meinen Sie nicht?"

Der General zog die linke Augenbraue hoch. „Und dann brauche ich dazu ein Messer", fuhr sie kühn fort, „kochendes Wasser und Verbandzeug. Das ist doch möglich?"

„Sonst noch etwas?" fragte er mit einem Anflug von Sarkasmus.

„Ich glaube nicht", erwiderte Mrs. Pollifax, ohne darauf zu achten. „Ihr Essen ist recht gut, und an die Matratze gewöhne ich mich allmählich."

Er verbeugte sich leicht. „Das freut mich aber."

„Und jetzt würde ich gern in die Zelle zurückgehen und mich hinlegen."

Major Vassovic führte sie durch die Halle. Während er ihr die Zellentür aufhielt, flüsterte er: „Morgen, gleiche Zeit?"

Mrs. Pollifax erwiderte ernsthaft: „Gut, also morgen" und kam sich vor, als stimme sie einem verbotenen Rendezvous zu.

In der Zelle stellte sie fest, daß Farrell schlief und der Golem verschwunden war. Sie steckte das Buch über Albanien unter die Matratze und untersuchte dann die Dinge, die sie aus der Munitionslade gestohlen hatte. Zwei Patronen waren, wie sie sehen konnte, für eine Beretta, die andern beiden für eine sogenannte Nambu. Sehr gut, dachte sie. Sie verstaute eine Patrone in ihrer Handtasche, die zweite in der Unterwäsche, die dritte steckte sie in ein Loch in ihrer Matratze und die vierte in Farrells Matratze. Da er immer noch schlief, nahm sie Lulaschs Buch heraus und studierte erneut die Landkarte.

„Was, keine Patience?" fragte Farrell plötzlich.

„Lulasch hat mir ein Buch über Albanien geliehen", erklärte sie ihm zerstreut. „Darin ist eine sehr gute Landkarte."

„Großer Gott, Sie denken doch nicht etwa an Flucht!"

Mrs. Pollifax erwiderte ruhig: „Warum nicht? Ich habe keine Lust, meinen Lebensabend in Albanien zu verbringen. Die Winter sind außerordentlich kalt, steht hier. Irgendwie müssen wir doch hier herauskommen, bevor Perdido zurückkehrt."

„Wir?" echote Farrell erstaunt.

Sie blickte überrascht von ihrer Karte auf. „Sie denken doch wohl nicht, daß ich Sie zurücklasse. Ich habe um Erlaubnis gebeten, die Kugel aus Ihrem Arm zu schneiden, dann wird Ihr Fieber heruntergehen."

„Bleibt nur noch ein gebrochenes Bein", knurrte Farrell.

„Das einfachste wäre, Sie über die Felswand hinunterzulassen", fuhr Mrs. Pollifax fort, „aber dazu würden wir dreißig Meter Seil brauchen. Und eine Pistole sollten wir haben und Sachen, um uns zu verkleiden, und Essen. Und um wirklich gut ausgerüstet zu sein, müßten wir wohl auch einen Kompaß haben."

„Wie wär's mit einem Taxi?" Es war ihre erste Unstimmigkeit, und er sagte spöttisch: „Sie sind nicht bei Trost, Herzogin. Wenn Sie mich jetzt entschuldigen, will ich weiterschlafen, das ist die beste Art von Flucht, die *mir* einfällt."

„Feigling", fauchte Mrs. Pollifax verächtlich und bereute es im selben Augenblick. Farrell schloß die Augen, ein leises Schnarchen drang aus seinem halbgeöffneten Mund, und Mrs. Pollifax dachte, wie eindrucksvoll er in ein paar Tagen mit seinem Bart aussehen würde.

Als es dämmerte, erschien Major Vassovic mit kochendem Wasser, einem Taschenmesser und einem Handtuch. Er hatte Befehl, ihr zu helfen, und wandte sich barsch an den Golem, der jetzt in die Zelle zurückgekehrt war. „Er heißt Adhem Nexdhet", erklärte er Mrs. Pollifax. „Ich habe ihm gesagt, er soll die Kerze für Sie halten. Lulasch hat heute abend keinen Dienst."

Die Kerze für *mich* halten? Mrs. Pollifax schlotterten plötzlich die Knie, und sie dachte verzweifelt an die unzähligen Spleißen und Glassplitter, die sie im Laufe ihres Lebens aus kleinen Knien und Fingern gezogen hatte. Der Rat eines Arztes fiel ihr ein: Nie für den Patienten bluten, einfach das Notwendige tun. Nur kurz sah sie Farrell ins Gesicht und begegnete seinem Blick. Er mußte mit seiner Hölle selbst fertigwerden, so wie sie irgendwie mit der ihren. Rasch sondierte sie in dem brandigen Fleisch nach der Kugel, holte sie mit einer einzigen brutalen Drehung heraus und hörte sie auf den Steinboden fallen. Da sie nicht wußte, wie sie die Sache anders beenden sollte, goß sie heißes Wasser über die infizierte Wunde, und das entlockte Farrell schließlich doch ein Jaulen. „In einem Krankenhaus würden Sie damit aber keinen Posten kriegen, Herzogin."

„Glauben Sie nicht? Ich wollte mich nächste Woche bewerben. Wie schade!"

Er grinste schwach und drehte sein Gesicht zur Wand. Mrs. Pollifax begriff, was er durchgemacht haben mußte, und ihr Entschluß zu fliehen festigte sich. Es war jedenfalls eine anständigere Art zu sterben als alles, was sie vom General zu erwarten hatten. Nur das Wann und Wie war noch zu entscheiden. Sie feuchtete das Handtuch an und begann, das Blut von Farrells Matratze zu reiben.

„Das haben Sie gut gemacht", sagte Nexdhet plötzlich. „Ohne jede Zimperlichkeit."

Mrs. Pollifax sah erstaunt auf. „Sie sprechen also wirklich Englisch!"

Der lächelte schief. „Das haben Sie ja schon gewußt. Erlauben Sie", sagte er und nahm ihr das Tuch aus der Hand, „Sie sind sicher müde."

„Sind Sie etwa auch in der Geheimpolizei?"

„Ich bin Oberst Nexdhet von der Sigurimi."

Mrs. Pollifax war betroffen. „Dann sind Sie also ein Vorgesetzter des Majors. Um so freundlicher von Ihnen, uns zu helfen."

„Eines weiß General Perdido nicht, Mrs. Pollifax – was Sie unter dem Druck der Verhältnisse zu leisten imstande sind."

„Oh?" Nexdhets durchdringender Blick war Mrs. Pollifax ausgesprochen unangenehm.

„Für Perdido sind Sie ein peinlicher Mißgriff", fuhr er fort. „Aber ich frage mich, ob Sie nicht mehr sind, als Sie scheinen."

Mrs. Pollifax legte ihre Karten auf, sie fühlte deutlich, daß der Oberst sie dabei prüfend und zugleich belustigt beobachtete.

Am nächsten Morgen begann Mrs. Pollifax ernsthaft zu planen. Als Nexdhet die Zelle verließ, wahrscheinlich, um sich Bewegung zu machen, nahm sie alles aus ihrer Handtasche, was als Bestechungs- oder Tauschmittel dienen konnte: drei Lippenstifte, zwei davon in schicken edelsteinbesetzten Goldhülsen, die Travellerschecks, den kleinen Notizblock mit dem goldenen Stift. Dann tat sie widerstrebend die guatemaltekische Jacke dazu, nahm aber dafür den Notizblock wieder an sich. Auf einem seiner Blätter hatte sie ein paar albanische Wörter aus dem *Land ursprünglicher Schönheit* notiert. Nach einstündigem Bemühen war es ihr gelungen, vier dieser albanischen Wörter zu einer Botschaft zusammenzustellen und sie sorgfältig auf ein neues Blatt abzuschreiben. Nacht – Schlaf – geben Laut. Hoffnungsvoll fügte sie auf englisch hinzu, da es hier anscheinend jeder konnte: „Wir sind zwei Amerikaner; wer sind Sie?"

„Was gibt's?" fragte Farrell von seiner Pritsche herüber.

„Nichts, gar nichts. Wie fühlen Sie sich? Ihre Temperatur ist fast normal, ich habe Ihre Stirn befühlt, während Sie schliefen."

„Sie sehen aus wie eine Katze, die es auf den Kanarienvogel abgesehen hat, Herzogin. Ich weiß nicht, was Sie vorhaben, aber es wird nicht funktionieren."

Die Zellentür öffnete sich knarrend, und ein Wächter erschien. „Ich glaube, es ist Zeit für meinen Spaziergang", sagte sie zu Farrell und rauschte hinaus.

Die Tür hatte sich kaum hinter ihr geschlossen, als jemand sagte: „Mrs. Pollifax! Wir können zusammen gehen. Ich habe auf Sie gewartet." Es war Oberst Nexdhet.

„Um mich zu bewachen?" fragte sie kühl. Und zu Major Vassovic in der Wachstube: „Guten Morgen. Was macht Ihr Rücken heute?"

„Ah, *Zoge* Pollifax", sagte der Major strahlend. „Tut noch weh, ja, habe aber letzte Nacht geschlafen wie Baby."

„Mrs. Pollifax", rief Lulasch und hielt ihr die Tür auf. „Hier, nehmen Sie bitte meine Sonnenbrille. Nicht vergessen, Sie und ich sind doch Geschworene."

„Was sollte das heißen?" fragte Nexdhet.

„Nichts Besonderes. Wir sind so wenige und haben so viele Bewacher, mir scheint das eine ziemliche Verschwendung."

„Wir wollen in die Richtung gehen", sagte Nexdhet, nach Osten deutend. „Nein, es ist keine Verschwendung. Im größeren Gebäude sind noch mehr Gefangene."

„Das wußte ich nicht. Wie lange sind Sie schon da, Oberst?"

„Oh, einige Monate. Ich wurde als Stellvertreter von General Hoong hierher versetzt. Es ist oft trist hier, aber Spazierengehen macht mir Freude. Ich bilde mir ein, ich ginge Vögel beobachten." Er hatte ein Fernglas umhängen.

„Und macht es Ihnen auch Freude, bei der Sigurimi zu sein?" fragte sie.

„Das ist mein Beruf." Er sah sie an und lächelte, während sie den Weg zum Wald hinaufzusteigen begannen. „Sie wollen allem auf den Grund gehen, und das ist gut. Aber Sie sind nicht mißtrauisch, und das ist eine Schwäche. Sie haben offensichtlich den Wunsch zu vertrauen, sich auf andere zu verlassen."

Sein Blick hatte etwas Müdes, Wissendes. Mrs. Pollifax sagte: „Da kann ich Ihnen wirklich nicht zustimmen. Ich verlasse mich nicht auf andere; ich finde es nur beruhigend, daß sie da sind. Sie trauen wohl überhaupt niemandem?"

Er half ihr über einen gestürzten Stamm. „Ich habe in zu vielen Rücken Messer stecken sehen, habe Albanien unter den Türken, dann unter Ahmed Zogu gedient. Wir waren mit Mussolini befreundet, dann ist er über uns hergefallen. Eine Weile war Rußland unser Freund. Jetzt hilft uns Rotchina. So ist das Leben. Nichts ist von Dauer außer der Idee, der Gesinnung. Sie allein bleibt unberührt, vom Wandel ungeschändet." Er zuckte die Achseln. „Man paßt sich an." Mit einem schiefen Lächeln zwirbelte er seinen ungeheuerlichen Schnurrbart und fragte: „Politisch, was sind Sie da?"

„Republikanerin", bekannte Mrs. Pollifax, „obgleich ich einmal Adlai Stevenson gewählt habe – er war so ein reizender Mann."

Nexdhet lächelte. „Sie passen sich also auch an." Er griff nach ihrem Arm. „Gehen wir den Grat entlang zurück. Da hat man eine gute Aussicht ins Tal."

Das hatte man wirklich. „Herrlich, nicht wahr?" sagte Oberst Nexdhet und blieb neben ihr stehen. „Die Leute da unten – klein wie Ameisen. Sie bauen eine Raketenbasis." Er sagte es ohne besondere Betonung.

Raketenbasis? Ein Prickeln lief Mrs. Pollifax über den Rücken. Wenn sie Mr. Carstairs von einer chinesischen Raketenbasis berichten konnte, hätte sie als Spionin wenigstens nicht ganz versagt. Wäre Nexdhet nicht vollkommen überzeugt gewesen, daß Mrs. Pollifax in Albanien blieb, hätte er das gewiß nicht erwähnt. Laut sagte sie mißbilligend: „Sie sollten lieber Straßen bauen. Wozu brauchen Sie denn eine Raketenbasis?"

Oberst Nexdhet reichte ihr den Arm. „Gehen wir jetzt zurück? Die Chinesen haben viel Geduld, Mrs. Pollifax, sie bauen für die Zukunft."

„Ich habe nicht einen einzigen Vogel gesehen, Oberst Nexdhet", wechselte Mrs. Pollifax das Thema, um ihr lebhaftes Interesse nicht zu verraten.

Er antwortete ernsthaft: „Das macht ja das Vögelbeobachten gerade so spannend – es gibt hier oben in den Felsen so wenige", und da lagen die Gebäude auch schon vor ihnen.

Um Viertel nach fünf kehrte Mrs. Pollifax endlich, ganz aufgekratzt von einer Reihe kleiner, erfolgreicher Unternehmungen, in die Zelle zurück. Farrell war leichenblaß. „Wagen Sie es ja nicht noch einmal, so zu verschwinden", empfing er sie. „Ich war ganz außer mir bei der Vorstellung, Sie würden vielleicht erschossen oder gefoltert. Und nun haben Sie die Stirn, hereinzuspazieren und glücklich auszusehen."

Sie küßte ihn zärtlich aufs Haar. „Mein Gott, das tut mir aber leid."

„Dann schauen Sie gefälligst auch so aus, als ob es Ihnen leid täte. Wo sind Sie gewesen?"

„Oh, ich bin mit Oberst Nexdhet spazierengegangen", sagte sie leichthin, „habe mit Lulasch gepicknickt und dann Major Vassovic' Rücken massiert. Wir haben sogar eine Party für morgen abend in der Wachstube verabredet. Lulasch kennt ein paar alte Bergglieder, Nexdhet spielt ein Instrument, und Vassovic hat sich angeboten, etwas Alkoholisches zu besorgen."

Farrell starrte sie an: „Na schön, und worauf wollten Sie eigentlich damit hinaus, Herzogin?"

Sie zog ein Stück Pauspapier aus der Tasche und legte es ihm auf den Schoß. „Um die Karte in Lulaschs Buch durchzupausen", flüsterte sie. Dann zog sie ein Metallgehäuse hervor. „Was das ist, brauche ich Ihnen nicht zu sagen."

„Ein Kompaß!" Farrell ließ einen Pfiff hören. „Wie in aller Welt –"

„Nachdem ich dem Major den Rücken massiert hatte, fing ich mit ihm zu handeln an. Es war ein richtiger Spaß. Ich sagte, ich wolle meine Sachen beizeiten weggeben. Zwei neue Lippenstifte hat er mich gekostet. Funktioniert er?"

„Wahrscheinlich." Farrell prüfte ihn stirnrunzelnd. „Jedenfalls bewegt er sich."

„Osten", erklärte sie, „müßte da gegen die Wachstube zu liegen."

Er sah auf. „Und wie wollen Sie das wissen?"

„Wir sind, als man uns hierherbrachte, in die aufgehende Sonne geritten – sind also von Westen, von Shkodër, gekommen, wo unser Flugzeug gelandet ist. Und nach der Karte fließt der Drin westwärts in die Adria."

Er sagte ruhig: „Jetzt erzahlen Sie mir lieber genau, was Sie im Sinn haben, Herzogin."

„Wenn Sie nicht in einem solchen Zustand gewesen wären, hätte ich Ihnen längst von unserm Zellennachbarn erzählt." Sie beschrieb das Klopfen an der Wand, das sie gehört hatte. „Seitdem ist es still geblieben. Heute nachmittag habe ich dann durch den Fensterschlitz der Zelle nebenan eine Botschaft geworfen, ein paar albanische Brocken aus Lulaschs Buch, aber ich hoffe, er begreift wenigstens, daß wir gern wieder von ihm hören würden."

Schritte erklangen in der Halle. Mrs. Pollifax stopfte Kompaß und Papier in ihre Handtasche und war dabei, ihre Karten zu mischen, als Adhem Nexdhet hereinkam. „Was spielen Sie da immer?" fragte er.

„Verschiedene Arten von Patiencen", erklärte sie, „das ist sehr gesund für Gemüt und Nerven. Ist General Perdido schon zurück?"

„Er kommt Donnerstag spätabends", antwortete Nexdhet geistesabwesend, während er ihr zusah, wie sie die Karten auslegte.

Mrs. Pollifax zwang sich zu einem Lachen. „Ich weiß nur nicht, was heute für ein Tag ist!"

„Dienstag." Nexdhet setzte sich plötzlich neben sie auf die Pritsche. „Zeigen Sie mir, wie es geht. Die Karten werden in einem Kreis aufgelegt – und dann?"

„Diese Patience heißt die Uhr", erwiderte Mrs. Pollifax und begann zu erklären. Aber ihr Herz hämmerte. Donnerstag. Heute war Dienstag... Das Gesicht des Generals schwebte ihr deutlich vor: unbewegt, nur die Augen verrieten Schläue und Grausamkeit. Sie blickte zu Farrell hinüber, der nachdenklich an seinem Schnurrbart kaute. Hoffentlich malt er sich nicht aus, was ihm bevorsteht, dachte sie. Dann stutzte sie und sagte entrüstet und verwundert zu Nexdhet: „Aber warum so bald? Haben Sie ihm berichtet, daß Farrell wieder vernehmungsfähig ist?"

„Ich habe Sie gewarnt, andern zu trauen", erinnerte er sie freundlich.

AM MITTWOCH, auf ihrem Spaziergang am Felsgrat entlang, hob Mrs. Pollifax zwei faustgroße Steine auf, nahm sie in die Zelle mit und verbarg sie. Aber was sie am dringendsten brauchten, war eine Krücke für Farrell. Lulasch sonnte sich auf einer Bank und reinigte sein Gewehr. „Lulasch, ich habe eine ganz reizende Idee", sprach sie ihn an. „Aber ich brauche dazu Ihre Erlaubnis und Hilfe. Mr. Farrell kann keine Spaziergänge machen wie ich. Er ist den ganzen

Tag in der Zelle eingeschlossen. Ich würde so gern ein paar grüne Zweige in der Zelle aufhängen. Sicher hätte niemand etwas dagegen?"

Lulasch lächelte. „Jede Frau macht gern hübsch, was? Ich frage den Major um Erlaubnis."

Vassovic gab nicht nur die Erlaubnis, sondern verkündete, er werde selbst mitkommen. Also machten sie sich zu dritt zu den spärlichen Tannen auf, und Mrs. Pollifax redete unbarmherzig auf sie ein, bis sie bei den Bäumen anlangten. Dort verfiel sie für so lange Zeit in ehrfürchtiges Schweigen, daß die Männer unruhig wurden.

Dann, wie aus einer plötzlichen Eingebung, fragte sie: „Könnten wir nicht einen ganz kleinen Baum mitnehmen?"

„Baum?" fragte Lulasch.

„Baum?" echote Vassovic erstaunt.

„Diesen kleinen Christbaum hier." Skrupellos spielte Mrs. Pollifax ihren Trumpf aus: „Ich – ich werde ja kein Weihnachtsfest mehr erleben."

Das entschied die Sache. Lulasch preßte grimmig die Lippen zusammen. „Sie soll ihren kleinen Baum haben", sagte er.

„Natürlich", nickte Major Vassovic zustimmend.

„Wunderhübsch", murmelte Mrs. Pollifax, und, das Bäumchen wie einen Vierten zwischen sich, marschierten sie zurück.

„Ist er nicht schön? Weihnachten im August", sagte Mrs. Pollifax mit einem warnenden Zwinkern zu Farrell – denn Oberst Nexdhet saß lesend auf seiner Pritsche. Doch plötzlich stand er auf, nickte ihnen zu und ging hinaus.

Mrs. Pollifax setzte sich auf ihre Pritsche und sagte angewidert: „Ich habe gerade das ekelhafteste Theater meines Lebens aufgeführt. Ich, Emily Pollifax, habe mich wie ein Backfisch benommen. Kindisch! Um ein Haar hätte ich sie zum Heulen gebracht."

„Doch hoffentlich nicht wegen dem da – diesem gerupften Besen", antwortete Farrell.

Ärgerlich erwiderte Mrs. Pollifax: „Dieser gerupfte Besen, mein lieber Farrell, ist die Krücke, mit deren Hilfe Sie zur Adria marschieren werden. Sie hat kein Querholz, aber wir können oben etwas von der Matratze und vom Bettuch herumwickeln, um Ihren Arm zu schützen."

„Oh, und hier hat sich auch etwas getan, glücklicherweise während Nexdhet draußen war. Das hier kam durch den Fensterschlitz geflattert."

„Unser Nachbar! Hat er doch noch geantwortet!"

„Gewissermaßen", sagte Farrell und beobachtete sie, wie sie das Papier ans Licht hielt. Die Botschaft bestand aus chinesischen Schriftzeichen!

## 7

ALS AN diesem Abend die Tabletts hinausgetragen wurden, verließ auch Nexdhet die Zelle. Kaum war er draußen, setzte sich Mrs. Pollifax auf Farrels Pritsche.

Er sah munterer aus als seit Tagen. „Also gut", sagte er, „gehen wir die Bestände durch."

Mrs. Pollifax nickte. „Ein Baum, aber praktisch keine Möglichkeit, ihn zu einer Krücke zurechtzuschnitzen." Er notierte „Messer" auf dem Block. „Vier Patronen für Beretta oder Nambu, aber keine Pistolen dazu." Farrell zog ein Gesicht. „Käse und altes Brot für zwei Tage. Kein Wasser. Ein Kompaß – wenn er funktioniert. Eine durchgepauste Karte von Albanien. Zwei Steine."

„Ach ja, die Steine!" Farrells Gesicht erhellte sich. „Aber zuerst der Baum. Sie haben wohl kein Messer irgendwo herumliegen sehen?"

„Auf dem Gewehrständer in der Wachstube ist ein halbes Dutzend hinter Glas eingeschlossen. Sie könnten ein Rasiermesser verlangen, doch das werden sie zurückhaben wollen."

Er nickte, schien aber nicht entmutigt, was Mrs. Pollifax wohltat, denn sie selbst war es leider schon sehr. „Wie sollen wir überhaupt den Baum zurechtschneiden, wenn Nexdhet in der Zelle ist? Ich habe diese Steine mitgenommen, weil ich dachte, wir könnten ihm damit zum gegebenen Zeitpunkt eins über den Kopf hauen, aber..." Sie schauderte. „Ich könnte es nicht. Könnten Sie?"

Farrell verzog den Mund. „Ja. Ich war auch nicht ganz müßig, Herzogin. Nachts, während Sie und Nexdhet schliefen, habe ich wie verrückt trainiert, um meine Kraft wiederzugewinnen. Sehen Sie!" Er richtete sich auf und stand, das Gewicht auf dem heilen Bein.

„Ich werde nicht mehr schwindlig. Auch meine Arme habe ich geübt. Ich kann also durchaus unserm Freund eins über den Kopf hauen, wenn er mir nah genug kommt. Und was ist uns als Tauschmittel für freundliche Einheimische übriggeblieben?"

„Ein Lippenstift, ein Taschentuch..."

„Ein Männertaschentuch?"

„Ja, noch von meinem Mann; die sind so viel praktischer."

„Ausgezeichnet." Farrell nahm den Lippenstift heraus und fuhr mit dem Finger über die Kante der Metallhülse. „Wie sehen die Steine aus?"

„Sie meinen, wir haben eine Kante zum Schneiden gefunden?"

„Zum Entrinden. Vielleicht kann ich sie mit einem Stein schärfen. Bringen Sie morgen noch ein paar mit. Aber ohne eine Schußwaffe..."

Mrs. Pollifax wandte nüchtern ein: „Wenn wir bis in die Wachstube gelangt sind, können wir dort so viele Schußwaffen stehlen, wir wir wollen."

„Ja, aber die Krücke müssen wir schon vorher fertigmachen, am besten, nachdem wir unsern Spitzel bewußtlos geschlagen haben."

„Treffen Sie ihn aber nicht zu hart", seufzte Mrs. Pollifax. „Das muß morgen zu einer Zeit vor sich gehen, wenn jemand die Zelle aufsperrt und hereinkommt, Lulasch zum Beispiel mit einem Tablett. Dem geben wir auch eins über den Kopf, nehme ich an."

„Allen, auch Major Vassovic – irgendwie."

„Ich könnte schreien oder sonstwas, um ihn hereinzulocken", schlug Mrs. Pollifax vor, die sich zunehmend für die Sache erwärmte. „Etwa um sechs Uhr."

„Zu früh, zu hell – Leute im andern Haus könnten uns sehen."

„Aber wenn wir warten, bis sie mit der Kerze kommen, ist vielleicht Perdido schon zurück. Dann wird er uns bestimmt gleich holen lassen."

Farrell sagte entschieden: „Es wird mir etwas einfallen. Machen Sie sich keine Sorgen."

„Keine Sorgen!" Mrs. Pollifax fühlte tief in ihrem Innern ein Zittern. Es war ausgesprochener Wahnsinn und nichts war wirklich – Albanien, Farrell, Perdido, diese lächerliche Zelle –, und morgen abend würden sie mit zwei Steinen und einem Christbaum zu fliehen versuchen.

Farrell musterte ihr rührendes Häufchen Schätze. „Nicht schlecht. Die Erlaubnis zum Spazierengehen und die beiden mitgebrachten Steine sind zwei Wunder. Niemand kann mehr als zwei Wunder verlangen."

„Ich schon", widersprach Mrs. Pollifax hitzig. „Ein Messer!"

Farrell grinste respektlos: „Vielleicht fängt auf der Party jemand an, mit Messern zu werfen, und Sie fangen eines zwischen den Zähnen auf."

Leider war bei der Party kein einziges Messer zu sehen. Immerhin gab es Gabeln, und Mrs. Pollifax ließ sogleich zwei verschwinden. Lulasch und Vassovic waren offenbar schon fest dabei zu kosten, was sie im Weinkeller organisiert hatten. „Halten Sie mit", forderte Lulasch sie mit glänzenden Augen auf.

Verdutzt sahen sie Mrs. Pollifax ihr erstes Glas in einem Zug leeren. „Es ist wirklich zu reizend von Ihnen, eine Party für mich zu veranstalten", sagte sie. „Ah, und Oliven! Haben Sie ein Messer? Amerikaner essen Oliven mit dem Messer."

Vassovic schüttelte den Kopf. „Wir haben keine Messer. Versuchen Sie es mit der Gabel."

Mrs. Pollifax war beim zweiten Glas Wein, als Oberst Nexdhet mit einer Art Zither erschien. „General Hoong kommt auch noch", kündigte er an. „Er liebt Partys."

„Dann will ich singen, bevor er kommt", sagte Lulasch und setzte sich gleich mit gekreuzten Beinen auf den Boden. Der Oberst begann auf seinem seltsam aussehenden Instrument zu zupfen, und Lulasch stimmte ein Lied über Liebe und Frühling an. „Das hat mir eine Russin in Tirana vorgesungen", sagte er verträumt. „Wo mag sie jetzt sein?"

Major Vassovic schneuzte sich geräuschvoll, und Mrs. Pollifax fragte sich, warum Liebeslieder so traurig sein müssen. Der Wein hatte sie ein wenig kampflustig gestimmt. „Oberst Nexdhet", sagte sie etwas unsicher, aber mit Würde, „ich finde, es war unmoralisch von Ihnen, Ihr Land den Chinesen zu überlassen."

Lulasch machte ein entsetztes Gesicht. „*Er* hat uns den Chinesen überlassen?"

Der Oberst erklärte mit Nachdruck: „Nicht persönlich, Lulasch. Die Russen gingen, die Chinesen kamen. Wir brauchten Chinas Hilfe."

„Mich hat man da nicht gefragt", erwiderte Lulasch. „Was dieses Land braucht, ist ein George ... ein George wer, Mrs. Pollifax?"

„Washington."

„Richtig, George Washington! Auf die Demokratie!" schrie Lulasch gerade, als die Tür aufging und General Hoong in voller Uniform hereinkam. Er sagte angeekelt: „Soldat Lulasch, Sie sind betrunken." Er verbeugte sich vor Mrs. Pollifax. „Ich habe eine Flasche Wodka mitgebracht."

„Und ein Messer zum Öffnen?" fragte sie gespannt.

„Ein Messer? Nein, einen Korkenzieher. Vassovic, machen Sie sie auf." Dann zog er seine Pistole heraus und feuerte sechs Schuß in die Decke. „Die Party kann beginnen", verkündete er, nahm neben Mrs. Pollifax Platz und behielt die Pistole auf den Knien.

„Was für eine interessant aussehende Waffe, Herr General", sagte Mrs. Pollifax.

„Das ist eine japanische, eine Nambu. Da sie leer ist, können Sie sie ruhig anschauen."

Mrs. Pollifax hielt sie bewundernd gegen das Licht und legte sie dann behutsam auf den Tisch zwischen sich und den General. Er bot ihr Wodka an. „Oh, nur ein ganz klein wenig", sagte sie, und als er sich vorbeugte, ließ sie die Nambu unauffällig in die Tasche gleiten. Lulasch begann ein neues Lied, und Mrs. Pollifax rückte näher zu Hoong. „Es ist zu nett von Ihnen, daß Sie gekommen sind."

Seine ausdruckslosen Augen blickten sie an. „Ein General ist immer allein."

„Aber bald wird General Perdido zurück sein."

Er sagte verächtlich: „Perdido ist ein Barbar."

Mrs. Pollifax erwog das. „Ja, das ist er. Ich verstehe vollkommen. Sie führen hier ein sehr einsames Leben. Haben Sie Liebhabereien?"

„Ich habe eine Geliebte."

„Mrs. Pollifax nickte heroisch. „Ja, das hilft gewiß."

„Und ich mache Gedichte."

„Nein wirklich! Ach bitte, geben Sie doch eines zum besten."

Der General trug eines vor vom bleichen Mond, von weißen Wolken und einem bekümmerten Herzen.

„Zauberhaft", sagte Mrs. Pollifax, „und so feinfühlig, Sie sollten sich wirklich einen Beruf suchen, in dem Sie nicht Leute totschießen oder foltern müssen."

„Beruf?" sagte er und kippte seinen Wodka. „Mein Beruf ist in Ordnung. Aber meine Geliebte macht mir das Leben schwer."

In die Zelle zurückgekehrt, sagte sie zu Farrell: „Ich habe versucht, ein Messer zu stehlen, aber ich habe nur eine Pistole erwischt."
Farrell bewunderte die Nambu. „Herzogin, die Wetten gegen unser Entkommen sind gerade um etwa fünfhundert gefallen. Ich fühle mich jetzt viel sicherer. Geben Sie mir die Patronen." Sie gab ihm die zwei, und er grinste. „Wie war die Party?"

„Gräßlich, mit Ausnahme von Lulasch. Er wünscht sich einen George Washington für Albanien."

Liebevoll tätschelte Farrell die Pistole und schob sie unter seine Matratze. „Haben Sie Rebellionskeime gesät, Herzogin?"

„Das ist doch mal was anderes als Geranien", erwiderte Mrs. Pollifax. Die Wirkung des Weins verflog und machte einer niedergedrückten Stimmung Platz. Aber dann kam Oberst Nexdhet herein, und sie sagte sich, daß sie dem nächsten Tag, wenn schon nicht mit Gleichmut, so wenigstens mit stoischer Ruhe entgegensehen mußte. Farrell schaute erst sie auffällig an, dann ohne Hast zu Nexdhet hinüber, der gerade seine Jacke auszog. Mrs. Pollifax machte große Augen. Nexdhet trug an seinem Gürtel ein Messer.

„Unser drittes Wunder", sagte Farrell ganz ruhig.

Mrs. Pollifax konnte es kaum glauben, aber da sie immer praktisch dachte, flüsterte sie: „Sie?" Farrell deutete hilflos auf sein Bein. Sie nickte und gähnte ausgiebig. „Gute Nacht, Oberst Nexdhet", sagte sie honigsüß. „Es war eine reizende Party."

„O gewiß. Gute Nacht", brummte er nur und streckte sich auf seiner Pritsche aus. Mrs. Pollifax lag auf der Seite, den Blick wie gebannt auf das Messer geheftet, und versuchte durch das Halbdunkel zu ergründen, wie es am Gürtel festgemacht war.

Farrell begann leise zu schnarchen – und Nexdhet begann laut zu schnarchen. Langsam setzte sich Mrs. Pollifax auf. Die Matratze raschelte noch lauter als sonst. Einige Minuten blieb sie sitzen, um sich zu vergewissern, ob das Schnarchen auch weiterging. Dann stand sie auf und wartete abermals, bevor sie sich zu Nexdhets Pritsche schlich. Als sie schon fast dort war, überkam sie ein nahezu unwiderstehlicher Drang zu kichern. Energisch unterdrückte sie ihn und beugte sich über Nexdhet. Sie hob die Scheide ein wenig an, dann ließ sie sich auf ein Knie nieder, hielt sie mit der einen Hand fest und zog mit der andern das Messer heraus. Es ging ganz leicht. Nexdhet rührte sich nicht, und Mrs. Pollifax stahl sich zu Farrells Pritsche.

Er schnarchte leise, streckte ihr aber seine geöffnete Hand entgegen, um das Messer in Empfang zu nehmen. Dann drehte er sich auf die Seite, der Wand zu, und Mrs. Pollifax wußte, daß er es unter seiner Matratze versteckte.

Sie kehrte zu ihrer eigenen Pritsche zurück, legte sich erleichtert nieder und schlief ein.

8

ALS MRS. POLLIFAX am Morgen erwachte, fiel ihr sofort ein, daß der entscheidende Tag angebrochen war. In jedem Leben, dachte sie, kommt einmal ein Augenblick, wo die Gestaltung der Zukunft nicht mehr von einem selbst, sondern von Zufall, Schicksal oder Gott abhängt. Da gibt es dann nichts, als den Augenblick zu ergreifen und das Beste daraus zu machen.

Farrell schlief fest, Nexdhet schlief ebenfalls noch, und plötzlich bekam sie Angst. Er würde aufwachen, sein Messer vermissen und sofort wissen, daß sie oder Farrell es genommen hatten. Am vergangenen Abend hatte es wie ein drittes Wunder ausgesehen. Aber es konnte sie auch ins Verderben stürzen.

Als hätte er ihre Gedanken gefühlt, setzte Nexdhet sich auf und rieb sich die Augen. Sein Blick begegnete dem ihren, er nickte ihr zu, und Mrs. Pollifax mußte sich beherrschen, um nicht nach der leeren Scheide zu blicken. Dann stand er auf, streckte sich, nahm seine Jacke vom Fußende der Pritsche und zwängte seine Arme hinein. Gesehen hat er die leere Scheide nicht, dachte Mrs. Pollifax mit angehaltenem Atem und wartete, daß er hingreifen und nach dem Messer fühlen werde. Statt dessen begann er seine Schuhe zuzuschnüren.

Farrell setzte sich auf und sah rasch zu Nexdhet hinüber, dann ängstlich zu Mrs. Pollifax, die den Kopf schüttelte. In diesem Augenblick erklangen Schritte in der Halle, und ein Wächter namens Stefan erschien mit dem Frühstück. Nexdhet sprach kurz mit ihm und ging hinaus.

„Badezimmerprivilegien", brummte Farrell grollend.

Mrs. Pollifax dachte wehmütig an alle die heißen Bäder, die sie wie selbstverständlich im Laufe ihres langen Lebens genommen hatte. Kein langes Leben, wenn es heute zu Ende ging, verbesserte sie sich und begann auf diese Leute wütend zu werden.

Als Stefan wieder gegangen war, flüsterte Farrell: „Jetzt ist Nexdhet draußen und kann uns für das Fehlen des Messers nicht mehr verantwortlich machen." Er stand auf, schwankte gefährlich, winkte aber Mrs. Pollifax ab. „Schauen Sie, was ich geschafft habe, während Sie schliefen." Er humpelte zu dem Baum, packte ihn am Wipfel und hob die obersten dreißig Zentimeter ab. „Können Sie etwas zum Polstern beschaffen?"

Mrs. Pollifax nickte. „Da ist ein hübsches Loch in meiner Matratze." Sie holte eine Handvoll Roßhaar heraus und machte ein passendes Bündel für das obere Ende der Krücke. „Ich wickle es in meinen Unterrock. Nähen war nie meine Stärke, beide Träger sind mit Sicherheitsnadeln festgesteckt."

„Gott segne Ihren reizenden Mangel an Hausfrauentalenten", sagte Farrell.

„Wenn Sie sich mal umdrehen würden...", sagte Mrs. Pollifax, und dann: „Sie können jetzt wieder herschauen." Dann reichte sie ihm Unterrock, Sicherheitsnadeln und Roßhaar. Beim Frühstück verschwanden Brot und Käse automatisch in Mrs. Pollifax' Handtasche, so blieb ihnen nur der dünne Haferbrei. Aber heute würden sie endlich etwas unternehmen.

Mrs. Pollifax hatte das Für und Wider erwogen -- alles war besser als kapitulieren. „In welche Richtung sollen wir uns zunächst wenden?" fragte sie. „Sicher erwarten sie, daß wir dem Weg folgen, den wir gekommen sind."

„Ja, aber fällt Ihnen was Gescheiteres ein?" fragte Farrell.

Es wäre ratsam, dachte sie, zuerst die entgegengesetzte Richtung, vom Meer fort, einzuschlagen, um Perdido abzuschütteln. Aber dann hätten sie den Weg zweimal machen müssen, und Farrell konnte die zusätzlichen Kilometer keinesfalls schaffen.

„Alles, was wir brauchen, ist Dunkelheit und eine Menge Glück." Er lächelte sie an. „Sie können es sich immer noch anders überlegen und Ihr verrücktes Vorhaben ohne mich starten."

„Kommt nicht in Frage", erklärte Mrs. Pollifax rundweg. „Wenn ich es allein schaffen würde, was ich bezweifle, wäre ich nachher bloß todunglücklich." Als die Tür aufging und Lulasch hereinkam, erhob sie sich. „Guten Morgen, Lulasch. Kann ich jetzt hinausgehen?"

„Ja, Zoge Pollifax. War doch nette Party gestern abend?"

„Vom ersten bis zum letzten Augenblick", erwiderte sie fröhlicher, als ihr zumute war. „Sie geben uns wirklich wieder das Gefühl, Menschen zu sein."

Von seiner Pritsche her sagte Farrell: „Vorsicht, Lulasch, das ist ein sehr unpassendes Gefühl für einen Ort wie diesen."

NIEMAND machte Anstalten, sie zu bewachen, da kam Mrs. Pollifax der Gedanke, sie könnte sich vielleicht die Raketenbasis einmal genauer ansehen.

Das Leben erscheint einem nie reizvoller, als wenn man mit dem baldigen Tod zu rechnen hat, und sie ließ ihren Blick lang und innig über Erde, Himmel und Wolken schweifen. Zielstrebig kletterte sie zu dem Wald windschiefer Tannen hinauf und blieb dort stehen, um wieder zu Atem zu kommen und sich zu orientieren. Sie war nur ein paar hundert Meter weitergegangen als gestern mit dem Oberst, da hörte sie ein sonderbares Geräusch, ein aufgeregtes Knacken, das von zwei Felsblöcken über ihr herkam. Aufs höchste gespannt, schlich sie vorsichtig über den mit Tannennadeln bedeckten Boden näher. Eine Stimme unterbrach nun die Stille des Waldes, aber das Knacken dauerte an. Atmosphärische Störungen, dachte Mrs. Pollifax, ein Radio!

Die Konservenstimme verstummte, und zu ihrem Erstaunen sprach jetzt eine richtige Menschenstimme. Sie streckte den Kopf zwischen den Felsen hindurch. „Sie, Oberst Nexdhet!" Er hatte in ein Funksprechgerät hineingesprochen und ließ es bei ihren Worten fallen wie eine glühende Kohle.

„Mrs. Pollifax!" Mit wütendem Gesicht hob er es wieder auf und sprach einen Schwall ihr unverständlicher Worte hinein, dann legte er es in einen Felsspalt. „Wieso hat man Ihnen erlaubt, in den Wald zu gehen?" schnauzte er sie an.

„Sie geben hier draußen heimlich Berichte an General Perdido durch", sagte sie, „da informieren Sie ihn doch nicht nur über uns, sondern auch über General Hoong! Ein bezahlter Spitzel, Oberst Nexdhet! Schämen Sie sich!"

Er packte sie am Arm. „Zurück mit Ihnen in die Zelle."

Sowohl Lulasch wie Vassovic waren in der Wachstube, aber der Oberst beachtete sie gar nicht. Er brachte Mrs. Pollifax direkt in die Zelle. Dann hörte sie ihn barsche Befehle erteilen.

„Er klingt verärgert", sagte Farrell vergnügt.

Mrs. Pollifax entrüstete sich: „Oberst Nexdhet ist ein bezahlter Denunziant, der seine eigenen Leute bespitzelt. Man kann ihm nicht trauen."

„Das habe ich auch nie getan", erklärte Farrell sachlich. „Er ist doch Oberst in ihrer Geheimpolizei."

Mrs. Pollifax ließ sich kummervoll auf ihre Pritsche nieder und dachte an den langen, nervenaufreibenden Tag, der noch vor ihnen lag. Am liebsten hätte sie geheult. Statt dessen zog sie ihre Karten heraus und mischte sie.

Mittags brachte ein Wächter, der nicht englisch sprach, das Essen. Sonst kam niemand, und endlos dehnten sich die Stunden des Nachmittags. Mrs. Pollifax legte alle Patiencen, die sie kannte, bis zum Überdruß. Señor de Gamez hatte nicht voraussehen können, unter welchen Verhältnissen sie sein Lieblingsspiel spielen würde. Sie dachte daran, wie freundlich er gewesen war, und hoffte, es gehe ihm gut, denn offenbar war er ja auch ein Spion; Mr. Carstairs Freunde waren schlechte Kunden für eine Lebensversicherung.

Das Abendessen kam und mit ihm Oberst Nexdhet. „Guten Abend", sagte er freundlich, als wäre nichts geschehen. „General Perdido wird etwa um neun Uhr hier sein."

Bis dahin war es ganz dunkel – gut! „Wie spät ist es jetzt, Oberst Nexdhet?" fragte Mrs. Pollifax höflich.

„Halb sieben."

Sie sah ihn erstaunt an. „Ich dachte immer, wir essen um fünf."

Förmlich erklärte er: „Ja, aber wir sind heute spät dran. General Hoong und Lulasch sind General Perdido entgegengegangen, so daß nur ich, Vassovic und Stefan sowie die beiden Posten im andern Gebäude da sind." Er machte eine Pause und fügte dann beiläufig hinzu: „Und wenn Sie Ihre Krücke fertiggemacht haben – und ich empfehle Ihnen, das gleich zu tun –, hätte ich gern mein Messer zurück, ich hänge sehr daran."

Farrell und Mrs. Pollifax starrten ihn ungläubig an – es dauerte eine ganze Weile, bis sie die Worte des Obersten begriffen hatten. „Sie wissen?" fragte Farrell verblüfft.

„Natürlich." Nexdhet zuckte die Achseln. „Es ist mein Beruf zu wissen."

„Und Sie verraten uns nicht?" fragte Mrs. Pollifax atemlos.

„Sie verraten? Wie könnte ich das, ich weiß von keinem Fluchtplan", sagte er gleichmütig. „Und wenn ich auch davon wüßte, ich bin vollständig unbewaffnet, während Sie mein Messer und dazu eine geladene Nambu-Pistole haben."

Mrs. Pollifax mußte tief Luft holen. „Oberst Nexdhet, was haben Sie denn nun wirklich heute früh im Wald gemacht?"

„Ich bedaure außerordentlich, daß Sie das gesehen haben, Mrs. Pollifax. Es wäre viel sicherer für uns alle, wenn Sie davon nichts wüßten."

Farrell musterte den Mann aufmerksam. „Was haben Sie denn eigentlich gesehen, Herzogin?"

„Er war zwischen zwei Felsen versteckt", berichtete Mrs. Pollifax stockend, „und horchte auf eine Stimme aus dem Radio, dann sprach er selbst hinein."

„Radio!" wiederholte Farrell. „Hinter diesen Bergen liegt Jugoslawien und nach Osten zu Bulgarien –" Plötzlich begann er zu lachen. „Mein Gott, Nexdhet, Sie sind ein russischer Agent. Man hat Sie zurückgelassen, damit Sie über die Rotchinesen berichten!"

„Würden Sie mir bitte den Gefallen tun und leiser sprechen?"

„Verzeihung." Farrell lächelte. „Verstehen Sie nun, Herzogin? Diese Vogelbeobachtungsgänge! Aber, Nexdhet, warum helfen Sie uns?"

„Ich mißbillige das Wort helfen außerordentlich. Ich helfe Ihnen keineswegs."

Mrs. Pollifax platzte heraus: „Aber Sie haben uns geholfen, Herr Oberst. Sie haben gestern abend absichtlich das Messer getragen – und außerdem haben Sie uns gesagt, wann General Perdido zurückkommt. Warum?"

Der Oberst seufzte. „Na schön. So viel will ich Ihnen wenigstens verraten." Er wählte seine Worte sorgfältig. „Sie sind hier, weil man Sie verdächtigt zu wissen, wo der gesuchte Bericht über kommunistische Aktivitäten in Lateinamerika zu finden ist. Rotchina will unter allen Umständen verhindern, daß die Vereinigten Staaten allzu genau erfahren, wie stark es sich in Lateinamerika engagiert hat. Rotchina möchte außerdem herausfinden, was Rußland in Lateinamerika vorhat, und Rußland würde liebend gern wissen, was Rotchina heimlich in Lateinamerika tut. Aber vor die Wahl gestellt, ob Rotchina oder die Vereinigten Staaten den Bericht erhalten sollen, zieht Rußland bei weitem die Vereinigten Staaten vor. Das Gleichgewicht der Kräfte muß um jeden Preis gewahrt bleiben."

Farrell nickte. „Ja, aber welche Garantie haben wir, daß uns nicht irgendwo Russen auflauern, um uns zu schnappen?"

Nexdhet zuckte die Achseln: „Keinerlei Garantie, Mr. Farrell."

„Wir werden ihm trauen müssen", sagte Farrell schließlich.

Mrs. Pollifax lächelte: „Sie haben mir geraten, niemandem zu trauen, Herr Oberst."

Er gab ihr Lächeln ernst zurück: „Das sollen Sie auch nicht, Mrs. Pollifax. Bedenken Sie, ich werde unter Ihren Verfolgern sein."

Mrs. Pollifax dachte darüber nach und nickte: „Aber eins könnten Sie vielleicht noch für uns tun – uns tödlich treffen?"

„Wenn man Sie erwischt, kann ich es mir nicht leisten, Sie am Leben zu lassen." Nexdhet stand auf. „Als Gegendienst bitte ich Sie nur, daß Sie mich mit Ihrem Stein nicht gerade hierhin schlagen." Er deutete auf seinen Hinterkopf. „Ich habe da von einer alten Verwundung her schon eine kleine Stahlplatte."

Farrell nahm das Messer heraus und begann die Zweige vom Stamm zu hauen. „Wir werden Sie lieber nur knebeln."

„Die Raketenbasis", platzte Mrs. Pollifax heraus. „Herr Oberst, Sie hatten es darauf angelegt, daß ich sie sehen soll!" Sie wandte sich an Farrell. „Die Chinesen bauen eine Raketenbasis, nur eineinhalb Kilometer von hier."

„Großer Gott", stieß er hervor.

„Ein kleines, aber wichtiges Detail", rechtfertigte sich Nexdhet, „falls Ihr Land Rotchina unterschätzen sollte." Er verzog den Mund.

„So lange kennen Sie schon unsere Pläne?" fragte Farrell.

Nexdhet lächelte. „Als ich sah, wie Mrs. Pollifax die Kugel aus Ihrem Arm entfernte, habe ich beschlossen, daß Sie das Risiko wert sind. Und es liegt in meinem eigenen Interesse, daß keiner von Ihnen beiden von Perdido verhört wird."

Mrs. Pollifax' Blick fiel auf den Fensterschlitz, und sie sprang auf. „Es dämmert ja schon", sagte sie erschrocken.

Farrell polsterte die Krücke und stützte sich darauf. „Nicht schlecht."

Mrs. Pollifax kam es plötzlich mit Entsetzen zum Bewußtsein, wie spärlich ihre Vorbereitungen gewesen waren. Sie holte die Steine, die Patronen sowie Karte und Kompaß aus ihren Verstecken und fügte den Käse vom Abendessen hinzu. Da sagte Farrell leise: „Sie kommen die Tabletts holen."

Mrs. Pollifax konnte gerade noch die Steine verbergen, indem sie sich darauf setzte, als auch schon Vassovic schlüsselrasselnd hereinkam. „Abend", sagte er.

Farrell hatte seine Krücke versteckt, aber das Fehlen des Baumes war auffällig, und Mrs. Pollifax fand, sie müsse die Aufmerksamkeit des Majors ablenken. „Wie ist Ihr Rücken heute?" fragte sie, und dann sah sie, daß er eine Kerze trug. „Aber Sie werden doch nicht schon jetzt bei uns Licht machen?"

„Viel zu tun heute", sagte Major Vassovic. „Später keine Zeit dafür."

Farrell warf Mrs. Pollifax einen bestürzten Blick zu, während Nexdhet sie halb spöttisch, halb belustigt beobachtete. Voll Entsetzen erkannte sie, daß der Augenblick da war, dem Wächter eins über den Kopf zu geben, und daß keiner von ihnen darauf vorbereitet war. Noch nie hatte man die Kerze so früh gebracht! Es konnte nicht später sein als acht Uhr, aber die Zellentür würde erst wieder geöffnet werden, um General Perdido einzulassen, und da saß sie wie eine brütende Henne auf den Steinen, die Farrell brauchte, um den Major niederzuschlagen. Denn Farrell war natürlich derjenige, der das zu tun hatte. Aber Farrell war am anderen Ende des Raums. Ich kann's nicht, dachte sie – was würden der Gartenklub und der Pastor von ihr halten?

Major Vassovic hatte ihnen den Rücken zugekehrt und rieb ein Streichholz an, um die Kerze anzuzünden, Mrs. Pollifax sah zu, wie die Flamme aufleuchtete. Noch nie habe ich gegen jemanden die Hand erhoben, ging es ihr durch den Kopf. Leise, den Stein in der Faust, näherte sie sich Vassovic und schlug ihn auf den Kopf. „Um Gottes willen", sagte sie, als er wie ein Haufen alter Kleider vor ihr am Boden lag. „Hoffentlich habe ich seinem Rücken nicht wieder geschadet."

„Braves Mädchen!" Farrell holte seine Krücke unter der Pritsche hervor und humpelte zu Vassovic hinüber. Er hob die riesigen Schlüssel vom Boden auf und versenkte sie in Mrs. Pollifax' Handtasche. „Rufen wir jetzt den andern Wächter herein, dann will ich mein Glück versuchen. Helfen Sie mir, Vassovic so hinzulegen, daß wir sagen können, er sei ohnmächtig geworden. Verzeihen Sie, Nexdhet. Verdammt komisch, das alles vor Ihnen zu tun."

„Aber keineswegs, ich bitte Sie", sagte Nexdhet höflich. „Was nun?"

Farrell baute sich hinter der Tür auf. „Jetzt?" fragte Mrs. Pollifax. Er nickte, und sie stieß einen durchdringenden Schrei aus.

Eilige Schritte erklangen in der Halle. Stefan stürzte herein, und Farrel schlug zu. Auch Stefan sank in sich zusammen.

„Ich hole einen Strick", sagte Mrs. Pollifax und eilte in die Wachstube hinaus. Erst draußen fiel ihr ein, daß sie vielleicht nicht leer war; sie notierte sich im Geist, in Zukunft vorsichtiger zu sein. In einer der Laden fand sie, was sie brauchte, und kehrte rasch zu Farrell zurück.

„Besser, Sie fesseln mich auch, bevor ich es mir anders überlege", sagte Nexdhet. „Zu meiner Überraschung bekomme ich langsam Nerven."

Farrell grinste. „Das liegt an der Herzogin, sie gibt der Sache eine so entzückend dilettantische Note. Leg dich nieder, Kamerad." Nexdhet gehorchte dankbar, und Farrell band ihn mit Vassovic und Stefan zusammen. „Ich werde Sie knebeln. Sind Sie ein guter Schauspieler?"

„Nein, aber ich bin als sehr guter Sigurimimann bekannt."

„Hoffentlich schützt Sie das. Und, Nexdhet – danke."

„Ersparen Sie mir nur den Verdruß, Sie erschießen zu müssen, das ist alles."

Farrell schob ihm den Knebel in den Mund und band ihn sorgfältig fest, während Mrs. Pollifax nochmals in die Wachstube ging, diesmal, um sie auszuplündern. Mit den Schlüsseln des Majors holte sie sich eine Beretta und noch eine Nambu. Dann wollte sie einen Patronenvorrat mitnehmen, aber die Lade, in der eine Woche lang der Schlüssel gesteckt hatte, rührte sich nicht. Nun lag ihr noch etwas am Herzen, was Farrell möglicherweise nicht billigen würde. Auf Zehenspitzen schlich sie an ihrer Zellentür vorbei, steckte einen der Schlüssel des Majors in das Schloß der Nachbarzelle und öffnete die Tür. Suchend spähte sie hinein, da tauchte plötzlich aus der Dunkelheit des hintersten Winkels etwas wie ein Geist in fließenden grauen

Gewändern auf und begann unter wiederholten Verbeugungen in einem Singsang-Tonfall zu schnattern.

Mrs. Pollifax unterbrach ihn. „Bitte, wir wollen versuchen zu fliehen. Möchten Sie mit uns kommen?"

Sein Gesicht nahm einen interessierten Ausdruck an; es war offensichtlich orientalisch, aber überraschend lang und schmal. Blinzelnd, lächelnd, neugierig, schien es eher einem fröhlichen Kind als einem Mann zu gehören. „Komm", sagte Mrs. Pollifax wie zu einem Kind und zog ihn am Ärmel mit zu ihrer Zelle hinüber. Dort erklärte sie energisch: „Farrell, schauen Sie, was ich gefunden habe."

„Großer Gott", rief Farrell. „Was in aller Welt ist das für eine Jammergestalt?"

„Der Mann von nebenan. Fragen Sie Oberst Nexdhet, wer er ist."

Farrell lockerte den Knebel.

„Das werde ich Ihnen nicht sagen", knurrte Nexdhet, „und Sie dürfen ihn keinesfalls mitnehmen."

Farrell begann etwas zu dämmern. „Herzogin, Sie denken doch nicht daran, ihn... Er ist vielleicht ein schlimmerer Roter als Perdido."

„Warum wäre er dann eingesperrt?"

„Er ist doch Chinese. Er muß für sie schon wichtig gewesen sein, sonst wäre er nicht hier."

„Vertrauen, immer Vertrauen", mischte sich Oberst Nexdhet vom Boden her ein. „Das grenzt schon an Wahnsinn."

„Vielleicht will er gar nicht fliehen", meinte Farrell verzweifelt.

„Jeder will fliehen", erwiderte Mrs. Pollifax verächtlich.

„Stecken Sie ihn in seine Zelle zurück", warnte Nexdhet. „Ich weiß, wer er ist."

„Sie wollen es uns keinesfalls verraten?" Sie blickten ihn beide fragend an. Dann sagte Farrell: „Oh, zum Teufel damit, die ganze Sache ist ohnehin verrückt. Nehmen Sie ihn mit, Herzogin, verdammt noch mal."

Mrs. Pollifax händigte ihm wortlos die beiden Pistolen aus und half, Nexdhet wieder zu knebeln. „Okay, gehen wir", sagte Farrell kühn entschlossen, und sie traten in die Halle hinaus. Farrell versperrte die Zellentür und schob die Schlüssel wieder in Mrs. Pollifax' Handtasche. „Werfen Sie sie später weg", riet er ihr. „Wie nennen wir diesen – Ihren Mißgriff hier?"

„Unsern Dschinn", erklärte Mrs. Pollifax. „Er erinnert mich an Aladins Wunderlampe."

„Unsern Dschinn mit dem hellbraunen Haar", witzelte Farrell. Auf seine Krücke gestützt, sperrte er die Außentür auf und öffnete sie. „Nur zwei Fenster sind im großen Bau erleuchtet. Gehen wir?"

Galant hielt er Mrs. Pollifax und ihrem Schützling die Tür auf, und sie traten in die schwüle Nacht hinaus. Wir sind draußen! Wir sind frei! dachte Mrs. Pollifax. Da sagte eine Stimme: „Sieh an, meine drei Gefangenen, und kein Wächter in Sicht."

General Perdido war zurückgekehrt.

## 9

„Das wird Vassovic den Kopf kosten!" bellte General Perdido und zog seine Pistole. „Lulasch, schau nach, was sie mit ihm gemacht haben."

Er brüllte Befehle, und als er dadurch für einen Augenblick abgelenkt war, hob Mrs. Pollifax den Arm und warf die Zellenschlüssel weit hinaus in die Nacht. Bei ihrem klirrenden Aufschlagen auf den Felsen zuckte sie zusammen, aber der General hatte es nicht gehört, und irgendwie nahm sie das als Beweis, daß er auch nur ein Mensch war.

Das gab ihr neuen Mut. Diese Schlüssel für die Zellen waren jedenfalls fort, und es würde Zeit vergehen, bis man andere fand.

Wie begossene Pudel standen sie jetzt alle drei wieder in der Wachstube vor dem General. Verzweifelt versuchte Mrs. Pollifax zu denken: Die elektrische Anlage war primitiv – nur eine einzige Leitung, wie ihr der Major gesagt hatte; wie wunderbar, wenn sie sich darauf stürzen und das Gebäude in Finsternis tauchen könnte. Unglücklicherweise hatte sie keine Ahnung, wie man das machte.

„Ihr Narren!" zischte General Perdido. „Es wird mir ein Vergnügen sein, Sie zu bestrafen, Mr. Farrell. Und was Sie betrifft, Mrs. – ja, Lulasch?"

Lulasch sah betreten aus. „Ich kann nicht hinein. Die Zellen sind versperrt."

Gereizt öffnete der General eine Schublade nach der andern. „Einer von den dreien muß sie haben. Durchsuch sie."

Mrs. Pollifax erschrak: Eine Durchsuchung würde die Pistolen zutage fördern. Sie sagte: „Ich habe die Schlüssel gehabt und sie fortgeworfen, draußen."

Der General stand auf und ging auf Mrs. Pollifax zu. Er hob den Arm und traf sie genau auf den Backenknochen.

Farrell schrie auf, Lulasch machte ein bestürztes Gesicht, Mrs. Pollifax taumelte, und der General schrie, dies sei erst der Anfang. Da sagte der Dschinn etwas, und Perdido antwortete auf chinesisch.

„Lulasch – durchsuch sie", bellte Perdido.

Lulasch warf Mrs. Pollifax einen langen Blick zu, aber sie konnte nicht sagen, ob eine Entschuldigung oder eine Aufforderung darin lag. Er ging auf Farrell zu. „Drehen Sie sich bitte zur Wand und stützen Sie Ihre Hände dagegen."

Es dauerte eine Sekunde, ehe Mrs. Pollifax begriff, daß Lulasch genau vor Farrell stand und ihn damit vor Perdido und seiner Pistole deckte. Auf seinen Lippen lag ein sonderbares Lächeln.

„Schneller", sagte er, „oder ich erschieße Sie."

Farrell verstand. Mit einer Hand fuhr er rasch in die Tasche, mit der andern packte er Lulasch, feuerte über dessen Schulter seine Pistole auf den General ab und schlug dann dem Wächter mit dem Griff auf den Kopf. Beide sanken zu Boden.

„Gehen wir", sagte Farrell und humpelte mit seiner Krücke zur Tür. Der Dschinn erreichte sie als erster, und alle drei flohen in die Nacht hinaus, Farrell stolpernd und fluchend. „Verdammt, ich habe ihn nur gestreift", sagte er wütend. „In ein paar Minuten wird er hinter uns her sein."

„Sicherlich", bestätigte Mrs. Pollifax grimmig und dachte, daß sie, ohne durch Farrell behindert zu sein, bereits im Schutz der Tannen wären. Sie überlegte, wieviel es wohl ausgemacht hätte, und schob dann derartige Gedanken ein für allemal beiseite. „Da sind wir", sagte sie erleichtert, als sie die spärliche Deckung der Bäume erreichten.

„Mein Gott", keuchte Farrell. „Sehen Sie, dort!" Zwei Esel waren an einen Baum gebunden. Farrell humpelte zu ihnen hin. „Ein ganz mordsmäßiges Wunder – wobei sie natürlich irgendwo sein mußten, wenn der General zurückgekehrt ist." Er band sie los, da griff der Dschinn nach den Seilen und bedeutete Mrs. Pollifax und Farrell aufzusteigen. Hinter ihnen knallte ein Schuß, und Mrs. Pollifax erstarrte. „Keine Panik jetzt, wahrscheinlich signalisiert Perdido um Hilfe", sagte Farrell. „Steigen Sie nur auf."

Das brachte Mrs. Pollifax zu sich. „Nein, ich steige nicht noch einmal auf so ein Biest. Soll doch der Dschinn! Außerdem glaube ich den Weg zu kennen und werde führen." Mit den beiden Seilen in der Hand machte sich Mrs. Pollifax auf die Suche nach dem Abstieg. Hinter ihnen wurden bereits Rufe laut.

Die Esel bewegten sich mit einer Langsamkeit vorwärts, die sie rasend machte, und der Abstieg, den sie eigentlich schon erreicht haben sollten, kam und kam nicht. Mrs. Pollifax fragte sich, ob sie vielleicht durch das Umgehen von Felsblöcken im Bogen zurückgegangen waren – bestenfalls hatten sie sich einen Kilometer vom Hauptgebäude entfernt. Wo ist nur dieser verdammte Abstieg, dachte sie – und war entsetzt über ihre eigene Ausdrucksweise.

Sie zerrte an den Halftern der Esel und beschleunigte ihre Schritte – im unrechten Augenblick, wie sich zeigte. Ihr rechter Fuß bewegte sich nach vorn und in Erwartung von Erde oder Felsen abwärts, aber da war nichts. Mit einem unterdrückten Aufschrei schoß sie ins Leere hinaus, Esel und Männer hinter sich herziehend. Ihr Sturz war nicht lang, er nahm bald ein jähes Ende, und Mrs. Pollifax fand sich ziemlich unpassend rittlings auf einem Ast, der bedenklich knarrte und jeden Augenblick abbrechen konnte. Da hatte sie ihren Abstieg. Aber wie sie von da weiterkommen sollte und wo die andern waren, ahnte sie nicht.

„Hallo!" rief eine Stimme in nächster Nähe.

„Farrell!" japste sie, und im gleichen Moment hörte sie auch den Dschinn und das schwache, ärgerliche Iah eines Esels.

Farrell sagte hitzig: „Kommen Sie lieber zu uns, wo fester Boden ist. Was ist denn unter Ihnen?"

„Ein Ast und – Luft."

„Reden Sie weiter, damit ich Sie finde. Verdammte Finsternis."

Mrs. Pollifax begann die *Ballade vom alten Matrosen* herzusagen, dann fühlte sie, wie eine Hand ihren Knöchel umklammerte. Ein kleiner Seufzer der Erleichterung entfuhr ihr, und Farrell sagte: „Schieben Sie sich jetzt ganz vorsichtig zurück. Sollte der Ast nachgeben, kann ich Sie vermutlich halten."

„Vermutlich?" wiederholte Mrs. Pollifax und hätte um ein Haar hysterisch gelacht. Aber sie gehorchte und wunderte sich, wie geschmeidig sich ein Mensch bewegen kann, wenn sein Leben davon abhängt. Ihr schienen Stunden zu vergehen, bis sie endlich mit den Zehen auf den Fels kam, wo Farrell kniete. Dann kniete sie neben ihm und erlaubte sich den Luxus, ein wenig zu zittern.

„Ich glaube, wir sind auf ein schmales Felsband gefallen", erklärte Farrell. „Der Dschinn und ich sind beide auf den Eseln gelandet. Ich würde sagen, es waren nur sechs oder sieben Meter."

Plötzlich hörten sie Stimmen über sich. „Zurück!" flüsterte Farrell. „Hier ist ein kleiner Überhang und eine Höhlung in der Felswand. Da, halten Sie dem Esel das Maul zu, ich nehme den andern."

Die Esel drängten sich in die flache Felsnische und ließen keinen Platz für die Menschen. Mrs. Pollifax kletterte fast auf sie drauf, als sie Perdido oben Befehle brüllen hörte. Ein Suchscheinwerfer leuchtete in die Tiefe; Mrs. Pollifax schloß die Augen in der Hoffnung, es würde sie noch kleiner machen, und preßte sich an die Esel. Dann wanderte der Lichtstrahl an der Felskante weiter, und die Stimmen der Männer entfernten sich. Mrs. Pollifax atmete auf, und plötzlich schlief sie ein, den Kopf auf den Bauch eines Esels gebettet.

Sie erwachte davon, daß der Dschinn ihr auf die Schulter klopfte. Erschrocken stellte sie fest, daß sie die ganze Nacht hindurch geschlafen hatte. Der Himmel hellte sich schon merklich auf, und jetzt konnte sie auch erkennen, wie beängstigend schmal der Felsvorsprung war – nur zwei Meter, über einem Abgrund, der ihr das Blut in den Adern erstarren ließ. Farrell grinste, als er ihr Gesicht sah. „Da haben uns die Götter beigestanden, was?" Mrs. Pollifax schauderte, und er fuhr fort: „Der Dschinn hat seine Ärmel geopfert, um den Eseln die Mäuler zuzubinden. Wahrscheinlich verbreitet Perdido per Funk in ganz Albanien die Nachricht von unserm Entkommen. Wir sollten rasch aufbrechen, bevor es hell wird."

„Aufbrechen, wohin?" fragte Mrs. Pollifax.

„Hinauf können wir ja auf keinen Fall", sagte er spöttisch. „Außerdem bekomme ich allmählich Hunger."

„Hunger?" Mrs. Pollifax griff automatisch nach ihrer Tasche, aber Farrell schüttelte den Kopf. „Die ist futsch. Da hinunter vermutlich."

Mrs. Pollifax beugte sich ein ganz klein wenig vor – sie wurde leicht schwindlig – und blickte in die Tiefe. Was Farrell wollte, war selbstmörderisch – da würden sie nie heil hinunterkommen. Aber dann wandelte sich ihr Widerstand in Interesse. Die Wand fiel steil über Runsen von Geröll und Felsbrocken, niedrige Abbrüche und weitere Geröllhalden zu einer Wiese ab. „Aber Sie mit Ihrem Bein schaffen das doch nicht", protestierte sie.

Farrell lächelte. „Klar, mit dem Gehen hapert es, aber wer geht schon einen Steilhang hinunter? Man rutscht und hält sich mit den Händen fest. Also los, packen wir's."

Oh, diese glückliche Jugend, dachte Mrs. Pollifax und fühlte sich unaussprechlich müde und alt. „Na schön, wer geht zuerst?"

Farrell sagte beiläufig: „Da fällt mir was ein. Ich traue dem Dschinn nicht, und Sie sollten es auch nicht. Wer weiß, was er zu Perdido gesagt hat? Ich weiß nur, daß wir ihn jetzt auf dem Hals haben. Also gehen Sie voraus, dann kommt der Dschinn und ich mit der Pistole zuletzt."

Absurd, dachte Mrs. Pollifax. Mit zusammengebissenen Zähnen rutschte sie zentimeterweise vor und ließ ihre Füße über den Rand hängen. „Nicht so", belehrte Farrell sie, „lassen Sie sich mit dem Gesicht zum Berg von dem Ast hinab und suchen Sie mit dem Fuß einen Halt."

„Fein. Wenn ich nach Hause komme, kann ich zum Zirkus gehen."

„Ja, wenn!" meinte Farrell vielsagend. Kühn packte sie den Ast mit beiden Händen und ließ sich in den leeren Raum hinunter – ziemlich viel leeren Raum, in dem sie einen scheußlichen Augenblick lang hing, während Farrell sie von oben her dirigierte. „Da – jetzt haben Sie's", sagte er.

Was sie hatte, wie er es ausdrückte, war ein Fuß auf einem Felsvorsprung.

Sie spähte hinunter und umklammerte den Ast noch fester. „Der Stein wird mich nicht tragen!"

„Er wird, wenn Sie sich mit den Händen an dieser knorrigen kleinen Wurzel festhalten, die zu Ihrer Rechten aus dem Fels ragt", sagte Farrell.

Da ihr so oder so ein gewaltsames Ende drohte, fand Mrs. Pollifax, könnte sie ebensogut versuchen abwärtszuklettern. Sie tastete nach der Wurzel und schloß die Augen. „Wenn das nur gut geht...", flüsterte sie. Vorsichtig öffnete sie die Augen wieder und sah, daß sich ihre Lage erheblich verbessert hatte. Sie stand nun dicht gegen die Felswand gepreßt und bemerkte sogar eine kleine Spalte, in der ihre Hände für den nächsten Schritt Halt fanden.

Meter um Meter kletterten die drei ins Tal hinunter. Als sie beim letzten Hang anlangten, einer erfreulich sanften, mit Geröll übersäten Halde, kamen sie in die Sonne hinaus. Sie machten halt, um Atem zu schöpfen und sich umzusehen. Dies war die steinige, sonst von Ziegen wimmelnde Weide, auf die Mrs. Pollifax bei ihren Spaziergängen den Abbruch entlang hinabgesehen hatte. Unterhalb schloß sich eine andere Weide an und dann noch eine, und alle neigten sich wie ein wenig betrunken zur trockenen Talsohle hinunter. Jetzt waren noch keine Ziegen da, aber als sie nach rechts blickte, entdeckte sie ein kleines Häuschen aus groben Steinen, in dem wahrscheinlich der Ziegenhirt wohnte.

Dann stockte ihr der Atem: Vor dem Eingang stand eine Frau und beobachtete sie.

„Was ist?" fragte Farrell.

Wortlos deutete sie hin, und Farrell griff in die Tasche. „Nein, nicht schießen", sagte Mrs. Pollifax. „Da sind sowieso vielleicht noch andere drin."

„Sie oder wir, Herzogin."

„Wir müssen feststellen, ob sie allein ist. Dann können wir sie einfach fesseln und knebeln – einen Schuß würde man meilenweit hören."

„Von Frau zu Frau, was? Wie Sie meinen, Herzogin."

Die Frau sah so zeitlos aus wie die Felsen ringsum, nur die Augen in ihrem sonnverbrannten, wachsamen Gesicht verrieten Leben. Mit einem unbehaglichen Gefühl ging Mrs. Pollifax voraus auf sie zu. Zwei Schritte von ihr machte sie halt, lächelte matt, zeigte auf den Steilhang, dann auf sich und Farrell und sagte: *„Inglese."*

Der gleichgültige Blick der Frau wanderte zur Felswand hinauf, dann zu Mrs. Pollifax, Farrell und dem Dschinn zurück. Sie wandte sich zur Hütte um, und Mrs. Pollifax krampfte sich das Herz zusammen. Aber die Frau hielt nur das Ziegenfell vor dem Eingang auf und bedeutete ihnen zu folgen. Mrs. Pollifax sah, wie Farrells Hand wieder in die Tasche fuhr.

Innen war es dämmrig, und in der Mitte des Raumes brannte auf dem Boden aus gestampfter Erde ein kleines Feuer. Als erstes entdeckte Mrs. Pollifax ihre Handtasche neben dem Feuer und begriff, daß ihr Abstieg wohl schon eine ganze Weile beobachtet worden war. Die Frau redete mit zwei männlichen Wesen, die neben dem Feuer hockten, einem etwa fünfzehnjährigen Burschen und einem großen, kräftigen, glutäugigen Mann. Die drei berieten sich einige Minuten lang, und Mrs. Pollifax fragte sich, ob es Farrell und den Dschinn auch so nervös machte, daß man über sie sprach und sie nichts davon verstehen konnten. Die Entscheidung über Leben oder Tod lag jetzt in der Hand dieser Leute. Würden sie die ganze Familie umbringen müssen? Ich bin zu weich für das alles, dachte sie.

Plötzlich stand der Mann auf und ging hinaus. Mrs. Pollifax und Farrell sahen sich aufs höchste beunruhigt an. Auch der Bursche sprang auf, aber er brachte ihnen nur Hocker, damit sie sich setzen konnten. Die Frau holte drei hölzerne Schalen und füllte sie mit etwas, das wie klumpige Hafergrütze in Öl aussah. Mrs. Pollifax nahm die ihre mit einem höflichen Lächeln entgegen. „Was halten Sie davon?" fragte sie Farrell leise, der sich neben den Dschinn gesetzt hatte.

„Keine Ahnung", erwiderte er.

Mrs. Pollifax löffelte die mit Honig gesüßte Körnerspeise aus und merkte kaum, wie sie schmeckte. Wo war der Mann hingegangen? Ihr Schicksal glich einem dünnen Faden, den gleichgültige Fremde in der Hand hielten.

Da ging die Frau zu einer Truhe in die Ecke und begann verschiedene Kleidungsstücke herauszukramen. Mrs. Pollifax fragte sich verwundert, ob diese Leute ihnen womöglich helfen wollten. Sie sah zu Farrell hin und las in seinem Gesicht die Verwirrung eines mißtrauischen und zu allem entschlossenen Mannes, in dem sich neue Hoffnung regt. Die Frau nahm einen kegelförmigen Filzhut heraus und stülpte ihn dem Dschinn auf den Kopf; dann hielt sie Farrell den weiten Kittel und die Schärpe eines albanischen Bergbewohners hin. Mrs. Pollifax gab sie zwei Unterröcke und einen umfangreichen Wollrock mit handgearbeiteten Spitzeneinsätzen. Sie deutete auf eine Decke, die einen Winkel des Raumes abteilte.

„Na also!" Mrs. Pollifax strahlte Farrell an und zog sich zurück.

Ein paar Minuten später versammelten sich alle wieder um das Feuer. Farrell mit seinem unrasierten Kinn hatte sich in einen waschechten Banditen verwandelt. Der Dschinn glich noch immer einem Vogel, wuchs aber irgendwie über die Lächerlichkeit seines Gewandes hinaus. Mrs. Pollifax hatte keine Ahnung, wie sie aussah, sie wußte nur, daß ihr ziemlich warm war unter so vielen Schichten.

Die Frau hielt Mrs. Pollifax ihre Handtasche hin. Einer Eingebung folgend, machte Mrs. Pollifax sie auf, nahm die Pistole, den Kompaß, die Landkarte, den Proviant und die Spielkarten heraus und gab die Tasche der Frau zurück. „Behalten Sie die", sagte sie lächelnd. „In den neuen Kleidern sind genug Taschen. Eine in jedem Unterrock", erklärte sie Farrell. Sie öffnete die Handtasche und ließ sie wieder zuschnappen, ein Kunststück, das Überraschung und Entzücken auf das Gesicht der Frau zauberte. Ihr Lächeln war wunderschön, und Mrs. Pollifax sah nun erst, daß sie noch jung sein mußte. Sie drängte ihr auch die guatemaltekische Jacke auf und hoffte, sie werde sie noch viele Monate nicht außerhalb der Hütte tragen.

Jetzt schlug der Bursche das Fell am Eingang zurück, und Mrs. Pollifax sah, daß sein Vater nur hinausgegangen war, um die Ziegen für den Tag zusammenzutreiben. Sie drängten sich meckernd an der Tür, und der Mann trieb sie mit seinem Hirtenstab noch näher herzu. Nun begann der Bursche eifrig in Zeichensprache zu erklären, was die Familie beschlossen hatte. Zuerst deutete er den Steilhang hinauf und zog eine Grimasse, woraus sie entnahmen, wie unbeliebt Perdidos Raubvogelhorst in der Umgebung war. Dann zeigte er auf die Sonne, als wolle er sie zu großer Eile drängen. In ihren neuen Kleidern — er zeigte darauf — würden sie bis zur Straße gelangen können. Er deutete Fahrzeuge auf einer Straße an.

Mrs. Pollifax nickte. „Ich habe von oben aus eine Straße gesehen, sie geht von Süden nach Norden durch die Ebene, etwa acht Kilometer von hier."

Der Bursche war noch nicht fertig. Die Weiden seien von oben völlig einzusehen und würden vielleicht von jemand mit dem Fernglas überwacht. Sein Vater wolle die Ziegen auf die der Talsohle zunächst gelegene Weide treiben. Wenn Mrs. Pollifax und der Dschinn sich unter die Herde mischten, würde man sie nicht sehen. Er ließ sich auf alle viere nieder und kroch zwischen die Tiere hinein, um es ihnen zu zeigen. „Du lieber Himmel", stöhnte Mrs. Pollifax. Dann richtete sich der Bursche wieder auf, zeigte auf Farrells Bein, nahm den Hirtenstab seines Vaters und drückte ihn Farrell in die Hand. Nun ließ sich der Vater auf Hände und Knie nieder.

Farrell grinste. „Na, Herzogin, dämmert's Ihnen auch? Von oben wird es so aussehen, als ob der Mann und sein Sohn die Ziegen wie jeden Morgen auf die Weide treiben. Aber ein Stück weit werde ich heute der Ziegenhirt sein, während er sich mit Ihnen und dem Dschinn unter die Tiere mischt. An einer passenden Stelle läßt man uns dann zurück."

„Verdammt", war alles, was Mrs. Pollifax dazu sagen konnte.

„Man wird Sie diesen Winter aus dem Gartenklub hinausschmeißen", amüsierte sich Farrell. „Rasch jetzt, sie warten."

Der Dschinn hatte sich schon belustigt blinzelnd zwischen die Ziegen verkrochen, und Mrs. Pollifax folgte ihm widerstrebend. „Um Himmels willen nicht zu schnell treiben", flehte sie.

Farrell ergriff den Hirtenstab, der Bursche schickte einen Ruf in die klare Bergluft, und die Herde, mit Mrs. Pollifax, dem Dschinn und dem Ziegenhirten in ihrer Mitte, setzte sich in Bewegung.

Mrs. Pollifax war seit ihrer Kindheit nicht mehr auf allen vieren gekrochen, aber es waren vor allem die Ziegen, die sie verrückt machten. Sie traten auf sie, meckerten beängstigend, knabberten übermütig an ihr und stolperten über sie, wenn die ganze Prozession hin und wieder zu einer kleinen Rast haltmachte. Und wie sie rochen! Bald hörte das weiche Gras auf, als sich der Boden immer mehr neigte, Steine bedeckten den Grund und bohrten sich in Mrs. Pollifax' Knie, und sobald sie den Schatten der Felswand verließen, brannte die Sonne unbarmherzig herab. Der seltsame Marsch zog sich in die Länge, und schließlich war Mrs. Pollifax keines Gedankens mehr fähig. Aber nach einer schier endlosen Zeit merkte sie plötzlich, daß die Herde zum Stehen gekommen war. Jemand berührte sie leicht an der Schulter.

Aufblickend sah sie Farrell neben sich. „Sie können sich jetzt erheben, Herzogin", sagte er. „Wir sind im Tal und von oben aus nicht mehr zu sehen."

Er sah erschöpft und bleich aus. Ein Hirtenstab tat eben doch nicht die gleichen Dienste wie eine Krücke, dachte Mrs. Pollifax. Das an zwei Stellen gebrochene, schlecht eingerichtete und noch nicht verheilte Bein hatte die volle Belastung aushalten müssen, und das auf steinigem, abschüssigem Gelände.

Der Dschinn tauchte so freudestrahlend zwischen den Ziegenrücken auf, daß sich in Mrs. Pollifax geradezu ein feindseliges Gefühl zu regen begann. Sie machte einen Schritt vorwärts und ware fast gefallen. Aber sie war schon immer die Liebenswürdigkeit in Person gewesen, so schwankte sie auf den Burschen und seinen Vater zu, die ihnen unter so großer Gefahr für sich selbst geholfen hatten, und schüttelte ihnen die Hand. *„Det, det"*, sagte der Mann und deutete nach Westen.

Mrs. Pollifax erinnerte sich, daß *„det"* Meer hieß, und nickte. Farrell drückte ihnen ebenfalls die Hand, und der Dschinn verfiel in seine übliche Verbeugungstour. Der Mann gab Farrell die Krücke zurück und nahm seinen Stab wieder an sich. Dann ging er gemächlich mit dem Burschen davon. Mrs. Pollifax, Farrell und der Dschinn waren allein. Sie standen in einem trockenen Bachbett, vor ihnen lag das in der vormittäglichen Hitze flimmernde Tal. Im Süden war undeutlich etwas wie Felsen oder ein Dorf zu erkennen, aber Bäume gab es so gut wie keine. Das alles sah so hoffnungslos aus, daß Mrs. Pollifax vorschlug, erst einmal zu rasten.

„Auf keinen Fall", widersprach Farrell rundweg. „Sie durchkämmen jetzt bestimmt die Berge nach uns. Bald wird das Tal drankommen." Sie nickte matt. Diese kahle Gegend schien nirgends Deckung zu bieten, und sie war hundemüde. Sie warf einen Blick auf den Dschinn, der sie vergnügt anlächelte. „Der Kerl hat nicht ein Gramm Hirn im Kopf", sagte Farrell. „Sonst hätte er eine Heidenangst. Also los, gehen wir!"

Sie hielten sich im Schutz des Bachbetts, denn sie trugen zwar einheimische Kleidung, waren aber ihrer drei, und gerade nach einer Dreiergruppe würde der General suchen lassen. Die Sonne brannte sengend heiß. In ihrem Wollrock und den beiden Unterröcken wie in einem Schwitzkasten eingeschlossen, stolperte Mrs. Pollifax dahin. Sie sehnte sich nach einem Schluck Wasser, aber sie hatten keines, und nach etwas Grünem fürs Auge.

So plötzlich lag die Straße vor ihnen, daß Farrell sich mit einem warnenden Zischen hinter einen Felsblock fallen ließ. Der Dschinn und Mrs. Pollifax folgten unverzüglich seinem Beispiel. Die Straße wimmelte von Männern in gestreifter Gefangenenkleidung, die auf einer Länge von ein bis zwei Kilometern stumpfsinnig Steine klopften. Eine beängstigende Menge Wachen mit Gewehren standen herum oder hatten sich im Schatten eines großen schwarzen Autos ausgestreckt. Die Straße führte schnurgerade von den Bergen im Norden zum Flugplatz im Süden. Von so vielen Menschen gesäumt, war sie wie eine unübersteigbare Mauer. „Was tun wir jetzt?" flüsterte Mrs. Pollifax ratlos.

Farrell fuhr sich mit seiner staubigen Hand über die blutunterlaufenen Augen. Er war erschreckend bleich, und die Hand zitterte. Wahrscheinlich hatte er furchtbare Schmerzen. Mrs. Pollifax schauderte. „Wir werden warten müssen, bis es dunkel ist", antwortete er heiser. „Einen ganzen verdammten Tag ohne Wasser."

Armer Farrell, dachte sie, dann glitt ihr Blick an ihm vorbei, und sie erstarrte. Ihr entsetzter Ausdruck veranlaßte Farrell und den Dschinn, sich ebenfalls umzudrehen. Ein halbes Dutzend Männer kam über die Ebene hinter ihnen. Was Mrs. Pollifax' Aufmerksamkeit erregt hatte, war das Aufblitzen eines Spiegels, das kurz darauf von einem baumbestandenen Vorberg zu ihrer Rechten beantwortet wurde. Die Suchtrupps waren unterwegs – einer kämmte die Berghänge durch, der andere das Tal. Plötzlich stand der Dschinn auf.

„He", stieß Farrell hervor.

„Runter – gehen Sie runter!" schrie Mrs. Pollifax.

Aber der Dschinn rannte los, zu den Wachen hinüber.

„Ich habe Ihnen ja gesagt, ich traue ihm nicht", knurrte Farrell und zog seine Pistole heraus. Vor Durst, Erschöpfung und Schrecken ganz durchgedreht, sah Mrs. Pollifax, wie er die Waffe auf einem Felsblock aufzustützen versuchte, und tat nichts, um ihn daran zu hindern. Da es ihre Idee gewesen war, den Dschinn mitzunehmen, empfand sie seinen Verrat doppelt enttäuschend. „Zu spät", stöhnte Farrell, „meine Hand zittert, verdammt noch mal."

Mrs. Pollifax beobachtete gebannt den Dschinn, der jetzt mit den Wachen sprach. Natürlich – er ist ja Chinese, dachte sie niedergeschlagen, wie die Wachen vielleicht auch. Sie sah sich um – in wenigen Minuten würden ihre Verfolger auf sie stoßen.

„Ja?" sagte Farrell bitter und hob die Pistole.

Sie antwortete gefaßt: „Ja – ja, das ist wirklich das einzige, was uns übrigbleibt. Doch ich fürchte, Sie werden – Sie werden es –"

Er sagte rauh: „Ich verstehe. Aber Sie wissen: nur um Ihnen Schlimmeres zu ersparen. Sie sind mir verdammt ans Herz gewachsen."

„Danke", sagte sie ernst.

Der Dschinn und einer der Posten mit Gewehr waren nun in den großen schwarzen Wagen gestiegen, der Posten saß am Steuer, der Dschinn daneben. Mit einem Satz startete der Wagen, holperte von der Straße herunter und auf sie zu.

Farrell fuhr sich mit der Zunge über seine ausgedörrten Lippen. Mit einer Hand hob er die Waffe, bemüht, das Zittern zu überwinden, und zielte auf Mrs. Pollifax' Herz. „Geht es in den Kopf nicht schneller?" fragte sie interessiert.

„Um alles in der Welt", stöhnte Farrell, und die Pistole wackelte. „Bitte tun Sie mir den Gefallen, und sprechen Sie jetzt nicht."

Mrs. Pollifax setzte sich gerade, legte die Hände ordentlich gefaltet in den Schoß und wartete geduldig auf den Gnadenschuß. Sie wünschte sehr, Farrell würde sich beeilen, denn der Wagen raste auf sie zu. Er hob den Arm, um sich den Schweiß von den Augen zu wischen. Es war zu spät, der Wagen hielt schon. Der Dschinn sprang heraus, riß Farrell die Pistole aus der Hand, schwenkte sie drohend und bedeutete ihnen, in den Wagen zu steigen.

Mrs. Pollifax verzog keine Miene. Wenn er Chinese war, konnte man ihn schwerlich einen Verräter nennen. Resigniert flüsterte sie Farrell zu: „Kommen Sie. Ich habe ja noch die Beretta" und kletterte in den Fond. Es war ein Rolls-Royce, wie sie feststellte, ein sehr alter und höchst geeignet für Begräbnisse. Farrell ließ sich neben ihr auf den Sitz fallen, und der Posten schlug die Tür zu. Diesmal schlüpfte der Dschinn hinter das Steuerrad. Er wandte den Kopf und lächelte mit seinen glänzenden, unergründlichen Augen den Posten an.

Schlange, dachte Mrs. Pollifax.

Mit einer geschmeidigen, mühelosen Bewegung hob der Dschinn die Pistole und schoß den Posten zwischen die Augen. Dann öffnete er die Tür und stieß die Leiche hinaus in den Staub. In hastigem, perfektem Englisch sagte er: „Ich meine, wir sollten hier blitzartig abhauen!"

„Wer zum Teufel sind Sie denn?" wollte Farrell wissen.

„Und warum haben Sie uns nicht gesagt, daß Sie Englisch sprechen?" fragte Mrs. Pollifax.

„Ich habe nicht gewagt, Ihnen zu trauen. Tut mir leid." Mit einem Ruck stieß der Dschinn zurück, wendete und war wieder auf der Straße. „Ich weiß nicht, wie weit wir mit dem Wagen kommen. Es gibt nur an die vierhundert im ganzen Land, und da sind Funkgeräte und Straßensperren. Außerdem kann ich dieses verdammte Möbel nicht gut fahren."

Mrs. Pollifax schaute auf den Tacho und klammerte sich an Farrells Arm. „Wir fahren mit hundert Meilen."

„Kilometer, nicht Meilen, also nur etwa sechzig." Farrell sprach mit wiedererwachter Lebhaftigkeit. „Diese Straße führt nach Shkodër. Zum Teufel, dahin wollen wir doch nicht."

Von so viel männlicher Lästerlichkeit umgeben, sagte Mrs. Pollifax energisch: „Zum Teufel, nein."

Das alte belustigte Lächeln erhellte sein Gesicht. „Herzogin, ich will keinen einzigen Fluch mehr hören – ein Wagen folgt uns, verdammt!"

„Fünf, sechs Kilometer hinter uns", sagte der Dschinn nach einem Blick in den Rückspiegel. „Wenigstens geht es mit dem Auto schneller als auf sechs Beinen, von denen eines gebrochen ist." Er schaute aufs Armaturenbrett: „Genug Benzin, Gott sei Dank" und trat das Gaspedal durch. Der Wagen brauste mit irrer Geschwindigkeit dahin, und Mrs. Pollifax hätte nur zu gern die Augen geschlossen. Jetzt bremste der Dschinn, um einem Ochsenkarren auszuweichen, nun raste er mit quietschenden Reifen um ein Schaf herum, das mitten auf der Straße stand und blökte, dann schoß er über das Kopfsteinpflaster einer Dorfstraße.

Wenige Augenblicke später brummte ein kleines Flugzeug über sie hinweg, machte einen Bogen und überflog sie noch einmal. „Sie wissen auch in Shkodër schon Bescheid", sagte Farrell grimmig.

„Wir müssen den Wagen bald loswerden", sagte der Dschinn, „wo und wie, weiß ich nicht."

Mrs. Pollifax wußte es auch nicht, aber sie erfaßte gleich, daß sie nicht einfach aussteigen konnten, nicht mit Verfolgern auf den Fersen und Beobachtern in der Luft. „Ein Unfall", sagte sie plötzlich. „Können wir den Wagen nicht umkippen und anzünden? Sie würden ein paar Minuten lang glauben, daß wir noch darin sind."

Beide Männer schwiegen und wälzten den Gedanken hin und her. Dann fragte der Dschinn: „Haben Sie Zündhölzer?"

„Zwei", sagte Farrell.

„Und westlich von uns, also zur Rechten, ist ein See?" Mit quietschenden Bremsen bog der Dschinn nach rechts in einen Feldweg ein und raste auf ein Wäldchen zu. „Sie müssen einen Vorsprung haben, Farrell", sagte er. „Laufen Sie los, wenn wir halten. Ich werde versuchen, den Wagen an einen Baum zu fahren." Er bremste zwischen den Stämmen. „Raus! Schnell, dort hinüber", und zu Mrs. Pollifax: „Bleiben Sie in der Nähe. Ich werde Hilfe brauchen."

Mrs. Pollifax sah Farrell nach, der um das liebe Leben davonhumpelte, das liebe, liebe Leben. Was die Menschen doch alles taten, um am Leben zu bleiben – das heißt, körperlich am Leben, verbesserte sie sich, denn innerlich lebendig zu bleiben war viel komplizierter und schwieriger. Der Motor heulte auf, sie sah entsetzt den Wagen mit Höchstgeschwindigkeit auf den größten Baum losfahren und den Dschinn halb zur Tür heraushängen. Wagen und Baum trafen aufeinander, und der Rolls-Royce faltete sich wie eine Ziehharmonika zusammen. Der Dschinn, mitgenommen, aber heil, rappelte sich vom Boden auf und griff nach den Zündhölzern. Sie lief hin, um zu helfen.

Mit zitternden Händen rüttelte er am Tankdeckel. Mrs. Pollifax gelang es, ihn mit einer Drehung aufzukriegen. „Laufen Sie los", sagte der Dschinn, Mrs. Pollifax gehorchte und schaute sich nicht um, bis sie die Explosion hörte. Der Dschinn holte sie am Waldrand ein, wo Farrell sie erwartete. Er sah sehr elend aus, und es war deutlich, daß er nicht mehr weiterkonnte.

Die Gegend bot nicht die geringste Deckung, und Perdido würde bald herausfinden, daß im Auto keine Leichen waren. Da entdeckte Mrs. Pollifax das Dach einer Hütte und dahinter einen kleinen offenen Stall für irgendwelche Tiere. In einer Ecke des Stalls stand ein zweirädriger Karren, der bis oben mit Heu beladen war.

„Schaut doch, dort", flüsterte sie. Eine winzige Hoffnung nur, aber das einzige, was sie möglicherweise verbergen konnte. Farrell und der Dschinn sahen hinüber, ziemlich stumpfsinnig, dachte sie, bis ihr klar wurde, daß die beiden erschöpft waren und daß sie als die Älteste – ähnlich wie ein Pfadfinderführer – das Kommando übernehmen mußte. Wie zur Betonung der Dringlichkeit kam jetzt das Flugzeug zurück, um die Gegend abzusuchen.

„Hinein in den Karren", rief sie und riß Heubüschel heraus. „Rasch, Ihr beiden." Es war kaum genügend Platz für zwei.

„Und was ist mit Ihnen?" fragte Farrell.

„Die wissen nicht, daß ich in Bauernkleidern stecke", erklärte sie und hoffte inbrünstig, daß es so war. Sie häufte Heu über sie. „Um Himmels willen nicht bewegen." Einer nieste. „Und nicht niesen."

Das Flugzeug kreiste nun über dem Wäldchen, in dem der Rolls Royce brannte. Bald würden die Überreste soweit ausgekühlt sein, daß sie untersucht werden konnten. Mrs. Pollifax besah sich den

Karren prüfend, dann stieß sie den Stein, der unter einem der Räder lag, fort. Sie nahm allen Mut zusammen, stellte sich zwischen die Stangen und zog an. Seltsamerweise ließ er sich auf dem zum Glück ein wenig geneigten Terrain ganz leicht in Bewegung setzen. Sie kam sich wie ein Rikschaboy vor. Bald ging es mit bedenklichem Tempo dahin, wobei der Karren sie zeitweise mehr schob, als daß sie ihn zog. So marschierte sie wacker drauflos, auf ein Wäldchen zu, das einige hundert Meter entfernt lag. Das Gras des Weidelands, durch das sie jetzt kamen, sah grüner und saftiger aus, und Mrs. Pollifax hoffte, daß sie sich der Küste näherten.

Sie war mitten auf der Weide, da hörte sie wieder ein Flugzeug über sich hinwegbrummen und dann nach Westen abdrehen. Es hätte sie eigentlich in Angst versetzen müssen, aber statt dessen schlug ihr Herz höher.

Ein Flugzeug mit Schwimmern! Ein Wasserflugzeug, dachte sie. Wir müssen in der Nähe von Wasser sein.

Der Weg, der anfangs freundlicherweise abwärts geführt hatte, stieg nun wieder an. Direkt vor ihnen lag ein Kornfeld. Mrs. Pollifax mußte sich eingestehen, daß sie kein Ochse war. „Ich kann einfach nicht mehr", sagte sie bekümmert.

Der Dschinn kroch als erster unter dem Heu hervor. „Verständlich. Ich denke, wir kriechen ins Kornfeld und rasten ein paar Minuten."

Das war keine gute Idee, aber was blieb ihnen anderes übrig? „Ja", stimmte sie zu.

Farrell tauchte aus dem Heu auf und sah erbärmlich blaß aus. „Ich ziehe den Karren etwas weiter und verwische Ihre Spur, dann komme ich nach", sagte der Dschinn.

Zwischen den Halmen ließen sich Farrell und Mrs. Pollifax wortlos zu Boden sinken. Mrs. Pollifax raffte sich soweit auf, die Tasche ihres einen Unterrocks zu untersuchen. Sie zog die Pistole heraus, die Karte, den Kompaß, dann eine Scheibe hartes Brot und ein kleines Stück Käse. „Viel ist es nicht, und wir müssen noch etwas für später aufsparen." Sie hörten den Dschinn nach ihnen suchen. Sorgfältig legte sie seinen Anteil vom Essen beiseite und hob die Pistole auf, um sie wieder einzustecken. Die Schritte des Dschinn kamen näher, und sie blickte lächelnd hoch.

Aber da stand nicht der Dschinn. Es war der Wächter Stefan, der sie verblüfft und blöde anstarrte. Nur für den Bruchteil einer Sekunde teilte Mrs. Pollifax seine Verblüffung; dann erinnerte sie sich, daß sie die Pistole in der Hand hielt, und ohne nachzudenken, hob sie die Waffe und drückte ab.

Der Knall war ohrenbetäubend. Entsetzt und wie gebannt, sah sie Stefan blutend zusammenbrechen. „Farrell, ich habe ihn erschossen", stöhnte sie fassungslos.

„Und er hätte liebend gern uns beide umgebracht", stieß Farrell hervor. „Sitzen Sie bloß nicht einfach so da, Herzogin, den Schuß müssen sie meilenweit gehört haben."

Jedenfalls hatte ihn der Dschinn gehört. Da war er, kniete neben Stefan nieder, nahm dessen Pistole an sich und durchsuchte seine Taschen. Mrs. Pollifax steckte ihre Waffe, Landkarte und Kompaß ein und stand auf. „Wahnsinn, alles miteinander", murmelte sie vor sich hin.

Farrell knirschte: „O Gott, wenn ich nur rennen könnte."

Der Dschinn zog Mrs. Pollifax am Arm, um sie von dem Toten wegzubringen.

„Schauen Sie sich ja nicht um", sagte Farrell scharf.

Er verstand sie also in seiner rauhen Art. Mit aller Kraft riß sich Mrs. Pollifax zusammen, und sie beeilten sich, den Wald zu erreichen, der hinter dem Kornfeld lag. Sein Schatten brachte nur geringe Kühlung, aber es war so friedvoll darin, und Mrs. Pollifax hätte sich zu gern einfach fallen lassen. Plötzlich sagte der Dschinn: „Es riecht nach Wasser", und eilte voraus.

Farrells Blässe erschreckte Mrs. Pollifax; er sah schon wie tot aus, wie ein Einbalsamierter, der von einem teuflischen Leichenbestatter an Drähten bewegt wurde. Dann merkte auch sie, daß es nach Wasser roch – die Luft hatte etwas Belebendes. Wenn es der See war, mußten Jugoslawien und die Freiheit nahe sein. Der Dschinn vor ihnen ruderte jetzt mit den Armen, aber es schien eine Ewigkeit zu dauern, bis sie ihn erreichten. „Schauen Sie", sagte er. Vor ihr glitzerte Wasser in der Sonne, Wasser zum Baden, zum Kühlen der ausgedörrten Kehlen. Sie strebte stolpernd zum Ufer hin, aber der Dschinn hielt sie am Arm zurück, und sie hörte wieder das Brummen des Flugzeugs. „Hierher", sagte er und führte sie tiefer in den Schatten der Bäume.

Der Skutarisee war, wie sie sich erinnerte, ungefähr fünfhundert Quadratkilometer groß und lag zur Hälfte in Jugoslawien... Als das Flugzeug nach Norden verschwand, blieb der Dschinn stehen, legte den Finger an die Lippen, zog seine Schuhe aus und begann auf ihrer Spur zurückzugehen.

Mrs. Pollifax hätte sich am liebsten auf den Boden gesetzt, aber sie wußte, daß Farrell das nicht konnte – nein, nicht durfte, weil er sonst nie mehr hochgekommen wäre –, und ihre angeborene Höflichkeit hielt sie aufrecht. Dann sah sie den Dschinn am Ufer entlangwaten. Er schien etwas zu suchen, und einige Minuten später winkte er Mrs. Pollifax und Farrell herbei. Sie stiegen ins seichte Wasser hinunter, und er führte sie zu einem alten, über den See hinaushängenden Baum, dessen Wurzeln freigespült und halb vermodert waren. Hier hatte sich im Laufe der Jahre Schwemmgut angesammelt. Der Dschinn zerteilte die Zweige eines Sumachstrauches, der aus dem Gewirr der Baumwurzeln hervorgewachsen war, und sagte: „Es ist nicht trocken hier, aber Platz für drei." Er schob einen Baumstamm beiseite, der sich in dem angeschwemmten Gewirr verfangen hatte, und half Farrell, in die winzige Höhlung in der Uferböschung zu kriechen. Mrs. Pollifax folgte, dann zwängte sich auch der Dschinn hinein und brachte den Stamm sorgfältig wieder in seine ursprüngliche Lage.

Es war ein feuchter, aber seltsam heimeliger Schlupfwinkel – dunkel, still und kühl –, und Mrs. Pollifax konnte die Augen einfach nicht mehr offenhalten. Die Müdigkeit siegte, und sie schlief vor Erschöpfung ein.

Nicht das Geräusch, sondern das Gefühl einer Gefahr weckte sie auf. Sie hob den Kopf und hörte das Knattern eines Motorbootes, das am Ufer entlangfuhr. Es kam an ihrem Versteck vorbei, und seine Kielwellen schlugen bis in die Höhle und ertränkten sie fast. Sie waren kaum wieder zu Atem gekommen, als das Flugzeug zurückkehrte. Kurz darauf hörten sie über sich Männerstimmen. Das Boot wendete, dann schoß es davon, und abermals schlugen die Wellen bis zu ihnen herein und machten ihnen das Leben schwer. Die Stimmen über ihnen entfernten sich und verloren sich im Wald. Aber das Flugzeug kam wieder, und bald wurde ihnen auch klar, daß nicht eines, sondern viele Polizeiboote auf Patrouille unterwegs waren. Jahrhunderte schienen zu verstreichen – und die Dämmerung sank langsam herab. In welcher andern Welt hatte sie sich nach Wasser zum Trinken und Baden gesehnt? fragte sich Mrs. Pollifax.

Farrell sagte zum Dschinn: „Ich schlage vor, wir stoßen den Baumstamm hinaus, halten uns alle daran fest und versuchen, über den See zu kommen. Wenn wir nicht Gegenwind haben, schaffen wir es vielleicht, in Jugoslawien zu landen."

„Polizeiboote", wandte der Dschinn ein.

„Vor denen müssen wir uns eben vorsehen."

„Wer sind Sie überhaupt?" fragte Mrs. Pollifax den Dschinn. „Nicht einmal Ihren Namen haben Sie uns genannt."

„Wie wäre es mit Smith, wenn Sie unbedingt einen Namen wünschen?"

„Niemand heißt Smith", knurrte Farrell. „Nicht in meinen Kreisen."

„Viel, viel besser, Sie kennen meinen Namen nicht, sollten Sie je wieder mit General Perdido zusammentreffen", erwiderte der Dschinn. Es wäre ihm gar nicht recht, wenn Sie ihn wüßten."

„Ich dachte nur wegen Ihrer Angehörigen", sagte Mrs. Pollifax vorwurfsvoll, was ihm etwas wie ein unterdrücktes Kichern entlockte.

„Nett von Ihnen, aber die haben schon vor zwei Jahren mein Begräbnis begangen. Ich bin schon lange tot, Mrs. Pollifax", sagte er, und sie wußte nicht, was sie davon halten sollte.

Verdrossen machte sie sich daran, ihren Körper, der stundenlang auf dem Bauch gelegen hatte, in Bewegung zu bringen, und nach beträchtlichen Mühen gelang es ihr, auf die Knie zu kommen und sich durch die Öffnung zu zwängen. Farrell folgte langsam, das verletzte Bein und die Krücke vor sich her schiebend. Bis auf ein paar vereinzelte Sterne und ein halbes Dutzend Lichter auf der andern Seite des Sees herrschte draußen völlige Dunkelheit. Die Luft war weich wie Samt. Der Dschinn kämpfte mit dem Stamm, der den Vorteil hatte, daß er groß genug war und entsprechend weit aus dem Wasser ragte, um ihnen Deckung zu bieten; andererseits war es dadurch schwieriger, sich vom Wasser aus daranzuhängen. „Setzen wir uns rittlings drauf", schlug der Dschinn vor. Aber für drei erschöpfte Menschen erwies es sich als nahezu unmöglich, auf einen nassen, runden Stamm hinaufzuklettern. Sobald einer es versuchte, fiel der andere wieder herunter. Schließlich schoben sie ihn ans seichte Ufer zurück und stiegen gleichzeitig auf.

„Alles bereit, in See zu stechen?" fragte der Dschinn. Äußerst behutsam begannen sie mit Händen und Füßen zu paddeln. Sie glitten aus dem Uferschatten in eine leichte Brise hinaus, die von Norden her wehte, in Richtung Jugoslawien.

## 10

IN WASHINGTON erfuhr Carstairs am gleichen Tag von dem Mann namens Peattie, daß er Nachricht aus Peking habe. „Es scheint, daß General Perdido wirklich dort gewesen ist, aber allein und erst am vierundzwanzigsten August, fünf Tage nach der Entführung von Mrs. Pollifax und Farrell. Und was Sie vor allem interessieren wird, er kam in einem Jet nach China, der ihn in Athen abgeholt hatte."

„Athen!" Carstairs war sichtlich elektrisiert. „Vom Balkan – Albanien! Aber ich hätte nie gedacht, daß er sie so weit verschleppt –"

„Er blieb bis Mitte der Woche in Peking", fuhr Peattie fort, „und reiste gestern in einem Privatflugzeug ab, angeblich mit Ziel Albanien." Peattie lächelte genießerisch wie einer, der seine Trumpfkarte noch nicht ausgespielt hat. „Noch etwas. Ich habe mir die Freiheit genommen – schließlich gehört ja Albanien, seit es zum Schoßkind der Rotchinesen wurde, sozusagen zu meinem Bereich – und habe Erkundigungen eingezogen. Perdidos Flugzeug ist gestern abend in Shkodër gelandet, und der Wagen, der ihn abholte, hat ihn sogleich in die Berge gebracht."

Carstairs runzelte die Stirn. „Der General ist also fünf Tage nach der Entführung nach Albanien zurückgeflogen. Das kann viel bedeuten oder gar nichts."

Peattie nickte: „Wir wissen beschämend wenig über Albanien, seit die Rotchinesen dort eingezogen sind, aber man munkelt von einer primitiven Bergfestung irgendwo im Norden der Albanischen Alpen, wo einige wenige besonders wichtige politische Gefangene festgehalten werden. Die Gegend ist fast unzugänglich – Felswände, Schluchten, Zacken –, und in diesen Bergen ist also der General verschwunden."

„Gibt es Anhaltspunkte, wo das Ding etwa liegt?" Carstairs ging zur Wandkarte hinüber.

Mit einem Achselzucken trat Peattie zu ihm. „Irgendwo zwischen da und da", sagte er und zog mit dem Finger die nördliche Bergkette nach. „Wir wissen, daß die Straße ungefähr hier endet", fügte er hinzu. „Aber in diesen Ländern hören die Straßen immer plötzlich auf, und der Verkehr geht trotzdem weiter, mit Maultieren, Eseln, Fahrrädern, Ochsenkarren."

Carstairs schüttelte den Kopf. „Daß sie noch am Leben sind, ist unwahrscheinlich; aber ließe sich feststellen, ob sie wirklich dorthin gebracht wurden?"

„Sehr schwierig, Erkundigungen einzuziehen", sagte Peattie. „Fremde sind dort suspekt, und die wenigen, die als Touristen hineingelassen werden, bekommen kaum etwas zu sehen. Eine große Zahl Albanesen stehen mit der Geheimpolizei in Verbindung, durch Verwandtschaft oder Heirat – der übliche Trick, wie Sie wissen, die Bevölkerung unter Terror zu setzen. Ich bin nicht sicher..." Er zögerte, dann sagte er mit Bestimmtheit: „Ich bin ganz sicher, daß man unseren Agenten drüben nicht gestatten würde, sich zu gefährden wegen –"

Carstairs sprach den Gedanken ungeschminkt aus: „Wegen zwei Agenten, die über eine Woche General Perdido auf Gnade und Ungnade ausgeliefert waren. Ganz recht. Das würde ich auch nicht gestatten."

Peattie sah ihn nicht an, als er weitersprach: „Ich glaube, ich sollte Ihnen doch auch sagen, daß dieses Bergnest einen höchst üblen Ruf hat. Man spricht davon nur im Flüsterton, und es heißt, niemand sei je lebend herausgekommen."

„Über diese Festung möchte ich gern mehr wissen", sagte Carstairs. Er entschuldigte sich und ging hinaus, um mit Bishop zu konferieren. Als er zurückkam, erklärte er: „Ich habe veranlaßt, daß sich ein privates Wasserflugzeug über den Albanischen Alpen verfliegt. In einer Stunde könnte es dort sein."

„Zur Erkundung?"

Carstairs nickte. „Inoffiziell, aber was wir an Informationen erhalten, werden wir natürlich auch Ihnen mitteilen. Wenn Perdido weiterhin Amerikaner kidnappt, sollten wir wohl besser herausbekommen, wo er sie einlocht."

Als Peattie gegangen war, setzte sich Carstairs wieder an seine Schreibtischarbeit. Er aß zu Mittag und kehrte erst nach zwei Uhr in sein Büro zurück. Dort händigte ihm Bishop eine Funkmeldung aus. Das Wasserflugzeug hatte seinen Auftrag über den Albanischen Alpen durchgeführt. Kein Gebäude, das Carstairs' Beschreibung entsprach, war mit bloßem Auge zu sehen gewesen, aber die Aufklärungsphotos würden, sobald sie entwickelt waren, durchgegeben werden. Dem Piloten war jedoch die Aktivität aufgefallen, die in dem Gebiet zwischen den Alpen, der Stadt Shkodër und dem Skutarisee herrschte. Es wimmelte von Männern, die zu Fuß das Land nach allen Richtungen durchstöberten, aus einem Wäldchen stieg dicker, schwarzer Qualm auf – offenbar war etwas, das Öl oder Benzin enthielt, in Brand gesteckt worden –, und ungewöhnlich viele Polizeiboote patrouillierten auf dem See.

Carstairs überlegte, was zum Teufel das bedeuten mochte. Er fragte sich auch, ob Peattie etwas darüber wußte, und wollte gerade nach dem Telephon greifen, als dieser selbst eintrat.

„Das hier ist gerade durchgekommen", sagte Peattie ohne Einleitung. „Im Norden von Albanien ist ordentlich was los. Einer unserer Agenten hatte den Nerv, das zu schicken – verdammt riskant von ihm. Da, lesen Sie selbst, es kommt gerade aus dem Dechiffrierraum."

Carstairs nahm das Blatt und las:

PERDIDO AUF MYSTERIÖSE WEISE WÄHREND DER NACHT ANGESCHOSSEN UND VERWUNDET STOP LEITET GROSSE SUCHAKTION GEGEN STAATSFEINDE GEFLÜCHTET AUS BERGVERSTECK IN AUTO STOP EINER ANGEBLICH AMERIKANER STOP GRUPPE VERMUTLICH NOCH AM LEBEN UND UNTERWEGS ZUR KÜSTE STOP

Carstairs sprang auf und sah sich noch einmal die Karte an. „Wir müssen diesen Leuten jede nur mögliche Hilfe leisten", sprudelte er hervor. „Der Amerikaner könnte Farrell sein, und selbst wenn er es nicht ist, erhalten wir von ihnen vielleicht wertvolle Informationen. Sie werden sich bestimmt nach Jugoslawien wenden, das ist ihre einzige Chance. Bishop", bellte er in die Sprechanlage, „verbinden Sie mich mit Fiersted vom Außenministerium." Und zu Peattie gewandt, sagte er: „Wenn Fiersted bei der jugoslawischen Regierung den Weg ebnet, können wir bis Mitternacht Leute an der Grenze stehen haben."

Als es Mitternacht schlug, schwammen Mrs. Pollifax, Farrell und der Dschinn nicht mehr auf dem Skutarisee, aber sie waren auch nicht in Jugoslawien. Ein widriger Wind hatte sie nach Süden abgetrieben, und nun kauerten sie in Shkodër hinter einer Mauer. Hoch über ihnen ragte eine düstere mittelalterliche Festung auf. Ein verschleierter rötlicher Mond warf einen schwachen Schimmer auf den nassen Fetzen Papier, der ihre Karte gewesen war, und Mrs. Pollifax versuchte aus den noch nicht gänzlich verwischten Linien klug zu werden.

Der Dschinn betrachtete ärgerlich die Wasserfläche vor ihnen, die sie nicht identifizieren konnten. „Schaut wie ein Fluß aus", sagte er.

Wie ein Fluß war es ihnen auch vorgekommen, und wäre nicht der Mond aus den Wolken getreten, hätten sie einfach ihre Fahrt fortgesetzt. Es hatte sie große Mühe gekostet, ihren Baumstamm an Land zu steuern, und nun hockten sie im Dunkel einer der engen Gassen der Stadt, durch die sie bei ihrer Ankunft in Albanien gekommen waren.

„Da ist tatsächlich eine Linie", sagte Mrs. Pollifax und starrte auf die Karte. „Sie verläuft von Shkodër zur Adria, aber sie ist nicht bezeichnet."

Sie reichte den Papierfetzen den beiden Männern, und einer nach dem andern versuchte etwas zu erkennen.

„Scheint wirklich ein Fluß zu sein", nickte Farrell. „Namenlos, unbekannt und rätselhaft."

„Überlegen wir mal", sagte Mrs. Pollifax nachdenklich. „Zu Fuß vom Skutarisee zur Küste ist es ein ziemliches Ende, zwanzig oder dreißig Kilometer, würde ich sagen. Aber wenn man ein Boot hätte und wenn es wirklich ein Fluß ist und wenn er in die Adria mündet –" Sie brach ab und seufzte. „So viele Wenn. Ein schreckliches Hasardspiel."

„Aber genauso ist es doch im Leben", sagte der Dschinn sachlich. „Es ist alles eine Frage der Entscheidung. Man setzt darauf, daß es eine kluge ist, und frei entscheiden zu können macht einen erst wirklich zum Menschen." Er schwieg einen Augenblick. „Warten Sie hier", fügte er dann hinzu und stand auf. „Ich will versuchen, ein Boot aufzutreiben."

Mrs. Pollifax atmete auf. Es war eine Wonne, einfach so dazusitzen, und eine noch größere, wenn es einem befohlen wurde, denn das schloß jedes Schuldbewußtsein aus. Farrell war bereits eingeschlafen, und so zwang sie sich seufzend, die Augen offenzuhalten. Einer mußte doch wachen. Um sich zu beschäftigen, begann sie nachzurechnen, wie viele Stunden schon seit ihrer Flucht vergangen waren. Sie hatten ihr Gefängnis am Donnerstag um neun Uhr abends verlassen, und Freitag abend, ungefähr um neun, hatten sie ihren Baumstamm flottgemacht... Nur etwas über vierundzwanzig Stunden waren vergangen. Unglaublich. Es war ihr wie ein endloser Alptraum vorgekommen. Sie hörte das leise Eintauchen eines Ruders und streckte die Hand aus, um Farrell zu wecken. Warnend legte sie einen Finger an seinen Mund, und dann sahen sie die Silhouette eines Bootes durch einen Streifen von mattem Mondlicht gleiten. „Steigen Sie ein", sagte der Dschinn und verbeugte sich mit seinem alten Lächeln. Wo er den Kahn wohl aufgetrieben hat, dachte Mrs. Pollifax und half Farrell hinein. Wegen seines schlimmen Beines mußte er sich erst auf den Rand setzen und sich dann rücklings hineinwälzen. Auch sie fiel fast ins Boot und blieb am Boden liegen, zu erschöpft, um sich zu rühren oder zu sprechen.

Der Dschinn stieß ab und begann mit kurzen, raschen Schlägen zu rudern.

„Es war dort drüben vertäut", sagte er leise über die Schulter. „Schlafen Sie ein wenig. Die Strömung hilft mit."

Mrs. Pollifax' Blick glitt von ihm hinauf zur Festung von Shkodër, die sich als schwarze Silhouette gegen den dunkelblauen Himmel abzeichnete. Ihre Augen fanden einen einsamen Stern, und gleich darauf schlummerte sie sachte ein. Als sie erwachte, waren Festung und Stern verschwunden, und der Himmel sah um eine Schattierung heller aus. Aber was sie geweckt hatte, war der harte Knall eines Pistolenschusses gewesen, der vom Ufer herkam. Sie fuhr in die Höhe.

„Hinlegen", zischte der Dschinn leise. „Es ist jemand am Ufer. Wahrscheinlich will er uns stoppen. Er hat gewinkt, aber ich habe weggeschaut, als hätte ich nichts gesehen."

„Der nächste Schuß kann Sie treffen", warnte Farrell.

Der Dschinn sagte ungerührt: „Ja, ich weiß. Aber wir kommen jetzt schneller voran. Der Fluß wird breiter, und die Luft ist auch anders. Riechen Sie es?"

Farrell und Mrs. Pollifax schnupperten. „Salzwasser!"

Wieder krachte ein Schuß, und etwas schlug gegen die Bordwand.

„Verdammt guter Schütze, bei diesem Licht", sagte Farrell.

„Man kann keinen verhören, der in einem Boot zum Meer fährt und sich weigert anzuhalten", sagte der Dschinn lässig. „Entweder wird der Kerl auch ein Boot nehmen oder zur Küste telephonieren, daß sie uns aufhalten sollen."

Mrs. Pollifax blickte um sich. Es wurde allmählich heller, und vor ihnen kreisten Vögel. „Möwen!" rief sie.

„Wir müssen uns klarwerden, wohin wir uns wenden und was wir tun wollen", drängte Farrell gequält. „Mein Gott, wir haben nicht einmal eine trockene Waffe."

„O doch", sagte der Dschinn. „Ich habe Stefans Pistole an mich genommen, erinnern Sie sich? Seine Halfter ist wasserdicht. Sehen Sie nach. Sie ist in meiner Tasche."

Farrell nahm sie heraus. „Fünf Schuß", sagte er.

Der Dschinn nickte. „Und Sie?" fragte er Mrs. Pollifax.

Sie begann in den Taschen ihres Unterrocks zu kramen und förderte die Spielkarten zutage. „Bitte nicht!" schrie Farrell. „Herzogin, ich werde für den Rest meines Lebens – wenn mir einer bleibt – keine Spielkarten mehr sehen können, ohne an Sie zu denken."

„Nun, das ist auch eine Art von Unsterblichkeit." Sie zog die Pistole, die Patronen, die Karte und den Kompaß heraus. „Falls ich wieder geschnappt werden sollte, lassen sie mir vielleicht Zeit zu einer Patience anstelle der üblichen letzten Zigarette."

„Es wird heller", sagte Farrell beunruhigt, „zu hell."

Mrs. Pollifax wandte sich an den Dschinn. „Soll ich Sie nicht mal ablösen? Die Strömung ist jetzt so stark, daß man wirklich nicht mehr rudern muß."

„Aber steuern muß man noch", antwortete er trocken. „Und ich glaube, wir sind schon ganz nahe am Meer. Nahe genug, um zu Fuß zu gehen, falls der Fluß sich einfallen läßt, einen Bogen zu machen und anderswohin zu fließen."

„Wenn sie was von unserm Boot wissen, wäre es vielleicht wirklich gescheiter, zu Fuß zu gehen", sagte Farrell, und Mrs. Pollifax merkte an seinem gereizten, hochfahrenden Ton, daß er kurz davor war, die Nerven zu verlieren.

Plötzlich ging die Sonne funkelnd und blutrot hinter den Bergen in ihrem Rücken auf. Ein neuer Tag bricht an, dachte Mrs. Pollifax, und ich hatte bestimmt geglaubt, ich würde ihn nicht mehr kommen sehen! Überwältigt von dem Wunder des Lebens, seiner Kürze, seinen immer wieder überraschenden Wendungen, schaute sie um sich, als sähe sie die Welt zum erstenmal – die fernen, schneebedeckten Berggipfel, die Felswände mit ihren lohfarbenen Schatten –, und ein nie gekanntes Freiheitsgefühl überkam sie, als sei ihr eben erst aufgegangen, was Leben wirklich ist, als spüre sie seinen Pulsschlag. Das kam, weil sie lebte, obwohl sie eigentlich hätte tot sein müssen, und weil die Flamme des menschlichen Geistes nicht auszulöschen war.

Sie hörte Farrell sagen: „Fehlt Ihnen was, Herzogin?"

Mrs. Pollifax fuhr zusammen. „Nein, alles bestens, danke."

Der Bodennebel wich zurück, und vor ihnen dehnte sich die blaue, in der Morgensonne glitzernde Adria. Da rief Farrell: „Achtung!", und sie sahen ein Polizeiboot vom Ufer her mit flatternden Wimpeln an Bug und Heck, einen majestätischen Bogen von Gischt hinter sich herziehend, auf sie zusteuern.

ZWEI MÄNNER saßen im Boot, noch gesichtslos in dieser Entfernung, aber zweifelsohne gut bewaffnet. Das Boot war zu alt, um größere Geschwindigkeit zu entwickeln, und der Motor setzte mehrfach aus, aber auch so war es einem Mann mit einem Paar Rudern überlegen. Mit verbissenem Gesicht begann der Dschinn wie wild zu rudern, daß das Wasser hoch aufspritzte.

Mrs. Pollifax schaute umher in der Hoffnung, irgendeine Deckung zu erspähen, aber der Fluß hinter ihnen war leer und die See vor ihnen offen und grenzenlos, nur einige Bojen tanzten in der Flußmündung. Bojen... nein, mit Bojen war nichts anzufangen. Ihr Blick streifte das linke Ufer, und sie stieß einen Schrei aus. „Dort! Ein Steg und ein Segelboot!" Sie beugte sich vor und packte den Dschinn am Arm. „Schauen Sie doch!" rief sie beschwörend. „Der Mann fährt aus, das Segel ist aufgezogen. Wir haben die Pistole und können ihn zwingen, uns mit hinaus aufs Meer zu nehmen." Schon stand sie und half dem Dschinn rudern. „Schneller, schneller!"

Sie ruderten nun gegen die Strömung, und das Polizeiboot kam mit erschreckender Geschwindigkeit näher. Der Landungssteg erwies sich als vertäutes Floß, von dem eine schmale Planke zum Ufer führte. Das Boot war ungefähr acht Meter lang, und sein sonnenbeschienenes Segel schlug leicht im Wind, während der Mann die Falleinen festzurrte. Hinter ihnen wurde das Heulen des Bootsmotors immer lauter, und jetzt konnte Mrs. Pollifax die beiden Männer deutlich erkennen, einen hageren, mit dunklem Gesicht und einen dicken, kahlköpfigen. „Um Himmels willen, schneller!" drängte Farrell.

Der Mann in der Fischerkluft schien das Wettrennen in seiner nächsten Nähe nicht zu bemerken. Gemächlich band er die Festmacheleinen los, warf die Pinne herum, die Segel bauschten sich im Wind, und das Boot legte vom Steg ab. Der Dschinn hatte auf den Steg zugehalten; nun schwenkte er, um dem Segelboot zu folgen, und er und Mrs. Pollifax begannen zu rufen: „Warten Sie – warten Sie auf uns." Erschrocken drehte sich der Fischer um. Sie waren ihm jetzt schon sehr nahe, aber das Motorboot war ihnen noch dichter auf den Fersen. „Warten Sie", schrie Mrs. Pollifax und winkte heftig. Unschlüssig steuerte der Fischer das Boot in den Wind, daß die Segel schlugen und der Bug ihnen zugekehrt war. Der Dschinn wendete ihr Boot mit einem heftigen Ruderschlag, so daß es vor den Bug des Segelbootes schoß. Dann ließ er beide Ruder fallen und sprang an Bord.

„*Zot!*" brüllte der Fischer entrüstet und sprang auf.

Der Dschinn beachtete ihn nicht, sondern beugte sich übers Wasser nach Mrs. Pollifax' ausgestreckter Hand und zog ihr Boot längsseits. Er schrie Farrell zu: „Zielen Sie auf den Mann! Klettern Sie an Bord, bevor er mich mit seinen bloßen Händen umbringt!" Vom Polizeiboot hinter ihnen ertönten Rufe; es brauste direkt auf das Segelboot zu, aber der Dschinn hatte das Ruderboot dazwischengezogen. „Rasch", rief er Mrs. Pollifax zu, und sie stolperte zu Farrell hin, um ihm zu helfen, sein unbrauchbares Bein über die Bordwand zu bringen.

Der Fischer vergaß seine Entrüstung und glotzte mit offenem Mund auf die Pistole in Farrells Hand, dann auf Mrs. Pollifax. Als er die Uniformen im Polizeiboot erkannte, kniff er die Augen zusammen und zog es höchst vernünftigerweise vor, über Bord zu springen und auf den Steg zu zu schwimmen. Die losgelassene Pinne schwang träge zur Seite, und plötzlich fuhr der Wind heftig in die Segel, daß der Baum herumschlug, das Boot sich zur Seite neigte und Eimer über das Deck schlitterten.

„Packen Sie die Pinne!" schrie Farrell vom Bug her.

„Was ist eine Pinne?" schrie Mrs. Pollifax hysterisch zurück.

„Das Ding dort." Farrell zeigte darauf, und sie holte den langen, glatten Holzarm herum und umklammerte ihn. Der Baum köpfte den Dschinn beinahe, die Segel schlugen wie verrückt. Was sie rettete, war das Ruderboot, das der Dschinn festhielt und an dessen anderer Seite die beiden Polizisten wie Kletten hingen. Der Kahlkopf war gerade dabei herüberzusteigen, und als das Segelboot nun im Wind schwankte, stand er mit einem Bein im Ruderboot, mit dem andern noch im Motorboot. Er fuchtelte wild mit den Armen, um das Gleichgewicht zu halten, dann plumpste er auf den Boden des Ruderbootes. Der Hagere riß einen Revolver heraus und feuerte auf den Dschinn. Farrell schoß zurück, der Mann kippte vornüber, und Mrs. Pollifax schrie, weil sich nun der Kahlkopf auf die Knie aufrichtete und auf Farrell zielte. „Schießen Sie!" kreischte sie, auf ihn deutend, und Farrell und der Polizist feuerten gleichzeitig.

Der Griff, mit dem der Dschinn das Pufferboot gehalten hatte, lockerte sich. Von diesem Hemmnis befreit, schoß das Segelboot so jäh davon, daß Farrell der Länge nach über den Dschinn aufs Deck stürzte. Mrs. Pollifax klammerte sich an die Pinne und schrie um Hilfe.

„Lassen Sie los!" rief Farrell, und zu ihrer Verwunderung drehte sich das Boot, sobald sie losgelassen hatte, in den Wind und hörte auf, sich wie wahnsinnig zu gebärden. Dann sah sie, daß Farrell sich aufgerichtet hatte und entsetzt auf den Dschinn starrte.

„O nein", flüsterte sie und kniete sich neben ihn. „Ist er tot?"

Sehr behutsam bettete Farrell den Kopf des Dschinn in seinen Schoß. „Nicht tot, aber schwer verletzt."

Jetzt erst sah sie, daß aus Farrells Ärmel an der Schulter Blut quoll. „Mein Gott, Sie sind ja auch verletzt."

„Nicht schlimm, aber ich darf es nicht wagen, mich oder den Dschinn zu bewegen. Herzogin, Sie werden das Boot steuern müssen."

„Wer, ich?" japste Mrs. Pollifax. Sie dachte an die Nacht am Abgrund, an die Ziegen, die wilde Jagd im Rolls-Royce, das Kornfeld, die Stunden in der Höhle und die nächtliche Fahrt auf dem Baumstamm über den Skutarisee. Ein Rest ungenutzter Energie mußte wohl noch in ihrer Seele zu finden sein. „Ich will's versuchen", sagte sie und wischte sich eine Träne von der schon recht verschmierten Wange.

„Ich kann Ihnen erklären, was Sie tun müssen", sagte Farrell. Sie kroch verzagt zur Pinne zurück, und er fragte beiläufig: „Ob ich diesen glatzköpfigen Burschen wohl getroffen habe?"

Mrs. Pollifax schaute zurück. „Die Boote schaukeln noch herum. In keinem ist wer zu sehen."

Farrell nickte. „Zwei Boote, jedes mit einem verwundeten oder toten Polizisten! Das wird eine fröhliche Jagd geben." Er griff nach einer Persenning, um damit den Dschinn vor der Sonne zu schützen. „Okay, Herzogin, volle Fahrt voraus. Wir können es nicht wagen, nordwärts nach Jugoslawien zu steuern und noch mehr Polizeibooten zu begegnen. Wir müssen direkt aufs Meer hinaushalten."

Mrs. Pollifax starrte ihn mit offenem Mund an. „Aufs Meer hinaus!"

Farrell grinste matt. „Wir haben auch alles andere auf die harte Tour geschafft, warum nicht weiter so? Geben Sie mir den Kompaß und ziehen Sie die Pinne nach steuerbord – nach rechts. Aber halten Sie sich fest."

Mrs. Pollifax warf ihm den Kompaß zu und zog die Pinne nach rechts. Sogleich wurden sie vom Wind erfaßt wie von einer Riesenhand, das Segel straffte sich, und die Takelage knarrte. „Sachte, sachte", überschrie Farrell den Wind. „Halten Sie die Pinne in der Mitte. Ausgezeichnet, halten Sie sie so. Wenn eine Bö kommt und Sie Angst kriegen, lassen Sie die Pinne los, das Boot wird sich von selbst wieder ausrichten. Wichtig ist nur, daß wir auf Teufel komm raus außer Sichtweite der Küste gelangen." Mit seinem brauchbaren Arm zog er die Persenning über den Kopf und rückte sie mit den Schultern zurecht, daß sie den Dschinn beschattete.

„Ja – ja gewiß", stöhnte Mrs. Pollifax. Die Pinne umklammernd, widmete sie sich ganz der Aufgabe, das Boot auf Teufel komm raus außer Sichtweite der albanischen Küste zu bringen.

## 11

AM NACHMITTAG desselben Tages gegen fünf Uhr sichtete der Obersteuermann des Hochseeschleppers *Persephone*, der von Venedig südwärts fuhr, ein Segelboot, in dem jemand mit etwas winkte, das wie ein weißer Unterrock aussah. „Verdammte Touristen", knurrte er, erstattete aber dem Kapitän Bericht, der Befehl gab, die Fahrt zu vermindern, und bald kam das Boot längsseits. Dem Obersteuermann blieb die Luft weg, denn an der Pinne saß das tollste weibliche Wesen, das ihm je unter die Augen gekommen war: das weiße Haar hing ihr in Strähnen herab, das Gesicht war schmutzig und voller Blasen vom Sonnenbrand, ihr voluminöser Rock schien griechisch oder albanisch, aber die Züge der Frau paßten gar nicht dazu. Dann hob sich die Persenning. Der Anblick der beiden Männer rief jähe Erinnerungen an die Kriegsjahre und im Mittelmeer treibende Rettungsboote wach. Beide sahen aus, als hätte es sie erwischt, und es war klar, daß man einen Arzt brauchte.

Der Obersteuermann beeilte sich, dem Kapitän abermals Bericht zu erstatten.

Mrs. Pollifax, die von unten zum Deck hinaufschaute, wunderte sich, warum die Matrosen sie so entgeistert anstarrten. Erst angesichts der frisch gewaschenen Männer wurde ihr allmählich bewußt, wie zerlumpt und seltsam sie, Farrell und der Dschinn aussehen mußten.

Mit einem Mal löste sich der Bann. Ein Matrose rief: „Engländer! Willkommen!"

Ein Begeisterungssturm brach los, und Mrs. Pollifax mußte wegschauen, um ihre Tränen zu verbergen.

„Na, Herzogin", sagte Farrell und lächelte sie an.

„Na, Farrell." Sie lächelte zurück und wischte sich die Augen.

„Sie sehen furchtbar aus, Herzogin, aber Sie sind in Sicherheit."

„In Sicherheit." Mrs. Pollifax kostete das Wort auf der Zunge. Nun ließ man eine Strickleiter über die Bordwand des Schleppers herab, und ein Offizier stieg herunter, um ihr behilflich zu sein. Oben angelangt, wurde sie zum Kapitän geführt, und nachdem sie ihren Namen genannt hatte, sagte sie: „Würden Sie bitte Mr. Carstairs vom CIA in Washington verständigen."

Der Kapitän machte ein überrasches Gesicht. „Das steckt also dahinter? Schreiben Sie die Nachricht. Ich möchte sie nur sehen, bevor sie durchgegeben wird."

Mrs. Pollifax setzte sich dankbar an seinen Schreibtisch, dann blickte sie auf. „Was ist das für ein Schiff, und wohin fährt es?"

„Die *Persephone*, wir landen in Otranto in zwei Stunden, das ist um neunzehn Uhr."

Mrs. Pollifax kaute an ihrem Bleistift, dann schrieb sie:

> Sir: Gerettet aus der Adria heute nachmittag durch Dampfer *Persephone* Ankunft in Otranto um neunzehn Uhr. Farrell und zweiter Gefährte bedürfen ärztlicher Betreuung. Habe weder Paß noch Geld und muß um Hilfe bitten, im übrigen war es eine höchst interessante Reise. Mit besten Grüßen Emily Pollifax.

Der Kapitän las es durch und nickte. „Ich werde Otranto mitteilen, daß wir einen Arzt brauchen. Wir haben keinen an Bord. Und Sie", fügte er mit der Andeutung eines Lächelns hinzu, „würden sich vielleicht gern ein wenig waschen und kämmen?"

Mrs. Pollifax sah ihn groß an. „Ein wenig?" sagte sie und lachte.

Noch bevor die *Persephone* in Otranto anlegte, näherte sich eine Hafenbarkasse, und zwei Männer, beide in Straßenkleidung, kletterten die Strickleiter herauf. Einer hatte eine Aktenmappe, der andere eine Arzttasche bei sich, und sie wurden sogleich in die Kabine geleitet, in der Mrs. Pollifax, Farrell und der Dschinn ruhten.

Der Arzt eilte zur Koje, in der der Dschinn lag, während der andere Mann Farrell und Mrs. Pollifax prüfend ansah.

Nachdem er zufriedengestellt war, sagte er: „Mein Name ist Ben Halstead. Ich glaube, wir haben einen gemeinsamen Freund namens Carstairs."

Mrs. Pollifax strahlte. „Ja, das stimmt. Ich bin Emily Pollifax, und das ist Mr. Farrell. Er hat ein Bein gebrochen und Schußwunden in Schulter und Arm; und dieser Mann..." Sie schaute zum Dschinn hinüber, der mit leerem Blick den Doktor anstarrte. „Wir wissen nicht, wer er ist, aber wir haben ihn jedenfalls mitgebracht – ein ganz seltsamer und einfallsreicher Chinese, der Englisch spricht, doch das hat er uns lange verheimlicht."

„Ja? Das ist interessant." Halstead ging hinüber und musterte über die Schulter des Arztes den Dschinn.

„Und Sie wissen gar nichts über ihn?"

„Eigentlich haben wir ihm anfangs nicht getraut", warf Farrell ein. „Aber er hat uns aus einr sehr mißlichen Lage gerettet."

Mrs. Pollifax ergänzte nachdenklich: „Als ich ihn nach seinen Angehörigen fragte, hat er in sich hinein gelacht und gesagt, sie hätten sein Begräbnis schon vor zwei Jahren begangen."

Der Arzt setzte das Stethoskop ab. „Er wird heute und morgen nicht vernehmungsfähig sein und braucht sorgfältigste Pflege. Die Kugel zu entfernen wird eine kitzlige Sache werden."

„Meinen Sie, er übersteht es?" fragte Mrs. Pollifax besorgt.

„Es wird allerhand Flickerei nötig sein, aber wenn nicht etwas Unvorhergesehenes eintritt – ja, er wird es überstehen." Der Arzt stopfte die Decke um den Dschinn fest. „Nach den Geräuschen zu schließen, legen wir eben an. Ich kümmere mich um eine Tragbahre, dann schaue ich mir auch Sie an, Mr. Farrell."

Farrell sagte aufgeräumt: „Kein Grund zur Eile; ich würde mich ohne eine Kugel irgendwo in mir nicht wohl fühlen." Er beobachtete Halstead, der immer noch den Dschinn anstarrte. „Sie erkennen ihn." Es war eine Feststellung, keine Frage.

„Nein, aber er kommt mir irgendwie bekannt vor." Halstead wandte sich immer noch nicht um. Dann schnalzte er mit den Fingern und rief: „Meine Güte! Dr. Lee Tsung Howell!"

„Wie bitte?" stammelte Mrs. Pollifax.

„Beträchtlich magerer ... das hat mich genarrt. Vor zwei Jahren verschwunden. Man hat damals einen Gedenkgottesdienst für ihn gehalten – alles deutete auf Ermordung durch die Rotchinesen hin."

„Aber wer ist er?" fragte Mrs. Pollifax.

„Dr. Howell, der Biochemiker. In China geboren; der Vater Engländer, die Mutter Chinesin. Englischer Staatsbürger. Beging vor zwei Jahren den Fehler, nach Hongkong zu reisen. Dort haben sie ihn geschnappt."

Farrell sagte ungläubig: „Sie meinen, er ist der berühmte Howell, der Proteinforscher?"

„Aber warum in aller Welt", fragte Mrs. Pollifax, „sollte ein Proteinforscher zwei Jahre in einem albanischen Gefängnis festgehalten werden?"

„Ernährung", sagte Halstead. „Können Sie sich irgend etwas vorstellen, das für die Chinesen wichtiger wäre? Zur Zeit seines Verschwindens arbeitete Dr. Howell an einem Verfahren, Protein aus einem gewöhnlichen Unkraut zu gewinnen – Eiweiß, das Hunderte von Menschen für ein paar Groschen ernähren würde. Wir wußten, daß er gekidnappt worden war, hörten aber, er habe sich gewehrt und sei dabei ums Leben gekommen. Daß Sie ihn gefunden haben, gibt eine Sensation ohnegleichen! Die Rotationsmaschinen der Zeitungen werden die ganze Nacht rattern."

Farrell grinste. „Es ist mir zwar peinlich, Herzogin, aber erinnern Sie sich, daß ich den Dschinn für geistig zurückgeblieben hielt?"

Halstead lachte. „Nehmen Sie sich's nicht zu Herzen, er galt immer als ziemlich exzentrisch." Sie verstummten, als zwei Sanitäter mit der Bahre kamen und den Dschinn behutsam daraufhoben.

Die Tür hatte sich kaum hinter ihnen geschlossen, da sagte Mrs. Pollifax plötzlich: „Kann ich ihm Genesungswünsche schicken? Ich wüßte sehr gern den Namen des Krankenhauses."

„Den können Sie erfahren", sagte Halstead. „Sie brauchen nur morgen früh in Washington die Zeitungen zu lesen."

„In Washington?" rief Mrs. Pollifax.

„Ich habe Auftrag, Sie unverzüglich dorthin zu bringen. Essen und schlafen können Sie im Flugzeug. Carstairs will sich persönlich überzeugen, daß Sie am Leben sind." Er warf einen Blick auf die Uhr. „Sobald der Arzt Farrell mit Antibiotika und schmerzstillenden Spritzen versorgt hat, fliegen wir los." Dann fügte er grinsend hinzu: „Nicht jeder bekommt ein eigenes Düsenflugzeug bereitgestellt. In einer Stunde sind wir in der Luft."

SIE SASSEN Carstairs an seinem riesigen Schreibtisch gegenüber. Farrell hatte vier Injektionen bekommen und im Flugzeug sieben Stunden wie betäubt geschlafen, sah aber immer noch recht elend aus. Ein Blick auf ihn genügte Carstairs. „Ich will Sie nicht lange bemühen", erklärte er. „Das wichtigste ist, alles auf Band aufzunehmen, bevor Sie es vergessen; Sie werden überrascht sein, wie unwirklich Ihnen die ganze Sache vorkommt, sobald Sie sich erholt haben." Und mit einem liebenswürdigen Lächeln: „Darf ich Ihnen beiden zunächst zur Rettung von Dr. Lee Tsung Howell gratulieren?"

„Sie dürfen", sagte Farrell grinsend.

„Und dazu, daß Sie selbst zurückgekommen sind", setzte Carstairs hinzu. „Ich scheue mich nicht, Ihnen zu gestehen, daß ich Sie beide schon lange aufgegeben hatte."

„Wirklich?" rief Mrs. Pollifax begeistert.

„Ich rufe jetzt Bishop", fuhr Carstairs fort. „Er macht sich einige Notizen, aber alles andere nehmen wir auf Band. Und ich denke, wir lassen hauptsächlich Mrs. Pollifax erzählen, um Johnny möglichst zu schonen. Du, Johnny, schaltest dich nur ein, wenn du es für notwendig hältst, einverstanden?"

Bishop war hereingekommen, und Mrs. Pollifax merkte, daß er schon während der ersten Worte gequält schnupperte. „Das sind die Ziegen", erklärte sie ihm. „Setzen Sie sich einfach ein bißchen weiter weg."

Offenbar würden nur andere Kleider und große Mengen von heißem Wasser und Seife sie je wieder gesellschaftsfähig machen.

„Ziegen?" fragte Carstairs verdutzt.

„Ja, Ziegen", bestätigte sie. „Wo soll ich anfangen?"

„Fangen Sie damit an, wie Sie Johnny getroffen haben. Das wäre am 19. August."

Sie nickte und begann, anfangs stockend, dann immer lebhafter, von ihrem Flug nach Albanien und der Zeit dort zu erzählen. Farrell warf gelegentlich etwas ein, und Carstairs unterbrach sie erst, als sie die Raketenbasis erwähnte.

„Raketenbasis?" entfuhr es ihm. „Sind Sie sicher, daß es eine Raketenbasis war?"

„Ich nicht", sagte sie, „aber Oberst Nexdhet."

Farrell grinste. „Lassen Sie sie weitererzählen; es wird noch interessanter."

Mrs. Pollifax fuhr fort und schloß mit den Worten: „... und so segelten wir westwärts, direkt ins Meer hinaus..."

Carstairs lächelte und stellte das Bandgerät ab. „Ich möchte gern diese Raketenbasis auf der Landkarte lokalisiert haben, wenn es irgend möglich ist. Doch das kann alles warten."

Farrell sagte sachlich: „Sie haben den Anfang ausgespart. Mexico City. Ich nehme an, es ist alles aufgeflogen. Haben sie de Gamez erwischt?"

Carstairs seufzte. „Auf der einen Seite Verlust, auf der andern Gewinn. Unterschätzen wir nicht, daß Sie es geschafft haben, Dr.

Howell zurückzubringen und auch selbst heil wiederzukommen." Er sah Farrell in die Augen. "Ja, Johnny, de Gamez ist am 17. August ermordet worden."

Farrell fluchte lästerlich, und Mrs. Pollifax überlief es kalt. Sie sagte leise: "Das tut mir schrecklich, schrecklich leid. Er war so freundlich, ein richtiger Gentleman."

Carstairs wurde plötzlich ganz still. Schließlich fragte er betont ruhig: "Mrs. Pollifax, wie können Sie das denn wissen, wenn Sie den wirklichen Señor de Gamez gar nicht kennengelernt haben?"

"Aber ich habe ihn ja kennengelernt", erklärte sie eifrig. "Ich mußte doch sicher sein, daß ich seine Buchhandlung finden würde, nicht wahr? Und nachdem ich sie gefunden hatte, ging ich fast jeden Tag dort vorbei. Und deshalb – ich meine, nachdem ich so oft vorbeigegangen war, kam mir eines Morgens der Gedanke, hineinzuschauen und ein wenig herumzustöbern. Ich dachte, es würde nichts schaden", fügte sie ängstlich hinzu, als sie Carstairs gespannten Ausdruck bemerkte. "Ich ging also hinein, und wir hatten eine reizende Unterhaltung."

"Wann?" drängte Carstairs.

"Es muß am – warten Sie, vier Tage vor dem 19. –, am 15. August gewesen sein. Wir unterhielten uns über Reisen und ob ich Patiencen lege. Er gab mir ein Buch *77 Arten, Patiencen zu legen*, und –"

"Mrs. Pollifax", unterbrach Carstairs mit gepreßter Stimme, "de Gamez erhielt Ihr Photo am 9. August. Als Sie in die Papagayo Librería kamen, wußte er, wer Sie waren. Verstehen Sie? *Er wußte, wer Sie waren*. Er muß damals auch schon stark befürchtet haben, daß man ihn genauestens beobachtete. Bitte berichten Sie jetzt wortwörtlich, was er gesagt hat – und dann möchte ich wissen, wo ich dieses Buch finden kann."

"Oh, in diesem Buch war aber nichts", versicherte sie ihm. "General Perdido hat es viele Male untersucht. Sie haben nichts gefunden."

Carstairs lehnte sich zurück und sah sie an. "Falls de Gamez die Mikrofilme hatte, wird er auch einen Weg gefunden haben, sie Ihnen zu geben. Bitte fangen Sie von vorn an und rekonstruieren Sie, wie sich alles abgespielt hat."

Mrs. Pollifax bemühte sich gewissenhaft. Die Memoiren der Schauspielerin. Die Worte des Papageis. Die Unterhaltung über Olé. Das

Patiencenbuch. „Er wickelte meine Bücher in weißes Papier", fügte sie stirnrunzelnd hinzu. „Aber da waren schon andere Kunden in den Laden gekommen, und so ging ich."

„Versuchen Sie es noch einmal", sagte Carstairs.

Wieder beschrieb Mrs. Pollifax ihren Besuch, und wieder kam nichts zutage.

„Die beiden Kunden traten ein, und er sagte, er wünsche mir noch einen angenehmen Aufenthalt in seinem Land. Und dann – oh", rief sie, „die Karten!"

„*Karten?*" Carstairs beugte sich vor.

„Ich war schon an der Tür", sagte Mrs. Pollifax, „da rief er: ,Wie wollen Sie Patience legen ohne Karten?' und warf mir ein Päckchen zu. Etwas Wichtiges hätte er mir nicht einfach so zugeworfen?"

„Genau auf diese Art würde sich ein Mann, der sich beobachtet weiß, einer gefährlichen Sache entledigen. *Was ist aus den Karten geworden?*"

Sie sagte: „Ich habe sie hier in der Tasche."

Carstairs starrte sie ungläubig an. „Wollen Sie damit sagen, daß Sie sie mit sich herumgetragen haben? Daß Sie sie immer noch haben?"

Farrell begann zu lachen. „Noch haben! Carstairs, die Herzogin hat mit diesen Karten unausgesetzt Patiencen gelegt, direkt vor der Nase unserer Wächter und auch in Gegenwart von Perdido. Sie hat alle beinahe verrückt gemacht damit."

Mrs. Pollifax warf ihm einen vorwurfsvollen Blick zu. Sie griff in die Tasche ihres zweiten Unterrocks, holte das Päckchen heraus und legte es auf den Tisch. Carstairs nahm es und strich mit dem Finger über die Karten. „Sie sind mit Plastik überzogen. Bishop, bringen Sie sie im Galopp ins Labor. Was wir suchen, sind Mikrofilme."

„Ja, Sir", und schon war Bishop draußen.

Carstairs lehnte sich zurück, betrachtete Mrs. Pollifax, und ein kleines Lächeln zuckte um seine Mundwinkel. „Und ich habe gedacht, ich hätte ein unschuldiges Lamm unter die Wölfe geschickt. In Ihnen steckt allerhand, Mrs. Pollifax."

„Das macht mein Alter", erwiderte sie. „Aber wieso ich die Karten vergessen konnte, ist mir schleierhaft. Nennt man das einen geistigen Kurzschluß?"

„Wenn sich herausstellt, daß sie..." Das Telephon klingelte. Carstairs hob ab und grinste. „Tatsächlich. Danke, Bishop." Er legte auf. „Sie haben den ersten Mikrofilm gefunden. Tirpak hat zwei Päckchen sehr dünne Spielkarten verwendet und jeweils die Rückseite der einen Karte auf die Vorderseite der andern geklebt, mit den Filmen dazwischen." Eindringlich fügte er hinzu: „Wenn das ein geistiger Kurzschluß war, dann preisen Sie sich glücklich. Perdido hätte sofort gemerkt, daß Sie ihm etwas verbergen. Das hat Ihnen bei Ihrem Verhör das Leben gerettet und unserm Land eine Fülle unschätzbarer Informationen erhalten. Mrs. Pollifax, wir stehen in Ihrer Schuld."

Sie sagte liebenswürdig: „Dann kann ich vielleicht ein Bad und saubere Kleider bekommen..."

„Ich werde veranlassen, daß Sie beides innerhalb einer Stunde erhalten. Und auf dich, Johnny – wartet eine Schar hübscher Krankenschwestern."

Farrell stand wacklig auf und ging zu Mrs. Pollifax. Er beugte sich zu ihr hinab und gab ihr einen Kuß. „Ich will mich nicht verabschieden, Herzogin. Wagen Sie es ja nicht, diese Stadt zu verlassen, ohne mich an meinem Schmerzenslager zu besuchen."

Mrs. Pollifax strahlte. „Ich werde Rosen mitbringen, mein lieber Farrell. Und ein Päckchen Karten, damit ich Ihnen ein paar Patiencen zeigen kann."

Er sagte feierlich: „Ein geringer Preis für ein geschenktes Leben, Herzogin... Behüt Sie Gott, und genießen Sie Ihr Bad."

Mrs. Pollifax stellte ihr Köfferchen vor der Wohnungstür ab und kramte in ihrer Handtasche nach dem Schlüssel. Als sie ihn ins Schloß steckte, ging auf der andern Seite des Treppenabsatzes die Tür auf, und eine Flut von Sonnenlicht ergoß sich über die schwarzweißen Fliesen.

„Endlich zurück, Mrs. Pollifax! Sie müssen eine wundervolle Reise gehabt haben, daß Sie so lange ausgeblieben sind."

Mrs. Pollifax drehte sich um. „Ja, wundervoll, Miß Hartshorne."

„Ich habe ein Paket für Sie. Es ist heute früh gekommen, und ich habe für Sie unterschrieben." Miß Hartshorne hob theatralisch die Hand. „Gehen Sie nicht weg, nein, bleiben Sie stehen, ich bin sogleich zurück."

Mrs. Pollifax wartete, und gleich darauf erschien ihre Nachbarin mit einem in braunes Papier verpackten Karton voller Siegel. „Durch Eilboten den ganzen weiten Weg von Mexiko her! Hier ist auch die gestrige Abendzeitung, so daß Sie sich über das Neueste bei uns informieren können."

„Wie aufmerksam von Ihnen", sagte Mrs. Pollifax. „Wollen Sie nicht hereinkommen und eine Tasse Tee mit mir trinken?"

Miß Hartshorne sah sie ganz entsetzt an. „Oh, daran würde ich nicht im Traum denken. Als erfahrene Reisende weiß ich, wie erschöpft Sie sein müssen. Aber ich hoffe, Sie werden mich bald einmal einladen und mir Ihre Dias zeigen."

Mrs. Pollifax sagte gelassen: „Leider gibt es keine Dias." Sie sah den scharfen Tadel auf Miß Hartshornes Gesicht, doch sie lächelte. „Ich habe keine einzige Aufnahme gemacht", sagte sie freundlich, „ich war zu beschäftigt. Ja, es würde Sie überraschen, wie beschäftigt ich in Wirklichkeit war." Energisch fügte sie hinzu: „Jetzt bestehe ich aber darauf, daß Sie hereinkommen – wir haben doch noch nie miteinander Tee getrunken."

Miß Hartshorne schien bestürzt. „Nein – nein, ich glaube, tatsächlich nicht."

Mrs. Pollifax stieß die Tür weit auf und ging voraus. „Nehmen Sie Platz, ich stelle rasch Wasser auf." Sie setzte ihr Köfferchen ab, legte Paket und Zeitung aufs Sofa und eilte in die Küche, um den Kessel zu füllen. „Es dauert nur eine Minute", sagte sie zurückkehrend. Von ihrem Platz aus konnte sie die Schlagzeile der Zeitung sehen: GERETTETER WISSENSCHAFTLER DR. HOWELL ERHOLT SICH UND STELLT SICH MORGEN DER PRESSE.

Mrs. Pollifax lächelte befriedigt.

„Ihr Paket", drängte Miß Hartshorne. „Sind Sie denn nicht neugierig?"

Mrs. Pollifax betrachtete das Paket neben sich. „Doch, ich bin neugierig."

Sie holte eine Schere und schnitt den Bindfaden durch. Auf dem Karton stand der Name eines teuren Geschäfts in der Nähe des Hotels *Reforma Intercontinental*. Gespannt hob sie den Deckel ab. „Ponchos!" rief sie überrascht.

„Zauberhaft!" hauchte Miß Hartshorne. „Ein Geschenk? Sie haben wohl viele Freundschaften geschlossen."

Mrs. Pollifax nahm einen nach dem andern heraus, bis das ganze Sofa von glühenden Farben leuchtete.

"Sechs", rief Miß Hartshorne.

Mrs. Pollifax strahlte: "Einen für jedes Enkelkind und je einen für Roger, Jane und mich." Dann entdeckte sie die Karte, die zwischen die Falten des letzten Ponchos gerutscht war. Darauf stand schlicht: "Als Dank und Abbitte, Carstairs."

Carstairs ... Er hatte wohl ihr Zimmer durchsuchen lassen und dabei die von ihr gekauften Ponchos gefunden, ihre einzigen Mitbringsel... Mrs. Pollifax wurde es warm ums Herz bei dieser Aufmerksamkeit eines so vielbeschäftigten Mannes. Sie ließ den Blick durch ihr Heim wandern, in dem die Sonne Muster auf die Teppiche malte, und in dieser Atmosphäre ruhiger Geborgenheit zog für einen Augenblick eine Prozession von Menschen vor ihrem inneren Auge vorüber: ein Ziegenhirt und seine Frau, ein Dschinn, der über Entscheidungen philosophierte, Oberst Nexdhet mit seinem erstaunlichen Schnurrbart, Lulasch, Major Vassovic und ein Mann namens John Sebastian Farrell, der Schmerzen heiter ertrug. Sie sagte lächelnd: "Ich bin auf meiner Reise vielen unvergeßlichen Menschen begegnet, Miß Hartshorne."

Gerade als der Teekessel zu pfeifen begann, läutete das Telephon. "Ach bitte, Miß Hartshorne", sagte Mrs. Pollifax, "würden Sie den Tee aufgießen? Teebeutel und Tassen finden Sie im Hängeschrank über dem Herd."

Zum erstenmal hörte Mrs. Pollifax Miß Hartshorne lachen. "Wie unkonventionell Sie leben, Mrs. Pollifax! Ich fühle mich direkt in meine Collegejahre zurückversetzt." Und über die Schulter fügte sie hinzu: "Nennen Sie mich doch bitte Grace."

Aber Mrs. Pollifax war bereits am Telephon. "Du bist es, Roger!" rief sie erfreut. "Wie schön, dich zu hören. Du hast dir Sorgen gemacht?" Mrs. Pollifax lachte vergnügt. "Roger, mein Lieber, in was für Schwierigkeiten hätte ich denn in meinem Alter und ausgerechnet in Mexiko geraten sollen!" Ihr Blick fiel auf die Ponchos, die auf dem Sofa lagen. Mit einem verstohlenen Lächeln nahm Mrs. Pollifax die Karte auf, die dabei gelegen hatte, und steckte sie in die Tasche.

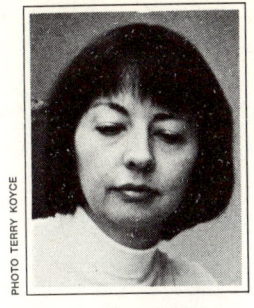

## Dorothy Gilman

Dorothy Gilman begann schon als Kind Geschichten zu schreiben und gewann mit elf Jahren bei einem Zeitungswettbewerb einen Preis von drei Dollar. Da sie sich auch fürs Malen interessierte, besuchte sie eine Weile eine Kunstschule, bis sich der Drang zum Schreiben endgültig durchsetzte. Erst machte sie sich nur an Erzählungen für junge Leser, aber dann reizte es sie doch, es mit einem Roman für Erwachsene zu versuchen: „Als ich *Mrs. Pollifax kommt wie gerufen* plante, dachte ich, warum soll ich nicht die Geschichte einer Frau schreiben, der all das passiert, was ich selber gern erleben würde?"

Mit ihren siebenundvierzig Jahren war Dorothy Gilman zwar noch weit von den „Sechzigern" der Mrs. Pollifax entfernt, aber das störte sie nicht im geringsten. Aus ihren Kindertagen erinnerte sie sich noch so lebhaft an die verschrobenen alten Damen der Baptistengemeinde von New Brunswick in New Jersey, wo ihr Vater als Pfarrer gewirkt hatte, daß die Mrs. Pollifax ihrer Phantasie schon leibhaftig vor ihr stand: eine Frau, die plötzlich auf ihre alten Tage sich selbst und die andern verblüfft, indem sie aus dem Trott von Gewohnheiten und Vorurteilen ausbricht und ihr Leben in eine ganz neue Richtung lenkt. Dorothy Gilman fand es faszinierend, sich in eine solche Person zu versetzen und sie ihre eigenen Zukunftsträume erleben zu lassen.

Es funktionierte wie eine Zauberformel. Nach dem Riesenerfolg ihres Buches – das jetzt auch verfilmt wird – reiste die Autorin kreuz und quer durch die Welt, und so werden die nächsten „Reiseabenteuer" ihrer Mrs. Pollifax wohl nicht lange auf sich warten lassen.

Die ungekürzten deutschen Ausgaben
der in diesem Band enthaltenen Bücher
sind im Buchhandel erhältlich